Caminos hacia la unidad de los cristianos

213

Colección
«*PRESENCIA TEOLÓGICA*»

Walter Kasper

Caminos hacia la unidad de los cristianos

Escritos de ecumenismo I

* * *

Obra Completa de Walter Kasper
Volumen 14

SAL TERRAE

Título del original alemán:
Wege zur Einheit der Christen.
Schriften zur Ökumene I.

Walter Kasper · *Gesammelte Schriften* – Band 14

Editado por
George Augustin y Klaus Krämer

El presente volumen se publica con la colaboración
del Instituto de Teología, Ecumenismo y Espiritualidad
«Cardenal Walter Kasper»,
vinculado a la Escuela Superior de Filosofía y Teología
de Vallendar (Alemania)

© Kardinal Walter Kasper Institut, 2014

Traducción:
José Manuel Lozano-Gotor Perona

© Editorial Sal Terrae, 2014
Grupo de Comunicación Loyola
Polígono de Raos, Parcela 14-I
39600 Maliaño (Cantabria) España
Tfno.: 34 942 369 198 / Fax: 34 942 369 201
salterrae@salterrae.es / www.salterrae.es

Imprimatur:
✠ Vicente Jiménez Zamora
Obispo de Santander
06-03-2014

Diseño de cubierta:
Magui Casanova

Cualquier forma de reproducción, distribución, comunicación pública
o transformación de esta obra solo puede ser realizada con la autorización
de sus titulares, salvo excepción prevista por la ley. Diríjase a CEDRO
(Centro Español de Derechos Reprográficos) si necesita fotocopiar
o escanear algún fragmento de esta obra
(www.conlicencia.com: 91 702 19 70 / 93 272 04 47).

Impreso en España. Printed in Spain
ISBN: 978-84-293-2176-0
Depósito Legal: SA-125-2014

Impresión y encuadernación:
Grafo, S.A. – Basauri (Vizcaya)
www.grafo.es

ÍNDICE

Nota del traductor 16

Prólogo. Unidad: para que el mundo crea 17
I. Unidad y misión 17
II. El triple *Sitz im Leben* [lugar existencial] 20
III. Los frutos del concilio Vaticano II 23
IV. El problema ecuménico fundamental 27
V. El futuro del movimiento ecuménico 30

Primera Parte
FUNDAMENTOS

1. Fundamentos y posibilidades de un ecumenismo católico   37
I. Escritura y tradición 38
    1. La tradición como transmisión viva del Evangelio 38
    2. La Escritura y la tradición
       como testigos de la palabra de Dios 40
    3. La autotransmisión (*Selbstüberlieferung*)
       de Cristo en la Iglesia 42
    4. La unidad de la fe 48
II. Iglesia e Iglesias 51
    1. ¿Iglesia *ex voto*? 51
    2. Grados de pertenencia a la Iglesia 55
    3. Aliento para la colaboración 58
    4. Iglesia en camino hacia la plena catolicidad 60

2. La naturaleza eclesiológica de las Iglesias no católicas ... 64
I. Identidad eclesial y realidad de las Iglesias 65
II. *Vestigia ecclesiae* 72
III. Unidad y pluralidad 77

3. **Unidad y comunión de las Iglesias en perspectiva católica**   85
I. Planteamiento del problema 85
II. El nuevo enfoque del concilio Vaticano II 87
III. El desarrollo posconciliar 90
IV. Perspectivas en el marco de la reciente
    eclesiología de comunión 94
V. El impulso dado por el papa Juan Pablo II 98
VI. Visión de una futura comunión de Iglesias 101

4. **La comunión de las Iglesias como motivo rector del ecumenismo** 105
I. El cambio de la situación ecuménica 105
II. La base común ecuménica 107
III. Excurso sobre la cuestión de la comunión eucarística 109
IV. Diversas tradiciones confesionales 112
V. El problema ecuménico fundamental 118
VI. Algunas concreciones 123

5. **El decreto sobre el ecumenismo, releído cuarenta años después** 125
I. Una larga prehistoria 125
II. El ecumenismo como motivo transversal
    del concilio Vaticano II 126
III. El carácter espiritual del ecumenismo 129
IV. El punto teológicamente decisivo: *subsistit in* 131
V. La *communio* como idea ecuménica rectora 133

6. **Communio: la idea rectora de la teología ecuménica católica** 137
I. El problema: ¿dónde estamos y adónde vamos? 137
II. Malentendidos ideológicos 140
III. Fundamentos teológicos 143
IV. Diferentes desarrollos confesionales 148
V. La eclesiología católica de comunión 155
VI. Pasos intermedios durante la fase de transición 163

7. **La permanente obligatoriedad teológica del decreto sobre el ecumenismo** 168
I. El objetivo principal del Vaticano II:
   el «acercamiento ecuménico» 169
II. Para una matizada valoración del carácter vinculante
    del decreto sobre el ecumenismo 170

III. Para una interpretación de los documentos del concilio
en el contexto de tradición y recepción 173
  1. Es fundamental la interpretación histórica 173
  2. La interpretación debe realizarse a la luz de la tradición 174
  3. Es importante la recepción por el concilio 175

8. Esencia y finalidad del diálogo ecuménico 178
  I. Una cuestión candente 178
  II. Presupuestos filosóficos fundamentales 180
  III. Fundamentos teológicos 183
  IV. La fundamentación eclesiológica 187
  V. Consecuencias para el diálogo ecuménico 190
    1. La finalidad del diálogo ecuménico 190
    2. Dimensiones del diálogo ecuménico 191
    3. Estructuras del diálogo ecuménico 193
    4. Métodos del diálogo ecuménico 193
    5. Supuestos personales 195
  VI. Preguntas fundamentales 196

9. ¿Qué significa «Iglesias hermanas»? 199
  I. Un nuevo lenguaje que propicia la escucha 199
  II. Fundamentos teológicos de una eclesiología
      eucarística de comunión 202
  III. Reservas de la Congregación para la Doctrina de la Fe 206
  IV. El papa, ¿patriarca de Occidente? 208
  V. *Nota bene*: un guiño del concilio 210
  VI. El espinoso problema del llamado «uniatismo» 214
  VII. Hacia una solución: «ni absorción ni fusión» 219

10. Unidad en la diversidad reconciliada 222
  I. Una fórmula ecuménica común 222
  II. Una interpretación diferente 225
  III. La interpretación católica 228
  IV. Profundización de la mano Johann Sebastian Drey
      y Johann Adam Möhler 230

Segunda Parte
BALANCES DE LA SITUACIÓN

11. El diálogo con la teología protestante 237
  I. El problema del ecumenismo 237
    1. Un nuevo clima: diálogo en vez de polémica 237

    2. ¿Qué significa «ecumenismo»? 239
    3. Abiertos a nuevas preguntas 240
    4. Unidad y misión 241
    5. Una visión dinámica 242
    6. La unidad, un objetivo espiritual 243
    7. Una nueva obra de referencia 243
    8. Diferencias en escatología 244
    9. El encuentro con Rudolf Bultmann 246
II. La nueva imagen católica de Lutero 246
    1. El progreso de la investigación católica sobre Lutero ... 246
    2. ¿Subjetivismo de Lutero? 248
    3. El lugar central de la cristología 248
    4. Lutero y Bultmann 249
    5. Lutero y Tomás en diálogo 250
    6. Una teología existencial 252
    7. Lutero: ¿un «oyente completo» de la Escritura? 253
III. Escritura y tradición 254
    1. ¿Suficiencia de la Escritura? 254
    2. La doctrina eclesiástica tradicional 255
    3. Una postura mediadora 256
    4. El papel de la tradición 257
    5. Tradición y magisterio de la Iglesia 259
    6. El papel de la Sagrada Escritura 259

12. Consenso básico y comunión eclesial.
El estado del diálogo ecuménico
entre la Iglesia católica y la evangélico-luterana 262

I. El nuevo planteamiento ecuménico 262
II. La pregunta por el contenido del consenso básico:
el principio material de la Reforma 268
    1. El contenido del consenso básico 268
    2. Dos significados de consenso básico 270
    3. Una propuesta católica de solución 272
    4. La interpretación protestante:
el articulus stantis et cadentis ecclesiae 274
III. La pregunta por la forma del consenso básico:
el principio formal de la Reforma 277
    1. El significado fundamental de la comunión eclesial 277
    2. Formas diferentes de relacionar consenso básico
y comunión eclesial 279
    3. Acercamientos actuales 282

    4. *La concepción de Iglesia: el problema aún no abordado* . 284
IV. Perspectivas para el diálogo futuro 288

13. **Lo que nos une y lo que nos separa. El estado del diálogo ecuménico desde la perspectiva católica** 292
    I. Lo que nos une 292
   II. Lo que todavía nos separa 294
  III. ¿Cómo podemos avanzar? 297

14. **El estado actual del diálogo ecuménico entre las Iglesias protestantes y la Iglesia católica** 299
    I. El ecumenismo, entre la impaciencia y el desconcierto 299
   II. El estado del diálogo 301
        1. *Observación metodológica previa* 301
        2. *La Iglesia y las Iglesias* 302
        3. *Bautismo* 303
        4. *Eucaristía* 304
        5. *Ministerio* 305
  III. La eclesiología como problema no abordado 306
  IV. Recurso al problema teológico fundamental 308
   V. Problemas prácticos 310
        1. *Progresos en cuestiones éticas* 310
        2. *El problema de los matrimonios mixtos* 311
        3. *Eucaristía y comunión eclesial* 313
  VI. Reflexión conclusiva sobre un ecumenismo espiritual 317

15. **El ecumenismo, en proceso de cambio radical** 319
    I. Puntos cimeros del ecumenismo en 1999 320
        1. *La Declaración conjunta sobre la doctrina de la justificación* 320
        2. *La Semana de Oración por la Unidad de los Cristianos* . 323
        3. *La celebración ecuménica en memoria de los testigos de la fe del siglo XX* 324
   II. Enfados y esperanzas en el diálogo con las Iglesias orientales 324
        1. *Las Iglesias ortodoxas* 325
        2. *Las Iglesias orientales ortodoxas* 329
        3. *El problema del primado en el diálogo con la Ortodoxia* 331
  III. Diferenciaciones en el diálogo con las Iglesias de la Reforma 331
        1. *La Federación Luterana Mundial* 332
        2. *La Alianza Reformada Mundial* 333
        3. *La Comunión anglicana* 333

IV. Otras comunidades protestantes 335
    1. Las Iglesias libres: un nuevo reto 335
    2 Los metodistas 336
    3. Los menonitas y los baptistas 337
    4. Las comunidades eclesiales evangélicas [evangelical] .. 337
    5. Las comunidades pentecostales 338
V. La cooperación con el Consejo Mundial de Iglesias 339
    1. El transformado papel del Consejo Mundial de Iglesias . 339
    2. La Comisión Fe y Constitución 340
VI. Perspectivas 341

16. Situación y futuro del ecumenismo 343
I. Impulsos 343
II. Fundamentos 345
III. El ecumenismo con las Iglesias orientales antiguas
    y las Iglesias ortodoxas 351
IV. El ecumenismo con las Iglesias protestantes 355
V. Nuevos retos y tareas futuras m 359
VI. La contribución de la teología de Tubinga 361

**17. Perspectivas de un ecumenismo en transformación.
El compromiso ecuménico de la Iglesia católica** 365
I. La opción fundamental católica por el ecumenismo 365
II. ¿Crisis del ecumenismo? 367
III. La cuestión de la Iglesia 371
IV. La cuestión de los ministerios 373
V. Ecumenismo de la vida 377

**18. Un Señor, una fe, un bautismo.
Perspectivas ecuménicas para el futuro** 379
I. La nueva situación 379
II. La irrupción del ecumenismo 380
III. ¿Dónde estamos? 384
IV. Dos hitos en el camino ecuménico 386
V. La cuestión eclesiológica abierta 388
VI. Diferentes concepciones de Iglesia 390
VII. Llegados a un punto de inflexión 393
VIII. Valentía para el ecumenismo 394

19. La situación actual de la teología ecuménica 398
I. Una situación contradictoria 398
II. Los fundamentos eclesiológicos 400

III.	El ecumenismo con las Iglesias orientales	403
IV.	El ecumenismo con las Iglesias de tradición protestante	408
V.	La doctrina del Espíritu Santo como planteamiento fundamental	413

20. No hay motivos para la resignación.
La Iglesia católica y sus relaciones interconfesionales . . . 419

I.	La conciencia ecuménica es a menudo superficial	420
II.	No existe una crisis general en las relaciones con los ortodoxos	422
III.	Con las Iglesias de la Reforma no son posibles por el momento progresos sustanciales	425
IV.	Interpretaciones diversas de la preocupación protestante	428
V.	Afianzar los fundamentos ecuménicos	429

21. La identidad confesional: una riqueza y un reto 433

I.	El ecumenismo, una riqueza y un reto	434
II.	La identidad como riqueza y reto	437
III.	Excurso: la polémica sobre la eucaristía y la comunión eucarística	441
IV.	El ecumenismo, un camino hacia el futuro	444
V.	¿Qué podemos hacer?	447

22. Escollos para el ecumenismo 453

I.	El ecumenismo después de las Jornadas Eclesiales Ecuménicas	453
II.	Los fundamentos teológicos del ecumenismo	455
III.	La cuestión ecuménica fundamental: la Iglesia y los ministerios en la Iglesia	458
IV.	La cuestión de la eucaristía o la Cena	462
V.	Diferentes objetivos ecuménicos	468
VI.	¿Cómo seguir adelante? ¿Qué podemos hacer?	470

23. ¿Cómo se puede avanzar en el ecumenismo? Una controversia fraternal con el obispo protestante Johannes Friedrich . . 475

I.	¿Qué significa «bíblico»?	476
II.	La inevitabilidad de la pregunta por la verdad	477
III.	La cuestión del canon	478
IV.	¿Cómo avanzar?	479

24. Situación ecuménica, problemas ecuménicos, perspectivas ecuménicas 481

I.	Los fundamentos del movimiento ecuménico	482
II.	El camino del acercamiento	483

III. Problemas actuales	485
IV. Paciencia y confianza	488
V. El diálogo como búsqueda de la verdad	491
VI. El camino del ecumenismo espiritual	495

25. El ecumenismo, en transformación 498

I. Un encargo permanente	498
II. El cambio de la situación ecuménica	499
III. Un cambio de clima: la nueva búsqueda de identidad	503
IV. Cuestiones controvertidas sobre los fundamentos y la meta del ecumenismo	506
V. El nuevo reto planteado por los evangélicos y las Iglesias pentecostales	510
VI. Fragmentación y nueva interconexión del ecumenismo	513
VII. Nuevas e importantes tareas: el ecumenismo secular y el ecumenismo fundamental	514
VIII. Lo decisivo en el futuro inmediato	517

26. El cambio de la situación ecuménica 519

27. *Mandatum unitatis*: el ecumenismo en el pasado y en el futuro 527

I. El cardenal Lorenz Jäger como fundador	527
II. Johann Adam Möhler como figura inspiradora	529
III. ¿Qué hemos logrado y dónde nos encontramos?	532
IV. Más allá del pluralismo y el confesionalismo	533
V. El peligro neoconfesionalista	536
VI. El diálogo como concepto clave	538
VII. El ecumenismo espiritual	542

28. Informaciones y reflexiones sobre la actual situación ecuménica 544

I. El ecumenismo como deber sagrado	544
II. Las formas de la *communio* en el primer milenio como indicador de camino	546
III. La transformada situación del ecumenismo	549
IV. La espiritualidad de la *communio*	552

29. El legado del cardenal Jan Willebrands y el futuro del ecumenismo 554

I. Vida y obra del cardenal Willebrands	554
II. El cambio en los últimos veinte años	561
III. El futuro del ecumenismo	565

Tercera Parte
ESPIRITUALIDAD DEL ECUMENISMO

30. El ecumenismo de la vida 575
I. Base bíblica 575
II. Fundamentos de un ecumenismo de la vida 576
III. Una situación ecuménica intermedia 578
IV. El ecumenismo como proceso de crecimiento 580
V. Posibilidades prácticas de un ecumenismo de la vida 582
VI. La cuestión de la comunión eucarística 583
VII. El ecumenismo espiritual
como corazón del movimiento ecuménico 585
VIII. ¿Hacia dónde nos dirigimos? 588
IX. El ecumenismo en perspectiva universal 589
X. Una esperanza que no destruye 590

31. Ecumenismo y espiritualidad 592
I. El movimiento ecuménico, hoy 592
II. Espiritualidad 595
III. El Espíritu Santo 599
  1. El que actúa por doquier 600
  2. El fundamento cristológico 602
  3. La vida de la Iglesia 605
IV. El diálogo ecuménico 608

32. La luz de Cristo y la Iglesia 613
I. La luz de Cristo en el mundo 613
II. El nudo gordiano aún por deshacer 615
III. Purificación de la memoria 617
IV. La unidad de los cristianos y la unidad del mundo 618

33. Una Iglesia misionera es ecuménica 621
I. La misión y el ecumenismo como gemelos 621
II. Una nueva situación misionera y ecuménica 623
III. La misión y el ecumenismo comportan autotrascendencia .. 626
IV. El peligro del relativismo y el indiferentismo 628
V. Construir la Iglesia hacia el futuro 631
VI. Ser una bendición unos para otros y para el mundo 632

34. María y la unidad de la Iglesia 635
I. María y la unidad de los cristianos 636
II. María, signo de esperanza 638

III. María, modelo del discipulado 641
IV. María, *týpos* de la unidad 643

35. Pablo: legado y encargo del ecumenismo en Oriente y Occidente 646

I. Un personaje multicultural 647
II. El legado eclesiológico del apóstol 652
III. Distanciamiento y cisma 654
IV. La motivación del ecumenismo 655
V. El papel del obispo de Roma 658
VI. Una nueva forma de ejercicio del ministerio petrino 660

Cuarta Parte
EL ECUMENISMO Y LA UNIDAD DE EUROPA

36. La unidad de la Iglesia y la unidad de Europa 667

I. El movimiento ecuménico como punto luminoso 667
II. Servicio a la paz en Europa 669
III. Testimonio conjunto 672

37. La situación ecuménica en Europa 675

I. Europa, un reto ecuménico 675
II. El ecumenismo, un camino hacia el futuro 678
III. Dos tareas ecuménicas en Europa 682

Abreviaturas 685
Fuentes 689
Índice onomástico 694
Índice analítico 700

NOTA DEL TRADUCTOR

Algunos de los términos que el autor utiliza para referirse a Iglesias no católicas plantean dificultades de traducción. En concreto, en alemán es habitual distinguir entre *reformatorisch* y *reformiert*, refiriéndose el primer término a las Iglesias nacidas de la Reforma protestante del siglo XVI en general, y el segundo a las Iglesias que se remontan a Juan Calvino y Ulrico Zuinglio en particular. Nosotros optamos por reservar la voz española «reformada» para este segundo término, mientras que el primero lo vertimos habitualmente por «protestante». Para evitar confusiones, casi siempre que se hable de «Iglesias reformadas» indicaremos entre paréntesis que se trata de las *reformierte Kirchen*.

Otro problema más complicado lo plantea el término alemán *evangelisch*, que puede traducirse por «protestante», pero que por regla general hemos preferido verter por «evangélico», toda vez que alude a una realidad eclesial menos abarcadora que el protestantismo: las Iglesias «evangélicas» nacidas, sobre todo en Europa, de la unión de luteranos y calvinistas. Pero, por desgracia, «evangélico» es también la traducción habitual –y más adecuada– de otro término alemán, *evangelikal* (*evangelical* en inglés), que se refiere a un fenómeno más específico y difícil de catalogar. Como no podemos evitar esta duplicidad en el uso de la voz española «evangélico», siempre que se aluda a este segundo fenómeno añadiremos entre paréntesis el término inglés *evangelical* (evitando así la declinación que exigiría el alemán), salvo que el contexto sea suficientemente claro (por ejemplo, cuando aparece asociado al pentecostalismo o al movimiento carismático). En la mayoría de los casos, sin embargo, «evangélico» traduce *evangelisch*.

PRÓLOGO

UNIDAD: PARA QUE EL MUNDO CREA

En este prólogo a la recopilación de los artículos de tema ecuménico que he escrito en casi cinco décadas no quiero recordar una vez más mi propio camino en el ecumenismo[1]; ni tampoco deseo repetir lo que ya he dicho en numerosos lugares sobre los fundamentos teológicos y las perspectivas concretas de un ecumenismo que está experimentado un cambio radical[2]. Lo que pretendo es más bien poner de relieve, en una situación en la que el entusiasmo ecuménico se ha enfriado notablemente y la pujanza del movimiento ecuménico corre peligro de decaer, la permanente tarea del ecumenismo en un mundo que se transforma velozmente y en la incipiente nueva fase del ecumenismo. Nos preguntamos: ¿qué es el ecumenismo y qué puede significar hoy y mañana?

I. Unidad y misión

La respuesta a la pregunta: ¿por qué y para qué el ecumenismo?, se puede formular concisamente como sigue: Jesús quiso que hubiera una sola Iglesia y, en la víspera de su pasión y muerte, pidió al Padre que todos fueran uno, para que el mundo creyera (cf. Jn 17,21). La unidad de todos los cristianos es, por tanto, el testamento vinculante de Jesús; por el contrario, la división del cristianismo en cientos de Iglesias y comunidades eclesiales contraría la voluntad de Jesús y representa un escándalo para el mundo, escándalo que causa grandes daños a la propagación y la credibi-

---

1. Cf. W. KASPER y D. DECKERS, *Wo das Herz des Glaubens schlägt. Die Erfahrung eines Lebens*, Freiburg i.Br. 2008 [trad. esp.: *Al corazón de la fe. Etapas de una vida*, San Pablo, Madrid 2009]; W. KASPER, *Katholische Kirche. Wesen – Wirklichkeit – Sendung*, Freiburg i.Br. 2011, 51-58 [trad. esp.: *Iglesia católica: esencia – realidad – misión*, Sígueme, Salamanca 2013].
2. Sintéticamente en W. KASPER, *Katholische Kirche, op. cit.*, 426-439.

lidad del Evangelio³. Así, la unidad de los cristianos y su envío al mundo desde los orígenes de la Iglesia están, a juicio del concilio Vaticano II, indisolublemente unidos entre sí y nos son encomendados como un deber sagrado.

En todos los siglos ha habido exhortaciones a la unidad e intentos de restablecer la unidad fragmentada. Sin embargo, el movimiento ecuménico, tal como hoy lo conocemos y entendemos, no surgió hasta el siglo XX, que ha sido, como pocos otros, una centuria sombría: dos sistemas totalitarios desdeñadores del ser humano; dos guerras mundiales con millones de muertos; millones de desplazados y refugiados; genocidios, en especial la Šo'ah, el exterminio estatalmente planificado y perpetrado de millones de judíos; guerras regionales donde las grandes potencias se enfrentan por delegación; en numerosos países, violentas dictaduras y violaciones de derechos humanos básicos; injusticia, hambre y miseria en numerosas zonas del planeta y para una gran mayoría de la humanidad. En medio de tanta oscuridad hubo un rayo de luz: los cristianos separados, que en el pasado con frecuencia se habían enfrentado cruentamente unos con otros, se percataron de que era más lo que compartían que lo que los separaba; se descubrieron mutuamente cristianos, como hermanos y hermanas en Cristo. Se aproximaron entre sí, rezaron y trabajaron en común y juntos se pusieron en camino hacia la unidad plena; querían ser, aunque aún no estuvieran plenamente unidos, instrumentos de la paz en un mundo surcado por numerosos conflictos.

El movimiento ecuménico fue algo así como el contrapunto de los sangrientos conflictos y la respuesta a las persecuciones de cristianos del siglo XX. Expresado en categorías mundanas, representó el mayor movimiento de paz de la pasada centuria. Dicho teológicamente y con las palabras del concilio Vaticano II, fue –en cuanto respuesta a los «signos de los tiempos»– un impulso del Espíritu Santo⁴. Juan Pablo II lo calificó de irreversible⁵ y habló de la incipiente época ecuménica como de una época de gracia ecuménica⁶.

---

3. Cf. UR 1.
4. Cf. UR 1 y 4.
5. Cf. JUAN PABLO II, *Ut unum sint* (1995), 3.
6. Cf. *ibid.*, 4 y 100.

El concilio definió el movimiento ecuménico[7], haciéndose eco de la fórmula base del Consejo Mundial de Iglesias, como un movimiento que es sostenido por quienes «invocan al Dios trino y confiesan a Jesucristo como Señor y Salvador, y esto lo hacen no solamente por separado, sino también reunidos en asambleas en las que han conocido el Evangelio y a las que cada grupo llama Iglesia suya y de Dios. Casi todos, sin embargo, aunque de modo diverso, suspiran por una Iglesia de Dios única y visible, que sea verdaderamente universal y enviada a todo el mundo, para que el mundo se convierta al Evangelio y se salve para gloria de Dios»[8]. Con ello, el movimiento ecuménico es deslindado del diálogo interreligioso con los no cristianos; tiene carácter no solo individual sino eclesial y, sobre todo, una dimensión misionera universal, referida al mundo.

Esto último es tanto más importante cuanto que la secularización de todos los ámbitos de la vida, tal como actualmente la vivimos, en especial en Europa, se debe en parte también a la división de los cristianos. Cuando en las guerras de religión del siglo XVII la fe cristiana dejó de ser el vínculo de unión de la cristiandad, convirtiéndose en causa de conflictos bélicos que llevaron a Europa al borde de la ruina, la única solución que se encontró fue declarar la fe asunto privado y fundar el orden social sobre la base de la razón común a todos. La fe fue tenida por un asunto privado y marginal, y la sociedad se secularizó. La nueva evangelización de nuestro continente que hoy nos planteamos no puede llevarse a cabo sin nuevos esfuerzos ecuménicos. La unidad no es un fin en sí; Jesús oró por la unidad, para que el mundo crea (cf. Jn 17,21).

---

7. Para el significado y el diverso uso de los términos «ecumenismo» y «ecuménico», cf. H. J. URBAN y H. WAGNER (eds.), *Handbuch der Ökumenik*, vol. 1, Paderborn 1985, 20-28. Al respecto, así como para todas las cuestiones de contenido, cf. N. LOSSKY (ed.), *Dictionary of the Ecumenical Movement*, Genève 2002; W. THÖNISSEN (ed.), *Lexikon der Ökumene und Konfessionskunde*, Freiburg i.Br. 2007.
8. UR 1.

II. El triple *Sitz im Leben* [lugar existencial]

El movimiento ecuménico no cayó del cielo en el concilio Vaticano II. Su historia ya ha sido narrada con frecuencia, por lo que no es necesario repetirla aquí en detalle[9]. Nació justo en el momento en que la Ilustración preludiaba la secularización moderna. Al hilo de los subsecuentes movimientos de despertar religioso (*Erweckungsbewegungen*), desde finales del siglo XVIII surgieron en diversas Iglesias y en distintos continentes –de manera independiente entre sí– movimientos de oración por la unidad de los cristianos. En 1908, esos movimientos desembocaron, por iniciativa de James Wattson, en la anual Semana de Oración por la Unidad de los Cristianos, respaldada ya por el papa León XIII.

La Iglesia católica participó desde el principio en este movimiento oracional. Esto se percibe en el ejemplo de san Vicente Pallotti en Roma, así como en el de Johann Michael Sailer, el obispo Wilhelm Emmanuel von Ketteler y Adolf Kolping, entre otros, en Alemania[10]. El concilio Vaticano II hizo suyo este impulso y caracterizó la oración por la unidad como alma de todo el movimiento ecuménico[11].

También en la Conferencia Misionera Mundial celebrada en Edimburgo en 1910, que suele considerarse el punto de arranque del movimiento ecuménico del siglo XX, los grupos de oración desempeñaron un papel decisivo en el trasfondo. Esta conferencia propició un ecumenismo organizado y estructurado, al principio en las dos comisiones «Fe y Constitución» y «Fe y Vida», que, tras la Segunda Guerra Mundial, concretamente en 1948, se fundieron en Ámsterdam en el Consejo Mundial de Iglesias. La Iglesia católica siguió este ejemplo en 1960 con la creación del Secretariado (hoy Pontificio Consejo) para la Promoción de la Unidad

---

9. Cf. R. Rouse y S. C. Neill (eds.), *Geschichte der Ökumenischen Bewegung 1517-1948*, 2 vols., Göttingen 1957-1958; H. E. Fey (ed.), *Geschichte der Ökumenischen Bewegung 1517-1948*, vol. 3, Göttingen 1974; G. H. Tavard, *Geschichte der Ökumenischen Bewegung*, Mainz 1964; H. J. Urban y H. Wagner (eds.), *Handbuch der Ökumenik*, vols. 1 y 2, Paderborn 1985-1986; A. Klein, «Ökumene II», en LThK³ 7, 1017-1022; J. Ernesti, *Kleine Geschichte der Ökumene*, Freiburg i.Br. 2007.
10. Cf. H. J. Urban y H. Wagner (eds.), *Handbuch der Ökumenik*, vol. 1, *op. cit.*, 316-324.
11. Cf. UR 8.

de los Cristianos. En la actualidad, este Pontificio Consejo prepara conjuntamente con la Comisión Fe y Constitución la semana anual de oración por la unidad de los cristianos.

El *abbé* lionés Paul Couturier se convirtió en una figura decisiva de este ecumenismo espiritual[12]. Su hija espiritual, la monja trapense María Gabriela de la Unidad, beatificada en 1983, fue declarada por el papa Juan Pablo II modelo ejemplar del ecumenismo[13]. Este ecumenismo espiritual constituye el punto de partida y, hasta la fecha, el alma del movimiento ecuménico. En la actual situación debemos volver a situarlo en el centro y a convertirlo, pensando en el futuro, en la fuerza motriz del ecumenismo[14].

Junto a esta preparación espiritual, cabe señalar asimismo el enraizamiento del movimiento ecuménico en las biografías y los destinos de numerosas personas del siglo pasado. Las experiencias comunes en la guerra, en el cautiverio, en los campos de concentración, en el destierro y en las situaciones de persecución acercaron entre sí a cristianos de diferentes confesiones que hasta entonces habían vivido ajenos unos a otros, aglutinándolos en una comunidad de destino. Dado que muchas iglesias habían quedado destrozadas a consecuencia de la guerra, abrir los templos intactos a otros cristianos y brindarse mutuamente hospitalidad era algo natural. Con ello se tendieron los cimientos para la convivencia y la colaboración de cristianos de diferentes confesiones en muchos ámbitos de la vida, tanto privada como pública. Hoy, en nuestra sociedad pluralista, ambas cosas resultan ineludibles e indispensables.

Tales indelebles experiencias personales fueron también determinantes para los promotores del acercamiento ecuménico. En los veintinueve años que sirvió como visitador apostólico y delegado pontificio en Bulgaria, Turquía y Grecia, Angelo Giuseppe Roncalli, quien más tarde sería el papa Juan XXIII, conoció y

---

12. Cf. P. COUTURIER, *Oecuménisme spirituel. Les Écrits de l'Abbé Paul Couturier*, prologado y comentado por M. Villain, Paris 1963; ID., *Prière e unité chrétienne. Testament oecuménique*, Lyon/Paris 2003.
13. Cf. JUAN PABLO II, *Ut unum sint* 27.
14. Cf. W. KASPER, i.Br *Wegweiser Ökumene und Spiritualität*, Freiburg. 2007 [trad. esp.: *Ecumenismo espiritual: una guía práctica*, Verbo Divino, Estella 2007]; ID., *Katholische Kirche*, op. cit., 437s; G. AUGUSTIN, «Ökumene als geistlicher Prozess», en P. Walter, K. Krämer y G. Augustin (eds.), *Kirche in ökumenischer Perspektive* (FS W. Kasper), Freiburg i.Br. 2003, 522-550.

aprendió a valorar a las Iglesias ortodoxas[15]. El arzobispo de Paderborn y más tarde cardenal Lorenz Jäger, uno de los promotores del ecumenismo en Alemania, procedía de una familia cuyos miembros pertenecían a distintas confesiones y, como capellán militar, había experimentado la camaradería y la convivencia solidaria de soldados católicos y protestantes en las trincheras de la Segunda Guerra Mundial. Augustin Bea, más tarde cardenal y primer presidente del Secretariado para la Promoción de la Unidad de los Cristianos, había conocido durante sus estudios en Berlín a famosos teólogos protestantes. Su colaborador Jan Willebrands, que luego le sucedería y sería elevado también a cardenal, había tejido ya antes del concilio una red de relaciones y amistades que se extendía por toda Europa. Independientemente de ello, ya entre ambas guerras mundiales habían surgido en Alemania, Francia, Bélgica y Holanda numerosos círculos ecuménicos de diálogo y amistad con gran poder de irradiación.

Hay que mencionar, por último, la raíz martirológica del ecumenismo. Los mártires son, de modo especial y radical, testigos de la fe. En efecto, para los cristianos de todas las Iglesias en el mundo entero, el siglo XX fue, como ningún otro siglo anterior, una centuria de mártires. Sobre ello llamó la atención con énfasis el papa Juan Pablo II justo en el primer parágrafo de su encíclica sobre el ecumenismo *Ut unum sint* (1995). Conjuntamente con representantes de casi todas las Iglesias, el 7 de mayo del año jubilar 2000 recordó en un impresionante acto conmemorativo ecuménico celebrado en el Coliseo de Roma a los mártires del siglo XX. A mí personalmente se me ha quedado grabada en la memoria sobre todo la beatificación de los cuatro mártires de Lübeck (Alemania), celebrada el 25 de junio de 2011: tres capellanes católicos y un pastor protestante, que el 10 de noviembre de 1943 fueron decapitados en el curso de media hora, de suerte que la sangre de los cuatro se mezcló.

Este episodio trae directamente a la memoria la frase de Tertuliano: «La sangre de los cristianos es semilla de nuevos cristianos»[16]. Así, en un siglo en el que las más variadas dictaduras totalitarias –desde México hasta la Alemania nazi, pasando por Rusia,

---

15. En J. ERNESTI y W. THÖNISSEN (eds.), *Personenlexikon Ökumene*, Freiburg i.Br. 2010, pueden encontrarse perfiles biográficos de las figuras más destacadas del movimiento ecuménico.
16. TERTULIANO, *Apol.* 50,14.

China y numerosos países del Tercer Mundo– pretendieron acabar con el cristianismo, la sangre de tantos mártires en todas las Iglesias se ha convertido en semilla de un movimiento de unidad de todos los cristianos. En la actual situación, en la que los cristianos son el grupo más perseguido a escala mundial, este ecumenismo de los mártires puede infundirnos renovada valentía para afrontar la nueva y difícil fase en la que está entrando el ecumenismo.

Así pues, el ecumenismo no nació, como muchos suponen, de ideologías ilustradas. Bien al contrario, fue y es la respuesta a estas ideologías hostiles al cristianismo. Tiene su *Sitz im Leben* [lugar existencial] en las a menudo dolorosas experiencias de personas que en medio de la necesidad y la persecución redescubrieron, a pesar de todas las diferencias existentes entre ellas, su mayor unidad espiritual en el único Señor Jesucristo y dieron al mundo testimonio de él –en coro, por así decir.

III. Los frutos del concilio Vaticano II

Es cierto que los responsables de la Iglesia católica se condujeron durante mucho tiempo con reservas, más aún, con una actitud de rechazo ante el ecumenismo en la forma en que este se desarrolló en la primera mitad del siglo XX. Se recelaba de él como de un pancristianismo relativizador y sincretista[17]. Para poder avanzar, se necesitaba un sólido trabajo teológico en los fundamentos. Por precursores teológicos en esta tarea son tenidos con razón Johann Adam Möhler y John Henry Newman, que no eran en modo alguno teólogos liberales. En el periodo de entreguerras, numerosos teólogos de rango y fama, como Yves Congar, Hans Urs von Balthasar, Robert Grosche, Otto Karrer, Karl Adam y Karl Rahner, clarificaron los fundamentos y mostraron caminos hacia delante.

Sobre la base de estos trabajos preparatorios, el concilio Vaticano II logró plasmar el cambio. La idea la dio el papa Juan XXIII ya en el anuncio (1959) y la convocatoria del concilio (1962) y luego en el memorable discurso de apertura que pronunció el 11 de octubre de 1962. Siguiendo este estímulo, el concilio estableció la

---

17. Esta sospecha la expresó el papa Pío XI en la encíclica *Mortalium animos* (1928). Ya en 1919 el Santo Oficio había prohibido participar en reuniones ecuménicas. La encíclica de Pío XII *Mystici corporis* (1943) invitó a los cristianos separados a regresar al seno de la Iglesia católica. Una instrucción del Santo Oficio de 1949 fue el primer documento que valoró el movimiento ecuménico como un signo del Espíritu Santo.

unidad de los cristianos ya en su primer documento, la constitución sobre la liturgia, como uno de sus objetivos[18] y luego, en la introducción al decreto sobre el ecumenismo *Unitatis redintegratio*, como una de sus más importantes metas[19]. Los fundamentos magisteriales de la apertura ecuménica los tendió el concilio en la constitución dogmática sobre la Iglesia *Lumen gentium*[20]. Allí se afirma, en consonancia con la entera tradición católica, que la Iglesia de Jesucristo subsiste en la Iglesia católica; pero se añade que fuera de los límites institucionales de esta se encuentran múltiples elementos de eclesialidad[21]. Esta doctrina se reitera y desarrolla en el decreto sobre el ecumenismo[22], a fin de extraer de ella consecuencias prácticas[23]. También en otros documentos habla expresamente el concilio sin cesar sobre la preocupación ecuménica[24].

Por consiguiente, el decreto sobre el ecumenismo no es algo aislado ni el ecumenismo constituye una preocupación secundaria y puntual, sino una preocupación fundamental anclada en el corpus del concilio. De ahí que *Unitatis redintegratio* no pueda desgajarse del conjunto de las afirmaciones conciliares. Quien crea poder –o incluso deber– rechazar este decreto como un documento de índole supuestamente solo pastoral ha de rechazar también, por coherencia, los pasajes esenciales de la constitución dogmática *Lumen gentium* sobre las Iglesias y muchos otros textos del concilio; y entonces, de ese modo, niega lo que el propio concilio define como una de sus más importantes preocupaciones.

La apertura ecuménica no constituye una ruptura con la tradición; no se funda en una nueva eclesiología, sino en una eclesio-

---

18. Cf. SC 1.
19. Cf. UR 1.
20. Así opina el redactor principal de la constitución sobre la Iglesia, G. PHILIPS, en su obra *L'Église et son mystère aux deuxième Concile du Vatican. Histoire, texte et commentaire de la Constitution Lumen gentium*, Paris 1967, vol. 1, 118 [trad. esp.: *La Iglesia y su misterio en el concilio Vaticano II: historia, texto y comentario de la constitución «Lumen gentium»*, Herder, Barcelona 1968].
21. Cf. LG 8 y 15.
22. Cf. UR 3s.
23. Para el decreto sobre el ecumenismo, cf. L. JÄGER, *Das Konzilsdekret über den Ökumenismus*, Paderborn 1968²; W. BECKER y J. FEINER, «Kommentar», en LThK.E 2, 9-247; B. J. HILBERATH, «Kommentar», en HThK.Vat II, vol. 2, 69-223; W. KASPER, «La permanente obligatoriedad teológica del decreto sobre el ecumenismo», reimpreso en el presente volumen, 168-177; W. THÖNISSEN (ed.), *Unitatis redintegratio. 40 Jahre Ökumenismusdekret*, Paderborn 2005.
24. Cf. DV 22; OE 24-29; CD 16; AA 6 y 27; AG 15s.

logía renovada a partir de la Escritura y de la tradición de la Iglesia antigua[25]. Desde este espíritu de renovación formula el concilio algunos principios católicos del ecumenismo[26]. Fundamental es sobre todo el hecho de que, en virtud del bautismo, todos los bautizados son miembros del único cuerpo de Cristo (cf. 1 Cor 12,13; Gál 3,28), por lo que en cierto modo están en comunión con la Iglesia católica, si bien no de forma perfecta. La meta del ecumenismo es hacer crecer la comunión existente, aún imperfecta, a fin de que se convierta en una comunión plena en la verdad y el amor[27].

La apertura ecuménica del concilio no se quedó en mera letra muerta, sino que en la Iglesia cayó en suelo fértil, encontrando en ella una rápida y rica recepción. Esto aconteció en todos los niveles: en las parroquias y comunidades eclesiales, en las diócesis, en el plano de las conferencias episcopales, en la Iglesia universal mediante el diálogo con las Iglesias y comunidades eclesiales no católicas. Esta unánime recepción puede, más aún, debe ser entendida teológicamente como un signo del Espíritu Santo[28]. Nunca podremos estar suficientemente agradecidos por ello.

También existieron, a no dudarlo, tanto malentendidos y lamentables abusos como, a la inversa, intentos de volver más atrás de la letra y el espíritu del concilio. El papa Juan Pablo II reprobó esta inercia y estrechez de corazón[29]. Las manifestaciones posconciliares del magisterio y de los pastores de la Iglesia son, sin embargo, inequívocas. Esto vale de los sínodos episcopales posconciliares y, en especial, de la encíclica del papa Juan Pablo II sobre el ecumenismo, *Ut unum sint* (1995), la primera encíclica de un papa sobre el ecumenismo. El papa Benedicto XVI, ya en su primer mensaje a los cardenales electores (20 de abril de 2005), asumió «de forma plenamente consciente como principal obligación la tarea... de trabajar con todas las fuerzas por la restauración de la plena y visible unidad de todos los discípulos de Cristo». Y luego añadió: «Este es mi afán, este es mi acuciante deber».

---

25. Para la hermenéutica del concilio, cf. W. Kasper, *Katholische Kirche, op. cit.*, 31-36.
26. Cf. UR 2-4; al respecto, cf. W. Kasper, *Katholische Kirche, op. cit.*, 429-433.
27. Cf. Juan Pablo II, *Ut unum sint* 14.
28. Para la relevancia teológica de la recepción, cf. W. Kasper, *Katholische Kirche, op. cit.*, 33 y 491, nota 20.
29. Cf. Juan Pablo II, *Novo millennio ineunte* (2001), 48.

Los frutos de los diálogos no están nada mal: el acuerdo con las Iglesias orientales ortodoxas (o antiguas), con el que logró ponerse fin a una controversia cristológica de casi mil quinientos años, ya durante el concilio y luego plenamente tras él[30]; el acercamiento a las Iglesias ortodoxas. En 1999 se llegó en Augsburgo a un acuerdo con los luteranos –al que en 2006 se sumaron los metodistas– sobre cuestiones fundamentales de la doctrina de la justificación, el principal punto de controversia en el siglo XVI. A ello hay que añadir acercamientos en cuestiones relativas a la eucaristía, la eclesiología, el ministerio, incluido el ministerio petrino, tanto con la comunidad anglicana como con las Iglesias y comunidades eclesiales protestantes. La recopilación completa de todos estos documentos en el plano internacional abarca cuatro gruesos volúmenes con el significativo título de *Dokumente wachsender Übereinstimmung* [Documentos de creciente consenso][31]. Además hay que consignar los resultados de la Comisión Fe y Constitución, en especial el Documento de Lima *Bautismo, eucaristía y ministerio* (1982), así como numerosos documentos de grupos informales tanto en el plano nacional como diocesano, sobre todo el Grupo de Les Dombes, siendo lo más reciente en el

---

30. A este respecto resulta fundamental el *Tomos Agapis*, Roma/Istanbul 1971, que recoge el intercambio epistolar entre Roma y el patriarcado ecuménico, así como las alocuciones del papa Pablo VI y el patriarca ecuménico Atenágoras durante su histórico encuentro de los días 5 y 6 de enero de 1964 en el monte de los Olivos de Jerusalén. Igualmente importante es la declaración leída a la vez en Roma y Estambul el penúltimo día del concilio, por medio de la cual se borró de la memoria de la Iglesia el anatema de 1054.
31. Cf. *Dokumente wachsender Übereinstimmung. Sämtliche Berichte und Konsenstexte interkonfessioneller Gespräche auf Weltebene*, vols. 1-4, Paderborn / Frankfurt a.M. 1983-2010 [una publicación similar, si bien temporalmente más limitada, existe en español: *Enchiridion oecumenicum*, 2 vols., ed. por A. González Montes, Centro de Estudios Orientales Juan XXIII y Universidad Pontificia de Salamanca, Salamanca 1986-1993; muchos de los documentos más recientes han sido publicados en español en la revista *Diálogo ecuménico*]. Una síntesis y un análisis de estos documentos pueden encontrarse en W. KASPER, *Harvesting the Fruits. Basic Aspects of Christian Faith in Ecumenical Dialogue*, New York / London 2009 [trad. esp.: *Cosechar los frutos: aspectos básicos de la fe cristiana en el diálogo ecuménico*, Sal Terrae, Santander 2010; trad. al.: *Die Früchte ernten. Grundlagen christlichen Glaubens im ökumenischen Dialog*, Paderborn/Leipzig 2011]; J. A. RADANO (ed.), *Celebrating a Century of Ecumenism. Exploring Achievements of International Dialogue*, Grand Rapids (Mich.) / Cambridge (Reino Unido) 2012.

mundo de lengua alemana la *Declaración de Magdeburgo sobre el reconocimiento recíproco del bautismo* (2007)[32].

Sería totalmente erróneo pensar que todo esto no es más que el resultado de un ecumenismo de negociación diplomática. En los diálogos es necesario, por supuesto, debatir y negociar, al igual que ocurre en los concilios y en los sínodos. Pero el diálogo es mucho más que un intercambio de ideas; es un intercambio de dones[33]. En el diálogo no se comunica simplemente algo al otro, sino que se le transmite algo de uno mismo; se da testimonio de la propia fe y se le permite participar en ella. Así pues, el encuentro no tiene lugar en el mínimo denominador común, sino que los interlocutores se dejan enriquecer e introducir más profundamente en la verdad plena por el Espíritu de Dios (cf. Jn 16,13). Por eso, la experiencia dice que los diálogos solo son fructíferos si se llevan a cabo en un clima espiritual de oración y en un ambiente de amistad humana y cristiana. Sin oración, conversión, renovación y reforma, sin un ser recreados por el Espíritu, no es posible el ecumenismo[34].

IV. El problema ecuménico fundamental

A pesar de los muchos y gratos progresos ecuménicos, en los últimos tiempos se multiplican las voces críticas[35]. En efecto, en modo alguno nos encontramos en una situación en la que todo esté en el fondo ya aclarado desde el punto de vista teológico y no quede sino extraer por fin las consecuencias prácticas[36]. En realidad, entretanto

---

32. En el mundo de lengua alemana hay que mencionar asimismo los documentos *Comunión eclesial en la palabra y el sacramento* (1984) y *Communio Sanctorum* (2000), así como las publicaciones del círculo de trabajo ecuménico «Dialog der Kirchen», en especial K. LEHMANN y W. PANNENBERG (eds.), *Lehrverurteilungen – kirchentrennend?*, Freiburg i.Br. 1986.
33. Cf. JUAN PABLO II, *Ut unum sint* 28.
34. Cf. UR 6s; JUAN PABLO II, *Ut unum sint* 15s y 21-27.
35. También J. Ratzinger / Benedicto XVI ha señalado reiteradamente puntos de vista críticos. Cf. J. RATZINGER, *Gesammelte Schriften*, vol. 8/2, Freiburg i.Br. 2010, espec. 731-752.
36. Aparte de otros autores, esta impresión la suscitó también la conocida propuesta de H. FRIES y K. RAHNER, publicada bajo el título: *Einigung der Kirchen – reale Möglichkeit* (QD 100), Freiburg i.Br. 1983 (en 1985 se publicó una edición especial que incluía un balance de los asentimientos recibidos y del debate desencadenado [trad. esp.: *La unión de las Iglesias: una posibilidad real*, Herder, Barcelona 1987]).

se ha hecho cada vez más patente que siguen existiendo diferencias, y no solo en importantes cuestiones de detalle. Con creciente claridad ha pasado a primer plano la cuestión fundamental del movimiento ecuménico, a saber, la pregunta de a qué nos referimos y qué queremos decir cuando hablamos de la unidad de la Iglesia.

No debemos tomarnos estas divergencias a la ligera. Pues la indiferencia ante verdades de fe de las que generaciones anteriores han vivido y extraído fuerzas sería una forma de arrogancia. No podemos pensar que el Espíritu de Dios no ha estado hasta ahora presente en la Iglesia y que hoy actúa más que en el pasado. La única Iglesia es la misma en todos los siglos. Por eso, un consenso ecuménico debe revelarse como desarrollo, profundización y renovación de la fe de la Iglesia de todos los siglos y estar en consenso con la fe de la Iglesia de todos los tiempos de un modo orgánico-dinámico. Sin semejante consenso tanto sincrónico como diacrónico, la unidad de la Iglesia se construiría sobre arena. Hace falta un ecumenismo en la verdad y en el amor.

El problema fundamental ante el que nos encontramos es la pregunta: ¿qué es y dónde está la Iglesia? O expresado técnicamente, ¿dónde subsiste la Iglesia? En esta cuestión, las opiniones siguen divergiendo. Esto vale de manera diferente tanto para el diálogo con las Iglesias orientales como para el diálogo con las Iglesias y comunidades eclesiales nacidas de la Reforma. Con las Iglesias ortodoxas y orientales ortodoxas compartimos la comprensión sacramental y la constitución episcopal de la Iglesia. El principal problema radica en la dimensión universal de la Iglesia y en el lugar que ha de ocupar el obispo de Roma en la Iglesia universal. Sobre estos puntos tampoco existe pleno consenso entre las propias Iglesias ortodoxas[37]. De ahí que en esta cuestión presumiblemente solo podamos avanzar una vez que se produzcan las pertinentes clarificaciones a través de un futuro sínodo panortodoxo.

El problema con las Iglesias y comunidades eclesiales provenientes de la Reforma es de mayor calado. Según la concepción protestante plasmada en la Confesión de Augsburgo, la Iglesia

---

37. El Documento de Rávena, *Ecclesiological and Canonical Consequences of the Sacramental Nature of the Church. Ecclesial Communion, Conciliarity and Authority* [Consecuencias eclesiológicas y canónicas de la naturaleza sacramental de la Iglesia: comunión eclesial, conciliaridad y autoridad, 2007], que abordó esta cuestión por medio de un diálogo internacional, no ha sido reconocido por todas las Iglesias ortodoxas. Al respecto, cf. W. KASPER, *Katholische Kirche, op. cit.*, 378-380.

acontece siempre y dondequiera que la palabra es correctamente proclamada y los sacramentos (el bautismo y la cena) se administran conforme al Evangelio[38]. A la comunión eclesial se llega mediante el reconocimiento recíproco, de tú a tú, como hoy suele decirse. Sobre la base de esta comprensión de la Iglesia y de su unidad, en la *Concordia de Leuenberg* (1973) se estableció la comunión eclesial entre las Iglesias protestantes de Europa. Varios acuerdos han seguido más o menos este modelo.

Sobre todo la declaración *Dominus Iesus* (2000) ha dejado claro que este no puede ser el camino de la Iglesia católica. Esta declaración contiene una interpretación magisterial de la afirmación del Vaticano II de que la Iglesia de Jesucristo subsiste en la Iglesia católica[39], de que solo ella tiene la entera plenitud de los medios de salvación[40] y de que la unidad existe en ella de modo tal que no puede perderse[41]. A buen seguro, la *Dominus Iesus* podría y debería haber sido formulada de una manera ecuménicamente más sensible y cordial. Pero, por lo que al contenido se refiere, ninguna formulación, ni siquiera la más sensible, puede cambiar el hecho de que los cristianos protestantes, sobre la base de su confesión de fe, entienden su ser Iglesia de forma distinta de los católicos.

La consecuencia de esta distinta comprensión de la Iglesia es una distinta comprensión de la unidad de la Iglesia, esto es, de la finalidad del movimiento ecuménico. Aquí se ha producido una peligrosa situación de tablas; es peligrosa porque, donde no hay consenso sobre la meta, existe el peligro de echar a andar en direcciones diferentes, de suerte que al final la distancia entre unos y otros sea mayor que la que existía al principio. De hecho, en la actualidad algunos indicios apuntan, por desgracia, a un empeoramiento de la situación y el clima ecuménicos.

La existencia de diferentes concepciones de Iglesia y diferentes estructuras eclesiales en ellas fundadas no es un problema meramente abstracto que solo deba interesar a los teólogos. Tiene consecuencias concretas y con incidencia en la vida para la cuestión de la admisión o no admisión de los cristianos no católicos a la comunión. Pues la eucaristía, a juicio de la Biblia y del con-

---

38. Cf. CA 7; al respecto, cf. W. KASPER, *Katholische Kirche, op. cit.*, 144-148, 233s, 290-292, 346-350 y 434-436.
39. Cf. LG 8.
40. Cf. UR 3.
41. Cf. UR 4; al respecto, véase W. KASPER, *Katholische Kirche*, op. cit., 234-238.

junto de la Iglesia, es el sacramento de la unidad. La participación en el único cuerpo eucarístico de Cristo implica la participación en el único cuerpo real de Cristo (cf. 1 Cor 10,16s)[42]. Por eso, según la Escritura y la entera tradición (incluida la tradición protestante vigente hasta el último tercio del siglo pasado), la comunión eucarística y la comunión eclesial forman una unidad indisoluble[43]. Pero, con ello, las discrepancias en lo relativo a la concepción de Iglesia cierran el paso al anhelo y el deseo de comunión eucarística que albergan numerosos cristianos comprometidos en –e interesados por– el ecumenismo. Esto, a su vez, es la razón decisiva de un malestar ecuménico actualmente muy extendido. De ahí que la pregunta que muchos se plantean rece: ¿de qué manera se puede avanzar en el ecumenismo? ¿Es posible avanzar?

V. El futuro del movimiento ecuménico

En estos últimos cincuenta años hemos logrado mucho, desde luego más de lo que muchos esperaban hace cincuenta años. Pero todavía tenemos ante nosotros un difícil camino, que, hasta donde podemos juzgar los seres humanos, presumiblemente será más largo de lo que muchos otros esperaban en aquel entonces. Numerosos indicios apuntan a que en la actualidad toca a su fin no el movimiento ecuménico como tal, pero sí la forma que ha adoptado en el ya concluido siglo XX y que tantos buenos frutos ha

---

42. Cf. W. KASPER, *Sakrament der Einheit. Eucharistie und Kirche*, Freiburg i.Br. 2004 [trad. esp.: *Sacramento de la unidad: eucaristía e Iglesia*, Sal Terrae, Santander 2005, reimpreso en OCWK 10, 222-313].
43. Sigue pendiente, sin embargo, la cuestión de si en casos aislados justificados son posibles soluciones intermedias. El CONCILIO VATICANO II (cf. UR 8; OE 26-29), el *Directorio Ecuménico* (1993), 122-132 y, sobre todo, el papa JUAN PABLO II (en la encíclica *Ut unum sint* [1995] 46 y en la encíclica *Ecclesia de eucharistia* [2003] 45s) dejan abiertas tales posibilidades. La limitación canónica a circunstancias en las que exista peligro de muerte y otras situaciones equiparables representa, en comparación con ello, una restricción que difícilmente hará justicia a numerosas situaciones pastorales. Tales soluciones para casos concretos no deben, sin embargo, ampliarse de manera indiferenciada. Presuponen la fe eucarística, una adecuada disposición y una cierta vinculación con la vida de la Iglesia católica. En cambio, sí que puede recomendarse en general la praxis habitual en muchos países de que los cristianos no católicos se acerquen junto a los católicos al lugar donde el sacerdote u otro ministro autorizado dispensa la comunión, se pongan la mano sobre el corazón y reciban la bendición. De este modo, en vez de ser excluidos sin más, participan del modo en que a ellos les es posible.

producido; así como a que en el aún incipiente siglo XXI tendremos que encontrar nuevos caminos para –y nuevas formas de– permanecer fieles al mandato de Jesús de ser uno y de dar testimonio en común. No podemos ni debemos interrumpir los diálogos, aunque hayan devenido más dificultosos. Antes bien, debemos llevar agradecidamente con nosotros a esta nueva fase, desarrollándolo y profundizándolo, todo lo que nos ha sido regalado en la pasada centuria. Lo que se termina es una fase del movimiento ecuménico, no el movimiento en sí[44].

En esta nueva fase, todas las Iglesias y, en especial, las de nuestro mundo occidental secularizado habrán de atravesar profundas crisis interiores. De ahí que en primer lugar sea necesario asegurar los fundamentos comunes, mantenerlos despiertos y vivos: la fe en el Dios uno, en el único Señor Jesucristo y en la acción del único Espíritu Santo en la Iglesia a través de la palabra y los sacramentos, así como la esperanza común en la vida eterna. Sin este fundamento común, todos los esfuerzos ecuménicos quedan colgados en el aire; sin el fundamento común de la fe, nuestro testimonio común al mundo carece de objeto.

Cada generación debe reapropiarse las mencionadas verdades fundamentales comunes de la fe cristiana. Esto podía darse más o menos por sentado en tiempos pasados, determinados en gran medida por el cristianismo. Para la actual generación de jóvenes, el ser cristiano ya no es tan obvio. Lo importante en tal caso ya no es tanto la apertura ecuménica, sino la decisión fundamental cristiana y la propia identidad como cristianos católicos, protestantes u ortodoxos. Por eso, en la actualidad el primer plano debe ocuparlo la iniciación a las verdades fundamentales comunes a todos los cristianos.

A ello se añade que, en un mundo que en gran medida ha perdido la orientación, las diferencias confesionales se han desplazado en gran parte del plano dogmático a las cuestiones relativas a la configuración de la vida y a la ética. Se trata de la protección de la vida desde la concepción hasta la muerte natural, de la dignidad conferida por Dios al hombre y los derechos humanos fundamentales, del matrimonio y la familia, de la vivencia responsa-

---

44. En lo que sigue retomo puntos de vista que expuse en mi conferencia de despedida del Consejo Pontificio para la Promoción de la Unidad de los Cristianos, pronunciada en Roma el 17 de noviembre de 2010 con motivo del cincuentenario de su creación.

ble de la sexualidad humana, de las complejas nuevas cuestiones de bioética. En estos ámbitos, el entendimiento entre las Iglesias se ha tornado, por desgracia, más difícil; pero en el mundo actual resulta al mismo tiempo más apremiante. Así, debemos volver a esforzarnos por encontrar respuestas comunes a los asuntos mencionados sobre el fundamento compartido del decálogo y las enseñanzas éticas del Evangelio. Solo así podremos ser conjuntamente sal de la tierra y luz en el mundo.

Puesto que en estas cuestiones el ecumenismo oficial ha entrado en una fase complicada en la que difícilmente cabe esperar rápidos progresos, en la actualidad se está constituyendo, por una parte, un ecumenismo católico-protestante liberal, que salta por encima de las diferencias y sigue arbitrariamente su propio camino. Dudo mucho de que esta clase de ecumenismo vaya a tener futuro; más bien pienso que antes o después morirá por sí solo. Pero, por otra parte, entretanto está cobrando forma, en el mayor de los silencios, una segunda forma de ecumenismo, más espiritual, que lleva de regreso a los orígenes del ecumenismo. En ella, diversos grupos ecuménicos de católicos, ortodoxos y protestantes, fieles a la Biblia y al símbolo de la fe, pertenecientes a menudo a comunidades y movimientos espirituales, se juntan con regularidad para la lectura de –y la reflexión en común sobre– la Sagrada Escritura, para el intercambio espiritual y la oración, para profundizar en la formación teológica, al hilo de todo lo cual descubren agradecidos cuán cerca se hallan unos de otros. En estas células espirituales y en su entrelazamiento está creciendo en el mundo entero, para decirlo con Paul Couturier, un monasterio invisible. Este ecumenismo espiritual es aquel por el que yo aposté en primer lugar.

No podemos programar ni organizar ni, menos aún, forzar qué resultará de ahí para la unidad plena y sacramentalmente visible de la Iglesia. Jesús no nos ordenó: «¡Uníos, poneos de acuerdo!». Antes bien, dirigió una oración al Padre, para que todos fuéramos uno. Si hacemos nuestra esta oración en su nombre, por medio de él y en él, podemos estar seguros, en virtud de su promesa, de que se verá realizada (cf. Jn 14,13s). Cómo, dónde y cuándo es algo que no depende de nosotros. Eso podemos dejárselo a la guía del Espíritu Santo.

Presumiblemente aparecerán nuevas formas de unidad en la legítima diversidad y de diversidad en el seno de la unidad mayor.

No siempre será posible encajarlas a la fuerza en los ordenamientos canónicos preexistentes. Las discrepancias perderán con ello su carácter separador; serán, por así decir, desemponzoñadas e integradas con virtud fecundante y enriquecedora en la totalidad del único cuerpo de Cristo, de modo que, en vez de desfigurarlo, contribuirán, como divergencias propiciadoras de vida, a hacer resplandecer de nuevo toda la belleza de la esposa de Cristo. Tal fue la visión que clarividentes y perspicaces pioneros del ecumenismo como Johann Sebastian Drey y Johann Adam Möhler esbozaron ya a principios del siglo XIX[45]. En Joseph Ratzinger / Benedicto XVI se encuentra, en la estela de Oscar Cullmann, una concepción análoga[46]. El papa Juan Pablo II hizo suya esta visión[47] y propuso un diálogo sobre nuevas formas de ejercicio del ministerio petrino, aceptables para todos[48].

En un gesto profético, este gran papa atribuyó importancia al hecho de abrir la Puerta Santa de San Pablo Extramuros en el año jubilar 2000 conjuntamente con el representante del patriarca ecuménico y con el arzobispo de Canterbury, empujándola, como él decía, no con dos, sino con seis manos. Con este gesto profético quería expresar su esperanza de iniciar, después de las nefastas divisiones del segundo milenio, un tercer milenio ecuménico[49]. Fue un impresionante signo de que las Iglesias separadas se han puesto en camino de forma conjunta e irreversible hacia la unidad plena y visible, y quieren dar ya ahora testimonio común, «para que el mundo crea» (Jn 17,21).

Para concluir, me gustaría agradecer de corazón a los editores de mi Obra Completa, el catedrático Dr. George Augustin y el prela-

---

45. Cf. W. Kasper, «Die Einheit der Kirche im Licht der Tübinger Schule», en M. Kessler y O. Fuchs (eds.), *Theologie als Instanz der Moderne. Beiträge und Studien zu Johann Sebastian Drey und zur Katholischen Tübinger Schule* (TSThPh 22), Tübingen 2005, 189-206.
46. Cf. J. Ratzinger, *Kirche – Zeichen unter den Völkern. Schriften zur Ekklesiologie und Ökumene*, en Id., *Gesammelte Schriften* 8/2, Freiburg i.Br. 2010, 734-736, 743 y 750. Véase también O. Cullmann, *Einheit durch Vielfalt*, Tübingen 1990².
47. Cf. Juan Pablo II, *Ut unum sint* 50.
48. Cf. *ibid*. 95.
49. Cf. Juan Pablo II, *Novo millennio ineunte* (2001), 12; véase también *ibid*. 48.

do Dr. Klaus Krämer, a los colaboradores del Instituto Cardenal Walter Kasper, sobre todo al catedrático Dr. Markus Schulze, al Dr. Ingo Proft y al bachiller en teología Stefan Ley, así como a Stephan Weber, de la Editorial Herder, el esmero que han puesto en la edición de este volumen. También quiero expresar mi gratitud a todos los antiguos colaboradores y colaboradoras del Pontificio Consejo para la Promoción de la Unidad de los Cristianos, sin cuya competente aportación no habría podido prestar el servicio que allí he realizado.

Roma, 29 de junio de 2012
Solemnidad de los apóstoles Pedro y Pablo
✠ CARDENAL WALTER KASPER

PRIMERA PARTE

Fundamentos

1
Fundamentos y posibilidades de un ecumenismo católico

El teólogo católico que se dispone a hablar sobre los fundamentos y las posibilidades de un ecumenismo católico[1] parece encontrarse al principio en una situación bastante difícil y delicada. ¿Puede hacer algo más, le preguntarán, que justificar de nuevo y quizá con mayor acierto los fundamentos dogmáticos de su Iglesia, en el fondo ya suficientemente conocidos? ¿Puede hacer algo más que exponer mejor y de manera más amable e invitadora la doctrina de su Iglesia, demostrando que en ella también existe un espacio legítimo para todas las preocupaciones protestantes? Así pues, ¿puede hacer algo más que intentar persuadir –con todos los medios que los modernos métodos teológicos ponen a su disposición y con un talante auténticamente fraternal– a los hermanos separados para que regresen a la Iglesia católica de Roma?

Pues esta Iglesia católico-romana se entiende a sí misma, en efecto, como infalible, como la Iglesia una, santa y apostólica, que, dada esta autocomprensión, no puede renunciar a nada de su pretensión. Todo lo que puede hacer es, afirman algunos, prepararse por medio de reformas tan serias como loables para acoger a los hermanos separados en una renovada casa paternal. Pero eso no sería, se objeta, sino Contrarreforma con nuevos medios.

En la exposición siguiente trataremos de mostrar un camino alternativo. Y lo que intentaremos en concreto será descubrir dentro de la doctrina católica tradicional puntos de partida y posibilidades para fundamentar desde una perspectiva teológica un ver-

---

1. Para referencias concretas, véase, para la primera parte de este artículo, W. KASPER, «Schrift und Tradition – eine Quaestio disputata»: ThPQ 112 (1964), 205-214; y para la segunda parte, W. KASPER, «La naturaleza eclesiológica de las Iglesias no católicas», reimpreso en el presente volumen, 64-84.

dadero diálogo ecuménico y una conducta ecuménica que se diferencien de la posición meramente contrarreformista. En consecuencia, no se trata tanto de hacerse eco de las preocupaciones y los enfoques de la teología protestante, preguntándose en cada caso hasta qué punto pueden ser asumidas o no por los católicos. Ello constituiría sin duda una importante tarea teológica. Aquí nos circunscribimos al método mencionado en primer lugar. Esto me parece teológicamente justificado en tanto en cuanto cada Iglesia debe partir de su propia tradición en el diálogo ecuménico al que se aspira. Nadie puede renunciar sin más a su posición. Eso no se les puede exigir a los hermanos protestantes por parte católica, como tampoco a nosotros se nos puede pedir, a la inversa, que nos convirtamos sencillamente al protestantismo. Pero lo que ambas partes sí pueden hacer es preguntar a la totalidad del Evangelio a partir de su tradición específica, del aspecto que su tradición les brinda, tratar de ahondar en su respectiva tradición e integrarla desde el Evangelio sin renunciar a su contenido objetivo ni a sus preocupaciones.

Seguramente se me preguntará: pero ¿es eso de verdad posible para la Iglesia católica? ¿No está el católico convencido de que su Iglesia posee la entera plenitud de la verdad? ¿Acaso no debe leer el Evangelio, tal como está atestiguado en la Escritura, siempre a la luz de la tradición? ¿Cómo puede entonces colocar, a la inversa, su tradición a la luz del Evangelio?

La primera pregunta fundamental para la cimentación de un ecumenismo católico es, por consiguiente, qué relación existe entre la Escritura y la tradición. De esta cuestión nos ocupamos en la primera parte de la ponencia.

I. Escritura y tradición

1. La tradición como transmisión viva del Evangelio

La pregunta por los fundamentos y las posibilidades de un diálogo ecuménico remitirá sin cesar entre católicos y protestantes a la pregunta fundamental por el lugar y el carácter normativo de la Escritura en la Iglesia y sobre la Iglesia. Este interrogante no constituye una cuestión marginal cualquiera del diálogo ecuménico, sino la dilucidación del fundamento sobre el que conjuntamente nos alzamos. Aquí se trata de la pregunta de cuál sea en cada caso, al fin y al cabo, la norma última para discernir la verdad del error en la Iglesia.

La Reforma comenzó con una decidida protesta contra una determinada tradición en la Iglesia, una protesta en nombre del Evangelio. En su fundamental escrito *La cautividad babilónica de la Iglesia*, Lutero condensó esta protesta en la lapidaria frase de que la Iglesia no está por encima de la palabra sino sujeta a ella, la Iglesia no es señora sino criatura de la palabra (*creatura verbi*). El *sola scriptura* [solo la Escritura] está, según Lutero, estrechamente relacionado con el *solus Christus* [solo Cristo] y el *sola fide* [solo por la fe]. En efecto, como el reformador acentúa una y otra vez contra Erasmo, Cristo es el verdadero contenido de la Escritura.

Aquí se podría objetar con facilidad, por supuesto, que con ello Lutero no hace, de hecho, sino sustituir una tradición interpretativa por otra, a saber, por aquella que tiene por principios exegéticos la doctrina protestante de la justificación y la distinción entre ley y Evangelio. De hecho, la teología protestante contemporánea muestra también una creciente comprensión para el papel de la tradición como ayuda para la exégesis, llegando incluso a un vínculo confesional fáctico que apenas se diferencia en la praxis del vínculo católico con el dogma. A juicio de Lutero, la palabra de Dios y el pueblo de Dios están íntimamente unidos. Para él, el Evangelio no es un libro muerto, sino *viva vox evangelii*, «una homilía y un grito sobre la gracia y la misericordia divinas». De hecho, tampoco la posición protestante logra desprenderse de la unión entre Escritura, tradición e Iglesia. Es sabido además que, en lucha con el protestantismo exaltado, Lutero acentuó cada vez en mayor medida el *ministerium verbi* [ministerio de la palabra], al que hay que ser *rite vocatus* [llamado ritualmente]; y asimismo que Lutero nunca puede ser visto solo desde su polémica antirromana, sino que también ha de ser considerado en su confrontación con los protestantes exaltados. Por eso es significativo que la *Confessio Augustana* trate del *ministerium docendi* [ministerio docente] inmediatamente después del capítulo sobre la doctrina de la justificación y antes del capítulo sobre los frutos de la justificación.

En la actualidad, el estado de las ciencias bíblicas hace de todo punto imposible cualquier biblicismo simplificador. Precisamente la exégesis protestante plantea hoy con vigor el problema hermenéutico. Reconoce con énfasis la existencia y la necesidad de una precomprensión. Es consciente de que la Escritura no es un libro caído del cielo, sino un fragmento de tradición de la época apostólica, una precipitación del anuncio de esta. El canon es obra de la Iglesia antigua. Los distintos libros del Antiguo y el Nuevo Testamento surgieron a partir de una tradición multiestratificada y difícil de desentrañar y de múltiples corrientes de tradición de la Iglesia primitiva; de ahí que tampoco la Escritura presente una unidad doctrinal. Esta constatación movió a un exégeta protestante (Ernst Käsemann) a afirmar que la Escritura no es el fundamento de la unidad de la Iglesia, sino de la diversidad de confesiones, porque ofrece espacio tanto para el judaísmo como para el catolicismo y el protestantismo.

También contra esta última afirmación cabría aducir sin duda algún que otro argumento. Pero lo que podría ser incontestable es que una Escritura desgajada de la tradición constituye una abstracción que en el fondo nunca puede darse. La Escritura ha sido en todas las épocas Escritura comprendida y palabra de Dios percibida. Y justo eso es lo que significa la palabra «tradición». «La tradición es la Escritura que sale de la ocultación de su misterio para servir al ser humano. La Escritura sola es semilla solitaria, semilla sin campo, Escritura al margen del ser humano» (Paul Schütz). La tradición no es otra cosa que el Evangelio vivamente predicado, creído, comprendido, interpretado y acogido en la Iglesia.

2. La Escritura y la tradición como testigos de la palabra de Dios

Las alusiones realizadas hasta ahora de manera en realidad bastante esporádica deberían haber dejado al menos entrever que el problema de la relación entre Escritura y tradición existe también para los protestantes y está muy lejos de ser un problema exclusivamente católico. Incluso bien podría decirse que este problema no ha sido resuelto hasta ahora por ninguna de las dos partes. Pero eso, para el diálogo ecuménico, significa una oportunidad, una chispa de esperanza. De ahí que aquí se trate ahora de esbozar con toda brevedad el estado del debate en la Iglesia católica.

Durante largo tiempo pudo parecer que, por parte católica, este problema había quedado zanjado con el concilio de Trento. Pero precisamente aquí se trata de volver a mostrar que un dogma nunca significa tan solo el final de un debate, sino siempre también el punto de partida de nuevas reflexiones, y que el verdadero sentido de un dogma únicamente se pone de manifiesto a través de un proceso de interpretación a menudo prolongado. Como es sabido, con sus investigaciones sobre la doctrina de la tradición en la Escuela de Tubinga y, sobre todo, en el concilio de Trento, Josef Rupert Geiselmann desencadenó una de las controversias más importantes y de mayores consecuencias de la posguerra. Estas polémicas no han concluido en modo alguno. Sigue existiendo una nube de malentendidos y confusiones, pero también una plétora de problemas irresueltos.

Pero entretanto parece haberse llegado al acuerdo de que la relación precisa entre Escritura y tradición no quedó unívocamente determinada en el Tridentino ni en el concilio Vaticano I. Lo único que está definido es que la tradición existe como una forma de transmisión de la palabra de Dios en la Iglesia. El dogma no estipula qué relación guarda esta tradición con el otro medio de transmisión de la palabra de Dios, la Sagrada Escritura. Al respecto existen, ciertamente, diferentes opiniones teológicas. Sin embargo, si el concilio de Trento afirma que la Escritura debe ser interpretada según la tradición, entonces la Escritura y la tradición no pueden existir yuxtapuestas sin más; antes bien, la tradición es esencialmente, según esto, interpretación de la Escritura. Así pues, por «tradición» no entendemos cualesquiera usos y tradiciones humanos, sino el Evangelio vivo en la Iglesia.

En la actualidad se debate profusamente la cuestión de si existen asimismo verdades no contenidas en la Escritura, sino solo en la tradición. No obstante, también en este punto es el acuerdo mayor de lo que a menudo parece. Hoy seguramente todos aceptan que todas las verdades de fe deben estar contenidas en la Escritura al menos de forma embrionaria, rudimentaria. Pero nadie estaría dispuesto a afirmar que todo dogma debe ser demostrado en sentido estricto a partir de la Escritura. Eso también contradiría, por lo demás, la esencia y la función de la Sagrada Escritura. Esta no es una cantera de pruebas bíblicas ni un código legal, sino un libro de sermones; pide ser interpretado una y otra vez de nuevo, ser proclamado sin cesar en situaciones radicalmente nuevas.

En consecuencia, la Escritura y la tradición son de modo diverso testigos de la única palabra de Dios. La palabra de Dios es la única fuente de la verdad salvífica para la Iglesia. Pero esta única palabra de Dios nos ha sido atestiguada de un doble modo. Si por «fuente» se entiende, pues, semejante yacimiento, una posibilidad de prueba (*locus theologicus* [lugar teológico]), entonces cabe hablar con la teología postridentina de dos fuentes. Por «fuente» se puede entender, consiguientemente, distintas cosas. En un caso se habla desde una óptica dogmática: la palabra de Dios es la única fuente; en el otro se habla con intención apologética: existen dos fuentes de pruebas para la única palabra de Dios, a saber, la Escritura y la tradición. Uno y otro modo de hablar no tienen por qué contradecirse. Pero su coexistencia ha dado pie, por desgracia, a una gran confusión. Objetivamente, el punto de vista postridentino también tiene, sin duda, su relativa legitimidad; es del todo compatible con el punto de vista pretridentino.

Por tanto, también en esta cuestión, la unidad existente dentro de la teología católica es, en el fondo, mayor de lo que a veces parece; al menos, podría ser mayor. Pero los múltiples malentendidos, más que aclarar la verdadera preocupación que subyace a esta forma de hablar, la han ocultado. En efecto, lo que persigue la corriente «progresista» dentro de la teología católica no es hacer de la Escritura un arsenal de pruebas bíblicas, sino convertirla en la auténtica norma de toda la predicación eclesial y de la entera vida de la Iglesia. El diálogo ecuménico solo puede llevarse a cabo con sentido si se aclara que lo anterior es posible −y de qué modo− dentro de la posición católica. De esta cuestión fundamental vamos a ocuparnos a continuación en un tercer apartado.

3. La autotransmisión *(*Selbstüberlieferung*) de Cristo en la Iglesia*

La primera tesis que tenemos que formular aquí reza: la relación entre Escritura y tradición no deber considerarse desde una perspectiva estática, sino dinámica. En efecto, el Evangelio no es, en primer lugar, una recopilación de frases ni un libro, sino autocomunicación (*Selbstmitteilung*) de Dios, vida, historia, acontecimiento, interpelación, gracia y juicio. En último término, la revelación consiste en la persona misma de Jesucristo. Pero la tradición es el acontecimiento de la presencia de Cristo en la Iglesia a través de su palabra.

La tradición no debe compararse, por consiguiente, con una moneda que pasa de mano en mano a lo largo de la historia. Es una realidad viva, histórica. La tradición en sentido teológico tampoco puede ser confundida con lo que, por lo demás, en ocasiones se entiende por tradición humana, a saber, determinados usos, costumbres y convenciones. De ahí que, cuando en la entrada: «Tradiciones», se limita a remitir a la entrada: «Preceptos humanos», la edición oficial y crítica de los escritos confesionales de la Iglesia evangélico-luterana de Alemania pasa por alto desde un principio aquello a lo que nosotros nos referimos. Entendida en sentido teológico, la tradición (*Tradition*, *Überlieferung*) no tiene que ver con verdades humanas ni con la acción humana, sino más bien con la autotransmisión (*Selbstüberlieferung*) de Cristo en la Iglesia. «Christus est qui praedicat» [Cristo es quien predica] (Agustín). Cristo es sujeto y objeto de la predicación. En esta afirmación, la teología de la antigua Escuela Católica de Tubinga (Johann Sebastian Drey) se encuentra con la exégesis moderna (Oscar Cullmann, Josef Rupert Geiselmann) y con aseveraciones de teólogos dogmáticos protestantes modernos (Hermann Diem).

Cuando decimos que Cristo es sujeto y objeto de la predicación, que él es, por tanto, el auténtico anunciador y el anunciado, con ello afirmamos también que la Iglesia, por así decir, no se ha «tragado», no ha «absorbido» ni «acaparado» a Cristo, como en ocasiones se le reprocha a la doctrina católica. Cristo, en su palabra, sigue siendo el Señor de la Iglesia. La tradición es un acontecimiento que le acaece a la Iglesia y a través del cual la Iglesia acaece siempre de nuevo. Desde luego, igualmente cierto es, por otro lado, que este acontecimiento tiene lugar a través de testigos y a través de la propia Iglesia.

Este carácter de acontecimiento de la tradición se salvaguarda también en la teología católica tradicional. Esta distingue, en efecto, dos elementos en el concepto de tradición: el contenido transmitido y el acto de la transmisión. También la teología de escuela reconoce que la verdad transmitida no es constatable, objetivable y manipulable sin más. La verdad del Evangelio únicamente existe en su realización, en el acto de la predicación (Clemens Schrader, Johannes Baptist Franzelin). Pero el acto de la predicación es algo dinámico. El testimonio de la predicación debe proclamarse a la situación del oyente, siempre nueva, y tiene, por tanto, carácter histórico. En la predicación, en el anuncio, no se trata de un: «Érase una vez», ni de verdades generales, eternas. El anuncio debe ser concreto y actual, debe dirigirse al oyente y a sus preguntas, a las distintas culturas, pueblos, situaciones históricas, etc. Así, según las distintas épocas, sin cesar se tornan actuales nuevos aspectos de la revelación. Las preguntas que se plantea el concilio de Trento ya no son necesariamente nuestros problemas teológicos, por mucho que sus respuestas no devengan por ello falsas[2]. Tampoco los reformadores se limitaron sin más a reiterar el mensaje de la Escritura, sino que llevaron a cabo una interpretación de trascendencia histórica con la vista puesta en la situación histórico-eclesial del siglo XVI.

Por consiguiente, no se trata, como en ocasiones se objeta, de que debamos reinterpretar sin cesar nuestros dogmas, sino de que hoy tenemos en parte nuevas preguntas, a cuya luz también nuestros enunciados anteriores deben ser, naturalmente, dilucidados de nuevo. La verdad no se puede empaquetar sin más en frases. La verdad es una realidad viva, dialéctica. Nuestra fe no se refiere sencillamente a frases, sino a la realidad a la que apuntan tales frases (Tomás de Aquino); y en este caso eso significa: al misterio del eterno designio salvífico de Dios revelado en Jesucristo. Ninguna frase puede contener por sí sola esta verdad; la desemejanza existente entre nuestros enunciados y la verdad es siempre mayor que su semejanza[3]. La única verdad puede comprenderse desde aspectos siempre nuevos. En el presente contexto no podemos más que sugerir que esta visión de las cosas abre posibilidades para el diálogo ecuménico. Más adelante retomaremos este punto.

Pero ahora hay que responder primero a la pregunta acerca de dónde queda la continuidad en esta concepción histórica de la tradición, dónde la permanente validez de las formulaciones

---

2. Así también JUAN XXIII en la apertura del concilio Vaticano II: «La tarea principal de este concilio no es, por lo tanto, la discusión de este o aquel tema de la doctrina fundamental de la Iglesia, repitiendo difusamente la enseñanza de los padres y teólogos antiguos y modernos... Sin embargo, de la adhesión renovada, serena y tranquila a todas las enseñanzas de la Iglesia, en su integridad y precisión, tal como resplandecen principalmente en las actas conciliares de Trento y del Vaticano I, el espíritu cristiano y católico del mundo entero espera que se dé un paso adelante hacia una penetración doctrinal y una formación de las conciencias que esté en correspondencia más perfecta con la fidelidad a la auténtica doctrina. Una cosa es la sustancia de la antigua doctrina, del *depositum fidei*, y otra la manera de formular su expresión; y de ello ha de tenerse gran cuenta –con paciencia, si necesario fuese– ateniéndose a las normas y exigencias de un magisterio de carácter predominantemente pastoral» [cit. en el orig. según HerKorr 17 (1962/1963), 87; trad. esp. tomada de www.vatican.va].
3. Cf. DH 806.

dogmáticas. A este respecto, formulamos a continuación una segunda tesis.

El acontecimiento siempre nuevo del Evangelio en la Iglesia es siempre al mismo tiempo recuerdo de lo que Jesucristo ha dicho y hecho (cf. Jn 14,16). La revelación ha acontecido de una vez por todas, de modo concluyente (escatológico) en Jesucristo (cf. Heb 1,1). La teología católica tradicional expresa esto afirmando que la revelación terminó con la muerte del último apóstol. De las palabras y las obras de Cristo únicamente tenemos noticia a través del testimonio de los apóstoles. Karl Rahner ha mostrado que con la muerte del último apóstol no se alude a una fecha de calendario, sino justamente al hecho de que la Iglesia posapostólica se levanta sobre el fundamento de los apóstoles y profetas (cf. Ef 2,20), de que invariablemente permanece vinculada a este «comienzo en plenitud» (Johann Adam Möhler) y de que siempre debe apoyarse en tal testimonio originario.

No otra cosa es lo que quiere decir también el concilio Vaticano I cuando afirma que la infalibilidad no le es concedida al papa para anunciar una doctrina nueva, sino para conservar e interpretar la revelación transmitida por los apóstoles[4]. Calificándose a sí misma de infalible, la Iglesia no quiere situarse por encima de la palabra de Dios, sino, al contrario, someterse a esta. Con ello no pretende colocar una palabra humana en el lugar de la palabra de Dios, sino que busca posibilitar que la palabra de Dios siga siendo precisamente eso, palabra de Dios, y que no sea falsificada por palabra humana alguna. Ya he intentado sugerir que, mediante semejante infalibilidad, la predicación eclesial no es sustraída a la historicidad, que tal predicación sigue siendo siempre una forma humana y, por tanto, inadecuada de hablar sobre el misterio divino. Por eso es posible dar mayor profundidad a los dogmas desde el punto de vista de su contenido y mejorar su formulación. Lo único que nos sentimos obligados a afirmar es que un dogma no puede errar en aquello a lo que se refiere positivamente. Lo que no debe decirse, en cambio, es que un dogma agota por completo una verdad revelada ni que representa la mejor expresión posible de ella. Un dogma es un intento histórico, completamente humano, de proteger el contenido del Evangelio contra posibles falsificaciones en una determinada situación, por re-

---

4. Cf. DH 3070.

gla general crítica, de la historia de la Iglesia. Los dogmas también suelen tener, por eso, un sentido negativo, de rechazo; solamente excluyen una determinada solución o forma de hablar, pero dejan abierta en sentido positivo la mayor parte de la cuestión. El fundamento de la infalibilidad de la Iglesia radica, a nuestro juicio, en el carácter escatológico de la revelación de Cristo. Con Jesucristo, la verdad de Dios ha llegado de una vez por todas al mundo. Por eso, la Iglesia ya no puede comprometerse definitivamente con el error. Sin embargo, en consonancia con la tensión escatológica, junto al «ya», junto a la afirmación de que la verdad ya ha venido a nosotros, hay que acentuar también el «todavía no»: también nuestro conocimiento de fe sigue siendo un «saber a medias» (cf. 1 Cor 13,9), está marcado por la relatividad histórico-humana, más aún, por la culpa humana. Pues es posible que la Iglesia no esté a la altura del *kairós* que le es dado, que sea demasiado conservadora o demasiado apresurada, o que no diga la verdad en el amor, esto es, que la diga equívoca, rudamente. Pero creemos que Dios, en medio de todos nuestros fracasos, es el Señor soberano de su Iglesia y hace prevalecer su palabra por medio del poder de su Espíritu. A causa de este carácter humano-histórico de los dogmas, también se diferencia claramente entre la inspiración, que pertenece al proceso mismo de la revelación, y la mera asistencia del Espíritu Santo que le es prometida a la Iglesia.

Por consiguiente, la Iglesia no prolonga la revelación, sino que está a su servicio, la actualiza, la interpreta. Y eso lo hace en lenguaje humano y con relatividad histórica. Así pues, la tradición divina siempre nos es entregada solamente en forma de tradición humana. Por supuesto, la tradición humana también puede ocultar el Evangelio, acentuar en exceso aspectos secundarios y sofocar lo esencial. Piénsese, por ejemplo, en algunas formas de religiosidad popular. El *sensus fidelium* [sentido de los fieles] no es necesariamente un *sensus fidei* [sentido de la fe]. La pregunta es qué criterio posibilita aquí el discernimiento. De esta cuestión nos vamos a ocupar en una tercera tesis.

Acabamos de decir que la predicación viva de la Iglesia debe estar referida invariablemente al «comienzo en plenitud». Ahora podemos concretar esta afirmación: la predicación eclesial debe estar referida siempre al testimonio de la Escritura. El testimonio de los apóstoles sobre Cristo nos resulta tangible en concreto únicamente en los testimonios bíblicos. La Escritura deviene con ello norma de toda predicación eclesial. Comprende el entero testimonio de la revelación. La predicación posterior no podrá agotar nunca toda la riqueza de la Escritura; tan solo plasma, invariablemente, aspectos determinados del todo. Por eso es necesario que la predicación se renueve sin cesar en la Escritura, que deje que esta le fije las proporciones adecuadas[5]. Así pues, no solo hay que leer la Escritura a la luz de la tradición, sino que también hay que entender, a la inversa, la tradición posterior a la luz de la Escritura. Por eso, la Escritura es asimismo el más importante (si bien no el único) criterio a la hora de discernir la tradición divina de la tradición humana en la Iglesia.

Esto no quiere decir, sin embargo, que toda predicación posterior no pueda ser más que exégesis de la Escritura en un sentido histórico-crítico. Debe ser predicación viva, interpretación con trascendencia histórica y adecuada a la situación. La Escritura no es una ley rígida; pide ser comprendida espiritualmente bajo la guía del Espíritu de Cristo prometido a la Iglesia. Es en este sentido como hay que entender la afirmación de que la Escritura ha de ser interpretada a la luz de la tradición. Esto no significa someter la Escritura a un criterio materialmente ajeno a ella, con cuya ayuda pueda ser «aherrojada», «domesticada»; antes bien, ese es el único modo adecuado de entender la Escritura. La tradición es el «ojo de la fe», necesario para percibir como es debido el verdadero objeto de la Escritura.

Por consiguiente, entre Escritura y tradición existe una relación de reciprocidad. La Escritura expresa el hecho de que la palabra de Dios está siempre por encima de la Iglesia y le es dada a esta como norma (*extra nos*). La tradición, por su parte, expresa el hecho de que la palabra de Dios es al mismo tiempo un poder y una realidad vivos en la Iglesia (*intra nos*). Ambas se interpre-

---

5. Así Pío XII en la encíclica *Humani generis* (1950): «También es verdad que los teólogos deben siempre volver a las fuentes de la revelación divina, pues a ellos toca indicar de qué manera se encuentre explícita o implícitamente en la Sagrada Escritura y en la divina tradición lo que enseña el magisterio vivo. Además, las dos fuentes de la doctrina revelada contienen tantos y tan sublimes tesoros de verdad, que nunca realmente se agotan. Por eso, con el estudio de las fuentes sagradas se rejuvenecen continuamente las sagradas ciencias, mientras que, por lo contrario, una especulación que deje ya de investigar el depósito de la fe se hace estéril, como vemos por experiencia» (n. 15), cit. en el orig. alemán según A. ROHRBASSER, *Die Heilslehre der Kirche*, Freiburg i.Br. 1953, n. 446 (DH 3864). Cf. Pío XII, *Divino afflante spiritu* (1934), en *ibid.*, n. 403 [la trad. esp. oficial de ambas encíclicas puede consultarse en www.vatican.va].

tan mutuamente en un proceso histórico que nunca concluye. Todo dogma arroja una nueva luz sobre la Escritura, pero todo dogma quiere también experimentar su delimitación y encuadramiento críticos desde la Escritura. Esta tensa relación, que no se puede plasmar sencillamente en una fórmula, es un signo de que la Iglesia solo está en camino, es Iglesia peregrina y el suyo es un «saber a medias». Un dogma nunca es un *non plus ultra*. Lo que un dogma dice y no dice solo se desvela en el curso de un proceso histórico de intelección. Con ello estamos ya directamente ante aspectos en los que lo dicho hasta ahora puede abrir posibilidades para un futuro diálogo ecuménico.

4. La unidad de la fe

Reiteradamente hemos hablado de que la relación entre Escritura y tradición debe ser concebida de manera dinámico-histórica. Esto significa a un tiempo que, en el dogma, la forma de expresión y el contenido expresado pueden ser distintos (Juan XXIII). La única fe puede confesarse en una multiplicidad de testimonios diferentes. Ningún testimonio humano es capaz de expresar adecuadamente el contenido de la fe. Por tanto, toda confesión de fe tiene que ser, en cierto modo, unilateral y permanecer siempre superable. En ello, diversos credos pueden corregirse e integrarse recíprocamente. En la Iglesia existe una legítima diversidad. Los múltiples dones del Espíritu contribuyen, cada cual a su modo, a la construcción del único cuerpo de la Iglesia (cf. 1 Cor 12). Por eso, la unidad de la fe tampoco tiene por qué consistir en que todos digan lo mismo, pero sí en que todos quieran decir en el fondo lo mismo, si bien desde diversos ángulos, en diversas formulaciones, que eventualmente pueden incluso contradecirse entre sí en el plano del lenguaje, aunque no por ello hayan de contradecirse por necesidad en lo que hace al contenido y a la intención enunciativa si se tiene en cuenta que han sido acuñadas bajo perspectivas heterogéneas, con ayuda de diferentes modos de pensamiento, en circunstancias históricas singulares.

La unidad de la Iglesia podría consistir también en que diferentes comunidades particulares de la Iglesia reconozcan recíprocamente la validez de sus formulaciones confesionales, porque consideren que en último término significan lo mismo. Un pequeño ejemplo de ello es el *filioque* del credo latino. Al cristiano «medio» esto se le antoja hoy bastante irrelevante. Sea como fuere, sobre el sufijo conjuntivo *que* se ha discutido de la forma más vehemente durante siglos en la Iglesia y por su causa se ha producido un cisma, porque los griegos decían del Espíritu Santo «que procede del Padre a través del Hijo», mientras que los latinos afirmaban que lo hace «del Padre y del Hijo». En la actualidad se sabe que estas distintas formulaciones se deben al hecho de que el punto de partida de la doctrina trinitaria griega difiere del punto de partida de la doctrina trinitaria latina, pero que en el fondo ambas quieren decir lo mismo. Así, los griegos uniatas (católicos de rito oriental) todavía hoy profesan en su credo que el Espíritu Santo «procede del Padre» sin el añadido de la Iglesia católica. Como es manifiesto, la discusión entre protestantes y católicos gira en torno a asuntos bastante más fundamentales. Sobre todo hemos de admitir, si somos francos, que aún no hemos llegado a un punto en que seamos capaces de reconocer recíprocamente con corazón sincero el credo del otro. Unos y otros creemos escuchar aún en nuestro interlocutor en varios puntos ideas divergentes de las nuestras y hasta contrarias a nuestra convicción de fe. Pero sería tarea de una teología ecuménica indagar si la Confesión de Augsburgo no puede –o quizá incluso debe– ser entendida también en un sentido que el concilio de Trento no contempló de este modo o, por lo menos, no excluye expresamente. O a la inversa, podría investigarse si el Tridentino, en su oposición frontal a diversas tesis de los reformadores, no responde quizá a una preocupación para la que podría o incluso debería haber espacio también en una posición protestante. En muchos casos, Lutero no sostiene en absoluto las afirmaciones que le atribuyen los manuales católicos. Y a la inversa, también es cierto, por supuesto, que a menudo se polemiza contra una doctrina de la justificación y de la justicia por las obras que, por parte católica, ningún cristiano formado sostendría. En el diálogo todavía podemos aprender mucho unos de otros. Según el apóstol Pablo, cada cual tiene su don espiritual y su enseñanza (cf. 1 Cor 14,26); y todo ello debe contribuir a que nos favorezcamos unos a otros el desarrollo espiritual.

Sobre todo podríamos obligarnos mutuamente a que cada cual, desde su específica tradición y sin necesidad de renunciar a las intenciones esenciales de su posición, interrogue a la totalidad del Evangelio, a fin de «subsumir» (*aufheben*) la propia posición en el todo. Entonces dejaríamos de contraponer sin más dogma contra dogma, forma de pensar contra forma de pensar. Y podríamos entender desde el todo la relativa legitimidad del otro enfoque y quizá incluso integrarla. Ninguna Iglesia, ni siquiera la católica, eleva la pretensión de haber agotado sencillamente toda la verdad. La interpretación viva acontece en la concreta situación en la que se predica. De ahí deriva una posibilidad adicional. Deberíamos preguntar no solo por la legitimidad o ilegitimidad del mensaje de la Reforma en la situación del siglo XVI; antes bien, tendríamos que preguntarnos asimismo cómo hemos de predicar en la actualidad para que este mensaje no sea escuchado únicamente como una venerable reliquia histórica, sino que pueda transformarse en un poder determinante de la vida y de la historia. En el diálogo ecuménico no deberíamos mirar solo hacia atrás, sino hacia el presente y hacia el futuro. Tendríamos que preguntarnos conjuntamente cómo hemos de presentar hoy nuestro mensaje. La confrontación se convertiría entonces en un codo a codo, en una solidaridad en el preguntar y en una solidaridad en la responsabilidad ante el hombre actual. Seguramente no sea afirmar demasiado sostener que nos resultaría más fácil encontrarnos en el kerigma que hoy nos es encomendado y que, de ese modo, alguna que otra controversia del pasado perdería relevancia.

A menudo se dice que la división de los cristianos es un obstáculo para la credibilidad de nuestro mensaje. En ello hay, a buen seguro, una gran parte de verdad, como un vistazo a las misiones puede mostrar con facilidad. Pero la división también podría convertirse en un estímulo y en un correctivo mutuo. El diálogo es, en efecto, un existencial fundamental del ser humano y también de la Iglesia. Es fatalidad histórica y culpa humana que este diálogo, siempre necesario para la Iglesia, no haya sido posible ni se haya llevado a cabo en todas las épocas. Así, el diálogo en el seno de la Iglesia se desfiguró en un diálogo entre Iglesias. Esto representa un juicio para la Iglesia. Pero puede ser para ella un juicio sanador si en adelante llevamos a cabo este diálogo de un modo tal que al principio nos soportemos con paciencia y poco a poco aprendamos a valorarnos y amarnos unos a otros, también y cabalmente en nuestra alteridad, o sea, de un modo tal que nos ayudemos mutuamente a avanzar, para, por último, reencontrarnos enriquecidos. El diálogo es, por consiguiente, la forma en que acontece la tradición y, por ende, la comprensión de la Escritura.

La teología y toda nuestra manera de pensar solo son ecuménicas cuando, lejos de considerar la posición del otro como una posición contraria, intentamos entenderlo desde su propio punto de vista, poniéndonos en su lugar y dejando que su preocupación se convierta en una pregunta dirigida a nuestra propia posición. Para ello hacen falta, además de benevolencia y apertura, gran valentía y audacia: la audacia de la fe, la audacia del preguntar, valentía para la sinceridad y honradez de pensamiento.

La afirmación de que el diálogo es la forma en que acontece la tradición y, en consecuencia, la comprensión de la Escritura conduce al teólogo católico ante una pregunta de gran trascendencia: la Iglesia católica, ¿puede considerar a otras Iglesias como interlocutoras en un diálogo? ¿Puede calificar de Iglesias a otras comunidades?

II. Iglesia e Iglesias

1. ¿Iglesia ex voto*?*

Respecto a nuestra pregunta no existe ningún dogma eclesial formal, pero sí que hay doctrina católica segura formulada por el magisterio general ordinario de la Iglesia; a saber, que solamente puede existir una Iglesia querida por Jesucristo y que esta única Iglesia no es otra que la Iglesia católica. Esta doctrina constituye el trasfondo de los dos posicionamientos del Santo Oficio (1864 y 1865) y de la encíclica *Satis cognitum* (1896) sobre la llamada teoría de las ramas, la *branch theory*. Fue formulada nuevamente por Pío XI en la encíclica *Mortalium animos* (1928) como justificación de la negativa a participar en la primera conferencia mundial de Iglesias celebrada en Estocolmo en 1925. Aunque hoy se percibe el carácter históricamente condicionado de estos documentos eclesiales, otras manifestaciones pontificias más recientes se expresan de manera no menos decidida en lo que atañe al contenido. Antes bien, la encíclica *Mystici corporis* (1943) supone incluso una agudización de las aseveraciones previas, en tanto en cuanto afirma expresamente la identidad del *corpus Christi mysticum* y la Iglesia católica de Roma. La encíclica *Humani generis* (1950) se refiere de nuevo a esta afirmación y vuelve a encarecerla. Pero la encíclica *Mystici corporis* deja asimismo –aunque ello a menudo no se tiene suficientemente en cuenta– un cierto margen en la medida en que afirma que también aquellos que no pertenecen a la comunidad visible de la Iglesia católica están en relación con el cuerpo místico de Cristo.

A pesar de ello, precisamente esta afirmación de la identidad del *corpus Christi mysticum* y la Iglesia católica de Roma lleva a muchos, tanto católicos como no católicos, a dudar de la posibilidad de un verdadero diálogo ecuménico. Por parte protestante se acentúa reiteradamente, no sin razón, que en este punto radica la auténtica *crux* del diálogo ecuménico. Aunque semejante pretensión no es planteada en esta forma por ninguna otra Iglesia, todas las demás Iglesias deben elevar también una cierta pretensión de exclusividad. La famosa *Declaración de Toronto* (1950) únicamente exige a las Iglesias asociadas en el Consejo Mundial de Iglesias que reconozcan en las demás Iglesias elementos de la verdadera Iglesia. Así, tampoco en el Consejo se exige ni es posible ya hoy, dada la autocomprensión de estas Iglesias, un recíproco reconocimiento global. Por consiguiente, la dificultad no radica en la pretensión de exclusividad de una sola de las partes, sino en el hecho de que las distintas pretensiones de exclusividad aquí elevadas son inconciliables entre sí.

Pero, por otro lado, también la doctrina tradicional de la Iglesia está dispuesta a reconocer en las demás comunidades eclesiales elementos tales de la verdadera Iglesia. En especial desde Pío XI, en los documentos oficiales de la Iglesia se habla a menudo de la herencia común. A las Iglesias orientales separadas se les ha reconocido desde siempre el título de Iglesias[6]. Un punto de vista adicional se desprende de la interpretación de los textos que hablan de la necesidad salvífica de la Iglesia. Como es sabido, la necesidad salvífica de la Iglesia católica es acentuada hasta tal punto en numerosos textos que los herejes y los cismáticos son excluidos de forma expresa de esta única Iglesia salvíficamente necesaria. Pero, por otra parte, contra Pascasio Quesnel se condena el principio: «Extra ecclesiam nulla conceditur gratia» [Fuera de la Iglesia no se concede gracia alguna][7]. Otras frases análogas se reprueban

---

6. Entretanto, Pablo VI aplicó el título «Iglesia» asimismo a la confesión anglicana (cf. HerKorr 18 [1963/1964], 366). En la encíclica *Ecclesiam suam* (n. 41), el papa Montini también habla en general de la reunificación de las Iglesias separadas (cf. *ibid.*, 582s).
7. Cf. DH 1879.

contra los jansenistas[8]. Así pues, el principio: «Extra ecclesiam nulla salus» [Fuera de la Iglesia no hay salvación], a menudo malentendido, debe ser conjugado dialécticamente con el principio de que también fuera de la Iglesia existe gracia. Pero la gracia, desde el punto de vista teológico, siempre es un fragmento de «realidad eclesial». Y así se llega a la paradójica expresión: *ecclesia extra ecclesiam* [Iglesia fuera de la Iglesia]. Existen diversos intentos teológicos de conjurar esta dificultad. Recientemente se ha argumentado, incluso en una declaración del Santo Oficio, con la pertenencia a la Iglesia *ex voto*, esto es, según el deseo (al menos implícito). Al igual que existe un bautismo de deseo, así también una «pertenencia de deseo» a la Iglesia. Con independencia de algunas aporías a las que conduce, la problemática de esta teoría consiste en que en la práctica equipara a los cristianos no católicos con los no bautizados. Ignora además que aquí no se trata solo de individuos no católicos, sino de comunidades análogas a la Iglesia. El cristiano no católico es cristiano por el hecho de que ha recibido la fe y ha sido bautizado en su comunidad eclesial. Si no se quiere pasar de largo ante la realidad, es necesario, pues, plantear la pregunta de cómo consideramos teológicamente los católicos no solo a los individuos cristianos no católicos, sino a las comunidades eclesiales no católicas. La doctrina del *votum* [deseo (implícito)] no nos ayuda a avanzar en esta cuestión, porque una comunidad eclesial no católica no puede tener, como tal, *votum* alguno.

Por eso, la reciente teología ecuménica católica ha emprendido también un nuevo camino en esta cuestión asumiendo un concepto que ha cobrado gran importancia en el movimiento ecuménico extra-católico, el concepto de *vestigia ecclesiae* [vestigios o huellas de la Iglesia]. Este concepto no está del todo clarificado e incluso ha experimentado un nada insignificante desplazamiento semántico. En sentido católico, por este sintagma suele entenderse ciertos valores auténticamente cristianos, propios de la Iglesia como Iglesia, que son constitutivos para el ser de la Iglesia y están presentes asimismo en Iglesias no romanas. Entre tales valores cristianos que constituyen la Iglesia se cuentan, por ejemplo, la predicación de la palabra de Dios, la administración del bautismo y la celebración de la eucaristía. En su forma plena pertene-

---

8. Cf. espec. DH 2301-2310.

cen a la Iglesia católica, pero en la práctica están presentes también fuera de ella. Consecuentemente, también fuera de la Iglesia existen huellas de la Iglesia.

Por mucho progreso que suponga, esta teoría recibe una doble crítica por parte protestante. Pues explícita o implícitamente parte de que esos valores cristianos se dan en su plenitud en la Iglesia católica, mientras que en las comunidades eclesiales no católicas solo están presentes a modo de huella. Pero ¿es sostenible esto, preguntan los protestantes, en una consideración histórica? Pues ¿acaso no es cierto que también en la Iglesia católica existe un proceso de olvido, por ejemplo, cuando, como sencillamente resulta innegable desde un punto de vista histórico, la palabra de Dios no experimentó durante largo tiempo la acentuación de la que en realidad debería haber sido objeto? El lugar de los obispos y los laicos en la Iglesia es un asunto en extremo importante desde el punto de vista eclesiológico que, si bien nunca hemos negado formalmente, solo hoy volvemos a reconocer en toda su relevancia. De este modo, hablar de una plenitud católica resulta bastante problemático. A ello se suma que la Iglesia puede desviarse del Evangelio no solo olvidando o perdiendo de vista algo de su plenitud, sino también añadiendo algo a este Evangelio. Y justo eso es lo que las Iglesias no católicas reprochan a la Iglesia católica. Con independencia de que este reproche sea acertado o no, con ello se torna imposible que la Iglesia católica mida sin más a todas las demás Iglesias por lo que ella ha devenido.

Todavía hay una segunda cuestión: teológicamente, la Iglesia nunca es una magnitud estática. Ella nunca «es» sin más; antes bien, acontece siempre de nuevo. A la Iglesia le es inherente estar en camino, aguardar el regreso del Señor. Solo entonces será Dios «todo en todo» (cf. 1 Cor 15,28), solo entonces se revelará toda la plenitud de Cristo. Esta visión escatológica de la Iglesia, que en la actualidad se acentúa cada vez más dentro de la teología católica, comporta una superación del concepto romántico o neorromántico de Iglesia, en el cual la Iglesia es vista, de manera algo unilateral, como el Cristo perviviente. Cristo está presente ya en plenitud en la Iglesia. Pero, para la Iglesia concreta, tal plenitud de Cristo no es solo don, sino siempre una tarea nueva, siempre un acontecimiento nuevo. También las divisiones en la Iglesia son un signo de que la Iglesia aún se halla en camino. Esto significa que ninguna de las «formaciones eclesiales» existentes puede estar «terminada» sin más. De algún modo, todas ellas poseen «el todo en el fragmento» (Hans Urs von Balthasar). Por eso, el concepto de catolicidad no es solo cuantitativo, sino cualitativo.

Para la teología católica, esta consideración histórica de la Iglesia no es tan nueva como podría parecer a primera vista. Ya la apologética tridentina, en el tratamiento de las *notae ecclesiae*, conoce ese planteamiento en forma embrionaria. Pues, junto al método exclusivo, según el cual estas *notae* solo se atribuyen a la Iglesia verdadera, emplea el método comparativo, según el cual las *notae* pertenecen de manera especial a la Iglesia católica. Con ello se le reconocen, al menos indirectamente, determinados valores cristiano-eclesiales a las comunidades eclesiales separadas. Rudimentos aún más claros de la consideración histórica se encuentran en la llamada polémica sobre el bautismo de herejes y en las controversias con el donatismo. Como resultado de estas disputas se puso de relieve, sobre todo por Agustín, la validez de los sacramentos administrados fuera de la Iglesia. Pero con ello se está afirmando ya que también fuera de la Iglesia puede existir un «trozo de realidad eclesial».

2. Grados de pertenencia a la Iglesia

Con ello hemos puesto sobre el tapete un importante punto de vista que nos puede ayudar a aproximarnos, en un segundo apartado, a este difícil problema a través de algunas categorías de la teología tradicional. Los sacramentos, cuya validez también fuera de la Iglesia fue reconocida en la controversia con los donatistas, son, en efecto, formas de acaecimiento de la Iglesia. En los sacramentos y a través de los sacramentos, la Iglesia deviene siempre nueva. Que eso mismo ocurre mediante la palabra ha de quedar por el momento fuera de nuestra consideración, puesto que, en el catolicismo, la teología de la palabra ha sido hasta ahora desarrollada, por desgracia, con menor claridad que la teología de los sacramentos. Pero en los últimos tiempos el carácter sacramental de la palabra es reconocido de manera bastante generalizada. Por eso, si la Iglesia deviene Iglesia por medio de la palabra y de los sacramentos, cabe hablar del carácter sacramental de la Iglesia. Los sacramentos son signos y, por tanto, remiten más allá de sí a la cosa designada, al Señor aquí presente y al regreso escatológico de Cristo. Así, también la Iglesia es un signo; y junto con su carácter sacramental se afirma también su carácter escatológico.

El concepto tradicional de sacramento, en su aplicación a la Iglesia por vía de analogía, puede revelarse, por tanto, útil para acercarnos a la solución de nuestro problema.

De modo análogo a lo que ocurre en el caso de los distintos sacramentos, también por lo que respecta a la Iglesia cabe distinguir entre la dimensión del signo y la realidad de Cristo designada. Pero, al igual que para los distintos sacramentos, también para la Iglesia hay que afirmar que, en el presente eón, ambas magnitudes no tienen por qué coincidir necesariamente y en todos los casos. Pueden divergir. No solo hay que distinguir entre validez y licitud, sino también entre validez y fecundidad. Puede realizarse el signo visible, venir dada, análogamente, la pertenencia visible a la Iglesia y, a causa de la falta de disposición, la falta de fe y la falta de amor, estar ausente, sin embargo, la auténtica realidad vital pneumática de la Iglesia. Y a la inversa, puede faltar o realizarse deficientemente el signo sacramental, o sea, no estar presente –o no estarlo en forma plena– la pertenencia externa a la Iglesia y, sin embargo, darse la realidad interna de la gracia, en virtud de un *votum sacramenti* [deseo (implícito) del sacramento] o de un *votum supplens* [deseo (implícito) sustitutivo].

La brevemente esbozada analogía con la doctrina de los sacramentos posibilita una determinación dinámica de la pertenencia a la Iglesia y del estatus eclesiológico de las comunidades eclesiales no católicas. Respecto a la realidad interna de Cristo, estas comunidades pueden constituir Iglesias en sentido pleno siempre que Cristo devenga acontecimiento en ellas mediante la palabra o en el signo. Sin embargo, por lo que atañe a la dimensión del signo, es decir, de la pertenencia canónicamente tangible a la Iglesia, desde el punto de vista católico no pueden ser colocadas en el mismo plano que la Iglesia católica. A pesar de ello, también en las comunidades eclesiales no católicas es visible ya embrionariamente la unidad en el ámbito externo a través de los credos, las formas sacramentales y un ministerio que tampoco en ellas es entendido sin más como una «delegación democrática» desde abajo, sino como autorización divina desde arriba, reconociéndose asimismo como necesario un nombramiento eclesiástico para ejercerlo. Se dan, pues, con mayor o menor claridad diversos elementos que constituyen el lado visible de la Iglesia.

Existen, por tanto, grados de pertenencia a la Iglesia, porque «Iglesia» siempre es un concepto dinámico. En efecto, «Iglesia» es un permanente ser incorporado a la *Pascha Domini* [Pascua del

Señor]. Así pues, desde esta óptica, las comunidades eclesiales no católicas deben ser calificadas no solo de Iglesias potenciales o virtuales, sino de Iglesias embrionariamente ya realizadas; habrá que hablar de Iglesias en proceso de formación, de Iglesias en construcción, porque aquí acontece una verdadera *oikodomé* [edificación] en el sentido del Nuevo Testamento. Y habrá que hablar, por último, de Iglesias locales imperfectas. Esta última caracterización nos conduce a un punto de vista adicional. Pues la respuesta a la pregunta de qué estatus eclesiológico corresponde a las Iglesias no católicas es distinta según que las comunidades eclesiales separadas sean consideradas desde la óptica de la Iglesia universal o desde la de la Iglesia local. Para el Nuevo Testamento, la Iglesia local es una magnitud teológica eminente. No se trata solo de un distrito administrativo de la Iglesia universal, sino de su representación y su actualización de pleno derecho. Aquí debemos buscar la razón teológica última del resurgir del ministerio episcopal. Porque es Iglesia en sentido pleno, la Iglesia local es capaz de expresar de forma totalmente autónoma en la teología, la liturgia y la espiritualidad qué es la Iglesia.

Según demuestra la historia de la Iglesia, la coordinación de las Iglesias locales en una Iglesia universal puede producirse de formas bastante distintas. Puede oscilar desde la autonomía *de facto* y *de iure*, en cuyo caso la unidad con la Iglesia universal consiste únicamente en una «red de comunión» (Joseph Ratzinger) de las Iglesias (así ocurría en Oriente antes del cisma), hasta una considerable equiparación fáctica de la Iglesia universal con la Iglesia local de Roma, como históricamente se ha realizado en el Occidente latino. Por razones históricas, el plural «Iglesias», que *de iure* debería existir en el seno del singular «Iglesia», se ha plasmado *de facto* fuera de la Iglesia una en forma de Iglesias confesionales. Esta constatación comporta al mismo tiempo que la unidad de la Iglesia se da en la actualidad en la Iglesia católica solo de manera históricamente deficiente, porque la Iglesia católica, en la forma en que hoy existe, no ofrece espacio suficiente para una necesaria y legítima diversidad. La Iglesia local de Roma, la Iglesia patriarcal de Occidente y la Iglesia católica universal podrían y deberían ser delimitadas y separadas entre sí con mucha mayor claridad. Numerosas funciones que hoy asume para el conjunto de la Iglesia el obispo de Roma –o los dicasterios de su curia– no le corresponden como titular del ministerio petrino, sino como patriarca de Occidente o incluso solo como obispo de Roma.

Así, el estatus de las comunidades eclesiales no católicas brota también de una situación histórica de emergencia y debe ser juzgado conforme a ello. Muchos teólogos protestantes acentúan que no existe ni puede existir un concepto luterano de Iglesia exhaustivo; que aquí más bien, en una situación histórico-eclesial de emergencia, hubo que convertir lo que pretendía ser un factor de regulación o corrección eclesial en un factor de construcción, introduciendo así en el concepto protestante de Iglesia no solo una contradicción inmanente, sino también una esperanzadora apertura ecuménica (Ernst Kinder). En este sentido cabe hablar, por consiguiente, de un tipo de Iglesia autónomo, pero todavía inacabado y abierto a la Iglesia universal.

3. Aliento para la colaboración

Del análisis de los fundamentos que hemos llevado a cabo en las páginas anteriores se derivan diversas consecuencias prácticas para una conducta ecuménica. A continuación me gustaría ocuparme de estas posibilidades prácticas. Me parecen importantes tres puntos:

1. De la relación establecida entre la Iglesia y las Iglesias se desprende que el diálogo ecuménico debe pasar cada vez más de ser un diálogo entre teólogos a ser un diálogo entre Iglesias. Esto no significa que el diálogo entre teólogos se torne con ello superfluo. ¡Todo lo contrario! Tampoco quiere decir que el carácter carismático que ha prevalecido hasta ahora deba ser en adelante institucionalizado por completo. Seguimos necesitando valientes hechos pioneros y audaces experimentos. El Espíritu Santo en modo alguno está atado a la «vía reglamentaria». Lo único que hay que decir es que hoy existe toda una serie de cuestiones que ya podrían y deberían ser resueltas oficialmente entre las Iglesias. De qué forma debería llevarse esto a cabo es una cuestión secundaria. La creación por Juan XXIII de un específico Secretariado para la Promoción de la Unidad de los Cristianos, bajo la dirección del cardenal Bea, ha sido un primer paso en esta dirección. La pregunta de si la Iglesia católica, por su parte, debería incorporarse al Consejo Mundial de Iglesias no me parece tan importante a este respecto como con frecuencia se presenta. Como es sabido, por parte católica no puede aducirse ninguna razón auténticamente teológico-dogmática contra tal incorporación, puesto que el

Consejo Mundial de Iglesias no compromete a ninguna de las Iglesias que lo forman con una teología determinada y únicamente exige que toda Iglesia miembro reconozca a las demás ciertos *vestigia ecclesiae* [vestigios o huellas de la Iglesia]. En este asunto, las razones se sitúan más bien, por ambas partes, en el plano de la oportunidad; por parte católica se teme que semejante incorporación pueda ser fácilmente malentendida en el sentido de que la Iglesia católica renuncia con ello en parte a la pretensión elevada hasta ahora de ser la única Iglesia. Para las Iglesias asociadas en el Consejo Mundial de Iglesias, el hecho de que la Iglesia católica se mantenga al margen supone una cierta espina, un recordatorio permanente de que el Consejo Mundial de Iglesias aún no representa la anhelada unidad. El nombramiento de observadores oficiales por ambas partes probablemente sería en la actualidad la solución más sensata.

Aquí no podemos discutir por extenso las razones a favor y en contra. Además, existen suficientes posibilidades alternativas para llevar a cabo un diálogo real entre las Iglesias. Sobre todo se abre aquí un vasto campo para contactos entre las conferencias episcopales de ambas partes. La situación ecuménica difiere demasiado de un país a otro como para que todas las cuestiones puedan ser resueltas en el plano de la Iglesia universal desde las respectivas instancias centrales.

2. El mero diálogo, el argumentar y el problematizar, no es suficiente entre cristianos. La fe pide ser atestiguada vivamente en la predicación y en los hechos. Por eso, el diálogo común podría y debería llevar ya ahora al testimonio y al servicio común de las Iglesias en la medida en que ello sea posible ya en cualquier ahora.

A este respecto hay que pensar en primer lugar en una creciente colaboración en todos los asuntos prácticos y en todas las cuestiones no específicamente teológico-dogmáticas, sobre todo en la común actividad caritativa. En la filantropía podemos estar unidos ya ahora, no solo interiormente, sino también visible y, por qué no, organizativamente. Habría que plantearse, por ejemplo, la colaboración en el apoyo a los países en vías de desarrollo, en la eliminación del analfabetismo y del hambre en el mundo.

Pero además son posibles acuerdos sobre la actividad misionera y pastoral de las Iglesias. La praxis de los matrimonios mixtos por ambas partes es solamente uno de los complejos temáticos pertinentes; otros serían la praxis de las llamadas conversiones y el método misionero o incluso la colaboración en las misiones.

Cabalmente en las misiones debería evitarse toda impresión de una recíproca rivalidad o enemistad.

Más allá del acuerdo debería darse el recíproco fomento del trabajo del otro. Ninguna Iglesia debe alegrarse de las dificultades internas o externas de las otras; antes bien, toda Iglesia tendría que estar interesada en que dentro de las otras exista una vida pujante. El camino propuesto por Oscar Cullmann de llevar a cabo colectas de unos para otros debería ser recorrido con mucha mayor asiduidad.

3. Semejante colaboración encuentra sin cesar un doloroso límite en la imposibilidad de una *communicatio in sacris* [comunicación/comunión en lo sagrado o participación en los sacramentos] y en el hecho de que de momento está excluida la comunión eucarística y seguirá estándolo durante largo tiempo. Todavía son demasiado diferentes las respectivas visiones de la esencia de la Iglesia y de la propia eucaristía o cena como para que este último y más profundo signo de la unidad pueda ser realizado ya con sincero corazón y con la honradez consustancial a la fe. Todos los intentos de difuminación de tales diferencias son deshonrosos. Por parte católica, en el fondo aún faltan incluso las categorías para poder decir de forma vinculante qué es realmente desde nuestra fe una cena protestante.

A pesar de eso, será necesario reunirse sin cesar para orar y escuchar la palabra en común. A buen seguro, la unidad no se alcanzará solo a través de diálogos, sino mediante una reposada convivencia y, sobre todo, mediante la súplica común de la gracia de la unidad. Por supuesto, una nada sencilla cuestión de sensatez pastoral es preparar tales momentos oracionales comunes de un modo tal que, por una parte, se evite, como es obvio, toda polémica y, por otra, se evite asimismo que los participantes en estas celebraciones puedan llevarse la impresión de que en el fondo ya existe consenso entre nosotros y las diferencias confesionales no son más que una cuestión de prescindible disputa teológica y de responsables eclesiásticos retrógrados.

4. Iglesia en camino hacia la plena catolicidad

Para concluir, de lo expuesto hasta ahora se desprende el rechazo de falsos modelos para la unidad de la Iglesia. La unidad no es una realidad meramente espiritual, por mucho que ante todo sea eso. Pero esta unidad interior en un solo Señor y en un solo Espíritu es una realidad que ya ahora confesamos en común con alegría. Por eso tampoco debería hablarse de reunificación. Pues ello puede sugerir con demasiada facilidad la idea de que ahora no existe todavía unidad alguna. No obstante, la unidad exterior en el credo y en el amor, que embrionariamente ya existe en numerosas huellas, no debe ser confundida con un esquemático uniformismo. En la Iglesia tiene que existir una diversidad de dones espirituales, que el único Espíritu concede a quien él quiere. Así, también la unidad exterior ha de ofrecer espacio para un legítimo pluralismo. Tal pluralismo puede expresarse asimismo en el plano sociológico. Hoy sabemos de manera muy precisa que en tiempos del Nuevo Testamento existían formas bastante distintas de organización eclesial, teología y liturgia. La catolicidad no es un concepto cuantitativo, sino cualitativo; se trata al mismo tiempo de una tarea siempre nueva: la de comprender y vivir cada vez mejor y más profundamente el único Evangelio. Si en la Iglesia existe también semejante pluralismo legítimo, la unidad nunca puede ser la mera suma de las partes. Nunca podemos imaginar la unidad de la Iglesia solo «democráticamente» desde abajo. La unidad es algo que le viene dado a la Iglesia y algo que engloba todas las partes. Incluso un investigador tan crítico como Rudolf Bultmann opina que, a tenor del Nuevo Testamento, la comunidad universal precede a las comunidades particulares y posee prelación sobre estas. Este plus del todo sobre las partes se garantiza, según la concepción católica, mediante el ministerio petrino. Entender de este modo el ministerio petrino como *centrum unitatis* [centro de la unidad] no significa que, desde un punto de vista distinto, no puedan existir otros centros de la Iglesia. En la teología, en la espiritualidad y en muchos otros ámbitos, los impulsos pueden proceder perfectamente de otros lados. También en la Edad Media existieron tiempos en los que la dirección espiritual de la Iglesia no la ejercía el papa, sino, por ejemplo, Bernardo de Claraval, Francisco de Asís o Catalina de Siena. Durante la Edad Media, el magisterio ordinario de la Iglesia estaba en la Universidad de París. Por consiguiente, el ministerio petrino no se puede considerar únicamente desde su realización «vaticana».

Aunque el ministerio petrino sea el *centrum unitatis*, la unidad no es sin más una realidad dada; tiene que forjarse y crecer siempre de nuevo. Por eso tampoco cabe imaginarse la unidad de las Iglesias separadas, a la luz de una consideración teológica refleja, en función del modelo de un simple regreso de los hermanos separados. Parece que esta idea se ha impuesto progresivamente en la teología católica reciente y que conducirá a la superación del antiguo e irreflexivo modo de hablar. En efecto, con nuestros esfuerzos no buscamos dar un paso hacia atrás, sino hacia delante. Se trata de que todas las partes estén dispuestas a dejarse introducir en el curso de este proceso histórico más profundamente en la unidad. Todas las Iglesias tienen que aprender aún a este respecto. Pero tampoco el mero modelo de la integración es suficiente. Este modelo afirma que los no católicos no tienen por qué renunciar dentro de la Iglesia católica a ninguno de sus valores legítimos, sino que pueden realizarlos también dentro de la Iglesia católica, más aún, que la Iglesia católica no hará sino enriquecerse interiormente a consecuencia de ello. Esta visión, en sí acertada, no hace plena justicia a la específica idiosincrasia de las Iglesias no católicas. Precisamente en las comunidades eclesiales nacidas de la Reforma del siglo XVI no estamos ante meras realizaciones parciales de lo católico, sino ante el intento de fraguar una nueva concepción global de lo cristiano, una forma cualitativamente nueva de catolicidad. En efecto, los hermanos separados quieren escuchar la totalidad del Evangelio. Lo que a primera vista ciertamente no podía sino parecer un desgajamiento de verdades concretas y preocupaciones justificadas respecto del conjunto de la fe, siendo tildado en consecuencia de *haíresis* [herejía], se reveló en el curso del desarrollo histórico posterior como algo tan vivo que a lo largo de un prolongado y sinuoso proceso histórico desplegó de manera creciente una dinámica orientada hacia el todo. Nuestra tarea consistirá en propiciar recíprocamente, por medio de un paciente diálogo, esta dinámica desde determinados puntos principales de partida hacia el todo, a fin de aproximarnos así conjuntamente a la plenitud de Cristo. Sin embargo, en principio es perfectamente posible que unos, los hermanos protestantes, posean el todo más en la forma de la reducción a las afirmaciones centrales del Nuevo Testamento –una reducción que, sin embargo, no debería significar tanto negación cuanto concentración–, mientras que otros, nosotros los católicos, poseamos el todo más en la forma del desarrollo de aspectos particulares. Ambas cosas pueden tener su función dentro de la Iglesia una, pero también sus peligros.

Con ello llegamos a la afirmación positiva. El término apropiado para lo que hemos de perseguir es, a mi juicio, la voz bíblica «reconciliación». Se trata de una reconciliación entre hermanos. Esta reconciliación podría y debería incluir el reconocimiento recíproco de la idiosincrasia del otro. También podría y debería englobar la función específica del ministerio petrino, al igual que Pedro, a la inversa, fue capaz de tender la mano a Pablo y reconocer su carisma (cf. Gál 2,8s). Detallar cómo se concretaría esto desborda las fuerzas de un solo teólogo. Aún no hemos llegado tan lejos, aún no estamos en condiciones de llevar a cabo tal recíproco reconocimiento. Todavía se creen obligados algunos católicos a ver en la reducción y concentración protestante también negación en algunos puntos. Y todavía opinan los protestantes que la explicitación católica del Evangelio representa en algunos puntos una adición ilegítima, un añadido.

La Iglesia, sin embargo, está en camino. Su futuro intrahistórico permanece oculto para ella. A este respecto, la Iglesia no puede sino confiarse a la guía del Espíritu. El Evangelio es norma incuestionable de todo lo que tenemos que hacer. Pero no es norma al modo de una ley muerta. Y también los dogmas y los credos constituyen siempre tan solo el principio, un punto de partida para el camino subsiguiente de la Iglesia. Así, nos está directamente prohibido elaborar un programa de reunificación perfilado hasta en los más mínimos detalles. Solamente podemos y debemos hacer lo que es posible y necesario aquí y ahora. Quien vea en ello escepticismo y resignación confunde la esperanza cristiana con un utopismo intramundano. A buen seguro, como cristianos no podemos renunciar a la esperanza. Esta esperanza debe capacitarnos para el paciente servicio a la unidad de la Iglesia, para la *hypomoné*, para la paciente perseverancia bajo la carga de la escisión, para la obediencia a cada *kairós*, al momento que el Espíritu nos brinda como oportunidad, como posibilidad y, en ocasiones, como constricción externa. Y sobre todo, debe capacitarnos para suplicar fervientemente en nombre de Cristo «que todos seamos uno».

2
La naturaleza eclesiológica de las Iglesias no católicas

La pregunta de cuál sea la naturaleza eclesiológica de las comunidades eclesiales no católicas constituye actualmente una de las cuestiones centrales del diálogo ecuménico. Representa un problema que en estos momentos dificulta en gran medida dicho diálogo, puesto que los argumentos de ambas partes prácticamente se bloquean y cancelan unos a otros. La exigencia protestante del reconocimiento de su carácter eclesial[1] no podía sino recibir de parte católica la respuesta de que el cumplimiento de tal exigencia significaría que la Iglesia católica debe convertirse en su conjunto al protestantismo. Pero eso es tan poco razonable exigirlo como el movimiento en sentido contrario[2]. No obstante, esta negativa al reconocimiento del carácter eclesial de otras comunidades cristianas es entendido por teólogos protestantes en el sentido de que la parte católica fuerza de antemano a las Iglesias no católico-romanas a aceptar la concepción católico-romana de unidad y unificación, lo que, según ellos, imposibilitaría desde el principio cualquier diálogo[3]. Este complejo problema[4] únicamente puede resolverse en el marco de una reflexión teológica de índole más fundamental. En un primer paso intentaremos poner de manifiesto las posibilidades y los puntos de partida intrínsecos que existen dentro del marco de la eclesiología católica.

---

1. Cf. E. SCHLINK, «Die Diskussion des Schemas De Ecclesia in evangelischer Sicht», en J. C. Hampe (ed.), *Ende der Gegenreformation? Das Konzil. Dokumente und Deutung*, Stuttgart/Mainz 1964, 380s.
2. Cf. J. RATZINGER, «Die Kirche und die Kirchen. Das ökumenische Problem in der zweiten Session des gegenwärtigen Konzil»: *Reformatio* 13 (1964), 105.
3. Cf. L. VISCHER, «Die Kirche und die Kirchen. Einige Überlegungen zur zweiten Session des Vatikanischen Konzils»: *Reformatio* 13 (1964), 78s.
4. Para toda esta cuestión, cf. espec. H. FRIES, «Der ekklesiologische Status der evangelischen Kirche in katholischer Sicht», en Id., *Aspekte der Kirche*, Stuttgart 1963, 123-152 [trad. esp.: *Aspectos de la Iglesia*, Cristiandad, Madrid 1966]. Recientemente, cf. P. BLÄSER, «Die Kirche und die Kirchen»: Cath (M) 18 (1964), 89-107.

I. Identidad eclesial y realidad de las Iglesias

No existe ningún dogma eclesial formal que aborde nuestra cuestión; pero en virtud del magisterio ordinario general, es doctrina católica segura que solo puede existir una Iglesia querida por Jesucristo y que esta única Iglesia es la Iglesia católica de Roma[5]. Esta doctrina constituye el trasfondo de los dos posicionamientos del Santo Oficio (1864 y 1865)[6] y de la encíclica *Satis cognitum* (1896)[7] frente a la llamada teoría de las ramas, *branch theory*. Fue formulada nuevamente por Pío XI en la encíclica *Mortalium animos* (1928) para justificar su declinación de la invitación a participar en la primera Conferencia Mundial de Iglesias, celebrada en Estocolmo en 1925[8]. Aunque hoy se percibe el carácter históricamente condicionado de estos documentos eclesiásticos[9], las recientes manifestaciones pontificias sobre el tema se expresan, por lo que hace al contenido, de manera no menos decidida. La encíclica *Mystici corporis* (1943) supone incluso una agudización de las aseveraciones previas[10], en tanto en cuanto afirma expresamente la identidad del *corpus Christi mysticum* y la Iglesia católica de Roma[11], una doctrina a la que vuelve a referirse la encíclica *Humani generis* (1950), encareciéndola con énfasis[12]. En consonancia con todo ello, los papas han hablado hasta tiempos muy recientes de la vuelta de los cristianos no católicos al seno de la Iglesia[13].

---

5. Pruebas concretas en G. BAUM, *L'unité chrétienne d'après la doctrine des papes de Léon XIII à Pie XII* (Unam Sanctam 35), Paris 1961, 11ss y 116 [trad. esp. del orig. inglés: *La unidad cristiana según la doctrina de los papas (de León XIII a Pío XII)*, Estela, Barcelona 1962]. Cf. también R. AUBERT, *Le saint-siège et l'union des Églises*, Brüssel/Bruxelles 1946 [trad. esp.: *La Santa Sede y la unión de las Iglesias*, Estela, Barcelona 1959].
6. Cf. DH 1883ss. Véase también M. PRIBILLA, *Um die kirchliche Einheit*, Stockholm 1929, 211ss.
7. Cf. DH 3302; A. ROHRBASSER, *Heilslehre der Kirche*, Freiburg i.Br. 1953, nn. 608ss.
8. Cf. A. ROHRBASSER, *Heilslehre der Kirche*, op. cit., nn. 674ss.
9. Cf. T. SARTORY, *Die ökumenische Bewegung und die Einheit der Kirche. Ein Beitrag zu einer ökumenischen Ekklesiologie*, Meitingen 1955, 88s.
10. Así K. RAHNER, *Schriften zur Theologie*, vol. 2, Einsiedeln 1956, 71ss [trad. esp.: *Escritos de teología*, vol. 2, Taurus, Madrid 1964].
11. Cf. A. ROHRBASSER, *Heilslehre der Kirche*, op. cit., n. 763. Sin embargo, la encíclica deja también algo de margen –aunque ello no se suele tener suficientemente en cuenta–, en la medida en que afirma que quienes están separados de la Iglesia católica de Roma «mantienen una cierta relación con el cuerpo místico del Redentor» (*ibid.*, n. 838).
12. Cf. *ibid.*, n. 451.
13. Recientemente se vislumbra un cambio a este respecto; cf. HerKorr 15 (1960), 107.

Aunque semejante pretensión no es planteada en esta forma por ninguna otra Iglesia, también todas las demás Iglesias deben elevar una cierta pretensión de exclusividad. La famosa *Declaración de Toronto* (1950) únicamente exige a las Iglesias asociadas en el Consejo Mundial de Iglesias que reconozcan en las demás Iglesias elementos de la verdadera Iglesia[14]. Tampoco aquí se exige ni es posible ya hoy, según la autocomprensión de estas Iglesias, un recíproco reconocimiento global. Por consiguiente, la dificultad no consiste en la pretensión de exclusividad de una sola de las partes, sino en el hecho de que las distintas pretensiones de exclusividad aquí existentes son inconciliables entre sí[15].

Pero, por otro lado, también la doctrina tradicional de la Iglesia está dispuesta a reconocer en las otras comunidades eclesiales tales elementos de la verdadera Iglesia. En especial desde Pío XI, en los documentos oficiales de la Iglesia se habla a menudo de la herencia común[16].

A las Iglesias orientales separadas se les ha reconocido desde siempre el título de Iglesias[17]. Un análisis detenido de todos estos textos y de aquellos otros que hablan de la relativa autonomía de los obispos[18] arroja como resultado que la Iglesia católica se considera a sí misma como familia de Iglesias episcopales particulares bajo la jurisdicción del obispo de Roma[19].

De este modo, también en la concepción católica de la unidad y la unicidad de la Iglesia hay espacio para una pluralidad de Iglesias, siempre y cuando sea correctamente entendida. Un punto de

---

14. Cf. H. L. ALTHAUS (ed.), *Ökumenische Dokumente. Quellenstücke über die Einheit der Kirche*, Göttingen 1952, 110s.
15. Así E. KINDER, «Grundsätzliche Gedanken über die Einheit der Kirche», en Id., *Die Einheit der Kirche*, Berlin 1957, 84; ID., «Worum geht es eigentlich in den ökumenischen Bestrebungen?», en J. B. Metz et al. (eds.), *Gott in Welt* (FS K. Rahner), vol. 2, Freiburg i.Br. 1964, 464ss.
16. Cf. G. BAUM, *L'unité chrétienne d'après la doctrine des papes, op. cit.*, 66ss.
17. Cf. *ibid.*, 121ss. Según informaciones de prensa, Pablo VI ha reconocido también a los anglicanos el título de Iglesia (cf. KNA 42/1964, 9). A tenor de otras noticias, el nuevo esbozo del esquema *De oecumenismo* prevé idéntico reconocimiento para las comunidades eclesiales nacidas de la Reforma del siglo XVI. Véase asimismo la encíclica *Ecclesiam suam*, en Her-Korr 18 (1963/64), 582s [la versión española oficial puede consultarse en www.vatican.va].
18. Cf. DH 3061.
19. Cf. G. BAUM, *L'unité chrétienne d'après la doctrine des papes, op. cit.*, 30ss.

vista adicional se desprende de la interpretación de los textos que hablan de la necesidad salvífica de la Iglesia. Como es sabido, la necesidad salvífica de la Iglesia católica es acentuada hasta tal punto en numerosos textos que los herejes y los cismáticos son excluidos de forma expresa de esta única Iglesia salvíficamente necesaria[20]. Pero, por otra parte, contra Pascasio Quesnel se condena el principio: «Extra ecclesiam nulla conceditur gratia» [Fuera de la Iglesia no se concede gracia alguna][21]. Contra los jansenistas se reprueban otras frases análogas[22]. Así pues, el principio: «Extra ecclesiam nulla salus» [Fuera de la Iglesia no hay salvación], a menudo malentendido, debe ser conjugado dialécticamente con el principio de que también fuera de la Iglesia existe gracia. Si se tiene en cuenta además que, desde el punto de vista teológico, la gracia de Cristo siempre es un fragmento de «realidad eclesial», se llega a la paradójica expresión *ecclesia extra ecclesiam* [Iglesia fuera de la Iglesia][23].

Existen diversos intentos teológicos de conjurar esta dificultad. El camino con frecuencia recorrido desde tiempos de Roberto Belarmino, consistente en distinguir entre la pertenencia al cuerpo y la pertenencia al alma de la Iglesia, ha dejado de ser transitable, a causa ciertamente de la encíclica *Mystici corporis*, pero también en razón de argumentos objetivos[24]. Prolongando algunas interpretaciones muy cautelosas de esta encíclica[25] e invo-

20. Cf. DH 870-872. Desde Pío IX, la distinción entre herejes formales y herejes materiales introdujo ciertas atenuaciones a este respecto: véase D 1647; DH 2865-2867.
21. Cf. DH 2429.
22. Cf. DH 2305.
23. Para el carácter paradójico de esta frase, cf. L. ZANDER, «Ecclesia extra Ecclesiam»: *KuD* 6 (1960), 214-226. Véase además Y. CONGAR, *Chrétiens désunis. Principes d'un oecuménisme catholique* (Unam sanctam 1), Paris 1937, 278ss [trad. esp.: *Cristianos desunidos: principios de un ecumenismo católico*, Verbo Divino, Estella 1967]; ID., *Vraie et fausse réforme dans l'Église* (Unam sanctam 20), Paris 1950, 481s [trad. esp.: *Falsas y verdaderas reformas en la Iglesia*, Instituto de Estudios Políticos, Madrid 1953].
24. Con ello se muestran de acuerdo, por ejemplo, Y. CONGAR, *Chrétiens désunis, op. cit.*, 281s; D. J. GRIBOMONT, «Le sacrement de l'Église et ses réalisations imparfaits»: *Irén* 22 (1949), 345s; C. JOURNET, *L'Église du Verbe incarné*, vol. 1, Paris 1955, 43ss; M. SCHMAUS, *Katholische Dogmatik*, vol. 3, München 1958, 373 [trad. esp.: *Teología dogmática*, vol. 3, Rialp, Madrid 1966³]; K. RAHNER, *Schriften zur Theologie*, vol. 2, *op. cit.*, 74; U. VALESKE, *Votum Ecclesiae* I, München 1962, 84s.
25. Me refiero sobre todo a la determinación de los criterios que han de cumplir

cando sobre todo la declaración del Santo Oficio sobre el llamado *heresy case* [caso de herejía] de Boston[26], en la actualidad se desarrolla la doctrina tridentina del *votum baptismi* [deseo (implícito) del bautismo][27] hasta convertirla en doctrina del *votum ecclesiae* [deseo (implícito) de pertenecer a la Iglesia]. Tal *votum ecclesiae* no se realiza solo de modo puramente interior en el espacio de la decisión personal de conciencia; a resultas de la estructura corpóreo-anímica del ser humano, siempre se expresará también de alguna forma en el ámbito de lo corporal y socialmente tangible. Pero puesto que la realidad entera fue santificada mediante la encarnación, a este *votum ecclesiae* le corresponde un carácter casi sacramental[28].

A grandes rasgos, esto era hasta hace poco el bastante extendido punto de vista católico en la cuestión de la pertenencia a la Iglesia de los cristianos no católicos[29]. Independientemente de algunas aporías a las que conduce esta doctrina[30] y de algunos puntos de controversia entre los propios teólogos católicos[31], es necesario percatarse también de la problemática de principio que acarrea esta solución[32]. Consiste en tres puntos:

1. Esta solución equipara en la práctica a los cristianos no católicos con los no bautizados, quienes también pueden tener tal *votum baptismi* y, en consecuencia, el *votum ecclesiae*.

---

quienes pertenecen *reapse* [real, efectivamente] a la Iglesia (cf. DH 3802; A. ROHRBASSER, *Heilslehre der Kirche*, op. cit., n. 769), lo que podría estar formulado por contraposición a una pertenencia *ex voto* [por/de deseo] a la Iglesia, máxime teniendo en cuenta que la encíclica habla en otro pasaje de aquellos que «por un anhelo y deseo inconsciente se encuentran ya en una cierta relación con el cuerpo místico del Redentor» (*ibid.*, n. 838).
26. Cf. NR 398g.
27. Cf. DH 1524.
28. Así, sobre todo, K. RAHNER, *Schriften zur Theologie*, vol. 2, *op. cit.*, 52ss y 76ss. En contra de Rahner se manifiesta, sin embargo, U. VALESKE, *Votum Ecclesiae* I, *op. cit.*, 87.
29. La bibliografía la consigna exhaustivamente U. VALESKE, *Votum Ecclesiae* II, *op. cit.*, 197ss.
30. Conciernen sobre todo a la pregunta por la pertenencia a la Iglesia del *haereticus formalis intrinsecus* [hereje formal intrínseco].
31. Véase espec. la controversia mantenida por K. Rahner y K. Mörsdorf sobre las diferencias entre la doctrina dogmático-apologética de la pertenencia a la Iglesia y la tradición canónica. Al respecto, cf. U. VALESKE, *Votum Ecclesiae* I, *op. cit.*, 7ss; T. SARTORY, *Die ökumenische Bewegung und die Einheit der Kirche*, *op. cit.*, 133ss.
32. Cf. U. VALESKE, *Votum Ecclesiae* I, *op. cit.*, 87. A la doctrina del *votum* no hay que negarle, sin embargo, toda legitimidad. Solo resulta insuficiente

2. Esta solución pasa de largo ante la realidad de los cristianos no católicos. No cae en la cuenta de que aquí no estamos solo ante cristianos individuales; antes bien, estos únicamente son cristianos en cuanto miembros de su respectiva comunidad eclesial.

3. La interpretación del *votum ecclesiae* aquí fundamentada representa en gran medida una ficción psicológica. Los cristianos no católicos no anhelan en general convertirse en miembros de la Iglesia católica de Roma. En cierto sentido, puede hablarse incluso de un *votum contra ecclesiam* [deseo (implícito) en contra de la Iglesia][33].

Por consiguiente, si no se quiere pasar de largo ante la realidad histórica, hay que plantearse la pregunta por el estatus eclesiológico de las comunidades eclesiales no católicas. La doctrina del *votum* no nos ayuda a avanzar en esta cuestión, pues una realidad social como es la Iglesia no es capaz de semejante *votum*[34]. Por lo que respecta a nuestra cuestión no existen afirmaciones magisteriales, con excepción del ya mencionado hecho de que hasta ahora siempre se ha reconocido el título de Iglesia también a las Iglesias ortodoxas no uniatas[35]. Puesto que en este caso evidentemente no afloran dificultades teológicas dignas de mención[36], plantearemos el problema solo para las comunidades eclesiales nacidas de la Reforma del siglo XVI.

Al problema planteado podemos aproximarnos para empezar recurriendo al uso lingüístico del Nuevo Testamento[37]. El Nuevo

---

allí donde las comunidades eclesiales no católicas son postergadas y se procede como si se estuviera solo ante individuos cristianos no católicos.
33. Así, por ejemplo, en HerKorr 8 (1953), 32; al respecto, cf. T. SARTORY, *Die ökumenische Bewegung und die Einheit der Kirche, op. cit.*, 146s.
34. Cf. Y. CONGAR, *Chrétiens désunis, op. cit.*, 281s; 301; G. BAUM, *L'unité chrétienne d'après la doctrine des papes, op. cit.*, 116.
35. Cf. *ibid.*, 115ss.
36. Los canonistas discuten si –y en caso de respuesta afirmativa, de qué modo– los obispos ortodoxos unidos a Roma poseen jurisdicción. Los canonistas suelen hablar de una tácita delegación pontificia. Cf. *ibid.*, 115s. Teológicamente es probable que haya que partir más bien de que la consagración episcopal, en cuanto tal, no solo confiere el poder de consagrar, sino también el de pastorear.
37. Para lo que sigue, cf. K. L. SCHMIDT, «ekklēsía», en ThWNT 3 (1938), 502ss; F. M. BRAUN, *Neues Licht auf die Kirche. Die protestantische Kirchendogmatik in ihrer neuesten Entfaltung*, Einsiedeln 1946, 35ss; R. SCHNACKENBURG, *Die Kirche im Neuen Testament* (QD 14), Freiburg i.Br. 1961, espec. 116ss [trad. esp.: *La Iglesia en el Nuevo Testamento*, Taurus, Madrid 1965].

Testamento habla de la Iglesia una, aunque también conoce Iglesias particulares, entendiendo por estas últimas a Iglesias locales concretas. Tales Iglesias locales, en el sentido del Nuevo Testamento, no son solo partes o distritos administrativos de la única Iglesia universal. Antes bien, en ellas se representa, actualiza y concreta plenamente la única Iglesia de Cristo. Hoy seguramente se reconoce en general que la Iglesia universal no solo es, sin embargo, resultado *a posteriori* del caminar conjunto de las Iglesias locales[38]. En el Nuevo Testamento, las diferencias existentes entre las distintas Iglesias locales no tienen por qué ser solo de naturaleza geográfica. Al contrario, la Iglesia una comprende tipos muy diversos de Iglesias con estructuras bastante dispares, teologías heterogéneas y formas de comunión diferentes[39].

El concepto católico de Iglesia está abierto por completo a semejante visión de la unidad en la pluralidad, y en la actualidad existen numerosos esfuerzos por regresar a esta originaria estructura de la Iglesia como *koinōnía* [comunión] de Iglesias. El debate sobre la colegialidad del episcopado apunta en esta dirección[40].

De esta manera obtenemos, sin duda, nuevos puntos de partida para la evaluación de la naturaleza eclesiológica de las comunidades eclesiales separadas. Pero sería erróneo equiparar sin más las actua-

---

38. Cf. R. BULTMANN, *Theologie des Neuen Testaments*, Tübingen 1954, 93 [trad. esp.: *Teología del Nuevo Testamento*, Sígueme, Salamanca 1987²], habla incluso de una prioridad de la Iglesia universal sobre las comunidades particulares. En sentido análogo se pronuncia F. M. BRAUN, *Neues Licht auf die Kirche, op. cit.* Discrepan, sin embargo, P. BATTIFOL, *L'Église naissante et le catholicisme*, Paris 1927¹², 90, y L. CERFAUX, *La théologie de L'Église suivant saint Paul*, Paris 1942, 83-93 y 235-236 [trad. esp.: *La Iglesia en San Pablo*, Desclée De Brouwer, Bilbao 1963²]. Según K. L. SCHMIDT, «ekklēsía», art. cit., 504, todo este planteamiento está equivocado.
39. Al respecto, cf. H. VON CAMPENHAUSEN, *Kirchliches Amt und geistliche Vollmacht in den ersten drei Jahrhunderten* (BHTh 14), Tübingen 1953. Sobre este tema se ha manifestado críticamente O. KARRER, *Um die Einheit der Christen*, Frankfurt a.M. 1953, 69-90; G. BAUM, *L'unité chrétienne d'après la doctrine des papes de Léon XIII à Pie XII, op. cit.*, 44ss y 48ss. Las diferencias y contrastes han sido puestas recientemente de relieve con suma agudeza por E. KÄSEMANN, *Exegetische Versuche und Besinnungen*, vol. 1, Göttingen 1960, 109-134 y 214-223; ID., «Die Anfänge christlicher Theologie»: ZThK 57 (1960), 162-185; al respecto, cf. H. KÜNG, *Kirche im Konzil* (Herder-Bücherei 140), Freiburg i.Br. 1963, 125-155; R. SCHNACKENBURG, *Die Kirche im Neuen Testament, op. cit.*, 21ss y 117s.
40. La esencia de la Iglesia como *koinōnía* [comunión] la han acentuado últimamente con frecuencia Y. Congar, M.-J. Le Guillou, K. Rahner y J. Ratzinger, entre otros.

les Iglesias confesionales a los diferentes tipos de Iglesia que encontramos en el Nuevo Testamento[41]. Eso no solo sería un modo de consideración en el fondo ahistórico; significaría también pasar por alto que las confesiones actuales no constituyen tan solo tipos distintos de Iglesia, sino que manifiestan diferencias separadoras y mutuamente excluyentes, a causa de las cuales se consideran obligadas a negarse unas a otras el carácter de verdadera Iglesia. Por otra parte, también a la teología católica le parece hoy imposible aplicar sin más los conceptos bíblicos de herejía y cisma a las otras Iglesias confesionales. Tanto el concepto bíblico como el concepto escolástico de herejía incluyen siempre el aspecto de la decisión personal culpable –la *pertinacia* u obstinación, en categorías escolástico-canónicas–, algo que no se puede presumir sin más de los miembros de una Iglesia confesional actual, arraigada desde hace generaciones[42].

Con ello, la pregunta por la valoración teológica de las demás comunidades eclesiales nos sitúa ante un problema que en el Nuevo Testamento no está previsto en esta forma y sobre el cual tampoco se ha producido ningún posicionamiento eclesial. Así pues, no nos queda más remedio que movernos en el terreno de los teologúmenos. Sin embargo, en esta segunda parte no se trata de una teología deducible meramente de principios teológicos abstractos, sino de una concreta problemática histórica, de la interpretación teológica de los hechos históricos[43].

---

41. Una opinión distinta puede leerse en E. KÄSEMANN, *Exegetische Versuche und Besinnungen*, Göttingen 1960, 221: «El canon neotestamentario... ofrece en sí espacio y base tanto al judaísmo como al protocatolicismo. El canon neotestamentario, en cuanto tal, no fundamenta la unidad de la Iglesia. En cuanto tal, esto es, en la forma concreta en que es accesible al historiador, fundamenta, por el contrario, la diversidad de confesiones. La variabilidad del kerigma en el Nuevo Testamento es expresión del hecho de que ya en el cristianismo primitivo una plétora de distintas confesiones coexistían, se sucedían, se entrelazaban y se deslindaban unas de otras. De ahí que sea perfectamente comprensible que todas las confesiones actuales se remitan sin excepción al canon neotestamentario». Al respecto, cf. R. SCHNACKENBURG, *Die Kirche im Neuen Testament*, *op. cit.*, 117, nota 17: «Pero la mayor parte de esto sigue siendo hipotético».
42. Para la diferencia entre el concepto canónico-escolástico y el concepto moderno de herejía, cf. C. JOURNET, *L'Église du Verbe incarné*, vol. 2, *op. cit.*, 708ss. Por eso, en la gran mayoría de los casos tampoco el magisterio habla de los miembros de otras confesiones como herejes, sino como disidentes; al respecto, cf. G. BAUM, *L'unité chrétienne d'après la doctrine des papes*, *op. cit.*, 63ss.
43. La aplicación de semejante modo de consideración histórico al problema ecuménico la reclamó sobre todo K. E. SKYDSGAARD, «Die zweite Sit-

II. *Vestigia ecclesiae*

El embrión de semejante teología histórica se encuentra ya relativamente pronto en la llamada disputa sobre el bautismo de herejes y en las controversias con el donatismo[44]. Como resultado de estas disputas fue acentuada, sobre todo por Agustín, la validez de los sacramentos administrados fuera de la Iglesia. Pero con ello ya se está afirmando que también fuera de la Iglesia puede existir un «trozo de realidad eclesial». Esta doctrina marcó la entera tradición canónica, cuyo concepto de pertenencia a la Iglesia, a diferencia del de la posterior tradición apologética, se basa exclusivamente en el bautismo. «Baptismate homo constituitur in Ecclesia Christi persona cum omnibus christianorum iuribus et officiis» [Por el bautismo queda el hombre constituido persona en la Iglesia de Cristo, con todos los derechos y las obligaciones de los cristianos][45]. Pero también la tradición apologética conoce en el tratamiento de las *notae ecclesiae* los rudimentos de un modo histórico-concreto de consideración. Junto al método exclusivo, según el cual estas *notae* solo se atribuyen a la Iglesia verdadera, emplea el método comparativo, según el cual las *notae* pertenecen de manera especial a la Iglesia católica. Con ello se le reconocen, al menos indirectamente, determinados valores cristiano-eclesiales a las comunidades eclesiales separadas[46].

---

zungsperiode des Vatikanischen Konzils in den Augen eines Beobachters», en J. C. Hampe (ed.), *Ende der Gegenreformation, op. cit.*, 386ss; para el cisma occidental, cf. Y. Congar, *Zerrissene Christenheit. Wo trennten sich Ost und West?*, Wien/München 1959, 11s [trad. esp. del orig. francés: *Cristianos ortodoxos*, Estela, Barcelona 1963].

44. La relevancia de las controversias de aquella época para la problemática actual la ponen de relieve J. Hamer, «Le baptême et l'Église»: *Irén* 25 (1952), 151ss; G. Thils, *Histoire doctrinale du mouvement oecuménique* (Bibliotheca Ephem. theol. Lov. 8), Leuven/Louvain 1955, 183ss [trad. esp.: *Historia doctrinal del movimiento ecuménico*, Rialp, Madrid 1965].

45. Cf. CIC 1917, can. 87. Cf. espec. A. Hagen, *Die kirchliche Mitgliedschaft*, Rottenburg 1938; K. Mörsdorf, «Die Kirchengliedschaft im Lichte der kirchlichen Rechtsordnung»: TuG 36 (1944), 115-131; A. Hagen, *Lehrbuch des Kirchenrechts*, vol. 1, Paderborn 1953⁷, 183ss. El concepto canónico de pertenencia a la Iglesia es defendido también por algunos teólogos dogmáticos; al respecto, cf. U. Valeske, *Votum Ecclesiae* I, *op. cit.* Contra esto se manifiesta sobre todo K. Rahner, *Schriften zur Theologie*, vol. 2, *op. cit.*, 14ss.

46. Cf. G. Thils, *Les notes de l'Église dans l'apologétique catholique depuis la Réforme*, Leuven/Louvain 1937, 88-96; Id., *Histoire doctrinale du mouvement oecuménique, op. cit.*, 184ss.

La reciente teología ecuménica católica ha asumido el concepto de *vestigia ecclesiae* [vestigios o huellas de la Iglesia], un concepto arraigado en el movimiento ecuménico extra-católico[47]. Este concepto no está todavía del todo clarificado. Tiene su origen en los reformadores, en especial en Calvino[48]. Pero en ellos el término tiene resonancias negativas; significa que también en la Iglesia papal existen aún, en medio de la generalizada descomposición, huellas de la Iglesia. *Vestigia* es aquí sinónimo de *reliquiae*. Sucede todo lo contrario en el movimiento ecuménico del siglo XX; aquí el término no designa restos muertos del pasado, sino signos esperanzadores e instrumentos poderosos a través de los cuales Dios realiza su obra; son vistos positiva y dinámicamente, como prometedores puntos de enganche a través de los cuales las Iglesias que los conservan pueden ser conducidas a la verdad plena[49]. Esta visión estaba expuesta al principio al riesgo del relativismo; cada Iglesia mide a las demás por lo que ella misma ha devenido y simultáneamente se deja cuestionar por ellas[50].

Pero a partir de la segunda asamblea plenaria del Consejo Mundial de Iglesias celebrada en Evanston en 1954, este peligro se superó introduciendo la cristología como criterio de la legitimidad[51]. No obstante, esta solución llevó, al menos en Evanston, a una visión unilateralmente escatológica de la unidad eclesial[52]. La principal pregunta que ha de plantearse aquí la teología católica es dónde se realiza concretamente, pues, la unidad querida por Cristo y ya ahora en él regalada[53].

47. Pensamos sobre todo en Y. Congar, G. Thils, J. Hamer, C.-J. Dumont, T. Sartory y M. Schmaus. Cf. U. VALESKE, *Votum Ecclesiae* I, *op. cit.*, 92ss. En todos los autores mencionados puede leerse también una exposición del cambio de significado que este concepto ha experimentado a lo largo de la historia, así como de la problemática material a él asociada.
48. Cf. J. CALVINO, *Unterricht in der christlichen Religion*, ed. por O. Weber, Neukirchen 1955, IV,2,11s y 712s [trad. esp. del orig. latino: *Institución de la religión cristiana*, 2 vols., Visor, Madrid 2003]. Para Lutero y pasajes adicionales de Calvino, además de la bibliografía citada anteriormente, cf. W. DIETZFELBINGER, *Die Grenzen der Kirche nach römisch-katholischer Lehre* (Forschungen zur systematischen und ökumenischen Theologie 10), Göttingen 1962, 136ss.
49. Cf. H. L. ALTHAUS (ed.), *Ökumenische Dokumente, op. cit.*, 111.
50. Así opina aún E. WOLF, *Peregrinatio. Studien zur reformatorischen Theologie und zum Kirchenproblem*, München 1954, 338ss.
51. Cf. *The Evanston Report. The Second Assembly of the World Council of Churches 1954*, London 1955, 82ss.
52. Cf. *ibid.*, 94.
53. Cf. G. THILS, *Histoire doctrinale du mouvement oecuménique, op. cit.*, 132s.

Por eso, la teología católica ha asumido el concepto *vestigia ecclesiae* bajo presupuestos en parte distintos y en un sentido algo diferente. Gustave Thils define los *vestigia* en sentido católico como «ciertos valores auténticamente cristianos que son propios de la Iglesia y que están presentes en las Iglesias o confesiones no romanas en virtud de la estructura de tales comunidades»[54].

No se trata, por tanto, de valores cristianos cualesquiera, sino de valores de naturaleza eclesial, como la predicación de la palabra, el bautismo, la eucaristía o la sucesión apostólica. En su forma plena pertenecen a la Iglesia católica, pero también pueden existir fuera de ella. Recientemente no se excluye en general que tales elementos puedan realizarse con mayor claridad fuera que dentro de la Iglesia católica, de suerte que una integración de estos elementos en la Iglesia católica podría representar una ganancia accidental para esta[55]. Pero así ya queda dicho también que en todo ello se sigue afirmando la sustancial –si bien no siempre plenamente actualizada– catolicidad de la Iglesia católico-romana. A pesar del progreso que supone semejante concepción, por parte protestante es objeto de una doble crítica:

1. Se critica el uso meramente apologético de estos *vestigia*. Solo sirven para poner de relieve la «plenitud» católica. Pero un fracaso de la Iglesia puede darse no solo *per subtractionem* [retirando elementos] del Evangelio, sino también *per additionem* [añadiendo elementos], y justo esto es lo que las Iglesias no católicas reprochan a la Iglesia católica[56]. O formulado de otra manera: la Iglesia católica hace de sí misma la norma última con la que mide al resto, sin someterse ella misma a una norma y sin estar abierta a un cuestionamiento crítico[57].

---

54. *Ibid.*, 187 (citado según la trad. al. de T. SARTORY, «Kirche und Kirchen», en J. Feiner et al [eds.], *Fragen der Theologie heute*, Einsiedeln 1957, 366).
55. Así, por ejemplo, Y. CONGAR, *Zerrissene Christenheit, op. cit.*, 56; G. THILS, *Histoire doctrinale du mouvement oecuménique, op. cit.*, 193; T. SARTORY, *Die ökumenische Bewegung und die Einheit der Kirche, op. cit.*, 191ss; ID., *Mut zur Katholizität*, Salzburg 1962, 205ss y 213ss; C. JOURNET, *L'Église du Verbe incarné*, vol. 1, *op. cit.*, 52s.
56. Cf. W. DIETZFELBINGER, *Die Grenzen der Kirche nach römisch-katholischer Lehre, op. cit.*, 174ss.
57. Así K. BARTH, *Kirchliche Dogmatik*, vol. I/2, Zollikon/Zürich 1960, 606ss; H. DIEM, *Theologie als kirchliche Wissenschaft*, vol. 3: *Die Kirche und ihre Praxis*, München 1963, 41ss; W. VON LÖWENICH, *Der moderne Katholizismus. Erscheinung und Probleme*, Witten 1956, 165s y 181s.

2. La teología católica considera estos *vestigia* de manera puramente ontológica y estática, no de manera dinámica, pneumatológica, cristológica[58]. De esta suerte no aprecia en su justo valor la realidad de las otras Iglesias, pues estas no se entienden a sí mismas como meras realizaciones parciales de lo católico (en sentido confesional), sino como plasmaciones autónomas del Evangelio; ellas reclaman para sí una catolicidad propia e intrínseca[59], que se basa en la disposición a escuchar la totalidad del Evangelio. Una concepción meramente cuantitativa de la catolicidad no puede satisfacer esto[60].

Aquí se debate, evidentemente, sobre los fundamentos de la concepción católica de la Iglesia, a saber, la relación entre Cristo y la Iglesia, entre el Evangelio y la Iglesia. Bernard Lambert ha intentado reducir la diferencia última entre la eclesiología católica y la protestante a una disparidad a la hora de entender la relación entre la trascendencia de Cristo respecto a la Iglesia y su inmanencia en ella[61]. En tal caso, la diferencia nacería de una forma distinta de relacionar la eclesiología y la escatología. Pero por mucho que la eclesiología católica deba afirmar una unidad eclesial dada ya ahora y visible en la fe y, por ende, una catolicidad realizada ya ahora a manera de raíz mediante la presencia de Cristo, en la teología reciente se encuentran elementos, si bien dispersos, que pueden ayudarnos a avanzar en nuestra cuestión:

---

58. Cf. H. WEISSGERBER, *Die Frage nach der wahren Kirche. Eine Untersuchung zu den ekklesiologischen Problemen der ökumenischen Bewegung* (Koinonia 2), Essen 1963, 159ss.
59. Cf. H. ASMUSSEN y W. STÄHLIN, *Die Katholizität der Kirche. Beiträge zum Gespräch zwischen der evangelischen und der römisch-katholischen Kirche*, Stuttgart 1957; E. KINDER, «Evangelische Katholizität»: KuD 6 (1960), 69-85; K. E. SKYDSGAARD, *Die zweite Sitzungsperiode des Vatikanischen Konzils, op. cit.*, 389s; por parte católica, véase H. VOLK, *Gott alles in allem. Gesammelte Aufsätze*, Mainz 1961, 206.
60. Que la catolicidad de la Iglesia no es un concepto cuantitativo sino cualitativo lo acentúan en la teología católica Y. CONGAR, *Zerrissene Christenheit, op. cit.*, 116ss; J. WITTE, «Die Katholizität der Kirche. Eine neue Interpretation nach alter Tradition»: Greg 42 (1961), 193; W. BARTZ, «Die katholische Fülle in der Verkündigung», en *Unio christianorum* (FS L. Jäger), Paderborn 1962, 415-424.
61. Cf. B. LAMBERT, *Das ökumenische Problem*, vol. 1, Freiburg i.Br. 1963, 176ss [trad. esp. del orig. inglés: *El problema ecuménico*, Guadarrama, Madrid 1963]; cf. T. SARTORY, *Die ökumenische Bewegung und die Einheit der Kirche, op. cit.*, 122ss.

1. El reciente debate sobre la relación entre Escritura y tradición apunta a que la palabra de Dios atestiguada en la Escritura es *norma normans* [norma normativa, por así decir] de la Iglesia[62], que esta nunca puede agotar por completo[63].

2. Esto representa asimismo la superación del concepto romántico o neorromántico de Iglesia, en el que la Iglesia es entendida unilateralmente como el Cristo perviviente[64] y en el que la visión histórica y la Iglesia como pueblo de Dios, como Iglesia de pecadores e Iglesia pecadora[65], apenas cobran expresión.

3. Ello lleva a una visión escatológicamente determinada de la catolicidad[66]. La Iglesia, su unidad y su plenitud son un don ya presente, pero también tarea siempre nueva[67], acontecimiento siempre nuevo[68], que solo se realizará de forma escatológicamente plena cuando Dios sea todo en todo (cf. 1 Cor 15,28).

---

62. Cf. G. DE BROGLIE, «Note sur la primauté de l'argument d'Écriture en théologie», en L. BOUYER, *Du Protestantisme a l'Église* (Unam sanctam 27), Paris 1954, 247-350; K. RAHNER, *Über die Schriftinspiration* (QD 1), Freiburg i.Br. 1958, 37ss y 78ss [trad. esp.: *Inspiración de la Sagrada Escritura*, Herder, Barcelona 1970]; ID., «Biblische Theologie. III», en LThK² 2, 449ss.
63. Cf. PÍO XII, *Divino afflante spiritu* (1943), citado por A. Rohrbasser, *Heilslehre der Kirche, op. cit.*, nn. 392ss y 403. Al respecto, cf. mi artículo «Schrift und Tradition – eine Quaestio disputata»: ThPQ 112 (1964), 211-213, y lo que allí se dice sobre el *extra nos* de la palabra de la Escritura.
64. Tal concepto de Iglesia invoca sin razón a J. A. Möhler y la Escuela de Tubinga. Precisamente Möhler pone con suma claridad de relieve frente a F. C. Baur el «comienzo en la plenitud». Al respecto, cf. J. R. GEISELMANN, *Lebendiger Glaube aus geheiligter Überlieferung*, Mainz 1942, 47ss; W. KASPER, *Die Lehre von der Tradition in der Römischen Schule* (WKGS 1), Freiburg i.Br. 2011, 239ss.
65. Al respecto, cf. la bibliografía que ofrece H. KÜNG, *Strukturen der Kirche* (QD 17), Freiburg i.Br. 1962, 34 (nota 28) [trad. esp.: *Estructuras de la Iglesia*, Estela, Barcelona 1969²].
66. Cf. J. NEUNER, «Die Weltkirche. Die Katholizität der Kirche im Missionswerk», en F. Holböck y T. Sartory (eds.), *Mysterium Kirche in der Sicht der theologischen Disziplinen*, vol. 2, Salzburg 1962, 821ss [trad. esp.: *El misterio de la Iglesia: Fundamentos para una eclesiología*, vol. 2, Herder, Barcelona 1966]; A. WINKLHOFER, *Über die Kirche. Das Geheimnis Christi in der Welt*, Frankfurt a.M. 1963, 83ss, 115ss y 261ss.
67. Así reiteradamente en H. FRIES, *Aspekte der Kirche*, Stuttgart 1963 [trad. esp.: *Aspectos de la Iglesia*, Cristiandad, Madrid 1965].
68. Así K. BARTH, *Kirchliche Dogmatik*, vol. IV/1, Zollikon/Zürich 1960, 726ss; al respecto, cf. H. FRIES, *Kirche als Ereignis*, Düsseldorf 1958, 68ss.

4. La visión escatológica condiciona, por su parte, la definición de la Iglesia como Iglesia misionera. Por eso, la Iglesia nunca puede ser vista exclusivamente desde sus estructuras; siempre debe ser considerada también desde su misión, desde su tarea[69].

Si se juntan todos estos elementos, resulta una visión dinámica, histórico-salvífica y escatológica de la Iglesia. La Iglesia no es sin más; siempre está formándose de nuevo y siempre se encuentra amenazada; siempre es Iglesia en camino, Iglesia peregrina. Esta visión histórica permite también un correcto encuadramiento teológico de las divisiones. Estas se encuentran, por una parte, sujetas a un histórico-salvífico «opportet et haereses esse» [(es normal que) existan divisiones y herejías] (cf. 1 Cor 11,19)[70]. Son un signo de que la Iglesia está todavía en camino. Pero con ello también se afirma, por otra parte, que no debemos justificar teológicamente estas divisiones ni podemos entenderlas especulativamente como un proceso dialéctico de desarrollo. La división es desobediencia y escándalo[71].

III. Unidad y pluralidad

Con ello hemos tendido los cimientos para a continuación, en una tercera parte, extraer a modo de conclusión las consecuencias para la pregunta planteada. La primera parte ha dejado claro en el terreno de los principios que la unidad y unicidad de la Iglesia está abierta a una pluralidad de Iglesias; en la segunda parte hemos intentado sentar los presupuestos para una consideración histórica de la pluralidad, la cual, por su parte, se encuentra en camino hacia la unidad. Así pues, en ambos casos la unidad y la pluralidad están intrínsecamente orientadas una a otra y vinculadas entre sí. Este entrelazamiento, que hemos de considerar a continuación, aporta al concepto de Iglesia algo fluido, una tensión que es expresión del histórico-salvífico tiempo intermedio en el que vi-

---

69. Cf. M.-J. LE GUILLOU, *Mission et Unité. Les exigences de la communion* (Unam sanctam 33/34), Paris 1960 [trad. esp.: *Misión y unidad: las exigencias de la comunión*, Estela, Barcelona 1963].
70. En especial los padres griegos relacionaron los cismas con la kénosis de Cristo prolongada en la Iglesia. Cf. Y. CONGAR, *Zerrissene Christenheit, op. cit.*, 279s.
71. Cf. K. BARTH, *Die Kirche und die Kirchen* (TEH 27), München 1935, 9ss; ID., *Kirchliche Dogmatik*, vol. IV/1, *op. cit.*, 753ss.

ve la Iglesia. Al *tempus medium* [tiempo intermedio] le corresponde un *status medius* [estatus intermedio] de la Iglesia[72].

La Iglesia no es una realidad absolutamente unívoca: es a un tiempo visible e invisible, presente y venidera, institución y acontecimiento. Existe entre el «ya» y el «todavía no». Este carácter escatológico de la Iglesia significa que ninguna de las «formaciones eclesiales» existentes puede estar «acabada» sin más, pero comporta asimismo que, dondequiera que el señorío de Cristo devenga ya ahora, en la palabra y en el signo sacramental, acontecimiento lleno de pujanza, allí debe existir de algún modo la Iglesia. De este modo, para el ser de la Iglesia son constitutivas la predicación de la palabra, la administración de los sacramentos y la existencia de servicios, esto es, de ministerios que, comisionados por Cristo, realizan la palabra y los sacramentos[73].

La palabra, los sacramentos y los ministerios, en cuanto formas de acontecer la Iglesia, son realidades escatológicas y con carácter de signo. Formulado en el lenguaje de la teología católica, son de naturaleza sacramental. De esta suerte, la Iglesia misma es una realidad con carácter de signo, una realidad sacramental[74].

---

72. Para esta concepción agustiniana de la Iglesia, cf. R. GROSCHE, *Pilgernde Kirche*, Freiburg i.Br. 1938, 65ss; F. HOFMANN. *Der Kirchenbegriff des hl. Augustinus*, s.l. 1933, 181ss.
73 Con ello se mencionan los tres *vinculae* [vínculos, lazos] de la unidad de la Iglesia, tal como sintéticamente los designa la reciente tradición católica en la encíclica *Mystici corporis* (cf. A. ROHRBASSER, *Heilslehre der Kirche*, op. cit., n. 769). La teología protestante, en cambio, conoce solo dos *notae* [notas] de la verdadera Iglesia: la palabra y los sacramentos, a las que refiere el famoso *satis est* [y (con eso) es suficiente] (cf. CA VII). No obstante, el «ministerium docendi evangelii et porrigendi sacramenta» [ministerio de enseñar el Evangelio y administrar los sacramentos] es acentuado en no menor medida contra los protestantes fanáticos y calificado además expresamente de «instrumenta spiritus sancti» [instrumentos del Espíritu Santo] (art. V). También por parte católica puede distinguirse entre la palabra y los sacramentos como causas verdaderas de la Iglesia y el ministerio como condición de la Iglesia. A este respecto, cf. J. RATZINGER, «Das geistliche Amt und die Einheit der Kirche»: Cath (M) 17 (1963), 165-179.
74. De ahí que en la teología católica contemporánea, siguiendo a los padres griegos, se defina a la Iglesia como sacramento primigenio (*Ursakrament*), sacramento fundamental (*Grundsakrament*) o sacramento marco (*Rahmensakrament*). Así lo hacen H. de Lubac, O. Semmelroth, H. Rahner, K. Rahner y E. H. Schillebeeckx. Esta afirmación no implica difuminación alguna de la fe en Jesucristo como el verdadero sacramento de la salvación, que es el auténtico sacramento primigenio porque en los sacramentos Cristo sigue actuando en la historia (al respecto, cf. J. A. MÖHLER, *Symbolik*, ed. por J. R. Geiselmann, Darmstadt 1958, 388s [trad. esp.: *Simbólica o exposición de las*

Con esta afirmación se expresan ya tanto su dignidad como sus límites. El concepto de sacramento elaborado en la teología católica puede revelarse muy útil para aproximarnos a nuestro problema desde presupuestos intracatólicos[75]. Análogamente a lo que ocurre con los distintos sacramentos[76], también en el caso de la Iglesia cabe distinguir entre la dimensión del signo (*sacramentum tantum*) y la realidad de gracia designada (*res sacramenti*). Al igual que de los distintos sacramentos, también de la Iglesia hay que decir que ambas magnitudes no coinciden plenamente entre sí en el presente eón; pueden divergir. No solo hay que distinguir entre validez y licitud, sino también entre validez y fecundidad. Puede realizarse el signo visible, venir dada, análogamente, la pertenencia canónica a la Iglesia y, a causa de la falta de disposición, estar ausente, sin embargo, la *res sacramenti*, la realidad vital interna de la Iglesia. Pero incluso el signo infructuosamente realizado permanece ordenado a la realidad de gracia; opera el signo interno (*res et sacramentum*), que, como *character indelebilis* [carácter indeleble], bien funda la pertenencia fundamental a la Iglesia, bien origina los diferentes estados dentro de esta[77]. Asimismo, eventualmente es posible una reviviscencia interior de tal infructuoso sacramento. Y a la inversa, puede faltar o realizarse deficientemente el signo sacramental, o sea, no estar presente –o no estarlo en forma plena– la pertenencia externa a la Iglesia y, sin embargo, darse la realidad interna de la gracia, en virtud de un *votum sacramenti* [deseo (implícito) del sacramento] o de un *votum supplens* [deseo (implícito) sustitutivo].

---

diferencias dogmáticas entre católicos y protestantes según sus públicas confesiones de fe, Cristiandad, Madrid 2000]). En efecto, es inherente al concepto de sacramento remitir a modo de signo más allá de sí mismo.

75. Así pues, en lo que sigue renunciamos de propósito a buscar afirmaciones católicas y protestantes convergentes; antes bien, examinaremos a fondo, por opción metodológica, algunas posiciones específicamente católicas con la mente puesta en qué se deriva de ellas en relación con el problema ecuménico si se piensan hasta el final.

76. El hecho de que aquí partamos especialmente de la sacramentología se debe a que, en la tradición católica, esta se encuentra más desarrollada que, por ejemplo, la teología de la palabra. La teología católica reciente pone mucho énfasis en el carácter sacramental de la palabra, de modo que lo dicho también podría aplicarse fácilmente a ella. Para lo que sigue, cf. espec. E. H. SCHILLEBEECKX, *Christus. Sakrament der Gottbegegnung*, Mainz 1960, 143ss [trad. esp. del orig. holandés: *Cristo, sacramento del encuentro con Dios*, Dinor, Pamplona 1971⁶].

77. Para la relevancia eclesiológica de la doctrina del carácter sacramental, cf. ibid., 156ss.

A tenor de esto, según sea su dimensión sacramental, así debe determinarse diferenciadamente también el estatus eclesiológico de las distintas comunidades eclesiales no católicas[78]. Respecto a la *res sacramenti*, también las comunidades eclesiales no católicas pueden ser Iglesia en sentido pleno, siempre que en ellas se dé en la actualidad testimonio de Cristo en el signo. Por lo que atañe al *sacramentum tantum*, o sea, a la pertenencia a la Iglesia canónicamente tangible, no pueden, sin embargo, ser colocadas en el mismo plano que la Iglesia católica. A pesar de esto, también en ellas es visible ya embrionariamente la unidad interna en el ámbito externo a través del único bautismo y de la profesión de fe en el único Señor.

Así pues, el estatus eclesial de las otras comunidades debe ser juzgado una vez más diferentemente, no solo según la dimensión sacramental, sino también según los diferentes grados posibles de semioticidad (*Zeichenhaftigkeit*, donde *Zeichen* es signo) sacramental. El único bautismo, que constituye el fundamento de la pertenencia a la Iglesia, tiende de por sí a la común comensalía eucaristía como acontecimiento supremo de la Iglesia[79]. Alrededor de estos dos *sacramenta maiora* [sacramentos principales], el bautismo y la eucaristía, se agrupan los restantes sacramentos. Todos juntos forman un organismo escalonado. Bien mirado, no se puede afirmar ninguno de ellos sin afirmar, al menos implícitamente, todos los demás; en especial, el sacramento del bautismo incluye, por su orientación intrínseca de sentido, todos los restantes sacramentos. Algo análogo ocurre con el credo. En efecto, el acto de fe no tiende en último término a una fórmula, sino a la realidad de fe

---

78. Para lo que sigue, cf. espec. J. GRIBOMONT, *Le sacrement de l'Église et ses réalisations imparfaits*, op. cit., 345-367.
79. Cf. TOMÁS DE AQUINO, *S.th.* III, q. 65 a. 3; q. 73 a. 3; q. 80 a. 9 ad 3. Cf. E. SCHILLEBEECKX, *Christus*, op. cit., 198: el bautismo válido es una «eucaristía de deseo». Véase además H. VOLK, *Gott alles in allem*, op. cit., 204; ID., «Das sakramentale Element in der Kirchengliedschaft», en *Unio christianorum* (FS L. Jäger), Paderborn 1962, 345-357; J. RATZINGER, «Kirche», en LThK² 6, 179; H. FRIES, *Kirche als Ereignis*, op. cit., 99ss. Por lo que respecta a la frecuente objeción de que la Iglesia solamente puede existir allí donde se dan ordenaciones válidas y, por tanto, una eucaristía válida, aparte de lo ya dicho hay que señalar tanto la relevancia del ministerio eclesiástico fuera de la Iglesia católica –cuestión esta a la que en seguida nos referiremos– como el hecho de que a la Cena protestante puede atribuírsele perfectamente carácter cuasisacramental; al respecto, cf. E. SCHILLEBEECKX, *Christus*, op. cit., 189ss.

atestiguada –en desemejanza siempre mayor– en esta fórmula[80], implicando la confesión de fe en «el Señor Jesucristo como Dios y salvador», en el fondo, todas las demás verdades de fe. La explicitación acontece siempre, tanto en el católico individual como en la Iglesia católica en su conjunto, únicamente en grados de actualidad determinados y bastante heterogéneos[81]. Si bien lo más complicado es la valoración de los ministerios de las comunidades eclesiales no católicas, en concreto de las protestantes, habrá que hablar de un *votum* y un *vestigium ordinis* [deseo (implícito) y huella del orden] en estas comunidades. Las comunidades eclesiales protestantes conocen un ministerio que no es entendido sin más como delegación democrática desde abajo, sino como autorización divina desde arriba. Además, conocen una llamada eclesial a este ministerio[82].

Esta difícil cuestión ya no puede ser tratada aquí por extenso. Resumidamente cabe decir que, en lo relativo a la dimensión del signo, debe hablarse de distintos grados de pertenencia a la Iglesia, que, por la orientación de sentido que objetivamente les es inherente, implican la forma eclesial plena del signo. En consecuencia, en este sentido habrá que caracterizar a las comunidades eclesiales no católicas no solo como Iglesias potenciales o virtuales[83],

---

80. Cf. TOMÁS DE AQUINO, *S.th.* II/II q. 1 a. 1; a. 2 ad 2, a. 6.
81. Cf. TOMÁS DE AQUINO, *S.th.* II/II q. 1 a. 6 ad 1; q. 2 a. 5ss.
82. Cf. E. SOMMERLATH, *Amt und allgemeines Priestertum* (Schriften des Theol. Konvents Augsburgischen Bekenntnisses 5), Berlin 1953; P. BRUNNER, *Vom Amt des Bischofs* (Schriften des Theol. Konvents Augsburgischen Bekenntnisses 9), Berlin 1955, 5-77; J. HEUBACH, *Die Ordination zum Amt der Kirche* (Arbeiten zur Geschichte der Theologie und des Luthertums 2), Berlin 1956; W. BRUNOTTE, *Das geistliche Amt bei Luther*, Berlin 1959; *Grundlinien für die Ordnung des Amtes in der Kirche* (Schriften des Theol. Konvents Augsburgischen Bekenntnisses 11), Berlin 1960. Con ello no se pasan por alto las notables diferencias existentes con la concepción católica del ministerio; tales diferencias radican en la comprensión de la sucesión apostólica y en el carácter sacramental del *ordo* [orden]. T. SARTORY entiende que el ministerio en la Iglesia protestante se encuadra en el orden de lo profético (cf. su *Die ökumenische Bewegung und die Einheit der Kirche*, *op. cit.*, 172s), lo que le atrae la acerada crítica de U. VALESKE, *Votum Ecclesiae* I, *op. cit.*, 148s. La cuestión de la valoración de los ministerios protestantes apenas ha sido abordada aún por parte católica. Cf. también H. KÜNG, *Strukturen der Kirche*, *op. cit.*, 141ss.
83. Cf. C.-J. DUMONT, *Les voies de l'unité chrétienne. Doctrine et Spiritualité* (Unam sanctam 26), Paris 1954, 126s y 133; T. SARTORY, *Die ökumenische Bewegung und die Einheit der Kirche*, *op. cit.*, 190ss.

sino como Iglesias ya embrionariamente realizadas; habrá que hablar de Iglesias en gestación, de Iglesias en construcción[84], porque en ellas acontece auténtica *oikodomē* [edificación] en el sentido del Nuevo Testamento. Además, habrá que hablar de Iglesias locales imperfectas[85].

Esta última caracterización nos conduce a una última área conflictiva, dentro de la cual puede ser discutida la cuestión. La respuesta será también distinta según se consideren las comunidades eclesiales separadas desde el punto de vista de la Iglesia local o de la Iglesia universal. Cuando el magisterio ordinario habla de la unicidad de la Iglesia, es evidente que con ello se refiere a la Iglesia universal. Según demuestra la historia de la Iglesia, la coordinación de las Iglesias locales en una Iglesia universal puede producirse de formas bastante distintas. Puede oscilar desde la autonomía *de facto* hasta una considerable equiparación fáctica de la Iglesia universal con la Iglesia local de Roma, como históricamente se ha realizado en el Occidente latino, pasando por la autonomía *de iure*, en cuyo caso la unidad consiste únicamente en la *communio* [comunión] con el conjunto de la Iglesia (así ocurría en Oriente antes del cisma). A resultas de la historia, el plural «Iglesias», que *de iure* debería existir en el seno del singular «Iglesia», se ha plasmado *de facto* fuera de la Iglesia en forma de Iglesias confesionales. Esta constatación implica al mismo tiempo que, en la actualidad, la unidad de la Iglesia se da en la Iglesia católica solo de manera históricamente deficiente, porque la Iglesia católica, en la forma en que hoy existe, no ofrece espacio suficiente para la necesaria y legítima diversidad. La Iglesia local de Roma, la Iglesia (patriarcal) de Occidente y la Iglesia católica universal deberían ser deslindadas y separadas entre sí con mucha mayor claridad[86]. Así, el estatus de las comunidades eclesiales no católicas brota también de una situación histórica de necesidad y debe ser juzgado de acuerdo con ello. Muchos teólogos protestantes acentúan que no existe ni puede existir un concepto luterano de Iglesia exhausti-

---

84. Cf. C. JOURNET, *L'Église du Verbe incarné*, vol. 1, *op. cit.*, 52s.
85. Cf. Y. CONGAR, «Note sur les mots "Confession", "Église" et "Communion"»: *Irén* 23 (1950), 28. Véase también G. BAUM, *L'unité chrétienne d'après la doctrine des papes, op. cit.*, 127s.
86. Cf. J. RATZINGER, «Konkrete Formen bischöflicher Kollegialität», en J. C. HAMPE (ed.), *Ende der Gegenreformation, op. cit.*, 156ss.

vo; que aquí más bien, en una situación histórico-eclesial de necesidad, hubo que convertir lo que pretendía ser un factor de regulación o corrección eclesial en un factor de construcción, introduciendo así en el concepto protestante de Iglesia no solo una contradicción inmanente, sino también una esperanzadora apertura ecuménica[87]. En este sentido cabe hablar, por consiguiente, de un tipo de Iglesia autónomo, pero todavía inacabado y abierto a la Iglesia universal. Para concluir, hay que afirmar que lo decisivo para la determinación del estatus eclesiológico de las comunidades no católicas no es el problema terminológico[88]. Objetivamente no existe gran diferencia entre, por un lado, reconocer a estas comunidades separadas el título de Iglesia y tener que acentuar simultáneamente que, desde el punto de vista católico, ello solo es posible a modo de analogía[89] y, por otro, calificarlas de comunidades eclesiales y expresar con ello que solo están –ya– en camino hacia la forma eclesial plena. Mucho más importante es elaborar una nueva y fundamental visión teológica global de la relación entre la Iglesia y las Iglesias, una visión que no conciba ya tal relación de modo meramente estático y jurídico, sino de modo dinámico, histórico-salvífico y escatológico[90]. La unidad y la catolicidad de la Iglesia están siempre y en todos los casos solo en gestación; seguirán siendo de por vida una tarea. La solución no puede radicar en la recíproca absorción ni en la me-

---

87. Cf. E. KINDER, «Kann man von einem lutherischen Kirchenbegriffe sprechen?»: ThLZ 81 (1956), 363-368, espec. 365s; E. FINCKE, «Das Amt der Einheit», en W. Stählin et al. (eds.), *Das Amt der Einheit. Grundlegendes zur Theologie des Bischofsamtes*, Stuttgart 1964, 178; en sentido análogo se habían pronunciado ya S. KIERKEGAARD, *Die Tagebücher 1834-1855*, ed. por T. Häcker, München 1953[4], 506; H. U. VON BALTHASAR, *Karl Barth. Darstellung und Deutung seiner Theologie*, Köln 1962[2], 20ss; H. FRIES, *Kirche als Ereignis, op. cit.*, 137.
88. Así opina, con razón, E. STAKERNEIER, «Das Konzilsschema *De oecumenismo* in den Diskussionen der Zweiten Sitzungsperiode»: Cath (M) 18 (1964), 6.
89. En este sentido, H. FRIES, *Kirche als Ereignis, op. cit.*, 131 considera el estatus eclesiológico de la Iglesia protestante, desde el punto de vista católico, como participación en algo común.
90. Para las consecuencias de esta visión de cara al diálogo ecuménico, cf. W. KASPER, «Fundamentos y posibilidades de un ecumenismo católico», reimpreso en el presente volumen, 37-63.

ra integración de las distintas comunidades eclesiales, sino únicamente en la permanente conversión de todos, esto es, en la disposición a propiciar, desde la obediencia al único Evangelio como norma última en la Iglesia y sobre la Iglesia, que la unidad dada ya embrionariamente por gracia y a modo de signo acontezca siempre de nuevo.

3
Unidad y comunión de las Iglesias en perspectiva católica

I. Planteamiento del problema

La *Declaración conjunta sobre la doctrina de la justificación* fue y es un hito en el camino del acercamiento ecuménico entre las Iglesias asociadas en la Federación Luterana Mundial y la Iglesia católica de Roma. La imagen del hito comporta que se ha alcanzado un importante y decisivo final de etapa, pero todavía no la meta misma. Tanto más acuciante se plantea ahora la pregunta: ¿hacia dónde se dirige el movimiento ecuménico? ¿En qué consiste la visión ecuménica, cuál es su perspectiva final? ¿Qué modelo de futura unidad eclesial o comunión eclesial perseguimos[1]?

Para estas preguntas existen en el ámbito ecuménico diversas respuestas, pero de momento ninguna posición que se acepte de forma generalizada. Por parte católica no se ha formulado hasta ahora ninguna toma de posición oficial. Así pues, en esta cuestión todavía es necesario abrir nuevos caminos.

Hay, sin embargo, un punto de partida común. Pues todas las Iglesias confiesan, con los credos protoeclesiales, la existencia de una sola Iglesia. Esta confesión está bíblicamente fundada y concuerda con la voluntad de Jesús. El mandato de Jesús y la confesión de la Iglesia están con ello en manifiesta contradicción con la existencia de numerosas Iglesias separadas que se contradicen, condenan y excluyen mutuamente. Ninguna Iglesia ni ninguna teología pueden resignarse a ello ni justificar esta situación.

Entre las Iglesias partícipes en el proceso ecuménico reina además consenso en que la unidad no puede ser solo invisible. No basta, por consiguiente, con replegarse a una unidad invisible de

---

1. Así, por ejemplo, E. JÜNGEL, «Amica Exegesis einer römischen Note»: ZThK Suplemento 10 (1998), 275.

la Iglesia, perceptible solamente en la fe, relativizando o nivelando con ello las diferencias y las oposiciones existentes entre las formaciones eclesiales visibles. Semejante posición, en el fondo entusiasta, contradice la estructura encarnatoria básica de la fe cristiana. Así, según la concepción católica, la Iglesia es, en cuanto *mysterium*, una «realidad compleja integrada por un elemento humano y otro divino». Como tal realidad divino-humana, la Iglesia tiene naturaleza sacramental[2]. Tampoco la teología luterana habla de una Iglesia invisible, sino de la Iglesia oculta. Tampoco para ella constituye la Iglesia una *civitas platonica* [ciudad platónica][3]; antes bien, es reconocible en la predicación del Evangelio y en la administración ordenada de los sacramentos[4]. De esta suerte, el restablecimiento de la unidad visible de la Iglesia es la meta común declarada del movimiento ecuménico. No obstante, con esta declaración de intenciones todavía no queda resuelta la cuestión de en qué consiste en concreto esa unidad visible ni cómo debe realizarse. Al respecto existen diferentes modelos: la unidad orgánica, la unidad conciliar y la unidad en la diversidad reconciliada, entre otros[5]. Estos modelos tienen en común el hecho de que no entienden la unidad de la Iglesia como uniformidad y, en consecuencia, no tienen como meta una Iglesia unitaria, sino una unidad en la pluralidad. Pero también esta fórmula, «unidad en la pluralidad», es susceptible de interpretaciones heterogéneas. Puede significar varias cosas: unidad a través de la pluralidad, unidad en la divergencia, unidad en la diversidad reconciliada, etc.

La opción a favor de un determinado modelo de futura unidad de la Iglesia depende de la concepción de Iglesia subyacente en cada caso. Aquí comienza el verdadero problema. Pues la comprensión de la Iglesia y de los elementos constitutivos del ser Iglesia es materia de controversia. Según algunos autores, en la concepción de Iglesia radica uno de los disensos fundamentales, por no decir el disenso fundamental, entre la Iglesia católica, por

---

2. Cf. LG 8.
3. Cf. *Apología*, art. 7.
4. Cf. CA VII.
5. Cf. la visión de conjunto que se ofrece en COMISIÓN MIXTA CATÓLICO-ROMANA Y EVANGÉLICO-LUTERANA, *Die Einheit vor uns*, Paderborn / Frankfurt a.M. 1985 [trad. esp.: «Ante la unidad. Modelos, formas y etapas de la comunión eclesial luterano-católica», en *Enchiridion oecumenicum*, vol. 2, ed. por A. González Montes, Centro de Estudios Orientales Juan XXIII y Universidad Pontificia de Salamanca, Salamanca 1993, 177-234].

un lado, y las Iglesias y comunidades eclesiales nacidas de la Reforma, por otro[6]. De ahí que la pregunta por el modelo de una futura unidad eclesial no sea una suerte de simulación estratégico-militar en maqueta ni tampoco de bricolaje. Solo se puede responder a esta cuestión por medio de un serio trabajo teológico, a saber, esforzándose por alcanzar una profunda comprensión común de lo que en el credo confesamos conjuntamente como la Iglesia una, santa, católica y apostólica.

II. El nuevo enfoque del concilio Vaticano II

La posición católica en la cuestión de una futura unidad de las Iglesias sigue siendo en parte malentendida en la actualidad como un ecumenismo de retorno, de reintegración. Este malentendido resulta comprensible por cuanto tal fue, de hecho, durante largo tiempo la posición del magisterio eclesiástico. En este contexto hay que mencionar sobre todo la encíclica *Satis cognitum* (1896), del papa León XIII, y la encíclica *Mortalium animos* (1928), de Pío XI. Esta última constituye la más clara exposición de la posición católico-romana frente al movimiento ecuménico antes del Vaticano II. Puede sintetizarse de la siguiente manera: Jesucristo fundó una sola Iglesia y quiso esta Iglesia como la única Iglesia. De ahí resulta la exhortación a los cristianos que viven separados de la Iglesia católica de Roma a regresar a la única y verdadera Iglesia de Cristo. Desde este punto de vista, la participación de la Iglesia católica o de cristianos católicos a título individual en el diálogo ecuménico parecía imposible y estaba, por eso, expresamente prohibida.

La encíclica *Mystici corporis* (1943), del papa Pío XII, fundamentó una vez más semejante punto de vista. Esta encíclica enseña la estricta identidad entre el cuerpo de Cristo y la Iglesia católico-romana. Su tesis explícita era: el cuerpo de Cristo es la Iglesia católica de Roma. Esto, ya para la propia encíclica, no significa que todos los cristianos no pertenecientes a la Iglesia católica estén excluidos de la salvación eterna. La encíclica reconoce que estos cristianos pueden estar unidos a Cristo y a su Iglesia en

---

6. Cf. W. KASPER, «Consenso básico y comunión eclesial. El estado del diálogo ecuménico entre la Iglesia católica y la evangélico-luterana», reimpreso en el presente volumen, 262-291.

virtud del *votum*, esto es, del deseo o anhelo (al menos implícito). Pero esta afirmación se refiere meramente al estado de salvación de los cristianos individuales. Con ello no se dice nada sobre el reconocimiento de elementos eclesiales fuera de la Iglesia católico-romana. Para la encíclica existen cristianos separados de la Iglesia católica, pero no Iglesias separadas de ella. La entrada oficial de la Iglesia católica en el movimiento ecuménico fue posible solamente una vez que el concilio Vaticano II imprimió un giro de grandes consecuencias en este punto decisivo. La base para ello se tendió en la constitución sobre la Iglesia *Lumen gentium*. En el número 8 de esta constitución dogmática se rompe la rigurosa equiparación del cuerpo de Cristo y la Iglesia católica de Roma y se reemplaza el *est* que identifica ambas realidades por un *subsistit*. Ahora se afirma: «Esta Iglesia... subsiste en la Iglesia católica, gobernada por el sucesor de Pedro y por los obispos en comunión con él». Sobre el significado exacto de este *subsistit* han corrido ríos de tinta desde el concilio. Nos llevaría demasiado lejos retomar aquí todo el debate[7]. El sentido objetivo, ecuménicamente significativo, de esta formulación queda claro también sin necesidad de ello. Pues la consecuencia para el ecumenismo se expone de inmediato en la frase siguiente: «Ello no excluye que fuera de su estructura se encuentren muchos elementos de santidad y verdad que, como bienes propios de la Iglesia de Cristo, impelen hacia la unidad católica».

En el número 15 de la constitución sobre la Iglesia, así como en el número 3 del decreto sobre el ecumenismo, se retoma la cuestión de la existencia de esos elementos de santidad y verdad fuera de la estructura de la Iglesia católico-romana, elementos que son enumerados en detalle[8]. Esta enumeración hace patente que

---

7. Cf. el comentario de A. GRILLMEIER en LThK.E 1, 174s y el de G. PHILIPS, *L'Église et son mystère au deuxième Concile du Vatican. Histoire, texte et commentaire de la Constitution Lumen gentium*, Paris 1976, 119 [trad. esp.: *La Iglesia y su misterio en el concilio Vaticano II: historia, texto y comentario de la constitución «Lumen gentium»*, Herder, Barcelona 1968].
8. Cf. el comentario de A. GRILLMEIER en LThK.E 1, 200-205, y el de J. FEINER en LTHK.E 2, 50-58. La palabra «elemento» no es, desde luego, la mejor, aunque no resulta fácil encontrar otra más apropiada. Se remonta en último término al concepto calvinista de *vestigia ecclesiae* [vestigios o huellas de la Iglesia]; sin embargo, mientras que el reformador francés se refiere a residuos escasos y tristes, en el marco del movimiento ecuménico alude a realidades importantes que impelen dinámicamente a la unidad. Cf. J. FEINER, *ibid.*, 53.

ya no se trata solo de cristianos individuales que están unidos con Cristo y su Iglesia mediante un *votum* [deseo] interior, sino de elementos constitutivos de la Iglesia, el más fundamental de los cuales es el bautismo. Pues, mediante el bautismo, el bautizado se convierte en miembro de la Iglesia de Jesucristo[9] y persona en la Iglesia[10]. De manera coherente se habla luego también de Iglesias y comunidades eclesiales fuera de la Iglesia católica, con las cuales esta se encuentra unida de múltiples modos, aun sin estar en plena comunión (*communio*) con ellas[11].

El *decreto sobre el ecumenismo* va aún un paso más allá que la constitución sobre la Iglesia. No fundamenta eclesiológicamente los elementos eclesiales existentes fuera de la Iglesia católica con ayuda de la idea de participación en la plenitud católica, sino cristológicamente. Con toda intención, el decreto no afirma que los cristianos no católicos estén incorporados en un sentido amplio a la Iglesia católica, sino que están incorporados «al cuerpo de Cristo»[12].

La posición del concilio puede resumirse de la siguiente manera: los elementos esenciales conferidos por Cristo a su Iglesia están presentes en su plenitud en la Iglesia católica. Las demás Iglesias y comunidades eclesiales poseen, según el caso, alguno o varios de estos elementos, mientras que carecen de otros. Así, entre la Iglesia católica y las demás Iglesias y comunidades eclesiales no existe una comunión eclesial perfecta, pero sí una imperfecta[13]. De este modo, la meta del movimiento ecuménico, tal como lo entiende el Vaticano II, «no [es] la vuelta de los demás cristianos a la Iglesia católica, sino justamente el restablecimiento de la comunión plena con la Iglesia católica»[14]. Para la Iglesia católica, este esfuerzo por alcanzar la plena comunión eclesial no es una estrategia de política eclesiástica con un fundamento meramente pragmático, sino una obligación que se deriva del sentido más íntimo de su ser católico. Pues la ausencia de plena comunión eclesial con las otras Iglesias y comunidades eclesiales no puede dejar indiferente a la Iglesia católica, como tampoco el

---

9. Cf. LG, UR, etc.
10. Cf. CIC (1917), can. 87.
11. LG 15; UR 3.
12. Cf. UR 3 y el comentario de J. Feiner en LThK.E 2, 52.
13. Cf. UR 3 y *passim*.
14. Cf. el comentario de J. Feiner en LThK.E 2, 52.

hecho de que algunos de sus propios elementos esenciales sean realizados fuera de su estructura visible. Bajo estas condiciones, a la Iglesia católica le resulta imposible realizar de manera concreta su plena catolicidad[15]. Esto significa que solo ecuménicamente puede la Iglesia católica realizar de forma plena su catolicidad. Por su propio bien depende de la comunión plena con las demás Iglesias y comunidades eclesiales. Por eso, «católico» y «ecuménico» no son términos contrapuestos ni tampoco realidades unidas solo de manera extrínseca. Están íntimamente vinculados entre sí.

III. El desarrollo posconciliar

A partir de las ideas mencionadas, el *decreto sobre el ecumenismo* desarrolla algunos principios católicos del ecumenismo y las sugerencias prácticas que de ahí derivan. Después del concilio se desarrollaron y concretaron en las versiones primera y segunda del *Directorio Ecuménico*. De la lectura de estos principios y de los comentarios para su realización práctica se desprenden numerosas indicaciones útiles, muchas de las cuales aún no han sido, ni mucho menos, implementadas. De ahí que en modo alguno estén ya superadas; al contrario, siguen siendo relevantes. Por otra parte, no se puede pasar por alto, sin embargo, que estos principios y sugerencias prácticas no ofrecen ninguna respuesta directa a nuestra pregunta por un modelo concreto de una futura unidad eclesial. Esto vale también para la encíclica *Ut unum sint* (1995), del papa Juan Pablo II. En ella se encuentran por doquier numerosas orientaciones buenas, útiles y dignas de consideración para el camino hacia la unidad ecuménica, pero ninguna afirmación sobre su meta concreta.

El debate ecuménico sobre este punto ha seguido avanzando. Wolfgang Thönissen, en su estudio *Gemeinschaft durch Teilhabe an Christus. Ein katholisches Modell für die Einheit der Kirchen* [Comunión mediante la participación en Cristo: un modelo católico para la unidad de las Iglesias][16], ofrece una informativa visión de conjunto de este debate y demuestra convincentemente que to-

---

15. Cf. UR 4.
16. Cf. W. THÖNISSEN, *Gemeinschaft durch Teilhabe an Christus. Ein katholisches Modell für die Einheit der Kirchen*, Freiburg i.Br. 1996.

dos los resultados de los diálogos posconciliares –tanto los bilaterales con ortodoxos, anglicanos y luteranos, como los multilaterales en el marco del Consejo Mundial de Iglesias– convergen de modo sorprendente[17]. El decisivo concepto rector en todos estos documentos es «comunión eclesial». Thönissen cree incluso percibir una tendencia a reemplazar el término «unidad» por el de «comunión» (*communio*) o, lo que viene a ser lo mismo, a interpretar la unidad a través de la *communio*[18].

Es interesante constatar que el *Comunicado oficial común* emitido por la Federación Luterana Mundial y la Iglesia católica con ocasión de la firma de la *Declaración conjunta sobre la doctrina de la justificación* apunta asimismo en esta dirección. En ella se habla del camino hacia la «plena comunión eclesial» y hacia «una unidad en la diversidad», en la que «las restantes diferencias podrían ser "reconciliadas" y no tendrían más una fuerza separadora»[19]. Con ello, el concepto rector del debate ecuménico ha experimentado una primera recepción oficial.

Pero ¿qué hay que entender por «comunión eclesial»? En los documentos de diálogo, este concepto es empleado en concreto de manera más o menos coherente y consistente y con diversos acentos que no pueden ser pasados por alto. En consecuencia, estamos ante un movimiento ecuménico de búsqueda más que ante una precisa determinación de objetivos. No se trata, sin embargo, de un viaje sorpresa. Pues sin cesar se intenta poner el concepto de comunión eclesial en relación con el concepto bíblico y protoeclesial de *koinōnía/communio*. Esto es importante porque ahí se vislumbra el intento de enraizar el concepto de comunión eclesial en una tradición más antigua, común a todas las Iglesias, interpretándolo desde esta. La importancia de los conceptos *koinōnía/communio* y de la concepción protoeclesial de Iglesia y unidad que les subyace fue puesta de relieve inicial-

---

17. Cf. *ibid.*, 41-60. Pueden consultarse también numerosos testimonios en H. SCHÜTTE, *Ziel: Kirchengemeinschaft. Zur ökumenischen Orientierung*, Paderborn 1985, 19-33; ID., *Kirche im ökumenischen Verständnis*, Paderborn / Frankfurt a.M. 1991, 45s y 171-174.
18. Cf. *ibid.*, 77 y *passim*.
19. «Comunicado Oficial Común de la Federación Luterana Mundial y la Iglesia Católica», citado en *L'Osservatore Romano*, 22 de noviembre de 1999, Suplemento A, VI.

mente por Ludwig Hertling[20], por parte católica, y Werner Elert[21], por parte protestante. Entretanto existe una abundante bibliografía al respecto tanto por parte ortodoxa[22] como católica[23]. Estas reflexiones influyeron ya en las afirmaciones del Vaticano II[24]. El sínodo extraordinario de los obispos de 1985 llega incluso a afirmar que *communio* es el decisivo concepto eclesiológico rector del concilio Vaticano II[25].

Desde el punto de vista puramente histórico y filológico, ello no es cierto tal cual. El centro de los textos conciliares lo ocupan más bien las expresiones «pueblo de Dios», «cuerpo de Cristo» e «Iglesia como sacramento universal de la salvación». Pero un análisis textual más profundo pone de manifiesto que el concepto de *communio* desempeña un papel central tanto en la interpretación del concepto «pueblo de Dios» y de la imagen «cuerpo de Cristo» como en la explicación de la Iglesia como «sacramento universal de la salvación», vinculando de este modo entre sí estos distintos sintagmas[26]. Por otra parte, cabe afirmar asimismo que a los padres conciliares les costó armonizar o sintetizar la eclesiología protoeclesial de comunión con la eclesiología de unidad del segundo milenio, en especial del Vaticano I. En este sentido, el concilio Vaticano II quedó incompleto.

El debate posconciliar ha retomado planteamientos del concilio, desarrollándolos al mismo tiempo. Entretanto, la lista de pu-

---

20. Cf. L. HERTLING, *Communio und Primat. Kirche und Papsttum in der Antike* (Miscellanea Historiae Pontificiae 7), Rom 1943.
21. Cf. W. ELERT, *Abendmahl und Kirchengemeinschaft in der alten Kirche hauptsächlich des Ostens*, Berlin 1954.
22. Son fundamentales los trabajos de N. Afanasiev, J. Meyendorff, A. Schmemann, J. Zizioulas y otros.
23. De la época del concilio: H. de Lubac, Y. Congar, J. Hamer y M.-J. Le Guillou, entre otros. Después del concilio, la bibliografía es abundantísima: A. Grillmeier, H. U. von Balthasar, O. Saier, W. Kasper, J. M. R. Tillard, M. Kehl, B. Forte, etc. Son importantes los libros homenaje al obispo P. W. Scheele: J. SCHREINER y K. WITTSTADT (eds.), *Communio Sanctorum* (1988), y al arzobispo O. Saier: G. BIEMER (ed.), *Gemeinsam Kirche sein. Theorie und Praxis der Communio* (1992). Hay que hacer referencia también al tratamiento de la *communio* desde el punto de vista canónico por W. Aymans, D. Pirson, E. Corecco e I. Riedel-Spangenberger, entre otros.
24. Es necesario mencionar sobre todo LG 3, 7 y 13. Cf. también LG 14; UR 3, 13, 14, 19 y 20.
25. Cf. SÍNODO EXTRAORDINARIO DE LOS OBISPOS DE 1985, *Relatio finalis*, C 1.
26. Cf. el penetrante análisis de W. THÖNISSEN, *Gemeinschaft durch Teilhabe an Christus, op. cit.*, 105s y 168-174.

blicaciones teológicas sobre el tema es larga. Después del fundamental asentimiento por el sínodo extraordinario de los obispos de 1985, la romana Congregación para la Doctrina de la Fe, con su escrito «Sobre algunos aspectos de la Iglesia considerada como comunión», la *Communionis notio* (1992), ha asumido de modo fundamentalmente positivo esta discusión, aunque también ha intervenido de manera crítica en ella con vistas a hacerla avanzar[27], algo de lo que todavía tendremos que hablar.

Por tanto, el debate ecuménico se desarrolla básicamente sobre un sólido fundamento. Así y todo, imprime al concepto protoeclesial de *communio* un significado que este aún no podía tener en la Iglesia antigua. Pues la necesidad de una comunión eclesial entre Iglesias confesionales hasta ahora separadas es un problema surgido solo en la Modernidad y, por tanto, extraño a la Iglesia antigua. En este nuevo sentido, el concepto de «comunión eclesial» aparece en especial en los debates que tienen lugar en torno a la Iglesia Evangélica en Alemania [*Evangelische Kirche in Deutschland*, EKD] y la Federación Luterana Mundial, pero sobre todo en la *Concordia de Leuenberg*, si bien aquí sin referencia explícita a la idea protoeclesial de *communio*[28]. Para la importante investigación *Lehrverurteilungen – kirchentrennend?* [Condenas doctrinales: ¿motivo de separación de las Iglesias?], la declaración de Leuenberg, a pesar de todas la diferencias, tuvo «metodológicamente la función de chispa iniciadora»[29]. En el debate sobre esta investigación se puso de manifiesto, sin embargo, que la cuestión de cómo podría adaptarse católicamente el modelo de Leuenberg necesita primero una discusión a fondo. Pues la Concordia de Leuenberg se refiere a una comunión eclesial entre Iglesias nacidas de la Reforma, todas las cuales representan un tipo afín de Iglesia. Por eso, la pregunta es cómo pue-

---

27. Cf. Congregación para la Doctrina de la Fe, *Communionis notio* (1992).
28. Cf. E. Schieffer, *Von Schauenberg nach Leuenberg. Entstehung und Bedeutung der Konkordie reformatorischer Kirchen in Europa*, Paderborn 1983. Para la historia del término, cf. H. Meyer, «"Kirchengemeinschaft" als Konzept kirchlicher Einheit. Zur Entstehung und Bedeutung des Konzepts», en Id., *Versöhnte Verschiedenheit. Aufsätze zur ökumenischen Theologie* I, Frankfurt a.M. / Paderborn 1998, 137-162.
29. Así lo afirman K. Lehmann y W. Pannenberg, editores de la obra colectiva *Lehrverurteilungen – kirchentrennend?*, Freiburg i.Br. / Göttingen 1986, 14, recogiendo una sugerencia común del obispo protestante E. Lohse y el cardenal J. Ratzinger (cf. espec. 178s).

de transferirse este tipo de unidad también a la Iglesia católica, a su concepción de Iglesia y a su comprensión de la eclesiología de comunión.

IV. Perspectivas en el marco de la reciente eclesiología de comunión

Si se parte del concepto bíblico y protoeclesial de *koinōnía/communio*[30], hay que afirmar de antemano que *koinōnía/communio* no significa originariamente comunión, sino participación, más en concreto: participación en los bienes de la salvación o, mejor aún, participación en la vida del Dios trinitario a través de Jesucristo en el Espíritu Santo. La participación común en tales bienes fundamenta entonces, en segundo lugar, la comunión entre los cristianos. Esto acontece mediante la predicación del Evangelio y la celebración de los sacramentos, en especial el bautismo y la eucaristía. Para la Iglesia antigua, sobre todo para Agustín[31], 1 Cor 10,16s devino importante a este respecto: por medio de la participación en el único cuerpo eucarístico de Cristo nos convertimos en el único cuerpo eclesial de Cristo. Esta eclesiología eucarística de comunión cayó en gran medida en el olvido tras las dos primeras disputas sobre la eucaristía[32], si bien no totalmente; grandes teólogos como Tomás de Aquino regresaron a ella por sinuosas sendas[33]. También en el joven Lutero vuelve a aparecer la eclesiología de comunión[34]. En nuestro siglo, esta fue desarrollada y aprovechada con frecuencia ecuménicamente sobre todo por la teología ortodoxa contemporánea.

---

30. Para la concepción bíblica, véase las investigaciones de H. Seesemann, J. Hainz, P. C. Bori, K. Kertelge y otros.
31. Cf. F. Hofmann, *Der Kirchenbegriff des hl. Augustinus*, München 1933, 390-413; J. Ratzinger, *Volk Gottes und Haus Gottes in Augustins Lehre von der Kirche*, St. Ottilien 1992 (nueva ed.), 211-215 [trad. esp.: *Pueblo y casa de Dios en la doctrina de san Agustín sobre la Iglesia*, Encuentro, Madrid 2012].
32. Al respecto, cf. las fundamentales publicaciones de H. de Lubac e Y. Congar.
33. Cf. W. Kasper, «Steuermann mitten im Sturm. Das Bischofsamt nach Thomas von Aquin», en OCWK 12, 451-481, espec. 470-474.
34. Cf. M. Lutero, «Ein Sermon von dem hochwürdigsten Sakrament des heiligen Leichnams Christi. Und von den Bruderschaften» (1519), en Id., WA 2, 742s.

De este enfoque se siguen dos puntos:

1. La unidad eclesial no se realiza en primer lugar «horizontalmente» por la vía de la «comunitarización», o sea, de la unión de personas o Iglesias. La eclesiología de comunión de la Iglesia antigua se diferencia de la eclesiología liberal, que se remonta a Friedrich Schleiermacher y según la cual la Iglesia «surge en virtud de acciones humanas libres y solo como tal puede perdurar»[35]. La comunión eclesial es fundada más bien «verticalmente» por Cristo. De ahí que no sea algo que nosotros podamos «hacer». Es gracia y don. En la Iglesia existe una prelación del recibir sobre el hacer y el construir. La unidad de la Iglesia es algo dado de antemano por Jesucristo en el Espíritu Santo y, solo en esa medida, algo que se nos encarga. Aquí radica el límite intrínseco de todo ecumenismo de negociación y, al mismo tiempo, la verdadera oportunidad del ecumenismo. Este nunca es por entero calculable y manipulable, sino que debe dar una oportunidad a la indisponible acción del Espíritu de Dios. Solamente nos aproximamos unos a otros cuando no nos limitamos a asemejarnos entre nosotros, sino que nos asemejamos a Cristo y nos dejamos mover por Jesucristo y su Evangelio. En esto consiste la importancia del ecumenismo espiritual, que incluye ante todo la conversión del corazón y la escucha siempre nueva de la palabra de Dios[36].

2. La Iglesia existe dondequiera que la palabra de Dios es anunciada y acogida en la fe y se celebra la eucaristía. Así pues, la Iglesia acontece siempre como Iglesia local. Pero puesto que en toda Iglesia local está enteramente presente Jesucristo y Jesucristo es solo uno, toda Iglesia local es, en Jesucristo, profundamente una con todas las demás Iglesias locales. Ninguna Iglesia local puede existir para sí aislada y autosuficiente, sino que solo puede hacerlo en comunión con todas las demás Iglesias locales. Esta *communio* no se añade *a posteriori* a su ser Iglesia local; al igual que la Iglesia local no es meramente una provincia de la Iglesia universal, así tampoco es la Iglesia universal mera asociación de Iglesias locales. La *communio* con todas las demás Iglesias loca-

---

35. Cf. F. SCHLEIERMACHER, *Der christliche Glaube nach den Grundsätzen der evangelischen Kirche im Zusammenhang dargestellt*, ed. M. Redeker, Berlin 1960, § 2.2 [trad. esp.: *La fe cristiana: expuesta coordinadamente según los principios de la Iglesia evangélica*, Sígueme, Salamanca 2013].
36. A ello le conceden con razón gran importancia tanto el decreto conciliar sobre el ecumenismo *Unitatis redintegratio* como la encíclica *Ut unum sint* (1995).

les viene dada con la esencia de toda Iglesia local. Donde no se da la comunión de una Iglesia local con las demás Iglesias locales, allí falta algo del propio ser Iglesia. Por eso, la Iglesia es siempre a la vez Iglesia local e Iglesia universal.

Así, la constitución *Lumen gentium* puede afirmar que la Iglesia una existe en y a partir de las Iglesias locales[37]. La Congregación para la Doctrina de la Fe añade que las Iglesias locales existen en y a partir de la Iglesia universal[38]. La Iglesia local y la Iglesia universal están íntimamente entrelazadas. Entre ellas existe una recíproca perijóresis[39]. Puesto que cada Iglesia local debe realizar su ser Iglesia en su cultura respectiva y, por ende, en circunstancias histórico-culturales específicas, el intercambio con las demás Iglesias locales significa un enriquecimiento mutuo, pero eventualmente también una crítica mutua. La unidad o comunión de las Iglesias es, por tanto, una unidad en la diversidad de las Iglesias locales.

Esta relación recíproca entre Iglesia local y unidad eclesial universal se plasmó históricamente de maneras heterogéneas. Formulando el estado de cosas de forma algo simplificada, cabe decir: el primer milenio acentuó sobre todo el aspecto de la comunión eclesial, mientras que en el segundo milenio la eclesiología de comunión fue desplazada por una eclesiología de unidad. En adelante, las Iglesias locales fueron tenidas, esencialmente, por divisiones de la Iglesia universal, por provincias y departamentos administrativos de esta, por decirlo así. El concilio Vaticano II redescubrió la relevancia teológica de la Iglesia local[40] y volvió a hacer valer –con ayuda, entre otras cosas, de la doctrina de la colegialidad del episcopado– la idea de comunión. El concilio, sin embargo, no consiguió conjugar plenamente la eclesiología de unidad y la eclesiología de comunión, ni teórica ni prácticamente. El concilio se quedó, por así decir, atascado. Y de ese modo se llegó al debate posconciliar, aún abierto, sobre el estatus del sínodo de los obispos, las conferencias episcopales, la praxis del nombramiento de los obispos y otras cuestiones.

El debate teológico posconciliar hizo considerables esfuerzos para clarificar las preguntas que el concilio había dejado abiertas.

---

37. Cf. LG 23.
38. Cf. CONGREGACIÓN PARA LA DOCTRINA DE LA FE, *Communionis notio* (1992), 9.
39. Cf. *ibid.*, 17.
40. Cf. LG 23; AG 20; CD 11.

Influido esencialmente por proyectos equivalentes de la teología ortodoxa, partió con frecuencia de la Iglesia local y asumió a menudo la primacía de esta. Ello podía suscitar la impresión de que la Iglesia universal no es sino el resultado del reconocimiento recíproco de las Iglesias locales. Esta preocupación originó la intervención de la Congregación para la Doctrina de la Fe en el ya mencionado escrito sobre algunos aspectos de la Iglesia como comunión, *Communionis notio* (1992). La Congregación acogió los nuevos enfoques de forma básicamente positiva[41]. En consecuencia, no les contrapuso ninguna concepción alternativa, pero sí que quiso llamar la atención sobre algunos aspectos que, a su juicio, quedaban algo postergados en el debate. Entre estos se contaba el aspecto de la Iglesia universal y, estrechamente vinculado con él, el lugar del ministerio petrino. Por eso, la Congregación intentó, por así decir, no injertar el aspecto de la Iglesia universal en la eclesiología de comunión desde fuera, sino mostrar que se trata de un elemento intrínseco de la *communio*. Puso de manifiesto que el aspecto de la Iglesia universal y el ministerio petrino no le advienen a la Iglesia local desde fuera, a modo de cuerpo extraño, sino que son realidades inherentes a toda Iglesia local, pertenecientes a la esencia propia de esta[42].

Aunque algunas formulaciones del escrito de la Congregación para la Doctrina de la Fe parecen algo exageradas[43], este documento debe ser valorado como una notable tentativa de conjugar la tradición del primer milenio y la del segundo milenio. Esto tiene una importancia capital desde el punto de vista ecuménico. Pues, según una famosa formulación del cardenal Ratzinger en la conferencia que pronunció en 1976 en Graz (Austria), a las Iglesias ortodoxas –y, consiguientemente, también a las Iglesias nacidas de la Reforma, por justicia– no se les puede pedir más de lo que era la norma reconocida en Oriente y Occidente en la época de la Iglesia indivisa del primer milenio[44]. Así pues, es necesario conciliar el desarrollo del segundo milenio, que culmina en la

---

41. Cf. CONGREGACIÓN PARA LA DOCTRINA DE LA FE, *Communionis notio* (1992), 1.
42. Cf. *ibid.*, 13.
43. Así, por ejemplo, cuando en el n. 9 se habla de la primacía histórica y ontológica de la Iglesia universal. En realidad, ambos puntos de vista son igual de originarios y, tal como se afirma en ese mismo número de la declaración, están interpenetrados.
44. Cf. J. RATZINGER, «Die ökumenische Situation – Orthodoxie, Katholizis-

doctrina del primado del concilio Vaticano I con la eclesiología de comunión del primer milenio. La gran pregunta que permanece abierta es cómo puede lograrse esto en concreto.

V. El impulso dado por el papa Juan Pablo II

Las reflexiones en el marco de la eclesiología de comunión, aunque han hecho avanzar de modo considerable la discusión, siguen siendo relativamente abstractas. Así, todavía permanece abierta sobre todo la pregunta de cómo debe concebirse en concreto la relación entre la Iglesia universal y la Iglesia local o, formulado de forma aún más directa, qué significa concretamente el primado del papa. En especial, la encíclica del papa Juan Pablo II *Ut unum sint* supuso un fuerte impulso para reflexionar sobre el tema.

En su encíclica sobre el ecumenismo, el papa expresa el deseo de «encontrar una forma de ejercicio del primado que, sin renunciar de ningún modo a lo esencial de su misión, se abra a una situación nueva». Por eso pide al Espíritu Santo que «busquemos, por supuesto juntos, las formas con las que este ministerio pueda realizar un servicio de fe y de amor reconocido por unos y otros»[45]. Al papa le gustaría además entablar «un diálogo fraternal y paciente». Es significativo que a este diálogo invite no solo a obispos y teólogos católicos, sino a todos los interlocutores ecuménicos. Esto representa, ya en sí, un proceso revolucionario.

Es importante además el hecho de que el papa haga suyo un punto de vista que desempeña un importante papel en el debate ecuménico desde el avance realizado por el cardenal Ratzinger en la conferencia que, como ya se ha mencionado, impartió en Graz: habla de la comunión fraternal del primer milenio y del liderazgo que a la sazón, con asentimiento general, se le reconocía a la sede romana[46].

---

mus und Reformation», en ID., *Theologische Prinzipienlehre. Bausteine zur Fundamentaltheologie*, München 1982, 209-211 [trad. esp.: «La situación ecuménica: Ortodoxia, catolicismo y reforma», en ID., *Teoría de los principios teológicos: materiales para una teología fundamental*, Herder, Barcelona 2005].
45. Cf. JUAN PABLO II, *Ut unum sint* 95. Para lo que sigue, cf. el análisis de este texto que realiza P. HÜNERMANN, «"Una cum". Zu den Funktionen des Petrusdienstes aus katholischer Sicht», en ID. (ed.), *Papstamt und Ökumene*, Regensburg 1997, 81-85.
46. Cf. *ibidem*.

Por supuesto, la forma futura no podrá ser sencillamente la «repristinación» del primer milenio. Esto es cierto con independencia de que las relaciones en el primer milenio en modo alguno eran tan claras ni tampoco tan ideales en todo como con frecuencia nos gusta presuponer. Mirando las cosas desde una óptica más fundamental, la Iglesia católica no puede olvidar sin más –ni revertir– el desarrollo del segundo milenio, que culminó en el concilio Vaticano I. Tampoco el papa mira tanto hacia atrás cuanto hacia delante. Habla de una forma de comunión que esté a la altura de las exigencias presentes y futuras. El recuerdo del primer milenio debe ser entendido, por eso, en sentido productivo, que impulsa hacia delante. Se trata de un nuevo modelo de ejercicio del ministerio petrino y, con ello, de la unidad de la Iglesia. Desde el impulso que le imprimió el papa Juan Pablo II, el debate sobre esta cuestión se ha dinamizado notablemente[47]. Aunque aún es pronto para esperar resultados definitivos, en un punto existe ya considerable acuerdo: es necesario distinguir entre la manera en que el ministerio petrino se ejerció en el primer milenio y el desarrollo del segundo milenio tras la separación de la Iglesia oriental. Hay que distinguir además entre la forma históricamente condicionada de los dogmas del Vaticano I y su contenido esencial, permanentemente vinculante[48]. El propio concilio Vaticano I expuso un decisivo principio hermenéutico para esta tarea en tanto en cuanto declaró que quería presentar esta doctrina «según la antigua y constante fe de la Iglesia universal»[49]. De este modo, la doctrina y la praxis comunes de la antigua Iglesia indivisa posee relevancia hermenéutica para la interpretación de este concilio.

---

47. Cf. *Das Papstamt. Anspruch und Widerspruch*, ed. por el Instituto Johann Adam Möhler, Münster 1996; P. ZAGON y T. W. TILLEY (eds.), *The Exercise of the Primacy*, New York 1998; M. J. BUCKLEY, *Papal Primacy and the Episcopate*, New York 1998. Véase también las actas del simposio organizado por la Congregación para la Doctrina de la Fe en 1996: *Il primato del successore di Pietro*, Città del Vaticano 1998, así como las del simposio organizado en 1997 por el Pontificio Consejo para la Promoción de la Unidad de los Cristianos: J. PUGLISI (ed.), *Il ministero petrino e l'unità della chiesa*, Venezia 1998; y también P. HÜNERMANN (ed.), *Papstamt und Ökumene, op. cit.*
48. Al respecto, cf. H. J. POTTMEYER, *Die Rolle des Papsttums im Dritten Jahrtausend* (QD 179), Freiburg i.Br. 1999.
49. Cf. DH 3052.

En este sentido, el concilio Vaticano II recibió y, por ende, confirmó los dogmas sobre el papado del Vaticano I. Sin embargo, al mismo tiempo los colocó en el horizonte más abarcador de la eclesiología de comunión, reinterpretándolos con ello, si bien se quedó a medio camino en esa empresa. La encíclica del papa Juan Pablo II retoma la obra inconclusa del último concilio. En ningún momento cuestiona los dogmas del Vaticano I. La pregunta que plantea la encíclica no afecta a la necesidad o la conveniencia del servicio de unidad del ministerio petrino, sino a cómo desempeñarlo.

Bajo este punto de vista práctico, hasta ahora se ha impuesto una idea que refleja la forma de ver las cosas en la Iglesia antigua. Es necesario distinguir con mayor claridad entre las tareas que competen al obispo de Roma como titular del ministerio petrino y las tareas que incumben al obispo de Roma como patriarca de Occidente. Después de la división de la Iglesia oriental y la Iglesia occidental en el año 1054, ambos conjuntos de tareas pasaron a coincidir más o menos en la práctica y en gran medida se dejó de distinguir unas de otras.

El concilio Vaticano II volvió a reconocer expresamente el antiguo patriarcado de Oriente en su relativa, pero considerable autonomía en asuntos litúrgicos, espirituales, teológicos y disciplinares[50]. De acuerdo tanto con el derecho canónico posconciliar de la Iglesia latina como con el de las Iglesias orientales (uniatas), existen, en consonancia con ello, claras diferencias en el ejercicio del primado. Además, después del concilio se ha generalizado el hablar, también en referencia a aquellas Iglesias orientales con las que aún no existe comunión plena, de Iglesias hermanas, algo que tiene fundamento bíblico y protoeclesial[51].

El reconocimiento del ministerio petrino no comportaría entonces la integración en el sistema actual de la Iglesia latina. Antes bien, regiría el principio que el cardenal Ratzinger formuló de la siguiente manera: las Iglesias deben seguir siendo Iglesias y devenir cada vez más una sola Iglesia[52]. De modo análogo, también el car-

---

50. Cf. OE 7.
51. Esta expresión fue utilizada por primera vez por el papa Pablo VI en el breve *Anno ineunte* (1967), recogido en el *Tomos Agapis*, Roma/Istanbul 1971, 386-392, enlazando con –y desarrollando– UR 14.
52. Cf. J. RATZINGER, «Die Kirche und die Kirchen. Das ökumenische Problem in der zweiten Session des gegenwärtigen Konzil»: *Reformatio* 13 (1964), 105.

denal Johannes Willebrands caracterizó la futura comunión eclesial como «communio ecclesiarum in ecclesia Christi» [comunión de Iglesias en la Iglesia de Cristo][53].

La pregunta por el modo en que el ministerio petrino desempeñaría en el marco de esta visión ecuménica la tarea específica que le ha sido encomendada por Cristo no puede ser discutida en el presente contexto. Clarificar este punto es tarea del diálogo futuro. Aquí nos circunscribimos a la pregunta por los criterios que se derivan de esta eclesiología de comunión. Con ello situamos la cuestión del ministerio petrino en un contexto más amplio. Es una cuestión importante, pero no la única. De ahí que no se pueda aislar, sino que deba ser respondida en el contexto de una concepción global de la comunión eclesial. En ello se trata también de la pregunta de si –y en caso de respuesta afirmativa, cómo– la idea de Iglesias rituales relativamente autónomas puede aplicarse de forma fecunda no solo a las Iglesias orientales, sino también, *mutatis mutandis* y en sentido análogo, a las Iglesias y comunidades eclesiales nacidas de la Reforma.

VI. Visión de una futura comunión de Iglesias

La teología católica reciente ha retomado la doctrina de Belarmino sobre los tres vínculos de la unidad, reinterpretándola en el marco de la eclesiología de comunión. Según esta doctrina, para la unidad de *communio* de la Iglesia se necesita concordancia en la profesión de la misma fe, en la celebración de los mismos sacramentos y en los ministerios asociados a la palabra y a los sacramentos[54]. La pregunta que de inmediato se plantea reza: ¿qué debe entenderse por concordancia o consenso? Esta es una pregunta importante, más aún, decisiva y, en consecuencia, muy tra-

---

53. Cf. J. WILLEBRANDS, en *Proche Orient chrétien* 25 (1975), 14s.
54. Cf. LG 14. La cuestión es expuesta con frecuencia de modo tal que, frente al esquema diádico y el *satis est* [(y con eso) es suficiente] de CA IV, la doctrina católica se caracteriza por un esquema triádico, que incluye el ministerio. Sin embargo, tampoco según la concepción católica es equiparable en rango el ministerio a la palabra y los sacramentos; antes bien, se trata de una condición para la recta predicación de la palabra y administración de los sacramentos, por lo que está al servicio de estas dos tareas. A pesar de ello, la cuestión ministerial representa la principal dificultad para alcanzar la comunión plena con las Iglesias y las comunidades eclesiales nacidas de la Reforma.

tada desde un punto de vista ecuménico⁵⁵. Tampoco dentro del catolicismo reina un consenso total; y ello no solo es cierto en la actualidad. Ya en el pasado ha existido siempre espacio para el pluralismo de teologías y sus diferentes escuelas, de formas y tradiciones litúrgicas, de estilos devocionales y, con más razón aún si cabe, de mentalidades culturalmente condicionadas. Los concilios procuraron en general respetar esta legítima diversidad. Intentaron marcar los límites respecto de la herejía, pero concediendo espacio al debate dentro del catolicismo.

A buen seguro, resulta necesario un patrimonio básico de formulaciones de fe comunes. Esto vale, en primer lugar, para las verdades fundamentales tal como son expresadas en la Sagrada Escritura, en el símbolo apostólico y en el credo niceno-constantinopolitano. Estas confesiones de fe siguen siendo vinculantes para todas las Iglesias. Sin embargo, esto no tiene por qué afirmarse de idéntico modo de todas las demás fórmulas de fe. Así, por ejemplo, hoy se reconoce de forma generalizada que el *filioque*, objeto de controversia entre Oriente y Occidente, no es materia de fe. Es expresión de la existencia de diferentes teologías trinitarias en Oriente y Occidente, teologías que, sin embargo, dicen lo mismo por lo que respecta al contenido. Y algo análogo vale entretanto de las diferentes formulaciones de la profesión de fe en Cristo. Como es sabido, las Iglesias orientales antiguas (precalcedonenses) rechazaron las fórmulas de Calcedonia, en parte ya las de Éfeso. A consecuencia de ello, fueron tenidas largo tiempo por nestorianas o por monofisitas, según el caso. Entretanto se ha reconocido en declaraciones oficiales que se trata de diferencias verbales y terminológicas que no impiden la comunión eclesial. Análogamente, en la *Declaración conjunta sobre la doctrina de la justificación* se alcanzó un consenso matizado con los luteranos respecto a la doctrina de la justificación. Se convino en que los diferentes enfoques y terminologías, a los cuales corresponden también acentos divergentes, no impiden la comunión eclesial, sino que son admisibles dentro de esta y que, en ese sentido, pueden ser tenidas por diferencias reconciliadas.

---

55. Para el concepto de consenso, cf. G. SAUTER, «Consensus», en TRE 8 (1981), 182-189; ID., «Konsens, Konsenstheorien», en LThK³ 6, 288-292; H. MEYER, «Die Struktur ökumenischer Konsense», en ID. (ed.), *Versöhnte Verschiedenheit. Aufsätze zur ökumenischen Theologie*, Frankfurt a.M. / Paderborn 1998, 60-74. Cf. *supra*, nota 6.

La pregunta de qué tipo de consenso es necesario para la unidad se debatió fundamentalmente a raíz de la propuesta de Rahner y Fries. Estos formularon un «principio realista de fe»: «En ninguna Iglesia particular debe rechazarse decidida y confesionalmente un principio que en otra Iglesia particular sea dogma vinculante». Pero aparte de las ya mencionadas profesiones de fe, «en una Iglesia particular no se debe exigir la confesión expresa y positiva de un dogma de otra Iglesia particular»[56]. Aunque algunos aspectos de este plan fueron esclarecidos críticamente, existe unanimidad sobre el hecho de que, aparte del consenso en los credos fundamentales, basta con que ninguna Iglesia diga de los credos vinculantes de las otras Iglesias que contradicen al Evangelio y reconozca –yendo un importante paso más allá de lo recomendado por Rahner y Fries– las formulaciones de fe de las otras Iglesias como desarrollos posibles del Evangelio. Este modelo de unidad en la diversidad tiene gran importancia tanto para el objetivo material del trabajo ecuménico como para el método de la teología ecuménica. Este método, porque no aspira al consenso pleno en todas las cuestiones, es denominado con frecuencia «método convergente». En numerosos casos se contenta con constatar analogías y equivalencias, que expresan una común intención de salvar las diferencias sin necesidad de subsumirlas (*aufheben*) en un consenso pleno[57].

En último término, la visión de semejante unidad en la diversidad se funda en que la Iglesia se configura a imagen del Dios uno y trino. Es, por así decir, icono de la Trinidad[58]. Así como en la Trinidad están indisolublemente vinculadas la unidad de esencia y la diferencia de las tres personas, así también lo están la unidad y la diversidad en la Iglesia. En esta visión trinitaria, la unidad de la Iglesia no es un sistema uniformista ni tampoco una acumulación heterogénea ni una federación. La unidad de la Iglesia no se

---

56. Cf. H. FRIES y K. RAHNER, *Einigung der Kirchen – reale Möglichkeit* (QD 100), Freiburg i.Br. 1983, tesis 2, 23-34 [trad. esp.: *La unión de las Iglesias: una posibilidad real*, Herder, Barcelona 1987].
57. Cf. W. THÖNISSEN, *Gemeinschaft durch Teilhabe an Christus*, op. cit., 28-32.
58. Cf. LG 4; UR 3. Véase B. FORTE, *La chiesa, icona della Trinità*, Brescia 1984 [trad. esp.: *La Iglesia, icono de la Trinidad: breve eclesiología*, Sígueme, Salamanca 2003³]; G. GRESHAKE, *Der dreieine Gott. Eine trinitarische Theologie*, Freiburg i.Br. 1997, 377-438 [trad. esp.: *El Dios uno y trino: una teología de la Trinidad*, Herder, Barcelona 2001].

puede configurar según un modelo político, ni a imagen del Estado absolutista ni a imagen de la constitución de un Estado federal. Es *sui generis*. Se funda en el misterio del Dios uno y trino, del cual es expresión.

En nuestro mundo moderno, cada vez es más cierto que nuestro mensaje sobre el misterio de Dios será escuchado solo si lo anunciamos conjuntamente. La unidad de la Iglesia es esa unidad para que el mundo crea de la que habla Jn 17,21. ¡Y qué necesita nuestro mundo en mayor medida que semejante testimonio de una unidad que no solo tolera la diversidad, sino que la experimenta como enriquecimiento! La realización de la plena unidad de *communio* se ha convertido, por eso, en una cuestión de vida o muerte no solo para el cristianismo, sino para el mundo en conjunto. El obispo Paul-Werner Scheele, a quien están dedicadas estas líneas, trabajó de modo especial al servicio de la unidad de la Iglesia en pro de este testimonio creíble.

4
La comunión de las Iglesias como motivo rector del ecumenismo

El último número de la revista *Herderkorrespondenz* incluye un artículo sobre la actual situación ecuménica en Alemania[1]. Ese breve artículo se titula: «Verhärtung» [Endurecimiento]. En él se habla del último dictamen del consejo de la Iglesia Evangélica en Alemania [*Evangelische Kirche in Deutschland*, EKD] sobre el tema de la comunión de las Iglesias, que ahora, una vez firmada la *Declaración conjunta sobre la doctrina de la justificación*, se ha convertido en el principal tema ecuménico. La consulta sobre «La comunión de las Iglesias según la concepción protestante» llegó como resultado a la constatación de que la finalidad protestante y la finalidad católica de la comunión de las Iglesias son incompatibles entre sí.

I. El cambio de la situación ecuménica

Una afirmación así de categórica plantea la pregunta de si el diálogo ecuménico no habrá entrado sin remedio en un callejón sin salida. La revista *Herderkorrespondenz* formula la pregunta de otro modo. Lo que pregunta es si este dictamen no estará tan hondamente marcado por el disgusto por la declaración vaticana *Dominus Iesus*, con sus tajantes frases sobre la autocomprensión de la Iglesia católica, que «a tal tronco, tal hacha».

Así pues, ¿endurecimiento por ambas partes? En la perspectiva que adopta el mencionado artículo, quizá, provisionalmente, sí. En una perspectiva global, universal, no. La situación ecuménica varía mucho de unos países y continentes a otros, así como según las Iglesias y confesiones de que se trate, y se mueve con

---

1. Cf. U. RUH, «Verhärtung. Ein EKD-Papier zum Verständnis von Kirchengemeinschaft»: HerKorr 55 (2001), 598s.

velocidades variables. Hay diálogos en relación con los cuales no se puede hablar de endurecimiento, sino, al contrario, de dinamización, por ejemplo –por mencionar solo unos cuantos ejemplos– los diálogos con algunas Iglesias o patriarcados ortodoxos y con la Comunión anglicana, o las conversaciones que recientemente mantuve en Latinoamérica con los baptistas (la segunda mayor comunidad eclesial del mundo después de la Iglesia católica, pero tradicionalmente crítica tanto con esta como con el movimiento ecuménico). Por último, el acontecimiento que se vivió en Asís la semana pasada fue todo lo contrario de un signo de endurecimiento; antes bien, fue un signo de una nueva afinidad.

Si se contempla la situación ecuménica en conjunto, no cabe hablar de endurecimiento, sino de transformación. No solo en las confesiones cristianas, sino también en las religiones y las culturas se ha despertado de nuevo la pregunta por la identidad: ¿quién soy yo? ¿Quiénes somos nosotros? ¿Cómo podemos conservar nuestra identidad confesional y cultural en un mundo globalizado, donde todo tiende a ser homogeneizado? Esta pregunta es también legítima, más aún, constitutiva para el diálogo ecuménico. Pues únicamente se puede dialogar con alguien que tenga identidad propia, la conozca y la valore. La pregunta es solo: ¿qué significa identidad? Mi identidad no la tengo en el aislamiento, sino solo en relación con otros. La identidad no es una mónada cerrada en sí y autosuficiente, sino una magnitud abierta y dinámica.

Por consiguiente, en el diálogo ecuménico no se trata ni de un relativismo insustancial ni de un superficial intercambio de muestras de cariño, pero tampoco de un confesionalismo rígido, cargado de razón y en último término fundamentalista. Se trata de la verdad y solo de la verdad, pero de la verdad en el amor (cf. Ef 4,15), esto es, de apertura a las preguntas, las preocupaciones y los desafíos de los otros, de un intercambio de dones. En la medida en que se toma en serio al otro en su alteridad, el diálogo no lleva al empobrecimiento hasta el mínimo denominador común, sino al enriquecimiento mutuo. En el diálogo se persigue la verdad siempre mayor. El proceso ecuménico es un camino a través del cual el Espíritu nos introduce en la verdad plena (cf. Jn 16,13).

En este sentido nos preguntamos por la mayor comunión ecuménica de la Iglesia, algo que buscamos y que, conforme a la inequívoca voluntad de Jesús, estamos obligados a buscar (cf. Jn 17,21).

II. La base común ecuménica

Si se estudian los numerosos y ya difícilmente abarcables resultados de los diálogos ecuménicos llevados a cabo en las últimas décadas –reunidos en dos gruesos volúmenes que se titulan *Dokumente wachsender Übereinstimmung* [Documentos de un creciente consenso]–, se hace una sorprendente constatación. Aunque los múltiples diálogos no han sido planificados y dirigidos de modo centralista, en todos los documentos aflora como concepto clave el sintagma «comunión de las Iglesias». Así pues, se ha impuesto por sí sola la idea bíblica y protoeclesial de *koinōnía/communio* [comunión], la *communio sanctorum* [comunión de los santos] del símbolo apostólico, la «comunión de los creyentes» de los escritos confesionales luteranos y la idea eclesiológica central del concilio Vaticano II. La unidad ecuménica por la que se trabaja es entendida por todos como una unidad de comunión según el modelo de la unidad de comunión trinitaria del Padre, el Hijo y el Espíritu Santo, como unidad en la diversidad.

A esta grata constatación se suma una segunda. En una lectura más detenida se aprecia que, aun cuando casi todos los documentos hablan de *communio*, la entienden de maneras bastante distintas. Este uso heterogéneo de uno y el mismo concepto clave es, comprensiblemente, causa de toda clase de malentendidos y confusiones.

En ocasiones se encuentra una comprensión horizontal, en parte casi ideológica, de *communio*. La *communio* como asociación, o sea, agrupación de interlocutores libres sobre la base del principio de igualdad. Semejante *communio* «desde abajo» se corresponde con la idea del contrato social moderno. El neorromanticismo de comienzos del siglo XX contrapuso a esta idea de una «sociedad» –a su juicio– abstracta e impersonal la idea de la «comunidad» orgánicamente desarrollada. La comunión de las Iglesias es entendida en este caso como comunión personal y fraternal en un ambiente amistoso, casi familiar, tal cual una y otra vez ha sido, es y será perseguido –conforme al prototipo de la primitiva comunidad jerosolimitana– por las comunidades religiosas, las hermandades, las comunidades pietistas, las comunidades de base y los nuevos movimientos eclesiales. Pero ¿pueden configurarse las grandes Iglesias, que cuentan con varios cientos de millones de miembros, solo según el modelo de relaciones primarias, que sí es posible y razonable en las pequeñas comunidades?

Si a ello se le contrapone una eclesiología institucional asimismo unilateral en el sentido de una malentendida *communio hierarchica*, se producen parcialidades que el Vaticano II intentó superar acentuando de nuevo el sacerdocio común de todos los fieles y proponiendo una eclesiología participativa. La Iglesia no es una democracia ni una monarquía, ni siquiera una monarquía constitucional, sino una jerarquía en el sentido originario del término griego: *hierarchía* como «origen santo». La Iglesia no se entiende a sí misma ni «desde abajo» ni «desde arriba» en sentido sociológico, sino desde lo santo que le viene dado de antemano, que le es transmitido de manera concreta a través de la palabra y de los sacramentos.

Con ello estamos ante la comprensión auténticamente teológica de *koinōnía/communio*. La voz griega *koinōnéō* significa participar conjuntamente en un bien común. En este sentido, Santiago y Juan son denominados, junto con Simón, *koinōnoí*, socios copropietarios de una empresa pesquera, como diríamos hoy (cf. Lc 5,10). También el parentesco puede designarse así (cf. Mt 23,30). En consecuencia, *communio*, en su sentido originario, no significa comunión entre personas, sino participación (*participatio*) en común, comunidad de bienes.

El uso lingüístico teológico se encuentra fundamentalmente en la descripción de la primitiva comunidad jerosolimitana. Esta vivía en la *koinōnía* de la partición del pan y la oración; sus miembros tenían todo en común (*koiná*, cf. Hch 2,42.44). En este sentido, en la literatura epistolar neotestamentaria se habla de comunión con Jesucristo (cf. 1 Cor 1,9), en el Espíritu Santo (cf. 2 Cor 13,13), en el Evangelio (cf. Flp 1,5), en la fe (cf. Flm 6), en el sufrimiento y el consuelo (cf. 2 Cor 5,7; Flp 3,10) y en la naturaleza divina (cf. 2 Pe 1,4); y 1 Jn 1,3 se refiere a modo de síntesis a la comunión con el Padre y el Hijo, así como a la comunión de los cristianos entre sí. La comunión con el Padre y el Hijo es, conforme al testamento de Jesús, el modelo y el criterio para la unidad de los discípulos de Jesús (cf. Jn 17,21-23).

Según el Nuevo Testamento, esta *communio* está sacramentalmente fundada. La base sacramental de la *communio* es la comunión en el único bautismo. Pues, a través del bautismo, todos los bautizados pertenecen al único cuerpo de Cristo (cf. 1 Cor 12,13; Rom 12,4; Gál 3,26-28; Ef 4,3). El bautismo común funda, por consiguiente, la fundamental unidad de comunión de la

Iglesia. Como muestran sobre todo las colectas realizadas por el apóstol Pablo a favor de los pobres de Jerusalén bajo el lema de la *koinōnía*, de la comunión eclesial fundada sacramentalmente en el bautismo se derivan consecuencias sociales, deberes de ayuda mutua y solidaridad entre cristianos y entre comunidades cristianas (cf. Gál 2,10; 2 Cor 8-9; véase además Hch 2,44; 4,23). Dicho con una imagen, la *koinōnía* vertical funda la *koinōnía* horizontal.

La *communio* alcanza su cima en la *communio* eucarística. El texto fundamental para la historia de la teología se encuentra en 1 Cor 10,16-17: «La copa de bendición que bendecimos, ¿no es comunión con la sangre del Mesías? El pan que partimos, ¿no es comunión con el cuerpo del Mesías? Uno es el pan y uno es el cuerpo que todos formamos, pues todos compartimos el único pan». Según este texto, la comunión eucarística y la comunión eclesial forman una unidad. La comunión eucarística nunca es una comunión individual con Cristo; no se puede separar de la comunión eclesial. La comunión eucarística fundamenta y caracteriza la comunión eclesial.

Desde el punto de vista de la historia de la teología, este texto tuvo una prolongada repercusión, que dura hasta hoy, tanto en la Iglesia de Oriente como en la de Occidente. Para la historia de la teología occidental fue determinante sobre todo Agustín. Él es nuestro común padre de la Iglesia. Agustín llama a la eucaristía «sacramentum unitatis et vinculum caritatis» [sacramento de la unidad y vínculo de la caridad] (*In Joh* 26,6.13). Así, la unidad de comunión eucarística y comunión eclesial fue hasta la década de 1970 patrimonio común de todas las Iglesias, también de las nacidas de la Reforma. Las Iglesias luteranas y las reformadas no tenían hasta entonces comunión eucarística entre ellas. Únicamente a partir de la *Concordia de Leuenberg* de 1973 cambió esta situación. Ello me lleva a un excurso sobre la hoy tan debatida cuestión de la comunión eucarística.

III. Excurso sobre la cuestión de la comunión eucarística

El distanciamiento de las Iglesias nacidas de la Reforma de la tradición cristiana común obedece sin duda a razones pastorales que deben ser tomadas en serio, pero responde sobre todo a la nueva situación ecuménica, en la que las condenas vigentes hasta ahora a menudo ya no son aplicables al interlocutor actual. La nueva posición se caracteriza con ayuda de términos como «hospitalidad» o «acogida eucarística». Son nociones procedentes de la vida civil; en ella tienen gran valor. Pero ¿pueden transferirse estas nociones civiles al plano de la teología de los sacramentos? ¡Para Pablo, evidentemente no! Pues lo que a Pablo le interesa en el contexto del pasaje de 1 Corintios citado más arriba es precisamente distinguir la eucaristía de un banquete civil (cf. 1 Cor 11,17-22.34). De la confusión de ambos planos afirma lo siguiente: «En esto no os alabo» (1 Cor 11,22). Según Pablo, quien participa del único pan y del único cáliz no es un huésped ocasional, no tiene estatus de huésped, sino que pertenece a la familia, está en comunión eclesial.

Por consiguiente, si se desea la comunión eucarística, no se puede dejar de plantear la cuestión de la comunión eclesial, al menos de un modo abierto al diálogo. No se puede, pues, exigir por un lado la comunión eucarística −y ello comporta también, justamente, la comunión eclesial− y afirmar por otro la incompatibilidad de las nociones católica y protestante de comunión eclesial. Esto no encaja.

El derecho canónico católico toma otro camino para hacer justicia a las situaciones individuales en casos especialmente graves. Para el derecho canónico rige el principio: «Salus animarum suprema lex» [La salud/salvación de las almas es la ley suprema][2]. Así, según el derecho canónico existen situaciones individuales graves en las que es posible la comunión eucarística. El derecho canónico las circunscribe a situaciones individuales de peligro físico. Es importante, sin embargo, que el obispo local, en el marco de las normas de la Iglesia universal, pueda «determinar prudentemente el modo de obrar en concreto, atendidas las circunstancias de tiempo, lugar y personas»[3].

El cardenal de Viena, Christoph Schönborn, ha hecho uso de este margen que se le concede al obispo y ha promulgado una «norma práctica», como él la llama. Según esta norma, cualquier bautizado, mediando motivos individuales serios, puede acercarse a comulgar siempre y cuando al final de la plegaria eucarística pueda decir, con plena convicción de fe y conjuntamente con to-

---

2. CIC, can. 1752.
3. UR 8; véase también CIC, can. 844 § 3s; *Directorio Ecuménico*, n. 130.

da la asamblea reunida, «amén» a lo que se ha proclamado en la plegaria eucarística y a lo que, según la convicción católica de fe, allí acontece.

En la plegaria eucarística se habla de la presencia del cuerpo y la sangre de Cristo, de la comunión con Jesucristo, pero también de la comunión con los santos, en especial con María, así como de la comunión con el papa y el obispo, cuyos nombres son mencionados explícitamente como signo de esa comunión. Toda eucaristía católica se celebra en esta comunión de la Iglesia celestial y la Iglesia terrenal concreta. Quien afirma desde la fe esta comunión y la corrobora con su «amén» está, según su convicción interior, en la comunión eclesial. Por el contrario, quien considera esta comunión incompatible con su propia convicción de fe no puede, si es sincero, siquiera querer participar.

La «norma práctica» del cardenal Schönborn singulariza criterios concretos para situaciones individuales. Estos criterios valen también, naturalmente, para los católicos. Tampoco para ellos existe la admisión automática a la comunión; también ellos deben, según Pablo, examinarse a sí mismos (cf. 1 Cor 11,28) y preguntarse si pueden decir sinceramente «amén» a lo que acontece en la celebración eucarística, esto es, si pueden vivir en comunión con Jesucristo y su mandamiento y en comunión con los hermanos y hermanas. Según Pablo, este examen anticipa el juicio escatológico y es una cuestión de vida o muerte (cf. 1 Cor 11,28-30).

Con este excurso queda claro qué comporta concretamente la *communio* según la concepción católica: *communio* en una fe, en los sacramentos y en la vida cristiana dentro de la comunión concreta tanto de la Iglesia terrenal como de la Iglesia celestial[4]. Todo esto es lo que se quiere decir con la *communio sanctorum* del símbolo apostólico, entendida en sentido abarcador. El símbolo apostólico es común a todas nuestras Iglesias. Sobre este fundamento se han configurado, sin embargo, diferentes tradiciones e identidades confesionales. De ellas y de la cuestión de su compatibilidad o incompatibilidad me gustaría ocuparme a continuación.

---

4. Cf. LG 14; UR 3.

IV. Diversas tradiciones confesionales

Comienzo por la posición ortodoxa. Esta se remite al primer milenio y hoy desarrolla con mucha frecuencia una eclesiología eucarística a partir de 1 Cor 10,16-17. Esta eclesiología eucarística no es «la» posición ortodoxa, pero en la actualidad es especialmente influyente en el ecumenismo (Nikolai Afanasiev, Alexander Schmemann, Johannes Zizioulas y otros). Según esta eclesiología, la Iglesia se realiza en toda Iglesia local reunida alrededor de su obispo y en la que se celebra la eucaristía. Puesto que en toda Iglesia local está presente el único Cristo, ninguna Iglesia local puede existir aislada. Toda Iglesia local está en *koinōnía/communio* con las demás Iglesias locales que celebran la eucaristía. En concreto, esto acontece desde los orígenes a través de las metrópolis y los patriarcados. La unidad de la Iglesia universal es una unidad de comunión de Iglesias locales, metrópolis y patriarcados. Sobre este trasfondo, algunos teólogos ortodoxos hacen suyo el concepto de la comunión conciliar de la Iglesia que propone el Consejo Mundial de Iglesias. Conciben la *communio* universal como unidad de comunión de Iglesias. A diferencia de las comunidades eclesiales nacidas de la Reforma, las Iglesias ortodoxas entienden que, para el ser Iglesia de una Iglesia local es constitutiva, junto a los sacramentos, la estructura episcopal. La diferencia con la Iglesia católica radica en que, aparte de los concilios ecuménicos, no existe ningún otro principio visible de unidad de la Iglesia, como el que los católicos reconocen en el ministerio petrino.

La «libertad respecto de Roma» se ha pagado con frecuencia al precio de ligaduras nacionales y culturales que, a su vez, han originado tensiones nacionales, étnicas y culturales entre las Iglesias ortodoxas. El principio nacional es uno de los grandes problemas irresueltos de la Ortodoxia, mientras que, para quienes somos católicos, el ministerio petrino es un signo e instrumento tanto de una unidad que trasciende los pueblos como de la libertad y la independencia de la Iglesia respecto de una cultura o de un orden estatal determinados. Por eso, el ministerio petrino es para nosotros un don que, en forma históricamente renovada, queremos aportar al ecumenismo más amplio.

El debate ecuménico sobre la cuestión del ministerio petrino ha dado como fruto que las Iglesias ortodoxas reconozcan a Roma como *prima sedes* [sede principal] y al obispo de Roma como primero entre los obispos. Pero esto no lo hacen en el sentido de un primado de jurisdicción, sino, siguiendo a Ignacio de Antioquía, en el sentido de una presidencia en el amor. Esto a menudo se denomina «primado de honor (*timé*)»; sin embargo, esta fórmula no debe ser entendida como si aludiera meramente a una muestra externa de honor. En los debates ecuménicos, los interlocutores ortodoxos siempre dejan claro que la cuestión del ministerio petrino debe discutirse en el marco de –y por analogía con– el canon 34 de los *Cánones apostólicos* (siglo IV). A tenor de ese canon, en toda provincia eclesiástica debe haber un *primus* [primero] entre los obispos, que nada puede decidir sin el asentimiento de los demás obispos, pero sin cuya aprobación tampoco los otros deben tomar ninguna decisión importante. Así pues, se trata, dicho concisamente, de un equilibrio entre orden primacial y orden sinodal.

En la misma dirección se mueve el diálogo con la Comunión anglicana *The Gift of Authority* [El don de la autoridad, 1999], así como la respuesta de la *House of Bishops* [Cámara de Obispos] de la Iglesia de Inglaterra y de la Conferencia Episcopal Sueca (1999) a la encíclica *Ut unum sint* (1995).

La pregunta es, por tanto, si –y en caso de respuesta afirmativa, en qué medida– semejante equilibrio puede plasmarse en una nueva forma de ejercicio del primado, algo que el papa actual ha pedido expresamente en la mencionada encíclica sobre el ecumenismo. Esta pregunta no se dirige solo a la parte ortodoxa y anglicana; también conlleva deberes para la parte católica. La cual debe encauzar, en el horizonte hermenéutico de la eclesiología del primer milenio, una reinterpretación y una renovada recepción de los dogmas del Vaticano I. A ello nos anima el propio texto del concilio decimonónico. Pues este quiere definir su doctrina del primado «secundum antiquam atque constantem universalis Ecclesiae fidem» [según la antigua y constante fe de la Iglesia universal][5]. Con ello hace de la tradición antigua y común un principio hermenéutico para su interpretación.

Esta tarea no representa solamente un problema académico, sino, en mayor medida aún, un problema práctico-existencial. Oriente y Occidente no se separaron únicamente por razones dogmáticas. Se alejaron y distanciaron en el plano de la vida y de la mentalidad. A pesar de ello, la común estructura fundamental de la

---

5. DH 3052; cf. 3059.

comunión eclesial se ha mantenido. Por eso, la plena comunión eclesial solo puede alcanzarse por la vía de una nueva convivencia práctica y mediante el restablecimiento de la confianza recíproca. Según destacados autores católicos, es muy poco lo que debería cambiar en la estructura canónica de las Iglesias ortodoxas[6]. En el decreto sobre el ecumenismo del Vaticano II se afirma: «El sacrosanto concilio, para disipar todo temor declara que las Iglesias orientales, conscientes de la necesaria unidad de toda la Iglesia, tienen el derecho y la obligación de regirse según sus propias ordenaciones»[7].

En consecuencia, vale el principio que se consensuó a comienzos del siglo pasado en las conversaciones de Malinas con la Iglesia anglicana: «Unidos, pero no absorbidos».

Digamos aún unas palabras sobre las comunidades eclesiales nacidas de la Reforma protestante del siglo XVI. También con ellas nos une una afinidad estructural. Tampoco estas comunidades eclesiales se entienden a sí mismas como fusiones «desde abajo». Antes bien, la Iglesia existe dondequiera que se predique el Evangelio y se administren los sacramentos en consonancia con el Evangelio[8]. Por consiguiente, la Iglesia se entiende a sí misma como participación en la palabra y en los sacramentos. En ello, conforme a la concepción protestante, se atribuye primacía a la palabra; la Iglesia es concebida como *creatura verbi* [criatura de la palabra][9]. De acuerdo con esto, en los escritos confesionales la *communio sanctorum* se traduce por «comunión de los fieles». Pero entretanto este punto no constituye ya materia fundamental de controversia. La contraposición global entre una «Iglesia de la palabra» y una «Iglesia de los sacramentos» debería haber quedado ya definitivamente superada. La Iglesia vive de la palabra y de los sacramentos.

La diferencia, en cambio, se pone de manifiesto cuando uno se percata de que el enfoque de la eclesiología protestante se centra en la comunidad local concreta, en la que se predica la palabra y se administran los sacramentos. Es el punto de adherencia y el centro de gravedad de la eclesiología. Lutero prefiere la voz «comunidad» al «ciego e impreciso» término «Igle-

---

6. Cf. la voz «Primat», en LThK² 8, 761-763.
7. UR 16.
8. Cf. CA VII.
9. Cf. WA 6, 561.

sia»[10]. Ello no excluye estructuras y ministerios supracomunitarios, pero estos no son sino desarrollos funcionales del ministerio pastoral en el plano del gobierno de la Iglesia. Para ello, los reformadores se remiten al padre de la Iglesia Jerónimo y a su historia efectual (*Wirkungsgeschichte*) en la escolástica medieval.

Con la confesionalización en el plano de las Iglesias regionales (*Landeskirchen*), al principio se pierde en gran medida de vista la dimensión universal de la Iglesia, aunque esta dimensión es esencial para el Nuevo Testamento y, dentro de él, no solo a partir de las cartas de la cautividad. A pesar de todos los acercamientos que entretanto se han producido, la cuestión del ministerio episcopal en sucesión apostólica sigue siendo un punto controvertido. Este asunto se enmarca, sin embargo, en un contexto más amplio, a saber, en el de una determinación de la comunión eclesial que parte de las Iglesias o comunidades locales.

Esto es también lo que ocurre en la *Concordia de Leuenberg*, normativa para todo el ámbito europeo continental, a la que se remonta el dictamen de la Iglesia Evangélica en Alemania (*Evangelische Kirche in Deutschland*, EKD) que hemos mencionado al comienzo del artículo. La comunión eclesial se circunscribe aquí a la comunión eucarística y de púlpito, y al reconocimiento recíproco de los ministerios. Respeta la autonomía de cada Iglesia confesional, en último término de cada Iglesia regional.

¿No equivale esto a resignarse sin más a las estructuras eclesiásticas surgidas en el curso de la historia? ¿No sigue todo más o menos como estaba antes? ¿No se trata de un modelo que mantiene el *statu quo*? El impulso reformista de la Reforma parece haberse agotado aquí en cierto modo. Pues originariamente los reformadores –si no me equivoco– no perseguían la fundación de Iglesias confesionales separadas, sino la reforma de la Iglesia universal ya existente. Siguiendo a Wolfhart Pannenberg, Günther Wenz y otros autores, cabe afirmar que el hecho de que posteriormente se llegara a la confesionalización no significa un éxito, sino el fracaso del objetivo originario de la Reforma. Pero la constitución de Iglesias confesionales separadas representa también una catástrofe y una profunda herida para la Iglesia católica. Y es que, bajo las condiciones de la separación, tampoco ella puede realizar ya concretamente su catolicidad en toda su plenitud[11].

---

10. Cf. WA 50, 625.
11. Cf. UR 4.

Así, el movimiento ecuménico representa una oportunidad, más aún, una bendición para ambas partes. Tanto unos como otros podemos enriquecernos por medio de la asimilación constructiva de las preocupaciones de la otra Iglesia, intentando así realizar la catolicidad en toda su plenitud. Que aprovechemos esta oportunidad, que quizá no vuelva a presentarse en mucho tiempo, o que volvamos a endurecernos –temerosos y cargados de razón– en el confesionalismo, encastillándonos en él, es lo que algún día dará la medida de nuestra responsabilidad histórica.

Como muy tarde en este punto se plantea la pregunta por la concepción católica de la comunión eclesial. ¿Puede la Iglesia católica embarcarse en semejante proceso ecuménico? Fenómenos de endurecimiento existen también entre nosotros, qué duda cabe. Son en parte una reacción o sobrerreacción a un ecumenismo impetuoso y superficial, por cuanto se olvida de la verdad. Oficialmente, sin embargo, vale lo que hace poco ha vuelto a subrayar de forma expresa el papa, a saber, que el concilio Vaticano II es la brújula para el camino hacia el futuro y que la opción por el ecumenismo es irrevocable e irreversible.

Si nos tomamos en serio la imagen de la brújula, el concilio no debe ser interpretado en el sentido de un *non plus ultra*, sino como un indicador de dirección que nos sitúa en la senda correcta. La declaración *Dominus Iesus*, si se lee con atención y se interpreta correctamente, en modo alguno es un obstáculo para ello. No abandona el terreno del concilio. La interpretación que realicé de este documento y que al principio originó fruncimiento de ceño tanto en la derecha como en la izquierda, desencadenando la pregunta de si se podía confiar en una lectura así de abierta, ha encontrado entretanto amplia aprobación en lo esencial.

La primera decisión básica importante del concilio fue una autodiferenciación. El concilio afirma que la Iglesia de Jesucristo subsiste –o sea, se hace concretamente real– en la Iglesia católica, pero la Iglesia católica no se identifica con la Iglesia de Jesucristo[12]. Con ello queda margen para otras Iglesias y comunidades eclesiales, en las que la única Iglesia de Jesucristo se realiza en grados diferentes. Y con ello hay margen también para un proceso de *purificatio, reformatio* e *innovatio*, todos ellos conceptos de la propia Iglesia católica, presentes en los textos

---

12. Cf. LG 8; UR 3.

conciliares[13]. El concilio[14] y, con mayor claridad aún, el papa Juan Pablo II[15] acentúan expresamente que sin *conversio* e *innovatio*, tanto personal como estructural, no puede producirse acercamiento ecuménico alguno.

Nótese bien: se trata de conversión a Jesucristo, no de conversión a otra Iglesia o confesión; esto último debe apreciarse en cuanto decisión personal de conciencia, pero no es la meta del ecumenismo. Por consiguiente, nada de capitulación en lo relativo a la *ecclesia reformanda et purificanda* [la Iglesia debe ser reformada y purificada]. Dicho de otra forma, no solo existe el ecumenismo *ad extra*; también está, como presupuesto del anterior, el ecumenismo *ad intra*.

Todavía hay que apuntar una segunda decisión básica importante del concilio: la rehabilitación de la relevancia teológica de la Iglesia local dentro de la única Iglesia universal. Según el concilio, las Iglesias locales son Iglesia *in situ*, no solo una sección o distrito administrativo de la Iglesia universal[16]. La Iglesia universal existe «en y a partir de» las Iglesias locales[17]; y a la inversa, las Iglesias locales existen «en y a partir de» la Iglesia universal[18]. La Iglesia universal y las Iglesias locales son igual de originarias y se interpenetran (son perijoréticas). El cardenal Ratzinger aprueba esta frase, siempre que se refiera a la Iglesia histórica. La tarea consiste ahora en deletrear en detalle de forma concreta y práctica este principio de la perijóresis mutua.

Ello acontece en la actualidad de múltiples maneras. La más importante es el debate «atizado» por el propio papa Juan Pablo II sobre el modo concreto de ejercicio del ministerio petrino en la nueva situación ecuménica. El papa mismo habla de una «tarea inmensa» que él ya no podrá llevar a término en persona[19]. Esta interpelación ha desencadenado un amplio debate, cuya primera fase ha terminado entretanto con la recopilación y el análisis que hemos realizado de las distintas contribuciones al debate. Es demasiado pronto para hablar de resultados y, menos aún, de con-

---

13. Cf. LG 8; UR 3 y 6.
14. Cf. UR 7.
15. Cf. JUAN PABLO II, *Ut unum sint* (1995), 15 y 33-35.
16. Cf. LG 26.
17. Cf. LG 23.
18. Cf. CONGREGACIÓN PARA LA DOCTRINA DE LA FE, *Communionis notio* (1992), 9.
19. Cf. JUAN PABLO II, *Ut unum sint* 95.

sensos. Ha quedado claro, sin embargo, que, por contraposición a las vehementes controversias de siglos pasados, ha surgido un nuevo clima, si bien todavía frágil, en el que se ponen de manifiesto aperturas y perspectivas, en parte también convergencias, pero asimismo preguntas críticas, en las que ahora hay que seguir trabajando.

De nuevo, no se trata solamente de problemas académicos, sino de procesos prácticos. Así, por ejemplo, la forma en que, desde Juan XXIII, los papas se encuentran y deliberan con los patriarcas ortodoxos y otros responsables eclesiásticos constituye una interpretación y recepción *de facto* de los dogmas del concilio Vaticano I, que todavía tienen que ser asimilados teológicamente. En cierto modo, la praxis precede aquí a la teoría habitual. Está claro, sin embargo, que este proceso aún no ha llegado ni mucho menos a su fin; más aún, a la vista de las dimensiones históricas del problema, aún no puede llegar a su fin. También es comprensible que en ello se produzcan una y otra vez reveses. Pero el hecho de que los últimos papas mantengan desde hace tres décadas un intercambio regular de cartas y visitas con los patriarcas ortodoxos y otros líderes eclesiásticos es bastante más que una cortesía diplomática; esta praxis entretanto normalizada retoma ya ahora, de hecho, elementos esenciales de la *communio* protoeclesial.

Resumiendo lo dicho hasta ahora, cabe afirmar que las distintas nociones confesionales de *communio* divergen entre sí, en parte considerablemente. Pero ¿son por ello incompatibles de antemano? En una consideración más detenida se revelan como flexibles y capaces de transformación. Su identidad es abierta y dinámica. En la actualidad crecen en una misma dirección, aproximándose. Lo que crece no hace ruido. Tengo la fundada impresión y la firme persuasión de que, bajo el manto de lo que ocasionalmente hace mucho ruido y causa mucho enfado, bajo el manto también de todo tipo de innegables reveses, crece mucho más de lo que por regla general se supone.

V. El problema ecuménico fundamental

Me parece, sin embargo, que, con el actual debate sobre las diferentes nociones de *communio*, aún no hemos tocado el problema ecuménico fundamental. Tan solo lo hemos sugerido cuando hemos hablado de que las comunidades protestantes se entienden a sí mismas como Iglesia bajo la palabra. A Lutero no le interesaban solo las reformas, sino la agitación que ocasiona la palabra de Dios[20]. Le preocupaba la recta doctrina. «Doctrina non reformata, frustra sit reformatio morum» [Si no se reforma la doctrina, la reforma de la moral será en vano][21]. En las charlas de sobremesa se dice luego más enérgicamente: «Eso significa agarrar al ganso por el pescuezo; eso le parte el cuello al papa»[22].

Habida cuenta de que Jesucristo, como la Palabra y por medio de su palabra, es la cabeza única y singular de la Iglesia, las comunidades eclesiales nacidas de la Reforma rechazan la existencia de una cabeza visible de la Iglesia, como lo es en la visión católica el obispo de Roma en cuanto sucesor de Pedro. La relación de Jesucristo y la Iglesia viene determinada aquí como una contraposición crítica, que excluye identificaciones e impele sin cesar a la Iglesia a llevar a cabo reformas con la vista puesta en el Evangelio.

El dicho *ecclesia semper reformanda* [la Iglesia debe ser reformada siempre] no se remonta, como equivocadamente suele asumirse, a la Reforma del siglo XVI. Aparece por primera vez en el pietismo del siglo XVII y solo desde mitad del siglo XX es entendido, siguiendo a Friedrich Schleiermacher y Karl Barth, como expresión de la autocomprensión protestante. Pero ya Claus Harms († 1855), preboste de Kiel, había advertido: «Con la idea de una Reforma progresiva... se termina eliminando al cristianismo del mundo a fuerza de reformas». No faltan, pues, voces que señalan que, mediante un reformismo permanente, podría llegarse a perder de vista a fuerza de reformas la genuina preocupación de la Reforma, más aún, el cristianismo mismo, algo que habría suscitado la más vehemente protesta de Karl Barth y, en el caso de los Cristianos Alemanes, de hecho la suscitó con la *Declaración de Barmen* (1934). Así pues, a todas las Iglesias se les plantea el problema de establecer una relación adecuada entre infalibilidad y reformabilidad en la Iglesia.

A este problema se enfrenta también la Iglesia católica. La constitución dogmática sobre la revelación del concilio Vaticano II, a la que en el contexto ecuménico se le presta menos atención

---

20. Cf. WA 7, 281.331; 8, 683s.
21. WA 4, 232; 5, 433.
22. M. Lutero, *Tischreden*, ed. por Clemen, vol. 8, n. 624.

de la debida, comienza con la frase: «Dei verbum religiose audiens et fidenter proclamans» [La Palabra de Dios la escucha con devoción y la proclama con valentía][23]. Con esta lograda formulación se llama la atención sobre la superioridad de la palabra de Dios y se considera a la Iglesia en el doble gesto de la escucha y la predicación. En su predicación, la Iglesia remite permanentemente más allá de sí misma. De ahí que sea *ecclesia semper purificanda* [una Iglesia que debe ser purificada siempre][24]. Pero, como puso de manifiesto Joseph Ratzinger en 1967 en su comentario a la constitución sobre la revelación *Dei verbum*[25], el concilio no persevera en este enfoque, sino que identifica a menudo la *proclamatio* kerigmática con la *propositio* doctrinal, permitiendo, sin duda, que resuene el elemento de crítica de la tradición, pero «pasándolo por alto en la práctica». No asume plenamente la preocupación protestante. Ratzinger califica esto de «lamentable laguna». También podría hablarse de una tarea aún pendiente.

Ratzinger también llama la atención, sin embargo, sobre el hecho de que no es posible una estricta contraposición entre Escritura e Iglesia, tal como a la sazón defendía Oscar Cullmann. Según un famoso dicho de Ernst Käsemann, el canon de la Escritura, interpretado con ayuda del método histórico-crítico, no fundamenta la unidad de la Iglesia, sino la diversidad de confesiones. Aquí vale, asimismo según Käsemann, aquello de que los pies de quienes han de llevarte están ya a la puerta. La investigación histórica, por muy importante que sea, no puede constituir el fundamento sobre el que se alce la Iglesia.

También para la visión católica, el fundamento de la Iglesia es *solus Christus* [solo Cristo]. Pero, para nosotros, el *solus Christus* es siempre también el *totus Christus* [Cristo total/entero] en el sentido de la famosa formulación de Agustín, Jesucristo cabeza y miembros[26], el Cristo que no solo está enfrente de su Iglesia, sino que, como cabeza de la Iglesia, se encuentra históricamente presente y activo en la Iglesia y a través de la Iglesia. Cristo, la cabeza, y la Iglesia, como su cuerpo, no pueden ser identificados, pero tampoco separados. Aquí vale en sentido análogo el principio «sin mezcla ni separación». La Iglesia no es el Cristo perviviente, pero Cristo sigue vivo en su Iglesia. Esta tesis suscita la

---

23. DV 1.
24. Cf. LG 8.
25. Cf. LThK.E 2, 506 y 515-528.
26. Cf. Agustín, *En. in Ps.* 90; Id., *Serm.* 2,1.

pregunta de si con ello la palabra de Dios no termina siendo controlada por la Iglesia y, más en concreto, por el magisterio eclesiástico y privada así de su fuerza crítica o, cuando menos, domesticada. Semejante pregunta previene con razón contra un monopolio del magisterio en la interpretación de la palabra de Dios. Pero el concilio la torna en principio innecesaria[27].

Frente a determinados reduccionismos postridentinos, Max Seckler ha hecho patente, siguiendo a Melchor Cano, que dentro de la Iglesia existen, además del magisterio, multiplicidad de instancias atestiguadoras e interpretadoras de la palabra de Dios. Aparte del magisterio están, por mencionar solo unas cuantas, el testimonio de la liturgia (*lex orandi, lex credendi* [la ley de la oración establece la ley de la fe]); el testimonio de los padres de la Iglesia en la época de la Iglesia indivisa; el testimonio de los teólogos, a quienes, según Tomás de Aquino, compete un relativamente autónomo *magisterium cathedrae magistralis* [magisterio de la cátedra magisterial] por contraposición al *magisterium cathedrae pastoralis* [magisterio de la cátedra pastoral] de los obispos; y el testimonio de los santos, o sea, la dimensión carismático-profética.

Estas diferentes instancias atestiguadoras tienen en cada caso una función inconfundible, indelegable, relativamente autónoma. No pueden sustituirse ni cancelarse mutuamente. Deben colaborar e interactuar. En su interacción constituyen un sistema históricamente abierto, que no es sistematizable ni institucionalizable. Según demuestra la entera historia de los dogmas y los concilios, después de la definición dogmática vienen la recepción y el proceso que desarrolla la recepción. En esta interacción se salvaguarda la libertad del Espíritu. Cuando se escucha a una de las instancias, hay que escuchar al mismo tiempo a las demás y escucharlas a todas juntas. La verdad no es monótona, sino, como dice Hans Urs von Balthasar, sinfónica.

Johann Adam Möhler expresó este estado de cosas de la siguiente manera: «En la vida eclesial son posibles dos extremos, y ambos se llaman "egoísmo". Consisten en que todos a la vez quieran serlo todo o en que uno solo quiera serlo todo. En este último caso, el vínculo de la unidad es tan estrecho y el amor tan cálido que no es posible evitar la sensación de sofoco; en el primer caso, todo se desintegra y se torna tan frío que uno se congela. Un egoísmo engendra el otro; pero ni uno solo ni cada cual por su

---

27. Cf. LG 12 f.; DV 7-10.

parte deben querer serlo todo; todo solamente pueden serlo todos juntos, y la unidad de todos constituye un único todo. Esa es la idea de la Iglesia católica»[28].

La identidad católica es, por consiguiente, algo holístico. No es una masa de la que pueda disponerse a discreción, sino una identidad históricamente abierta, capaz de desarrollo en el sentido que mostró John Henry Newman en su *Essay on the Development of Christian Doctrine* [Ensayo sobre el desarrollo de la doctrina cristiana, 1845], a saber, en la tensión entre la esencia permanente y la forma histórica, entre el tipo que se conserva y su plasmación histórica. Eso vale en sentido análogo para todas las Iglesias.

El Grupo de Les Dombes, en un texto publicado en 1991, llamó la atención sobre el hecho de que tales procesos deben ser siempre procesos de conversión y renovación. Ese documento se titula: *Pour la conversion des Églises* (*Para la conversión de las Iglesias: identidad y cambio en la realización de la comunión eclesial*). La tesis decisiva reza: «Por "conversión confesional" entendemos el esfuerzo ecuménico por medio del cual una confesión cristiana purifica y enriquece su propia herencia con el objetivo de alcanzar la plena comunión eclesial con las demás confesiones»[29].

Por supuesto, la plena comunión eclesial no es un fin en sí. Todos hemos de ser uno, «para que el mundo crea» (Jn 17,21). El proceso de renovación y aproximación eclesial debe capacitar a las Iglesias para volcarse conjuntamente en las cuestiones de la justicia y la paz en el mundo, así como en el diálogo con otras religiones. Esos son problemas sumamente acuciantes. Sin embargo, no deberían ser tratados de forma aislada.

No se puede fijar teóricamente de antemano el resultado final de la *metánoia* y la *anakaínōsis*, de la conversión y la renovación. Según Hegel, la lechuza de Minerva solo comienza a volar al atardecer, o sea, a toro pasado y *a posteriori*. Como católicos, estamos convencidos de que el tipo básico de lo católico se mantendrá, si bien de manera purificada, enriquecida y transformada. Pero no me atraen los simulacros estratégicos con modelos con-

---

28. J. A. MÖHLER, *Die Einheit der Kirche oder das Prinzip des Katholicismus* (1825), ed. por J. R. Geiselmann, Darmstadt 1957, 237 [trad. esp.: *La unidad en la Iglesia*, Eunate, Pamplona 1996].
29. GRUPO DE LES DOMBES, *Für die Umkehr der Kirchen. Identität und Wandel im Vollzug der Kirchengemeinschaft* (*Pour la conversion des Églises*), Frankfurt 1994, 40.

cretos de la unidad futura. Ahí deberíamos dejarle margen al Espíritu de Dios; él depara sin cesar sorpresas. Deberíamos hacer lo que sea posible aquí y ahora. También dando pequeños pasos se avanza.

VI. Algunas concreciones

En la última asamblea plenaria del Pontifico Consejo para la Promoción de la Unidad de los Cristianos, celebrada en el pasado mes de noviembre, planteamos la tesis de que el ecumenismo en la verdad y el amor debe convertirse en mayor grado aún en un ecumenismo de la vida. El *éthos* propio de este ecumenismo de la vida lo hemos definido, entre otras, con las siguientes características:

Renuncia a cualquier forma de proselitismo abierto o subrepticio, conciencia de que todas las decisiones internas afectan también a nuestros interlocutores, sanación de las heridas de nuestra historia, recepción de los resultados de los diálogos mantenidos hasta ahora. Ya hoy es posible más de lo que habitualmente hacemos en común: lectura conjunta de la Biblia; intercambio de experiencias espirituales; recopilación de textos litúrgicos; celebraciones conjuntas de la palabra; conocimiento más hondo de la tradición que compartimos, así como de las diferencias aún existentes; colaboración en la teología, en la misión, en el testimonio cultural y social, en el ámbito de la ayuda al desarrollo, de la conservación de la creación, de los medios de comunicación social, etc.

La asamblea plenaria puso de relieve sobre todo el ecumenismo espiritual como corazón de todos los esfuerzos ecuménicos. Habló de propiciar el encuentro y la relación entre comunidades monásticas y religiosas, nuevos movimientos, hermandades y grupos ecuménicamente abiertos. Debería prestarse especial atención a los modos de experiencia y expresión de las mujeres y los jóvenes, así como a su fresca visión y vitalidad. San Benito, en la regla de su orden (cap. 3), observa que el abad debe escuchar incluso al más joven de los hermanos, «porque el Señor a menudo revela a un joven lo que es mejor».

La asamblea plenaria asumió, por último, el esperanzador lema del papa para el nuevo milenio, con el que me gustaría concluir este artículo: «Duc in altum!» [¡Rema mar adentro!].

Saint-Exupéry observó que, cuando se navega, lo más importante no es la madera, para disponer de barcos bien construidos, sino el anhelo de la infinita amplitud del mar. Así, lo más urgente en la actual situación es romper la autosuficiencia confesional y despertar de nuevo en la comunidad ecuménica más amplia el anhelo de la infinita amplitud y plenitud de la verdad. «Ten valor y confianza», «Duc in altum!» [¡Rema mar adentro!].

5
El decreto sobre el ecumenismo, releído cuarenta años después

I. Una larga prehistoria

El decreto sobre el ecumenismo *Unitatis redintegratio* ha transformado como pocos otros documentos conciliares el rostro y la vida concretos de la Iglesia posconciliar. Por eso, el ecumenismo es visto por algunos cristianos alarmados como una amenaza para la identidad de la Iglesia. Se preguntan si la Iglesia católica, con su compromiso ecuménico, no ha abierto las puertas de par en par al relativismo y el pluralismo posmodernos, dando alas al indiferentismo dogmático. Para ser justos con el decreto, hay que tener presente, sin embargo, que en modo alguno cayó del cielo sin ninguna preparación previa y de manera imprevista. En cierto sentido, fue preparado y está respaldado por toda la tradición de la Iglesia. Pues no solo los cismas, sino también los intentos de restablecer la unidad tras los cismas previos son tan antiguos como la propia Iglesia[1].

Como inicio del movimiento ecuménico en el sentido que se da a esta expresión en el siglo XX se singulariza, en el ámbito protestante, la Conferencia sobre la misión celebrada en Edimburgo en 1910. Allí se concluyó que el mayor obstáculo para la misión mundial era la división del cristianismo. Desde entonces, el movimiento misionero y el movimiento por la unidad se comportaron, por así decir, como gemelos, que finalmente se reunieron institucionalmente en el Consejo Mundial de Iglesias, fundado en 1948. También por parte ortodoxa aparecieron a principios del siglo XX los primeros signos de un resurgimiento ecuménico en las encíclicas de 1910 y 1920 del patriarcado ecuménico. La

---

1. Sigue siendo fundamental la ya clásica exposición de R. ROUSE y S. C. NEILL, *Geschichte der ökumenischen Bewegung*, Göttingen 1957; véase asimismo H. J. URBAN y H. WAGNER (eds.), *Handbuch der Ökumenik*, 2 vols., Paderborn 1985-1986.

represión comunista empujó entonces a una serie de teólogos ortodoxos al exilio occidental. Y así, a través sobre todo de los teólogos del Instituto Saint Serge de París, se produjo un fecundo intercambio con la tradición oriental, hasta entonces, por desgracia, solo escasamente conocida en Occidente.

Los comienzos del movimiento ecuménico en la Iglesia católica se remontan a dos importantes pioneros en el siglo XIX: Johann Adam Möhler y John Henry Newman. El auténtico auge se produjo después de la Primera Guerra Mundial. Esta contienda bélica marcó el fin de toda una época. Siguieron terribles extravíos ideológicos, pero también renacimientos espirituales, que terminaron desembocando en el Vaticano II. El entonces incipiente movimiento ecuménico estuvo estrechamente vinculado desde sus inicios al movimiento bíblico, al movimiento litúrgico y a los resurgimientos misioneros y catequéticos. Así, ya antes del concilio se crearon círculos *Una Sancta*, en los que cristianos católicos y protestantes se reunían en intercambio y diálogo espiritual. La resistencia contra la dictadura nazi terminó de aglutinar a los cristianos confesantes de ambas Iglesias.

Hay que mencionar en primer lugar a los pioneros del ecumenismo espiritual, que constituye el corazón del ecumenismo: Paul Couturier y Max Josef Metzger, ejecutado por los nazis. A ellos hay que añadir los nombres de casi todos los teólogos famosos de aquella época: Yves Congar, Hans Urs von Balthasar, Romano Guardini, Karl Adam, Karl Rahner, Joseph Lortz y muchos otros. Durante el concilio se comprometieron con el ecumenismo sobre todo el cardenal Augustin Bea, primer presidente del romano Secretariado (hoy Pontificio Consejo) para la Promoción de la Unidad de los Cristianos, Lorenz Jäger, arzobispo de Paderborn, y Jan Willebrands, quien más tarde, ya como cardenal, sucedió al cardenal Bea. Así, durante el periodo tanto anterior como posterior a la guerra, en la Iglesia católica brotó y maduró una sementera que prometía una rica cosecha y que aguardaba el reconocimiento y la recepción oficiales.

II. El ecumenismo como motivo transversal del concilio Vaticano II

La recepción eclesiástica oficial del movimiento ecuménico transcurrió al principio de forma heterogénea y contradictoria. Ya el papa León XIII fue un promotor de la unidad de los cristianos y del encuentro con el cristianismo ortodoxo. Lo mismo vale para el papa Pío XI por lo que concierne a la promoción de las conversaciones de Malinas con los anglicanos (1921-1925). Pero, por lo demás, en la encíclica *Mortalium animos* (1928) Pío XI se pronunció contra el movimiento por la unidad de los cristianos de aquel entonces. Ya en tiempos de Pío XII se preparó un giro en esta cuestión. Mientras que la encíclica *Mystici corporis* (1943) aún no muestra apertura alguna y se limita a invitar a los cristianos no católicos a regresar al seno de la Iglesia católica, la instrucción de 1949 del Santo Oficio encomia el movimiento ecuménico como un signo del Espíritu Santo y exhorta a los obispos a promoverlo, pero también a acompañarlo vigilantemente.

El verdadero avance oficial se produjo durante el pontificado de Juan XXIII, quien puede ser calificado con perfecto derecho de padre intelectual del decreto sobre el ecumenismo. En plena sintonía con Juan XXIII y también con su sucesor, Pablo VI, el concilio Vaticano II (1962-1965) asegura en el prólogo al decreto sobre el ecumenismo *Unitatis redintegratio* que promover el restablecimiento de la unidad de todos los cristianos es «uno de [sus] principales propósitos»[2]. Encomia y saluda agradecidamente el movimiento ecuménico como un impulso del Espíritu Santo[3].

Este fundamental sí al movimiento ecuménico tuvo como consecuencia que la preocupación ecuménica, cual hilo rojo, atraviese a modo de motivo transversal todos los textos conciliares importantes. Los cimientos dogmáticos fueron tendidos ya en la constitución dogmática sobre la Iglesia *Lumen gentium*[4]. El interés por el ecumenismo es retomado en el apéndice de la constitución sobre la liturgia *Sacrosanctum Concilium*, en la constitución sobre la revelación *Dei verbum*[5], en la constitución pastoral *Gaudium et spes*[6], en el decreto sobre la misión *Ad gentes*[7] y en el decreto sobre el apostolado de los laicos *Aposto-*

---

2. Cf. UR 1.
3. Cf. UR 1 y 4. Para la historia y la interpretación del decreto, cf. W. BECKER, en LThK.E 2 (1967), 11-39; L. JÄGER, *Das Konzilsdekret über den Ökumenismus*, Paderborn 1968, 15-78; B. J. HILBERATH, «Kommentar», en HThK.Vat II 3, 69-223.
4. Cf. LG 8 y 15.
5. Cf. DV 22.
6. Cf. GS 90.
7. Cf. AG 15.

licam actuositatem[8]; por último, en el decreto sobre el ministerio episcopal *Christus Dominus* se les encarece de manera especial a los obispos[9], una afirmación que ha sido recogida en el derecho canónico posconciliar[10].

Los dos papas posconciliares, Juan Pablo II y Benedicto XVI, han seguido las huellas de los dos papas conciliares y han hecho de la preocupación ecuménica una de las prioridades de sus respectivos pontificados. Así, en la intención del concilio y de los papas, tanto conciliares como posconciliares, el ecumenismo es todo lo contrario de un asunto secundario; no es solo centro de interés de unos cuantos entusiastas. Según Juan Pablo II, constituye el camino de la Iglesia, con el que esta se halla irreversiblemente comprometida[11].

Dada esta abarcadora y fundamental relevancia, no se puede desvalorizar el decreto sobre el ecumenismo afirmando, como hacen algunos críticos, que se trata de un documento «solo» pastoral sin carácter vinculante en lo doctrinal, lo cual para ellos quiere decir: sin verdadero carácter vinculante. Es cierto que el decreto sobre el ecumenismo contiene afirmaciones de tipo meramente disciplinario y constataciones históricas, que, según las normas interpretativas que rigen en general, no pueden pretender relevancia doctrinal. Pero el intento de clasificar el decreto en su conjunto como «únicamente» pastoral se revela como descaminado ya solo por el hecho de que el concilio Vaticano II se propuso, en conjunto y en todos sus documentos, una finalidad pastoral. Por otra parte, por principio no puede existir ninguna pastoral sin fundamento doctrinal. Por eso, el papa Pablo VI, con ocasión de la promulgación de este decreto, explicó que la constitución dogmática sobre la Iglesia y el decreto sobre el ecumenismo forman una unidad y se complementan e interpretan mutuamente[12].

Ninguno de estos dos documentos pretende exponer una doctrina nueva sobre la Iglesia. Se enmarcan conscientemente en la tradición de los concilios precedentes. No quieren una nueva Iglesia, sino una Iglesia renovada por el Espíritu Santo. Con el decre-

---

8. Cf. AA 27.
9. Cf. CD 16.
10. Cf. CIC, cann. 383 y 755.
11. Cf. JUAN PABLO II, *Ut unum sint* (1995), 3, 7, 9, 20 y 99.
12. Cf. W. KASPER, «La permanente obligatoriedad teológica del decreto sobre el ecumenismo», reimpreso en el presente volumen, 168-177.

to sobre el ecumenismo, el concilio ha mostrado cuál es el camino de la Iglesia de todos los tiempos hacia el futuro del siglo XXI.

III. El carácter espiritual del ecumenismo

El enraizamiento de la preocupación ecuménica, tal como la entiende el decreto sobre el ecumenismo, no en un humanismo corriente ni en el indiferentismo, sino en la fe de la Iglesia de todos los tiempos se advierte sobre todo en la doble fundamentación que aduce el concilio. Ya en el proemio se afirma lapidariamente: «Una sola es la Iglesia fundada por Cristo Señor»[13]. El decreto sobre el ecumenismo sitúa esta afirmación en el amplio contexto del plan salvífico de Dios. Dice que Dios quiere congregar a todo el género humano en una sola humanidad. El decreto recuerda además el único bautismo, en virtud del cual somos incorporados a la única Iglesia en el único Espíritu Santo. Habla de la única eucaristía, a través de la cual se significa y opera la unidad de la Iglesia. Por último, también se refiere al ministerio de enseñar, gobernar y santificar, confiado al entero colegio de los apóstoles. Entre los apóstoles, Pedro es elegido de manera especial. Sobre él quiso edificar Cristo su Iglesia, si bien Cristo mismo es «piedra angular definitiva y pastor de nuestras almas». En la noche anterior a su muerte oró para que todos seamos uno (cf. Jn 17,21)[14]. El papa Juan Pablo II ha resumido esta idea en la frase: «Creer en Cristo significa querer la unidad»[15].

Para el concilio, la unidad es una categoría fundamental de la Escritura: un Dios, un Señor Jesucristo, un Espíritu, una fe, un bautismo y, por ende, también una Iglesia (cf. Ef 4,4-5). Por eso, el decreto sintetiza: «Este es el sagrado misterio de la unidad de la Iglesia de Cristo y por medio de Cristo, comunicando el Espíritu Santo la variedad de sus dones. El modelo supremo y el principio de este misterio es la unidad de un solo Dios en la trinidad de personas: Padre, Hijo y Espíritu Santo»[16]. En virtud de este modelo trinitario es posible una diversidad en la unidad; pero por lo que al contenido se refiere, quedan impugnadas todas aquellas

---

13. UR 1.
14. Cf. UR 2.
15. JUAN PABLO II, *Ut unum sint* 9.
16. UR 2.

tesis que, invocando falsamente el Nuevo Testamento, pretenden fundamentar no solo una legítima diversidad, sino también una pluralidad de Iglesias confesionales.

Además de la estructura cristológica y trinitaria de fundamentación, en el decreto sobre el ecumenismo existe una segunda línea que parte de la misión de la Iglesia. La Iglesia está llamada a anunciar el Evangelio en toda la *oikouménē*, en la comunidad humana universal (cf. Mt 25,14; véase también 28,18-19). A través de ello debe ser signo e instrumento de la más estrecha unidad con Dios, así como de la unidad de la entera humanidad[17]. La división es, por eso, piedra de escándalo para las gentes y «obstáculo para la causa de la difusión del Evangelio por todo el mundo»[18].

Así pues, el concilio asume de los movimientos ecuménico y misionero la idea de unidad que desde el principio fue determinante para el movimiento ecuménico. El viejo maestro de la teología ecuménica, Yves Congar, muestra que la misión y el ecumenismo son las dos formas en las que la Iglesia se edifica hacia el futuro[19]. En la misión se expande por el mundo y simultáneamente acoge en sí, purificadas, las riquezas culturales de los pueblos. En el ecumenismo reúne al cristianismo dividido, enriqueciéndose al mismo tiempo con la riqueza en carismas y experiencias de los cristianos de otras Iglesias y comunidades eclesiales. De esa suerte, la Iglesia debe crecer por el camino del ecumenismo hacia la entera plenitud de su propia catolicidad[20].

En último término, el concilio pudo asumir el movimiento ecuménico porque entendió a la Iglesia en su conjunto como un movimiento, a saber, como pueblo de Dios en camino[21]. Con ello, el concilio concibió a la Iglesia como pueblo de Dios que está en camino entre el «ya» y el «todavía no». Pues con Jesucristo el *éschaton* ya ha irrumpido definitivamente en la historia y está permanentemente presente en la Iglesia en el Espíritu Santo. Por eso, la unidad como atributo esencial de la Iglesia no es solo una

---

17. Cf. LG 1 y 9.
18. UR 1.
19. Cf. Y. Congar, *Diversités et communion*, Paris 1982, 239s. El papa Juan Pablo II, en su encíclica sobre la misión, *Redemptoris missio* (1990), 36 y 50, ha puesto asimismo de relieve este nexo.
20. Cf. UR 4.
21. Cf. LG 2, 8, 9 y 48-51; UR 2 y *passim*.

meta futura o incluso escatológica; la Iglesia es ya ahora la *una sancta ecclesia* [Iglesia una y santa][22]. El camino ecuménico no es un viaje sin destino conocido. Antes bien, en la historia la Iglesia deviene sin cesar aquello que siempre ha sido, es y será. Está en camino para realizar de forma concreta y plena esta su esencia en la realidad de la vida.

Así pues, el ecumenismo, tal como lo entiende el concilio, es muy diferente de un irenismo o relativismo que todo lo trivializa[23]. El movimiento ecuménico no arroja por la borda nada de lo que para la Iglesia ha sido importante y querido a lo largo de su historia. Se mantiene fiel a la verdad conocida en su día. Tampoco le añade nada absolutamente nuevo. Pero la renueva sin cesar. Según Ireneo de Lyon, el Espíritu de Dios es quien mantiene joven y vigorosa la herencia apostólica que nos fue transmitida de una vez por todas[24]. En este sentido, el movimiento ecuménico es una «empresa del Espíritu Santo»; y el ecumenismo espiritual es el corazón del ecumenismo[25].

IV. El punto teológicamente decisivo: *subsistit in*

La dinámica escatológica y pneumatológica necesitaba una clarificación conceptual. El concilio la llevó a cabo en la constitución sobre la Iglesia con la muy discutida fórmula de que la Iglesia de Jesucristo *subsistit* [subsiste] en la Iglesia católica[26]. El redactor principal de la constitución sobre la Iglesia, Gérard Philips, fue suficientemente clarividente para prever que sobre el significado de este *subsistit in* correrían aún ríos de tinta[27]. De hecho, el *subsistit* no es fácil de interpretar[28]. Solo en el curso del concilio des-

---

22. Cf. UR 4.
23. Cf. UR 5, 11 y 24.
24. Cf. IRENEO DE LYON, *Adv. haer.* III,24,1 (SChr 211, Paris 1974, 472).
25. Cf. UR 8.
26. Cf. LG 8.
27. Cf. G. PHILIPS, *L'Église et son mystère aux deuxième Concile du Vatican. Histoire, texte et commentaire de la Constitution Lumen gentium*, vol. 1, Paris 1967, 119 [trad. esp.: *La Iglesia y su misterio en el concilio Vaticano II: historia, texto y comentario de la constitución «Lumen gentium»*, Herder, Barcelona 1968].
28. «Subsistencia» es un término artificial de la teología escolástica. Al hacer uso de esta voz, el concilio seguramente no pretende hablar en consonancia con una determinada escuela, sino, al igual que hacían los concilios de

plazó al previo *est*[29]. El *est*, que había aparecido por última vez en las encíclicas *Mystici corporis* (1943) y *Humani generis* (1950), venía a decir: la Iglesia católica «es» la Iglesia de Jesucristo. Pero ya según la encíclica *Mystici corporis*, existen personas que, aun cuando no hayan sido bautizadas, están orientadas a la Iglesia católica por el deseo o anhelo[30]. El concilio va un paso considerable más allá. Quería hacer justicia al hecho de que fuera de la Iglesia católica no solo existen personas individuales que, según el deseo, son cristianas, sino también «elementos de la Iglesia», más aún, Iglesias y comunidades eclesiales que poseen relevancia salvífica para sus miembros[31]. La pregunta por la salvación de los no católicos no se responde ya individualmente en términos de deseo subjetivo, sino institucionalmente y, por tanto, desde un punto de vista objetivamente eclesiológico.

La expresión *subsistit in*, según la intención del concilio, quiere decir: la Iglesia de Jesucristo tiene su lugar concreto en la Iglesia católica. En ella es donde puede descubrirse y encontrarse. Así entendido, el *subsistit in* asume el propósito fundamental del *est*. Pero ya no formula la autocomprensión de la Iglesia católica en *splendid isolation* [aislamiento absoluto], sino que se percata también de la existencia de Iglesias y comunidades eclesiales en las que la única Iglesia de Jesucristo se halla eficazmente presente[32]. La Iglesia católica formula ahora su identidad entablando al mismo tiempo relación dialógica con las demás Iglesias y comunidades eclesiales.

Según esto, el *subsistit in* sería malentendido si se pretendiera hacer de él la base de un pluralismo y relativismo eclesiológico que sostenga que la Iglesia de Jesucristo subsiste en múltiples Iglesias y que la Iglesia católica no es sino una más de esas Iglesias. Antes bien, la Iglesia católica sigue asegurando que es la verdadera Iglesia de Jesucristo. No propone ninguna doctrina

---

la Iglesia antigua, no *aristotelice*, sino *piscatorie*, esto es, no aristotélica, sino pastoralmente. Al respecto, cf. A. GRILLMEIER, *Mit ihm und in ihm*, Freiburg i.Br. 1975, 283-300.
29. Cf. *Synopsis historica*, ed. por G. Alberigo y F. Magistretti, Bologna 1975, 38, 439s y 506s.
30. Cf. DH 3921.
31. Cf. LG 8 y 15; UR 3.
32. Cf. JUAN PABLO II, *Ut unum sint* 11.

nueva, pero sí una nueva actitud. Formula su autocomprensión tradicional de modo dialógico e históricamente concreto. Lo que pretende decir es: a través del diálogo, la Iglesia quiere realizar de forma concreta en la historia lo que ella desde siempre «es» (*est*). Las comunidades separadas han desarrollado en ocasiones mejor ciertos aspectos de la verdad revelada, de suerte que la Iglesia, en la actual situación de división, solo a través del intercambio de dones[33] puede desplegar plenamente la catolicidad que le es inherente[34].

Esta concepción histórica y dialógica constituye la base para el camino concreto y el método del diálogo ecuménico[35]. A diferencia de la antigua teología de controversia, no parte de las diferencias ni de las deficiencias de los demás, sino de lo que compartimos y de lo positivo que hay en los otros. Es consciente de que también la Iglesia propia necesita purificación y renovación y siempre debe recorrer el camino de la penitencia[36]. Sin la propia conversión y renovación no puede darse ningún diálogo ecuménico[37]. Por último, el diálogo significa más que un intercambio de ideas. Es un intercambio de dones. Así pues, el ecumenismo no es un negocio ruinoso, en el que el encuentro se produce en el mínimo denominador común, sino un proceso espiritual de aprendizaje. La meta no es el simple regreso de los demás al seno de la Iglesia católica. Únicamente puede alcanzarse a través de la vuelta y la conversión de todos, impulsadas por el Espíritu de Dios, a la única cabeza de la Iglesia: Jesucristo. En la medida en que seamos uno con Cristo, también seremos uno entre nosotros y la Iglesia realizará de manera concreta y plena la catolicidad que le es propia.

V. La *communio* como idea ecuménica rectora

La interpretación del *subsistit in* ha mostrado ya que el decreto sobre el ecumenismo no se queda en la «eclesiología de elementos». Antes bien, esta eclesiología fue criticada vehemente ya du-

---

33. Cf. *ibid*., 28.
34. Cf. UR 4; JUAN PABLO II, *Ut unum sint* 14.
35. Cf. UR 5-12.
36. Cf. LG 8; UR 3s; JUAN PABLO II, *Ut unum sint* 34s y 83s.
37. Cf. UR 6s.

rante el concilio y, sobre todo, en el posconcilio, porque suscita la impresión de que es posible contar los distintos elementos y verificar que su número está completo. La idea fundamental del decreto sobre el ecumenismo no es de índole cuantitativa, sino cualitativa. Se expresa en el concepto bíblico y patrístico de *communio* [comunión][38]. Con esta noción, el concilio glosa el misterio más profundo de la Iglesia, a saber, que está configurada según el modelo de la *communio* trinitaria y es, por así decir, icono de la Trinidad[39].

Communio no denota, en su sentido originario, la comunión entre los cristianos, sino la participación (*participatio*) en los bienes de la salvación. El bautismo es fundamental. Se trata del sacramento de la fe, a través del cual los bautizados pertenecen al cuerpo de Cristo, que es la Iglesia. En virtud del único bautismo, los cristianos no católicos no están fuera de la única Iglesia, sino que más bien pertenecen a ella de un modo fundamental[40]. El bautismo, sin embargo, no es más que punto de partida y fundamento[41]. La incorporación a la Iglesia se consuma en la eucaristía. Ella es la fuente, el centro y la cima de la vida cristiana y eclesial[42]. Esta eclesiología eucarística la cimienta el concilio ya en las constituciones sobre la liturgia y sobre la Iglesia[43]. En el decreto sobre el ecumenismo surte efecto pleno[44].

Según esto, toda Iglesia local que celebra la eucaristía es Iglesia en sentido pleno, pero no es toda la Iglesia[45]. Pues, como existe un solo Jesucristo y una sola eucaristía, toda Iglesia que celebra la eucaristía está en comunión intrínseca con todas las demás Iglesias locales que celebran la eucaristía. La Iglesia una existe, por consiguiente, en y a partir de las Iglesias locales[46], así como, a la inversa, las Iglesias locales existen en y a partir de la Iglesia

---

38. Cf. W. KASPER, «*Communio*: la idea rectora de la teología ecuménica católica», reimpreso en el presente volumen, 137-167.
39. Cf. LG 4; UR 2.
40. Cf. LG 11 y 14; UR 22.
41. Cf. UR 22.
42. Cf. LG 11 y 26.
43. Cf. SC 47; LG 3, 7, 11, 23 y 26.
44. Cf. UR 2 y 15.
45. Cf. LG 26 y 28.
46. Cf. LG 23.
47. Cf. CONGREGACIÓN PARA LA DOCTRINA DE LA FE, *Communionis notio* 9.

una⁴⁷. Si se aplica tal comprensión de la unidad a la unidad ecuménica que se persigue, entonces esta no puede consistir solo en una red de Iglesias confesionales que se reconocen recíprocamente como tales en la medida en que entablan entre sí una comunión eucarística y de púlpito. La unidad eucarística significa más bien comunión plena, esto es, participación plena en una sola fe, en los mismos sacramentos y en un único ministerio eclesiástico⁴⁸. La concepción católica del ecumenismo presupone la unidad dada ya en la Iglesia católica y la *communio* con las demás Iglesias y comunidades eclesiales, asimismo ya existente en parte, a fin de llegar desde esta comunión imperfecta a la comunión plena⁴⁹. La contribución de *Unitatis redintegratio* a la solución del problema ecuménico no es, según esto, la «eclesiología de elementos», sino la distinción entre comunión plena y comunión imperfecta⁵⁰.

Esta unidad en el sentido de la *communio* plena no significa uniformidad, sino unidad en la diversidad y diversidad en la unidad. La meta no es la absorción recíproca ni la fusión⁵¹. Dentro de la Iglesia una puede existir una legítima diversidad de mentalidades, usos, ritos, ordenamientos canónicos, teologías y espiritualidades⁵². También cabe decir: la esencia de la unidad entendida como *communio* es la catolicidad, no en su sentido confesional, sino en su sentido originario, cualitativo⁵³. *Unitatis redintegratio* fue un comienzo. Este decreto ha desplegado una enorme historia efectual (*Wirkungsgeschichte*) tanto dentro de la Iglesia católica como en el ecumenismo, transformando en considerable medida el paisaje ecuménico en los últimos cuarenta años y produciendo abundantes frutos. Sin duda, también ha dejado preguntas abiertas y planteado nuevos interrogantes en el curso de su historia

---

48. Cf. LG 14; UR 2s.
49. Cf. JUAN PABLO II, *Ut unum sint* 14.
50. Cf. UR 3. Esta distinción no está aún terminológicamente acuñada del todo en los documentos conciliares. En UR 3 se habla de «plena communio» [comunión plena] y de «quaedam communio, etsi non perfecta» [una cierta comunión, aunque no perfecta].
51. Cf. JUAN PABLO II, *Slavorum apostoli* (1985), 27.
52. Cf. LG 13; UR 4 y 16s.
53. Fundamental para ello fue sobre todo la obra de H. DE LUBAC, *Corpus mysticum. L'Eucharistie et l'Église au Moyen Âge*, Paris 1949. La encíclica *Ecclesia de eucharistia* (2003), del papa JUAN PABLO II, vuelve a subrayar enérgicamente esta conexión.

efectual. El desarrollo de las últimas décadas tiene facetas luminosas y facetas sombrías. Pero por mucho que se haya avanzado, en este decreto, como en todos los textos conciliares, aún hay tesoros por descubrir y explotar. No obstante, ha puesto en marcha un proceso irrevocable e irreversible. Continúa señalándonos el camino hacia el siglo XXI.

En último término, el ecumenismo es una aventura del Espíritu Santo, que no podemos tomar en nuestras manos ni controlar arbitrariamente. En los primeros tiempos del posconcilio muchos pensaban que la meta de la unidad plena estaba ya muy próxima. En el tiempo transcurrido desde entonces nos hemos vuelto más sobrios, pero es de esperar que no menos apasionados. Pues el encargo del Señor sigue vigente: recorrer el camino indicado con paciencia, pero también con valentía y, sobre todo, con una esperanza inquebrantable, sin dejarnos desalentar por dificultades momentáneas, que surgen sin cesar. En este sentido, el decreto sobre el ecumenismo concluye con palabras tomadas de la Carta a los Romanos: «Y la esperanza no defrauda, porque el amor de Dios se infunde en nuestro corazón por el don del Espíritu Santo» (Rom 5,5)[54].

---

54. Cf. UR 24.

6
Communio:
la idea rectora
de la teología ecuménica católica

I. El problema: ¿dónde estamos y adónde vamos?

Hay una pregunta que nos concierne profundamente: ¿dónde nos encontramos hoy, más de cuarenta años después del concilio Vaticano II y tras cuarenta años de diálogo ecuménico? De ahí resultan preguntas adicionales: ¿cuál es la idea central que nos inspira y nos guía en nuestro avance? ¿En qué consiste la meta ecuménica que perseguimos? Y por último, ¿cómo debemos proseguir nuestros esfuerzos en el nuevo milenio? ¿Existe aún un camino hacia delante?

Si se considera el diálogo internacional de los últimos decenios y se estudian los gruesos volúmenes de documentación que llevan por título *Dokumente wachsender Übereinstimmung* [Documentos de creciente consenso], se hace un sorprendente descubrimiento. Aunque el concilio Vaticano II y sus «principios católicos de ecumenismo»[1] han constituido la base para todos los diálogos llevados a cabo, estos no han transcurrido conforme a un plan preconcebido. Tanto más asombroso resulta entonces que converjan de manera sorprendente. Esta convergencia consiste en que en todos estos diálogos –con las Iglesias ortodoxas y la Comunión anglicana, con las comunidades eclesiales de luteranos y reformados, con las «Iglesias libres» y las nuevas comunidades evangélicas y pentecostales– el concepto de *communio* [comunión] ha desempeñado un papel central. *Communio* es, de hecho, el concepto clave de todos los diálogos, tanto bilaterales como multilaterales. Todos ellos definen la unidad visible de todos los cristianos como una

1. Cf. UR 2-4.

unidad de comunión y coinciden en entender por ello –en analogía con el modelo trinitario²– no uniformidad, sino unidad en la diversidad y diversidad en la unidad. Esta *communio* no es una realidad lejana y futura a la que deba aspirar el diálogo ecuménico. La *communio* no es algo que pueda ser producido ecuménicamente. Por medio del único bautismo pasamos todos a formar parte del único cuerpo de Cristo, que es la Iglesia (cf. 1 Cor 12,13; Gál 3,27). Por el bautismo y por la fe, todos hemos sido incorporados ya a Cristo y tenemos derecho a ser llamados cristianos. Por eso, la nueva y fundamental convicción ecuménica reza: entre los bautizados existe ya una unidad o *communio* básica, de suerte que lo que cuenta no es la diferencia entre una unidad plena y una *communio* todavía inexistente, sino la diferencia entre una *communio* plena y una *communio* imperfecta³.

Los diálogos ecuménicos han confirmado esta convicción de diversos modos. Han mostrado que la *communio* imperfecta que nos vincula con otras Iglesias y comunidades eclesiales no solo es una teoría, sino una realidad experimentable. Hemos descubierto que lo que nos une es bastante más que lo que, por desgracia, aún nos separa. Todo el que ha participado en el diálogo ecuménico sabe qué experiencia tan gozosa y sin cesar sorprendente es esta. Este descubrimiento del siglo XX representa una novedad en la historia de la Iglesia. Las Iglesias y comunidades eclesiales separadas ya no se miran como adversarios irreconciliables o, en el mejor de los casos, como vecinos indiferentes. Se ven más bien como hermanos y hermanas que se han puesto conjuntamente en camino hacia la *communio* plena. A esta fraternidad descubierta de nuevo se refiere el papa Juan Pablo II en su encíclica *Ut unum sint* como el fruto esencial del diálogo ecuménico⁴.

Esta nueva realidad eclesial nos colma de gratitud, alegría y esperanza. Es fruto de la acción del Espíritu Santo⁵. Al mismo tiempo, sin embargo, también causa dolor. Pues cuanto más nos

---

2. Cf. LG 4; UR 2.
3. Cf. UR 3.
4. Cf. Juan Pablo II, *Ut unum sint* (1995), 41s.
5. Cf. UR 1; 4.

acercamos unos a otros, tanto más dolorosa resulta la experiencia de que no vivimos aún en *communio* plena. Lo que todavía nos separa y nos impide congregarnos unidos en torno a la mesa del Señor duele. Cada vez estamos más insatisfechos con el *statu quo* ecuménico, y cobra forma el sentimiento de una decepción ecuménica, en ocasiones incluso el sentimiento de rechazo. Paradójicamente, el propio progreso ecuménico es la causa del malestar ecuménico. Esto torna tanto más acuciante la pregunta: ¿cómo podemos avanzar? ¿Cómo podemos pasar de la imperfecta comunión ya existente a una *communio* plena, que es la meta suprema del movimiento ecuménico[6]?

La respuesta no es sencilla, porque, como suele ocurrir, no existe una única respuesta. La situación actual es compleja y de múltiples estratos, y hay muchas razones para que en ocasiones se suscite la impresión de que en el diálogo ecuménico, aunque suceden muchas cosas, no se produce ningún verdadero progreso. Una de las razones, que no es ni mucho menos la única, consiste en que los documentos sobre el diálogo muestran sin duda una convergencia en lo relativo al concepto de la *communio*, pero, al leerlos con mayor detenimiento, se constata que detrás de este concepto se ocultan interpretaciones dispares. El concepto común de *communio* se rellena con significados diferentes, por lo que suscita expectativas e ideas sobre la meta heterogéneas. Eso lleva inevitablemente a malentendidos por parte propia y también en los interlocutores, así como a expectativas que la otra parte no puede satisfacer, lo que ocasiona decepción. Así, la convergencia hacia un mismo concepto constituye al mismo tiempo –junto a otros factores– una causa de confusión. De ahí que antes de nada debamos clarificar con precisión el concepto de *communio* como idea central y meta suprema del movimiento ecuménico.

---

6. Cf. UR 3; Juan Pablo II, *Ut unum sint* 14.

II. Malentendidos ideológicos

La comprensión teológica de la *communio* se sustituye a menudo por una comprensión antropológica o sociológica o también puede ocurrir que a aquella se le superponga esta. El uso secularizado del término *communio* origina una comprensión secularizada del ecumenismo, que se caracteriza por criterios e interpretaciones no teológicos, de uso general en el marco de las ciencias sociales.

En su acepción secular, o sea, entendido desde su dimensión «horizontal», el concepto de *communio* designa una comunión entre los seres humanos que nace de la necesidad que el individuo tiene de vivir en comunidad. En este sentido, la *communio* es el resultado de una unión de socios fundamentalmente libres e iguales. Esta comprensión se basa en la idea de contrato social, desarrollada en la época de la Ilustración. Semejante comprensión de la Iglesia puede convertirse incluso en grito de batalla contra la estructura jerárquica de la Iglesia. Esta concepción entiende a la Iglesia «de abajo», o sea, «de base», como antagonista de la Iglesia «establecida». De esta comprensión del concepto de *communio* de la Iglesia deriva la idea de la igualdad de todos los miembros de la Iglesia, que disfrutan de idénticos derechos, y la exigencia de una democratización de la Iglesia, de suerte que todas las decisiones sean tomadas mediante diálogo abierto y libre de miedos, debate crítico, procesos generadores de consenso o votación.

La democracia puede considerarse la mejor de todas las malas posibilidades. Pero la democracia no es, ni mucho menos, la salvación. Como han demostrado, entre otras, las experiencias del siglo XX, las mayorías pueden ser movilizadas mediante la agitación populista y suelen representar la mayor suma posible de intereses privados, que luego están en situación de formar mayorías en detrimento de las minorías, incapaces de movilizar un número suficiente de votos. Las mayorías formadas democráticamente pueden tener, si gozan del reconocimiento general, un influjo pacificador; pero la búsqueda de la verdad no se puede organizar por medio de mayorías.

El neorromanticismo de principios del siglo XX trató de distanciarse de la concepción racional y utilitarista de la sociedad y de la comunidad. A la sociedad burguesa racional y orientada a la satisfacción de intereses, pero fría e impersonal, le contrapuso la idea de una comunidad desarrollada naturalmente y basada en relaciones personales primarias, así como en la cercanía y el calor personales en un ambiente familiar y amistoso.

Esta idea de *communio* se aplica a menudo también a la Iglesia. Semejante comprensión fraternal-sororal de la Iglesia puede extraer un modelo de la vida ejemplar de Jesús y de la imagen ideal de la primitiva Iglesia jerosolimitana. Así, en el curso de la historia de la Iglesia ha habido repetidos intentos de realizar este ideal, tanto en comunidades monásticas y hermandades como también en algunas Iglesias libres y comunidades pietistas. En la actualidad se lleva a la práctica en grupos pequeños, en las comunidades eclesiales de base y, sobre todo, en las nuevas comunidades espirituales.

No cabe duda de que tales comunidades tienen un efecto beneficioso en el marco de la renovación de la Iglesia. Sin embargo, aplicar a la Iglesia como un todo el modelo de una eclesiología fraternal puede propiciar una eclesiología de «grupo estufa», que se desuella en contacto con la realidad institucional de la gran Iglesia en lugar de entablar con ella una relación constructiva.

Además, estas interpretaciones de comunidad son poco realistas también desde el punto de vista sociológico y no resisten la reflexión racional. Las instituciones no solo encierran el peligro de la alienación de la persona y la represión de la libertad personal, sino que también tienen una función aliviadora y liberadora para los individuos en tanto en cuanto los independizan de la arbitrariedad personal y comunitaria, y crean seguridad para la conducta, las expectativas y los derechos. Si se concibe solo como una comunidad de discurso, la Iglesia ha de cargar con el peso de un debate interminable y nunca está libre para cumplir su verdadera tarea: celebrar conjuntamente la liturgia y dar al mundo entero testimonio claro e inequívoco de Cristo.

Sin embargo, también una comprensión institucional de la Iglesia puede originar malentendidos. Con frecuencia conduce a un concepto de Iglesia como *communio hierarchica* [comunión jerárquica] en el sentido en que esta expresión era entendida en la teología preconciliar: la Iglesia como *societas perfecta inaequalis oder inaequalium* [sociedad perfecta desigual o de desiguales]. Esta concepción se desarrolló como defensa ante los influjos igualitarios procedentes de la Revolución francesa y sus padres intelectuales. Así, por ejemplo, fue declarada herética una afirmación del sínodo de Pistoya (1786), según la cual la autoridad de ministerio y gobierno en la Iglesia ha sido concedida a los pastores por la comunidad de los fieles y está, por tanto, democráticamente legitimada[7].

Ocasionalmente se intenta justificar semejante comprensión de la *communio* desde el servicio a la unidad. El concilio, sin embargo, trató de superar toda concepción unilateralmente jerárquica de la Iglesia y acentuó de nuevo tanto la doctrina bíblica y protoeclesial del sacerdocio de todos los bautizados como la doctrina del *sensus fidelium* [sentido de los fieles] y del consiguiente *consensus fidelium* [consenso de los fieles]. Según el concilio, los laicos no son mero objeto de las acciones de la Iglesia oficial, sino sujetos activos y corresponsables en la Iglesia. Cada uno de ellos tiene su carisma y su responsabilidad propios[8]. Esto no lleva a una comprensión democrática, sino a un concepto de *communio* como participación diferenciada en los derechos de cooperación.

De ahí que la Iglesia no sea una democracia ni una monarquía, ni siquiera una monarquía constitucional. Es jerárquica en el sentido originario de la palabra, que significa «de origen santo», de suerte que debe entenderse sobre la base de lo que es santo, o sea, desde los dones salvíficos, la palabra y los sacramentos en cuanto medios y signos autoritativos de la acción del Espíritu Santo. La Iglesia no se entiende a sí misma ni «desde abajo» ni «desde arriba» en sentido sociológico, sino desde lo santo que le viene dado de antemano, que le es transmitido de manera concreta a través de la palabra y de los sacramentos. La Iglesia existe y vive únicamente de la «anticipación» de la obra salvífica de Dios por medio de Jesucristo en el Espíritu Santo. Los ministerios no gozan de un poder de dominación que somete a las personas (cf. Mt 20,25-27), sino que son dones y regalos del Señor de la Iglesia. Son un servicio autoritativo para edificación tanto del individuo como del conjunto (cf. Ef 4,7-12). Esta reflexión nos lleva a la originaria y auténtica comprensión teológica de la *communio*.

7. Cf. DH 2602.
8. Cf. LG 9-12 y 30s.

III. Fundamentos teológicos

La voz griega que se traduce por *communio*, *koinōnía*, no significa originariamente «comunión», sino «participación» (*participatio*). El verbo *koinōnéō* significa «compartir, participar, tener algo en común». En este sentido, Santiago y Juan son *koinōnoí*, «copartícipes», consocios, compañeros de camino (cf. Lc 5,10). Según los Hechos de los Apóstoles, la primitiva Iglesia en Jerusalén constituye una *koinōnía* en la partición del pan y la oración (cf. Hch 2,42), y los fieles lo tenían todo en común (cf. Hch 2,44; 4,32). El verdadero sentido teológico de *koinōnía* se encuentra en Pablo y en las cartas de Juan. La *koinōnía* se da con Jesucristo (cf. 1 Cor 1,9), con el Evangelio (cf. Flp 1,5), en el Espíritu Santo (cf. 2 Cor 13,13), en la fe (cf. Flm 6), en el sufrimiento y el consuelo (cf. 2 Cor 1,7; Flp 3,10), en la gloria futura (cf. 1 Pe 5,1), en la naturaleza divina (cf. 2 Pe 1,4), con el Padre y el Hijo y, en consecuencia, entre los cristianos (cf. 1 Jn 1,3). En la oración sacerdotal, en la que Jesús pide que todos sean uno, el fundamento y la medida de esta unidad es la unidad de comunión del Padre y el Hijo (cf. Jn 17,21-23).

El fundamento sacramental de la *communio* es la *communio* en el único bautismo. Pues por el único bautismo somos incorporados todos al único cuerpo de Cristo (cf. 1 Cor 12,13; cf. Rom 12,4s; Gál 3,26-28; Ef 4,3s). El bautismo es el sacramento de la fe, por lo que la *communio* por medio del bautismo presupone e incluye la *communio* en la fe común de la Iglesia; y ello quiere decir más exactamente: es la comunión en el Evangelio. La comunión en la fe y en el bautismo son los fundamentos de la *communio*.

La cima de la *communio* es la participación en la eucaristía. En la historia de la teología, 1 Cor 10,16s terminó convirtiéndose en el texto más importante al respecto: «La copa de bendición que bendecimos, ¿no es comunión con la sangre del Mesías? El pan que partimos, ¿no es comunión con el cuerpo del Mesías? Uno es el pan y uno es el cuerpo que todos formamos pues todos compartimos el único pan». Este texto afirma que la *koinōnía* en el único pan eucarístico es la fuente y el signo de la *koinōnía* en el único cuerpo de la Iglesia. El único cuerpo eucarístico de Cristo es la fuente y el signo del único cuerpo eclesial de Cristo.

Junto a esta fundamentación sacramental de la *communio* en el único bautismo y en la eucaristía hay que tener presente que la comunión entre los apóstoles y las comunidades (cf. Gál 2,9), la comunidad de bienes de la primitiva Iglesia en Jerusalén (cf. Hch 2,44; 4,32) y las colectas de Pablo para la Iglesia en Jerusalén acontecen en el marco de la *koinōnía* (cf. Gál 2,10; 2 Cor 8-9). Así, la comunión con Dios a través de Jesucristo en el Espíritu Santo tiene que ver también con la comunión entre los hermanos y hermanas y, en especial, con la comunión con quienes sufren. Por eso, la *koinōnía/communio* tiene una dimensión teológica, una dimensión comunitaria y una dimensión social, de suerte que sería erróneo circunscribir el significado eclesial de la *koinōnía/ communio* al ámbito de los sacramentos y del culto a Dios o incluso solo a la eucaristía. La *communio* posee, por así decir, tanto una dimensión vertical como una dimensión horizontal.

También la comprensión trinitaria de la *communio* como participación en la vida de la Trinidad incluye una interpretación relativa a la comunidad. Pues el Dios trinitario es la autodonación y la autocomunicación del Padre y del Hijo y de ambos en el Espíritu Santo. Así, la participación en la vida trinitaria deviene el fundamento y el modelo de la comunicación entre los cristianos, de la conducta comunitaria y social y de una espiritualidad de la comunión.

Aunque sería interesante rastrear en detalle la historia de la comprensión de la *communio* en la tradición, no es posible hacerlo en este lugar. En vez de ello, nos limitaremos a recordar algunas de las más importantes etapas de este desarrollo.

La historia de la comprensión de la *communio* está muy estrechamente entrelazada con la profesión de fe en la *communio sanctorum* en el símbolo apostólico, que es común a todas las Iglesias de la tradición latina –o sea, tanto a las comunidades eclesiales nacidas de la Reforma del siglo XVI como a la Iglesia católica– y constituye, por consiguiente, un puente esencial de entendimiento ecuménico y un importante punto de partida para las conversaciones ecuménicas.

Con toda probabilidad, *communio sanctorum* no denotaba originariamente la comunión de los santos (*sancti*), sino la comunión con lo santo; *communio sanctorum* significaba *communio* en las *sancta* [cosas santas], esto es, *communio sacramentorum* [comunión en los sacramentos] y, en especial, *communio* en la eucaristía. Esta acepción de *koinōnía* predominaba sobre todo en Oriente. Fue sintetizada por Juan Damasceno en su exposición de la fe ortodoxa[9]. En la tradición latina se produjo un importante y trascendental cambio de sentido a partir de Nicetas de Remesiana († 414), en cuyo escritos aparece por primera vez la *communio sanctorum* añadida al símbolo apostólico[10]. La *communio sanctorum* pasó a ser entendida progresivamente como *communio* de la Iglesia peregrina (militante) y la Iglesia celestial (triunfante) [la de María, los patriarcas y profetas, los apóstoles, los mártires y confesores, todos los justos y los ángeles], pero también como la *communio* de la Iglesia entera «desde el justo Abel hasta el último de los elegidos»[11]. Así, la interpretación comunitaria se convirtió en predominante.

Sin embargo, para los padres latinos, sobre todo para Agustín, la concepción sacramental y eucarística de la Iglesia y la conexión intrínseca entre eucaristía e Iglesia siguieron siendo muy importantes[12]. Como ha mostrado Henri de Lubac, el cambio no tuvo lugar hasta el siglo XI, durante la segunda disputa eucarística en torno a Berengario de Tours. El concepto *corpus mysticum*, o sea, la denominación del cuerpo místico sacramental de Cristo, que hasta entonces se aplicaba habitualmente a la eucaristía, empezó a malinterpretarse en un sentido meramente espiritualizante. Para excluir este malentendido espiritualizante, la eucaristía fue caracterizada como *corpus verum* [cuerpo verdadero] y la expresión *corpus mysticum* se reservó para la Iglesia. De ese modo, la Iglesia y la eucaristía quedaron separadas.

Esto tuvo repercusiones de largo alcance para la comprensión tanto de la eucaristía como de la Iglesia. La eucaristía o comunión fue entendida en gran medida en sentido individualista como comunión personal con Cristo; y ello condujo a una profunda piedad eucarística personal, que, sin embargo, quedó más o menos disociada del aspecto de la *communio* eclesial. Por otra parte, como ha mostrado Yves Congar, a raíz de la reforma gregoriana la Iglesia fue progresivamente entendida como «cristiandad» y vista como entidad sociológica y política que se consideraba más en categorías del derecho y el poder que en categorías sacramenta-

---

9. Cf. JUAN DAMASCENO, *Exposición de la fe ortodoxa* IV,13 (PG 94, 1153).
10. Cf. NICETAS DE REMESIANA, *Explanatio Symboli* 23 (PL 52, 87 B).
11. Cf. AGUSTÍN, *Serm.* 341,11; LG 2.
12. Cf. AUGUSTÍN, *Tract. in ev. Ioh.* 26,6,13 y *passim*.

les. La concepción de Iglesia se desplazó desde la comunidad eclesial congregada por la eucaristía a una eclesiología de la unidad universal de la Iglesia bajo el gobierno del papa. Para no ser injustos con la teología escolástica medieval, hay que añadir, sin embargo, que teólogos de la altura de un Tomás de Aquino mantuvieron y resaltaron con claridad la relación entre eucaristía e Iglesia. Para Tomás, la presencia real de Jesucristo en la eucaristía es tan solo una realidad mediadora, el plano de la *res et sacramentum*. La realidad misma de la eucaristía, la *res sacramenti*, es la unidad de la Iglesia[13].

El sentido originario y fundamental de la *koinōnía/communio* experimentó un primer redescubrimiento en la Escuela Católica de Tubinga, en concreto en Johann Adam Möhler; y luego se abrió paso de verdad merced a las investigaciones de Henri de Lubac en su libro *Corpus mysticum* (1943). Yves Congar sacó fruto a estas ideas para el ecumenismo. Habría que mencionar además toda una serie de estudios de historia de la Iglesia, entre ellos en especial la contribución de Ludwig Hertling. Por parte protestante deben ser recordados Paul Althaus, Dietrich Bonhoeffer y Werner Elert. La Ortodoxia vivió un redescubrimiento análogo a raíz de una nueva fundamentación patrística de la teología (Georges Florovski) y gracias a la influencia de la filosofía *sobornost* (Alexei Chomiakov).

A primera vista, en los documentos del concilio Vaticano II parecen predominar, por lo que a la descripción de la naturaleza de la Iglesia se refiere, otras imágenes y conceptos: la Iglesia como pueblo de Dios, como cuerpo de Cristo, como templo del Espíritu Santo y como sacramento –o sea, signo e instrumento– de la unidad. Pero un análisis más detallado pone de manifiesto que estas imágenes y conceptos se basan en último término en la concepción de la Iglesia como *communio* y son interpretados desde esta. De ahí que sea atinada y esté justificada la afirmación del sínodo extraordinario de los obispos de 1985 en el sentido de que la eclesiología de comunión constituye «la idea central y básica de los documentos conciliares»[14]. El concilio

---

13. Cf. TOMÁS DE AQUINO, *S.th.* III,73,1; 79,5.
14. Cf. la *Relatio finalis* del segundo sínodo extraordinario de los obispos (9 de diciembre de 1985), en W. KASPER (ed.), *Zukunft aus der Kraft des Konzils*.

asumió la nueva eclesiología de comunión, referida a la eucaristía como centro[15].

En los documentos conciliares aparecen tanto la visión «vertical», sacramental, en especial eucarística, como la visión «horizontal» o comunitaria. Ambas interpretaciones están justificadas y forman una unidad, lo que se advierte con claridad sobre todo en cómo el concilio ve fundamentada y prefigurada la *communio* eclesial por la *communio* trinitaria del Padre, el Hijo y el Espíritu Santo[16]. El modelo trinitario original concibe la *communio* como autocomunicación entre el Padre y el Hijo y de ambos en el Espíritu Santo; de ahí que la comunicación personal también sea constitutiva para la Iglesia, que se configura según la imagen de la Trinidad. Esta *communio* personal de unos cristianos con otros se funda en la *communio* sacramental. Pues en la medida en que participamos del único cuerpo eucarístico, nos convertimos en un cuerpo eclesial; pero no podemos compartir el pan eucarístico sin compartir también el pan de cada día.

En el marco de esta visión holística de la *communio* no debemos perder de vista que los fundamentos de los diferentes aspectos se hallan referidos unos a otros. La *communio* «vertical» con Dios es el fundamento de la *communio* «horizontal» entre los cristianos en Iglesias y comunidades. Esta *communio* no surge porque los miembros de la Iglesia se constituyan en comunidad; antes bien, los cristianos individuales hacen suya la *communio* sacramentalmente dada. Según Pablo, por el bautismo pasamos a formar parte del cuerpo de Cristo (cf. 1 Cor 12,13). Los sacramentos son el fundamento de la Iglesia, y la Iglesia sacramentalmente fundada es la que celebra los sacramentos. Por último, la comunión sacramental se expresa en la conducta comunitaria y social.

Los diversos aspectos de la realidad de comunión pueden ser, sin embargo, acentuados diversamente. De esta suerte, del concepto básico común de la *koinōnía/communio* pueden derivarse eclesiologías de *communio* diferentes, y a veces incluso opuestas.

Die außerordentliche Bischofssynode '85. Die Dokumente mit einem Kommentar von Walter Kasper, Freiburg i.Br. 1986, 33 [trad. esp. de la *Relatio finalis*: *El Vaticano II, don de Dios: los documentos del sínodo extraordinario de 1985*, PPC, Boadilla del Monte 1986].
15. Cf. SC 47; LG 3, 7, 11, 23 y 26; UR 2 y 15; AG 39.
16. Cf. LG 4; UR 2.

Así pues, a pesar de que en lo concerniente a este concepto se perfila un consenso, existen desarrollos confesionales heterogéneos.

IV. Diferentes desarrollos confesionales

A partir del concilio Vaticano II, la Iglesia católica ha participado oficialmente en el movimiento ecuménico. De este modo se vio confrontada con los conceptos de Iglesia y de *communio* tanto de las Iglesias ortodoxas como de las comunidades eclesiales nacidas de la Reforma del siglo XVI. La eclesiología de las Iglesias ortodoxas eleva la pretensión de haber permanecido fiel a la eclesiología de comunión de los padres del primer milenio. Las Iglesias ortodoxas están convencidas de que son la verdadera Iglesia de Jesucristo. Justifican esta convicción remitiéndose a los cánones vinculantes de los concilios ecuménicos y a los padres de la Iglesia, en especial a los de la tradición griega. En principio adoptan el punto de vista de Cipriano de Cartago, a saber, que fuera de la Iglesia –y eso significa para ellas: fuera de la Iglesia ortodoxa– no hay salvación.

De este modo definen dónde está la Iglesia, pero no se manifiestan con tanta claridad sobre dónde no está. Es decir, que no existe consenso sobre el carácter eclesial y mediador de la salvación de las Iglesias no ortodoxas ni sobre la validez de su bautismo. La distinción entre *communio* plena y *communio* imperfecta, en la forma en que es fundamental para la Iglesia católica desde el concilio Vaticano II, no ha sido incorporada hasta ahora a la enseñanza oficial de la Iglesia ortodoxa.

Según el destacado teólogo ruso Georges Florovski, la eclesiología ortodoxa se encuentra todavía en un estadio preteológico. El constructivo, pero crítico encuentro ecuménico de las últimas décadas ha girado principalmente alrededor de la eclesiología eucarística, tal como fue desarrollada por Nikolai Afanasiev, Alexander Schmemann, Johannes Zizioulas y otros. Esta eclesiología se concentra en la celebración eucarística de la Iglesia reunida *in situ*. Pero esta eclesiología eucarística no es sin más «la» posición ortodoxa, pues no deja de ser controvertida en círculos ortodoxos. Sin embargo, ecuménicamente ha sido muy influyente.

La visión eucarística fue asumida por algunos teólogos católicos, por ejemplo, Jean Tillard[17], y hasta cierto punto aparece

---

17. Cf. J. M. R. Tillard, *Église d'Églises. L'ecclésiologie de communion*, Pa-

también en el primer documento de la Comisión Mixta Internacional de Diálogo Teológico entre la Iglesia Católica de Roma y la Iglesia Ortodoxa, *El misterio de la Iglesia y de la eucaristía a la luz del misterio de la Santísima Trinidad*[18]. En consonancia con 1 Cor 10,16s, el punto de partida para la eclesiología eucarística es la relación intrínseca entre *communio* eclesial y *communio* eucarística. Esto significa que la Iglesia se realiza en la Iglesia local reunida para celebrar la eucaristía. La mayoría de estos teólogos entienden por esta comunidad local que celebra la eucaristía la comunidad reunida en torno al obispo (aquí discrepa Afanasiev, quien defiende una visión más presbiteral y congregacional). Puesto que el Cristo uno y la Iglesia una están presentes en toda Iglesia local, ninguna Iglesia local puede existir para sí sola, aislada del resto. Toda Iglesia local está necesaria y esencialmente en *koinōnía/communio* con todas las demás Iglesias locales que celebran la eucaristía. Comoquiera que toda Iglesia local es Iglesia en sentido pleno, no puede existir ningún ministerio eclesiástico por encima del ministerio episcopal ni ninguna autoridad superior a la del obispo.

Sin embargo, a tenor del testimonio de los primeros concilios ecuménicos, las sedes metropolitanas y las posteriores sedes patriarcales cobraron desde los tiempos más antiguos una cierta primacía, si bien su autoridad estaba englobada en una estructura sinodal. Los interlocutores ortodoxos se remiten siempre al canon 34 de los *Cánones apostólicos*, que estipula que el primero de los obispos solo puede tomar decisiones de calado con el asentimiento de los demás obispos y que estos, a su vez, únicamente pueden decidir en asuntos importantes con la aprobación del primer obispo. La Iglesia universal es una unidad de comunión de semejantes Iglesias

---

ris 1987 [trad. esp.: *Iglesia de Iglesias: eclesiología de comunión*, Sígueme, Salamanca 1991]; ID., *L'Église locale. Ecclésiologie de communion et de catholicité*, Paris 1995 [trad. esp.: *La Iglesia local: eclesiología de comunión y catolicidad*, Sígueme, Salamanca 1999].

18. Cf. COMISIÓN MIXTA INTERNACIONAL DE DIÁLOGO TEOLÓGICO ENTRE LA IGLESIA CATÓLICA ROMANA Y LA IGLESIA ORTODOXA, *Das Geheimnis der Kirche und der Eucharistie im Licht des Geheimnisses der Heiligen Dreifaltigkeit*, München 1982, en DwÜ 2, 531-541 [trad. esp. del orig. francés: «El misterio de la Iglesia y de la eucaristía a la luz del misterio de la Santísima Trinidad», en *Enchiridion oecumenicum*, vol. 1, ed. por A. González Montes, Centro de Estudios Orientales Juan XXIII y Universidad Pontificia de Salamanca, Salamanca 1986, 504-516].

autónomas. En este sentido, los teólogos ortodoxos hacen suya en ocasiones la concepción del Consejo Mundial de Iglesias y hablan de una comunión conciliar de Iglesias.

Las Iglesias ortodoxas pueden aceptar que Roma tenga el «primado en la caridad»[19] y que el obispo de Roma sea el primero de los obispos. Pero en general entienden esto como primado de honor y excluyen todo primado de jurisdicción. Hablan del *primus inter pares*, pero acentúan más el *pares* en el sentido de la igualdad en la consagración episcopal. El ministerio petrino es ejercido por todos los obispos, cada uno para sí y en comunión sinodal. De ahí que, según la visión de la Iglesia ortodoxa, el problema del primado romano solamente puede abordarse en conexión con la estructura sinodal o conciliar de la Iglesia[20].

El concilio Vaticano II reafirmó la concepción eucarística de la Iglesia[21], puso nuevo énfasis en la Iglesia local[22] y reconoció fundamentalmente el orden sinodal de la Iglesia, que las Iglesias de Oriente tienen desde los primeros tiempos[23]. Además, el concilio llevó a cabo algunos intentos de reactivar las estructuras sinodales o colegiales, que también existen en la tradición latina. Pero el punto decisivo en el diálogo ecuménico con las Iglesias orientales es la cuestión del carisma especial propio del obispo de Roma como sucesor de Pedro, que es lo que hace que este ministerio sea centro visible y principio de la unidad visible de la *communio* eclesial[24]. Así, la tarea futura consistirá en conjugar la eclesiología eucarística de *communio* y el principio de colegialidad, por un lado, con el principio petrino, por otro. Esto podría representar también

---

19. Cf. IGNACIO DE ANTIOQUÍA, *Rom.* proem.
20. Cf. COMISIÓN MIXTA INTERNACIONAL DE DIÁLOGO TEOLÓGICO ENTRE LA IGLESIA CATÓLICA ROMANA Y LA IGLESIA ORTODOXA, *Das Weihesakrament in der sakramentalen Struktur der Kirche, insbesondere die Bedeutung der apostolischen Sukzession für die Heiligung und die Einheit des Volkes Gottes*, aprobado en Valamo, Finlandia, el 26 de junio de 1988, en DwÜ 2, 556-567 [trad. esp. del orig. francés: «El sacramento del orden en la estructura sacramental de la Iglesia. En particular, la importancia de la sucesión apostólica para la santificación y la unidad del pueblo de Dios», en *Enchiridion oecumenicum*, vol. 2, ed. por A. González Montes, Centro de Estudios Orientales Juan XXIII y Universidad Pontificia de Salamanca, Salamanca 1993, 310-321].
21. Cf. LG 2, 7, 11, 17 y 26; UR 2 y 15; CD 30.
22. Cf. SC 41s; LG 26 y 29; CD 11; AG 19-22.
23. Cf. UR 16.
24. Cf. DH 3051; LG 18.

una ayuda para la situación interna de la Iglesia ortodoxa, que con frecuencia está marcada por experiencias de tensiones étnicas o nacionales. Hay teólogos ortodoxos sumamente prestigiosos que ven en la autocefalia nacional de las Iglesias ortodoxas la mayor debilidad de estas (John Meyendorff, entre otros). Partiendo de presupuestos diferentes y en ocasiones contrarios, la eclesiología de las comunidades eclesiales nacidas de la Reforma conduce a un problema estructural análogo. En sus obras tempranas, Lutero es todavía muy consciente del nexo entre la sagrada comunión y la Iglesia[25]. La teología luterana y la teología reformada (la que proviene de Calvino y de Zuinglio), sin embargo, ven a la Iglesia fundada antes en la predicación de la palabra que en los sacramentos y la definen como *creatura verbi*[26]. Esto excluye una eclesiología que considere a la Iglesia constituida «desde abajo» como resultado de la asociación de sus miembros. Según la concepción protestante, la Iglesia existe dondequiera que se predique la palabra de Dios en su pureza y se administren los sacramentos conforme al Evangelio[27].

Así, el concepto de *communio sanctorum* [comunión de los santos] se utiliza como sinónimo de *congregatio fidelium* [congregación de los fieles][28], una definición de la Iglesia habitual ya en la Edad Media[29]. En este sentido existe una coincidencia básica entre católicos y protestantes en la interpretación de la *communio* como comunión que, lejos de brotar «desde abajo» a partir de la asociación de los fieles, se constituye a través de la palabra y de los sacramentos. Sin embargo, también la diferencia está clara. Para los teólogos de la Reforma, la Iglesia deviene real en la comunión litúrgica de la comunidad local. Lutero quería sustituir el término «Iglesia», a su juicio vago y equívoco, por la palabra «comunidad» (*Gemeinde* en alemán, *Gemeine* escribía aún Lutero, donde *gemein* significa «común»)[30]. De este modo, la concepción protestante de la Iglesia tiene su fundamento y su centro de gravedad en la comunidad. La congregación de la comunidad local para dar culto a Dios es la realización y manifestación visible

---

25. Cf. WA 2, 742-758; véase también 26, 493.
26. Cf. WA 5, 551.
27. Cf. CA VII; *Apol.* 7.
28. Cf. *ibid.*; BSELK 653-658.
29. Cf. también *Catechismus Romanus* I,10,2; UR 2; PO 4s; AG 15.
30. Cf. WA 50, 625.

de la Iglesia, a la que no falta nada de lo que es constitutivo de la Iglesia.

La principal diferencia radica en el modo de entender el ministerio eclesiástico. En la concepción católica, el ministerio al servicio tanto de la palabra como de los sacramentos es constitutivo de la Iglesia. Este problema se torna especialmente acuciante si se cuestiona el ministerio episcopal en el plano superior a la comunidad local. La concentración en la comunidad local lleva a criticar la distinción teológica entre el ministerio episcopal y el presbiteral y, en especial, la «monarquía papal» en la Iglesia universal. Según la concepción protestante generalmente aceptada, el ministerio episcopal solo se diferencia del presbiteral desde el punto de vista funcional; el obispo actúa como presbítero que desempeña en la Iglesia una función de liderazgo en un plano superior. De hecho, el texto de la *Confessio Augustana* XXVIII también permitiría, considerado en sí, una interpretación «más bien» católica; pero la visión predominante del ministerio episcopal en el protestantismo se remonta en lo esencial a Jerónimo, quien, a diferencia de otros padres, veía fundada la prelación de los obispos «magis consuetudine quam dispositionis dominicae veritate» [más en la (fuerza de la) costumbre que en la verdad (vinculante) de una disposición del Señor, cf. Tit 1,5]. Esta tesis de que la diferencia entre el obispo y el presbítero consiste en una *potestas* incrementada, no en una autoridad sacramentalmente fundada, fue defendida en gran medida en la teología medieval por influencia de Pedro Lombardo y solo fue superada de una vez por todas por el Vaticano II[31], que se apoya en la opinión abrumadoramente mayoritaria en la época de los padres.

El concilio de Trento no se ocupó sistemáticamente de los argumentos de la eclesiología protestante, sino que tan solo los ponderó bajo el aspecto de la concepción jerárquica de la Iglesia. El concilio profirió el anatema contra la negación del orden jerárquico de obispos, presbíteros y diáconos[32]. Además, el concilio Vaticano I enseñó que el primado de jurisdicción del papa es *de iure divino* [por/de derecho divino] y esencial para el ser Iglesia de la Iglesia[33]. Por eso, el ministerio episcopal y el mi-

---

31. Cf. LG 21.
32. Cf. DH 1776; véase también 1768.
33. Cf. DH 3050s.

nisterio petrino son, a tenor de la concepción católica, elementos constitutivos de la Iglesia; pero no son toda la Iglesia. El concilio Vaticano II ofreció por primera vez una exposición magisterial de la concepción católica de la Iglesia como un todo asignando al ministerio episcopal y al ministerio petrino su lugar tanto en el conjunto del pueblo de Dios como en el seno del colegio episcopal[34].

Dentro de este proyecto global, el concilio Vaticano II se atuvo a la doctrina de los tres «parámetros» de la unidad de la Iglesia: unidad en la fe, en los sacramentos y en el ministerio de gobierno. La acentuación de la unidad en el ministerio episcopal no incluye, sin embargo, un aspecto antiprotestante. Más bien se remonta a la decisión fundamental de la Iglesia primitiva, que opuso al gnosticismo los tres bastiones de la ortodoxia: el canon de la Sagrada Escritura, los credos y la sucesión apostólica[35]. El canon bíblico solo lo tenemos dentro de la Iglesia episcopalmente constituida. Así, la Reforma no solo rompió con la posterior tradición tridentina, sino también con las decisiones fundamentales y la tradición de la Iglesia primitiva. Como los reformadores no conservaron el ministerio eclesiástico y, sobre todo, interrumpieron la sucesión apostólica en el ministerio episcopal, la Iglesia católica considera a las comunidades nacidas de la Reforma «comunidades eclesiales», no Iglesias en sentido propio[36].

Pero incluso a la vista de estas complejas cuestiones del ministerio episcopal aún pendientes, hoy es posible descubrir algunas convergencias relativas a la *communio*. Ni siquiera en la época de la Reforma fue posible mantener un enfoque centrado exclusivamente en las comunidades locales; ya entonces se planteó la cuestión de la *episkopé*, el ministerio de supervisión y control en forma de visitas oficiales. Pero el ministerio del superintendente quedó insuficientemente definido desde un punto de vista teológico; por regla general se entendió bajo una perspectiva meramente funcional como *de iure humano* [por/de derecho humano] sin más, como un ministerio pastoral dotado de una cierta potestad de gobierno en la Iglesia. Solo en el siglo XX se produje-

---

34. Cf. LG 22s.
35. Cf. LG 20.
36. Cf. UR 19-23, espec. 22; CONGREGACIÓN PARA LA DOCTRINA DE LA FE, *Dominus Iesus* (2000), 17; véase también *infra*, en la página 156.

ron progresos, aunque no se llegó a consenso alguno[37]. Se hizo patente que la Iglesia se realiza en diversos planos: el local, el regional y el universal. En cada uno de estos planos es constitutivo «el entrelazamiento y la contraposición» de ministerio y comunidad, lo que plantea de nuevo la cuestión de la naturaleza de los ministerios de gobierno en el plano regional y en el universal. Además, entretanto muchas de las comunidades eclesiales nacidas de la Reforma se han unido en asociaciones confesionales de ámbito mundial, que ahora se encuentran en el camino que lleva de la federación a la *communio*. A consecuencia de esta nueva apertura a un punto de vista universal, la cuestión de un ministerio universal de la unidad se ha planteado en diversos diálogos[38].

Pese a estos cambios, hay que afirmar que el enfoque centrado en la Iglesia y la comunidad local sigue dominando en la actualidad. La meta ecuménica aceptada hoy por la mayoría de las comunidades eclesiales nacidas de la Reforma no es la unidad institucional o unión orgánica[39], sino la comunión conciliar[40] o una *communio* de Iglesias que conserven su autonomía, pero se tengan recíprocamente por Iglesias, lleguen a un acuerdo sobre la comunión de altar y púlpito, y se reconozcan unas a otras los ministerios y servicios. Esta idea constituye en especial la base de la comunión eclesial de la *Concordia de Leuenberg* (1973) y es también lo que subyace al modelo de la «diversidad reconciliada»[41], que «en todos sus componentes se encuentra ordenada en estructuras y acciones conciliares».

Se plantea, por consiguiente, la pregunta de si –y en caso de respuesta afirmativa, en qué medida– el modelo protestante de la unidad como red de comunidades e Iglesias locales o, más recientemente, de familias de confesiones es compatible con el enfoque eclesiológico católico y la concepción católica de la *communio*. Mi tesis es que se han conseguido algunos avances

---

37. Cf. «Taufe, Eucharistie und Amt: Amt 19», en DwÜ 1, 574 [trad. esp. del orig. inglés: «Bautismo, eucaristía y ministerio. Lima 1982», en *Enchiridion oecumenicum*, vol. 1, *op. cit.*, 888-931 («Ministerio», pp. 912-931)].
38. Cf. W. KASPER, «Eine Diskussion um den Petrusdienst», en ID., *Wege der Einheit*, Freiburg i.Br. 2005, 181-203 [trad. esp.: *Caminos de unidad: perspectivas para el ecumenismo*, Cristiandad, Madrid 2008].
39. Cf. Nueva Delhi 1961.
40. Cf. Salamanca 1973; Nairobi 1975.
41. Cf. Federación Luterana Mundial, Dar-es-Salaam 1977.

en la formulación de este problema y comienzan a aflorar líneas de convergencia, si bien hasta ahora no se divisa ningún consenso ecuménico.

V. La eclesiología católica de comunión

En la exposición sistemática de la eclesiología católica de comunión comenzamos por la constitución dogmática *Lumen gentium* del concilio Vaticano II. Los primeros siete números del capítulo I de esta constitución, en los que se toca de pasada la eclesiología de comunión, no plantean ningún tipo de problema ecuménico fundamental. En principio es posible llegar a un consenso al respecto. Solo en el número 8, en el que se define dónde puede encontrarse de manera real y concreta la Iglesia, se plantea con el famoso *subsistit in* la cuestión ecuménica en toda su agudeza. La constitución afirma que la Iglesia de Jesucristo se realiza concretamente en la Iglesia católica, que es gobernada por el sucesor de Pedro y por los obispos en comunión con él.

La formulación *subsistit in* sustituye a la antigua formulación *est*, que comporta una rigurosa identidad entre la Iglesia católica y la Iglesia de Cristo. La nueva formulación tiene un doble sentido. Por una parte afirma que la Iglesia de Cristo está realmente presente en la Iglesia católico-romana y puede encontrarse en esta. Pero, por otra, se toma en serio que fuera de los límites visibles de la Iglesia católico-romana no solo existen cristianos individuales, sino también elementos eclesiales o incluso, como en el caso de las Iglesias de Oriente, auténticas Iglesias particulares. Comparada con la rigurosa identificación de la Iglesia católica de Roma con la Iglesia de Jesucristo que se expresaba con el antiguo *est*, la nueva formulación posibilita una mayor apertura y flexibilidad ecuménica. El *subsistit in* es, por eso, una puerta ecuménica abierta. Sin embargo, al mismo tiempo representa la *crux* del diálogo ecuménico. La declaración *Dominus Iesus* (2000) y los debates subsiguientes han mostrado con suma claridad que aquí se toca una fibra sensible y el umbral de dolor es consiguientemente bajo.

De ahí que antes de nada sea necesario interpretar correctamente la formulación *subsistit in*. El principal redactor del borrador de *Lumen gentium*, el teólogo belga Gérard Philips, previó que el *subsistit in* haría correr ríos de tinta, y su predicción parece haberse revelado como del todo acertada. El sentido de la palabra *subsistit* es controvertido. ¿Se trata, como habitualmente se supone, de una formulación que sencillamente posibilita una mayor flexibilidad ecuménica o debe ser interpretada en el sentido del concepto escolástico de «subsistencia»? Los documentos conciliares no contienen ningún indicio que respalde esta última interpretación.

No se trata de una mera cuestión de terminología. Lo que está en juego es la decisiva pregunta ecuménica de qué relación guardan entre sí las dos afirmaciones ya aludidas: por una parte, que la Iglesia una de Jesucristo se realiza y está presente de forma concreta en la Iglesia católica de Roma y, por otra, que numerosos elementos esenciales de la Iglesia de Jesucristo pueden encontrarse también fuera de los límites institucionales de la Iglesia católica[42] y, en el caso de las Iglesias de Oriente, que incluso existen Iglesias particulares que son consideradas Iglesias hermanas[43].

La afirmación de la *Dominus Iesus* va más allá de la formulación del concilio y comporta que la Iglesia de Jesucristo únicamente se realiza «de forma plena» en la Iglesia católica. Solo en apariencia constituye esta afirmación una agudización del planteamiento conciliar. En realidad ofrece una indicación de por dónde podría ir una respuesta adecuada. Lógicamente implica que, si bien fuera de la Iglesia católica no existe ninguna realización plena de la Iglesia de Jesucristo, sí que se da una realización imperfecta. Por eso, fuera de la Iglesia católica no se extiende un vacío eclesial[44]. Ahí fuera no está «la» Iglesia, pero hay realidad eclesial. En consecuencia, la *Dominus Iesus* no afirma que las comunidades eclesiales nacidas de la Reforma no sean Iglesias, sino solamente que no lo son en sentido propio. Esto significa positivamente: en sentido impropio, por analogía con la Iglesia católica, son Iglesia. De hecho, tienen una concepción distinta de la Iglesia y no quieren ser Iglesia en sentido católico.

Si se continúa preguntando qué es lo que constituye la plenitud del ser católico, los textos conciliares muestran que tal plenitud no afecta a la redención ni a su realización subjetiva. El Espí-

---

42. Cf. LG 8; UR 3.
43. Cf. UR 14.
44. Cf. Juan Pablo II, *Ut unum sint* 13.

ritu actúa igualmente en las Iglesias y comunidades eclesiales separadas[45]. También fuera de la Iglesia católica existen formas de santidad, incluso del martirio[46]. Por otra parte, la Iglesia católica es asimismo una Iglesia de pecadores y también ella necesita de purificación y penitencia[47]. Cabe hablar incluso de «estructuras de pecado» en la Iglesia[48]. La plena realidad y plenitud de lo católico no se refiere a la santidad subjetiva, sino a los medios sacramentales e institucionales de salvación, a los sacramentos y los ministerios[49]. Solo en este sentido sacramental e institucional constata el concilio un defecto (*defectus*) en las comunidades eclesiales nacidas de la Reforma[50]. De ahí que tanto la plenitud católica como el *defectus* de los demás sean de naturaleza sacramental e institucional, no existencial ni moral. Se encuentran en el plano de los signos e instrumentos de la gracia, no en el plano de la *res*, de la gracia salvífica misma.

Aunque no resuelve todos los interrogantes, esta comprensión del *subsistit* ofrece una sólida base para el diálogo ecuménico. La primera conclusión de la tesis de que la única Iglesia de Jesucristo subsiste en la Iglesia católica es que actualmente la unidad no solo existe en fragmentos y, por tanto, como futura meta ecuménica, sino que subsiste ya en la Iglesia católica y en ella ya es, por consiguiente, real[51]. Esto no significa que la *communio* plena como meta del camino ecuménico deba entenderse sin más como regreso de los hermanos separados y de las Iglesias separadas al seno de la católica Madre Iglesia. El concilio Vaticano II sustituyó este ecumenismo de la vuelta al hogar (*Heimkehr*) por un ecumenismo del regreso (*Rückkehr*) de unos a otros o de la conversión (*Umkehr*) común a Jesucristo. En una situación de división, la unidad no se realiza concretamente en toda su plenitud en la Iglesia católica. También para la Iglesia católica siguen representando las divisiones una herida. Solo el esfuerzo ecuménico de contribuir a que la *communio* realmente existente, si bien imperfecta,

---

45. Cf. UR 3.
46. Cf. LG 15; UR 4; JUAN PABLO II, *Ut unum sint* 12 y 83.
47. Cf. LG 8; UR 3s y 6s; JUAN PABLO II, *Ut unum sint* 34s y 83s.
48. Cf. JUAN PABLO II, *Ut unum sint* 34.
49. Cf. UR 3; JUAN PABLO II, *Ut unum sint* 86.
50. Cf. UR 22.
51. Cf. UR 4.

crezca hasta convertirse en la *communio* plena en la verdad y el amor llevará a la realización de la catolicidad en toda su plenitud[52]. En este sentido, el esfuerzo ecuménico es un camino común de peregrinación hacia la plenitud de la catolicidad que Jesucristo quiere para su Iglesia. Este proceso ecuménico no es una calle de sentido único, en la que solo los demás aprenden de nosotros y, en último término, han de incorporarse a nosotros. El ecumenismo acontece por la vía del intercambio recíproco de dones y el enriquecimiento mutuo[53]. La teología católica puede aceptar positivamente todo lo que la eclesiología de *communio* ortodoxa tiene que decir positivamente, pues también la eclesiología católica sostiene que, dondequiera que se celebre la eucaristía, está presente la Iglesia de Jesucristo. De la teología protestante ha aprendido nuestra teología que también el anuncio de la palabra de Dios tiene la función de construir Iglesia y *communio*. La Iglesia vive de la palabra y de los sacramentos, que precisan por igual del servicio autorizado del ministerio[54]. Cuando por el servicio del ministerio eclesiástico están presentes la palabra y los sacramentos, allí la Iglesia es real en sentido pleno en todo lugar.

Y a la inversa, la Iglesia católica está persuadida de que sus «elementos» institucionales, como el ministerio episcopal y el ministerio petrino, son dones del Espíritu para todos los cristianos; de ahí que quiera aportarlos, en una forma espiritualmente renovada, como contribución específica suya a la unidad ecuménica más plena. Esto no significa la anexión ni la incorporación de otros cristianos a un «sistema» dado de antemano, sino un enriquecimiento mutuo, la expresión y la realización más plenas de la única Iglesia de Jesucristo en todas las Iglesias y comunidades eclesiales. Cuanto más nos aproximamos a Cristo de este modo, tanto más nos acercamos unos a otros, para terminar formando una unidad plena en Cristo.

La interpretación del *subsistit* y el diálogo ecuménico nos muestran la comprensión católica de la meta ecuménica de la *communio* plena. La interpretación del *subsistit in* apunta a que, según la concepción católica, la unidad es más que una red de

---

52. Cf. *ibidem*; JUAN PABLO II, *Ut unum sint* 14.
53. Cf. JUAN PABLO II, *Ut unum sint* 28.
54. Cf. DV 21; AG 9.

Iglesias locales o confesionales que se reconocen recíprocamente y cultivan la comunión de eucaristía y púlpito. La concepción católica no parte de las diferencias para, desde ellas, llegar luego a la unidad; antes bien, presupone la unidad como dada en el marco de la Iglesia católica y su *communio* parcial con las otras Iglesias y comunidades eclesiales y, desde esa *communio* parcial, debe alcanzarse la unidad de *communio* plena. Pero esta unidad en el sentido de una unidad de *communio* plena no implica ninguna uniformidad, sino una unidad en la diversidad y una diversidad en la unidad. También cabría decir que la esencia de la unidad, entendida como *communio* plena, es la catolicidad, no en su sentido confesional, sino en su sentido originario y cualitativo como perfecta realización de todos los dones que las Iglesias locales y las Iglesias confesionales están en condiciones de aportar.

Uno de los logros principales del Vaticano II es la recuperación de la teología de la Iglesia local, tal como se encuentra en el Nuevo Testamento y en la tradición de los padres de la Iglesia[55]. Como consecuencia, el concilio declara que dentro de la Iglesia una puede existir una legítima diversidad de mentalidades, usos, ritos, ordenamientos disciplinarios, teologías y espiritualidades[56]. Aunque toda Iglesia local es Iglesia en sentido pleno, la Iglesia local no es toda la Iglesia. La Iglesia una existe en y a partir de las Iglesias locales[57], pero las Iglesias locales existen también en y a partir de la Iglesia una. Están formadas a imagen de esta[58]. De ahí que las Iglesias locales no sean subdivisiones ni meros subdistritos, emanaciones o provincias de la Iglesia una; de ahí igualmente que la Iglesia una no sea solo la suma de las Iglesias locales ni tampoco el resultado de su asociación y recíproco reconocimiento. La Iglesia una es real en la *communio* de las Iglesias locales, es una *communio ecclesiarum* [comunión de Iglesias], pero la unidad no nace de la comunicación, sino que precede a esta, viene dada de antemano. Tomando ambas ideas conjuntamente, ello significa que la Iglesia una y la diversidad de las Iglesias locales son simultáneas. Ambas realidades están entrelazadas (de modo perijorético).

---

55. Cf. SC 41; LG 23 y 26; CD 11.
56. Cf. LG 13; UR 4; 16s.
57. Cf. LG 23.
58. Cf. *ibidem*.

Dentro de esta perijóresis, la unidad de la Iglesia tiene primacía sobre la diversidad de Iglesias locales. Esta tesis de la prelación de la unidad sobre la diversidad puede demostrarse tanto ontológica como bíblicamente. Para la ontología clásica, el *unum* es, desde los presocráticos, Platón y Aristóteles, una cualificación trascendental del ser que constituye el fundamento de la diversidad. Para la Biblia, la Iglesia una se corresponde con el único Dios, el único Cristo, el único Espíritu, el único bautismo (cf. Ef 4,5s). La circunstancia de que la unidad tiene prelación sobre todos los intereses particulares es evidente en el Nuevo Testamento (cf. 1 Cor 1,10ss). Así, todos confesamos en el credo nuestra fe en la *una sancta ecclesia* [Iglesia una y santa]. Según el modelo de la primitiva Iglesia jerosolimitana (cf. Hch 2,42), la Iglesia es una, por encima de toda legítima diversidad, en virtud de la predicación del único Evangelio, la administración de los mismos sacramentos y el único gobierno apostólico en el amor[59].

La tesis de la primacía de la unidad, que, lejos de excluir la legítima diversidad, incluye la catolicidad, se contrapone a la mentalidad moderna de un pluralismo cualitativo, para el que ya no existe una verdad unitaria, sino solo verdades. Eso conlleva como consecuencia que en la actualidad una posición católica ecuménicamente abierta encuentre dificultades en los debates públicos. La eclesiología católica debe navegar, por así decir, contra el viento del espíritu de la época. Eso no tiene por qué ser una debilidad, sino que también puede ser su virtud.

Esta comprensión católica de la unidad de *communio* de la Iglesia cobra expresión concreta en el ministerio petrino como signo de –y servicio a– la unidad del episcopado y las Iglesias locales[60]. Todas las demás Iglesias y comunidades eclesiales consideran esta posición el mayor obstáculo en el camino hacia una mayor unidad ecuménica. El problema tiene al mismo tiempo una gran carga emocional a causa de «ciertos dolorosos recuerdos»[61]. Por otra parte, para nosotros el ministerio petrino es un don que sirve para salvaguardar tanto la unidad como la libertad de la Iglesia respecto de ataduras unilaterales con naciones, culturas o gru-

---

59. Cf. LG 13; UR 2.
60. Cf. DH 3050s; LG 18.
61. Cf. JUAN PABLO II, *Ut unum sint* 88.

pos étnicos determinados. El papa Juan Pablo II ha tomado la iniciativa, invitando a un «paciente y fraternal diálogo»[62].

Nos llevaría demasiado lejos tratar aquí en detalle todo el complejo problema del ministerio petrino. Tendremos que contentarnos con unas cuantas observaciones. Lo primero y fundamental es que debemos fundar el ministerio petrino sobre el testimonio bíblico y sobre la tradición petrina del Nuevo Testamento, entendiéndolo, por tanto, no como dominio, sino como servicio de amor y como «primado en la caridad»[63]. En segundo lugar, el ministerio petrino debe ser integrado –prolongando el concilio Vaticano II– en la constelación global de la Iglesia y de todo lo cristiano e interpretado como servicio a la *communio*, con lo cual el papa pasa a ser entendido como *servus servorum Dei* [siervo de los siervos de Dios][64]. Esto significa que el papa ejerce un ministerio de «supervisión» (*episkopé*) y que, por tanto, su tarea consiste en «"vigilar" (*episkopéin*) como un centinela, de modo que, gracias a los pastores, se escuche en todas las Iglesias particulares la verdadera voz de Cristo-Pastor»[65]. Pero semejante responsabilidad, sin una autoridad (*exousía*) eficaz, resultaría ilusoria. En tercer y último lugar, es necesario reforzar la relativa independencia de las Iglesias locales y de las estructuras sinodales y aplicar el principio de subsidiariedad en un sentido análogo. Se necesita un equilibrio entre las estructuras comunitarias y sinodales, por una parte, y la estructura del primado de Pedro, por otra. De ahí que las tres dimensiones esenciales de todo ministerio en la Iglesia puedan aplicarse también al ministerio petrino: debe ser ejercido de un modo personal, colegial y comunitario[66].

En algunos de los diálogos se ha producido un alentador progreso, un acercamiento en lo concerniente a un ministerio universal de gobierno[67]. Pero a pesar de esta nueva apertura, todavía no

---

62. Cf. *ibid.*, 96.
63. Cf. *ibid.*, 61 y 95.
64. Cf. DH 306; JUAN PABLO II, *Ut unum sint* 88.
65. JUAN PABLO II, *Ut unum sint* 94.
66. Cf. «Taufe, Eucharistie und Amt: Amt 26», art. cit., en DwÜ 1, 576.
67. Cf. «Die Gabe der Autorität. Autorität in der Kirche III. Eine gemeinsame Erklärung der anglikanischen/römisch-katholischen internationalen Kommission (ARCIC), Palazzola, 3. September 1998», en DwÜ 3, 262-289 [trad. esp. del orig. inglés: *El don de la autoridad. La autoridad en la Iglesia* III, disponible en www.vatican.va]; *Communio Sanctorum. Die Kirche als Gemeinschaft der Heiligen*, ed. por el Grupo Bilateral de Trabajo de la

se divisa ningún consenso fundamental. Las posiciones ecuménicamente abiertas de las otras Iglesias consideran semejante ministerio de la unidad eventualmente posible o incluso deseable como *de iure humano*, pero no lo reconocen como esencial para la Iglesia en cuanto *de iure divino*.

Todas estas cuestiones abiertas no tienen que ver solo con problemas concretos, sino con la relación fundamental entre Jesucristo y la Iglesia o entre la Iglesia de Jesucristo y las Iglesias empíricas concretas. Esta relación se entiende de modo diverso[68]. La expresión *subsistit in* apunta a mostrar una relación diferenciada, por una parte, entre Jesucristo y la Iglesia y, por otra, entre la Iglesia de Jesucristo y la Iglesia católico-romana. En ambos casos, las dos realidades entre las que establece relación no pueden ser identificadas ni mezcladas entre sí, pero tampoco es posible separarlas ni yuxtaponerlas de manera inconexa. La esencia de la Iglesia debe ser entendida por analogía con la encarnación (no, sin embargo, como idéntica a ella): la dimensión divina y la dimensión humana no deben ser mezcladas ni separadas[69]. La Iglesia no es la prolongación de la encarnación, no es el *Christus prolongatus*, el Cristo prolongado, sino que Jesucristo, en y a través del Espíritu Santo, se hace sacramentalmente presente y activo en la Iglesia como cuerpo suyo y como templo del Espíritu.

Solo sobre esta base general y contra el trasfondo de semejante concepción encarnatoria de la Iglesia pueden llevarse a cabo debates profundos con la posición protestante. La visión de la Reforma tiende a acentuar en exceso el aspecto de que Jesucristo es la cabeza de la Iglesia, valorando insuficientemente su unidad con la Iglesia. Partiendo de la analogía con su concepción de la justificación *sola fide* [solo por la fe] y *sola gratia* [solo por la gracia], a los representantes de la Reforma les resulta difícil hablar de una cooperación de la Iglesia. Esto hace problemático o incluso imposible para ellos reconocer al papa como cabeza visible de la Iglesia en representación de la cabe-

---

Conferencia Episcopal de Alemania y la Presidencia Eclesiástica de la Iglesia Evangélico-Luterana Unida de Alemania, Paderborn 2001; al respecto, véase también JUAN PABLO II, *Ut unum sint* (1995), 89, notas 148s.
68. Cf. *The Nature and the Purpose of the Church. A Stage on the Way to a Common Statement*, Faith and Order Paper 181 (1998), 31.
69. Cf. LG 8.

za invisible, Jesucristo. Ello se hace patente también en las reservas respecto a la existencia de doctrinas eclesiásticas definitivamente vinculantes, porque se parte del principio de que habría que preguntarse sin cesar si están en consonancia con la Sagrada Escritura. Desde el punto de vista protestante de la *ecclesia semper reformanda* [la Iglesia debe ser reformada siempre], se tiende aquí a un cierto revisionismo. La eclesiología católica de *communio* acentúa la *communio* visible en la fe, los sacramentos y el gobierno de la Iglesia como signo e instrumento de la *communio* con Dios a través de Jesucristo. Cristo y la Iglesia forman conjuntamente el «Cristo total», el *totus Christus*[70]. En la concepción católica, el *solus Christus* [solo Cristo] es, al mismo tiempo, el *totus Christus, caput et membra* [Cristo total, cabeza y miembros].

Si se reconoce la naturaleza fundamental de este problema, uno se percata también de que, pese al alentador progreso, el camino que tenemos ante nosotros parece todavía difícil y quizá largo[71]. Por eso es tanto más importante preguntarse: ¿qué podemos hacer ya aquí y ahora? ¿Cuáles deben ser los siguientes pasos?

VI. Pasos intermedios durante la fase de transición

Para la Iglesia es fundamental reconocer que vive en una situación intermedia entre el «ya» y el «todavía no». La *communio* en sentido pleno no puede ser sino una esperanza escatológica. Aquí, sobre la tierra, la Iglesia seguirá siendo siempre una Iglesia peregrina obligada a luchar con tensiones y cismas, así como con la apostasía. Como Iglesia de pecadores nunca puede ser una Iglesia perfecta. Pero según Johann Adam Möhler, que inspiró a Yves Congar, uno de los padres de la teología ecuménica católica, debemos distinguir entre tensiones, que forman parte de la vida y son un signo de vida, y posiciones contradictorias entre sí, que imposibilitan y destruyen la vida en común y llevan a la mutua excomunión.

De ahí que la tarea del ecumenismo no pueda consistir en eliminar todas las tensiones, sino solo en transformar las afirmacio-

---

70. Cf. AGUSTÍN, *Enarr. in Ps.* 90; ID., *Serm.* 2,1; CCL 39, 1266.
71. Cf. JUAN PABLO II, *Novo millennio ineunte* (2001), 12.

nes mutuamente contradictorias en afirmaciones complementarias, o sea, en encontrar un grado sustancial de consenso que nos permita, a pesar de las legítimas diferencias aún existentes, levantar las excomuniones. Esta meta la hemos alcanzado en los acuerdos cristológicos con las Iglesias orientales antiguas y en la *Declaración conjunta sobre la doctrina de la justificación* con la Federación Luterana Mundial. En otras cuestiones, sobre todo en las relativas a los ministerios en la Iglesia, no hemos tenido tanto éxito. Desde el concilio Vaticano II hemos hecho notables progresos, pero aún no hemos alcanzado la meta ecuménica final, que no es la *communio* escatológica, sino la plena *communio* eclesial como unidad dentro de una diversidad reconciliada. Así, todavía vivimos en una fase de transición, que presumiblemente se prolongará aún algún tiempo.

Ahora se trata de colmar de verdadera vida este estadio intermedio que hemos alcanzado (a saber, una *communio* real, pero aún no plena, entre las Iglesias). El «ecumenismo del amor» y el «ecumenismo de la verdad», que, por supuesto, siguen siendo importantes, han de ser complementados por un «ecumenismo de la vida». Todo lo que hemos alcanzando debemos llevarlo ahora a la práctica en la vida de la Iglesia. Las Iglesias se han distanciado entre sí no solo a causa de discusiones, sino también a causa del mutuo extrañamiento, esto es, a causa de su estilo de vida. De ahí que la vida sea también el medio en el que han de volver a acercarse. Deben familiarizarse unas con otras, orar en común, trabajar en común y vivir en común, soportando juntas el dolor de vivir solo en una *communio* imperfecta y de no estar aún en condiciones de compartir la comunión eucarística en torno a la mesa del Señor. Así, el ecumenismo de la vida no debe entenderse estáticamente, sino como un proceso de sanación y nuevo crecimiento.

Este estado intermedio debe disponer de su propio *éthos*. De él forma parte la renuncia a todo tipo de proselitismo abierto o disimulado, así como la conciencia de que todas las decisiones «internas» afectan también a nuestros interlocutores; pero también hay que restañar las heridas de la historia (purificación de la memoria). Necesitamos una recepción más amplia de los diálogos ecuménicos y de los consensos ya alcanzados. Sin peligro alguno para nuestra fe ni para nuestra conciencia podríamos hacer juntos mucho más de lo que habitualmente hacemos. Podríamos, por ejemplo, estudiar la Biblia en común; intercambiar experiencias espirituales; recopilar textos litúrgicos; realizar celebraciones de la palabra conjuntas; esforzarnos por lograr una mejor comprensión de la tradición que compartimos, así como de las diferencias aún existentes; colaborar en la teología, en la misión y en el testimonio cultural y social; cooperar en los ámbitos de la ayuda al desarrollo, el esfuerzo por la conservación del medio ambiente y los medios de comunicación social, etc. Además, para nosotros resulta especialmente importante desarrollar una «espiritualidad de comunión»[72], en nuestra propia Iglesia y entre las Iglesias. Solo serán posibles nuevos pasos si restablecemos de este modo la confianza perdida hace no tanto tiempo.

Asimismo, debemos encontrar formas y estructuras institucionales para el actual estado intermedio y para el «ecumenismo de la vida», lo que en el plano regional y en el nacional puede concretarse sobre todo en consejos eclesiales. No se trata de una supra-Iglesia; a ninguna de las Iglesias participantes se le exigirá que renuncie a su autocomprensión. La decisión de qué clase de ecumenismo se quiere llevar adelante sigue siendo responsabilidad de cada una de las Iglesias. Así y todo, los consejos son un importante instrumento, un foro para la cooperación entre las Iglesias y la promoción de la unidad[73].

Tras el sustancial esclarecimiento del contenido nuclear de la fe (cristología, soteriología y doctrina de la justificación), se plantea la cuestión central de la Iglesia y su misión. Será necesario clarificar la comprensión de qué significan la Iglesia y la *communio*, y llegar a un acuerdo sobre la meta final del camino ecuménico de peregrinación. En la actual situación debemos dilucidar de nuevo qué relación existe entre lo «ya existente» de la Iglesia –que es instituida en virtud de la «anticipación» de la redención y la gracia divinas en Jesucristo– y la meta ecuménica de la comunión plena, que buscamos y por la que oramos. Todas las Iglesias tendrán que hacer sus deberes, a fin de poder entender y explicar mejor la naturaleza y la misión de la Iglesia. Si hacemos eso, tendremos que exponer abiertamente nuestro acuerdo y nuestras diferencias. Tal es el único camino para llegar a una clarificación y,

---

72. Cf. *ibid.*, 42s.
73. Cf. *Directorio ecuménico* (1993), 166-171.

en último término, a un consenso. El falso irenismo no lleva a ninguna parte. De ahí que el proceso de consultas multilaterales de la Comisión Fe y Constitución del Consejo Mundial de Iglesias sobre la naturaleza y la finalidad de la Iglesia[74] sea importante, aunque todavía no pueda conducir a un consenso pleno. El debate sobre los ministerios en la Iglesia constituye una parte del debate sobre la comprensión de la *communio*. En el momento actual, ese es el punto decisivo del diálogo ecuménico. En especial, el ministerio episcopal en sucesión apostólica y el ministerio petrino precisan una dilucidación adicional. Deberíamos poner de relieve con mayor claridad que ambos representan un don para la Iglesia, que, en una forma espiritualmente renovada, nos gustaría aportar para el bien de todos. Pero no solo los demás pueden aprender de nosotros, sino que también nosotros podemos aprender de las tradiciones de la Ortodoxia y la Reforma y seguir reflexionando sobre la manera en que es posible conjugar el ministerio episcopal y el ministerio petrino con estructuras sinodales y colegiales. Semejante esfuerzo por reforzar y desarrollar en nuestra propia Iglesia las estructuras sinodales y colegiales sin renunciar a los aspectos esenciales de la responsabilidad personal del titular del ministerio es el único camino para alcanzar un consenso ecuménico sobre el ministerio petrino y el ministerio episcopal.

Por último, en este estadio de transición son importantes otras dos clases de ecumenismo, intrínsecamente relacionadas entre sí: el ecumenismo *ad extra* mediante encuentros ecuménicos, diálogos y cooperación, por una parte, y el ecumenismo *ad intra* mediante la reforma y la renovación de la propia Iglesia católica. El ecumenismo no es posible sin conversión[75]. Desde sus inicios mismos, el movimiento ecuménico ha sido un impulso y un don del Espíritu Santo y seguirá siéndolo[76]. Así, la actividad ecuménica más importante es el ecumenismo espiritual, que constituye el corazón de todo esfuerzo ecuménico[77].

Ahora que ya hemos entrado en el nuevo milenio necesitamos un nuevo entusiasmo ecuménico. Esto no significa que debamos

---

74. Cf. *The Nature and the Purpose of the Church*, op. cit.
75. Cf. UR 6-8; JUAN PABLO II, *Ut unum sint* 15-17.
76. Cf. UR 1 y 4.
77. Cf. UR 7-8; JUAN PABLO II, *Ut unum sint* 21-27.

proyectar utopías irreales para el futuro. En vez de clavar los ojos en lo imposible y desazonarnos por el reiterado fracaso, debemos vivir la *communio* que ya existe y es posible y hacer todo lo que hoy ya podemos hacer. En la medida en que avancemos paso a paso por este camino, cabe esperar que, con la ayuda del Espíritu de Dios, del que siempre pueden esperarse sorpresas, encontraremos el camino hacia un mejor futuro común. En este sentido, «Duc in altum!» [¡Rema mar adentro!] (Lc 5,4).

7
La permanente obligatoriedad teológica del decreto sobre el ecumenismo

En el decreto sobre el ecumenismo *Unitatis redintegratio*, el concilio Vaticano II reconoce el movimiento ecuménico como un signo de la acción del Espíritu Santo y establece que una de sus más importantes tareas es fomentarlo. Hoy, cuarenta años después, el movimiento ecuménico se encuentra en una situación diferente. Junto a significativos progresos, se deja sentir el peso de antiguas y también nuevas diferencias: el proceso del acercamiento se está alargando a todas luces más de lo que muchos, en una primera fase optimista, pensaban. En esta situación surgen voces y corrientes impacientes, que –en contra de la intención declarada del concilio[1]– pasan por encima de los problemas en aras de supuestas soluciones, creando así nuevos problemas, desde el erróneo supuesto de que podrían impulsar el movimiento ecuménico entendiéndolo en el sentido de un relativismo e indiferentismo dogmático y de un mero pragmatismo.

Dificultades y malentendidos llevan en ocasiones a mirar con desconfianza al movimiento ecuménico. En conexión con ello, en los últimos tiempos se cuestiona a menudo la obligatoriedad teológica, el carácter teológicamente vinculante del decreto conciliar *Unitatis redintegratio*. Como argumento se aduce que este documento no es una «constitución dogmática», sino únicamente un «decreto», que no posee –o en el mejor de los casos, posee escaso– carácter doctrinalmente vinculante y tan solo tiene relevancia pastoral y disciplinaria.

1. Cf. UR 11.

I. El objetivo principal del Vaticano II: el «acercamiento ecuménico»

Este argumento puede parecer consistente a primera vista; sin embargo, si se considera con mayor detenimiento, en modo alguno lo es. En cualquier caso, una tesis de este tipo no se puede inferir únicamente a partir del uso lingüístico. Esto se advierte ya en el hecho de que el concilio de Trento no promulgó más que «decretos», pero bajo esta denominación aprobó documentos sumamente significativos y vinculantes desde el punto de vista dogmático. Aunque el concilio Vaticano II, a diferencia del Tridentino, distingue entre «constituciones» y «decretos», no especifica en mayor detalle esta distinción, al menos no de un modo tal que justifique la tesis mencionada anteriormente.

Las declaraciones realizadas por el papa Pablo VI con motivo de la solemne promulgación del decreto sobre el ecumenismo *Unitatis redintegratio* apuntan en otra dirección. Ya al comienzo del segundo periodo de sesiones, el papa, en un fundamental discurso de apertura, declaró que el acercamiento ecuménico era uno de los objetivos –la necesidad espiritual, por así decir– en función de los cuales había sido convocado el concilio. Si hacemos caso a esta afirmación, todos los textos conciliares tienen que ser leídos desde una perspectiva ecuménica. Durante la promulgación del decreto sobre el ecumenismo, que tuvo lugar al final del tercer periodo de sesiones (junto con la constitución dogmática sobre la Iglesia), el papa Pablo VI afirmó expresamente que este decreto aclaraba y completaba la constitución sobre la Iglesia: «ea doctrina, explicationibus completa in Schemate "De Oecumenismo" comprehensis». Estas palabras hacen patente que el papa no pensaba que el decreto era teológicamente irrelevante, sino que en su significado teológico lo asociaba de forma expresa con la constitución sobre la Iglesia. Por último, en el discurso de clausura que, en concordancia con el discurso inaugural del papa Juan XXIII, pronunció el 8 de diciembre de 1965, Pablo VI declaró que el concilio en su conjunto –o sea, también las constituciones dogmáticas– tenía una orientación pastoral. Sin embargo, no permitió que aflorara duda alguna sobre el hecho de que esta orientación pastoral no excluye ni relativiza las afirmaciones doctrinales, sino que, al contrario, tiene la doctrina de la Iglesia como firme fundamento.

De hecho, no existe ninguna pastoral merecedora de este nombre que no tenga su fundamento en la doctrina de la Iglesia, al igual que no existe ninguna doctrina eclesiástica que sea una mera doctrina sin finalidad pastoral. Ya el concilio Vaticano I había declarado que la doctrina eclesiástica debe ser interpretada con la vista puesta en el destino último del ser humano[2]. De igual modo que la pastoral deber regirse por la doctrina eclesiástica, también esta debe ser interpretada pensando en el hombre y su meta salvífica, y eso quiere decir: pastoralmente. Por eso, el punto de vista: «Salus animarum suprema lex» [La salud/salvación de las almas es la ley suprema], no solo es un principio interpretativo fundamental del derecho canónico[3], sino de toda la doctrina eclesiástica.

De ahí se derivan importantes puntos de vista para la hermenéutica del concilio: así como el decreto sobre el ecumenismo *Unitatis redintegratio* no debe ser interpretado al margen de la constitución dogmática sobre la Iglesia *Lumen gentium* ni en el sentido de un relativismo o indiferentismo dogmático, así también el decreto sobre el ecumenismo muestra, a la inversa, en qué dirección han de ser interpretadas las (en más de un punto abiertas) afirmaciones de *Lumen gentium*, a saber, en dirección a una apertura ecuménica teológicamente responsable. No existe, pues, contraposición alguna entre obligatoriedad teológica y obligatoriedad pastoral o disciplinaria. Menospreciar teológicamente el decreto sobre el ecumenismo sería más bien contrario a la intención ecuménica general del Vaticano II.

II. Para una matizada valoración del carácter vinculante del decreto sobre el ecumenismo

Del rechazo de una infravaloración teológica global de *Unitatis redintegratio* no se deriva todavía, sin embargo, ninguna solución para el problema descrito. Al contrario, la tarea de la correcta interpretación de este decreto no hace sino comenzar con ello. La necesidad de determinar con mayor precisión –y poner nombre a– su carácter vinculante se desprende ya de la respuesta que la Comisión Teológica dio al final del debate en torno a la constitución

---

2. Cf. DH 3016.
3. Cf. CIC 1752.

sobre la Iglesia a la pregunta por la obligatoriedad teológica de esta: «Un texto conciliar debe interpretarse siempre, por supuesto, según las reglas generales, conocidas por todo el mundo». Eso significa que las afirmaciones del concilio han de ser aceptadas y sustentadas «conforme a la intención del santo sínodo, tal como esta se desprende del objeto tratado o del modo de enunciación según los principios de la interpretación teológica».

El exhaustivo debate conciliar sobre el título de la constitución pastoral sobre la Iglesia en el mundo actual, *Gaudium et spes*, arrojó, por lo que al contenido se refiere, el mismo resultado. En este debate se discutieron a fondo el término «pastoral» y su relevancia teológica. Como resultado, una nota a este título consta de forma expresa lo siguiente: «Ella [es decir, la constitución pastoral] se denomina "pastoral" porque se propone presentar, apoyándose en los principios doctrinales, la relación de la Iglesia con el mundo de hoy. Así, en la primera parte no está ausente la finalidad pastoral ni en la segunda parte la finalidad doctrinal», aunque esta parte «no contiene solo elementos inmutables, sino también otros históricamente condicionados». A modo de resumen se afirma: «En consecuencia, la constitución debe interpretarse según las reglas teológicas generales de interpretación».

Un debate análogo al que se sostuvo en el caso de la *Gaudium et spes*, si bien menos pormenorizado, se llevó a cabo con motivo de la discusión en torno al decreto sobre el ecumenismo. El resultado, por lo que atañe a lo esencial, volvió a ser el mismo. Significativamente, el concilio, justo con la intención de evitar un falso irenismo y un mero pragmatismo ecuménico, no refrendó la propuesta de un padre conciliar de eliminar del texto todo lo teológico.

Así pues, el concilio quería atenerse al principio de que las afirmaciones pastorales se basan en principios dogmáticos y refieren estos en relación a situaciones históricas concretas. Puesto que suelen ser de naturaleza compleja, las situaciones históricas deben ser valoradas como tales a la luz de investigaciones históricas más minuciosas. Puesto que las situaciones históricas y la valoración que se haga de ellas son, por su propia condición, contingentes y mudables, los juicios históricos no pueden ser (según las reglas teológicas de interpretación) teológicamente vinculantes, lo que, sin embargo, no cuestiona la relevancia teológica de los elementos doctrinales en ellos contenidos.

Por desgracia, como muestra sobre todo la polémica en torno al carácter teológicamente vinculante del decreto sobre el ecumenismo, el conocimiento de las reglas teológicas de interpretación y la doctrina de las cualificaciones teológicas han caído demasiado en el olvido durante el posconcilio. Merecen ser retomadas. En la constitución sobre la Iglesia *Lumen gentium*, el concilio Vaticano II realiza su contribución a ello distinguiendo entre las declaraciones infalibles y el magisterio auténtico y explicando que el carácter vinculante de este último debe colegirse «ya sea por la índole de los documentos, ya sea por la frecuente proposición de la misma doctrina, ya sea por la forma de decirlo»[4].

Estas distinciones deben tomarse en consideración cuando se trata de valorar la obligatoriedad teológica del decreto *Unitatis redintegratio*. Así pues, la pregunta no es sin más: «Este texto conciliar, ¿es teológicamente vinculante o no?»; antes bien, es preciso distinguir diversas formas y grados de obligatoriedad dentro de los propios documentos. Tales distinciones deben realizarse de forma concreta en cada caso.

Si se procede así, resulta difícil negar que el primer capítulo de *Unitatis redintegratio*, en el que se presentan los «principios católicos del ecumenismo», contiene afirmaciones teológicamente vinculantes, que ora sintetizan, ora desarrollan los correspondientes enunciados de *Lumen gentium*. Las citas expresas de enunciados dogmáticos de concilios anteriores (Lateranense IV, II de Lyon, Florencia, Vaticano I) confirman que se trata de afirmaciones teológicamente obligatorias, aunque no siempre infalibles y definitivamente vinculantes. Por el contrario, sobre todo el tercer capítulo sobre «las Iglesias y comunidades eclesiales separadas de la sede apostólica romana» contiene afirmaciones históricas, que por su naturaleza no pueden ser teológicamente vinculantes, si bien en esta parte también se encuentran enunciados que no dejan lugar a dudas de que están formulados con la intención de que sean obligatorios. Así, por ejemplo, se dice: «El sacrosanto concilio declara solemnemente...»[5], «este sacrosanto concilio declara...»[6], «bien considerado todo lo que precede, este sacrosanto

---

4. LG 25.
5. Cf. UR 16.
6. Cf. UR 17.

concilio renueva solemnemente...»[7]. Tales giros no le van en absoluto a la zaga a formulaciones equivalentes de la constitución sobre la Iglesia *Lumen gentium*.

A consecuencia de esto, se pone de manifiesto que la interpretación del decreto sobre el ecumenismo *Unitatis redintegratio* y la valoración de su relevancia teológica no se puede llevar a cabo globalmente, sino que debe realizarse de forma siempre diferenciada. Proceder así en cada caso concreto es una empresa laboriosa, de la que no es posible dispensarse con juicios globales.

III. Para una interpretación de los documentos del concilio en el contexto de tradición y recepción

La interpretación de *Unitatis redintegratio* no puede quedarse en la determinación del grado de obligatoriedad de cada una de sus afirmaciones. Después de la determinación de la obligatoriedad formal, hay que abordar la interpretación material, para la que también existen reglas, que, por supuesto, valen asimismo para la teología ecuménica. Tratarlas aquí en detalle nos llevaría demasiado lejos y requeriría la presentación de todo un tratado de metodología teológica; así que nos limitaremos a examinar a grandes rasgos las tres siguientes reglas.

1. Es fundamental la interpretación histórica

No cabe invocar un vago espíritu del concilio, sino que hay que partir del tenor literal de sus afirmaciones. Eso significa al mismo tiempo que hay que atender a la intención con la que el concilio formula cada enunciado, intención que se desprende sobre todo del estudio de las actas del concilio. Por otra parte, ninguna afirmación debe considerarse aisladamente. No es suficiente con citar sencillamente frases aisladas y, menos aún, medias frases sacadas de contexto. Las afirmaciones concretas han de ser interpretadas más bien en el contexto de todos los docu-

7. Cf. UR 18.

mentos conciliares, en conexión con todos los misterios de la fe[8] y conforme a la «jerarquía de verdades»[9]. De semejante interpretación histórica y sistemática se derivan numerosos problemas históricos y hermenéuticos, que no es posible dejar de abordar para replegarse con comodidad bien a una cita meramente positivista, bien a la problemática distinción entre el espíritu y la letra del concilio.

2. La interpretación debe realizarse a la luz de la tradición

Ningún concilio empieza y acaba consigo mismo; todo concilio se inscribe en la tradición general de los concilios. Así, también el decreto *Unitatis redintegratio* invoca el credo de la Iglesia y los primeros concilios. Por tanto, sería erróneo interpretar el Vaticano II y, en especial, el decreto sobre el ecumenismo como ruptura con la tradición. En efecto, el último concilio también hay que agradecérselo, y no en último término, a un *ressourcement*, a una vuelta a las fuentes; persigue una pujante renovación de la tradición y, en este sentido, un *aggiornamento* (un concepto que, como tal, no aparece en los documentos conciliares). Sin embargo, hay que preguntar qué debe entenderse por «tradición» en sentido teológico; y en la respuesta es necesario distinguir entre la tradición una y las tradiciones múltiples. La apertura ecuménica del Vaticano II no significa una ruptura con la tradición en el sentido teológico de la palabra, pero muy probablemente sí la intencionada modificación de algunas tradiciones concretas, en su mayor parte relativamente más recientes. Por tanto, no cabe duda de que el concilio va intencionadamente más allá de las afirmaciones magisteriales de Pío XI en la *Mortalium animos* (1928) –texto de mentalidad defensiva y lleno de prohibiciones– y da, en este sentido, un salto cualitativo. Así entendidas, tradición y renovación en modo alguno se contraponen.

Por lo que atañe a la comprensión de la tradición, el Vaticano II, en la constitución dogmática sobre la divina revelación *Dei verbum*, hace suya la concepción viva de la tradición que Johann

---

8. Cf. DH 3016.
9. Cf. UR 11.

Adam Möhler y John Henry Newman tomaron como base de su respectiva reflexión teológica[10]. El concilio entendió la tradición como una transmisión viva, colmada del Espíritu Santo, o sea, como fidelidad al *depositum fidei* [depósito de la fe] legado de una vez por todas, pero también como incesante rejuvenecimiento en situaciones siempre nuevas. Semejante interpretación viva bajo la guía del Espíritu Santo no tiene nada en común con una banal acomodación al espíritu de la época; antes al contrario, con bastante frecuencia solo puede volver a hacer valer las intemporales verdades de la tradición mediante un testimonio profético contrario al espíritu de la época.

El documento conciliar *Unitatis redintegratio* tiene que ser interpretado, por consiguiente, en continuidad con todos los concilios, pero tal continuidad no debe ser entendida como una magnitud muerta y petrificada, sino como acontecimiento vivo en el que el Espíritu Santo vuelve a introducirnos siempre de nuevo en la verdad plena (cf. Jn 16,13). Según Ireneo de Lyon, es él quien mantiene joven y lozano el *depositum fidei*[11] y conserva el único y eterno Evangelio no como algo de ayer, sino en su inagotable novedad.

3. *Es importante la recepción por el concilio*

La concepción de la tradición como transmisión viva comporta que no solo en el decreto sobre el ecumenismo, sino también en muchos otros textos del concilio Vaticano II, incluida la constitución *Lumen gentium*, con frecuencia aparezcan yuxtapuestos sin más *nova et vetera*, lo nuevo y lo antiguo.

Esto tiene toda la pinta de un compromiso. Pero no todo compromiso es automáticamente un «compromiso barato», pues la forma inteligente de semejante acuerdo puede ser un gran logro intelectual y expresión de la más aquilatada sabiduría. Esta consiste entonces precisamente en excluir con claridad el error, permitiendo, no obstante, que, en aras de la unidad en lo esencial, persistan las diferencias intraeclesiales no superables por el momento y confiando su solución al debate y la recepción futuros.

---

10. Cf. DV 8.
11. Cf. IRENEO DE LYON, *Adv. haer.* III,24,1.

Tampoco los concilios más antiguos pudieron –como sabe todo historiador del dogma– apañárselas sin tales formulaciones de compromiso, lo que en todos los casos obligó a un laborioso proceso de recepción. Los concilios de Nicea (325) y Calcedonia (451) y la historia subsiguiente de ambos constituyen impresionantes ejemplos de ello.

Quien critique *Unitatis redintegratio* por algunas formulaciones no del todo «maduras» debe criticar también las constituciones dogmáticas del Vaticano II, así como elementos esenciales de la historia previa de los concilios. Por eso, las formulaciones conciliares, por muy definitivamente que se deslinden del error, siempre son también formulaciones abiertas, cuya definición desencadena un proceso de viva recepción.

Así, el decreto sobre el ecumenismo no debe ser leído solo como un texto histórico, desgajado de su historia efectual (*Wirkungsgeschichte*) en el proceso posconciliar de recepción. De esta recepción forman parte los numerosos documentos magisteriales que han confirmado y desarrollado la apertura ecuménica, en especial la encíclica sobre el ecumenismo *Ut unum sint* (1995), del papa Juan Pablo II. A la recepción pertenece también la acogida que el decreto sobre el ecumenismo ha encontrado en la fe y en la vida de la Iglesia, en la teología y en los diálogos ecuménicos. A no dudarlo, algunas cosas aún no están maduras, por lo que el magisterio eclesiástico debe posicionarse críticamente ante ciertos desarrollos descaminados, como hizo con la declaración *Dominus Iesus* (2000). Pero tampoco esta declaración puede desgajarse de su contexto, sino que ha de ser interpretada a la luz de todos los demás documentos magisteriales y en el marco de todo el proceso de su recepción.

En los últimos cuarenta años, el decreto sobre el ecumenismo del Vaticano II ha sido recibido tanto por el magisterio eclesiástico auténtico como por el sentido de la fe compartido por todos los fieles (*sensus fidelium*). En estos cuarenta años ha contribuido perdurablemente a la maduración de una conciencia ecuménica en muchos cristianos. Por supuesto, no han faltado interpretaciones exageradas y aplicaciones inadecuadas. Pero, aun cuando haya que defenderse de algunas malas hierbas que crecen silvestres, no se debe arrancar el trigo junto con la cizaña (cf. Mt 13,29). Desvalorizar *a posteriori* el decreto *Unitatis redintegratio* significa ponerse por encima de un concilio ecuménico, por encima del magisterio auténtico de la Iglesia, por encima de la vida de la Iglesia, guiada por el Espíritu Santo, y resistirse a las mociones de este, que ha impulsado e impulsa tal proceso, con sus altibajos, sus dificultades y, sobre todo, sus múltiples aspectos esperanzadores. Por eso, tenemos razones más que suficientes para, en la nueva situación ecuménica, plasmar *Unitatis redintegratio* tanto en la teología como en la praxis, desde la fidelidad a la tradición eclesial y a la luz de la doctrina católica de los principios, con paciencia, pero también con valentía e imaginación.

8
Esencia y finalidad del diálogo ecuménico

I. Una cuestión candente

El siglo XX, que comenzó con el empuje de una fe en el progreso hoy ya difícilmente imaginable, terminó como una de las centurias más sombrías y sangrientas de la historia de la humanidad. En ningún otro siglo se ha cobrado la violencia tantas víctimas. Pero al menos hay un tenue resplandor luminoso en este oscuro periodo de tiempo: el surgimiento del movimiento ecuménico y de los diálogos ecuménicos. Tras siglos de progresiva fragmentación de la *una sancta ecclesia* –la Iglesia una y santa que confesamos en el símbolo apostólico– en numerosas Iglesias y comunidades eclesiales separadas, fraguó un movimiento contrario a este desarrollo. Con profunda tristeza y arrepentimiento reconocieron todas las Iglesias que este estado de división era pecaminoso, constituía vergüenza y contradecía la voluntad de Cristo.

El movimiento ecuménico fue preparado por esfuerzos esporádicos desde el siglo XVII y luego sobre todo en el siglo XIX, en concreto por el movimiento de Oxford. Sin embargo, es distintivo del siglo XX que la nueva conciencia ecuménica se desarrollara en el contexto del movimiento misionero. La Conferencia Misionera Mundial celebrada en Edimburgo en 1910 reconoció que la división de la Iglesia era uno de los obstáculos principales para la misión. Por esta razón, en el siglo XX casi todas las Iglesias participaron en el diálogo ecuménico y comenzaron a trabajar para restablecer la unidad visible de todos los cristianos. La creación del Consejo Mundial de Iglesias en 1948 en Ámsterdam representó un importante hito en este camino ecuménico.

Al principio, la Iglesia católica no participó en este Consejo. Las encíclicas *Satis cognitum* de León XIII (1896) y *Mortalium animos* de Pío XI (1928) incluso condenaron el movimiento ecuménico, que parecía relativizar la pretensión de la Iglesia católica de ser la verdadera Iglesia de Jesucristo. Pero Pío XII, con una instrucción del Santo Oficio de 1949, preparó, si bien cautelosamente, el camino hacia una actitud más abierta. No obstante, solo la iniciativa de Juan XXIII (1958-1963) y del concilio Vaticano II (1962-1965) imprimió un cambio. El decreto *Unitatis redintegratio* sobre el ecumenismo afirmó que el movimiento ecuménico era un signo de la acción del Espíritu Santo en nuestro tiempo[1], allanó el camino para el movimiento ecuménico y puso de relieve la importancia del diálogo con los hermanos y hermanas separados y con las Iglesias y comunidades eclesiales separadas[2]. Poco después de su entronización, el papa Pablo VI (1963-1978), con la encíclica *Ecclesiam suam* (1963), hizo de la idea del diálogo ecuménico un tema central. Esta línea fue retomada en un documento del entonces Secretariado para la Promoción de la Unidad entre los Cristianos, *Reflexiones y sugerencias acerca del diálogo ecuménico* (1970), más tarde en el *Directorio ecuménico* (1993) y, por último, en la importante y significativa, más aún, profética encíclica sobre el ecumenismo *Ut unum sint* (1995), del papa Juan Pablo II (1978-2005). Sin embargo, el nuevo comienzo no fue sencillo. Ya de entrada, el Dr. Visser 't Hooft, el primer secretario general del Consejo Mundial de Iglesias, planteó la pregunta de si la Iglesia católica y el Consejo Mundial de Iglesias entendían realmente lo mismo por «ecumenismo». Esta pregunta se refiere al sentido del diálogo ecuménico, que el decreto conciliar sobre el ecumenismo había propuesto como camino para fomentar el desarrollo hacia la unidad.

Esta misma cuestión volvió a plantearse de forma aún más aguda cuando la Congregación para la Doctrina de la Fe publicó el documento *Dominus Iesus* (2000), en el que se afirma que la Iglesia de Jesucristo subsiste en su plenitud solo en la Iglesia católico-romana y que las comunidades nacidas de la Reforma del siglo XVI no son Iglesias en sentido propio. Esta afirmación dis-

---

1. Cf. UR 1; 4.
2. Cf. UR 4, 9, 11, 14, 18, 19 y 21-23.

gustó a muchos cristianos protestantes, que la consideraron arrogante y ofensiva. Se suscitó la pregunta: ¿es posible un verdadero diálogo para una Iglesia y con una Iglesia que eleva la pretensión de disponer de modo infalible de la verdad absoluta? Pues el diálogo presupone la apertura a otras posiciones, así como el encuentro entre pares. Así, muchos se preguntaron y siguen preguntándose si el documento *Dominus Iesus* no es un signo de que la Iglesia católica solo entiende por «ecumenismo» la vuelta de los hermanos separados a su seno, apartándose así del espíritu y de las enseñanzas del Vaticano II y renunciando al concepto de diálogo. Siguieron un enfriamiento ecuménico, la duda y, en opinión de muchos, una crisis ecuménica.

Llegados a este punto me gustaría aprovechar el interrogante surgido a raíz de la declaración *Dominus Iesus* para preguntar, en un sentido más profundo, cuál es la esencia del diálogo en general y del diálogo ecuménico en particular. ¿De qué clase es la concepción católica del diálogo y en qué puede consistir su contribución al diálogo ecuménico en un sentido más amplio? ¿Cómo podemos superar las dudas ecuménicas y lo que muchos interpretan como crisis ecuménica?

II. Presupuestos filosóficos fundamentales

Si hablamos del diálogo ecuménico y queremos iniciar un diálogo sobre el diálogo, ello presupone que sabemos lo que es el diálogo. «Diálogo» es uno de los conceptos básicos de la filosofía del siglo XX y guarda relación con el actual modo personalista de pensar, formulado de forma precisa y elocuente en los escritos de Martin Buber, Franz Rosenzweig, Ferdinand Ebner, Emmanuel Lévinas y otros. También el joven profesor polaco Karol Wojtyla, con su filosofía del amor y la responsabilidad, recibió la influencia de esta clase de pensamiento personalista. En la encíclica *Ut unum sint*[3], que más tarde escribió como papa, atestiguó esta concepción personalista del diálogo. Esta nueva orientación del pensamiento, surgida en el siglo XX e influida por la filosofía dialó-

---

3. Cf. Juan Pablo II, *Ut unum sint* (1995), 28.

gica, fue un signo del fin del pensamiento monológico. Para ella, la autotrascendencia del ser humano hacia el otro tiene una importancia capital, de suerte que el punto de partida y principio fundamental de la filosofía dialógica radica en la certeza: «No soy sin ti», «no existimos para nosotros mismos», «no solo tenemos encuentros, sino que somos encuentro, diálogo». El otro, más que el límite de mi yo, es una parte de mi propia existencia, un enriquecimiento de esta. Así, el diálogo constituye un paso imprescindible en el camino hacia la autorrealización del ser humano.

De ahí que el diálogo no se reduzca al diálogo consistente en palabras y conversaciones; antes bien, abarca todas las dimensiones de la condición humana. Implica una dimensión global, existencial, implica al sujeto humano en su totalidad. En ello tiene especial importancia el campo de la interacción simbólica. Así, el diálogo es comunicación en un sentido abarcador: desafía nuestro estilo de vida esencialmente individualista y lo critica; su contenido consiste en último término en que los hombres viven unos con otros y en solidaridad recíproca.

Semejante diálogo no solo es esencial y necesario para las personas individuales, sino que también concierne a naciones, culturas y religiones. Toda nación, cultura y religión tiene sus riquezas y dones. Pero si se aísla y absolutiza, deviene angosta y degenera en ideología. En tal caso, otras naciones, culturas y religiones se convierten en enemigos, lo que en último término desemboca en la tan a menudo evocada «lucha de civilizaciones»[4]. Como único camino para evitar un choque tan catastrófico, el diálogo entre culturas, religiones e Iglesias constituye una condición fundamental para la paz en el mundo. Enemistades y conflictos deben ser superados, creando una situación en la que todo bando conozca y reconozca al otro como interlocutor.

Resulta superfluo acentuar que en la situación que actualmente vive nuestro mundo, semejante diálogo intercultural e interreligioso, en especial entre el cristianismo y el islam, entre el mundo occidental y el mundo árabe, es necesario. La cultura, la

---

4. Cf. S. P. HUNTINGTON, *Kampf der Kulturen. Die Neugestaltung der Weltpolitik im 21. Jahrhundert*, München 2002 [orig. ingl.: *The Clash of Civilizations and the Remaking of World Order*, New York 1998; trad. esp.: *El choque de civilizaciones y la reconfiguración del orden mundial*, Paidós, Barcelona 2005].

filosofía y la teología medievales brindan un buen ejemplo de ello y muestran cuán fecundo puede ser para ambas partes un diálogo de tales características. Una obra como la *Summa theologiae* de Tomás de Aquino no habría sido posible sin la influencia de filósofos árabes como Avicena o Averroes y el diálogo crítico con ellos.

En el actual mundo globalizado hay que evitar dos peligros. Por una parte, debemos defendernos contra todo tipo de nacionalismo, racismo y xenofobia, así como contra la represión de un pueblo por otro y contra la pretensión de superioridad y hegemonía cultural a ella vinculada. Las naciones, culturas y religiones deben abrirse y entablar un diálogo entre sí. Ello presupone tolerancia, respeto y comprensión por ambas partes, así como el reconocimiento de los propios límites y de las riquezas del otro; también presupone la disposición a aprender unos de otros. Por otra parte, esto no significa que haya que perseguir una cultura universal uniforme en la que la identidad de las distintas culturas se difumine. Al contrario, el diálogo requiere interlocutores que posean una identidad propia, sean conscientes de ella y la tengan en alta estima. La meta del diálogo no puede ser, por tanto, ni un pluralismo de posiciones opuestas entre sí ni una aburrida uniformidad, sino una rica unidad dialogal de culturas, en la que las identidades culturales se reconozcan y conserven y, no obstante, sean purificadas de sus limitaciones intrínsecas mediante el intercambio intercultural y enriquecidas por los respectivos interlocutores.

En una era de globalización, semejante unidad dialogal entre culturas y religiones es el único camino hacia la paz. Por consiguiente, el movimiento ecuménico puede entenderse, también desde una visión secular, como un importante elemento dentro de este proceso que actualmente se desarrolla en dirección hacia la paz y la reconciliación. Desde una visión más eclesial hay que afirmar que, en un mundo globalizado, el acercamiento ecuménico es necesario para que la voz del cristianismo pueda resultar por completo creíble.

III. Fundamentos teológicos

La visión dialógica del ser humano y de la humanidad en conjunto está enraizada en la tradición bíblica y judía. Dios no nos ha creado como seres individuales aislados, sino como varón y mujer, como seres sociales con una naturaleza tendente a la comunidad. Toda persona, independientemente de su sexo, color de piel, cultura, nación o religión, es creada a imagen y semejanza de Dios (cf. Gn 1,27). Todo hombre posee valor absoluto, dignidad y derecho a ser tratado no solo con tolerancia, sino también con respeto. La moderna noción de los derechos inalienables de todo individuo humano puede entenderse solo como una consecuencia de este mensaje bíblico fundamental. La Biblia desarrolla la regla de oro, que, de una u otra forma, se encuentra en todas las grandes religiones y forma parte de la herencia común de la humanidad: «Como queréis que os traten los hombres tratadlos vosotros a ellos» (Lc 6,31; cf. Mt 7,12). Aquí, la autorrealización personal está estrechamente entrelazada con la atenta solicitud por el otro. El mandamiento de Jesús, en el que se resume la realización de la ley entera, reza: «Amarás al prójimo como a ti mismo» (Mc 12,31). El ser humano puede encontrarse en plenitud a sí mismo solamente a través de la entrega sincera de su propia persona[5].

Incluso la revelación es un proceso dialógico: «Por esta revelación, Dios invisible habla a los hombres como amigos, movido por su gran amor, y mora con ellos, para invitarlos a la comunicación consigo y recibirlos en su compañía»[6]. La cima de este diálogo es el acontecimiento Cristo mismo. En Jesucristo, que es Dios verdadero y hombre verdadero, tenemos el más intenso y enteramente singular diálogo entre Dios y el ser humano. Como muestra sobre todo el Evangelio de Juan, la unidad entre Jesús, como Hijo único de Dios, y el Padre es una unidad dialógica (cf. Jn 10,30), una relación del más íntimo conocimiento y amor recíproco (cf. Mt 11,25-27; Jn 10,15). Al mismo tiempo, Jesús es aquel que vive y entrega su vida por otros (cf. Mc 10,45). Es enteramente pro-existencia, o sea, existencia para el otro.

La fe cristiana eleva la pretensión de que en Jesucristo se han colmado todos los deseos, anhelos, expectativas y esperanzas hu-

---

5. Cf. GS 24.
6. DV 2.

manos. Él es la plenitud del tiempo (cf. Gál 4,4), la meta última de toda la creación y de la historia de la salvación (cf. Ef 1,10). En él se ha revelado y realizado la verdad última de la existencia humana dialógica. Jesucristo es el camino, la verdad y la vida (cf. Jn 14,6). Enlazando con el Nuevo Testamento, los primitivos padres de la Iglesia enseñaron que el Logos que irradia en toda la creación se ha manifestado en su plenitud en Jesucristo, verdad esta que el concilio Vaticano II expresa en su constitución pastoral *Gaudium et spes* con las siguientes palabras: «En realidad, el misterio del hombre solamente se esclarece en el misterio del Verbo encarnado... Cristo, el nuevo Adán... manifiesta plenamente el hombre al propio hombre y le descubre la sublimidad de su vocación»[7].

La confesión de que en Jesucristo se ha manifestado definitivamente la plenitud del tiempo es la verdad cristiana fundamental. Implica que para el testimonio cristiano son esenciales las afirmaciones concretas y firmemente determinadas. Así, el mensaje cristiano se opone a toda forma de sincretismo y a toda relativización, sobre todo a la relativización en nombre de un diálogo falsamente entendido. El diálogo verdadero no produce verdad, sino que descubre la verdad, que nos ha sido dada de una vez por todas en Jesucristo. «Tolle assertiones et christianismum tulisti» [Suprime las afirmaciones y acabarás con el cristianismo], escribe Martín Lutero contra Erasmo, recriminándole su escepticismo.

Hay que tener en cuenta, sin embargo, que esta firmeza del testimonio cristiano debe ser distinguida de manera fundamental de una negativa sectaria a la comunicación y en modo alguno está en contradicción con la apertura al diálogo. Jesucristo es la realización y la plenitud del diálogo, no el final ni la represión de este. Al respecto, el Vaticano II afirma: «La Iglesia católica no rechaza nada de lo que en estas [las otras] religiones hay de santo y verdadero. Considera con sincero respeto los modos de obrar y de vivir, los preceptos y las doctrinas que, por más que discrepen en mucho de lo que ella profesa y enseña, no pocas veces reflejan un destello de aquella Verdad que ilumina a todos los hombres... Por consiguiente, exhorta a sus hijos a que, con prudencia y caridad, mediante el diálogo y la colaboración con los adeptos de otras re-

---

7. GS 22.

ligiones, dando testimonio de fe y vida cristiana, reconozcan, guarden y promuevan aquellos bienes espirituales y morales, así como los valores socio-culturales que en ellos existen»[8].

Según la declaración conciliar sobre la libertad religiosa *Dignitatis humanae*, la verdad dada de una vez por todas y para todos no puede ser impuesta a la fuerza, de suerte que nadie puede ser obligado a obrar en contra de su conciencia. «La verdad no se impone de otra manera, sino por la fuerza de la misma verdad»[9]. «La verdad debe buscarse de modo apropiado a la dignidad de la persona humana y a su naturaleza social, es decir, mediante una libre investigación... de la comunicación y del diálogo... para ayudarse mutuamente en la búsqueda de la verdad»[10].

Las reflexiones sobre la libertad religiosa pueden ganar en profundidad mediante la cristología si contemplamos de forma del todo concreta la vida de Jesús. Los evangelios dan testimonio de Jesucristo como el hombre para los demás. Él, el Señor, no vino a dominar, sino a servir y a entregar su vida como rescate «por muchos» (cf. Mc 10,45). Se despojó de sí mismo incluso hasta la muerte, y por eso fue elevado a la dignidad de Señor del universo (cf. Flp 2,6-11). El servicio, que comporta abnegación y sacrificio, se convierte a través de Jesucristo en la nueva ley universal. Él reveló su divinidad no con poder y violencia, sino en su autodespojamiento. Su absolutez consiste en su amor, que se enajena de sí, se autocomunica y se entrega a sí mismo como don.

Por tanto, la confesión cristiana de que Jesucristo es la verdad y la revelación definitiva, no superable ya, no es una afirmación imperialista ni tampoco fundamenta ni permite una comprensión imperialista de la misión. La profesión de fe en Cristo no aspira a la conquista del mundo, aunque a lo largo de la historia haya sido, por desgracia, malentendida e instrumentalizada en ocasiones de este modo. Al contrario, correctamente entendida, constituye –a su manera, por entero específica– no solo el fundamento para una autoenajenadora relación de tolerancia y respeto con las otras religiones, sino además, y sobre todo, una autoenajenadora relación de diálogo y servicio.

---

8. NA 2.
9. DHu 1.
10. *Ibid.* 3.

Así pues, diálogo y misión no son términos opuestos ni se excluyen mutuamente. En el marco del diálogo no me mueve solo el deseo de transmitir cualquier cosa a otro, sino que quiero comunicar algo que para mí es especialmente importante y valioso. Incluso me gustaría que el otro participara de ello. En consecuencia, lo que busco en un diálogo religioso es transmitir a alguien mi convicción de fe, pero eso solo puedo hacerlo tributando un respecto incondicional a su libertad. En un diálogo no debo ni quiero imponer algo a alguien en contra de su voluntad y su convicción. Eso mismo vale para las actividades misioneras. Así, desde el principio estuvo rigurosamente prohibido en el cristianismo hacer cristiano a alguien en contra de su voluntad. De ello forma parte también el hecho de que las promesas y los regalos materiales estén descartadas como medios de evangelización, lo que muestra que la misión cristiana difiere radicalmente del proselitismo en cualquiera de sus formas, más aún, lo excluye. La fe cristiana, por su naturaleza más íntima, solo es posible como un acto libre. Una misión que dispone de una comprensión adecuada de sí misma es también un proceso dialógico que lleva a un intercambio y un enriquecimiento recíprocos.

De ahí que el diálogo del cristianismo con otras religiones en modo alguno sea una vía de sentido único. Ninguna forma o fórmula histórica concreta del cristianismo expresará nunca de manera adecuada y exhaustiva la riqueza de este, puesto que todos nuestros conceptos son limitados y están cultural e históricamente condicionados. Lo que cabe esperar de un encuentro dialogal con otras culturas es que nos facilite el descubrimiento de nuevos aspectos de la verdad que Jesucristo es. Así, el diálogo nos ayuda a conocer toda la profundidad y todas las dimensiones de Jesucristo. Solo reuniendo las riquezas de todas las culturas podemos conocer la plenitud de la verdad en su integridad. Por consiguiente, en el encuentro con la riqueza de otras religiones puede el cristianismo conocer mejor y de modo más profundo y concreto su propia riqueza. En el encuentro con otras religiones y a través del intercambio con ellas quizá sea posible hallar una nueva forma histórica de cristianismo, que se corresponda mejor con el nuevo entorno cultural.

El diálogo intercultural puede ser concebido, por tanto, como un camino a través del cual el Espíritu nos guía a la verdad plena (cf. Jn 16,13), concediéndonos una comprensión más honda y abarcadora de nuestra propia fe. El diálogo intercultural e interreligioso y, con más razón aún, el diálogo ecuménico tiene que ser concebido como un proceso espiritual guiado por el Espíritu Santo, como un camino a través del cual la Iglesia crece en la intelección de la verdad revelada de una vez para siempre y tiende de continuo hacia la plenitud de la verdad divina[11]. De este modo, el diálogo puede ser un impulso para el desarrollo de la doctrina cristiana.

A partir del concilio Vaticano II, la Iglesia, bajo la dirección del romano Pontificio Consejo para el Diálogo Interreligioso, se ha implicado en tal proceso de diálogo. En este contexto me gustaría recordar los siguientes encuentros protagonizados por Juan Pablo II: las dos reuniones con los representantes de todas las religiones con ocasión de las Jornadas Mundiales de Oración celebradas en Asís en 1986 y 2002, la visita a la sinagoga de Roma en 1986 (la primera vez que un papa entraba en una sinagoga), la visita a la famosa universidad islámica al-Azhar de El Cairo (2000) y la primera visita de un papa a una mezquita, que tuvo lugar en Damasco en 2001. De este modo, del Vaticano II en adelante, el diálogo ha ido sustituyendo progresivamente a la confrontación como rasgo distintivo de la Iglesia católica.

IV. La fundamentación eclesiológica

Lo esbozado hasta ahora ha tendido los cimientos para una concepción dialógica global de la Iglesia católica, en especial en el actual contexto de diálogo interreligioso. El diálogo ecuménico en sentido estricto se diferencia del diálogo interreligioso en que se trata de un diálogo entre quienes creen en Jesucristo y han sido bautizados en su nombre, pero pertenecen a diferentes Iglesias o comunidades eclesiales que a menudo se contradicen unas a otras en cuestiones relativas a la fe, las estructuras eclesiásticas o la moral. El punto central, aunque no el único, de las divergencias

---

11. Cf. DV 8.

de opinión y las controversias existentes es la heterogénea concepción de Iglesia. De ahí que el objetivo principal del movimiento ecuménico radique en el restablecimiento de la unidad visible de la Iglesia.

A pesar de todas las controversias eclesiológicas, hay un punto en el que en general se está de acuerdo: de la fe en el Dios uno y en Jesucristo, el único Señor y Redentor, forma parte la confesión de fe en la única Iglesia, que no solo es una realidad humana social, sino el cuerpo de Cristo, en el que Jesucristo se hace presente y actúa a través del Espíritu Santo. La controversia solo estalla cuando se pregunta dónde está presente esta Iglesia de Jesucristo, dónde puede ser encontrada en concreto. A esta pregunta responde la Iglesia católica con su famoso *subsistit in* y declara: la Iglesia de Jesucristo «subsiste», «se realiza» en la Iglesia católico-romana[12]. O como de forma mucho más afilada lo expresa la declaración *Dominus Iesus*, la Iglesia de Jesucristo en sentido pleno subsiste únicamente en la Iglesia católica. Mientras que las Iglesias ortodoxas son reconocidas como auténticas Iglesias particulares, las Iglesias y comunidades eclesiales nacidas de la Reforma no son –según la *Dominus Iesus*– Iglesias en sentido propio. Esta dura afirmación se ha convertido en el punto candente del debate y suele ser entendida en el sentido de que da pie a dudar de la disposición de la Iglesia católica al diálogo ecuménico.

El diálogo solamente puede progresar si se interpreta de forma precisa esta afirmación de la declaración *Dominus Iesus*. Ello significa sobre todo que debe ser considerada en su contexto. Pues el Vaticano II asevera a este mismo respecto que fuera de la Iglesia católica existen numerosos e importantes elementos eclesiales, en especial el bautismo[13]. Es más lo que tenemos en común que lo que nos separa. El concilio añade que el Espíritu Santo actúa asimismo más allá de los límites institucionales de la Iglesia católica[14] y que también allí hay santos y mártires[15]. Así, como expresamente afirma la encíclica *Ut unum sint*, tampoco fuera de la

---

12. Cf. LG 8.
13. Cf. LG 15; UR 3.
14. Cf. UR 3.
15. Cf. *ibid.*, 4; JUAN PABLO II, *Ut unum sint* 84.

Iglesia católica reina el vacío eclesial[16]. También allí está presente una realidad eclesial, que, sin embargo, según nuestra concepción católica, no es la Iglesia católica en sentido propio, o sea, en el sentido pleno en que la Iglesia católica se entiende a sí misma. Al mismo tiempo, eso no excluye la posibilidad de que allí exista Iglesia en sentido análogo u otro tipo de Iglesia.

En esta concepción no se trata solo de deficiencias de los otros en el ser Iglesia, sino de heridas en el ser Iglesia de la Iglesia católica. En un estado de división, la Iglesia católica no puede realizar plenamente su propia catolicidad[17]. También la Iglesia católica precisa conversión y renovación[18], así como diálogo e intercambio con otras Iglesias y comunidades eclesiales; necesita igualmente un intercambio de dones[19]. Ser católico y ser ecuménico no están en contradicción, sino que son las dos caras de una y la misma moneda. Así, como afirma el papa Juan Pablo II, el diálogo ecuménico «no es solo un mero apéndice, [...] sino una necesidad declarada, una de las prioridades de la Iglesia»[20]. La Iglesia es, por naturaleza, dialógica.

Este carácter dialógico de la Iglesia se enraíza en su naturaleza más propia de *communio* [comunión], que implica comunicación. Ello significa, en primer lugar, *communio* y comunicación con Dios a través de Jesucristo en el Espíritu Santo; y luego, en segundo lugar, *communio* y comunicación entre los cristianos mismos a través de la predicación de la palabra, la celebración de los sacramentos y el ministerio de la *diakonía* [servicio], pero también a través de la comunicación, la información, la oración, el intercambio, la colaboración, la convivencia, las visitas mutuas, la amistad, la celebración compartida y los servicios litúrgicos en común, el testimonio y el sufrimiento conjuntos.

Tal diálogo y tal espiritualidad de la *communio* son del todo esenciales y deben ser fomentados cada vez más dentro de la propia Iglesia católica. Esta, a fin de resultar más comprometida y atrayente para los llamados hermanos y hermanas separados, debe abandonar su estructura unilateralmente monolítica y

---

16. Cf. Juan Pablo II, *Ut unum sint* 13.
17. Cf. UR 4.
18. Cf. *ibid.*, 5; Juan Pablo II, *Ut unum sint* 15s y 83s.
19. Cf. Juan Pablo II, *Ut unum sint* 28.
20. *Ibid.*, 20 y 31.

desarrollar estructuras de carácter más profundamente comunitario, colegial y sinodal. Semejante diálogo *ad intra* y semejantes estructuras dialógicas son una de las condiciones indispensables para el diálogo ecuménico *ad extra*. Esto vale de manera muy especial para la invitación del papa Juan Pablo II a un diálogo fraternal sobre cómo podría ejercerse el ministerio petrino en la nueva situación ecuménica[21]. Así, el diálogo es esencial dentro de la Iglesia católica y con las Iglesias y comunidades eclesiales con las que todavía no estamos en comunión plena, aunque sí nos encontramos en el camino y la peregrinación comunes hacia la plena comunión visible. El diálogo ecuménico es de capital importancia para la identidad y la catolicidad de la propia Iglesia católica.

V. Consecuencias para el diálogo ecuménico

1. La finalidad del diálogo ecuménico

La meta final del diálogo ecuménico coincide con el objetivo del movimiento ecuménico mismo: la unidad no solo espiritual, sino visible de la Iglesia. En ello están de acuerdo todas las Iglesias comprometidas en el movimiento ecuménico. A partir del concilio Vaticano II, la Iglesia católica ya no entiende esta unidad visible como uniformidad, sino como unidad en la diversidad y como *communio* de Iglesias. Al hilo de ello, el concepto de *communio*, procedente de la tradición de los padres de la Iglesia, pasó a ser el concepto eclesiológico central del Vaticano II y sustituyó progresivamente al concepto de unidad, o mejor dicho: la unidad fue interpretada cada vez más como *communio*. O expresado de otra forma, y siguiendo una famosa formulación del entonces catedrático de teología Joseph Ratzinger, las Iglesias deben convertirse en una sola Iglesia, pero sin dejar de ser al mismo tiempo Iglesias.

Sin embargo, debemos tener claro que esta meta no podemos alcanzarla de un salto. Existen metas intermedias: aclarar malentendidos, evitar palabras, juicios y acciones impropios de herma-

---

21. Cf. *ibid.*, 95s.

nos separados, lograr una mayor comprensión para con el otro, profundizar en lo que ya compartimos, seguir creciendo cada Iglesia en su propia fe y en su renovación. Otros objetivos intermedios podrían ser el enriquecimiento recíproco y el intercambio de carismas, el consenso parcial o matizado, la amistad humana y cristiana. Según el papa Juan Pablo II, el redescubrimiento de la fraternidad es uno de los más importantes frutos ya cosechados del diálogo ecuménico[22].

En las últimas décadas, estos pasos nos han llevado a una fase de transición. Somos conscientes de que, en virtud del único bautismo, somos miembros del único cuerpo de Cristo y estamos ya en una verdadera y profunda *communio*, aun cuando ciertas doctrinas sigan separándonos. De ahí que ya podamos vivir esta *communio* imperfecta, orar conjuntamente, leer y estudiar en común la Biblia, atestiguar juntos nuestra fe y colaborar, sobre todo en el ámbito de la *diakonía*. Pues es más lo que compartimos que lo que nos separa.

Así y todo, el siguiente paso hacia la *communio* plena no será fácil. Es necesario reconocer con honradez que no solo hay que conciliar divergencias complementarias, sino que también hace falta superar contradicciones existentes. Y por desgracia existe el peligro de que, a la vista de las transformaciones sociológicas en curso, afloren nuevas contradicciones en cuestiones éticas. O tal vez sería mejor no hablar de nuevas contradicciones, sino de nuevos retos que generen nuevas tensiones. El problema más difícil consiste en que nuestras diferentes eclesiologías implican asimismo diferentes visiones de cómo debe entenderse la meta concreta de la unidad visible o *communio* plena y qué incluye esta de hecho.

2. Dimensiones del diálogo ecuménico

El decreto conciliar sobre el ecumenismo singulariza tres dimensiones del diálogo ecuménico. En primer lugar está el diálogo teológico, en cuyo marco los expertos explican las convicciones de fe de cada una de las Iglesias, con el fin de que sus rasgos característicos cobren expresión más nítida, propiciando así la com-

---

22. Cf. *ibid.*, 41s.

prensión mutua. De la segunda dimensión forman parte la colaboración práctica y, sobre todo, la oración común, que constituye el corazón del movimiento ecuménico. Este aspecto del diálogo no solo incluye el diálogo teológico académico, sino la vida entera de la Iglesia y de los fieles. La tercera dimensión es la renovación y la reforma de nuestra propia Iglesia, de suerte que, alcanzando una mayor perfección, se convierta en signo auténtico y testigo del Evangelio y en invitación a otros creyentes[23]. Sin conversión personal y renovación institucional no puede existir el ecumenismo[24].

De ahí que el ecumenismo *ad extra*, el diálogo con las demás Iglesias y comunidades eclesiales, presuponga el ecumenismo *ad intra*, en el que unos aprenden de otros y cada cual se reforma a sí mismo. La *communio* plena no se puede alcanzar solo mediante el acercamiento mutuo, sino que necesita también, y quizá en grado aún mayor, la conversión, de la que forman parte la penitencia, el perdón y la renovación del corazón. Tal conversión es asimismo un regalo de la gracia. Así, en último término no somos nosotros quienes «hacemos» y creamos la unidad. La unidad de la Iglesia es un don de Dios que se nos ha prometido solemnemente. De ahí que el ecumenismo teológico debe entrelazarse con el ecumenismo espiritual, que constituye el corazón del ecumenismo.

A menudo se distingue entre el diálogo del amor y el diálogo sobre la verdad. Ambos son importantes, pero ninguno puede ser separado del otro. Forman una unidad. El amor sin verdad es huero e insincero; la verdad sin amor resulta dura y repelente. Así, debemos buscar la verdad con amor y seguir siendo conscientes de que el amor únicamente puede ser auténtico si es expresión de la verdad. Esa ha sido mi propia experiencia en el transcurso de numerosos diálogos. Incluso los diálogos académicos en el más alto nivel solo salen bien si en ellos se pone en juego algo más que la mera pericia teológica. En efecto, en el plano meramente intelectual siempre cabe aducir algún argumento contra lo que ha dicho la otra parte. El diálogo académico tiende, por su propia na-

---

23. Cf. UR 4.
24. Cf. UR 15 y 21; JUAN PABLO II, *Ut unum sint* 34s y 83s.

turaleza, a perpetuar el debate. El diálogo ecuménico solo da un paso adelante cuando se añade algo más: confianza y amistad mutua, comprensión recíproca y el compartir en el plano espiritual, así como la oración en común.

3. Estructuras del diálogo ecuménico

El diálogo ecuménico no debería acontecer únicamente en el plano universal. Ha de convertirse en una obligación también en el plano individual y en el plano local. Tiene que realizarse en la vida personal de todo cristiano siempre que él o ella se encuentre con cristianos de otras Iglesias en la familia –sobre todo en el caso de los matrimonios mixtos–, en las comunidades locales, en las diócesis y también en el plano de las conferencias episcopales. Especial importancia tiene en ello el diálogo ecuménico que se realiza en las facultades y en los institutos de teología. En la situación actual, los consejos de Iglesias pueden ser una estructura útil para el diálogo ecuménico. En modo alguno constituyen una super-Iglesia ni tampoco pueden tomar decisiones en nombre de las Iglesias que los forman, a las que han de rendir cuentas. Las propias Iglesias miembros de estos consejos han sido y siguen siendo los actores determinantes en el movimiento ecuménico. Con todo, los consejos de Iglesias son importantes instrumentos y foros de encuentro, de diálogo, de compartir, de testimonio y acción en común. De ahí que sean recomendados en el *Directorio Ecuménico*[25].

4. Métodos del diálogo ecuménico

No es mi intención presentar aquí toda una metodología para el diálogo ecuménico ni una completa hermenéutica ecuménica. Me gustaría describir tan solo dos aspectos de la metodología ecuménica.

---

25. Cf. *Directorio ecuménico* 166-171.

En primer lugar, el concilio Vaticano II nos exhorta a prestar atención a la jerarquía de verdades[26]. Al comparar doctrinas, los teólogos deben tener siempre en cuenta que la doctrina católica sostiene la existencia de una «jerarquía» de verdades. Es decir, un orden y una estructura, puesto que las distintas verdades se refieren de modo heterogéneo al fundamento de la fe cristiana en Cristo Jesús. Así, la fe cristiana dispone de una estructura en la que los diversos dones de la gracia desempeñan funciones diferentes. En último término, todas las doctrinas se refieren al misterio de Cristo y de la Trinidad. Pero este principio no es un principio de reducción y, menos aún, de eliminación de algunas de las llamadas verdades secundarias, sino un principio para la interpretación de la verdad secundaria que en cada caso corresponda a la luz de las doctrinas fundamentales sobre la Trinidad divina y Jesucristo. Esta idea es importante, por ejemplo, para interpretar de forma certera la mariología católica, que solo se puede entender e interpretar adecuadamente sobre la base de la cristología, en el contexto de esta y en conformidad con ella. Entendida rectamente, la mariología no eclipsa, menoscaba ni contradice la doctrina que afirma a Jesucristo como mediador exclusivo de la salvación, sino que, antes al contrario, revela su eficacia[27].

Un segundo principio hermenéutico importante es la distinción entre el contenido de la fe y la manera en que este es expresado[28]. Aunque la formulación de este principio puede dar pie a la sospecha de simplificación excesiva –pues al fin y al cabo no existe contenido alguno sin expresión lingüística–, hay que tener en cuenta que uno y el mismo contenido admite diferentes formulaciones o formas de expresión lingüística. Dentro de una Iglesia tienen que existir formulaciones comunes de las verdades fundamentales, en especial del credo, puesto que los cristianos deben estar en condiciones de confesar y celebrar conjuntamente esta fe. En una unidad de comunión en la diversidad puede haber también, por el contrario, formulaciones divergentes para otros aspectos menos centrales de la fe cristiana.

---

26. Cf. UR 11.
27. Cf. LG 60.
28. Cf. GS 62.

Eso se ha revelado cierto, por ejemplo, en el caso de las recientes declaraciones conjuntas con las Iglesias orientales antiguas. Durante siglos se han mantenido debates cristológicos con los coptos y los sirios, en especial sobre el dogma del concilio de Calcedonia (Jesucristo: dos naturalezas en una sola persona). Gracias a minuciosas investigaciones históricas, los cristianos cobraron conciencia en el curso del tiempo de que las Iglesias calcedonenses y las no calcedonenses tenían una diferente comprensión de los conceptos de «naturaleza» y «persona» y de que en realidad ambos grupos de Iglesias querían confesar, con modos de expresión heterogéneos, la misma fe en Jesucristo como Dios verdadero y hombre verdadero. Idéntico descubrimiento se hizo en relación con el añadido del *filioque* en el credo, que es expresión del modo occidental (latino y agustiniano) de aproximación al misterio de la Santísima Trinidad. Los griegos, que no han asumido el *filioque* en su credo, adoptan otro modo de aproximación a ese misterio, pero en el fondo profesan la misma fe. Análogamente, la *Declaración conjunta sobre la doctrina de la justificación* es un consenso concerniente a verdades fundamentales, que no se rompe porque algunas cuestiones aún permanezcan abiertas a consecuencia de diferentes enfoques, lenguajes, clarificaciones teológicas y acentos en la comprensión. En tales casos suele hablarse de un consenso matizado o de una diversidad reconciliada.

5. *Supuestos personales*

En especial, la encíclica sobre el ecumenismo de Juan Pablo II *Ut unum sint* describe la esencia del diálogo y los supuestos que necesariamente deben cumplir los participantes. Puesto que no se trata solo de un intercambio de ideas, sino que tiene una dimensión global y existencial, un diálogo presupone algo más que conocimientos teológicos técnicos y exige también el compromiso personal. La condición indispensable para que haya diálogo es la búsqueda compartida de la verdad, que Jesucristo mismo es. El alma del diálogo es la oración; así que el diálogo tiene, junto a la horizontal, una dimensión vertical. No puede llevarse a cabo solo en el plano horizontal de las conferencias y del intercambio de opiniones o el mutuo compartir de dones, puesto que, antes de nada, posee una orientación vertical hacia el Uno, que es nuestra reconciliación en persona. Esto es posible en la medida en que el diálogo sirve también al examen de conciencia y deviene una suerte de diálogo en conciencia, impregnado por el espíritu de la conversión.

Elementos de este proceso son la purificación de la memoria y la oración por el perdón de los pecados, no solo de los personales, sino también de los sociales y de las estructuras de pecado, que han contribuido y siguen contribuyendo a la división, así como a su profundización. En varias ocasiones, sobre todo durante la liturgia penitencial del primer domingo de Cuaresma del año 2000, el papa Juan Pablo II ofreció un ejemplo conmovedor, y digno de ser imitado, de semejante purificación de los recuerdos. Ese gesto brotó de una actitud de sinceridad, humildad, conversión y oración por el perdón de los pecados.

VI. Preguntas fundamentales

Aunque en los puntos abordados hasta ahora todas las Iglesias están más o menos de acuerdo, siguen existiendo cuestiones problemáticas. El principal interrogante es si, en el marco del diálogo con otras Iglesias, la Iglesia católica puede estar abierta a la crítica y el cambio en lo que concierne a su tradición (dogmática) vinculante. Las Iglesias protestantes y la Iglesia católica sostienen aquí convicciones diferentes. Mientras que la tradición protestante habla de la *ecclesia semper reformanda* [la Iglesia debe ser reformada siempre], la Iglesia católica afirma la infalibilidad e irrevocabilidad de los dogmas. En este punto se plantea la pregunta de si es posible un diálogo verdadero o si para la Iglesia católica el diálogo únicamente significa convencer y convertir a los demás.

Quiero tratar de ofrecer una doble respuesta a esto. En primer lugar, hay que señalar que *Lumen gentium* 8 habla de la Iglesia como *ecclesia semper purificanda* [una Iglesia que debe ser purificada siempre]. El contenido de este enunciado no es idéntico sin más con la formulación protestante de la *ecclesia semper reformanda*; no obstante, cabe constatar una cierta correspondencia. Así, la Iglesia católica conoce, en especial desde Johann Adam Möhler y John Henry Newman, el concepto de desarrollo doctrinal. Como acentúa la constitución conciliar *Dei verbum*, el Espíritu Santo nos introduce de forma cada vez más profunda en la verdad revelada de una vez por todas[29]. Un buen ejemplo de semejante crecimiento hacia una comprensión más honda de la verdad es la *Declaración conjunta sobre la doctrina de la justificación*[30]. Con esta declaración, los católicos no renunciaron al concilio de Trento ni los luteranos a sus escritos confesionales. Pero estudiando a fondo la Sagrada Escritura y nuestras respectivas tradiciones, alcanzamos un nuevo nivel de comprensión, de suerte que por fin estuvimos en condiciones de ver e interpretar ambas tradiciones bajo una nueva luz. No renunciamos a nada, sino que nos enriquecimos. La *Declaración conjunta* no fue un triunfo de una de las partes sobre la otra. Fue una victoria de la verdad; y ello, gracias a una intelección más profunda del Evangelio y de nuestras respectivas tradiciones[31].

Mi segunda respuesta guarda relación directa con el concepto de desarrollo dogmático y afecta al concepto de la recepción del dogma. En la situación actual, la recepción, un concepto que ya era importante en la Iglesia antigua, ha vuelto a cobrar relevancia. En especial Yves Congar ha expuesto con nueva claridad que la recepción no es solo un acto pasivo y obediente de aceptación de una doctrina previamente dada, o sea, que no es un proceso de una única vía, en el sentido de una asimilación mecánica. Se trata de un proceso dinámico y creativo, del que también forman parte la crítica y el enriquecimiento merced a nuevos aspectos.

Semejante proceso ha tenido lugar en la Iglesia católica después de cada uno de los concilios y entre los concilios, por ejemplo, entre Nicea y Constantinopla, entre Éfeso y Calcedonia, entre el Vaticano I y el Vaticano II; y en la actualidad nos encontramos inmersos en uno de tales procesos de recepción. En especial los dogmas del primado y la infalibilidad papales requieren una nueva recepción y una reinterpretación con la vista puesta en la tradición oriental. Esto nos lleva a la cuestión de la recepción intraeclesial y a la pregunta de qué recepción requieren los documentos del diálogo ecuménico.

---

29. Cf. DV 8.
30. Cf. «Gemeinsame Erklärung zur Rechtfertigungslehre des Lutherischen Weltbundes und der katholischen Kirche», en DwÜ 3, 419-441 [trad. esp.: *Declaración conjunta sobre la doctrina de la justificación entre la Iglesia católica y la Federación Luterana Mundial*, disponible en www.vatican.va].
31. Cf. *ibid.*, 437-441.

Estos documentos son obra de expertos en ecumenismo y no hablan en nombre de las Iglesias mismas. Deben encarnarse en las Iglesias. Y es de esperar que ello resulte un proceso largo y complejo, en el que no solo deberían participar las autoridades de las distintas Iglesias, sino que también tendrían que estar involucrados el corazón y la vida de los fieles. Los nuevos puntos de vista deben ser explicados por medio de modelos tradicionales de pensamiento, con lo cual este proceso exigirá paciencia. La paciencia, afirma el Nuevo Testamento, representa un rasgo fundamental de la confianza cristiana; y según Charles Péguy, es la hermana pequeña de la esperanza. La paciencia constituye la verdadera fortaleza de la fe cristiana.

De ahí que no haya razón para sentirnos decepcionados con los diálogos ecuménicos porque todavía no hayan alcanzado su meta final. Lo que hemos logrado tras siglos de infructuosa polémica ha sido la fraternidad; y eso, verdaderamente, no es poco. Así pues, no hay razón alguna para dar por terminados los esfuerzos de diálogo y reemplazar el paradigma ecuménico por el llamado ecumenismo secular. Al contrario, no existe ninguna alternativa al ecumenismo y, por tanto, tampoco existe ninguna alternativa al diálogo ecuménico en el amor y en la verdad, factores esenciales de la naturaleza de la Iglesia. Si hacemos en la fe lo que ya hoy somos capaces de hacer, podemos estar seguros de que también el Espíritu de Dios hará su trabajo y nos reunirá en un solo rebaño bajo un solo pastor (cf. Jn 10,16).

9
¿Qué significa «Iglesias hermanas»?

Desde el concilio Vaticano II existen sin cesar altibajos en la relación con las Iglesias ortodoxas. Después de las grandes esperanzas asociadas en la década de 1980 con el concepto de «Iglesias hermanas», el radical cambio político de 1989-1990 originó considerables dificultades en la cuestión de las Iglesias orientales que tienen comunión plena con Roma. Las Iglesias ortodoxas denominan «Iglesias uniatas» a estas otras comunidades orientales y les reprochan un problemático proselitismo. Si hacemos abstracción de las polémicas, a menudo cargadas de emociones, una investigación más detallada pone de manifiesto que los interlocutores en el debate han dejado, tanto por una como por otra parte, importantes problemas eclesiológicos sin resolver. El propósito del presente capítulo es tratar estos temas en la medida en que conciernen a problemas de la parte católica. Con ello no se pretende en modo alguno afirmar que hayamos encontrado ya la solución. Más bien se trata de abordar las cuestiones aún pendientes y de señalar meramente una dirección en la que tal vez sea posible hallar una solución.

I. Un nuevo lenguaje que propicia la escucha

Uno de los desarrollos ecuménicos positivos acaecidos desde el concilio Vaticano II es el notable hecho de que, tras mil años de separación, las Iglesias de Oriente y Occidente se reconocen y caracterizan ahora recíprocamente como Iglesias hermanas[1]. Este

---

1. Cf. J. MEYENDORFF y E. LANNE, «Églises-soeurs. Implications ecclésiologiques du Tomos Agapis»: *Istina* 20 (1975), 35-46 y 47-74; H. MEYER, *Ökumenische Zielvorstellungen* (Ökumenische Studienhefte 4), Göttingen 1996, 135s; E. C. SUTTNER, «Schwesterkirchen in fast vollendeter Ge-

concepto es relativamente nuevo. Tiene un cierto fundamento en la Segunda carta de Juan. En ella, una comunidad envía a otra el saludo: «Te saludan los hijos de tu hermana elegida» (2 Jn 13). Ambas comunidades se consideran, por consiguiente, comunidades hermanas. Esta terminología se corresponde con la forma en que en el Nuevo Testamento se habla muy a menudo de la Iglesia como de una familia y, en especial, con los pasajes en los que los cristianos son caracterizados o se caracterizan a sí mismos como hermanos (cf. Mt 12,48s; 18,15; 23,8; Hch 1,15; 10,23; 11,1s y *passim*; Rom 16,14; 1 Cor 16,20; 1 Tes 5,26 y *passim*; 1 Pe 2,17; 5,9). Con ello muestran que todos pertenecen a la misma casa, a la única familia de Dios.

Este lenguaje tomado en préstamo de la vida familiar desempeña un papel fundamental en los escritos de los padres de la Iglesia[2]. Aunque en la historia posterior el concepto «Iglesia hermana» aparece solo aisladamente, el Oriente y el Occidente cristianos se entienden desde hace mucho tiempo como hermanos. De ellos se ha hablado siempre como de la Iglesia de Oriente y la Iglesia de Occidente[3]. Incluso cuando el concilio de Florencia, en el prólogo de su decreto de unión *Laetentur coeli* (1419), habla de la unión de la Iglesia oriental y la Iglesia occidental, entiende esta unión como restablecimiento del amor y la paz entre hermanas[4]. Así, durante mucho tiempo después del cisma entre Oriente y Occidente, que simbólicamente se vincula con el año 1054, no se habló en plural de Iglesias orientales, sino de la única Iglesia de Oriente. La Iglesia oriental era vista, pues, como una magnitud relativamente unida y, a pesar de las divergencias de opinión sobre el primado del papa, estaba en pie de igualdad con la Iglesia latina de Occidente.

El Vaticano II proclamó su firme intención de restablecer la comunión fraternal entre Oriente y Occidente, tal como existía

---

meinschaft»: *Christlicher Osten* 47 (1992), 278-287; ID., *Die Christenheit aus Ost und West auf der Suche nach dem sichtbaren Ausdruck ihrer Einheit*, Würzburg 1999; por desgracia, por razones de idioma, no he podido consultar la reciente publicación de Z. GLAESER, *Ku eklezjologii kosciolow siostrzanych*, Opole 2000.
2. Cf. K. H. SCHELKLE, «Bruder», en RAC 2, 639s.
3. Cf. V. PERI, «Le vocabulaire des relations entre les Églises d'Occident et d'Orient jusqu'au XVIe siècle»: *Irénikon* 65 (1992), 194-199.
4. Cf. *Conciliorum oecumenicorum Decreta*, Freiburg i.Br. 1962, 499s.

en el primer milenio. En este contexto emplea la expresión «Iglesias hermanas». Habla de los lazos fraternales de la comunión en la fe y en el amor «que deben existir entre las Iglesias locales en cuanto Iglesias hermanas»[5]. Esta formulación, bastante complicada, revela que todavía se caminaba por terreno inseguro y, por eso, se procedió con suma cautela en la redacción de esta frase. Es cierto que la expresión «Iglesias hermanas» se aplica únicamente a la relación entre Iglesias locales, pero más tarde, en el texto de *Unitatis redintegratio*, se habla de la Iglesia oriental como de un todo situado en el mismo plano que la Iglesia de Occidente.

Este concepto de «Iglesias hermanas» es retomado también, «tras siglos de silencio y espera», en el *Tomos agapis*, la correspondencia entre el papa Pablo VI y el patriarca Atenágoras[6]. El breve apostólico *Anno ineunte* (25 de enero de 1967) es el primer documento papal que utiliza la expresión. El papa Pablo VI habla de la Iglesia de Oriente y la Iglesia de Occidente y de su comunión sororal[7]. Posteriormente, el papa Juan Pablo II empleó a menudo la expresión «Iglesias hermanas», sobre todo en las encíclicas *Slavorum apostoli*[8] y *Ut unum sint*[9]. En ambas encíclicas no solo se designan como Iglesias hermanas determinadas Iglesias particulares o agrupaciones concretas de Iglesias, sino también la Iglesia de Oriente y la Iglesia de Occidente. La misma formulación aparece asimismo en las declaraciones conjuntas del papa Juan Pablo II con el patriarca Dimitrios I (7 de diciembre de 1985)[10] y con el patriarca Bartolomé (29 de junio de 1995)[11].

Este nuevo uso lingüístico muestra un cambio en la relación de la Iglesia católica con la Iglesia oriental. Tal giro fue iniciado ya por el papa León XIII, en especial con la encíclica *Orientalium*

---

5. Cf. UR 14.
6. Cf. *Tomos Agapis*, Città del Vaticano / Phanar 1958-1970, Roma/Istanbul 1971, 112s. Este concepto aparece por primera vez en la carta del patriarca Atenágoras al cardenal Bea de 12 de abril de 1962 (cf. *Tomos Agapis, op. cit.*, 40s).
7. Cf. *Tomos Agapis, op. cit.*, 386-393.
8. Cf. JUAN PABLO II, *Slavorum apostoli* (1985), 27.
9. Cf. JUAN PABLO II, *Ut unum sint* (1995), 55s y 60.
10. Cf. DwÜ 2, 554-556.
11. Cf. *ibid.* 3, 567-569.

dignitatis (1894), y retomado y profundizado por los papas Juan XXIII y Pablo VI. El papa Juan Pablo II lo hizo propio, impulsándolo enérgicamente. Las Iglesias orientales no son calificadas ya con desdén de cismáticas y heréticas. La Iglesia latina no se denomina ya a sí misma madre de estas Iglesias, sino hermana suya. En consonancia con esta actitud, ya no hablamos de la *praestantia* [preeminencia] del rito latino (Benedicto XIV), sino de las riquezas de la Iglesia oriental, que son vistas como patrimonio de la Iglesia entera[12].

II. Fundamentos teológicos de una eclesiología eucarística de comunión

La eclesiología de «Iglesias hermanas» que propone *Unitatis redintegratio* parece ir más allá de la constitución dogmática sobre la Iglesia *Lumen gentium*; no obstante, esta prepara indirectamente la base para el motivo que dicha eclesiología pone en juego. La constitución sobre la Iglesia menciona expresamente a «las antiguas Iglesias patriarcales», fundadas «por la divina providencia». Esas Iglesias patriarcales deben su origen bien a los apóstoles, bien a colaboradores directos de estos. Con el correr de los tiempos se han «reunido en numerosos grupos estables, orgánicamente unidos». *Lumen gentium* prosigue: «Quedando a salvo la unidad de la fe y la única constitución divina de la Iglesia universal, [estos grupos] tienen una disciplina propia, unos ritos litúrgicos y un patrimonio teológico y espiritual propios». Las antiguas Iglesias patriarcales, «como madres en la fe, engendraron a otras como hijas y han quedado unidas con ellas hasta nuestros días con vínculos más estrechos de caridad en la vida sacramental y en la mutua observancia de derechos y deberes»[13].

Por desgracia, el decreto sobre las Iglesias orientales no desarrolla estas ideas; al contrario, el capítulo sobre los patriarcas es lo más flojo de todo el decreto[14]. Por otra parte, *Unitatis redinte-*

---

12. Cf. OE 1. Véase también la encíclica del papa JUAN PABLO II, *Orientale lumen* (1995), 1.
13. Cf. LG 23.
14. Así opina el patriarca melquita Máximo IV, citado en LThK.E 1, 373.

gratio reitera hasta en los detalles las ideas expresadas en *Lumen gentium*, profundiza en ellas y las confirma de forma sumaria: «La herencia transmitida por los apóstoles fue recibida de diversas formas y maneras [en Oriente y Occidente] y, en consecuencia, desde los orígenes mismos de la Iglesia fue explicada diversamente en una y otra parte por la diversidad del carácter y de las condiciones de la vida»[15]. Sobre esta base, el decreto sobre el ecumenismo llega a la conclusión de que «las Iglesias de Oriente... tienen el derecho y la obligación de regirse según sus propias ordenaciones»[16]. Las Iglesias orientales tienen su propio modo de ser Iglesia. No han recibido su ser eclesial de la Iglesia latina. Antes bien, esta les debe mucho. Por eso, la Iglesia latina no es madre, sino hermana de las Iglesias orientales; y la relación entre ambas Iglesias no es una relación de dependencia entre madre e hija, sino que ambas están «unidas en la comunión fraterna de la fe y la vida sacramental»[17].

El concilio no entiende sin más la evolución de las Iglesias primitivas con las categorías de las causas sociológicas humanas; antes bien, la ve como obra de la divina providencia[18]. Por eso, aunque no han sido establecidos por Dios (no son *ius divinum* [derecho divino]), los patriarcados tampoco son una creación humana que deba su existencia únicamente a constelaciones e intereses históricos (al *ius humanum* [derecho humano]). Son obra de la Iglesia guiada por el Espíritu Santo (pertenecen al *ius ecclesiasticum* [derecho eclesiástico]) y, bajo la asistencia del mismo Espíritu, son obra asimismo de los decisivos concilios ecuménicos de la entonces aún indivisa Iglesia (son parte del *ius conciliare* [derecho conciliar]). La dignidad y la legitimidad de los patriarcados de la Iglesia antigua se funda, pues, en la teología, no solo en la sociología o en la historia puramente humana. El decreto sobre las Iglesias orientales expresa una visión análoga, que en último término se mueve en el marco de la eclesiología pneumatológica de comunión, con la que las Iglesias orientales están familiarizadas[19].

Estas afirmaciones se refieren expresamente solo a los cinco antiguos patriarcados, entre los cuales Roma suele ser nombrada

---

15. UR 14.
16. UR 16.
17. UR 14.
18. Cf. LG 23.
19. Cf. OE 2; LThK.E 1, 367.

en primer lugar, seguida de Constantinopla, Alejandría, Antioquía y Jerusalén. Puesto que estos patriarcados de la Iglesia antigua son calificados de «madres de la fe», el estatus de los patriarcados posteriores puede derivarse de ellos. Pero dado que estos últimos solo surgieron tras la separación de Oriente y Occidente, no cuentan con el mismo consenso de la Iglesia entera. A esto se añade que incluso algunos prestigiosos teólogos ortodoxos opinan que las Iglesias nacionales autocéfalas constituyen un punto débil dentro de la actual Ortodoxia[20]. El desarrollo de Iglesias nacionales autocéfalas en tiempos recientes y las tensiones a ello asociadas llevan además a la pregunta de si todavía cabe hablar en singular de la Iglesia ortodoxa o si no habría que hablar más bien en plural de las Iglesias ortodoxas. Este problema se agudiza aún más en la diáspora, donde en un mismo territorio conviven varias jerarquías ortodoxas. Ahí tiene la Ortodoxia un problema irresuelto, y no cabe sino esperar que este problema pueda ser solucionado en un futuro sínodo panortodoxo.

En los textos conciliares, estas afirmaciones históricas y teológicas no se solidifican todavía en una doctrina fija, pero siguen líneas convergentes y apuntan en una dirección determinada. La fundamentación teológica más profunda se desprende indirectamente de *Lumen gentium*. Allí se tienden los fundamentos de una eclesiología eucarística de comunión[21], que lleva al redescubrimiento de las Iglesias locales[22]. En *Unitatis redintegratio* se retoma el concepto de Iglesia local y se resume con brevedad en conexión con las Iglesias orientales. En este decreto se afirma: «Consiguientemente, por la celebración de la eucaristía del Señor en cada una de estas Iglesias, se edifica y crece la Iglesia de Dios, y por la concelebración se manifiesta la comunión entre ellas»[23].

---

20. Cf. J. MEYENDORFF, *Orthodoxy and Catholicity*, New York 1966, 41-44; ID., *The Byzantine Legacy in the Orthodox Church*, New York 1982, 251-255.
21. Cf. LG 3, 7, 11 y 26; UR 2 y 15; CD 30.
22. Cf. SC 26; LG 23; CD 11. Importante para este redescubrimiento es H. DE LUBAC, *Corpus mysticum. L'Eucharistie et l'Église au Moyen Âge*, Paris 1949²; ID., *Méditation sur l'Église*, Paris 1954³ [trad, esp.: *Meditación sobre la Iglesia*, Encuentro, Madrid 2008]; magisterialmente asumido por el papa JUAN PABLO II en la encíclica *Ecclesia de eucharistia* (2003).
23. Cf. UR 15.

Esta afirmación deja traslucir el principio fundamental de la eclesiología eucarística: toda Iglesia particular es Iglesia por entero, pero ninguna Iglesia particular es toda la Iglesia. Ahora bien, porque toda Iglesia particular es la Iglesia de Jesucristo y porque solo hay un Cristo y solo una Iglesia de Jesucristo, toda Iglesia particular está, en virtud de su esencia más íntima, en comunión con todas las demás Iglesias. La única Iglesia universal existe «en y a partir de» las Iglesias particulares[24], del mismo modo que las Iglesias locales existen «en y a partir» de la única Iglesia universal[25]. Tal *communio* [comunión] adquiere su máxima expresión en la concelebración eucarística. Esta visión no se basa en el concepto universalista, centralista y piramidal de Iglesia que era típico de la eclesiología latina del segundo milenio, sino en la concepción de la unidad eclesial como *communio*, propia de la Iglesia antigua y de las Iglesias orientales y según la cual la Iglesia existe «en y a partir» de diferentes Iglesias y comunidades eclesiales locales o comunidades rituales[26].

La igualdad básica de todas las Iglesias locales no significa que no puedan existir y de hecho existan diferencias entre ellas. La *communio* entre Iglesias locales presupone la existencia de estructuras de comunicación. Tales estructuras se configuraron ya en los primeros siglos en el derecho general. El primer concilio ecuménico, el de Nicea (325), en su canon 6, da por supuesto y confirma el hecho de que determinadas metrópolis poseen primacía[27].

El famoso canon 34 de los *Cánones apostólicos* (presumiblemente de finales del siglo IV), al que las Iglesias ortodoxas se remiten sin cesar, asume esta estructura orgánica, resumiéndola en una concisa formulación: «Los obispos de toda nacionalidad deben conocer al primero de entre ellos, reconociéndolo como cabeza, y no hacer nada que supere el poder de aquel sin su aproba-

---

24. Cf. LG 23.
25. Cf. Congregación para la Doctrina de la Fe, *Communionis notio* (1992), 9.
26. Cf. Y. Congar, «De la communion des églises à une ecclésiologie universelle», en Id. (ed.), *L'episcopat de l'Église universelle*, Paris 1962, 227-260. Para estas dos diferentes concepciones, cf. también J. Ratzinger, «Die bischöfliche Kollegialität», en G. Baraùna (ed.), *De ecclesia*, vol. 2, Freiburg i.Br. 1966, 56-58.
27. Cf. *Conciliorum oecumenicorum Decreta* 8. Véase cann. 2s del concilio de Constantinopla (381) [cf. *ibid.*, 27s] y can. 28 del concilio de Calcedonia (451) [cf. *ibid.*, 75s].

ción; debe hacer cada uno lo concerniente a su diócesis y a los lugares que a ella pertenecen. Pero tampoco el primer obispo debe hacer nada sin la ponderación de todos los obispos, ya que de esta manera habrá unidad de pensamiento y se glorificará a Dios a través del Señor en el Espíritu Santo»[28].

Por consiguiente, la recuperación de la terminología de «Iglesias hermanas» es más que una mera forma amable de hablar sin sustancia objetiva. No solo designa un punto de inflexión en la relación entre Oriente y Occidente, sino también un punto de inflexión dentro de la propia eclesiología latina, pues esta se libera con ello de una visión unilateralmente universalista y centralista, redescubre la teología de las Iglesias locales y, desde ahí, llega a la concepción de la unidad eclesial como *communio*. El concilio tendió de este modo los fundamentos de un nuevo desarrollo. Pero eso no es sino el comienzo del comienzo. Las consecuencias ecuménicas solamente se harán patentes con el paso del tiempo. Para empezar, todavía permanecen abiertas numerosas preguntas históricas y teológicas. El concilio, más que resolver tales cuestiones, les imprimió impulso[29].

III. Reservas de la Congregación para la Doctrina de la Fe

A raíz del concilio, el nuevo uso de la expresión «Iglesias hermanas» corrió peligro de tornarse inflacionario en ciertos círculos. En algunos casos, este concepto se aplicó también a las comunidades eclesiales nacidas de la Reforma en Occidente. La principal preocupación de la Congregación para la Doctrina de la Fe consistía evidentemente en que hablar de «Iglesias hermanas» puede malentenderse como si comportara que la unidad de la Iglesia no debe buscarse más que por la vía de la aproximación ecuménica entre Oriente y Occidente, con lo cual se estaría cuestionando el hecho de que la única Iglesia «subsiste» ya en la Iglesia católica. De ahí que la Congregación para la Doctrina de la Fe considera-

---

28. Citado según *Les constitutions apostoliques*, vol. 3 (SChr 336), Paris 1987, 284.
29. Cf. G. PHILIPS, *L'Église et son mystère aux deuxième Concile du Vatican. Histoire, texte et commentaire de la Constitution Lumen gentium*, Paris 1967, vol. 1, 315s [trad. esp.: *La Iglesia y su misterio en el concilio Vaticano II: historia, texto y comentario de la constitución «Lumen gentium»*, Herder, Barcelona 1968].

ra necesaria una palabra clarificadora. Y esta la pronunció en el año 2000 en forma de una carta a los presidentes de las conferencias episcopales, o sea, en el marco del ejercicio del magisterio en un nivel relativamente bajo, limitándose a regular el uso lingüístico y sin abordar las cuestiones sustanciales en cuanto tales.

La Congregación estipula que la expresión «Iglesias hermanas» solo puede utilizarse para hablar de la relación con Iglesias que cuentan con un episcopado válido y, en consecuencia, no es aplicable a las comunidades eclesiales nacidas de la Reforma. Eso equivale a afirmar de manera indirecta que la celebración plenamente válida de la eucaristía es el factor definitivo para el reconocimiento como Iglesia y, por tanto, como Iglesia hermana. Además, y este es el punto principal del documento, la Congregación acentúa que únicamente cabe hablar de Iglesias hermanas en referencia a la relación entre Iglesias particulares. La Iglesia universal no es la hermana, sino la madre de todas las Iglesias particulares[30].

Estas clarificaciones terminológicas son lógicas y fáciles de comprender y están teológicamente bien fundamentadas. Pero son de naturaleza meramente formal y dejan intencionadamente sin responder el problema objetivo subyacente. La pregunta decisiva es qué debe entenderse por «Iglesia universal», qué Iglesias particulares se ven afectadas y cómo debe definirse la relación entre estas.

Según esta regla lingüística, es evidente que la Iglesia de Roma, al igual que la Iglesia de Milán o la de Colonia, es hermana, por ejemplo, de la Iglesia de Alejandría o la de Antioquía. Pero menos habitual es llamar a la Iglesia católico-romana latina «hermana», por ejemplo, de la Iglesia católico-griega en Ucrania. Como ello es (aunque menos habitual, no obstante) posible, se suscita la pregunta de por qué la Iglesia católico-romana (o sea, latina) no puede ser llamada también hermana de la Iglesia greco-ortodoxa o de la ruso-ortodoxa, que son reconocidas como verdaderas Iglesias. Esto debería ser posible, pues la Iglesia católico-romana (latina) no es toda la Iglesia católica. En el sentido del primer milenio e incluso del concilio de Florencia y, recientemente, también del decreto sobre el ecumenismo del Vaticano II y del breve apostólico *Anno ineunte*, la Iglesia católica universal no

---

30. Cf. CONGREGACIÓN PARA LA DOCTRINA DE LA FE, *Nota sobre la expresión «Iglesias hermanas»*, A: *Carta a los presidentes de las Conferencias Episcopales*, Roma 2000, 10.

coincide con la Iglesia católico-romana (latina). También esta es una Iglesia particular y, en cuanto tal, hermana de las Iglesias de Oriente.

Cabe afirmar, por tanto, que la única Iglesia de Jesucristo está presente en la Iglesia latina y en las Iglesias orientales. Las Iglesias orientales engloban tanto a las Iglesias católicas de Oriente, que están en comunión plena con Roma, como a las Iglesias ortodoxas, que, aun cuando no están en comunión plena con Roma, son reconocidas como verdaderas Iglesias. Por eso, la unidad plena de la Iglesia no solo se forjará en el futuro mediante algún tipo de unificación. Existe ya, si bien en el caso de las Iglesias ortodoxas de un modo imperfecto (es decir, solo de un modo casi perfecto)[31]. La meta del diálogo ecuménico no es una «unión», sino pasar de la comunión (*communio*) imperfecta a la comunión plena. Si esto es así, llegamos entonces al punto de controversia más importante aún existente entre Oriente y Occidente, a saber, la cuestión del obispo de Roma y del ejercicio futuro del ministerio petrino.

IV. El papa, ¿patriarca de Occidente?

Siendo profesor de teología, Joseph Ratzinger expuso convincentemente que la distinción entre la función primacial del papa como obispo de Roma y sucesor de Pedro dentro de la Iglesia universal y su función como patriarca de Occidente es de capital importancia para la estructura futura del ministerio petrino[32]. Pero entretanto en la Congregación para la Doctrina de la Fe se ha impuesto otra opinión. Según esta forma de ver las cosas, la Iglesia latina nunca se ha entendido a sí misma como un patriarcado en el sentido de las Iglesias orientales y Occidente nunca ha asumido la idea oriental de patriarcado o de pentarquía (o sea, los cinco patriarcados originarios). Esta tesis fue desarrollada desde el

---

31. La última formulación se encuentra en la carta del papa Pablo VI al patriarca Atenágoras de 8 de febrero de 1971 (cf. *Tomos Agapis, op. cit.*, 614).
32. Cf. J. RATZINGER, «Primat», en LThK² 8, 763; ID., «Primat und Episkopat», en ID., *Das neue Volk Gottes*, Düsseldorf 1969, 142 [trad. esp.: «Primado y episcopado», en ID., *El nuevo pueblo de Dios: esquemas para una eclesiología*, Herder, Barcelona 2005²].

punto de vista histórico sobre todo por un antiguo miembro de la Congregación, Adriano Garuti[33].

A pesar de varias interpelaciones, el concilio se abstuvo deliberadamente de manifestarse sobre este tema en la constitución sobre la Iglesia[34]. Pero el decreto sobre las Iglesias orientales caracteriza de hecho al patriarcado como una institución de toda la Iglesia, no solo de las Iglesias orientales[35]. Así, la tesis de Garuti debe ser valorada como una tesis histórica personal, sobre la que prestigiosos historiadores debaten vivamente[36].

En el presente contexto podemos dejar abierta la pregunta de si Occidente se entendió a sí mismo como patriarcado. En cierta medida, esta es una cuestión terminológica. Aun cuando Occidente no se viera a sí mismo como patriarcado, o al menos no en el mismo sentido que Oriente, eso no cambia nada en la realidad histórica. Independientemente de la pretensión primacial de Roma, la Iglesia oriental y la Iglesia occidental se entendían como magnitudes relativamente autónomas. Al mismo tiempo estaban unidas entre sí por una relación fraternal o sororal y se consideraron obligadas a restablecer semejante relación cuando estuvo amenazada o resultó temporalmente rota. Justo esa es la visión que *Unitatis redintegratio* ha renovado.

Las consecuencias de este modo de ver las cosas fueron puestas de manifiesto por Joseph Ratzinger, a la sazón catedrático de teología. Se trata sobre todo de desacoplar las funciones que con

---

33. Cf. A. GARUTI, *Il Papa Patriarca d'Occidente?*, Bologna 1990; ID., *Saggi di ecumenismo*, Rom 2003, 119-140.
34. Cf. G. PHILIPS, *L'Église et son mystère au deuxième Concile du Vatican*, vol. 1, *op. cit.*, 315s. Para la opinión personal de Philips, cf. *ibid.*, 273.
35. Cf. OE 7; véase también LThK.E 1, 374.
36. Especialmente importantes son los trabajos de W. DE VRIES, «Die Entstehung der Patriarchate des Ostens und ihr Verhältnis zur päpstlichen Vollgewalt»: *Scholastik* 37 (1962), 314-369; ID., *Rom und die Patriarchate des Ostens*, Freiburg i.Br. / München 1963; cf. además Y. CONGAR, «Le Pape comme patriarche d'occident»: *Istina* 28 (1983), 374-390. Recientes análisis críticos de las tesis de Garuti se encuentran en F. R. GAHBAUR, «Patriarchat I», en TRE 26, 85-91; G. NEDUNGATT, «The Patriarchal Ministry in the Church of the Third Millennium»: *The Jurist* 61 (2001), 1-89. Nedungatt se burla de Garuti y dice que tesis así solo pueden formularlas quienes pretenden ser más papistas que el papa. Cf. J. RATZINGER, en LThK.E 1, 352-354; ID., «Die bischöfliche Kollegialität», art. cit., 47-63; G. PHILIPS, *L'Église et son mystère au deuxième Concile du Vatican*, vol. 1, *op. cit.*, 254-257, 282 y 289s.

el paso del tiempo se le han ido atribuyendo al papado. Lo que importa es distinguir entre las obligaciones esenciales y, por ende, irrenunciables del ministerio petrino y las obligaciones que corresponden al papa –o este ha ido asumiendo con el tiempo– como primer obispo (patriarca o primado) de la Iglesia latina. Semejante distinción podría tener implicaciones asimismo para la estructuración de la Iglesia católico-romana y el establecimiento de instancias intermedias entre los obispos individuales, las conferencias episcopales y Roma (implicaciones que no forman parte del tema de la presente contribución)[37].

V. *Nota bene*: un guiño del concilio

No es este el lugar para ocuparse por extenso de una hermenéutica teológica de las afirmaciones bíblicas y magisteriales sobre el ministerio petrino. Tampoco es posible seguir indagando en las complejas preguntas sobre la relación entre primado y episcopado. Aquí nos interesa un único, pero importante, punto de vista, que se deriva de la eclesiología de «Iglesias hermanas» y de la relación fraternal entre las Iglesias de Oriente y de Occidente que acentúa el concilio.

En el tercer capítulo de *Lumen gentium*, el concilio da un paso importante para la relación entre las Iglesias orientales y las occidentales. Intenta superar la tradicional distinción entre la potestad de orden y la potestad de jurisdicción, a fin de abordar uno de los problemas más complejos en la historia canónica y constitucional de la Iglesia[38]. En la Iglesia latina, esta distinción había dado pie antes del concilio a la ampliamente defendida teoría de que la potestad de orden es transmitida al obispo por la ordenación episcopal, mientras que la potestad de jurisdicción le es conferida por el papa. Esta teoría procede del concepto de Iglesia universalista, centralista y piramidal habitual en la Iglesia latina del se-

---

37. Cf. G. GRESHAKE, «Die Stellung des Protos in der Sicht der römisch-katholischen Theologie»: *Kanon* 9 (1989), 17-50.
38. Cf. J. RATZINGER, en LThK.E 1, 352-354; ID., «Die bischöfliche Kollegialität», art. cit., 47-53 y 61-65; G. PHILIPS, *L'Église et son mystère au deuxième Concile du Vatican*, vol. 1, *op. cit.*, 254-257, 282s y 289s.

gundo milenio. El concilio trató de recuperar la visión de la potestad de orden y la potestad de jurisdicción como una unidad, anclando la potestad pastoral, a la manera de la tradición primitiva, en la ordenación episcopal[39].

Una consecuencia natural de la idea de *communio* es que un obispo particular únicamente puede ejercer su autoridad en comunión con todos los demás obispos. Esta *communio* no es solo asunto de vagos sentimientos, sino, conforme a la comprensión de *communio* de la Iglesia primitiva, una realidad canónicamente tangible. Para expresar esto, el concilio emplea una nueva formulación lingüística y afirma que el obispo solo puede ejercer la autoridad recibida por la ordenación en la *communio hierarchica*, la «comunión jerárquica» con la cabeza y los miembros del colegio episcopal[40]. La nueva fórmula lingüística *communio hierarchica* expresa con suma claridad el hecho de que la *communio*, lejos de ser una comunión no vinculante, constituye una realidad canónicamente tangible.

La *Nota praevia* a la constitución *Lumen gentium* retoma esta afirmación e intenta justificarla aduciendo que el ministerio pastoral se ejerce conjuntamente con muchos otros, por lo que debe ser integrado en la *communio*, la cual, a su vez, lo define de forma más precisa. Curiosamente, en la *Nota* se añade que tal integración se produce según las circunstancias de cada época y es, en consecuencia, históricamente variable. De ahí que resulte necesario distinguir entre la *communio* esencial –y, por tanto, también vinculante por principio– y su concreta estructura canónica. Ello implica al mismo tiempo que la forma de autorización canónica de los obispos por el papa, tal como durante largo tiempo ha sido habitual en la Iglesia latina, no es el único modo posible de regular canónicamente la *communio* con carácter vinculante.

La distinción preconciliar entre orden y jurisdicción era desconocida para la Iglesia antigua y sigue siéndolo en Oriente, aunque aquí existen tanto obispos titulares como obispos auxiliares y metropolitas que no son obispos diocesanos. Asimismo, en Oriente es desconocida la reciente teoría de la *communio hierarchica*.

---

39. Cf. LG 21s.
40. Cf. *ibidem*.

En el pasado, en la teología católica era objeto abierto de debate si –y en caso de respuesta afirmativa, de qué modo– a los obispos de la Iglesia oriental se les confiere jurisdicción. En una *nota bene* añadida a la *Nota praevia*, el concilio deja esta cuestión para el debate teológico. Esto equivale a abstenerse por completo de tomar una posición en lo referente al problema eclesiológico de las Iglesias orientales[41].

Indirectamente, sin embargo, el concilio da por supuesto que los obispos ortodoxos poseen jurisdicción; pues, de lo contrario, el decreto sobre las Iglesias orientales católicas no podría afirmar que los cristianos católicos pueden recibir bajo determinadas circunstancias el sacramento de la penitencia en las Iglesias orientales[42]. Esto presupone que los obispos ortodoxos disponen de su propia jurisdicción. El decreto sobre el ecumenismo va un paso más allá y formula el principio de que las Iglesias orientales son verdaderas Iglesias y «tienen el derecho y la obligación de gobernarse según sus propias ordenaciones»[43]. En el fondo, la *nota bene* y (de forma incluso más clara) los dos decretos citados expresan lo que la *Nota praevia* dice sobre la naturaleza históricamente variable de la *communio hierarchica*, solo que de modo más concreto. La eclesiología de las Iglesias orientales se basa consuetudinariamente en el derecho antiguo, codificado en detalle en los códigos de los primeros concilios[44].

Esto da pie a suponer que la forma canónica concreta de la comunión jerárquica que se prevé en la actual Iglesia latina y, en un sentido distinto, también en las Iglesias orientales católicas es una ordenación canónica propia de la Iglesia latina y de las Iglesias orientales católicas, que, en cuanto tal, no debe ser tenida por sacrosanta, sino que sigue siendo por principio modificable. En su actual forma concreta parece tratar al papa como cabeza de la Iglesia latina, mientras que en las Iglesias orientales separadas de

---

41. Cf. LThK.E 1, 219-221 y 357-359; J. RATZINGER, «Die bischöfliche Kollegialität», art. cit., 67s; G. PHILIPS, *L'Église et son mystère au deuxième Concile du Vatican*, vol. 1, *op. cit.*, 254-263; A. DE HALLEUX, «Fraterna communio»: *Irénikon* 58 (1985), 291-310.
42. Cf. OE 27.
43. UR 16.
44. Cf. G. PHILIPS, *L'Église et son mystère au deuxième Concile du Vatican*, vol. 1, *op. cit.*, 273.

Roma esta función les corresponde, según el derecho consuetudinario, a los patriarcas o metropolitas (junto con sus sínodos). También cabe extraer la conclusión de que las Iglesias orientales, si entraran en comunión plena con Roma, no tendrían que modificar básicamente ninguna de sus ordenaciones canónicas; todo podría ser reconocido como derecho consuetudinario que se ha ido configurando en el curso del tiempo. El concilio no extrae esta conclusión, pero no la excluye; antes bien, parece sugerirla por inclusión.

Así, la muy precisa *nota bene*, que da una impresión parecida a la de una seca posdata, llama la atención sobre un problema que la constitución sobre la Iglesia *Lumen gentium* no estaba en condiciones de responder, pero para el que, a la luz del decreto sobre el ecumenismo *Unitatis redintegratio*, se insinúa una solución ecuménicamente interesante y de largo alcance. La *nota bene* se limita, por supuesto, a abrir una diminuta rendija en la puerta, pero eso muestra que la puerta, en principio, está abierta. La eclesiología posconciliar de «Iglesias hermanas» ha abierto esta puerta de par en par, pero difícilmente podemos afirmar que la hemos cruzado. No se trata, por consiguiente, sino de una mera indicación. Las preguntas pendientes que nos esperan más allá de esta puerta se refieren no solo al tema –erróneamente dado ya por superado– de la sede episcopal romana como patriarcado de Occidente, sino también a la eclesiológica y ecuménicamente significativa cuestión, muy vinculada a la anterior, de la estructura y el ejercicio futuros del ministerio petrino.

Estas cuestiones teológicas tienen ya hoy consecuencias prácticas, que se ponen de manifiesto en cada visita de un patriarca de la Iglesia ortodoxa a Roma. Por lo que atañe al protocolo, estas visitas se desarrollan en el marco de las relaciones entre «Iglesias hermanas». El papa siempre reserva a sus visitantes el sitio de honor a su derecha. Pero en otras situaciones la actitud suele ser diferente. Así, las Iglesias ortodoxas se quejan con frecuencia de que no son tratadas como Iglesias hermanas. Acusan de insinceridad a nuestra retórica de «Iglesias hermanas». A menudo ha cobrado voz la crítica de que los gestos y palabras simbólicos no están enraizados todavía en una teología consonante[45]. De ahí que

---

45. Cf. Y. CONGAR, *Mon journal du Concile*, vol. 2, Paris 2002, 99, 279, 291 y 388.

suelan carecer de consistencia didáctica y práctica. Los gestos simbólicos generan expectativas que luego no se cumplen, lo que no puede llevar más que a decepciones. Esta tensión no tiene por qué explicarse mediante la insinceridad. También puede entenderse como anticipación de soluciones futuras y, en consecuencia, como impulso para seguir desarrollando la reflexión teológica.

VI. El espinoso problema del llamado «uniatismo»

Los irresueltos problemas de la eclesiología de «Iglesias hermanas» constituyen también el trasfondo para el conflicto en torno al llamado «uniatismo», o sea, el método de construir con las Iglesias orientales una suerte de cabezas de puente hacia la unificación futura, instaurando uniones particulares con Roma. Con esto abordamos un problema en extremo complejo y emocionalmente cargado. Las Iglesias ortodoxas consideran a las Iglesias orientales católicas que viven en comunión plena con Roma todo menos un puente. Para ellas, representan más bien un muro y una barrera, más aún, una abominación. Las acusan de apostasía y traición y les reprochan robar ovejas de su rebaño y esquilmar a sus propias Iglesias madre.

Este problema tan emocionalmente cargado no puede ser discutido aquí en todos sus aspectos; en especial, no es posible abordar sus complejos contextos históricos[46]. Desde el punto de vista histórico, el uniatismo no existe como un fenómeno uniforme; además, no solo se da por parte de la Iglesia católica. Las razones históricas de su desarrollo son muy diferentes en las distintas Iglesias orientales católicas. También es históricamente incorrecto difamar sin más como proselitismo todas esas uniones. Así, por ejemplo, las uniones con los ucranianos y los rutenos deben ser

---

46. Una selección de la abundante bibliografía al respecto: A. DE HALLEUX, «Uniatism et communion»: RTL 22 (1999); V. PERI, «Considerazioni sull'uniatismo», en ID., *Lo scambio fraterno fra le Chiese*, Città del Vaticano 1993, 365-394; ID., *Orientalis varietas. Roma e le Chiese d'Oriente*, Roma 1994; E. C. SUTTNER, *Die Christenheit aus Ost und West auf der Suche nach dem sichtbaren Ausdruck für ihre Einheit*, Würzburg 1999 (y otras obras); R. F. TAFT, «The Problem of "Uniatism" and the "Healing of Memories": Anamnesis, not Amnesia»: *Logos* 41-42 (2000/2001), 155-196; A. GARUTI, *Saggi di ecumenismo, op. cit.*, 17-118.

vistas en relación con el decreto de unión del concilio de Florencia. Tampoco se debería pasar por alto la amenaza que supuso el avance de la Reforma y la actitud defensiva de la Contrarreforma postridentina. Fue sobre todo ella la que llevó a una eclesiología exclusivista que sostenía la opinión de que los medios de la salvación solamente se dan en la propia Iglesia.

Pero con independencia de cómo se hayan producido históricamente las distintas uniones particulares y de cuál haya sido su fundamentación teológica, todas tienen en común el hecho de que infligieron profundas heridas a sus Iglesias madre ortodoxas y suscitaron en estas una profunda desconfianza hacia las intenciones de Roma. En el caso de las Iglesias orientales católicas, tales uniones propiciaron la formación de un tipo de Iglesia desconocido en la tradición previa.

El diálogo de amor y verdad entablado entre Roma y las Iglesias ortodoxas después del Vaticano II sobre la base de la eclesiología de «Iglesias hermanas» fue un esperanzador nuevo comienzo. Fue posible tender los fundamentos teológicos para una nueva relación[47]. Pero después de la revolución política acontecida en Europa Central y Oriental en 1989 y 1990, el problema del uniatismo volvió a caer como una helada sobre el sueño del incipiente florecimiento. Las llamadas Iglesias uniatas en Ucrania y Rumanía, que habían sido proscritas y brutalmente perseguidas en la clandestinidad por la dictadura comunista, pudieron ocupar de nuevo su lugar en la vida pública. Así, era psicológicamente inevitable que volvieran a abrirse las antiguas heridas y que se infligieran otras nuevas. A ojos de las Iglesias ortodoxas, el llamado uniatismo (por utilizar el término que ellas emplean) pareció arrojar sombras de duda sobre la sinceridad del ecumenismo católico y de la eclesiología de «Iglesias hermanas». Eso llevó a una crisis del diálogo ecuménico, que no ha sido aún superada.

Enlazando con la complicada reunión de la Comisión Mixta Internacional de Diálogo Teológico celebrada en Freising en

---

47. Los documentos de diálogo publicados hasta ahora pueden encontrarse, junto con introducciones de carácter histórico, en DwÜ 1, 518-526; DwÜ 2, 526-567; DwÜ 3, 555-569; *Growth in Agreement II. Reports and Agreed Statements of Ecumenical Conversations on a World Level 1982-1998*, 647-685; J. BORELLI y J. H. ERICKSON (eds.), *The Quest for Unity: Orthodox and Catholics in Dialogue. Documents of the Joint International Commission and Official Dialogues in the United States 1965-1995*, New York / Washington D.C. 1996.

1990⁴⁸, que coincidió con el apogeo del radical cambio político, se intentó buscar una solución a este problema en la siguiente sesión, que tuvo lugar en Balamand en 1993⁴⁹. A las llamadas Iglesias uniatas se les reconoció el derecho de existencia[50]. Este reconocimiento distingue las llamadas Iglesias uniatas del uniatismo como método, rechazado en Freising y en Balamand como camino hacia la unidad de la Iglesia para hoy y también para el futuro[51]. Toda forma de proselitismo fue repudiada de manera incluso más categórica[52]; y se condenó la eclesiología exclusivista, que únicamente atribuye relevancia salvífica a la propia Iglesia[53]. El resultado fue que las uniones particulares entre Iglesias quedaron descartadas como método y como ejemplo. Antes bien, el método del diálogo y el modelo de las Iglesias hermanas[54] debían servir en lo sucesivo como base para arbitrar reglas prácticas de trato mutuo[55].

El papa Juan Pablo II reconoció este texto como un importante paso hacia delante[56]. Resulta comprensible que a las llamadas Iglesias uniatas –que tanto habían sufrido por su fidelidad a Roma– no les resultara fácil aceptar esta declaración. Aunque algunas de ellas recibieron Balamand como una sentencia de muerte y se vieron a sí

---

48. Cf. «Dokument der 6. Vollversammlung der Dialogkommission der katholischen Kirche und der orthodoxen Kirche, Freising, 6.-15. Juni 1990», en DwÜ 3, 555-560 [trad. esp. del orig. francés: «Relación de la sexta reunión plenaria de la Comisión Mixta Internacional para el Diálogo Teológico entre la Iglesia Católica y la Iglesia Ortodoxa», en *Enchiridion oecumenicum*, vol. 2, ed. por A. González Montes, Centro de Estudios Orientales Juan XXIII y Universidad Pontificia de Salamanca, Salamanca 1993, 177-234].
49. Cf. «Der Uniatismus – eine überholte Unionsmethode – und die derzeitige Suche nach der vollen Gemeinschaft. Dokument der Gemeinsamen Internationalen Kommission für den theologischen Dialog zwischen der katholischen Kirche und der orthodoxen Kirche», Balamand (Líbano) 1993, en DwÜ 3, 560-567.
50. Cf. *ibid.*, n. 3.
51. Cf. *ibid.*, nn. 2 y 12.
52. Cf. *ibid.*, nn. 18 y 35.
53. Cf. *ibid.*, nn. 13.
54. Cf. *ibid.*, n. 12.
55. Aunque el Documento de Balamand ha de ser considerado un importante paso hacia delante, algunas de sus formulaciones no son suficientemente maduras. Es necesaria, sin duda, una mayor profundidad eclesiológica. Por ejemplo, no se distingue con claridad entre el proselitismo y la actividad misionera, que forma parte de la esencia y la obligación de la Iglesia, aunque, por supuesto, no debe dirigirse a los cristianos pertenecientes a otras Iglesias; al respecto, cf. *ibid.*, n. 12.
56. Cf. JUAN PABLO II, *Ut unum sint* 60.

mismas como víctimas del ecumenismo, al final la gran mayoría de ellas respaldaron las resoluciones adoptadas. Por parte ortodoxa, las dificultades fueron igual de importantes. Varias Iglesias ortodoxas rechazaron la declaración de Balamand. No se consideraban capaces de aceptar el concepto de «Iglesias hermanas».

Las Iglesias orientales ortodoxas se entienden a sí mismas, en no menor medida que la Iglesia católica, como la verdadera Iglesia de Jesucristo[57]. Tienen esto por una afirmación estricta y, a diferencia de lo que hizo el Vaticano II, no han sustituido esta definición por el enunciado más abierto de que la Iglesia de Cristo subsiste en la Iglesia católica[58]. De ahí que dentro de la Ortodoxia no se haya encontrado todavía una respuesta generalmente aceptada al problema de cómo puede existir la Iglesia de Jesucristo fuera de los límites de su propia Iglesia. Una determinación de tal índole solo sería posible a través de un concilio panortodoxo o ecuménico. Así, muchas Iglesias ortodoxas tienen incluso dificultades para reconocer a la Iglesia católica –por no hablar de las Iglesias orientales católicas– como Iglesia hermana. Están convencidas de que las Iglesias orientales católicas han sido absorbidas y colocadas en una «situación anormal» por la Iglesia latina. En vez de predisponer a los ortodoxos positivamente, el hecho de que las Iglesias orientales católicas conserven los ritos orientales suscita desconfianza entre ellos, puesto que albergan la sospecha de que el motivo rector de todo esto es el proselitismo.

Una investigación más detallada muestra que por ambas partes siguen existiendo cuestiones eclesiológicas irresueltas. Es cierto que el Vaticano II aprobó y promulgó el mismo día el decreto sobre las Iglesias orientales católicas y el decreto sobre el ecumenismo, pero ambos decretos corporeizan enfoques eclesiológicos diferentes, por lo que entre ellos existe una nada desdeñable tensión. Mientras que el decreto sobre el ecumenismo dibuja los contornos de una eclesiología de «Iglesias hermanas», el decreto sobre las Iglesias orientales católicas mantiene la línea de la

---

57. Cf. J. MEYENDORFF, *The Orthodox Church*, New York 1981, 225: «Por contraposición al protestantismo y al catolicismo romano, la Iglesia ortodoxa eleva la pretensión de ser la verdadera Iglesia de Cristo, de la que los cristianos occidentales se han separado. Sus pretensiones son tan exclusivas y categóricas como las de Roma, pero son elevadas en nombre de una distinta concepción de Iglesia».
58. Cf. LG 8.

concepción latina de Iglesia dominante hasta entonces[59]. Así, este último decreto afirma que las Iglesias uniatas de Oriente están encomendadas al gobierno pastoral (*pastoralis gubernatio*)[60], que tiene el derecho de intervenir en determinados casos[61]. Algunos autores llegan más lejos y derivan la autoridad de los patriarcas de las Iglesias orientales católicas de la plenitud de potestad del papa. Estas heterogéneas concepciones eclesiológicas plantean problemas para el diálogo ecuménico. Es evidente que la unión con las Iglesias ortodoxas no es posible sin la unión con las Iglesias orientales católicas. El concilio exhorta expresamente a estas al compromiso ecuménico[62], y muchos de sus obispos participan con celo en los esfuerzos ecuménicos.

Pero ¿tienden realmente las Iglesias orientales católicas un puente hacia las Iglesias ortodoxas? Al respecto no existe una respuesta sencilla. Las Iglesias orientales católicas ciertamente pueden y deben servir como puente en el sentido de que conservan viva y, si es necesario, renuevan la rica herencia de la Iglesia oriental; mantienen despierta en la Iglesia católica la conciencia de esta herencia y en Oriente la conciencia de la perentoriedad de la comunión con Roma. En pocas palabras, deberían mantenernos conscientes de la anomalía de la separación y atizar nuestro anhelo de unidad. En este sentido pueden tener, precisamente en cuanto «escollo» y desafío, una importancia providencial para el ecumenismo, aun cuando en su actual estado no puedan servir como modelo para la previsible unidad futura más amplia. Su actual estatus es, como dice con claridad en su epílogo el decreto sobre las Iglesias orientales católicas, de naturaleza provisional. El decreto afirma que todas sus estipulaciones canónicas se establecen solo «para las circunstancias actuales, hasta que la Iglesia católica y las Iglesias orientales separadas lleguen a la plenitud de la comunión»[63]. La constitución apostólica *Sacri canones* (1990), que promulgó el nuevo código de derecho canónico de las Iglesias orientales católicas, reitera explícitamente esta afirmación.

---

59. Cf. E. LANNE, «Églises unies ou églises soeurs: un choix inéluctable»: *Irénikon* 48 (1975), 322-342.
60. Cf. OE 3.
61. Cf. *ibid.* 9.
62. Cf. *ibid.* 30.
63. *Ibidem.*

VII. Hacia una solución: «ni absorción ni fusión»

La definitiva superación de las divisiones dentro de la comunión ritual solamente puede alcanzarse a través de la superación del cisma entre Oriente y Occidente sobre la base de una renovada eclesiología de comunión y de «Iglesias hermanas». Según esta visión, toda Iglesia local es por entero Iglesia, aunque no es toda la Iglesia. Como Iglesia local existe «en y a partir» de la Iglesia universal, al igual que esta existe «en y a partir» de las Iglesias locales[64]. De ahí que toda Iglesia local esté legitimada para regular sus asuntos por sí misma; pero eso solo puede hacerlo en comunión tanto con todas las demás Iglesias locales como con la Iglesia universal. La manera en que esto acontece puede variar históricamente y ser, en consecuencia, diferente en la Iglesia latina y en las Iglesias orientales. Es importante que todas las decisiones se tomen en el marco de la fe común, de los sacramentos comunes y del ministerio episcopal común.

Una solución sobre esta base abre nuevas posibilidades para una respuesta al principal punto de controversia entre Oriente y Occidente: el ministerio petrino. A fin de avanzar, el papa Juan Pablo II ha tomado la iniciativa invitando a las Iglesias separadas, en especial a las Iglesias orientales, a entablar con él un diálogo sobre la manera de ejercer el ministerio petrino en el futuro[65]. Todavía nos encontramos en un estado inicial en lo relativo a esta cuestión. Si se consideran en conjunto los desarrollos históricos acaecidos en el curso de los dos últimos milenios, es evidente que los dos concilios vaticanos dejan abiertos muchos más aspectos de esta cuestión de lo que generalmente se supone. Aunque se conserve todo lo esencial e irrenunciable del ministerio petrino, son posibles desarrollos de gran alcance cuyas consecuencias no se pueden predecir en detalle.

En principio, la meta de la *communio* plena que debe perseguirse fue definida ya por el cardenal Mercier y Lord Halifax en

---

64. Cf. LG 23.
65. Cf. JUAN PABLO II, *Ut unum sint* 95. En relación con las Iglesias orientales católicas, cf. la alocución del papa Juan Pablo II a los miembros de la asamblea plenaria de la Congregación para las Iglesias Orientales, recogida en *Insegnamenti* XXI/1611. Una visión de conjunto sobre el debate actual puede leerse en *Information Service* 2002/I-II, 29-42.

las conversaciones entre católicos y anglicanos celebradas en Malinas (1921-1926), en las que se utilizó la fórmula: «Unidos, pero no absorbidos»[66]. El papa Juan Pablo II hizo suya esta fórmula y habló de una comunión plena, que no es absorción ni tampoco fusión, sino un encuentro en la verdad y en el amor[67]. El documento de Balamand reiteró esta formulación[68].

Una reintegración de este tipo, que no sea fusión ni absorción, implica que tampoco las Iglesias orientales católicas pueden ser absorbidas ni fusionadas, lo que en la práctica equivaldría a una liquidación. Por supuesto, no pueden seguir siendo como son ahora, sino que deben borrar toda huella de latinización; pero aunque regresaran a sus Iglesias madres, y varias de ellas ya han manifestado su disposición a hacerlo, no desaparecerán sencillamente sin dejar rastro. Tienen que prestar su propia y específica contribución a la *communio*. Habrá diferentes respuestas prácticas a cómo puede acontecer esto, incluidas soluciones de transición pragmáticas. Lo decisivo es la *communio* plena misma.

El restablecimiento de la unidad plena entre Oriente y Occidente puede ser únicamente un proceso pneumatológico-carismático y resulta imposible determinar de antemano en detalle qué forma adoptará. Según lo humanamente previsible, la solución a este complejo problema solo será posible a través de numerosos y pacientes pasos concretos. Para llegar a una *communio ecclesiarum* [comunión de las Iglesias], primero es necesario romper la espiral de desconfianza; eso presupone sensibilidad, purificación del recuerdo histórico, superación de prejuicios, actos de perdón, conversión y signos de fraternidad. Y así, serán necesarios nuevos diálogos teológicos para generar confianza mutua y comprensión recíproca. Sobre todo requerirá penitencia y oración[69].

---

66. Cf. LORD HALIFAX, *The Conversations at Malines: Original Documents*, London 1930.
67. Cf. JUAN PABLO II, *Slavorum apostoli* 27.
68. Cf. «Der Uniatismus», art. cit., 14.
69. Al respecto se ha manifestado con gran sensibilidad M. VAN PARYS, «Les églises orientales catholiques et l'oecuménisme»: *Irénikon* 64 (1991), 323-331.

El agradecimiento por los pasos que con la ayuda de Dios han sido posibles en el curso de los últimos cuarenta años nos permite estar al mismo tiempo llenos de esperanza en que sigue teniendo sentido recorrer con valentía y paciencia el camino que se ha abierto con la eclesiología de «Iglesias hermanas».

10
Unidad en la diversidad reconciliada

I. Una fórmula ecuménica común

La preocupación por la unidad de todos los cristianos no es el interés particular de unos cuantos. En su oración de despedida, Jesús se la encareció a todos los cristianos (cf. Jn 17,21). El concilio Vaticano II y los últimos papas la han hecho expresamente suya, calificándola de una de sus prioridades[1]. La gran mayoría de los cristianos de todas las confesiones comparten este objetivo. La pregunta, sin embargo, es cómo cabe pensar en concreto tal unidad y cómo debemos imaginarla. Esta pregunta por el modelo de la unidad a la que se aspira es uno de los problemas más controvertidos de la actual teología ecuménica. Precisamente en los últimos tiempos ha vuelto a hacerse manifiesto que los expertos en ecumenismo de las diferentes Iglesias ya no coinciden a la hora de precisar cuál sea la finalidad del ecumenismo; o dicho de forma comprensible en general: no se ponen de acuerdo sobre qué es lo que en último término quieren y persiguen.

La constitución del Consejo Mundial de Iglesias habla de unidad visible. Con ello se expresa el consenso que existía en la época de la creación del Consejo en 1948. La asamblea plenaria del Consejo Mundial de Iglesias celebrada en Harare en 1998 encontró formulaciones muy atractivas para describir la unidad que buscamos, pero no tuvo más remedio que admitir sin ambages que actualmente no existe pleno acuerdo en una visión común de la unidad[2]. Semejante diagnóstico es funesto. Pues cuando no se tiene ninguna meta en común, existe el peligro de que, a pesar de

---
1. Cf. UR 1; JUAN PABLO II, *Ut unum sint* (1995), 99.
2. Cf. *Together in the Way. Official Report of the Eighth Assembly of the World Council of Churches*, Geneva 1999, 103-105 y 113-116.

la buena voluntad, de repente se corra en direcciones diferentes y al final nos encontremos más lejos unos de otros que antes. El debate sobre este problema no es nuevo. Ya desde hace décadas se debate sobre diversos modelos de la unidad[3]. Por parte católica se defendió durante largo tiempo el modelo del regreso de las Iglesias y los cristianos separados al seno materno de la Iglesia católica. Este modelo, en esta forma simple, se considera hoy superado. En el Consejo Mundial de Iglesias, el primer plano lo ocupó durante largo tiempo el modelo de la unión orgánica, o sea, la fusión de las diversas Iglesias en una nueva unidad orgánica. Según este modelo, las identidades confesionales actualmente existentes deben desaparecer en beneficio de un nuevo tipo ecuménico de Iglesia.

Contra ello surgieron comprensiblemente resistencias, primero dentro de la Conferencia de Comuniones Cristianas Mundiales (*Conference of Christian World Communions*), en la que colaboran las distintas federaciones confesionales mundiales. En 1974 plasmaron su concepción de una unidad futura en la fórmula: «Unidad en la diversidad reconciliada». Con ello querían decir que la unidad no implica la renuncia a la diversidad confesional, sino que esta se considera legítima y valiosa, que es necesario quitar hierro a las divergencias confesionales para que no resulten separadoras y que, de este modo, las confesiones separadas deben reconciliarse entre sí. Este modelo, apoyado enérgicamente por el Instituto Ecuménico de Estrasburgo, se lo fijó luego como meta la Federación Luterana Mundial en su asamblea general de Dar es-Salam (Tanzania, 1977), no sin tensiones iniciales con el Consejo Mundial de Iglesias.

El modelo de la diversidad reconciliada está relativamente próximo a antiguos modelos católicos, en especial al de unión corporativa, que se remonta a los comienzos del movimiento *Una Sancta*, así como al concepto posconciliar de Iglesias hermanas y de los *týpoi* [tipos] eclesiológicos. A todos estos conceptos les es común la fórmula de unidad en la diversidad y diversidad en la unidad, que entretanto se ha convertido en habitual. Así, resulta comprensible que la fórmula de diversidad reconciliada pudiera

---

3. Cf. H. MEYER, *Ökumenische Zielvorstellungen*, Göttingen 1996; ID., «Versöhnte Verschiedenheit», en LThK[3] 10, 719.

entrar en las negociaciones finales sobre la *Declaración conjunta sobre la doctrina de la justificación* de 1999 y ser asumida en el *Comunicado oficial común* emitido por la Federación Luterana Mundial y la Iglesia católica[4].

Entretanto, la fórmula de la unidad en la diversidad reconciliada ha encontrado un amplio reconocimiento ecuménico. Eso significa, sin duda, un progreso y una aproximación en la cuestión de la meta ecuménica. Pues esta fórmula comporta que ninguna de las Iglesias participantes en el diálogo ecuménico persigue una Iglesia unitaria uniforme. Antes bien, existe consenso sobre el hecho de que la diversidad no debe entenderse como debilidad, sino como riqueza.

En favor de esta visión cabe invocar el Nuevo Testamento. Pues en Mateo, Lucas y Juan, así como en las principales cartas paulinas y en las cartas pastorales de Pablo, encontramos una diversidad de tipos de Iglesia. Sería erróneo, sin embargo, interpretar esta diversidad como justificación de la pluralidad de confesiones que han ido configurándose desde el siglo XVI y se enfrentan agriamente unas a otras en cuestiones esenciales de la fe. Asumir la existencia ya en el Nuevo Testamento de semejante diversidad no reconciliada representa un anacronismo que retrotrae al siglo I la formación de las confesiones en el siglo XVI.

Además, tal concepción contradice las enérgicas exhortaciones a la unidad y la unanimidad que de continuo se reiteran en el Nuevo Testamento. Por eso, la legítima diversidad a la hora de dar testimonio de una y la misma fe debe distinguirse clara y nítidamente de la pluralidad de afirmaciones de fe que se contradicen y excluyen unas y otras, tal como por desgracia ocurre entre las confesiones. Por esta razón, las Iglesias participantes en el diálogo ecuménico persiguen un entendimiento –y eso significa: una reconciliación– en las materias de fe separadoras, que debe propiciar que la pluralidad separadora se convierta en una variedad recíprocamente enriquecedora y en una diversidad reconciliada.

---

4. Cf. DwÜ 3, 437s.

II. Una interpretación diferente

A pesar del consenso fundamental en lo relativo a la meta, el vivo y en parte crítico debate que siguió a la *Declaración conjunta sobre la doctrina de la justificación* de 1999 hizo ya patente que la fórmula común: «Unidad en la diversidad reconciliada», puede ser entendida de varias maneras y es susceptible de una interpretación controvertida. Por parte protestante, esta fórmula suele desplazarse hacia la vecindad del concepto de unidad que se realiza o persigue en la comunión de Iglesias de la *Concordia de Leuenberg*. En la *Concordia de Leuenberg* de 1973, diversas Iglesias protestantes –inicialmente luteranas, reformadas y «unidas» (*unierte*)– que hasta entonces se habían mantenido separadas declararon, después de concienzudas deliberaciones y en virtud de una comprensión común del Evangelio y de los sacramentos del bautismo y la eucaristía, la comunión de púlpito y altar entre ellas. De este modo asumieron la plena comunión eclesial, sin renunciar, no obstante, a su respectiva autonomía e identidad confesional[5].

En Alemania, esta concepción llevó en el espacio protestante a la comunión entre Iglesias luteranas, reformadas y «unidas» (*unierte*). En el ámbito de la Iglesia Evangélica en Alemania (*Evangelische Kirche in Deutschland*, EKD), esta comunión de Iglesias comenzó entretanto a plasmarse también en consecuencias institucionales. Este es un importante paso, que debe llevar a superar la fragmentación confesional dentro del protestantismo. En cierto sentido, este proceso rompe con la tradición previa de estas Iglesias. Pero la mayoría de las Iglesias protestantes ven en esta ruptura un legítimo desarrollo de preocupaciones fundamentales de la Reforma.

Sobre este trasfondo resulta comprensible la expectativa de numerosos cristianos protestantes en el sentido de que, a raíz de la *Declaración conjunta sobre la doctrina de la justificación*, también fuera posible un paso análogo con la Iglesia católica. Se esperaba y se contaba con una comunión eucarística, siquiera limitada. Los católicos participantes en el diálogo excluyeron claramente esta posibilidad ya antes de la firma de la declaración por parte católica. A pesar de ello, la ausencia de consecuencias de este documento, tras su firma, en lo concerniente a la comunión eu-

---

5. Cf. E. Schieffer, *Von Schauenberg nach Leuenberg. Entstehung und Bedeutung der Konkordie reformatorischer Kirchen in Europa*, Paderborn 1983.

carística originó enfados y decepciones. Estos se hicieron patentes durante la preparación –y a consecuencia– de las Jornadas Eclesiales Ecuménicas (*Ökumenischer Kirchentag*) de Berlín en 2003 y en parte fueron dirimidos públicamente.

Las causas del malentendido y el enfado son, sin embargo, más hondas. Radican en la diferente autocomprensión eclesiológica de la Iglesia protestante y la Iglesia católica. El punto neurálgico radica en que el modelo de Leuenberg presupone una cierta comprensión común del ministerio, que, sin embargo, deja abiertas tanto la cuestión del carácter sacramental de este como la forma concreta de las estructuras ministeriales. Hablando en concreto, el modelo de Leuenberg deja abierta la cuestión de cuál sea la constitución de la Iglesia –si episcopal, presbiteral o sinodal o incluso una combinación de estas diversas posibilidades–, permitiendo con ello no solo la diversidad, sino incluso la existencia de contradicciones entre las Iglesias participantes.

Distinto es el caso de la Iglesia católica y de las Iglesias orientales, que se remontan igualmente al primer milenio. Para estas, como para aquella, el ministerio episcopal en sucesión apostólica es normativo y vinculante para el reconocimiento del pleno ser Iglesia de una Iglesia. El ministerio episcopal y la concepción sacramental del ministerio no forman parte solo del *bene esse*, sino también del *esse* de la Iglesia, no solo son convenientes, sino esenciales. En esta cuestión radica una diferencia hasta ahora no reconciliada entre la posición católica y la protestante. A consecuencia de la ausencia (*defectus*) del sacramento del orden en las Iglesias nacidas de la Reforma, el Vaticano II afirma que estas Iglesias no han conservado la originaria e íntegra realidad (*substantia*) del misterio eucarístico[6].

Detrás de la diferencia en la comprensión del ministerio hay una divergencia aún más profunda, a saber, la divergencia en la concepción de Iglesia misma. Las Iglesias protestantes de la comunión de Leuenberg se entienden y reconocen recíprocamente como partes de la Iglesia católica y apostólica bajo forma en cada caso distinta. La autocomprensión de la Iglesia católica se diferencia radicalmente de esto. Pues la Iglesia católica no solo afirma que es una parte de la Iglesia una, sino más bien que so-

---

6. Cf. UR 22.

lamente en ella «subsiste» en toda su plenitud la única Iglesia de Jesucristo[7]. La pretensión de las Iglesias orientales y ortodoxas no se queda en absoluto a la zaga.

Esta diferencia básica comporta que las comunidades eclesiales protestantes no puedan reconocer plenamente la autocomprensión de la Iglesia católica ni esta pueda reconocer la autocomprensión de aquellas. El Vaticano II no niega a las comunidades protestantes toda clase de eclesialidad; en ellas no existe un vacío eclesial[8]. El concilio habla más bien de que estamos en una comunión imperfecta con ellas[9]. Descubre en las comunidades protestantes elementos de la Iglesia una[10] y afirma además que Jesucristo y su Espíritu Santo están eficazmente presentes en ellas[11]. Pero la Iglesia católica no califica a las Iglesias protestantes de Iglesias en el sentido propio y plenamente teológico de este término. No son Iglesias en el sentido en que la Iglesia católica se entiende a sí misma como Iglesia[12]. En una época como la nuestra, que se caracteriza por un generalizado relativismo, resulta comprensible que tanto a las comunidades eclesiales protestantes como a muchos de nuestros contemporáneos esta pretensión les parezca escandalosa. Para la Iglesia católica, esta pretensión es expresión del escándalo constitutivo de la fe cristiana, a saber, que Dios no se ha hecho hombre en general, sino concretamente *este* hombre y se ha manifestado visiblemente en la carne bajo la forma singular de *este* hombre concreto, Jesús de Nazaret (cf. Jn 1,14).

La idea de unidad que subyace a la *Concordia de Leuenberg* puede, por eso, satisfacer las pretensiones eclesiológicas de la mayoría de las Iglesias protestantes europeas. Para la Iglesia católica, sin embargo, deja sin abordar ni reconciliar ciertas contradicciones entre las Iglesias, por lo que aún no representa una meta ecuménica suficiente. Otro tanto puede decirse de la comprensión de la eucaristía que se defiende en la Concordia. También en

---
7. Cf. LG 8.
8. Cf. JUAN PABLO II, *Ut unum sint* 13.
9. Cf. UR 3.
10. Cf. LG 8 y 15; UR 3 y 21-23.
11. Cf. UR 4.
12. Este punto lo puso de relieve sobre todo la CONGREGACIÓN PARA LA DOCTRINA DE LA FE en la declaración *Dominus Iesus* (2000), 16s.

este punto permanecen abiertas preguntas importantes. Así se pone de manifiesto que, por desgracia, tanto entre las propias Iglesias protestantes como, sobre todo, en su relación con la Iglesia católica y con las Iglesias orientales siguen existiendo aspectos no reconciliados, de suerte que aún no se puede hablar de una unidad en la diversidad reconciliada.

A la vista de estas diferencias, hasta hoy por desgracia no superadas, el papa pudo valorar positivamente la *Declaración conjunta sobre la doctrina de la justificación* como un hito. Con esta imagen expresó de forma certera que con la *Declaración conjunta* hemos cubierto una importante etapa del camino común, pero no hemos alcanzado aún la meta; antes bien, todavía está pendiente la clarificación de las cuestiones eclesiológicas y de teología del ministerio. Mientras esto no ocurra, la *Concordia de Leuenberg* no solo no es aplicable a la relación con la Iglesia católica; además, su base eclesiológica no es suficiente para hablar de una unidad en la diversidad reconciliada y establecer la comunión eucarística.

III. La interpretación católica

La interpretación católica de la fórmula de la unidad en la diversidad reconciliada se sugiere ya en las palabras iniciales del decreto sobre el ecumenismo *Unitatis redintegratio*: «restauración de la unidad entre todos los cristianos»[13]. Pues el concilio hace uso de la idea de que la unidad de la Iglesia no se ha perdido en la Iglesia católica, sino que perdura a pesar de las divisiones, si bien de un modo herido. Al separarse de la unidad de la Iglesia católica, las Iglesias o comunidades eclesiales separadas han conservado algunos elementos de verdad y santificación, aunque han perdido otros. Así pues, están heridas en su ser Iglesias. También la Iglesia católica se encuentra herida a causa de tales divisiones. En ella se produjeron, por ejemplo, endurecimientos contrarreformistas. Los cristianos separados, en cambio, a menudo han desarrollado los elementos conservados de manera más rica de lo que le ha sido posible a la Iglesia católica en la situación de división.

---

13. UR 1.

Así, también la Iglesia católica se encuentra empobrecida y debilitada por las divisiones[14].

La reincorporación y reintegración no puede consistir en que todo se quede más o menos tal cual estaba, dejando persistir sin más las diferencias o declarándolas irrelevantes mediante interpretaciones más o menos hábiles e ingeniosas. Se trata de una reconciliación real. Y eso es un proceso doloroso. La reconciliación no es posible sin conversión y purificación del corazón, de la conducta de unos para con otros y de la forma de conversar unos con otros, pero tampoco sin renovación y reforma institucional[15]. El diálogo ecuménico es un intercambio no solo de ideas, sino de dones y regalos[16]. No busca el mínimo denominador común, sino el enriquecimiento mutuo y el crecimiento en la fe y en el amor. Se trata de una reconciliación de lo que se ha dividido, una reconciliación que reconozca y supere las parcialidades y los endurecimientos propios, que asuma y haga suyas las preocupaciones justificadas de la otra parte, de modo que no sean vistas ya como antítesis, sino como complemento y enriquecimiento. Se trata de una unidad que no es absorción ni fusión[17].

Que esto no es mera teoría abstracta puede mostrarse con ayuda de los resultados obtenidos hasta ahora en el diálogo ecuménico. El primer ejemplo, la *Declaración conjunta sobre la doctrina de la justificación*, ya se ha mencionado. No ha llevado a una unidad uniforme, sino a una unidad en la diversidad, en tanto en cuanto ha puesto de manifiesto que, rectamente entendidas e interpretadas en profundidad, las diferentes fórmulas no tienen por qué contradecirse entre sí, sino que pueden ser entendidas como diversas vías de acceso a una y la misma fe, como diversos acentos y formas de expresión de esta. Un ejemplo análogo, por desgracia poco conocido entre nosotros, es la unión con las Iglesias orientales (coptos, sirios, armenios y otros) que ya en el siglo V se separaron de la gran Iglesia. Se negaron a asumir la fórmula del concilio de Calcedonia (451) de las dos naturalezas y la única per-

---

14. Cf. Congregación para la Doctrina de la Fe, *Communionis notio* (1992), 17.
15. Cf. UR 4 y 6s.
16. Cf. Juan Pablo II, *Ut unum sint* 28 y 57.
17. Cf. Juan Pablo II, *Slavorum apostoli* (1985), 27.

sona de Cristo; en vez de ello, siguiendo a Cirilo de Alejandría, hablaban de la única naturaleza del Logos encarnado. Por medio de concienzudas investigaciones históricas se llegó a la conclusión de que, en este caso, la diferencia no es una diferencia de fe, sino una diferencia de terminología y de distinta comprensión filosófica de los términos «naturaleza» (*phýsis*) y «persona» (*hypóstasis*). Así, la polémica que duraba ya siglos pudo ser zanjada a través de sendas declaraciones oficiales del papa y de los respectivos patriarcas, sin que ninguna de las partes impusiera a la otra su fórmula. Fue posible afirmar una diversidad reconciliada[18]. La meta de semejante *redintegratio unitatis* no es una nueva Iglesia. No es posible una nueva Iglesia, porque la Iglesia fue establecida firmemente de una vez por todas sobre el fundamento de los apóstoles. De ahí que no pueda tratarse de una nueva Iglesia, pero sí de una Iglesia espiritualmente renovada e iniciada con creciente profundidad por el Espíritu Santo en la verdad plena (cf. Jn 16,13). Por semejante reconciliación en la concepción de Iglesia y de ministerio deben luchar y, sobre todo, orar los cristianos católicos y los cristianos protestantes que en Alemania y otras partes de Europa son conocidos como «evangélicos». Esperamos que, con la ayuda de Dios, algún día también ella nos sea regalada y que entonces se tornen posibles tanto una catolicidad evangélica como una evangelicidad católica[19].

IV. Profundización de la mano de Johann Sebastian Drey y Johann Adam Möhler

Para avanzar un paso más en el punto neurálgico de la actual teología ecuménica, puede ser útil profundizar algo más en la teología que está detrás de la fórmula de la diversidad reconciliada. A ello pueden ayudarnos algunas reflexiones que el precursor y pionero de la teología ecuménica, el tubingués Johann

---

18. Cf. DwÜ 1, 529-531, 533s y 541s; DwÜ 2, 571-574.
19. Así ya el programa de F. Heiler y, más tarde, del movimiento *Una Sancta* y la Unión Evangélico-Ecuménica de la Confesión de Augsburgo; de modo análogo, cf. H. KÜNG, *Christ sein*, München 1974, 493-495 [trad. esp.: *Ser cristiano*, Trotta, Madrid 2003²].

Adam Möhler, desarrolla en su obra de juventud *La unidad de la Iglesia* (1825)[20]. En ellas se apoya en consideraciones de su maestro Johann Sebastian Drey, el fundador de la Escuela Católica de Tubinga del siglo XIX[21]. El viejo maestro de la teología ecuménica católica contemporánea, Yves Congar, ha llamado la atención sobre los textos pertinentes de Möhler, que él toma como referencia[22].

Möhler describe el camino de la Iglesia en tres fases: de la unidad no consciente de los inicios a la pluralidad no reconciliada y, finalmente, a la diversidad reconciliada. A este triple paso dialéctico le subyace la idea de que toda vida se mueve en el juego de opuestos; hoy hablaríamos más bien de tensiones entre contrarios. En la unidad no consciente del principio, los opuestos se yuxtaponen de forma aún inconsciente. Solamente en el segundo estadio son elevados a conciencia y pasan a estar uno frente a otro. Se aíslan uno de otro, convirtiéndose en términos contradictorios. Y de este modo se endurecen y devienen infecundos y estériles. Por eso, Möhler habla de una oposición fallida, que es algo que no debería ser, una expresión del mal que brota en último término del egoísmo.

Sin embargo, en todas las épocas se hace valer el anhelo de reunificación. Esta únicamente es posible como reconciliación, pues consiste en que los términos contradictorios, en cuanto opuestos fallidos, retornen a la unidad y devengan así fructíferos. Esto no comporta el retorno a un estadio anterior; o como hoy a menudo se dice, no implica un simple ecumenismo de retorno. Pero evidentemente tampoco puede tratarse de que los opuestos sigan existiendo yuxtapuestos e inconexos. El mal no puede tornarse de repente en bien. Pero el mal puede estimular y espolear

---

20. Es importante sobre todo el § 46. Para la relevancia de Möhler, cf. W. KASPER, «Vom Geist und Wesen des Katholizismus. Bedeutung, Wirkungsgeschichte und Aktualität von Johann Sebastian Dreys und Johann Adam Möhlers Wesensbestimmung des Katholizismus»: ThQ 183 (2003), 196-212.
21. Cf. W. KASPER, «Die Einheit der Kirche im Licht der Tübinger Schule», en M. Kessler y O. Fuchs (eds.), *Theologie als Instanz der Moderne. Beiträge und Studien zu Johann Sebastian Drey und zur Katholischen Tübinger Schule*, Tübingen 2005, 189-206.
22. Cf. Y. CONGAR, «Diversité reconciliée. Comment réagirait Möhler?», en ID., *Diversités et communion*, Paris 1982, 221-226.

el bien. Se trata, pues, de una verdadera reconciliación, que no es posible sin una conversión al amor.

Así entendidas las cosas, no estamos ante un paso atrás, sino ante un paso hacia delante, ante un verdadero progreso hacia una unidad consciente y reconciliada, en la que los opuestos se «mueven libre y vivamente». Dentro de la unidad poseen un derecho y una libertad relativos, en los que el derecho y la libertad de la otra posición son reconocidos. Se trata de una unidad en la diferencia consciente y reconciliada.

En otras palabras, la constitución y la forma de la Iglesia deben ser expresión del amor, donde ninguno puede ser todo y tampoco todos pueden serlo todo. Todo solamente pueden serlo todos juntos, y la unidad de todos es una totalidad. Para Johann Sebastian Drey, la Iglesia es el lugar de la reconciliación y de la coincidencia de la unidad y la pluralidad. De ahí que, enlazando con la filosofía de Schelling, la caracterice como una obra de arte viva[23]. Pues según Schelling, el arte no es sino la lograda mediación entre los opuestos. En este sentido debe entenderse la caracterización que Drey hace de la Iglesia como símbolo y manifestación temporal del reino de Dios. No debe convencer ante todo por la lógica de su sistema doctrinal, sino en virtud de la belleza de sus símbolos. En la disolución y pérdida de lo simbólico ve él, por el contrario, la problemática herencia tanto de la Reforma como de la Ilustración.

En la teología reciente encontramos ideas análogas en Hans Urs von Balthasar. En su ambiciosa obra *Gloria* elabora una estética teológica como doctrina teológica de la percepción. Muestra que la verdad no es monótona, sino sinfónica. Como toda música, se expresa en la armonía de diversas voces e instrumentos[24].

---

23. Cf. J. S. DREY, «Vom Geist und Wesen des Katholizismus (1819)», en J. R. Geiselmann (ed.), *Geist des Christentums und des Katholizismus*, Mainz 1940, 215 y 220; ID., *Kurze Einleitung in das Studium der Theologie*, Tübingen 1819, §§ 189 y 280; véase también §§ 268 y 275.
24. Cf. H. U. VON BALTHASAR, *Herrlichkeit. Eine theologische Ästhetik*, vol. 1, Einsiedeln 1961 [trad. esp: *Gloria: una estética teológica*, vol. 1, Encuentro, Madrid 1985]; ID., *Die Wahrheit ist symphonisch. Aspekte des christlichen Pluralismus*, Einsiedeln 1972 [trad. esp.: *La verdad es sinfónica: aspectos del pluralismo cristiano*, Encuentro, Madrid 1979].

Por eso dedico estas líneas con amistosa cordialidad al obispo auxiliar Hans Kreidler, quien, como amante de la música, los símbolos litúrgicos y la Escuela de Tubinga, ha hecho de la palabra y el servicio de la reconciliación (cf. 2 Cor 8,18s) el lema de su ministerio episcopal y su servicio a la unidad.

SEGUNDA PARTE

Balances de la situación

11
El diálogo con la teología protestante

I. El problema del ecumenismo

1. Un nuevo clima: diálogo en vez de polémica

La convocatoria, la preparación y el transcurso del concilio Vaticano II han dado hasta este momento por doquier nuevo impulso a las esperanzas, las preocupaciones y los esfuerzos concernientes a la unidad de la Iglesia. Era inevitable que la literatura sobre cuestiones ecuménicas creciera entretanto desmesuradamente. Por eso, no es posible ofrecer una visión de conjunto siquiera aproximadamente completa de la plétora de los libros, artículos de revista y antologías que se han publicado en los distintos países y continentes en los años transcurridos desde la convocatoria del concilio. De ahí que en la exposición siguiente tan solo intentaremos destacar algunas líneas decisivas de la actual teología ecuménica. Una detallada historia de la bibliografía publicada puede encontrarse en las revistas especializadas en teología ecuménica[1].

Nuevo es, en primer lugar, el clima en el que se desarrollan las conversaciones. Nuevo es también el hecho de que se trata de un verdadero diálogo. Esto no es algo que pueda dar por supuesto quien conoce, siquiera únicamente en cierto grado, la historia de las relaciones entre los cristianos separados[2]. La yuxtaposición de las confesiones se tradujo inicialmente sobre todo en el modo de

---

1. *Catholica*, Münster 1950ss; *Irénikon*, Chevetogne 1950ss; *Istina*, Boulogne-sur-Seine 1954ss; *Journal of Ecumenical Studies*, Pittsburgh 1963ss; *Ecumenical Review*, Geneva 1951ss; *Una Sancta*, Meitingen bei Augsburg 1953ss; *Vers l'unité chrétienne*, Boulogne-sur-Seine 1950ss; *Verbum caro*, Lyon 1950ss.
2. La historia del movimiento ecuménico, su transición de la polémica y la teología de controversia a la dialogante teología ecuménica contemporánea, pasando por el irenismo, la simbólica y la confesionología (*Konfessionskunde*), se narra en todos los manuales importantes. Los más relevantes por parte católica son: Y. CONGAR, *Chrétiens désunis. Principes d'un*

la polémica, «en la que una de las partes reprochaba a la otra error, malevolencia, estupidez y, preferiblemente, todo junto; en la que el otro existía tan solo bajo la figura del hereje, el apóstata o incluso el no creyente y en la que este otro no era sino aquello en lo que se encontraba con facilidad una patente de corso para todas las formas posibles de injuria de palabra y de obra» (Heinrich Fries). También más tarde, cuando en la época de la teología de controversia se prescindió en general de los insultos personales, cada uno de los bandos procuraba demostrar objetivamente con todos los medios científicos a su alcance que el otro estaba equivocado. Por otra parte, si hoy, en vez de esto, hablamos de diálogo, con ello no nos referimos a los sinceros intentos de algunos irenistas del pasado que creían poder superar sin más las diferencias confesionales en un plano superior. El diálogo tal como lo inició el papa Juan XXIII, cuyas preocupaciones las reinterpretó sin cesar de palabra y por escrito el cardenal Bea[3], el diálogo tal como volvió a caracterizarlo el papa Pablo VI[4], se diferencia tanto de la polémica como del falso irenismo. Pero presupone que en toda conversación sincera tiene lugar un dar y tomar recíproco; que se le plantean preguntas al otro, pero también uno mismo se deja interpelar; que se reconoce la acción del Espíritu en el otro y se admiten los propios errores e insuficiencias.

      Oecuménisme catholique, Paris 1937 [trad. esp.: *Cristianos desunidos: principios de un ecumenismo católico*, Verbo Divino, Estella 1967]; G. THILS, *Histoire doctrinale du mouvement oecuménique*, Louvain 1955 [trad. esp.: *Historia doctrinal del movimiento ecuménico*, Rialp, Madrid 1965]; T. SARTORY, *Die ökumenische Bewegung und die Einheit der Kirche. Ein Beitrag im Dienste einer ökumenischen Ekklesiologie*, Meitingen bei Augsburg 1955; M. VILLAIN, *Introduction à l'Oecuménisme*, Tournai/Paris 1958 [trad. esp.: *Introducción al ecumenismo*, Desclée De Brouwer, Bilbao 1962]; G. H. TAVARD, *Two Centuries of Ecumenism*, London 1960.
3.   Cf. A. BEA, *Die Einheit der Christen. Probleme und Prinzipien. Hindernisse und Mittel. Verwirklichungen und Aussichten*, Freiburg/Basel/Wien 1963 [trad. esp. del orig. italiano: *La unión de los cristianos*, Estela, Barcelona 1963]; ID., *Akademische Forschungs- und Lehrtätigkeit im Dienste der Einheit der Christen*, Freiburg (Schweiz) 1962; ID., *Der Katholik und das Problem der Vereinigung der Christenheit. Der große Ruf zur Einkehr in die Herde Christi*, Meitingen bei Augsburg 1962.
4.   La doctrina de los papas hasta Pío XII ha sido expuesta por R. AUBERT, *Le Saint-Siège et l'Union des Églises*, Bruxelles 1947 [trad. esp.: *La Santa Sede y la unión de las Iglesias*, Estela, Barcelona 1959]; G. BAUM, *L'unité chrétienne d'après la doctrine des papes: de Léon XIII à Pie XII*, Paris 1961 [trad. esp. del orig. inglés: *La unidad cristiana según la doctrina de los papas (de León XIII a Pío XII)*, Estela, Barcelona 1962].

2. ¿Qué significa «ecumenismo»?

Yves Congar[5], uno de los más destacados pioneros de un nuevo pensamiento ecuménico y de una teología ecuménica, intenta describir sintéticamente la novedad que el Espíritu de Dios nos ha regalado en nuestro tiempo y que se diferencia de todos los esfuerzos habidos hasta ahora en la historia de la Iglesia: el ecumenismo se refiere a la división en conjunto, no a este o aquel punto doctrinal concreto, ni tampoco meramente a la doctrina; trata de reconocer lo positivo que hay en las otras Iglesias; no quiere construir posiciones enfrentadas, sino que intenta captar toda la plenitud de la verdad; y se caracteriza, por último, por un modo de consideración histórico, que nos ayuda a distinguir lo esencial de lo que solo es resultado de la historia. Como medios para ello se proponen: el regreso a las fuentes, en especial a la Sagrada Escritura; el diálogo sincero, en el que debemos dejarnos preguntar unos a otros si de verdad nos tomamos del todo en serio el Evangelio tanto en la doctrina como en la realización práctica; y un conocimiento más profundo de la historia.

Solo que el ecumenismo no es únicamente para expertos; es un asunto de todo el pueblo de Dios, de todos los cristianos, si bien con distintas funciones y responsabilidades. De ahí que Congar escriba una pedagogía ecuménica propia. Esta persigue: 1) un cambio del clima ecuménico intentando suscitar comprensión por la singularidad de los hermanos separados mediante la consideración de los factores no teológicos que contribuyeron a la división y mediante la superación de la desconfianza mutua, que a menudo solo es resultado de los deficientes contactos recíprocos. 2) Positivamente se esfuerza por suscitar respeto por los otros, reconocer sus valores positivos, buscar el diálogo paciente y agotar todas las posibilidades de establecer contactos. 3) La unidad no es una cuestión de hábil diplomacia, sino obra de Espíritu; necesita, pues, de nuestra oración. Congar rechaza una *communicatio in sacris* [comunión en las cosas sagradas, en los sacramentos], pero considera que la superación de la desconfianza y el surgimien-

---

5. Cf. Y. CONGAR, *Aspects de l'oecuménisme*, Paris/Bruxelles 1962 [trad. esp.: *Aspectos del ecumenismo*, Estela, Barcelona 1965]. Por desgracia, la obra de ID., *Chrétiens en dialogue. Contributions catholiques à l'oecuménisme*, Paris 1964 [trad. esp.: *Cristianos en diálogo: aportaciones católicas al ecumenismo*, Estela, Barcelona 1967] no ha podido ser tenida ya en cuenta en esta reflexión.

to de un ambiente fraternal únicamente son posibles por medio de la oración común.

3. Abiertos a nuevas preguntas

¿Dónde nos encontramos? De esta pregunta se ocupa Weigel[6]. En las cuestiones controvertidas concretas no contrapone a la «otra parte» un punto de vista católico fijado de antemano, sino que muestra en cada caso el desarrollo dentro del catolicismo y lleva a cabo un diálogo desde una renovada teología de inspiración bíblica y en un lenguaje que puede ser entendido también por los hermanos protestantes. Las antiguas cuestiones controvertidas sobre la Iglesia, la Sagrada Escritura, el dogma y la relación entre Iglesia y Estado siguen estando ahí, pero aparecen bajo una luz enteramente distinta.

La obra de Hans Küng *Estructuras de la Iglesia* muestra que una teología de orientación ecuménica no puede contentarse con defender el *statu quo*, sino que más bien debe abordar con valentía cuestiones nuevas y avanzar hacia perspectivas inéditas[7]. Aquí se trata realmente de *quaestiones disputatae*, no de soluciones ya listas que puedan contraponerse sin más a las preguntas actuales. La historia de la teología y la historia de la Iglesia, pero sobre todo la exégesis moderna pueden contribuir a que resplandezcan de nuevo los originarios rasgos esenciales de la Iglesia. Con ello, el diálogo ecuménico gana en amplitud y en nuevas posibilidades. Las posiciones anquilosadas vuelven a cobrar movimiento si se tiene la valentía de arrostrar realmente las preguntas. Küng examina en especial las siguientes problemáticas: la condición de los laicos, el ministerio y la comunidad en el Nuevo Testamento, la conciliaridad de la Iglesia, el papel del ministerio petrino y «¿qué significa infalible?». El objetivo fundamental de Küng consiste en mostrar la conciliaridad y la colegialidad no solo del episcopado, sino de la Iglesia entera como *communio fidelium* [comunión de los fieles]. La Iglesia es «concilio ecuménico por convocatoria divina», del cual el concilio ecuménico por convocatoria humana solo constituye o debería constituir una representación.

---

6. Cf. G. A. WEIGEL, *Where we do differ? Catholic Theology in Dialogue*, London 1961.
7. Cf. H. KÜNG, *Strukturen der Kirche* (QD 17), Freiburg i.Br. 1962 [trad. esp.: *Estructuras de la Iglesia*, Estela, Barcelona 1969²].

De ahí se derivan nuevas perspectivas para el que probablemente es el más difícil de los problemas ecuménicos, a saber, la pregunta por el lugar del ministerio en la Iglesia. Hans Küng quiere volver a sacar partido, para la eclesiología sistemática, a la teoría conciliarista de la Alta y la Baja Edad Media, sobre la que recientemente se han publicado nuevos estudios, así como al decreto del concilio de Constanza.

4. Unidad y misión

Enlazando con la teología y los progresos prácticos del movimiento católico extracatólico, Marie-Joseph Le Guillou quiere llamar la atención sobre un nuevo aspecto: Iglesia, unidad y misión van de la mano[8]. La Iglesia es esencialmente Iglesia misionera. Pero esto presupone la unidad como una suerte de testimonio corporativo. La preocupación por la unidad de la Iglesia está, por tanto, al servicio de la misión. Y a la inversa, también se cumple que el esfuerzo misionero puede fomentar el movimiento de unidad. En la responsabilidad común y en la solidaridad del servicio al Evangelio y a los hombres de hoy surge una nueva conciencia de afinidad entre las Iglesias. Así pues, el ecumenismo y la misión son dos caras de un único movimiento. En la relación entre el testimonio misionero y la estructura de la Iglesia ve Le Guillou una diferencia esencial entre la concepción católica y la protestante. La teología del ministerio y de la *successio apostolica* [sucesión apostólica] sobresale como la dificultad crucial.

A un aspecto análogo alude Gregory Baum[9]: el movimiento ecuménico no puede ser considerado de manera aislada; no solo es un asunto que competa a las distintas Iglesias, sino que está al servicio de la más abarcadora unidad y fraternidad de todos los seres humanos. No está cerrado al mundo, sino abierto a él. Ya Henri de Lubac se refirió de un modo muy bello a estas conexiones. En esta perspectiva, la misión, la pastoral, el movimiento ecuménico, el diálogo entre las Iglesias y el servicio de la Iglesia

---

8. Cf. M.-J. Le GUILLOU, *Mission et unité. Les exigences de la communion*, Paris 1960² [trad. esp.: *Misión y unidad: las exigencias de la comunión*, Estela, Barcelona 1963].
9. Cf. G. BAUM, *Progress and Perspectives. The Catholic Theology in Dialogue*, London 1961.

al mundo convergen en un único movimiento global. Es evidente que, según esta visión de las cosas, una mera atención pastoral a conversos y una apologética estática no son suficientes. El ecumenismo no es el intento de influir en otros, sino la persecución de la propia catolicidad y universalidad. A juicio de Gregory Baum, la principal responsabilidad de la unidad no la tienen quienes han abandonado la Iglesia una, sino la Iglesia que ha recibido del Señor la misión de llevar a todos los hombres a Cristo y, en Cristo, a la unidad.

5. Una visión dinámica

Lo dicho hasta ahora muestra que la teología ecuménica no puede pensar de manera meramente estática. Es necesaria una visión dinámica, verdaderamente histórica. Esto se evidencia en la recopilación de artículos de Heinrich Fries aparecida bajo el título *Aspectos de la Iglesia*[10]. La Iglesia es una realidad dinámica y compleja. Solamente puede entenderse teniendo en cuenta los aspectos más diversos y mediante el uso de conceptos polares, en tensión mutua: es don (*Gabe*) y tarea (*Aufgabe*), institución y acontecimiento; para ella son esenciales la unidad y la diversidad; abarca lo divino y lo humano; debe conocer la vinculación y la libertad. La Iglesia tan solo está en camino hacia aquello que desde siempre es. De ahí que el diálogo tanto hacia el interior como hacia el exterior sea esencial y constitutivo para la Iglesia. Por eso, la coexistencia de las confesiones no puede ser vista solo en sus conocidos y muy lamentados efectos negativos; también hay que mencionar los lados positivos de esta situación, que en sí constituye un escándalo. Debemos pensar con gratitud en los múltiples estímulos que nos ha aportado la teología protestante. Heinrich Fries es uno de los primeros en poner de relieve que a las comunidades eclesiales protestantes puede reconocérseles el título de Iglesia y cómo hacerlo.

---

10. Cf. H. FRIES, *Aspekte der Kirche*, Stuttgart 1963 [trad. esp.: *Aspectos de la Iglesia*, Cristiandad, Madrid 1966]. Véase también H. FRIES, *Das Gespräch mit den evangelischen Christen*, Stuttgart 1961 [trad. esp.: *El diálogo con los cristianos protestantes en el pasado y en el presente*, Marfil, Alcoy 1969].

6. La unidad, un objetivo espiritual

Tal dinamismo no es solo una tarea teológica, sino un objetivo espiritual de la entera *communio fidelium* [comunión de los fieles]. Suscitar la conciencia de esta responsabilidad y crear las condiciones espirituales indispensables para asumirla es la intención de la obra de Thomas Sartory *Mut zur Katholizität* [Valor para (realizar) la catolicidad][11]. Ya el título muestra el programa: la catolicidad de la Iglesia, más que algo que se posee de forma obvia, constituye una tarea permanente. Podría crecer y madurar interiormente mediante la integración y la recepción de muchas aspiraciones protestantes. Por eso, Sartory busca visibilizar los rudimentos de una espiritualidad ecuménica. A causa de sus abundantes experiencias personales, el problema ecuménico se le plantea a él no tanto como una cuestión de la doctrina y de las estructuras de la Iglesia –aspecto este que en modo alguno quiere ver infravalorado– cuanto primordialmente como una preocupación espiritual (en el doble sentido del espíritu humano y el Espíritu divino). En tres grandes capítulos –«Acceso al Padre», «Conmovidos por Cristo Jesús» y «El Espíritu que une»– ofrece una plétora de profundas meditaciones con subsecuentes reflexiones teológicas que, partiendo de las verdades centrales de la fe cristiana, pretenden preparar el terreno intelectual para una apertura ecuménica. Permítasenos remitir además, en especial, a la interesante sección sobre cuestiones de mariología. Este libro puede contribuir positivamente a crear el adecuado clima espiritual para una conversación entre los cristianos separados, el único clima en el que es posible un fructífero diálogo teológico.

7. Una nueva obra de referencia

Como síntesis y obra de referencia de la reciente teología ecuménica católica puede mencionarse el libro del teólogo canadiense Bernard Lambert[12]. Aquí se encuentra una clara definición del problema ecuménico, así como un informativo resumen del movimiento ecuménico. Lambert no describe el objetivo de este co-

---

11. Cf. Th. SARTORY, *Mut zur Katholizität. Geistliche und theologische Erwägungen zur Einigung der Christen*, Salzburg 1962.
12. Cf. B. LAMBERT, *Le problème oecuménique*, Paris 1962² [trad. esp. del orig. inglés: *El problema ecuménico*, Guadarrama, Madrid 1963].

mo regreso de los cristianos separados; esta expresión parece ligeramente ambigua, negativa, retrógrada, cuando lo que hace falta es dar un paso hacia delante. De ahí que Lambert prefiera hablar de reconciliación de los cristianos. Adoptar una actitud meramente expectante, mezquina, pequeño-burguesa no se corresponde con la sabiduría y el amor solícitos del buen pastor; hay que desasirse de sí y lanzarse a la búsqueda. La Iglesia debe salir al encuentro de aquellos con quienes quiere relacionarse. ¿Quién no piensa aquí en las parábolas de la oveja perdida y el hijo pródigo que cuenta el Señor? El Evangelio prohíbe encastillarse en el altivo papel del hijo que ha permanecido en casa. Después de estas consideraciones fundamentales, se abordan en considerable detalle de modo sucesivo los aspectos dogmático, cultual, psicológico y sociológico (¡un problema olvidado con demasiada frecuencia!) de la cuestión. Un capítulo sobre el lugar de las Iglesias orientales, sobre «Israel y la reconciliación de los cristianos» y sobre la relación entre renovación intraeclesial y unidad de los cristianos pone término a estos dos imponentes volúmenes.

8. Diferencias en escatología

El aspecto dogmático es interesante y fundamental. A diferencia de lo que tan a menudo y de manera algo falaz se afirma, Lambert no ve la esencia de la Reforma en el libre examen y el individualismo religioso, ni tampoco en el principio formal de la *sola scriptura* [solo la Escritura] y el principio material de la *sola fide* [solo por la fe], que no fueron formulados como tales hasta el siglo XIX, sino en el «esfuerzo titánico... por repensar el entero orden cristiano conforme a una nueva interpretación de lo escatológico». Lo que nos separa es, en el fondo, una diferente comprensión de la presencia de lo suprahistórico en la historia, una diferente comprensión de la relación entre la escatología y la historia. El protestantismo está colmado de la trascendencia de Dios respecto de la historia; el católico no niega esta trascendencia, pero acentúa con la misma intensidad nuestra participación en la vida divina y, por tanto, la sacramentalidad de la realidad cristiana. De este diferente enfoque fundamental derivan tres principios del protestantismo: 1) la autoridad suprema de la palabra de Dios; 2) la inmediatez y la trascendencia de la acción de Cristo en la Iglesia, el alma y el mundo; 3) el carácter testimonial de la Iglesia, que aquí es entendida como acontecimiento, como acto; su esencia no puede expresarse en categorías institucionales y ontológicas.

De estos principios se sigue una diferente comprensión de la misión y de la relación Iglesia-mundo. Por consiguiente, en lo que concierne al problema ecuménico no puede considerarse solo el lado dogmático y calificar cualquier otra conducta de pragmatismo y falso activismo. Precisamente si la preocupación por la misión, o sea, la preocupación por los hombres de hoy y por el mundo actual, nos quema los dedos a unos y otros, nos sentiremos urgidos a preguntarnos por el fundamento cristológico de nuestra acción.

El planteamiento que parte del lugar central del mensaje escatológico es bastante nuevo para la teología ecuménica católica. Puede hacer fructificar el diálogo, porque permite que la concepción protestante resplandezca en toda su grandeza intrínseca sin silenciar sus límites. A pesar de ello, la obra de Bernard Lambert no resulta del todo satisfactoria. Todavía habla en gran medida un lenguaje dogmático que no coincide por completo con el de los hermanos separados. Pero sobre todo debería acentuarse aún más que la teología católica, en especial la bíblica, ha redescubierto en las últimas décadas la importancia de la escatología. El pensamiento escatológico se corresponde con la mentalidad del hombre actual, acostumbrado a pensar no tanto en nociones metafísicas de orden cuanto en categorías históricas. El concepto «participación», en cambio, es un concepto platónico y, por tanto, específicamente occidental. No basta para caracterizar de forma adecuada la posición católica. Por otra parte, la teología luterana (más que la calvinista) enfatiza con mucha claridad la presencia del Logos en la carne, por lo que llega a una concepción muy realista de la Cena. Así pues, aquí estamos ante todo lo contrario de un pensamiento en extremo escatológico. Ambas circunstancias, la creciente acentuación de lo escatológico en la teología católica y la visión encarnatoria del cristianismo latente en el luteranismo, muestran más bien que precisamente en este punto podrían abrirse nuevas posibilidades de diálogo.

9. El encuentro con Rudolf Bultmann

También en el diálogo con la teología protestante moderna, que al principio parecía menos inclinada al diálogo con la Iglesia católica, se han abierto nuevas posibilidades. Después de que Hans Urs von Balthasar[13] y Hans Küng[14] acometieran ya hace algunos años el diálogo con Karl Barth, Georg Hasenhüttl llevó a cabo algo análogo con Rudolf Bultmann[15]. Hasenhüttl puede afirmar que está en gran medida de acuerdo con el concepto de fe de Bultmann, tan central en este autor. Rudolf Bultmann confirma en su prólogo al libro que Georg Hasenhüttl presenta correctamente su teología. La obra concluye con la idea de que, en un primer encuentro, la teología de Bultmann se asemeja a un árido desierto; pero en cuanto empieza a excavarse en mayor profundidad, «mana una rica fuente, que hace que todo el desierto vuelva a convertirse en la más ubérrima tierra».

La visión de conjunto que acabamos de ofrecer pretendía mostrar que también en el diálogo ecuménico únicamente las investigaciones concienzudas, llevadas a cabo desde las fuentes, pueden ayudarnos a avanzar. Pero también es necesario, sin duda, hacer comprensibles al mayor número posible de cristianos la finalidad y la situación del diálogo.

II. La nueva imagen católica de Lutero

1. El progreso de la investigación católica sobre Lutero

Por muy intenso que sea el esfuerzo por crear un nuevo clima entre las Iglesias separadas, el diálogo también tendrá que regresar sin cesar a los orígenes de la división. Fue en aquel entonces cuando se tomaron las decisiones fundamentales bajo cuya carga hoy padecemos. Era inevitable que la nueva disposición a ver lo

---

13. Cf. H. U. VON BALTHASAR, *Karl Barth. Darstellung und Deutung seiner Theologie*, Köln 1960.
14. Cf. H. KÜNG, *Rechtfertigung. Die Lehre Karl Barths und seine katholische Besinnung*, prologado por K. Barth, Einsiedeln 1957 [trad. cast.: *La justificación: doctrina de Karl Barth y una interpretación católica*, Herder, Barcelona 1967].
15. Cf. G. HASENHÜTTL, *Der Glaubensvollzug. Eine Begegnung mit Rudolf Bultmann aus katholischem Glaubensverständnis*, prologado por R. Bultmann, Essen 1963.

positivo en las Iglesias protestantes llevara a una nueva valoración de los propios reformadores. Hasta hace muy poco tiempo, la investigación y la valoración católicas de Lutero dependían de la presentación –muy parcial, polémica y basada en algunas dudosas fuentes– de Cochläus, un destacado teólogo de controversia contemporáneo de Lutero[16]. Tampoco las extensas y eruditas presentaciones de Heinrich Denifle[17] y Hartmann Grisar[18] dan suficiente relevancia a la intención primordialmente religiosa de Lutero. Es cierto que en especial Denifle fecundó en gran medida la investigación histórica sobre Lutero, pues derrumbó algunos mitos protestantes sobre el reformador. Pero en sus intentos de devaluar caracterológica y psicológicamente la personalidad del reformador, ni uno ni otro hacen justicia a las preocupaciones de Lutero ni tampoco a la hasta hoy perdurable pujanza de sus ideas. Las investigaciones de Joseph Lortz[19] supusieron a este respecto un cambio decisivo, despejando el camino para una interpretación religiosa de Lutero que al mismo tiempo reconoce las innegables grandes irregularidades que a la sazón reinaban en la Iglesia y que contribuyeron en gran medida a que las ideas del reformador cayeran en suelo propicio.

---

16. Cf. A. HERTE, *Die Lutherkommentare des Johannes Cochläus. Kritische Studie zur Geschichtsschreibung im Zeitalter der Glaubensspaltung*, Münster 1935.
17. Cf. H. DENIFLE, *Luther und Luthertum in der ersten Entwicklung*, 2 vols., Mainz 1904-1909.
18. Cf. H. GRISAR, *Luther*, 3 vols., Freiburg i.Br. 1911-1912. ID., *Martin Luthers Leben und sein Werk*, Freiburg i.Br. 1927 [trad. esp.: *Martín Lutero: su vida y su obra*, Librería Gral. de Victoriano Suárez, Madrid 1934].
19. Cf. J. LORTZ, *Die Reformation in Deutschland*, 2 vols., Freiburg i.Br. 1962 [trad. esp.: *Historia de la Reforma*, Taurus, Madrid 1964]; ID., *Die Reformation als religiöses Anliegen heute. Vier Vorträge im Dienst der «Una Sancta»*, Trier 1948; ID., *Die Reformation. Thesen als Handreichungen bei ökumenischen Gesprächen*, Meitingen bei Augsburg 1946; ID., *Wie kam es zur Reformation?*, Einsiedeln 1955. Véase también las publicaciones de los alumnos de J. Lortz: H. JEDIN, *Geschichte des Konzils von Trient*, vols. 1 y 2, Freiburg i.Br. 1951-1957 [trad. esp.: *Historia del concilio de Trento*, 2 vols., Universidad de Navarra, Pamplona 1972]; E. ISERLOH, *Der Kampf um die Messe in dem ersten Jahr der Auseinandersetzung mit Luther*, München 1952; ID., *Luthers Thesenanschlag. Tatsache oder Legende?* (Institut für Europäische Geschichte, Mainzer Vorträge 31), Wiesbaden 1962.

2. ¿Subjetivismo de Lutero?

Por muy revolucionarias que fueran tales investigaciones de historia de la Iglesia, la contribución católica al reconocimiento teológico de Lutero ha sido escasa hasta hace poco. Pero también aquí se perfila un cambio. Cada vez resulta más evidente también para los teólogos católicos que Lutero no puede ser juzgado solo desde sus escritos polémicos. Lutero era exégeta, y quien quiera conocer toda la riqueza de su mundo intelectual debe leer sus comentarios bíblicos. Y entonces se sentirá conmovido sin cesar por la profundidad religiosa y teológica de los mismos y constatará una y otra vez cuán insuficientes son las presentaciones de la doctrina de Lutero que hacen los manuales de teología dogmática. La mayoría de quienes lo critican no lo conocen o lo conocen demasiado poco. Esto no excluye que el teólogo católico haya de preguntarse en muchos casos si Lutero ha escuchado todo el testimonio de la Escritura, si no recorta o incluso silencia determinados temas a resultas de una polémica históricamente condicionada. En la bibliografía reciente es probable que haya pocos juicios tan duros sobre Lutero como el de Pietro Parente, quien considera a Lutero un exponente del subjetivismo religioso, en el que el ser humano existe de forma del todo autónoma sin ningún vínculo objetivo[20]. A buen seguro, no cabe peor deformación de Lutero.

3. El lugar central de la cristología

Las diferencias radican en un estrato más hondo y deben ser vistas de forma más matizada. Tal es el resultado del muy interesante y bien fundamentado estudio de Yves Congar sobre la cristología de Lutero[21]. Lutero se sitúa básicamente sobre el terreno del concilio de Calcedonia. Pero el lado metafísico de la cristología le interesa poco; él acentúa el aspecto dramático. No entiende la comunicación de idiomas (propiedades) en sentido tradicional, sino como un *admirabile commercium* [intercambio admirable], en el que Dios carga con la debilidad, más aún, incluso con el peca-

---

20. Esta opinión la sostuvo P. Parente durante la «Settimana dei Concili», noviembre de 1960.
21. Cf. Y. Congar, «Regards et réflexions sur la christologie de Luther», en A. Grillmeier y H. Bacht (eds.), *Das Konzil von Chalcedon*, vol. 3, Würzburg 1959, 457-486.

do del ser humano y a este se le regala la justicia divina. La tendencia peligrosa de esta *theologia crucis* [teología de la cruz], magnífica en sí, consiste en la infravaloración de la relevancia salvífica de la humanidad de Cristo. Aquí podría radicar la razón decisiva de las controversias en la doctrina de la gracia, la eclesiología y la mariología. Lo que está en juego en todos estos puntos doctrinales es la relevancia salvífica de la acción humana. En el presente contexto hay que remitir a las bellas y profundas consideraciones de Erich Przywara sobre la *theologia crucis* de Lutero[22]. Przywara ve la tragedia de la época de la Reforma en el hecho de que Lutero no encontrara un interlocutor a su altura.

4. Lutero y Bultmann

Gran sensación causó el estudio de Albert Brandenburg acerca de las primeras lecciones de Lutero sobre los Salmos (1513-1515)[23]. El libro suscitó gran aprobación, pero también fue objeto de aceradas críticas tanto por parte protestante como por parte católica a causa de sus defectos metodológicos. Sea como fuere, cabe afirmar que con esta obra se realizó una primera contribución a la investigación actual sobre Lutero. Precisamente la teología del joven Lutero anterior a la Reforma interesa desde hace tiempo de manera especial a los investigadores. ¿Cuándo y cómo llegó Lutero a su ruptura reformadora? Siguiendo en gran medida la interpretación de Lutero propuesta por Gerhard Ebeling, Brandenburg no ve la novedad reformadora en la doctrina de la justificación, sino en una nueva manera de entender la palabra de Dios. Una línea continua lleva de Lutero a la desmitologización actual y a la interpretación existencial de la escuela de Rudolf Bultmann. Brandenburg percibe ya en el joven Lutero una clara tendencia a infravalorar la historicidad de la obra salvífica. Según la interpre-

---

22. Cf. E. PRYZWARA, *Humanitas. Der Mensch gestern und morgen*, Nürnberg 1952, 376ss.
23. Cf. A. BRANDENBURG, *Gericht und Evangelium. Zur Worttheologie in Luthers erster Psalmenvorlesung*, Paderborn 1960. Juicios críticos al respecto en E. ISERLOH, «"Existentiale Interpretation" in Luthers erster Psalmenvorlesung?»: ThRv 59 (1963), 73-84; H. GEIβER, «Das Abenteuer der Lutherinterpretation als verbindendes Element zwischen den Konfessionen»: *Materialdienst des konfessionskundlichen Instituts Bensheim* 14 (1963), 81-90.

tación de Brandenburg, Lutero deja que el sentido literal (o histórico) se diluya en gran medida en el sentido moral. Esto cs lo fascinante en este libro, pero también se trata de algo muy problemático para el diálogo ecuménico. Hasta donde nosotros podemos juzgar, Lutero distingue con suma claridad entre el sentido histórico y el sentido moral, referido de forma actual al ser humano. Para él, ambos forman una unidad, pero no son idénticos. Uno se pregunta si Brandenburg ha tenido esto suficientemente en cuenta. Por lo demás, no carece, sin embargo, de interés que aquí se eleve contra Lutero un reproche que por parte protestante se le hace desde hace ya mucho tiempo a la concepción católica de la eucaristía, a saber, que los católicos, con nuestra comprensión del sacrificio de la misa, eliminamos la singularidad del sacrificio de Cristo en la cruz. Este reproche se dirige ahora contra la Reforma misma en la esfera más característica de esta, en la teología de la palabra. Así pues, parece darse al menos un paralelismo en los planteamientos. En este sentido, el libro que comentamos puede contribuir al entendimiento.

5. *Lutero y Tomás en diálogo*

Diversos trabajos de eruditos católicos y protestantes han acometido en los últimos tiempos el intento de confrontar a Lutero con Tomás de Aquino. Lo interesante es que todos coinciden en encontrar, si bien por caminos diferentes, una amplia base de diálogo.

Stephan Pfürtner demuestra que la doctrina luterana de la certeza salvífica fue malentendida por los padres conciliares de Trento[24]. Lutero nunca enseñó que el creyente pueda vanagloriarse de la seguridad del perdón de los pecados. Bien al contrario, el reformador luchó contra el peligro de una falsa *securitas*. Concebía la vida del cristiano como una lucha permanente. Lo que Lutero quiere decir con la doctrina de la certeza salvífica se corresponde con lo que Tomás de Aquino afirma sobre la esperanza cristiana.

---

24. Cf. S. PFÜRTNER, *Luther und Thomas im Gespräch. Unser Heil zwischen Gewißheit und Gefährdung*, Heidelberg 1961.

Otto Hermann Pesch, quien prepara un extenso trabajo sobre la doctrina de la justificación de Lutero, compara en un ensayo más breve la doctrina luterana del libre arbitrio en *De servo arbitrio* con la doctrina de la libertad de Tomás de Aquino[25]. Pesch se percata con claridad de que aquí solo es posible avanzar si uno, en vez de quedarse en las formulaciones, a primera vista opuestas, intenta entender, partiendo del respectivo horizonte interrogativo de cada teólogo, qué era lo que uno y otro querían decir objetivamente. El resultado es sorprendente: Lutero y Tomás coinciden en la tesis fundamental de la dependencia de nuestra voluntad respecto de Dios y, sin embargo, a causa tanto de la filosofía y de algunos malentendidos de Lutero condicionados por la historia del espíritu como de una diferente «voluntad de conocimiento», llegan a consecuencias diferentes. Lutero piensa de forma primordialmente existencial, mientras que Tomás pregunta por las estructuras ontológicas. Las afirmaciones de cada uno de ellos tienen validez desde su respectivo enfoque. Se trata de dos modos fundamentales, irreductibles el uno al otro, de la existencia cristiana y, justamente por ello, de dos interlocutores en un diálogo. Ninguna de estas dos clases de teología puede elevar pretensión de exclusividad.

Dos publicaciones muy concienzudas de los teólogos protestantes Hans Vorster[26] und Ulrich Kühn[27] demuestran que la constatación de concordancia tan considerable no es mero reflejo de un acrítico pensamiento desiderativo. También ellos constatan, cada cual en el ámbito de que se ocupa, la existencia de una buena base de diálogo entre Lutero y Tomás de Aquino. Se ve cómo en este punto, en el que al principio no parecía depositarse esperanza alguna, se han abierto nuevas y gratas posibilidades de diálogo. Con ello en modo alguno pretendemos afirmar que el acuerdo sea ya de un modo u otro una realidad probada. Quizá debería mantenerse una mayor separación entre las cuestiones históricas y las cuestiones de contenido. Pero es gratificante constatar que se han abierto nuevas posibilidades de diálogo.

---

25. Cf. O. H. PESCH, «Freiheitsbegriff und Freiheitslehre bei Thomas von Aquin und Luther»: Cath (M) 17 (1963), 197-244.
26. Cf. H. VORSTER, *Das Freiheitsverständnis bei Thomas von Aquin und Martin Luther*, Zürich 1963.
27. Cf. U. KÜHN, *Via caritatis. Theologie des Gesetzes bei Thomas von Aquin*, Leipzig 1962.

6. Una teología existencial

En primer lugar, permanece abierta la pregunta de hasta qué punto cabe confiar en los resultados de tales investigaciones monográficas, dado que se encuadran en la estructura global de teologías totalmente dispares. Entre las distintas confesiones no existe solo una diferencia de doctrinas materiales de fe, sino también una diferencia de modos formales de pensamiento. Esta faceta del problema apenas ha sido estudiada todavía. La toma en consideración del enfoque intelectual puede hacer en algunos casos que, a pesar de la diferencia verbal, exista una coincidencia en el contenido o que, a pesar de la coincidencia en la verdad proposicional, sea perceptible una intención enunciativa del todo divergente. En esta difícil cuestión, Thomas Sartory logró un primer avance con su ensayo sobre «El misterio de la Iglesia visto por la Reforma protestante»[28]. Lo que pretende Sartory es, en primer lugar, poner de relieve los motivos determinantes de la teología protestante y descubrir la específica particularidad del pensamiento protestante. Como forma protestante de pensamiento singulariza lo siguiente: un pensamiento histórico-salvífico, un modo de pensar y hablar inspirado por la Escritura, una forma de pensamiento que brota de la situación humana concreta. En el protestantismo no se quiere un pensamiento filosófico, metafísico-abstracto, no se desea hacer tanto afirmaciones teóricas cuanto afirmaciones de fe existencial; la teología protestante está determinada por un motivo fundamental soteriológico e impregnada de categorías personales.

También Sartory termina constatando diferencias doctrinales profundas y separadoras de las Iglesias, aunque llega asimismo a la conclusión de que otros puntos doctrinales que suelen tenerse por separadores de las Iglesias se revelan como meras diferencias terminológicas, de suerte que es posible un acuerdo en el contenido. De sus observaciones conclusivas sobre la posibilidad de superar teológicamente la división de las Iglesias es importante ante todo lo siguiente: las propias afirmaciones teológicas católicas deben formularse siempre de modo tal que sea reconocible su *Sitz im Leben* [lugar existencial], o sea, no deben parecer meras

---

28. Cf. T. SARTORY, «Das mysterium der Kirche in reformatorischer Sicht», en F. Holböck y T. Sartory (eds.), *Mysterium der Kirche in der Sicht der theologischen Disziplinen*, vol. 2, Salzburg 1962, 927-1091 [trad. esp.: «El misterio de la Iglesia visto por la Reforma protestante», en F. Holböck y T.

verdades teóricas sin correspondencia alguna con la praxis de la vida, sino que ha de quedar patente su relevancia existencial y espiritual para la fe tanto del cristiano individual como de la Iglesia en general. Los planteamientos ecuménicos entran aquí en contacto con las nuevas preocupaciones pastorales, que, por su parte, se revelan como una buena vía de acceso al modo específico de pensamiento de la teología protestante. La recientemente publicada traducción alemana de la exégesis luterana del magníficat[29], para la que Albert Brandenburg ha escrito una introducción, muestra cuán fructífero podría ser, a pesar de las diferencias persistentes al principio, un encuentro profundo con la teología y la piedad de Lutero. Del papa León X se cuenta que, tras la lectura del comentario de Lutero al magníficat, desconociendo el nombre del autor, afirmó: «Benditas las manos que han escrito esto». Albert Brandenburg sentencia: «No se puede caracterizar con palabras más hermosas esta obra de Lutero».

7. Lutero: ¿un «oyente completo» de la Escritura?

A pesar de los mencionados preludios, bastante gratos, una auténtica investigación católica de Lutero sigue siendo más un deseo que una realidad. Y esto habría que decirlo con mayor razón aún para la teología de Calvino. Tal investigación no debería saltarse el difícil trabajo histórico de detalle para llegar precipitadamente a resultados ecuménicos. La cuestión decisiva no es «Lutero y Tomás», sino «Lutero y la Sagrada Escritura». La pregunta es si Lutero fue un oyente completo de la palabra bíblica, si puede apoyarse en el testimonio íntegro de la Escritura o si más bien ha cercenado algo de este. Solo aquí hay un criterio que también nuestros hermanos protestantes deben reconocer. También entre ellos empieza a cobrar voz una cierta crítica a Lutero desde la Sagrada Escritura; y por cierto, cabalmente en la cuestión de la doctrina de la justificación, tan fundamental para la teología protestante[30].

Sartory (eds.), *El misterio de la Iglesia: Fundamentos para una eclesiología*, vol. 2, Herder, Barcelona 1966].
29. Cf. M. LUTERO, *Das Magnificat*, con una introducción de A. Brandenburg (Herder-Bücherei 175), Freiburg i.Br. 1964 [trad. esp.: «El magníficat», en *Comentarios de Lutero*, vol. 7, Clie, Terrasa (Barcelona) 2002].
30. Cf., por ejemplo, P. ALTHAUS, *Paulus und Luther über den Menschen*, Gütersloh 1958: E. SCHLINK, *Theologie der lutherischen Bekenntnisschriften*, München 1948, 398ss.

III. Escritura y tradición

1. ¿Suficiencia de la Escritura?

El tema «Lutero y la Sagrada Escritura» nos lleva a otra importante problemática del diálogo ecuménico: la Escritura y la tradición. Este no es un punto controvertido más; antes bien, en él se dirime cuál sea la norma última de la predicación y de la vida en la Iglesia[31]. Hasta hace poco, parecía que los frentes habían quedado definitivamente fijados y estancados desde el Tridentino. Hay que agradecer principalmente a las investigaciones de Joseph Rupert Geiselmann[32] que nos haya quedado claro una vez más que un texto conciliar no representa solo la conclusión de un debate, sino que también supone un nuevo comienzo.

Según Geiselmann, el concilio de Trento únicamente enseña que la Escritura y la tradición existen como dos vehículos de transmisión de la única fuente, el Evangelio. En cambio, la relación entre ellas no es definida ni en el sentido de una suficiencia de contenido (!) ni en el sentido de una insuficiencia. Con ello se rechaza ciertamente el *sola scriptura* [solo la Escritura] en tanto en cuanto este principio afirma una suficiencia no solo material, sino también formal de la Escritura; pero dentro del catolicismo sigue existiendo espacio para diferentes opiniones doctrinales. A juicio de Geiselmann, desde un punto de vista teológico es, por principio, posible afirmar la insuficiencia material de la Escritura siempre y cuando se crea poder aportar suficientes razones teológicas para ello. Solo que para ello no cabe remitirse al Tridentino. Siguiendo planteamientos de la Escuela de Tubinga, sobre todo de Johannes Evangelist Kuhn, Geiselmann defiende personalmente una relativa suficiencia material de la Biblia, lo cual no significa, sin embargo, que todo dogma de la Iglesia pueda y deba ser demostrado en sentido formal a partir de la Sagrada Escritura. Es suficiente con que toda

---

31. Una visión de conjunto sobre esta problemática puede encontrarse en los dos volúmenes antológicos *Schrift und Tradition*, ed. por la Deutsche Arbeitsgemeinschaft für Mariologie (Mariologische Studien 1), Essen 1962, espec. 11-36; así como en *De Scriptura et Traditione*, Rom 1963, 87-112.
32. Cf. J. R. Geiselmann, «Das Mißverständnis über das Verhältnis von Schrift und Tradition und seine Überwindung in der katholischen Theologie»: US 11 (1956), 131-150; Id., «Das Konzil von Trient über das Verhältnis der Heiligen Schrift und der nicht geschriebenen Tradition», en M. Schmaus (ed.), *Die mündliche Überlieferung*, München 1957, 123-206.

proposición de fe tenga un fundamento en la Escritura y esté contenida en ella al menos de forma indirecta y embrionaria. En cuanto *traditio interpretativa* [tradición interpretativa], a la tradición le corresponde además máxima importancia para la vida de la Iglesia.

En una obra posterior, Geiselmann resume de nuevo sus resultados, refuerza su demostración histórica y se defiende frente a algunos ataques y malentendidos[33]. Pero también en un punto modifica de manera bastante decisiva su primera opinión: la suficiencia de contenido de la Escritura vale solo en lo relativo a las doctrinas de fe. En este campo rige el principio: «Totum in sacra scriptura et iterum totum in traditione» [Todo en la Sagrada Escritura y todo a su vez en la tradición]. Distintas son las cosas en lo que atañe a las *mores et consuetudines* [usos y costumbres] de la Iglesia. En este ámbito, la Escritura es insuficiente y, para estar materialmente completa, precisa de la tradición, que en este caso es *traditio constitutiva* [tradición constitutiva].

2. La doctrina eclesiástica tradicional

También la tesis dirigida contra la opinión de Geiselmann ha cambiado entretanto algo respecto de su categórica forma originaria, en la que fue formulada en especial por Heinrich Lennerz[34]. Ello se advierte sobre todo en Heribert Schauf[35]. Este admite que la enseñanza del concilio de Trento permanece peculiarmente envuelta en oscuridad. No quiere negar tampoco una suficiencia de la Escritura en sentido amplio. Así pues, en este punto la proximidad a Geiselmann ha devenido muy grande. A pesar de ello, Schauf se decanta por la interpretación opuesta del Tridentino y considera que la tesis de Geiselmann es absolutamente insostenible. Aunque Trento no hubiese enseñado nada al respecto (posi-

---

33. Cf. J. R. Geiselmann, *Die Heilige Schrift und die Tradition. Zu den neuesten Kontroversen über das Verhältnis der Heiligen Schrift zu den nichtgeschriebenen Traditionen* (QD 18), Freiburg/Basel/Wien 1962 [trad. esp.: *Sagrada Escritura y tradición*, Herder, Barcelona 1968].
34. Cf. H. Lennerz, «Sola Scriptura?»: Greg 40 (1959), 38-53; Id., «Sine scripto traditiones»: Greg 40 (1959), 624-635; Id., «Scriptura et traditio in decreto IV sessionis Concilii Tridentini»: Greg 42 (1961), 517-521.
35. Cf. H. Schauf, *Die Lehre der Kirche über Schrift und Tradition in den Katechismen*, Essen 1963; para una crítica de esta posición, cf. W. Kasper, «Schrift und Tradition – eine Quaestio disputata»: ThPQ 112 (1964), 205-214; J. Ratzinger, «Zur Katechismuslehre von Schrift und Tradition»: ThR 60 (1964), 217-224.

bilidad que Schauf descarta), en virtud del magisterio universal y ordinario sería inequívoca doctrina católica que la Escritura es materialmente insuficiente.

Schauf pretende demostrar esta tesis con una exhaustiva documentación extraída de los catecismos postridentinos. Esta recopilación constituye, sin lugar a dudas, un meritorio trabajo. Sin embargo, con las tesis que de ahí deriva, Schauf no está en parte sino descubriendo el Mediterráneo, porque a buen seguro nadie pretende afirmar una suficiencia de la Escritura en el sentido extremo de que todo dogma deba ser formalmente demostrable a partir solo de la Biblia. Por otra parte, son muy pocos los textos citados por Schauf que demuestran su tesis. La recopilación de Schauf permite demostrar con igual facilidad la opinión contraria, a saber, que la cuestión que ahora nos ocupa, tal como se plantea en la actualidad, sigue estando sin definir por el magisterio, más aún, que hasta ahora se ha podido enseñar sin reparos la suficiencia material de la Escritura. Esto último lo ha demostrado sobre todo Johannes Beumer[36], quien ha puesto de manifiesto que en la teología postridentina coexisten dos corrientes de tradición distintas. Así pues, habrá que quedarse con que nuestra cuestión, vista desde el magisterio católico, sigue estando abierta. Hay que defenderse en debida forma contra la caracterización que Schauf hace de esta opinión como contraria a la doctrina de la Iglesia.

3. Una postura mediadora

Beumer, quien se ha acreditado como experto en la materia con una exhaustiva exposición histórica sobre la doctrina de la tradición[37], desea asumir un punto de vista mediador en el conflicto de las opiniones. Ve tres posibilidades de solución en esta difícil cuestión. O bien se concibe la tradición en el sentido de la teoría de las dos fuentes como una adición realmente suplementaria de la Escritura, o bien se entiende como explicación y desarrollo de esta, salvaguardando así la suficiencia esencial de la

---

36. Cf. J. BEUMER, *Die mündliche Überlieferung als Glaubensquelle* (HDG I/4), Freiburg/Basel/Wien 1962.
37. Otras exposiciones históricas de conjunto: G. H. TAVARD, *Holy Writ or Holy Church. The Crisis of the Protestant Reformation*, New York 1959; Y. CONGAR, *La tradition et les traditions. Essai historique*, Paris 1960 [trad. esp.: *La tradición y las tradiciones*, vol. 1: *Ensayo histórico*, Dinor, San Sebastián 1964].

Biblia. Beumer propone una tercera solución, que admite la sustancial identidad de alcance –siempre referida al centro– entre la Escritura y la tradición y solo permite a la tradición rebasar estos límites en una medida relativamente subordinada. En lo esencial, la tradición es un comentario vivo de la Escritura. No se trata de dos fuentes independientes, sino que constituyen una unidad orgánica. En un sentido gnoseológico-apologético cabe hablar de dos fuentes de conocimiento (*loci theologici* [lugares teológicos]) de la revelación; pero desde una perspectiva dogmática, hay que hablar de una sola fuente de la revelación. En su contenido objetivo, esta teoría únicamente se diferencia en realidad de la opinión de Geiselmann por matices mínimos. Por consiguiente, aquí parece perfilarse un nuevo consenso.

4. El papel de la tradición

También Yves Congar se esfuerza por lograr una nueva síntesis[38]. Coincide en lo esencial con Joseph Rupert Geiselmann, pero considera que el teólogo tubingués debería haber completado su posición iluminando mejor el papel positivo y las peculiaridades de la tradición. Sin embargo, quien esté al tanto de las investigaciones de Geiselmann sobre la doctrina de la tradición de la Escuela de Tubinga, en especial sobre la doctrina de Johann Adam Möhler, y sepa qué papel tan eminente desempeña en ella la tradición viva y sostenida por el Espíritu Santo no podrá compartir sin más este juicio.

Pero veamos cómo entiende Congar la cuestión. La cuestión fundamental en el diálogo ecuménico es si la tradición tiene validez propia o si únicamente tiene la validez que toma en préstamo de la Escritura. Congar, hablando por la parte católica, se decanta sin más por lo primero. A pesar de ello, el dominico francés rechaza hablar de dos fuentes. La Escritura ofrece la totalidad del misterio cristiano. Y, sin embargo, no se puede negar que hay verdades en la revelación que no están formalmente atestiguadas en

---

38. Cf. Y. Congar, *La tradition et les traditions. Essai théologique*, Paris 1963 [trad. esp.: *La tradición y las tradiciones*, vol. 2: *Ensayo teológico*, Dinor, San Sebastián 1964]; Id., *La tradition et la vie de l'Église*, Paris 1963 [trad. esp.: *La tradición y la vida de la Iglesia*, Casa i Vall, Andorra 1964]. En sentido análogo se manifiesta H. Holstein, *La tradition dans l'Église*, Paris 1960.

la Escritura. Así y todo, la tradición no se limita a ser un suplemento de la Escritura. También ella ofrece la totalidad del Evangelio, solo que en un modo de comunicación distinto al de la Escritura. Congar no piensa aquí tanto en una comunicación por tradición oral cuanto en una entrega de la realidad del cristianismo, que trasciende toda clase de transmisión textual. Se trata de una transmisión a través de la vida y la experiencia concreta en la Iglesia. Esa es, en el fondo, la teología de Johann Adam Möhler y Maurice Blondel.

En consecuencia, hay que distinguir la tradición entendida de un modo tan abarcador de las *traditiones* concretas. Que existen tales tradiciones apostólicas no escritas es un hecho cierto, que puede confirmarse a partir tanto de la Escritura como de la tradición. Un análisis preciso de los textos arroja como resultado, sin embargo, que en tales tradiciones siempre se trata *de facto*: 1) de cosas de segundo orden, referidas a la realidad cristiana fundamental, formalmente atestiguada en la Escritura; 2) de cosas que afectan bien a la liturgia y el culto, bien a la disciplina de la Iglesia y del cristiano individual. Se trata, pues, de cuestiones prácticas que afloraron con ocasión de disputas doctrinales o en contextos doctrinales. La vida entera de la Iglesia, incluidas su liturgia y su disciplina, está sostenida por la fe.

Por consiguiente, cabe afirmar que no existe ninguna doctrina para la que no se encuentren en la Sagrada Escritura al menos correspondencias, apoyos, indicaciones y anticipaciones. Pero del mismo modo puede decirse que no existe ningún dogma que parta de la sola Escritura sin la interpretación de la tradición.

La tradición tiene una triple función respecto de la Escritura: 1) Incluso en aquellos puntos en los que completa a la Escritura, la tradición debe estar estrechamente vinculada con el testimonio escrito. 2) En su contenido dogmático esencial, la tradición transmite el sentido de la Escritura. 3) La tradición es una síntesis del mensaje de la Escritura; y esto, en el sentido de que ella refiere sus múltiples verdades concretas o particulares al centro de la revelación, que consiste en la *oikonomía* [economía] de la alianza en Jesucristo. Pero la Escritura sigue siendo norma suprema e incuestionable punto de referencia de toda doctrina en la Iglesia. Respecto de la tradición, la Escritura es algo fijo: *Scripta manent* [Lo escrito permanece].

5. Tradición y magisterio de la Iglesia

No solo la relación entre Escritura y tradición es objeto de controversia; no menos discutida es la relación entre magisterio y tradición. Muchas objeciones de los protestantes parten de la afinidad entre estas dos magnitudes. Aparentemente se basan en una opinión doctrinal intracatólica, que es defendida por Franzelin, Hurter, Billot, Deneffe y otros y que identifica en gran medida o casi por completo la tradición y el magisterio eclesiástico. James Patrick Mackey examina a fondo esta identificación y demuestra que es por completo insostenible[39]. De la tradición forma parte en especial la fundacional *traditio apostolica*, a la que luego hay que añadir los testimonios de los padres y los teólogos, la liturgia y la entera vida de la Iglesia. Mackey se ocupa en detalle del testimonio de fe de los creyentes, que no puede ser circunscrito a un papel meramente pasivo. En consecuencia, la tradición es más amplia que el magisterio de la Iglesia; la tradición es toda la vida de la Iglesia, el *sensus fidei* [sentido de fe]. Es un diálogo entre el magisterio y los fieles, la interpretación de la Escritura. El magisterio no es autosuficiente. Interroga a los padres, a los teólogos, al sentido de fe de la Iglesia universal. La tradición es, por consiguiente, una magnitud compleja. Posee la vitalidad y la diversidad inherentes a un organismo vivo. La tradición es más una realidad en la Iglesia que un concepto teológico. Forma parte de la vida diaria de la Iglesia, y esta vida tiene sus raíces en el misterio.

6. El papel de la Sagrada Escritura

La teología católica reciente ha hecho, por tanto, todo menos eliminar la tradición y su relevancia en la Iglesia. Bien al contrario, la ha puesto de relieve en mayor medida que en cualquier otro momento hasta ahora. La ha anclado en la vida misma de la Iglesia, mientras que en la teología tradicional de escuela en ocasiones daba la impresión de que la tradición no era más que un apéndice a la Escritura. La depositaria de la tradición es la Iglesia entera, toda la comunidad de los fieles y toda la vida de la Iglesia, no solo

---

39. Cf. J. P. MACKEY, *The Modern Theology of Tradition*, London 1962. He abordado este problema desde una perspectiva histórica en *Die Lehre von der Tradition in der Römischen Schule* (1962) (WKGS 1), Freiburg i.Br. 2011.

sus actos docentes. El magisterio es, sin duda, un órgano destacado de la tradición, pero debe apoyarse en el testimonio de fe de la Iglesia universal. Esta visión integral de las cosas puede ser, a no dudarlo, muy útil en el diálogo ecuménico, pero en ocasiones también puede dificultarlo. La pregunta con la que nos responden nuestros hermanos protestantes suele ser: ¿cuál es la norma por la que tiene que guiarse, a su vez, el sentido de fe de la Iglesia universal? ¿No puede estar equivocado él también? Los teólogos protestantes invocan aquí la Sagrada Escritura como norma última de la doctrina y la vida de la Iglesia.

Subrayando la relativa suficiencia material de la Sagrada Escritura, hemos dado, por nuestra parte, un importante primer paso dentro del diálogo ecuménico[40]. Pero todavía es necesario un paso más. Una vez que se ha puesto de relieve el irrenunciable papel de la tradición en la Iglesia, es necesario destacar la función específica de la Sagrada Escritura. No se trata solo de la cuestión de qué relación guardan entre sí Escritura y tradición en lo que respecta al contenido, sino sobre todo de la cuestión de la unidad y diversidad funcional de ambas magnitudes. Al magisterio le corresponde en ello el papel de vigilante; y a la tradición, la tarea de la comprensión viva y la síntesis del mensaje de la Escritura, así como de la relativa complementación de esta en el sentido delimitado por Joseph Rupert Geiselmann, Johannes Beumer y, sobre todo, Yves Congar. Pero ¿cuál es la función específica de la Sagrada Escritura? Sobre esto todavía no se ha dicho mucho en la teología católica[41]; y, sin embargo, esta pregunta es muy importante para el diálogo ecuménico.

Yves Congar hace algunas indicaciones en relación con este tema: la Escritura es la norma última en la Iglesia. Ello en modo

---

40. Una excelente visión de conjunto de la situación en la que actualmente se encuentra el diálogo ecuménico puede leerse en P. LENGSFELD, *Überlieferung, Tradition und Schrift in der evangelischen und katholischen Theologie der Gegenwart* (Konfessionskundliche und kontroverstheologische Studien 3), Paderborn 1960 [trad. esp.: *Tradición, Escritura e Iglesia en el diálogo ecuménico*, Fax, Madrid 1967].
41. Esta visión de la Escritura se encuentra ya embrionariamente en G. DE BROGLIE, «Note sur la primauté de l'argument d'Écriture en théologie», en L. Bouyer (ed.), *Du Protestantisme à l'Église*, Paris 1954; H. KÜNG, *Rechtfertigung, op. cit.*, 105-127; K. RAHNER, *Über die Schriftinspiration* (QD 1), Freiburg/Basel/Wien 1958 [trad. esp.: *Inspiración de la Sagrada Escritura*, Herder, Barcelona 1970]; W. KASPER, «Schrift und Tradition», art. cit.

alguno contradice la enseñanza de la teología tradicional. Pues también según esta, el magisterio solo es *regula fidei proxima* [regla de fe inmediata], no *regula fidei suprema* [regla de fe suprema] de la predicación eclesial. Pero aquí seguramente haya que ir un paso más allá y afirmar: en virtud de su carácter escrito y del modo fijo en que transmite el Evangelio, la Escritura expresa que la palabra de Dios siempre es *extra nos* [externa a nosotros], que siempre es mayor que nuestra comprensión, que permanece inagotable y nunca puede ser alcanzada por completo por la tradición eclesiástica ni por la especulación teológica. Así, la palabra de Dios sigue siendo siempre una norma que está por encima de la Iglesia, por la que tiene que medirse toda acción y toda doctrina en la Iglesia y de la que debe partir toda renovación intraeclesial.

12
Consenso básico y comunión eclesial.
El estado del diálogo ecuménico entre la Iglesia católica y la evangélico-luterana

I. El nuevo planteamiento ecuménico

El movimiento ecuménico parte de la convicción fundamental de que la división de las Iglesias cristianas no ha llegado hasta las raíces. No en vano, los cristianos protestantes y católicos se califican a sí mismos de hermanos y hermanas separados; de ese modo se reconocen mutuamente como cristianos. Se saben unidos en la común confesión de fe en Jesucristo y en el bautismo común que sella ese credo. La verdadera diferencia fundamental no se da entre las Iglesias cristianas separadas, sino entre cristianos y no cristianos. Entre los cristianos, en cambio, existe un consenso básico. Este consiste en que todos ellos, sobre el fundamento de la Sagrada Escritura, profesan en común la fe en Jesucristo al modo en que lo hacen los antiguos credos bautismales, entre los que se cuenta sobre todo el símbolo apostólico. A fin de articular este consenso, cabe remitir, además de al credo de la Iglesia primitiva, a la fórmula base del Consejo Mundial de Iglesias, que el concilio Vaticano II hace suya[1].

Este consenso básico no es algo que tengamos que «hacer» y buscar, sino algo en lo que ya nos encontramos. En efecto, en virtud de la compartida fe en Cristo y del bautismo común, los cristianos protestantes y los cristianos católicos no solo confiesan en común a Jesucristo, sino que más bien son en común «en Jesucristo». Participan conjuntamente en el único Espíritu de Cristo Jesús; en Jesucristo son todos juntos una nueva creación. Así pues, cabe hablar, en el sentido del concilio Vaticano II, de una imperfecta comunión eclesial ya existente entre las confesiones separadas[2]. La experiencia y la toma de conciencia de esta comunión ya existente

1. Cf. UR 1.
2. Cf. UR 2s.

a pesar de todas las diferencias es el gran regalo del movimiento ecuménico. La tarea ecuménica consiste, en consecuencia, en llegar –sobre el fundamento de este consenso básico y en dilatación del mismo– desde la todavía imperfecta comunión eclesial ya existente a la comunión plena, que incluye la comunión eucarística.

Con la vista puesta en esta meta, en las dos últimas décadas se han recorrido diversos caminos:

1. El camino más transitado pasa por los numerosos diálogos doctrinales que en estos últimos veinte años han mantenido las Iglesias separadas[3]. En ellos se han logrado en numerosas cuestiones hasta ahora controvertidas consensos teológicos sustanciales o al menos convergencias de asombroso alcance. Las negociaciones sobre las recíprocas condenas doctrinales del siglo XVI han confirmado este resultado[4]. Muchas oposiciones se han revelado como aparentes. Otras han podido ser «superadas» gracias a estudios bíblicos e investigaciones históricas de mayor profundidad, de suerte que muchas de las reprobaciones pronunciadas en aquel entonces no son aplicables ya al interlocutor actual. Por eso, a algunos teólogos la plena comunión eclesial les parece una posibilidad realizable en un futuro próximo[5].

---

3. Los documentos más importantes del diálogo entre católico-romanos y evangélico-luteranos son: *Evangelio – Mundo – Iglesia* (la llamada Relación de Malta, 1971); *La Cena del Señor* (1978); *Caminos hacia la comunión* (1980); *Todos bajo un solo Cristo* (1980); *El ministerio espiritual en la Iglesia* (1981); *Comunión eclesial en la palabra y en los sacramentos* (1984); *La unidad ante nosotros* (1985). Una recopilación de los resultados de todos los diálogos internacionales hasta 1982 puede verse en H. MEYER, H. J. URBAN y L. VISCHER (eds.), *Dokumente wachsender Übereinstimmung. Sämtliche Berichte und Konsenstexte interkonfessioneller Gespräche auf Weltebene 1931-1982*, Paderborn / Frankfurt a.M. 1983 [una publicación similar, aunque temporalmente más limitada, existe en español: *Enchiridion oecumenicum*, 2 vols., ed. por A. González Montes, Centro de Estudios Orientales Juan XXIII y Universidad Pontificia de Salamanca, Salamanca 1986-1993]. Una excelente valoración teológica de estos diálogos, que solo he conocido una vez escrito el presente artículo, pero que confirma con la exposición de abundante material los resultados a los que aquí llego, se ofrece en A. BIRMELÉ, *Le salut en Jésus Christ dans les dialogues oecuméniques*, Paris 1986.
4. Cf. K. LEHMANN y W. PANNENBERG (eds.), *Lehrverurteilungen – kirchentrennend?*, vol. 1: *Rechtfertigung, Sakramente und Amt im Zeitalter der Reformation und heute*, Freiburg i.Br. / Göttingen 1986.
5. Cf. H. FRIES y K. RAHNER, *Einigung der Kirchen – reale Möglichkeit* (QD 100), Freiburg i.Br. 1983 [trad. esp.: *La unión de las Iglesias: una posibilidad real*, Herder, Barcelona 1987].

Sin embargo, en una serie de cuestiones, en especial en la cuestión del ministerio y, sobre todo, en la del primado, no se vislumbra hasta ahora un consenso suficiente. Esta es una de las razones de que en el plano institucional no se hayan dado –ni se hayan podido dar– hasta ahora pasos decisivos hacia la plena comunión eclesial. El método de consenso y convergencia utilizado hasta el momento está en cierto modo agotado. La situación ecuménica parece como bloqueada en la actualidad. Formulado con cierta malicia: diríase por el momento que la guerra hasta ahora fría, aunque en ocasiones también caliente, no va a desembocar en un tratado de paz, sino más bien en una coexistencia pacífica.

2. Una vez atenuadas las a menudo entusiastas expectativas ecuménicas, esta situación ha llevado comprensiblemente a considerables frustraciones y a alguna que otra manifestación de disgusto en la opinión pública general. De todos modos, las cuestiones controvertidas aún pendientes apenas pueden hacerse ya comprensibles en la opinión pública; y mucho menos, en cuanto motivos de separación de las Iglesias. De ahí que muchos consideren que una posible salida de esta situación de estancamiento podría consistir en sustituir los diálogos entre teólogos, laboriosos y para la «base» de hecho difícilmente comprensibles, por el programa de una unificación pragmática «desde la base». En ello, la pregunta por la verdad resulta con frecuencia incriminada de antemano y puesta bajo sospecha de ideología. Es presentada como falta de interés en la unificación ecuménica, cuando no de resistencia a esta.

También en esta posición se oculta una preocupación legítima. La vida y la doctrina están estrechamente entrelazadas. La fe vivida puede, más aún, debe preceder a la reflexión teológica. Pero tiene que tratarse de la fe vivida como respuesta a la verdad escuchada del Evangelio. Por eso, una unidad realizada de modo meramente pragmático no es un camino transitable para la Iglesia católica ni para las Iglesias evangélicas. La indiferencia frente a la pregunta por la verdad nunca puede ser para las Iglesias un argumento positivo. La unidad, para ser humanamente digna, presupone el acuerdo. Y con más razón aún, una unidad de la Iglesia que no naciera de la obediencia a la verdad del Evangelio, sino que fuera forjada arbitrariamente «desde abajo», tendría en último término una dimensión verdaderamente apocalíptica, dirigida contra Dios, y no podría ser caracterizada sino como la peor perversión de lo ecuménico. La unidad solo puede ser unidad en la verdad. Sobre todo en la celebración de la eucaristía no cabe hacer conjuntamente lo mismo mientras se piensa de manera distinta. Una unidad así fingida sería profundamente insincera y no podría perdurar a la larga.

3. Así, resulta comprensible que, en el otro extremo del espectro, la pregunta por la verdad vuelve a ser acentuada con fuerza, cuando no con excesiva fuerza. A los documentos de consenso y convergencia producidos hasta la fecha se les reprocha que se muevan solo en la superficie y en el ámbito de las curas sintomáticas y que todavía no hayan tomado siquiera en consideración las verdaderas y más profundas causas de la división. Es cierto, reconocen, que en cuestiones materiales concretas es perfectamente posible llegar a un acuerdo; pero los diferentes principios confesionales formales nos llevan no solo a formular afirmaciones materialmente distintas, sino a ver el todo bajo una óptica distinta, incluso allí donde decimos lo mismo. Más aún, justo porque vemos el todo de forma distinta (*aliter*), vemos también cosas distintas (*alia*)[6]. Por eso, con frecuencia se habla, en vez de consenso básico, de disenso básico o de opciones fundamentales contrapuestas[7].

Sin embargo, hasta la fecha no se ha conseguido determinar inequívoca y unánimemente esta diferencia fundamental; es decir, de forma tal que el interlocutor confesional se sienta correctamente entendido en vez de por completo malentendido de antemano. Toda vez que las Iglesias siempre han concretado sus divergencias en cuestiones específicas, nunca en disensos fundamentales, cabe sospechar que estos disensos fundamentales, en la formulación que unos y otros les dan, no se derivan tanto de los credos eclesiales mismos cuanto del respectivo enfoque sistemático-teológico. Las Iglesias pueden explicar los disensos existentes a partir de

---

6. Cf. K. BARTH, *Die Kirche und die Kirchen* (TEH 27), München 1935.
7. Este debate, que se remonta a F. Schleiermacher y J. A. Möhler, ha sido reabierto recientemente por teólogos protestantes (P. Tillich, G. Ebeling, E. Herms, R. Frieling, H. M. Müller, etc.) y católicos (Y. Congar, J. Ratzinger y K. Lehmann, entre otros), si bien de un modo muy diferente tanto en lo relativo al contenido como por lo que hace a las intenciones. Cf. una visión de conjunto en W. BEINERT, «Konfessionelle Grunddifferenz. Ein Beitrag zur ökumenischen Epistemologie»: Cath (M) 34 (1980), 36 y 61; P. NEUNER, «Der konfessionelle Grundentscheid – Problem für die Ökumene?»: StdZ 202 (1984), 591-604; H. MEYER, «Grundverschiedenheit – Grundkonsens»: ÖR 34 (1985), 347-359; A. BIRMELÉ, *Le salut en Jésus Christ dans les dialogues oecuméniques*, op. cit., 277-302.

la respectiva visión teológica, pero no los fundamentan. Tales sistematizaciones teológicas pueden ser útiles para comprender mejor y más profundamente los disensos. Es legítimo que existan enfoques diferentes, sin que ello tenga por qué afectar a la unidad de la Iglesia. Por eso, las sistematizaciones teológicas solo son motivo de separación de las Iglesias mientras interpretan y sistematizan afirmaciones eclesiales confesionales separadoras. Cuando eso ya no ocurre, representan legítimas diferencias teológicas de escuela dentro de una unidad más abarcadora. De ahí que, más que de un disenso fundamental, deba hablarse de un problema teológico fundamental.

4. En este punto engancha la corriente principal del reciente debate ecuménico. Para superar el callejón sin salida, esta corriente plantea la pregunta por la necesaria unidad en la diversidad y la posible diversidad dentro de la unidad[8]. En ello, asume de manera positiva lo que de legítimo tiene el hablar de un disenso fundamental en la medida en que afirma que ninguna confesión puede ser caracterizada suficientemente por las doctrinas controvertidas que la diferencian de las demás. Cada Iglesia constituye más bien una plasmación relativamente autónoma o, por así decir, un tipo específico de Iglesia. También cabría hablar, en el sentido de las Iglesias orientales, de un rito en cada caso específico. En este contexto, «rito» no alude a una forma ritual distintiva, sino al conjunto de una específica configuración litúrgica, teológica, espiritual y disciplinaria de la Iglesia. «Rito» significa aquí, pues, una determinada forma de ser Iglesia. La unidad de la Iglesia no debe entenderse entonces como uniformidad monolítica, sino como unidad de *communio* [comunión] de diferentes Iglesias rituales[9]. A este modelo de *communio* corresponde ecuménicamente el intento de transformar las oposiciones hasta ahora excluyentes en tensiones que se complementan y fecundan recíprocamente dentro de una unidad más abarcadora. Esto, por supuesto, no puede acontecer únicamente en el plano de un compromiso formal.

---

8. Véase sobre todo Y. CONGAR, *Diversités et communion. Dossier historique et conclusion théologique*, Paris 1982; y desde una perspectiva muy diferente, O. CULLMANN, *Einheit durch Vielfalt. Grundlegung und Beitrag zur Diskussion über die Möglichkeiten ihrer Verwirklichung*, Tübingen 1986.
9. Al respecto, cf. mis artículos: «La Iglesia como *communio*. Reflexiones sobre la idea eclesiológica rectora del concilio Vaticano II», en OCWK 11, 405-425; «La Iglesia como sacramento de la unidad», en *ibid.*, 397-404.

El verdadero ecumenismo presupone más bien *conversio* [conversión] y transformación. Solo en virtud de semejante transformación pueden reconocerse recíprocamente las oposiciones hasta ahora existentes como posibilidades legítimas dentro de una determinada concepción global de la Iglesia. La pregunta que hay que plantear a este modelo de *communio* es, sin embargo, si el modelo inspirado por la relación entre las Iglesias orientales, así como por la relación de estas Iglesias con Roma, puede transferirse sin más a la relación entre la Iglesia católica y las Iglesias protestantes. En las Iglesias orientales nos encontramos, en efecto, con la misma estructura fundamental jerárquica de la Iglesia. Pero justo la constitución episcopal de la Iglesia, que se apoya en la sucesión apostólica, representa un problema fundamental en la relación de la Iglesia católica con las Iglesias nacidas de la Reforma. Así, este nuevo intento ecuménico se enfrenta a la misma dificultad concreta que ha llevado al método de consenso y convergencia mencionado en primer lugar a problemas que permanecen irresueltos. Esto vale, no obstante, con una diferencia decisiva. La cuestión del ministerio no puede ser considerada ya un problema particular aislado. Debe ser abordada en el marco de distintas visiones globales de lo cristiano y lo eclesial. El perdurable disenso en la cuestión del ministerio es, por tanto, indicio de una diferencia más profunda y solo en un contexto más amplio puede ser encaminado hacia una solución.

Así pues, para salir del punto muerto en que se encuentra el ecumenismo, debemos comenzar por lo esencial. Hemos de preguntarnos en primer lugar a qué nos referimos más en concreto cuando hablamos del consenso básico que se da por supuesto en el ecumenismo, qué capacidad de aguante tiene, cómo se relaciona con los disensos que separan a las Iglesias y qué grado de diferencias permite. Este planteamiento lleva entonces por sí solo a la segunda pregunta, a la pregunta por la relación entre el consenso básico y la plena comunión eclesial en el marco de la unidad de *communio* de la Iglesia.

II. La pregunta por el contenido del consenso básico: el principio material de la Reforma

1. *El contenido del consenso básico*

Partimos una vez más de lo que se ha puesto de manifiesto como consenso básico incuestionable: la confesión común de fe en Jesucristo sobre el fundamento de la Sagrada Escritura y en interpretación de los credos de la Iglesia primitiva. Ahora bien, el problema que se nos plantea a raíz del estado actual del debate esbozado en la primera parte de este artículo es qué relación guarda este consenso básico con las doctrinas diferenciadoras. Si se supone que estas no son meros añadidos al credo común, sino desarrollos del mismo, la pregunta es: el hecho de que a partir de la misma verdad fundamental sean posibles consecuencias tan diferentes, ¿no abona la sospecha de que el disenso está latente ya en una diferente comprensión del consenso que se presupone en primer lugar? Así pues, ¿no tiene nuestro disenso nada que ver con una diferente comprensión de la raíz común?

Tratamos el problema primero desde el punto de vista de la teología católica. La teología católica contemporánea distingue entre el modelo teórico-instructivo y el modelo teórico-comunicativo de revelación[10]. El primero entiende la revelación como revelación de diferentes verdades y realidades (¡en plural!) a las que el entendimiento humano no tiene acceso por sí solo. El segundo modelo concibe la revelación como autorrevelación y autocomunicación personal de Dios, en la que Dios no revela al ser humano «algo», sino su propio ser y el misterio de su voluntad (¡en singular!). Según este segundo modelo, en último término no existen múltiples verdades reveladas, sino una única verdad: la autocomunicación de Dios a través de Jesucristo en el Espíritu Santo. Esta única verdad se revela, sin embargo, en numerosas palabras y hechos históricos concretos y, a modo de recapitulación y en su plenitud, en Jesucristo[11]. Por eso, también dentro de este modelo

---

10. Cf. sobre todo M. SECKLER, «Der Begriff der Offenbarung», en HFTh 2, 64-67. Véase además A. DUTTES, *Revelation Theology*, New York 1969 (trad. al.: *Was ist Offenbarung?*, Freiburg i.Br. 1970); R. LATOURELLe, *Théologie de la révelation*, Paris 1963 [trad. esp.: *Teología de la revelación*, Sígueme, Salamanca 1979⁴]; P. EICHER, *Offenbarung. Prinzip neuzeitlicher Theologie*, München 1977.
11. Cf. DV 2.

se puede e incluso se debe hablar de verdades de revelación en plural. Pero los múltiples enunciados revelados guardan entre sí una conexión intrínseca, que el Vaticano I denomina *nexus mysteriorum* [nexo de los misterios][12]. Forman un todo orgánico, una unidad estructural que el Vaticano II caracteriza como *hierarchia veritatum* [jerarquía de verdades] y ordena desde el misterio único de Cristo[13].

Esta doctrina de la jerarquía de verdades es fundamental para el debate ecuménico. Sin embargo, es malentendida en sentido cuantitativo si se interpreta como si afirmara que existen verdades de primera, segunda y tercera categoría, siendo estas últimas una suerte de «elemento prescindible». Tal como lo entiende el concilio, el principio de la *hierarchia veritatum* no es un principio de reducción, sino de concentración e interpretación. Es decir, todas las verdades concretas deben ser interpretadas desde el contexto global. Forman un todo estructural diferenciado, cuyo fundamento y centro es el misterio de Cristo.

De ahí deriva una doble delimitación: por una parte, frente a una visión positivista y objetivista de la fe en el sentido de una suma de *credenda* [lo que se ha de creer] concretos y aislados entre sí, frente a una comprensión puramente proposicional de las verdades de fe como meras verdades enunciativas; por otra parte, la delimitación frente a una disolución espiritualista, liberal y, en último término, gnóstica del contenido de la fe en el sentido de un personalismo y existencialismo actualista o frente a una comprensión meramente expresivo-experiencial de la verdad.

Positivamente resulta lo siguiente: todo contenido concreto de la fe refleja el todo y remite siempre al conjunto de la revelación y, en último término, a Dios mismo, quien a través de Jesucristo en el Espíritu Santo se ha revelado de una vez para siempre. En este sentido, la escolástica define el artículo de fe como «perceptio divinae veritatis tendens in ipsam» [percepción de la verdad divina que tiende hacia esa verdad misma][14], como aprehensión de

---

12. Cf. DH 3016.
13. Cf. UR 11. Cf. U. VALESKE, *Hierarchia veritatis*, München 1968; Y. CONGAR, *Diversités et communion*, *op. cit.*, 184-187.
14. Citado, entre otros, por TOMÁS DE AQUINO, *S.th.* II/II, q. 1, a. 6. Un sentido análogo tiene la afirmación de Tomás en *ibid.*, q. 1, a. 2, ad 2: «Actus autem credentis non terminatur ad enuntiabile, sed ad rem» [Pero este acto (de fe) del creyente no termina en el enunciado, sino en la realidad (enunciada)]. Cf.

un contenido, que, sin embargo, remite más allá de sí a la verdad de Dios, siempre mayor y más rica y, por tanto, aprehensible solo por analogía.

2. Dos significados de consenso básico

Según de qué concepción de la verdad o la revelación partamos, resulta uno u otro significado de consenso básico. Si se parte de una concepción teórico-instructiva, resulta una comprensión cuantitativa del consenso básico.

El consenso básico significa entonces el acuerdo en la mayoría de los artículos de fe, los más importantes, mientras que el resto son calificados bien de *adiáphora* [no esenciales; ni obligatorios ni prohibidos], bien de teologúmenos o de meras «verdades marginales». En cualquier caso, son tenidos por no fundamentales para la unidad de la Iglesia. Esta posición es sostenida de diversos modos. El punto de partida suele ser el dicho procedente de la tradición agustiniana: «In necessariis unitas, in dubiis libertas, in omnibus caritas» [En lo necesario, unidad; en lo dudoso, libertad; en todo, caridad][15].

Tal posición cobró forma concreta en la doctrina de los artículos fundamentales[16]. Fue defendida de modo diverso por Erasmo y Calvino, por algunos teólogos anglicanos, por los socinianos, por algunos irenistas ecuménicos (Calixto: «consensus quinque saecularis» [consenso de los cinco (primeros) siglos], Leibniz, Bossuet, etc.), por algunos ecumenistas y, en sus últimos y atenuados ecos, por Rahner y Fries. Contra esta irenista solución del problema se pronunció Pío XI en la encíclica *Mortalium animos* (1928) con el argumento de que todas las verdades de fe están fundadas en la misma autoridad formal de Dios y deben ser aceptadas, por tanto, con la misma obediencia creyente[17]. Lo que de verdadero hay en ello es que la fe es un acto global en el que no se puede escoger. Lo nefasto de este argumento magisterial consiste, sin embargo, en que implícitamente

---

L. HÖDL, «Articulus fidei. Eine begriffsgeschichtliche Arbeit», en J. Ratzinger y H. Fries (eds.), *Einsicht und Glaube*, Freiburg 1962, 358-376.
15. Al respecto, cf. Y. CONGAR, *Diversités et communion, op. cit.*, 156s.
16. Al respecto, véase *ibid.*, 158-183.
17. Citado en A. Rohrbasser (ed.), *Heilslehre der Kirche. Dokumente von Pius IX. bis Pius XII.*, Fribourg (Suiza) 1953, 407s (Nr. 684).

parte de la misma comprensión cuantitativa de la fe que la doctrina a la que combate.

En cambio, si se parte de la concepción teórico-comunicativa de la revelación, se llega a una comprensión cualitativa del consenso básico. El consenso básico significa entonces el acuerdo en lo relativo al fundamento de la fe. Este, sin embargo, es entendido de tal modo que, en cuanto fundamento, sostiene e incluye al conjunto de la fe. En el trasfondo hay, por tanto, una comprensión holística e integral de la fe. Esta comprensión holística subyace a la doctrina escolástica de la *fides implicita* [fe implícita]. Comporta que las verdades fundamentales de la fe incluyen objetivamente (y no, como más tarde se interpretará, conforme a la intención subjetiva) todas las demás verdades. En este sentido, el consenso básico implica el consenso pleno en la verdad toda[18].

Enlazando con una prolongada tradición exegética de Hebr 11,6, cabe afirmar, por tanto, lo siguiente: quien cree que Dios existe y es la salvación del ser humano no cree solo una parte de la fe, sino implícitamente la totalidad de la fe. Ese está en comunión invisible con la Iglesia universal, que se extiende mucho más allá de sus límites institucionales. En este sentido, tanto según la tradición paleo-eclesial católica como según la tradición protestante, la Iglesia se encuentra escondida en todos los pueblos. Y algo análogo vale también, a tenor de la tradición católica, para los *rudes*, los incultos. Ni necesitan ni pueden conocer la fe desarrollada por completo. Les basta con conocer las verdades fundamentales y –por ejemplo, según Tomás de Aquino– con celebrar las principales fiestas del año litúrgico[19]. En la medida en que afirmen las verdades fundamentales en comunión con –y esto quiere decir: en el sentido de– la Iglesia, o sea, si están subjetivamente abiertos a los desarrollos de la fe que les son presentados con objetividad, confiesan de forma implícita la fe toda de la Iglesia.

---

18. Cf. Tomás de Aquino, *S.th.* II/II, q. 1, a. 7, y el comentario en DThA 15, 438-443; Y. Congar, *Diversités et communion, op. cit.*, 195s.
19. Cf. Tomás de Aquino, *Quaestiones disputatae de veritate* q. 14a. 11c. a.

3. Una propuesta católica de solución

Últimamente se intenta a menudo utilizar la doctrina escolástica de la *fides implicita* [fe implícita] como llave para resolver el problema ecuménico[20]. De lo dicho hasta ahora resulta, sin embargo, que esto solo es posible en limitada medida. Pues lo que cuenta en el terreno del ecumenismo no es la fe de cristianos protestantes o católicos individuales, de los que, de hecho, no cabe esperar por regla general que conozcan y sean capaces de entender todas las doctrinas controvertidas, junto con las implicaciones que han tenido a lo largo de la historia de la teología. El problema ecuménico tiene que ver más bien con la relación entre las Iglesias, cada una de las cuales posee y debe atestiguar un credo expresamente desarrollado. Así, los cristianos individuales pueden estar en *statu rudis* [estado de ignorancia], pero no las Iglesias en cuanto tales. A esto se añade un segundo punto de vista restrictivo. En virtud de su credo desarrollado de forma específica, toda Iglesia confesional siempre excluye positivamente determinados desarrollos de las otras Iglesias confesionales. Por consiguiente, ninguna de ellas está precisamente abierta a desarrollos que, según la convicción de la otra Iglesia, se hallan contenidos de modo im-

---

20. Cf. espec. Y. CONGAR, *Diversités et communion, op. cit.*, 240-257, y los autores católicos allí citados, como M. Villain, T. Sartory, A. de Halleux, G. Dejaifve, P. Duprey, E. Lanne, L. Bouyer, A. Dulles, J. M. R. Tillard y H. Mühlen, entre otros. Véase asimismo mi artículo «Erneuerung des dogmatischen Prinzips», en W. KASPER, *Theologie und Kirche*, Mainz 1987, 25-42 [trad. esp.: «Renovación del principio dogmático», en ID., *Teología e Iglesia*, Herder, Barcelona 1989]. Cf. también las contribuciones de N. A. NISSIOTIS, L. KLEIN, A. DULLES y H. MEYER en ThQ 166 (1986), número 4. Especial importancia tiene la afirmación relativa a esta cuestión en la Resolución del Sínodo Conjunto de las Diócesis de la República Federal de Alemania, *Pastorale Zusammenarbeit der Kirchen im Dienst an der christlichen Einheit* 3.2.3 (ed. completa oficial, 780s). La propuesta de H. Fries y K. Rahner también se mueve básicamente en esta dirección. Pero al mismo tiempo va más allá en diversas formulaciones, en tanto en cuanto muestra tolerancia epistemológica no solo con los individuos, sino también con las Iglesias en la actual situación intelectual, con lo que corre el peligro de relativizar la cuestión de la verdad. Pero ¿puede una Iglesia permanecer *in statu rudis* [en estado de ignorancia]? ¿Puede darse por contenta con una abstención de todo juicio? ¿No estaría renunciando a sí misma si no pudiera seguir defendiendo su credo de forma clara e inequívoca? Cf., sin embargo, las observaciones restrictivas de H. Fries en el balance que hace del debate en la edición especial de H. FRIES y RAHNER (eds.), *Einigung der Kirchen, op. cit.*, 157-189, y en ThQ 166 (1986), 302-312.

plícito en la única verdad fundamental. Mientras tales reprobaciones se mantengan, no cabe hablar con sinceridad de una *fides implicita*.

La doctrina de la *fides implicita* ayuda a avanzar, sin embargo, en la medida en que no tiene necesidad de exigir al otro interlocutor que, más allá del consenso básico, asuma de forma explícita todas las doctrinas diferenciadoras (por ejemplo, los nuevos dogmas mariológicos). Basta con que el interlocutor ecuménico reconozca tales desarrollos como fundamentalmente legítimos sobre la base del Evangelio y no siga rechazándolos como contrarios a este. Allí donde esto ocurre, allí no se da abstención del juicio, sino que el consenso básico y la comunión eclesial suponen tendencialmente el asentimiento positivo a la totalidad de la verdad; allí las contradicciones previamente existentes se han convertido en tensiones complementarias; allí todos confiesan la misma fe, si bien en diferentes explicitaciones. Semejante unidad en la diversidad no espera de antemano, pues, ni siquiera desde el punto de vista dogmático, una unificación plena. Basta un consenso en lo relativo al contenido; en el plano de las formulaciones, la diversidad es posible; más aún, a la vista de las diferentes situaciones culturales e históricas, hasta necesaria[21]. Tal unidad en la diversidad está incluso bastante más en sintonía con el prototipo trinitario de la Iglesia[22] que una comprensión monolítica de la unidad. No obstante, hay que tener claro que tal unidad en la diversidad comporta asimismo una considerable exigencia para cada una de las Iglesias hasta ahora separadas y es imposible sin una profunda *conversio* [conversión].

Así y todo, esta solución sigue teniendo un inconveniente: aunque perfectamente puede abrir brecha dentro de la Iglesia católica, como puente de entendimiento ecuménico con las Iglesias nacidas de la Reforma presenta considerables dificultades.

---

21. Este camino de la unificación fue recorrido oficialmente ya en la declaración conjunta sobre cristología del papa Pablo VI y el papa-patriarca copto Shenouda III en 1973 (*L'Osservatore Romano*, 10 de mayo de 1973), así como en la declaración conjunta del papa Juan Pablo II y el patriarca sirio Moran Mar Ignatius Zakka I Iwas en 1984 (*L'Osservatore Romano*, 29 de junio de 1984). En ambos casos se alcanzó con estas Iglesias precalcedonenses un acuerdo sobre la cristología calcedonense, que hasta entonces era causa de separación respecto de ellas, sin necesidad de usar toda la terminología del concilio de 451.
22. Cf. LG 3; UR 2.

Pues los reformadores rechazaron de plano la doctrina de la *fides implicita*, condenándola como «perezosa fe del carbonero». Temían, entre otras cosas, que, a consecuencia de ella, la fe en Cristo pudiera degenerar en una fe en la Iglesia[23]. Esta crítica no solo muestra una relación diferente entre consenso básico e Iglesia, sino también una comprensión diferente del consenso básico. Así, tras la presentación de la concepción católica del consenso básico, ahora hemos de considerar la correspondiente interpelación protestante, a fin de identificar con claridad el problema fundamental en la relación entre la Iglesia católica y la Iglesia evangélico-protestante.

4. La interpelación protestante: *el* articulus stantis et cadentis ecclesiae

Para Lutero, el artículo del que depende por completo la Iglesia, con el que se mantiene en pie o cae la Iglesia, era el artículo sobre la justificación. «De este artículo no puede uno separarse ni ceder lo más mínimo, ya se hundan el cielo y la tierra»[24]. Para Lutero y para las Iglesias luteranas, aquí no se trata de un artículo de fe junto a otros, sino del centro y el límite de toda la fe y toda la teología[25]. Esto es así, porque este artículo, para Lutero, no representa sino la síntesis de toda la predicación de Cristo. Fe en Jesucristo y justificación *sola gratia* [solo por la gracia] y *sola fide* [solo por la fe] son, para él, uno y lo mismo. Esto tiene como consecuencia que Lutero, por una parte, reciba la cristología de la Iglesia antigua y, por otra, haga de ella algo nuevo interpretándola con ayuda de la doctrina de la justificación. La expone completamente bajo el signo del *pro me* [por mí]. Con ello subraya con énfasis la dimensión soteriológica –hoy también podríamos decir: existencial– de la cristología[26]. El artículo sobre la justifi-

---

23. A. VON HARNACK, *Lehrbuch der Dogmengeschichte* 3 (1910), reimpr. Darmstadt 1964, 507s, explica, sin embargo, que con ello los reformadores no criticaban la comprensión integral de esta doctrina, sino su versión nominalista, positivista. Para la materialidad de la cuestión, cf. el comentario en DThA 15, 438-443.
24. Cf. *Artículos de Esmalcalda* (1537), en BSELK 415.
25. Al respecto, cf. la abundantemente documentada visión de conjunto que ofrece O. H. PESCH, *Theologie der Rechtfertigung bei Martin Luther und Thomas von Aquin*, Mainz 1967, 151-159.
26. Cf. P. ALTHAUS, *Die Theologie Martin Luthers*, Gütersloh 1967, 161-171.

cación no es, para Lutero, la única forma en la que cabe formular la fe en Cristo. En su *Pequeño catecismo*, Lutero no usa el término «justificación». El artículo sobre la justificación puede esconderse también bajo otros nombres (hoy, por ejemplo, liberación, reconciliación, dignidad del ser humano). Le corresponde una omnímoda función hermenéutica y, más en concreto, crítica, pero no terminológicamente, sino desde el punto de vista del contenido. Esto vale tanto para la recta intelección de la fe en Cristo como, con mayor razón aún, para la concepción y la praxis de la Iglesia. En ello, lo importante es siempre que la incondicionalidad de la salvación gratuitamente obrada por Dios en Jesucristo sea reconocida y no resulte eclipsada y menoscabada por condiciones humanas o puramente eclesiásticas y canónicas.

Hoy existe en general consenso teológico sobre el hecho de que la doctrina de la justificación en cuanto tal ha dejado de tener, gracias a las clarificaciones y las aproximaciones teológicas que entretanto se han producido, una función separadora de las Iglesias[27]. La pregunta decisiva sigue siendo, sin embargo, si esto vale también para las consecuencias eclesiológicas derivadas de la doctrina de la justificación. El problema que actualmente existe entre nosotros ya no es, en consecuencia, la doctrina de la justificación como doctrina específica o sistema de doctrinas específicas, sino el acontecimiento de la justificación como principio hermenéutico y norma crítica de toda la fe cristiana[28].

Esta pregunta suele ser formulada como sigue: si –y en caso de respuesta afirmativa, en qué medida– la incondicionalidad de la gracia permite una colaboración humana posibilitada y sostenida por la gracia divina o si la actividad exclusiva (*Alleinwirksamkeit*) de Dios significa una actividad exclusiva de Dios que no per-

---

27. Cf. el documento de consenso estadounidense: H. G. ANDERSON, T. A. MURPHY y J. A. BURGESS (eds.), *Justification by Faith* (Lutheran and Catholics in Dialogue 7), Minneapolis 1985; y K. LEHMANN y W. PANNENBERG (eds.), *Lehrverurteilungen* 1, *op. cit.*, 35-75. Una visión de conjunto del debate puede encontrarse en A. BIRMELÉ, *Le salut en Jésus Christ dans les dialogues oecuméniques*, *op. cit.*, 45-105.
28. Así también H. G. ANDERSON, T. A. MURPHY y J. A. BURGESS (eds.), *Justification by Faith*, *op. cit.*, 56s y 69s; y K. LEHMANN y W. PANNENBERG (eds.), *Lehrverurteilungen* 1, *op. cit.*, 75. Al respecto, cf. las certeras e importantes consideraciones críticas de C. J. PETER, «Justification by Faith and the Need of Another Critical Principle», en H. G. ANDERSON, T. A. MURPHY y J. A. BURGESS (eds.), *Justification by Faith*, *op. cit.*, 304-315.

mite más que pasividad por parte humana[29]. Dada la importancia central del artículo sobre la justificación, esta pregunta se plantea no solamente por lo que respecta a la apropiación de la obra salvífica de Jesucristo, sino ya en la cristología y la soteriología, es decir, en lo que atañe a la activa relevancia salvífica de la humanidad de Jesucristo[30]. Y también se plantea en la mariología como la pregunta de si –y en caso de respuesta afirmativa, en qué medida– a María, en virtud de su especial elección y favorecimiento, le corresponde de modo especial un papel activo en la historia de la salvación. Esta pregunta se plantea finalmente, y sobre todo, en la eclesiología[31]. La pregunta es aquí si –y en caso de respuesta afirmativa, en qué medida– resulta concebible, en el marco de –y subordinada a– la transmisión de la salvación por el Señor exaltado en el Espíritu Santo, una transmisión de la salvación por la Iglesia

---

29. Para el planteamiento del problema, cf. E. PRZYWARA, «Gott in uns und Gott über uns», en ID., *Das Ringen der Gegenwart*, Augsburg 1929, 543-578, espec. 547-552; en relación con la doctrina de la justificación, véase H. KÜNG, *Rechtfertigung. Die Lehre Karl Barths und eine katholische Antwort*, Einsiedeln 1957, 258s [trad. cast.: *La justificación: doctrina de Karl Barth y una interpretación católica*, Herder, Barcelona 1967]; H. VOLK, «Die Lehre von der Rechtfertigung nach den Bekenntnisschriften der evangelisch-lutherischen Kirche», en ID., *Gesammelte Schriften*, vol. 2, Mainz 1966, 31-64.

30. Y. CONGAR, «Regards et réflexions sur la christologie de Luther», en A. Grillmeier (ed.), *Das Konzil von Chalkedon*, vol. 3, Würzburg 1954, 457-486, defiende la tesis de que Lutero enseña una cristología caracterizada por la actividad exclusiva (*Alleinwirksamkeit*) de Dios, que no es un monofisismo, pero sí un monoergetismo, una monopraxis de Dios o un monofisismo económico-salvífico. Más tarde matizó considerablemente esta tesis, admitiendo una cierta relevancia salvífica activa de la humanidad de Jesús para Lutero. Cf. Y. CONGAR, «Nouveaux regards sur la christologie de Luther», en ID., *Martin Luther. Sa foi, sa réforme*, Paris 1983, 105-133. Para esta cuestión, cf. sobre todo M. LIENHARD, *Luther témoin de Jésus Christ*, Paris 1973 (trad. al.: *Martin Luthers christologisches Zeugnis*, Göttingen 1979, espec. 176-179, 220-227 y 280-282). Con suma agudeza, pero también con considerable parcialidad y sin tomar en consideración la bibliografía publicada entretanto, T. BEER, *Der fröhliche Wechsel und Streit. Grundzüge der Theologie Martin Luthers*, Einsiedeln 1980, espec. 439s y 441-453, ha reeditado la tesis de la cristología luterana de la actividad exclusiva (*Alleinwirksamkeit*) de Dios. Para el debate, cf. A. BIRMELÉ, *Le salut en Jésus Christ dans les dialogues oecuméniques, op. cit.*, 298-302.

31. Esta pregunta es formulada de modo bastante polémico por G. MARON, *Kirche und Rechtfertigung. Eine kontroverstheologische Untersuchung ausgehend von den Texten des Zweiten Vatikanischen Konzil*, Göttingen 1967, y de forma considerablemente más matizada y fundamentalmente abierta por E. JÜNGEL, «Die Kirche als Sakrament?»: ZThK 80 (1983), 432-457.

y sus ministerios. Formulada desde un punto de vista más hermenéutico, la misma pregunta reza si –y en caso de respuesta afirmativa, en qué medida– el testimonio que la verdad del Evangelio da de sí misma y la evidencia que le es inherente, puestos de manifiesto por los protestantes, permiten una competencia interpretativa de la Iglesia y, en especial, del magisterio eclesiástico.

Así, llegamos al siguiente resultado: las cuestiones todavía no aclaradas entre las Iglesias, en especial la cuestión del ministerio, no son una partida residual de problemas relativamente insignificantes que puedan dejarse tal como están. Antes bien, remiten al problema fundamental existente entre las Iglesias separadas, a saber, la correcta determinación de qué relación existe entre Dios y el ser humano en el acontecimiento salvífico. Ahora bien, este es un problema sobre el que merece la pena debatir y polemizar, máxime teniendo en cuenta que se trata del problema fundamental de la Modernidad. Así pues, los disensos existentes, en especial el disenso en la concepción del ministerio, ¿son eventualmente un indicio de una posible divergencia en la comprensión del consenso básico? ¿Hasta qué punto estamos en realidad de acuerdo? Presumiblemente –o mejor: es de esperar que– en mayor medida de lo que, tras lo dicho, parece ser el caso. Pues ni los católicos defienden una colaboración del hombre autónoma respecto de la gracia, sino meramente una colaboración humana sostenida y donada por esta; ni los luteranos defienden un determinismo filosófico, sino la libertad del cristiano. ¿Se trata entonces tan solo de acentos, terminologías o modos de pensamiento teológicos diferentes? ¿O son disensos separadores de las Iglesias? Este interrogante no puede responderse en abstracto, sino únicamente al hilo de cuestiones controvertidas concretas. En la exposición siguiente queremos ocuparnos de esta pregunta con la vista puesta en los problemas eclesiológicos, porque es sobre todo ahí donde se agudiza la cuestión de una posible comunión eclesial plena.

III. La pregunta por la forma del consenso básico: el principio formal de la Reforma

1. El significado fundamental de la comunión eclesial

Entre las Iglesias separadas existe consenso sobre el hecho de que la palabra de Dios y el pueblo de Dios, la comunión con Cristo y la comunión eclesial, forman una unidad. Al igual que el pueblo de Dios no puede existir sin la palabra de Dios, tampoco esta puede darse al margen de aquel[32]. La comunión de fe de la Iglesia es el lugar y el ámbito donde la palabra de Dios es anunciada, escuchada y acogida en la fe. Por eso, la Iglesia no es solo institución y organización exterior. A pesar de todas sus evidentes debilidades, la confesamos conjuntamente como la Iglesia una y santa. Pues según Pablo, el misterio de Dios realizado por Cristo en el Espíritu Santo se revela en la Iglesia[33]. La Iglesia es el cuerpo de Cristo y, como tal, nuestra madre en la fe. En consecuencia, el eslogan: «Jesús, sí; la Iglesia, no», es inconcebible tanto para la teología católica como para la protestante. La cristología y la eclesiología no pueden separarse[34]. Esta afirmación teológica, según la cual la verdad del Evangelio solo puede ser recibida en la Iglesia, cuenta con el respaldo adicional de la exégesis moderna (la historia de las formas). La revelación de Dios en Jesucristo la «tenemos» únicamente en el testimonio de las primeras comunidades, que nos es transmitido, al igual que la Escritura en general, en el testimonio de la Iglesia.

Estas afirmaciones comunes son importantes para la cuestión de cómo puede encontrarse en concreto el consenso básico en la verdad de la fe. En virtud de lo dicho, salta a la vista que el vinculante consenso básico en la fe no puede forjarse en abstracto al margen de la Iglesia y su credo. Así pues, no es posible preguntarse histórico-críticamente –conforme a la tradición del humanismo moderno– por el Evangelio originario del llamado Jesús histórico o del Pablo aún no protocatólico remontándose más

---

32. Cf. M. LUTHER, «Von den Konziliis und Kirchen», en WA 50, 629.
33. Cf. G. BORNKAMM, «mystérion», en ThWNT 4, 827s.
34. La irrenunciable tesis agustiniana de «Christus totus, caput et membra» [Cristo total/entero, cabeza y miembros] no debe ser confundida, sin embargo, con la tesis de la Iglesia como *Christus prolongatus* [Cristo prolongado], que muchos teólogos protestantes a menudo achacan injustamente a la doctrina católica. Mientras que la primera alude a la distinción entre Cristo como cabeza y la Iglesia como cuerpo de Cristo y subordina este a aquella, la segunda prolonga la cristología en la eclesiología. Esto último es expresamente excluido por LG 8, pues el concilio ve una analogía (que siempre incluye al mismo tiempo diferencia) entre la relación del Logos divino con la naturaleza humana de Cristo, por una parte, y la relación de Espíritu de Cristo (!) y la estructura social de la Iglesia, por otra. Cf. Y. CONGAR, «Dogme christologique et ecclésiologie. Vérité et limites d'un parallèle», en A. Grillmeier (ed.), *Das Konzil von Chalkedon* 3, op. cit., 240-268.

atrás del credo de la Iglesia de un modo tal que solo en esta pregunta cristalice el consenso básico normativo, absolutamente necesario para la unidad. Prescindiendo de las ambigüedades hermenéuticas de semejante procedimiento, tal intento delataría una concepción ahistórica y carente de vida de la verdad cristiana. Lo que es irrenunciable consenso básico solo puede ponerse de relieve como consenso de la Iglesia en la Iglesia.

2. Formas diferentes de relacionar consenso básico y comunión eclesial

Así, ya la Iglesia antigua pudo recurrir al concepto de *consensus*, habitual en la filosofía antigua. Ya para Aristóteles y, con mayor razón aún, para el estoicismo, el *consensus gentium* [consenso de las gentes] era un criterio de verdad. Pues todos los seres humanos no pueden equivocarse siempre[35]. La tradición veteroeclesial asumió a su manera estas reflexiones filosóficas y entendió el acuerdo en la fe como signo y efecto del Espíritu Santo[36]. Por eso, según Vicente de Lerins, debe ser tenido por verdadero y católico lo que es creído en todas partes, siempre y por todos («quod ubique, quod semper, quod ab omnibus creditum est»)[37]. Más tarde resultó de ahí la doctrina del *consensus fidelium* [consenso de los fieles], el *consensus patrum* [consenso de los padres] y el *consensus theologorum* [consenso de los teólogos][38]. Se consideraba que el lugar determinante de tal proceso de creación de consenso era el concilio ecuménico[39]. Pues para la Iglesia antigua, el contenido de la tradición apostólica y, por ende, también del consenso básico solamente se da en la forma concreta de la Iglesia y en la transmisión del ministerio episcopal encuadrado en la sucesión apostólica[40].

---

35. Cf. L. KOEP, «Consensus», en RAC 3, 295-298; M. SUHR, «Consensus omnium», en HWPh 1, 1031s; G. SAUTER, «Consensus», en TRE 8, 182s.
36. Cf. IRENEO DE LYON, *Adv. haer.* I,10,2; V,20,1.
37. Cf. VICENTE DE LERINS, *Commonitorium* 2,3; véase también 29,41.
38. Cf. H. BACHT, «Consensus», en LThK² 3, 43-46.
39. Cf. H. J. SIEBEN, *Die Konzilsidee der Alten Kirche* (Konziliengeschichte, Reihe B), Paderborn 1979.
40. Cf. J. RATZINGER, «Primat, Episkopat und successio apostolica», en K. Rahner y J. Ratzinger, *Episkopat und Primat* (QD 11), Freiburg 1961, 37-59, espec. 49-52 [trad. esp.: *Episcopado y primado*, Herder, Barcelona 2005²].

Los reformadores hicieron suya la idea del *consensus*. La *Confessio Augustana* atestigua –y se remite a– un *magnus consensus* [consenso magno], y la *Formula Concordiae* (!) se entiende a sí misma como *pius et unanimus consensus* [consenso pío y unánime][41]. Dentro de la teología protestante, sin embargo, el consenso hubo de adoptar un significado distinto del que tenía en la doctrina existente hasta entonces. A los reformadores, la Iglesia empírica de su época les parecía tan alejada del Evangelio y tan contraria a él que ya solo podían poner de relieve la verdad del Evangelio en contraposición crítica a la Iglesia concreta. Así, la Reforma surgió del conflicto entre la verdad del Evangelio, tal como se le reveló de forma nueva a Lutero en su doctrina de la justificación, y la unidad con la Iglesia romana. Ya muy pronto afirmó Lutero que también los concilios pueden errar[42]. En el conflicto con la pretensión magisterial de Roma, Lutero acentuó la superioridad del Evangelio sobre la Iglesia. Entendía la Iglesia como *creatura verbi* [criatura de la palabra][43]. «Para el esclarecimiento teológico de la verdad no es fundamental ya el concilio como representación de todos los fieles, pero tampoco el consenso determinable a través de la formación de mayorías, sino la escucha de la revelación salvadora de Dios, tal como es percibida desde la vinculación a la Sagrada Escritura. El *consensus* de la Iglesia se basa en el asentimiento a la acción de Dios, que lleva a la comunión de la fe». En este sentido cabe afirmar que el *consensus* es el «equivalente protestante del magisterio católico»[44].

Así pues, por mucho que exista un acuerdo fundamental, la pregunta por el consenso o por el consenso básico no conduce al consenso, sino al disenso. El consenso posee diferente «importancia» en la comprensión protestante que en la católica. En efecto, en el concepto de «consenso» y en el lugar que en cada caso

41. Pueden encontrarse ejemplos adicionales en G. SAUTER, «Consensus», art. cit., 185s.
42. Cf. M. LUTERO, «Ad dialogum Silvestri Prieratis de potestate papae responsio», en WA 1, 656 y *passim*.
43. Cf. ID., «De captivitate Babylonica ecclesiae praeludium» (1520), en WA 6, 560s [trad. esp.: «Preludio a *La cautividad babilónica de la Iglesia*», en ID., *La cautividad babilónica de la Iglesia; La libertad del cristiano; Exhortación a la paz*, Plantea-De Agostini, Madrid 1996]. Para la relación entre tradición e innovación en la concepción luterana de Iglesia, cf. mi artículo «Das Augsburger Bekenntnis im evangelisch-katholischen Gespräch»: ThQ 160 (1980), 87-90.
44. G. SAUTER, «Consensus», art. cit., 185s.

se le da aflora un problema fundamental de la teología de controversia. No se trata tan solo de la relación entre unidad y diversidad en la Iglesia, sino de la relación entre verdad y unidad o entre Evangelio e Iglesia; o más exactamente, de la función crítica del Evangelio frente a la Iglesia, sus fórmulas de consenso y las instituciones de tal consenso (en especial tanto la sucesión apostólica en el ministerio episcopal como el primado y la infalibilidad del ministerio petrino).

Los reformadores determinaron la relación entre Evangelio e Iglesia en el sentido de una contraposición. Desde ahí llegaron, en nombre del principio de la *sola scriptura* [solo la Escritura] al repudio de tradiciones concretas, pero también al cuestionamiento de un magisterio eclesiástico que decide de forma vinculante sobre la interpretación de la Escritura y la tradición. La Iglesia católica, en cambio, volvió a establecer en el concilio de Trento el *sensus* [sentido] y el *consensus* [consenso] de la Iglesia como normativos para la interpretación de la Escritura[45]. Sin embargo, ni entonces enseñó ni aún menos enseña en la actualidad que la Iglesia y su magisterio estén por encima de la palabra de Dios. Ya Trento caracterizó al Evangelio como la única fuente de toda la verdad salvífica y toda la disciplina de las costumbres[46]. Con toda rotundidad afirmó el concilio Vaticano II que el magisterio no está por encima de la palabra de Dios, sino a su servicio[47]. Sin embargo, la Iglesia católica no puede admitir ninguna contraposición entre la palabra de Dios y la Iglesia. Puesto que cree que la palabra de Dios actúa en la Iglesia y su tradición a través del Espíritu Santo, habla de un «entrelazamiento y "frente a frente"» de la palabra de Dios y la Iglesia y acentúa la intrínseca conexión de Escritura, tradición e Iglesia[48]. Por eso, según la interpretación católica, el consenso que la Iglesia ha alcanzado en materia de fe en una época determinada es vinculante (o sea, irreformable e infalible) para siempre. Puede ser ahondado y considerablemente enri-

---

45. Cf. DH 1507.
46. Cf. DH 1501.
47. Cf. DV 10.
48. Cf. DV 9s. Véase el comentario de J. Ratzinger en LThK.E 2, 523-528. Consecuentemente, Ratzinger ve en la forma de determinar la relación entre la Iglesia y la teología el auténtico núcleo del disenso. Cf. J. Ratzinger, «Luther und die Einheit der Kirchen»: IKaZ 12 (1983), 572s. De modo análogo opina K. Lehmann, «Worüber jetzt zu sprechen wäre. Luther und die Einheit der Kirchen heute»: HerKorr 37 (1983), 559s.

quecido, pero ha de ser tenido en cuenta en cualquier forja de consenso en una época posterior. Hasta ahora ha resultado imposible llegar a un consenso pleno en esta cuestión[49].

Uno de los problemas ecuménicos, quizá incluso el decisivo, consiste, por eso, en cómo puede alcanzarse un consenso básico y hasta qué punto es vinculante. ¿Qué relación existe entre el contenido y la forma eclesial del consenso básico?

3. Acercamientos actuales

También en esta decisiva cuestión ecuménica existen en la actualidad acercamientos por ambas partes. Aunque por parte católica no cabe admitir una mera contraposición entre Evangelio e Iglesia o entre Escritura y tradición, hoy se reconoce la historicidad de todas las formulaciones dogmáticas y la necesidad de interpretarlas sin cesar de forma más abarcadora y profunda desde el testimonio de la Escritura, recibiéndolas así de nuevo. En este sentido, la exégesis de la Escritura es tenida por el alma de toda la predicación y la praxis de la Iglesia[50]. Y a la inversa, en razón de las nuevas perspectivas exegéticas (historia de las formas) ya no es posible por parte protestante una aislada contraposición de Escritura y tradición. En efecto, la Escritura misma ha nacido del proceso protoeclesial de tradición y solo puede ser interpretada válidamente dentro del continuo de tradición de la vida eclesial. Así, en la actualidad tanto la teología católica como la protestante distinguen entre la tradición una del Evangelio en y por encima de la Iglesia y las múltiples tradiciones de índole meramente humana[51].

Así, la cuestión controvertida se reduce de momento a cuál sea la competencia interpretativa del magisterio eclesiástico dentro de este conjunto global de Escritura, tradición e interpretación. Esto en modo alguno constituye un problema secundario, pues aquí se

---

49. Cf. K. LEHMANN y W. PANNENBERG (eds.), *Lehrverurteilungen* 1, *op. cit.*, 31.
50. Cf. DV 21.
51. Cf. la declaración sobre la Escritura, la tradición y las tradiciones del congreso mundial de Fe y Constitución celebrada en Montreal (1963), recogida en: L. VISCHER (ed.), *Die Einheit der Kirche. Material der ökumenischen Bewegung*, München 1965, 195-210, así como la Relación de Malta sobre el Evangelio y la Iglesia (1971), recogida en: H. MEYER (ed.), *Evangelium – Welt – Kirche*, Frankfurt 1975, 13-15 [trad. esp. de la Relación de Malta: «El Evangelio y la Iglesia. Relación de la Comisión de Estudio Evangélico-Luterana y Católico-Romana», en *Enchiridion oecumenicum*, vol. 1, ed. por A. González Montes, Centro de Estudios Orientales Juan XXIII y Universidad Pontificia de Salamanca, Salamanca 1986, 265-292].

dirime la pregunta: ¿cómo habla la Iglesia vinculantemente? ¿Puede la Iglesia hablar vinculamente[52]? Con ello no se cuestiona la superioridad del Evangelio sobre la Iglesia. En esto coinciden ambas Iglesias. Lo que se cuestiona es más bien cómo puede hacerse valer y cómo puede mediarse en concreto tal superioridad. También en esta cuestión existen acercamientos. En el documento *El ministerio espiritual en la Iglesia* se afirma: «Por tanto en ambas Iglesias se da una responsabilidad doctrinal que rebasa los límites de la comunidad, responsabilidad que se desempeña de modos diversos, pero que presenta cierto paralelismo en las dos Iglesias. En ambas, la responsabilidad doctrinal se halla entrelazada con el testimonio de fe de la totalidad de la Iglesia. Ambas Iglesias son conscientes de que están sometidas a la norma del Evangelio. La pregunta sobre el modo y manera y la obligatoriedad de las decisiones doctrinales eclesiales es para ambas un problema que se ha de estudiar más ampliamente. El estudio de este problema es algo que se deberá realizar en común. En todo ello es especialmente la cuestión de la infalibilidad la que necesita de un análisis ulterior. Ya hoy católicos y luteranos pueden manifestar en común "que la Iglesia es incesantemente introducida en la verdad y mantenida en ella por el Espíritu Santo... El mantenimiento de la Iglesia en la verdad no debe ser entendido de manera estática, sino como un proceso dinámico que se lleva a cabo con la asistencia del Espíritu Santo en lucha constante contra el error y el pecado tanto en la Iglesia como en el mundo" (*Relación de Malta*, 23)»[53].

En resumidas cuentas, ambas Iglesias reconocen que la verdad del Evangelio se impone sin cesar en la Iglesia. Ambas se saben remitidas en ello a los ministerios eclesiásticos, pero son asimismo conscientes de que estos no garantizan la transmisión íntegra del Evangelio. Pero tampoco las Iglesias evangélicas cuentan con la necesidad de una revisión total[54]. Y así, se plantea la pregunta: ¿es cierto, pues, que también en esta cuestión ya prácticamente solo existen diferencias de acento en la interpretación más detallada de

---

52. Cf. el estudio de DÖSTA (Deutscher Ökumenischer Studienausschuss, Comisión Alemana de Estudios Ecuménicos), *Verbindliches Lehren der Kirchen heute* (1977), ÖR.B 33, Frankfurt 1978.
53. COMISIÓN MIXTA CATÓLICO-ROMANA Y EVANGÉLICO-LUTERANA, *Das geistliche Amt in der Kirche*, Paderborn / Frankfurt a.M. 1981, 42 [trad. esp.: «El ministerio espiritual en la Iglesia», en *Enchiridion oecumenicum*, vol. 1, *op. cit.*, 359-391, aquí p. 381 (nn. 57 y 58)].
54. Cf. K. LEHMANN y W. PANNENBERG (ed.), *Lehrverurteilungen* 1, *op. cit.*, 31.

la irreformabilidad de la doctrina eclesial, así como diferencias en la concreta praxis del ejercicio del magisterio? ¿O sigue existiendo aquí un problema fundamental aún no solucionado?

4. La concepción de Iglesia: el problema aún no abordado

A mí juicio, el verdadero problema no radica en esta o aquella cuestión concreta. Existen algunas de tales cuestiones concretas no resueltas o aún no del todo resueltas. Pero al respecto es posible entenderse en diálogos prolongados, siempre y cuando exista buena voluntad por ambas partes. El verdadero problema se encuentra, sin embargo, en un nivel más profundo. Se trata de las respectivas concepciones de Iglesia.

En el fondo, el problema de la Iglesia se interpone desde el principio entre nosotros. En efecto, la Reforma fue, por su origen, una rebelión contra una prepotente institución eclesiástica, a la que Lutero contrapuso su comprensión del Evangelio. La quema del *Corpus Iuris Canonici* [Código de Derecho Canónico] delante de la puerta de Elster en Wittenberg fue una acción simbólica que no carece de relevancia para la autocomprensión de la Reforma y que, no sin razón, ha quedado grabada en la memoria de las generaciones posteriores. El resultado de esta confrontación fue la doctrina luterana de la ocultación (¡y no invisibilidad!) de la Iglesia, según la cual está no está sujeta a determinadas épocas, lugares y personas[55]. A esta doctrina le contrapuso la Contrarreforma, en especial Roberto Belarmino, la obsesión por la visibilidad de la Iglesia y la concentración de esta en el papa[56].

Pero esta cuestión no se abordó explícitamente ni en los escritos confesionales protestantes ni en Trento. Sin embargo, ya en el siglo XVI hay un indicio indirecto sumamente importante. Según la *Confessio Augustana*, en la Iglesia existe *de iure divino* [por derecho divino] un ministerio[57], pero para la unidad de la Iglesia es suficiente (*satis est*) el consenso en la adecuada predicación del Evangelio y en la administración de los sacramentos conforme al Evan-

---

55. Cf. *Apologie* VII, en BSELK 238s.
56. Cf. Y. Congar, «Die Lehre von der Kirche. Vom abendländischen Schisma bis zur Gegenwart», en HDG III/3d, 54s y 60-62 [trad. esp.: «Eclesiología: desde san Agustín hasta nuestros días», en *Historia de los Dogmas*, tomo III, cuaderno 3c-d, BAC, Madrid 1976].
57. Cf. CA 5.

gelio[58]. Tanto lo uno como lo otro incluyen, por supuesto, un ministerio para la predicación pública del Evangelio[59], pero el reconocimiento de tal ministerio está sujeto a la reserva de que permita la libertad del Evangelio, entendido en el sentido de la doctrina protestante de la justificación[60]. Así, hasta en los textos de convergencia actuales se caracteriza la comunión con el ministerio episcopal encuadrado en la sucesión apostólica como deseable y digna de esfuerzo en aras de la plena condición de signo, pero no como constitutiva de la Iglesia[61]. En cambio, siguiendo y desarrollando la descripción lucana de la primitiva comunidad jerosolimitana, la tradición católica habla, en la cuestión de los elementos constitutivos de la unidad de la Iglesia, de tres vínculos (*ligamina*) de la plena unidad eclesial: comunión en la misma fe, comunión en los mismos sacramentos y comunión con el único ministerio de la Iglesia[62]. Solo sobre este trasfondo resulta comprensible el significado pleno del discurso sobre el «defectus sacramenti ordinis» [carencia del sacramento del orden] en las Iglesias protestantes[63].

No obstante, estas diferencias solo fueron tematizadas explícitamente en el siglo XIX. Fue entonces cuando la diferencia fáctica se convirtió en diferencia de principio. Este cambio se advierte con suma claridad en Friedrich Schleiermacher y en Johann Adam Möhler. El primero de ellos formuló la conocida tesis de que el protestantismo hace depender la relación del cristiano individual con la Iglesia de su relación con Cristo, mientras que en el catolicismo la relación con Cristo depende de la relación con la Iglesia. Johann Adam Möhler aprobó de forma expresa esta contraposición[64]. Si se tiene en cuenta el origen de la Reforma, a saber, la rebelión contra la Iglesia concreta en nombre del Evange-

---

58. Cf. *ibid.* 7.
59. Cf. *ibid.* 14.
60. Cf. *ibid.* 28.
61. Cf. el Documento de Lima *Taufe, Eucharistie und Amt*, Frankfurt a.M. / Paderborn 1982, 40s y 48s [trad. esp. del orig. inglés: «Bautismo, eucaristía y ministerio. Lima 1982», en *Enchiridion oecumenicum*, vol. 1, *op. cit.*, 888-931].
62. Cf. LG 13; UR 2s.
63. Cf. UR 22.
64. Cf. F. SCHLEIERMACHER, *Der christliche Glaube* (1821) § 24, ed. por M. Redeker, Berlin 1960, 137 [trad. esp.: *La fe cristiana: expuesta coordinadamente según los principios de la Iglesia evangélica*, Sígueme, Salamanca 2013]; J. A. MÖHLER, *Die Einheit in der Kirche oder das Prinzip des Katholizismus* (1825), ed. por J. R. GEISELMANN, Darmstadt 1957, 405 [trad. esp.: *La unidad en la Iglesia*, Eunate, Pamplona 1996].

lio, esta drástica contraposición adquiere una cierta verosimilitud. Queda abierta, sin embargo, la pregunta de si es necesario hacer de un conflicto fáctico un conflicto de principio.

En los diálogos ecuménicos de nuestro siglo, hasta ahora no se ha tratado explícitamente, por desgracia, la cuestión de la Iglesia. Una rara excepción es el documento bilateral *Comunión eclesial en la palabra y los sacramentos* (1984). En él se afirma: «Entre nuestras dos Iglesias existen, sin embargo, claras diferencias en lo que atañe a la relación precisa entre la forma institucionalmente visible de la Iglesia y su esencia espiritual, oculta y perceptible solo en la fe... Que en el futuro sea posible o no restablecer la comunión eclesial rota en su día también depende justamente de la solución de esta cuestión controvertida»[65]. Mientras no se clarifique este asunto, el diálogo ecuménico no podrá superar el cuello de botella en el que se encuentra. Pues la cuestión de la Iglesia está de manera determinante no solo en el trasfondo de los puntos aún no clarificados en el problema del ministerio, sino en último término en el trasfondo de todos los problemas. Pues mientras no se sepa qué es la Iglesia y qué significan, en consecuencia, la comunión eclesial y la unidad de la Iglesia, no podremos decidir si –y en caso de respuesta afirmativa, en qué medida– los resultados obtenidos hasta ahora en el diálogo ecuménico son suficientes o no para una plena comunión eclesial.

También en esta cuestión existen progresos indudables. El concilio Vaticano II ha superado la fijación contrarreformista con la forma visible, institucional, jerárquica de la Iglesia, renovando la concepción sacramental de la Iglesia propia del primer milenio. De acuerdo con esta, la Iglesia visible es solo signo e instrumento de la realidad espiritual de la Iglesia[66]. La Iglesia es, según ello, una única realidad compleja formada por elementos visibles e invisibles[67]. Esta relevancia sígnico-sacramental de los elementos visibles es acentuada también en documentos ecuménicos recien-

---

65. GRUPO DE TRABAJO BILATERAL DE LA CONFERENCIA EPISCOPAL ALEMANA Y LA DIRECCIÓN ECLESIÁSTICA DE LA IGLESIA EVANGÉLICO-LUTERANA UNIDA DE ALEMANIA, *Kirchengemeinschaft in Wort und Sakrament*, Paderborn/ Hannover 1984, 14.
66. Cf. LG 1 y *passim*. Al respecto, véase W. BEINERT, «Die Sakramentalität der Kirche im theologischen Gespräch»: ThBer 9, 13-66; W. KASPER, «La Iglesia como sacramento universal de la salvación», en OCWK 11, 306-327.
67. Cf. LG 8.

tes (en especial Uppsala, 1968), luego de que ya Nueva Delhi (1961) pusiera de relieve la importancia de la unidad visible. Por consiguiente, existe una cierta convergencia[68].

Pero en este punto se pone de manifiesto también una diferencia de mucho peso, que hasta ahora no ha podido ser zanjada. Pues para la comprensión católica, la sacramentalidad de la Iglesia significa que esta no solo es lugar y signo de la salvación, sino instrumento de ella. En cambio, el documento sobre las condenas doctrinales del siglo XVI dice que también la doctrina evangélica afirma que la «mediación» de la «doctrina de la justificación» acontece en la Iglesia, si bien vacila en hablar de una «mediación» por la Iglesia[69]. Sin embargo, tampoco la teología protestante tiene en cierto sentido más remedio que hablar de una mediación eclesial de la salvación a través de la palabra y los sacramentos como medios salvíficos[70]. El problema pendiente consiste, por tanto, en determinar de qué clase es la función mediadora de la salvación que compete a la Iglesia. ¿Corresponde a la Iglesia, bajo su cabeza como verdadero sujeto de la acción eclesial en la palabra y los sacramentos, una subjetividad y una actividad propias, sostenidas y posibilitadas por Jesucristo[71]?

La respuesta a esta pregunta no carece, desde luego, de repercusiones para la comprensión más pormenorizada de los sacramentos y los ministerios, y de su instrumentalidad salvífica o competencia magisterial en relación con la evidencia y la verdad del Evangelio. También en la pregunta por la clase de relevancia instrumental de la Iglesia se trata en último término del problema

---

68. Cf. *Die Sakramentalität der Kirche in der ökumenischen Diskussion*, ed. por Instituto Johann Adam Möhler, Paderborn 1983, espec. la contribución de G. GAßMANN, «Kirche als Sakrament, Zeichen und Werkzeug», en *ibid.*, 171-201. Importante es sobre todo la contribución crítica, pero clarificadora del debate, de E. JÜNGEL, «Die Kirche als Sakrament?», art. cit. Una visión panorámica del debate puede leerse en A. BIRMELÉ, *Le salut en Jésus Christ dans les dialogues oecuméniques*, op. cit., 203-253.
69. Cf. K. LEHMANN y W. PANNENBERG (eds.), *Lehrverurteilungen* 1, op. cit., 63.
70. Cf. CA 5.
71. Justamente en esta dirección se mueve el documento de la COMISIÓN MIXTA CATÓLICO-PROTESTANTE DE FRANCIA, «Consensus oecuménique et différence fondamentale», en *Documentation Catholique*, 4 de enero de 1987, 40-44. La cuestión debatida es precisada allí de la siguiente manera: «L'église est-elle sanctifié de manière á devenir elle-même sujet sanctifiant?» [¿Es santificada la Iglesia de manera tal que ella misma deviene sujeto santificador?] (43).

fundamental de la doctrina de la justificación, esto es, del papel de la institución humana en la mediación de la salvación. La cuestión del ministerio es, por tanto, un problema parcial del artículo sobre la justificación en cuanto *articulus stantis et cadentis ecclesiae* [artículo con el que la Iglesia se mantiene en pie o cae]. A pesar del carácter fundamental de esta cuestión, prefiero no hablar de una diferencia fundamental entre las Iglesias, sino meramente de un problema teológico básico aún no suficientemente discutido. Se plantea solo ahora, después de que sobre tantos problemas concretos hayamos alcanzado un grado de consenso como nunca antes se podría haber soñado. Abordar de este modo fundamental los disensos concretos aún existentes no tiene la finalidad de justificarlos y, con ello, perpetuarlos, sino de esclarecerlos en un contexto más amplio, facilitando su solución. Pues es de suponer –o mejor, de esperar– que también en esta cuestión fundamental nos encontramos más cerca unos de otros de lo que hasta ahora podía parecer. Así, con lo dicho no hemos hecho sino plantear la cuestión fundamental del tema «consenso básico y comunión eclesial», pero en modo alguno le hemos dado una respuesta definitiva. Ese interrogante reza: ¿existe un consenso básico sobre el significado de la comunión eclesial? ¿Cuáles son el lugar y la relevancia de la comunión eclesial para la comunión con Cristo? ¿En qué medida es la figura concreta de la comunión eclesial en el ministerio episcopal, encuadrado en la sucesión apostólica, un contenido constitutivo del consenso básico?

IV. Perspectivas para el diálogo futuro

Para concluir, debemos sugerir al menos la dirección que tendría que seguir una posible respuesta desde la perspectiva católica, así como la dirección en la que debería moverse el futuro diálogo ecuménico entre la teología católica y la evangélico-luterana. El punto de partida y el marco es la eclesiología de comunión, una unidad en la diversidad y una diversidad en la unidad.

Por lo que concierne a la relación fundamental entre Dios y el ser humano, podría existir consenso sobre la inutilidad del modelo de competencia, según el cual todo lo que se atribuye a Dios se le sustrae al ser humano y lo que se atribuye a este debe sustraérsele a Dios. Que Dios sea la realidad y la actividad de todo (*Allwirklichkeit und Alleswirksamkeit*) no significa que sea la única realidad (*Alleinwirklichkeit*) y la única actividad (*Alleinwirksam-*

keit). Según la doctrina católica, justo la radical y total dependencia del ser humano respecto de Dios fundamenta su infinita alteridad cualitativa y, con ella, su relativa autonomía frente a él. Autonomía y dependencia no crecen, en consecuencia, de forma inversa, sino directamente proporcional. Esto también vale –y además, de modo especial y singular– en la cristología[72]. Pero esta afirmación fundamental ha conocido también dentro de la propia tradición católica plasmaciones muy diferentes. Junto a la concepción agustiniana, más unitarista, que deja algo en penumbra la libertad del ser humano en el acontecimiento salvífico (cf., por ejemplo, la doctrina agustiniana de la predestinación), está la visión tomasiana, que acentúa más la relativa autonomía del ser humano dentro de la teonomía. Ambos modos de ver las cosas tienen sitio dentro de la Iglesia católica, ambos deben ser repensados a la vista de los desafíos modernos. Por tanto, la preocupación fundamental protestante, formulada en el artículo de la justificación, a saber, la incondicional soberanía de la gracia divina, en modo alguno tiene por qué ser entendida como no asimilable por el catolicismo. ¡Todo lo contrario! Pero para los católicos no puede ser la preocupación única y exclusiva. Pues la tentación de la idolatría que de este modo se rechaza, o sea, la divinización de magnitudes creadas a causa de una deficiente distinción entre Dios y el mundo, no es la única tentación. A ella se contrapone la no menos grave tentación de la blasfemia, esto es, la denigración de lo sagrado mediante una radical secularización, instrumentalización y funcionalización de los signos y los medios de salvación establecidos por el propio Dios[73]. Así, el debate ecuménico se produce en una situación considerablemente más abierta de lo que podría parecer a primera vista; y si se salvaguarda la preocupación principal, no es necesario llegar a una respuesta teológica uniforme.

En consecuencia, también respecto al modo más concreto de determinación de la mediación salvífica de la Iglesia es posible una diversidad mucho mayor de lo que habitualmente se supone.

---

72. Cf. W. KASPER, «Autonomie und Theonomie. Zur Ortsbestimmung des Christlichen in der modernen Welt», en ID., *Theologie und Kirche, op. cit.*, 99-117 [trad. esp.: «Autonomía y teonomía», en ID., *Teología e Iglesia, op. cit.*, 204-240].
73. Cf. J. PETER, «Justification by Faith and the Need of Another Critical Principle», 309.

También en esta cuestión existen dentro de la tradición católica significativas diferencias de escuela, no zanjadas por el magisterio, entre la concepción agustiniano-franciscano-buenaventuriano-escotista y la visión tomasiana[74]. Así pues, también aquí puede desarrollarse el debate ecuménico de un modo relativamente abierto, que impulse los problemas no hacia atrás, sino hacia delante. En ello puede resultar útil el tomar en consideración a las Iglesias orientales y su pneumatología, que suelen ser olvidadas en el diálogo entre las Iglesias occidentales. Y es que si, en consonancia con las Iglesias orientales, no se pasa directamente de la cristología a la eclesiología, se percibe con mayor claridad de lo que suele ser el caso en la tradición occidental que actualizar la salvación donada por Jesucristo es obra del Espíritu Santo y entonces se cae en la cuenta de que la mediación salvífica de la Iglesia posee básicamente una estructura epiclética[75]. La Iglesia no dispone de la salvación, pero puede y debe pedir plenipotenciariamente el Espíritu de Jesucristo mediador de la salvación; y en virtud de la promesa de Jesucristo, puede tener la certeza de que tal súplica será escuchada. Semejante comprensión de la mediación salvífica de la Iglesia podría distender el problema fundamental que se interpone entre las Iglesias separadas de Occidente y acercarnos a una solución. Y esa solución tampoco tiene por qué ser uniformista en lo que atañe a cuestiones específicas. Pues en la configuración concreta y en la comprensión detallada, por ejemplo, del ministerio episcopal y la sucesión apostólica y, sobre todo, del ministerio petrino, la tradición católica manifiesta una considerable variabilidad histórica, realmente vertiginosa. Así, no existe razón alguna para no conceder a las Iglesias separadas el mayor grado posible de libertad dentro de una futura unidad de *communio*, siempre y cuando se dé un consenso básico en lo relativo al contenido[76].

---

74. Cf. los manuales de teología, por ejemplo J. AUER, *Kleine katholische Dogmatik*, vol. 6, Regensburg 1971, 79-83 [trad. esp.: *Curso de teología dogmática*, vol. 6, Herder, Barcelona 1986].
75. Al respecto, cf. Y. CONGAR, *Der Heilige Geist*, Freiburg i.Br. 1982, 488-495 [trad. esp. del orig. francés: *El Espíritu Santo*, Herder, Barcelona 2009²].
76. Al respecto, cf. W. KASPER, «Das Petrusamt in ökumenischer Perspektive», en K. LEHMANN (ed.), *In der Nachfolge Jesu Christi*, Freiburg i.Br. 1980, 93-122; ID., «Die apostolische Sukzession als ökumenisches Problem», en K. LEHMANN y W. PANNENBERG, *Lehrverurteilungen – kirchentrennend?*, vol. 3, Freiburg i.Br. / Göttingen 1990, 329-349.

¿Qué resulta, pues, a modo de conclusión y síntesis de todo lo dicho? Me parece que dos puntos. 1) El tema más importante de la nueva fase del diálogo ecuménico que ahora comienza debería ser la Iglesia. La eclesiología es el marco en el que pueden ser juzgados definitivamente todos los demás resultados del diálogo. Hasta ahora apenas hemos hablado de ello. 2) Hay que debatir la eclesiología en el horizonte del problema teológico fundamental que se interpone entre las Iglesias separadas de Occidente, a saber, la pregunta por la relevancia salvífica activa del ser humano en el marco de –y en cierto modo, bajo– la gratuita acción salvífica de Dios para nosotros. A primera vista, un planteamiento así de fundamental dificulta sin duda el diálogo ecuménico. Pero cuanto más profundo sea nuestro punto de partida, tanto más esperanzados podemos estar. Pues con tanta mayor facilidad puede desplegar entonces el consenso básico ya alcanzado su fuerza y su dinamismo en las cuestiones controvertidas concretas. De todos modos, no nos será posible dialogar razonablemente unos con otros en el terreno teológico si no es desde la confianza en que la verdad que Jesucristo mismo es se impone de manera más plena y profunda en nuestras Iglesias y, así, nos reconcilia desde el centro. Existiendo dicha confianza, la resignación y el escepticismo ecuménicos están, ciertamente, fuera de lugar. Sostenidos por ella superaremos las dificultades actuales.

13
Lo que nos une y lo que nos separa.
El estado del diálogo ecuménico desde la perspectiva católica

El movimiento ecuménico está grabado de forma indeleble en el rostro de la Iglesia de nuestro siglo. Probablemente, la historiografía posterior sabrá narrar otras circunstancias menos extraordinarias del siglo XX, tan lleno de horrores. El movimiento ecuménico –que se propone superar el milenario cisma entre la Iglesia de Occidente y las Iglesias de Oriente y la posterior escisión de la Iglesia de Occidente, que dura ya cuatrocientos cincuenta años– forma parte, en cambio, del balance positivo de esta centuria, que se acerca velozmente a su fin.

I. Lo que nos une

Este movimiento aún no ha alcanzado su meta, a saber, la unidad visible de las Iglesias separadas. Los fosos que se han abierto en siglos no pueden cerrarse en unas cuantas décadas. Como resultado más importante de la nueva mentalidad ecuménica cabe afirmar: tanto en nuestra autocomprensión como en relación con las otras Iglesias, hoy ya no partimos de las llamadas doctrinas diferenciadoras, sino de la herencia común. En ello hemos cobrado conciencia de que lo que nos une es más que lo que nos separa.

Lo que nos une es la confesión de fe en el único Dios en tres personas, el Creador y Señor de la realidad toda y el único Padre de todos los seres humanos. Esto no es poco en un mundo secularizado que ha perdido el sentido de lo divino. Nos une la confesión de fe en el único Señor Jesucristo, el Hijo de Dios que por nosotros se hizo hombre, fue crucificado y resucitó, el mediador único y exclusivo de la salvación. Esto no es poco en un mundo que en la actualidad experimenta como pocas veces antes la ausencia de salvación. Nos une, por último, la confesión de fe en el único Espíritu de Dios, que por medio del único bautismo nos vincula en la esperanza que nos es atestiguada en la Escritura de la antigua y la nueva alianza, que tenemos en común, e interpretada en el credo de los primeros concilios, que igualmente compartimos. Esto, de nuevo, no es poco en un mundo que está dividido y peleado en lo que respecta a las preguntas fundamentales de la condición humana.

Las divisiones, por muy dolorosas que sean, no han llegado, pues, a la raíz. La unidad entre los cristianos no es solo una meta que se ha de alcanzar. Es una realidad ya dada y regalada de modo fundamental en Jesucristo. Ya rezamos juntos a un Padre común y le decimos «Padre nuestro». Ya formamos una única familia. Ya somos hermanos y hermanas en Jesucristo. Las verdaderas diferencias no se dan entre católicos, ortodoxos y evangélicos, sino entre aquellos que confiesan a Jesucristo y aquellos a quienes no les ha sido otorgada esta fe.

Pero con ello no es suficiente. El movimiento ecuménico de nuestro siglo no solo ha vuelto a elevar a la luz de la conciencia la unidad ya siempre existente, si bien poco consciente y explicitada. Además, ha apartado enteras escombreras de barreras psicológicas y sociológicas, propiciando en todos los niveles múltiples encuentros, incluso amistades entre cristianos. Los contactos ecuménicos y el trabajo ecuménico seguramente forman parte hoy de la vida normal de toda comunidad parroquial y todo gobierno eclesiástico. Ya no podemos ni queremos regresar a la situación anterior a las experiencias vividas al hilo de todo ello.

Teológicamente se ha conseguido superar una multiplicidad de doctrinas diferenciadoras que hasta ahora eran causa de separación de las Iglesias, alcanzando consensos o al menos convergencias. Aquí nos limitaremos a mencionar de forma expresa dos de ellos: el entendimiento sobre la cuestión fundamental del siglo XVI, la justificación por la fe, y sobre el sacerdocio común de todos los cristianos bautizados. Los muy leídos documentos *La Cena del Señor* y *El ministerio espiritual en la Iglesia*, así como el Documento de Lima *Bautismo, eucaristía y ministerio*, permiten reconocer otros puntos adicionales de entendimiento o aproximación. Estos y otros resultados fueron confirmados de nuevo y sintetizados por el grupo de trabajo ecuménico que, por encargo de la comisión ecuménica creada con ocasión de la primera visita del papa a Alemania, investigó las condenas recíprocas del siglo XVI, llegando a la conclusión de que algunas de tales reprobaciones se apoyaron desde un principio en malentendidos y otras muchas ya no afectan a los interlocutores actuales, mientras que un tercer grupo sigue planteando problemas y no puede considerarse todavía aclarado.

A la vista de lo conseguido, las dificultades aún existentes no deberían desalentarnos. Hace treinta años nadie se habría atrevido siquiera a soñar lo que hoy es una realidad ecuménica y lo que parece posible en un futuro cercano. La dinámica del Espíritu Santo, que se pone de manifiesto en este movimiento, nos llevará adelante con solo que sigamos orando y trabajando pacientemente por ello.

II. Lo que todavía nos separa

Donde con mayor claridad se ponen de manifiesto las diferencias aún existentes es en la comprensión del ministerio. El problema se evidencia en muchos casos ya en el plano del ministerio presbiteral (ordenación en el sacramento) y del ministerio episcopal (sucesión apostólica en el ministerio episcopal). Se exacerba de manera especialmente acuciante en la cuestión del ministerio petrino y de los dos dogmas del concilio Vaticano I sobre el primado de jurisdicción del papa y sobre la infalibilidad de las decisiones pontificias solemnes y definitivamente vinculantes en materia de fe. Es cierto que hoy las Iglesias evangélicas ya no acusan en general al papado de ser el Anticristo. En aras de la unidad de la Iglesia pueden imaginar también una comunión basada en el «derecho humano» con un ministerio petrino profundamente renovado. Pero no pueden reconocer, como tampoco pueden hacerlo las Iglesias ortodoxas, el ministerio petrino como signo y vínculo constitutivo de la unidad de las Iglesias ni, menos aún, los dos mencionados dogmas papales como vinculantes.

Esto muestra que el problema del ministerio no tiene que ver solo con cuestiones estructurales extrínsecas, sino con la esencia y la forma de la Iglesia y de su unidad. En el problema del ministerio se dirime el problema de la Iglesia. Si el papa es, para los católicos, el signo constitutivo, el portavoz y el testigo nominalmente responsable de la unidad de la Iglesia, y si los cristianos ortodoxos y evangélicos rechazan justamente esta comprensión de la unidad, eso significa sin ambages que la perspectiva final de la unidad ecuménica, la concepción concreta de la unidad visible, sigue siendo controvertida. Es cierto que la meta de un mero retorno del cristianismo no católico al seno de la Iglesia católica de Roma, tal como esta se presenta actualmente, pertenece hoy al pasado, incluso para la propia Iglesia católica. En la actualidad estamos de acuerdo en que la unidad más abarcadora no puede ser sino una unidad de *communio* como unidad en la diversidad. Pero la Iglesia católica está convencida de que, con el ministerio petrino, puede aportar a esta futura unidad plena una dote importante, esencial y enriquecedora para todos. Por mucho que rechace el papado, el cristianismo evangélico no se sustrae a la pregunta de en qué modo llega él mismo a decisiones vinculantes en el plano de la Iglesia universal (por ejemplo, respecto a los documentos de consenso ya existentes). ¿Es posible eso sin un signo concreto, sin un portavoz y agente fiduciario responsable de esta unidad?

Esta pregunta nos lleva a un verdadero punto diferenciador, que está «tras» el problema del ministerio y de la Iglesia. Estamos de acuerdo en que solo Jesucristo es el centro y el fundamento de la Iglesia y su unidad. Él debe tener la primera y la última palabra en la Iglesia. Sobre este hecho no existe controversia alguna. Lo único que está en cuestión es el cómo de su realización. ¿Cómo habla y actúa Jesucristo en la Iglesia hoy? ¿De qué modo son incorporadas las personas y las instituciones humanas, concretamente los sacramentos y los ministerios, a la mediación de la salvación? Como ya se percató el gran Johann Adam Möhler, la pregunta es qué papel desempeñamos las personas en el proceso de mediación de la salvación.

Este interrogante fue debatido de manera ejemplar en el siglo XVI al hilo de la pregunta por la relevancia de las buenas obras para la salvación de las personas. Al respecto estamos hoy de acuerdo en lo esencial. Pero, para Lutero, este no era un problema más junto a muchos otros, sino el problema con el que la Iglesia se mantiene en pie o cae, el problema del que la Iglesia depende por completo. La cuestión de la cooperación de los seres humanos tiene, por tanto, consecuencias también para la Iglesia y para la relevancia de sus sacramentos y ministerios. Según la concepción católica, la Iglesia concreta en modo alguno es la realidad salvífica misma, pero sí un indispensable signo e instrumento de la salvación; o dicho teológicamente, sacramento universal de la salvación. Los cristianos ortodoxos estarán fundamentalmente de acuerdo en ello, mientras que los teólogos protestantes vacilarán al menos en afirmar que Cristo no solo actúa en la Iglesia, sino también a través de la Iglesia concreta. La controversia sobre el ministerio petrino es la exacerbación más concreta de este problema. En el presente contexto no podemos detenernos en la cuestión adicional de si –y en caso de respuesta afirmativa, en qué medida– este punto diferenciador tiene su raíz última en la cristología, a saber, en la cuestión de la activa relevancia salvífica de la humanidad de Jesús. Debemos limitarnos a señalar otra consecuencia concreta, en la que existen dificultades aún no superadas: la veneración de los santos y, en especial, de María. Los cristianos católicos, ortodoxos y evangélicos están de acuerdo –o al menos podrían estarlo sin renunciar en lo más mínimo a sus respectivas tradiciones– en que los santos y, en especial, María, la madre del Señor, son importantes signos y testigos, modelos resplandecientes de la fe y la vida cristianas. No solo proclamaron la palabra de Dios con los labios, predicándosela a otros, sino que la realizaron en su vida y la refrendaron mediante su muerte. Así, son una exégesis viva del Evangelio. El punto controvertido entre cristianos católicos y ortodoxos, por una parte, y cristianos evangélicos, por otra, guarda relación, sin embargo, con la cuestión de si podemos suplicar a los santos que intercedan por nosotros ante Dios. Los cristianos católicos y ortodoxos estamos convencidos de que sí y practicamos esa súplica de forma casi natural; y al hacerlo, vivimos la experiencia de que tal veneración de María y los santos, en la medida en que es sana y no se deja arrastrar a exageraciones, no nos distancia de Jesucristo, sino que nos vincula más íntimamente a él. Los cristianos evangélicos, en cambio, temen que con ello quede oscurecida la verdad de que existe un mediador único y exclusivo de la salvación: Jesucristo.

Por consiguiente, el lugar del ser humano ante Dios y la relevancia de la cooperación humana –de la cooperación también de las instituciones humanas– en la propia salvación y en la salvación de otras personas es un problema aún no discutido a fondo entre las Iglesias. ¡No se trata de una cuestión marginal y secundaria, sino de una cuestión sobre la que verdaderamente merece la pena seguir debatiendo y, si es necesario, incluso polemizar! Y ello, ya solo por el hecho de que las diferencias en la «imagen del hombre» llevan con bastante frecuencia a distintas opciones éticas y políticas, que aun cuando no sean directamente materias de fe (o al menos no deberían ser convertidas en tales), nos hacen sentirnos recíprocamente extraños y nos distancian en la praxis vital.

III. ¿Cómo podemos avanzar?

Es comprensible que en la actualidad muchas personas ecuménicamente comprometidas estén perdiendo la paciencia a la vista de las cuestiones todavía no clarificadas. Sobre todo la persistente separación en la mesa del Señor es de hecho –considerando la voluntad de Jesucristo de que todos seamos uno, así como el estado actual de nuestro mundo y la credibilidad de las Iglesias en él, pero también, y no en último término, el gran número de matrimonios y familias confesionalmente mixtos– un escándalo con el que nadie puede darse por satisfecho.

Hay, sin embargo, algo que seguro que no nos ayuda a avanzar. Apartar los problemas, echar pestes y buscar siempre la culpa en los demás no ayuda a avanzar. Pero tampoco ayuda el cerrar los ojos ante los problemas todavía existentes y actuar sin más «como si» la unidad estuviera ya dada. Justo en la celebración de la eucaristía, que es el sacramento de la unidad, no se puede hacer con sinceridad lo mismo exteriormente al tiempo que se piensa de forma distinta. La unidad solo es de verdad una unidad humana y cristianamente digna si se apoya en el acuerdo.

Así pues, ¿qué podemos hacer? Lo más importante es, sin duda, orar por la unidad, orar encarecida y perseverantemente. Ella no es obra nuestra, sino don de Dios. En segundo lugar, la unidad no se alcanza insistiendo tozudamente en las posiciones adoptadas en un momento dado, sino que presupone tanto la profunda conversión personal como las reformas externas en todas las Iglesias. Requiere una nueva forma de pensar. Con ello no se quiere decir que haya que desertar de la propia tradición, sino que es necesario entender esta de forma más profunda y abarcadora y, en esa misma medida, más abierta. Esto, a su vez, posibilita, en tercer lugar, el diálogo sobre los problemas aún existentes, a los que no solo debemos aportar nuestra verdad, sino que al mismo tiempo hemos de convertirnos en abogados de la verdad que hay en la posición del otro. Tenemos que aprender a contemplarnos a nosotros mismos, por así decir, con los ojos del otro. Únicamente así puede llegarse al recíproco dar y tomar que hasta ahora nos ha permitido dar ya tantos pasos decisivos y que, con la ayuda de Dios, nos llevará a la unidad plena en el momento que él solo determine.

Por último, ya hoy podemos hacer juntos bastante más de lo que normalmente hacemos: trabajo bíblico en común periódico, seminarios de fe conjuntos, acciones caritativas y sociales en colaboración, periódicas deliberaciones comunes de párrocos y pastores sobre todas las cuestiones pendientes, celebraciones de la palabra compartidas, encuentros periódicos de oración y muchas cosas más. El intento arbitrario de dar el segundo paso antes que el primero lleva en el ecumenismo, al igual que en la vida diaria, a olvidar el primer paso y a terminar tropezando. Estoy convencido de que el ecumenismo avanzará con solo que nosotros avancemos con sagrada impaciencia, pero sin prisas ni precipitación profanas.

14
El estado actual del diálogo ecuménico entre las Iglesias protestantes y la Iglesia católica

El movimiento ecuménico se cuenta entre los signos de nuestro tiempo. Es uno de los frutos de la acción del Espíritu de Dios en la época actual. Nos ha hecho conscientes de que, en Jesucristo, la unidad es de modo fundamental una realidad que ya nos ha sido dada. Rezamos en común al único Padre; confesamos conjuntamente a Jesucristo sobre la base de la Sagrada Escritura e interpretando los credos de la Iglesia antigua; somos hermanos y hermanas en el único Espíritu, que nos hace hijos e hijas de Dios.

En el esfuerzo ecuménico de las últimas décadas ha habido que apartar enteras escombreras de barreras de índole psicológica, sociológica y, sobre todo, teológica. Hoy es ya algo natural no partir de las llamadas doctrinas diferenciadoras, sino de la herencia común. Tampoco los contactos diarios entre cristianos católicos y cristianos evangélicos están signados ya por el espíritu de la demarcación, sino por el espíritu del ecumenismo.

I. El ecumenismo, entre la impaciencia y el desconcierto

De ahí que numerosos cristianos se pregunten por qué a la vista de esta situación y de la creciente secularización de nuestro mundo no se ha realizado aún la unidad de las Iglesias. Considerando las cosas desde la óptica del trato concreto con los hermanos cristianos que pertenecen a la otra confesión, no ven ningún impedimento para una comunión eclesial plena. Muchos reaccionan con incomprensión a las reservas –o incluso prohibiciones– del magisterio en lo relativo a la administración abierta de la comunión. Las objeciones contra la realización de celebraciones ecuménicas los domingos por la mañana les parecen a algunos obcecación de los ministros eclesiásticos. Sobre todo en el contexto de las experiencias con el problema de los matrimonios mixtos, muchos se preguntan si la separación entre católicos y evangélicos tiene todavía razón de ser, si lo que impide la comunión eclesial no es solamente la importancia que se concede a nimiedades teológicas.

Por otra parte, entre no pocos cristianos cabe constatar una cierta confusión. Se preguntan si las diferencias a las que las Iglesias se han aferrado durante siglos se han difuminado sin más, si aquello que en delimitación respecto de los miembros de otros credos se ha enseñado como la fe ortodoxa ha perdido su validez. ¿Han devenido de repente irrelevantes las diferencias confesionales que tanta controversia y sufrimiento han causado? ¿Por qué resulta hoy de pronto posible lo que durante siglos ha sido imposible?

Los párrocos se ven confrontados a menudo con preguntas semejantes en sus comunidades. Detrás de ellas se esconde la pregunta fundamental común de si la lucha teológica por la unidad de las Iglesias es legítima o no. Unos plantean esta cuestión porque preferirían saltarse la mediación teológica; otros, porque desconocen la complejidad intrínseca del proceso de esclarecimiento teológico de la verdad.

A la vista de esta situación es necesario entender y fundamentar desde su relación intrínseca tanto el acuerdo, por fortuna creciente, como los disensos, por desgracia aún existentes. Solo así pueden superarse o valorarse adecuadamente desde su raíz las diferencias persistentes.

Sin embargo, antes de ocuparnos de estos problemas, conviene esbozar primero el actual estado de las conversaciones. En ello, me limito a presentar el diálogo entre católicos y protestantes, tal como se lleva a cabo en –o en la medida en que tiene relevancia para– el mundo de lengua alemana.

II. El estado del diálogo

1. Observación metodológica previa

Una dificultad para la exposición del estado actual del diálogo ecuménico radica en que el diálogo se desarrolla en planos muy diferentes y con diverso grado de obligatoriedad.

Así, existen conversaciones en el plano de la Iglesia universal y en el plano regional. En el plano de la Iglesia universal, el interlocutor luterano es sobre todo la Federación Luterana Mundial, con sede principal en Ginebra. La Federación Luterana Mundial es la única organización central de las Iglesias luteranas territoriales-nacionales autónomas. Su interlocutor católico es el romano Secretariado para la Promoción de la Unidad de los Cristianos. Importantes publicaciones son, entre otras, *La Cena del Señor* (1978), *El ministerio espiritual en la Iglesia* (1981), *Ante la unidad* (1985).

El órgano central para el diálogo multilateral en el plano de la Iglesia universal es el Consejo Mundial de Iglesias. Fue creado en 1948 y constituye una asociación mundial de la mayoría de las Iglesias cristianas de diferentes confesiones. La Iglesia católica no es miembro del Consejo Mundial de Iglesias; sin embargo, envía doce representantes oficiales a la Comisión Fe y Constitución, una sección del Consejo. Los delegados católicos son miembros de la Comisión a título individual con pleno derecho a voto. La Comisión Fe y Constitución elaboró en 1982 el famoso Documento de Lima *Bautismo, eucaristía y ministerio*, sobre el cual la Iglesia católica se pronunció oficialmente en 1987. Además de las conversaciones en el plano de la Iglesia universal, existen conversaciones en el plano regional. En la República Federal de Alemania, los interlocutores son, por parte católica, la Conferencia Episcopal de Alemania y, por parte luterana, la Iglesia Evangélico-Luterana Unida de Alemania (*Vereinigte Evangelisch-Lutherische Kirche Deutschlands*, VELKD). Un importante fruto de las conversaciones es el documento *Comunión eclesial en la palabra y los sacramentos* (1984). Las Iglesias reformadas (*reformierte Kirchen*, de filiación calvinista y zuingliana mayormente) están representadas en el círculo de diálogo de la Conferencia Episcopal Alemana con la Iglesia Evangélica en Alemania (*Evangelische Kirche in Deutschland*, EKD).

En el plano de los estados federados alemanes, el Grupo de Trabajo de Iglesias Cristianas (*Arbeitsgemeinschaft Christlicher*

Kirchen, ACK) desempeña una importante función, sobre todo con vistas a los contactos personales entre cristianos de diferentes confesiones.

Por lo que respecta al diálogo teológico especializado, el Grupo de Trabajo Ecuménico de Teólogos Evangélicos y Católicos (*Ökumenische Arbeitskreis evangelischer und katholischer Theologen*) viene realizando un importantísimo trabajo desde 1945-1946. Es conocido en especial el estudio *Lehrverurteilung – kirchentrennend?* [Condenas doctrinales: ¿motivo de separación de las Iglesias?, 1986]. Sin embargo, este ámbito de diálogo ecuménico no es oficial. De ahí que sus afirmaciones y propuestas tengan un grado de obligatoriedad menor que el de los contactos oficiales.

Una exposición matizada del estado del debate ecuménico debe diferenciar con precisión estos diversos niveles y formas del diálogo, así como sus diferentes pretensiones de obligatoriedad.

2. La Iglesia y las Iglesias

Uno de los frutos más importantes del movimiento ecuménico consiste en que hoy ninguna Iglesia ve la solución del problema ecuménico simplemente en el regreso de las demás Iglesias. En la actualidad, todas las Iglesias reconocen que también fuera de sus límites visibles existen elementos de la Iglesia, o sea, elementos que se revelan espiritualmente fructíferos. Entre ellos se cuentan, sobre todo, la palabra de Dios en la Sagrada Escritura, la vida de la gracia, la fe, la esperanza, el amor y otros dones del Espíritu Santo, pero también elementos visibles, en especial el bautismo.

Por parte católica, el paso decisivo para el reconocimiento del estatus eclesiológico de las Iglesias y comunidades eclesiales no católicas lo dio el concilio Vaticano II. Sin embargo, es necesario tener en cuenta la diferencia trazada en los textos conciliares entre Iglesias y comunidades eclesiales. Iglesias en sentido pleno lo son solo aquellas Iglesias que comparten con nosotros los elementos esenciales de la constitución de la Iglesia. Se trata, en la práctica, de las Iglesias orientales antiguas, las Iglesias orientales y los veterocatólicos (*Altkatholiken*). Según el uso lingüístico del concilio, las Iglesias protestantes son consideradas comunidades eclesiales.

El reconocimiento recíproco entre las Iglesias no significa fomentar un pluralismo inconexo y en último término no vinculante de Iglesias y una coexistencia pacífica de tipos diferentes de Iglesias. Detrás de tal reconocimiento se encuentra más bien el modelo de la unidad en la diversidad, al que subyace la idea, alcanzada en el curso de las conversaciones, de que unidad no puede significar uniformidad.

Entretanto existe toda una serie de modelos de cómo podría configurarse semejante unidad en la diversidad. Especial relevancia poseen los modelos de la «diversidad reconciliada», la «unión corporativa» y la «comunión conciliar». El Consejo Mundial de Iglesias se sabe comprometido especialmente con este último. También podría ser el modelo con más proyección de futuro, sobre todo porque se trata del más afín a la tradición cristiana. Todos estos modelos encierran, sin embargo, una cierta problemática, porque en mayor o menor grado siempre tienen una impronta confesional específica, por lo que implican considerables opciones eclesiológicas previas. De ahí que la pregunta por un modelo de unidad asumible por todos los participantes en el diálogo ecuménico sea actualmente uno de los problemas más debatidos.

El punto de partida para un acercamiento ecuménico se busca sobre todo en los sacramentos, como muestra en especial el Documento de Lima *Bautismo, eucaristía y ministerio*. Este enfoque se corresponde con la mejor tradición católica. Hace tiempo que la antigua contraposición entre la Iglesia evangélica de la palabra y la Iglesia católica de los sacramentos no puede ya reclamar para sí validez alguna. Con todo, la teología católica pone inequívocamente el acento en la dimensión sacramental de la Iglesia y su unidad, mientras que el enfoque específicamente protestante se centra en la palabra, que es aprehendida en la fe y corroborada en los sacramentos. Así, la cuestión fundamental del acercamiento ecuménico, a saber, en qué consiste en concreto la unidad de la Iglesia y qué es vinculantemente necesario para su realización plena, en modo alguno ha sido esclarecida hasta ahora por completo entre las Iglesias separadas.

3. *Bautismo*

El bautismo es lo que menos dificultades plantea para el entendimiento entre las Iglesias. Su relevancia salvífica y su significado constitutivo de la Iglesia están atestiguados de forma tan clara e inequívoca en la Sagrada Escritura que al respecto no puede existir controversia alguna entre las Iglesias. Así, también la validez del bautismo ha permanecido indiscutida entre las grandes Iglesias a lo largo de los siglos. Por eso, el sacramento del bautismo representa en cierto sentido la raíz de la búsqueda ecuménica de la unidad en la fe. Sin embargo, según la comprensión católica, el bautismo es solo el comienzo, el punto de partida de la vida cristiana; ello significa que del reconocimiento del bautismo no puede derivarse todavía el reconocimiento de la entera vida eclesial.

4. Eucaristía

Diferencias mucho mayores se ponen de manifiesto en las conversaciones sobre la eucaristía. Lutero califica la misa de maldita idolatría. De forma aún más acerada se expresa el *Catecismo de Heidelberg*. Pero justamente aquí se ha producido un acercamiento muy significativo. No obstante, las dos cuestiones fundamentales siguen siendo la presencia real de Cristo y el carácter sacrificial de la misa.

En la cuestión de la presencia real se ha alcanzado un consenso considerable: Cristo está «presente con su cuerpo y su sangre bajo los signos del pan y el vino»[1]. «El banquete eucarístico es el sacramento del cuerpo y la sangre de Cristo, el sacramento de su presencia real»[2]. La presencia de Cristo en la eucaristía es, por tanto, su hacerse presente en ella como persona sin perjuicio de la corporalidad de su ser personal y su presencia. Con muchos destacados teólogos católicos podrá afirmarse que en la cuestión de la presencia real ya no existen diferencias separadoras de las Iglesias. Que se emplee o no el término «transustanciación» es entendido por lo general como un problema terminológico. Sin embargo, las diferencias tradicionales siguen dejándose notar en la cuestión de la perduración de la presencia de Jesucristo más allá de la celebración de la eucaristía. Aquí son necesarias clarificaciones adicionales.

---

1. «Das Herrenmahl. Bericht der Gemeinsamen Römisch-katholischen / Evangelisch-lutherischen Kommission» (1978), en: DwÜ 1, 276 [trad. esp.: «La Cena del Señor», en *Enchiridion oecumenicum*, vol. 1, ed. por A. González Montes, Centro de Estudios Orientales Juan XXIII y Universidad Pontificia de Salamanca, Salamanca 1986, 292-320].
2. «Kommission für Glauben und Kirchenverfassung, Eucharistie», en: DwÜ 1, 560 [trad. esp.: «Fe y Constitución. Eucaristía», en *ibid.*, 838].

Por lo que concierne al carácter sacrificial de la misa, el diálogo no ha conseguido hasta ahora superar las diferencias existentes, pero sí que ha conducido a importantes clarificaciones que permiten atenuarlas. En especial el concepto bíblico de la anámnesis (recuerdo, memoria) se ha revelado muy útil a este respecto. El sacrificio de la misa es, según la enseñanza católica, la *memoria*, la actualización rememoradora del sacrificio de la cruz. No lo repite, pero tampoco añade nada a su relevancia salvífica. Hasta aquí existe acuerdo. Los problemas siguen surgiendo en cuanto por parte católica se habla de la misa como sacrificio de la Iglesia. Aquí hay que clarificar todavía hasta qué punto la parte protestante es capaz de entender la visión católica de la relación existente entre el sacrifico de Jesucristo y el sacrificio de la Iglesia. Esta cuestión lleva, como enseguida se mostrará, a la principal cuestión controvertida: la de la esencia y la relevancia de la Iglesia.

5. Ministerio

El problema eclesiológico más pertinaz de cara a un acercamiento mutuo es la cuestión del ministerio. En concreto se trata de la relación entre ministerio y comunidad (sacerdocio común y sacerdocio especial), la forma jerárquica del ministerio (ministerio episcopal y ministerio presbiteral), la sucesión apostólica y el ministerio petrino.

Si hasta la mitad de nuestro siglo las posiciones en todas estas cuestiones se caracterizaban por su índole antitética, desde entonces los esfuerzos ecuménicos han llevado a una cierta flexibilización de los distintos puntos de vista, aunque todavía no a un consenso.

Las conversaciones han mostrado que el Nuevo Testamento conoce ministerios. Nunca ha existido una época libre de ministerios. Sin embargo, a la sazón aún no se había formado una estructura ministerial fija, por lo que existía espacio para una cierta variabilidad.

El esfuerzo por desarrollar una fundamentación cristológica del ministerio propició un acercamiento entre la concepción protestante y la católica. El ministerio no habla ni actúa en nombre propio, sino por encargo de Jesucristo y en su nombre. Por eso hoy existe acuerdo en que el ministerio tiene, por una parte, su lugar dentro del conjunto del pueblo de Dios, pero, por otra, en cuanto «carisma» especial, está situado frente a la comunidad. Esta tensión entre «en» y «por encima de» concita hoy un consenso muy amplio.

En la cuestión de la sacramentalidad del ministerio, se consiguió un cierto acercamiento con el recurso a la epíclesis asociada a la imposición de manos, aunque sin llegar a consenso alguno. Pero aquí se trata en gran medida de un problema terminológico y, más en concreto, de cómo se entienda el concepto de sacramento.

Especiales problemas sigue planteando la cuestión de la sucesión apostólica y, con ello, la distinción entre el ministerio episcopal y el presbiteral. También las Iglesias protestantes reconocen, por supuesto, la apostolicidad; pero la pregunta es dónde se expresa esta: si en la sucesión en el ministerio apostólico, que se remonta hasta los orígenes, o meramente en la conservación de la doctrina de los apóstoles, atestiguada por la Escritura.

III. La eclesiología como problema no abordado

Si se consideran por separado los problemas irresueltos, en especial aquellos que tienen que ver con el tema «ministerio», entonces parece tratarse de remanentes aislados a los que no debería atribuirse demasiada importancia. Así piensan muchos en la actualidad. Semejante visión induce, sin embargo, al error. Pues en realidad se trata de distintos ramales de un problema que yace a mayor profundidad.

Partiendo de la problemática ministerial, una consideración más detenida pone de manifiesto que las diferencias que perduran se encuentran arraigadas en distintas concepciones de Iglesia. El problema central radica en si la Iglesia desempeña una función mediadora de la salvación y cuál sea esa función. Según la concepción católica, la Iglesia concreta en modo alguno constituye la realidad salvífica misma, pero sí que es signo e instrumento de la salvación, o formulado teológicamente: sacramento universal de la salvación. La afirmación de que Cristo actúa en la Iglesia no plantea problema alguno a los teólogos protestantes. Pero vacilan a la hora de afirmar que Cristo no solo actúa en la Iglesia, sino también a través de la Iglesia concreta. Estas concepciones divergentes llevan lógicamente a una diferente respuesta a la pregunta de en qué modo intervienen los ministerios eclesiásticos en la mediación de la salvación y qué relevancia les corresponde.

Asimismo, la controversia en torno al ministerio petrino no es, en último término, sino la agudización concreta de este problema. La polémica de Lutero contra el papado tuvo ciertamente diversas causas históricas. La razón de fondo de esta polémica estaba en la concepción de Iglesia. Lutero enseñaba la ocultación de la Iglesia, idea según la cual esta no se encuentra atada a épocas, lugares y personas determinados; o sea, que no está obligada a la comunión con el papa. A ello le contrapuso la Contrarreforma, sobre todo Roberto Belarmino, la obsesión por la visibilidad de la Iglesia y la concentración de tal visibilidad en el papado. Esta controversia en torno a la relación entre la Iglesia visible y sus estructuras, por una parte, y la Iglesia oculta, perceptible solo en la fe, por otra, no ha sido zanjada todavía por completo. Más bien sigue estando en el trasfondo del debate sobre los ministerios eclesiásticos y su relevancia. La pregunta reza: ¿qué es la Iglesia y dónde se encuentra en concreto?

Lo que al principio no era más que una diferencia fáctica se convirtió en el siglo XIX en una diferencia de principio. Esto se percibe con suma claridad en Friedrich Schleiermacher y Johann Adam Möhler. El primero de ellos formuló la conocida tesis de que el protestantismo hace depender la relación del cristiano individual con la Iglesia de su relación con Cristo, mientras que en el catolicismo la relación con Cristo depende de la relación con la Iglesia. Johann Adam Möhler aprobó de forma expresa tal contraposición. Es perfectamente posible sostener que ello representa una simplificación demasiado llamativa del problema. Sin embargo, en los diálogos ecuménicos apenas se ha tenido en cuenta la problemática eclesiológica ahí contenida. Una excepción es el documento bilateral *Comunión eclesial en la palabra y los sacramentos*, del año 1984, que hace depender el restablecimiento de la comunión eclesial de la solución a esta controversia.

Mientras no definamos claramente qué es la Iglesia y qué significan, en consecuencia, la comunión eclesial y la unidad de la Iglesia, no podemos decidir si –y en caso de respuesta afirmativa, en qué medida– los resultados obtenidos hasta ahora en los diálogos ecuménicos son suficientes para la comunión eclesial plena. Mientras no se aclare esta cuestión, todos los demás logros, por importantes que sean, permanecerán más o menos en el aire.

IV. Recurso al problema teológico fundamental

El problema eclesiológico puede reducirse a un plano aún más profundo. Se trata de la comprensión del mensaje paulino de la justificación del ser humano por la fe, no por sus propias obras. La doctrina de la justificación era, para Lutero, el *articulus stantis et cadentis ecclesiae*, el artículo con el que la Iglesia se mantiene en pie o cae, el artículo del que depende por entero su suerte. Es cierto que, por lo que respecta a la doctrina de la justificación como artículo de fe concreto se ha logrado entretanto un considerable acercamiento (según algunos, incluso un sustancial acuerdo). En especial para la concepción protestante, la cuestión de la justificación solo por la fe y sin las obras no es meramente un artículo concreto del credo, sino una síntesis del Evangelio entero con virtud estructuradora. Dicho de forma algo simplificada, se trata de la pregunta de si –y en caso de respuesta afirmativa, en qué medida– la incondicionalidad de la gracia permite una cooperación humana posibilitada y sostenida por la gracia divina o si la actividad universal (*Alleswirksamkeit*) de Dios implica una actividad exclusiva (*Alleinwirksamkeit*) de Dios, que fuerza al ser humano a la mera pasividad. Se trata, pues, de determinar la relación entre la acción divina y la acción humana en el acontecimiento salvífico y, por ende, de un problema que atraviesa toda la realidad de fe.

Este problema no se plantea solo en lo concerniente a la apropiación de la obra salvífica de Cristo en la fe, sino ya en la cristología y la soteriología, a saber, en la cuestión de la relevancia salvífica de la humanidad de Jesucristo. ¿Nos ha redimido Jesucristo «solamente» como Hijo de Dios? ¿O tiene relevancia salvífica asimismo su humanidad, en especial su sufrimiento humano? En la respuesta a esta pregunta, Tomás de Aquino y Lutero ponen acentos del todo diferentes. También la diferente valoración de la mariología por la teología católica y la teología protestante y la discusión sobre la veneración de los santos tienen su raíz en este problema teológico fundamental. Aquí se trata de la cooperación intercesora de María, los santos y la entera comunión de los santos en la aplicación de la salvación donada a través de Jesucristo. Algo análogo hay que decir de la controversia en torno al magisterio. Detrás de las objeciones protestantes a la concepción católica del magisterio eclesiástico está el temor de que entre Dios y los hombres se interpongan mediadores humanos. En cambio, el pensamiento católico entiende la acción salvífica de Dios más bien en un sentido sacramental. Según esto, la acción salvífica de Dios tiene lugar siempre a través de una mediación terrestre-humana. El futuro diálogo ecuménico debe ocuparse a fondo de las posibilidades de tal comprensión sacramental de la acción salvífica divina.

Estos últimos comentarios hacen patente que la doctrina de la justificación es el eje y el punto de referencia de los distintos ámbitos de problemas ecuménicos. El diálogo interconfesional se encuentra, pues, en la peculiar situación de que, por una parte, en el fundamental tema de la justificación, que en el siglo XVI fue decisivo, hoy no existe ya, según la opinión teológica predominante, disenso alguno separador de las Iglesias; por otra parte, sin embargo, en las consecuencias de esta fundamental cuestión, en especial en lo que concierne a la eclesiología, no se ha llegado todavía a un acuerdo. Por consiguiente, el problema que hoy se alza entre nosotros ya no es tanto la doctrina de la justificación como sistema de doctrinas concretas, sino el acontecimiento de la justificación como principio hermenéutico y norma de la entera fe cristiana. Así, se suscita la pregunta de si el acercamiento que se está dando en la doctrina de la justificación vale también para sus consecuencias, sobre todo para las eclesiológicas. Será tarea del futuro diálogo ecuménico abordar la problemática eclesiológica de forma más decidida de lo que hasta ahora ha sido el caso. Únicamente cabe esperar una solución al difícil problema del ministerio espiritual y eclesiástico si se profundiza en la concepción de Iglesia.

Resumiendo el resultado de las reflexiones precedentes, podemos afirmar que las cuestiones que aún no están clarificadas entre las Iglesias, en especial las cuestiones eclesiológicas y su exacerbación en la problemática del ministerio, no son meramente una partida residual de irrelevantes problemas concretos. Más bien remiten al problema fundamental entre las Iglesias separadas, a saber, cómo determinar de manera adecuada la relación de Dios y el ser humano en el acontecimiento salvífico. Se puede mostrar con facilidad que esta cuestión constituye el problema fundamental de la Modernidad y, por tanto, también del presente. De ahí que merezca la pena llevar a cabo un debate abierto y abarcador al respecto.

Sin embargo, sería ir demasiado lejos querer hablar de inmediato en este punto de una diferencia fundamental entre las Iglesias. Se trata de nada más, pero también de nada menos, que de un problema teológico fundamental aún no suficientemente debatido. Así, el diálogo ecuménico ha llegado en la actualidad a un punto en el que es necesario acometer con decisión esta pregunta teológica crucial. De otro modo no podrán ser superados los disensos aún existentes.

V. Problemas prácticos

1. Progresos en cuestiones éticas

El hecho de que en el diálogo ecuménico nos hayamos encontrado entretanto con un problema fundamental y decisivo no significa que en las cuestiones prácticas no puedan producirse progresos hasta nueva orden. ¡No existe ningún parón en el ecumenismo! Más bien es cierto lo contrario. En los últimos años se ha producido un considerable cambio temático en el diálogo interconfesional. Mientras que hasta ahora eran las doctrinas dogmáticas controvertidas las que ocupaban casi exclusivamente el primer plano, de un tiempo a esta parte se ha producido un giro hacia los problemas prácticos o, para ser más exactos, éticos.

Aquí no existen doctrinas controvertidas propiamente dichas. Pero no se puede pasar por alto que se dan conductas a todas luces específicas de cada confesión, que tienen considerables repercusiones en el ámbito práctico. Pienso en la concepción del matrimonio, que en la actualidad se plasma en diferentes posicionamientos ante la pareja y la sexualidad. La diferente concepción de Estado se traduce a menudo en posicionamientos políticos e incluso partidistas concretos. Además hay diferencias en la ética social. Todo ello se pone de manifiesto también, y no en último término, en las cuestiones relacionadas con el artículo 218 del código penal alemán, que regula el aborto.

Justo en estas cuestiones, que afectan directamente a la vida de numerosas personas, se han producido en los últimos años gratos progresos, que desmienten el tópico de que nos encontramos ante un parón ecuménico. Pienso sobre todo en el llamado proceso conciliar *Justicia, paz y conservación de la creación* (1983-1990) y en el documento conjunto *Dios es amigo de la vida* (1989). Al comienzo de los trabajos de la comisión encargada de la redacción de este último documento se constataron algunas diferencias que parecían casi insalvables. Tras prolongados y pacientes debates fue posible un consenso casi completo, también –y no en último término– en la cuestión de la protección de los nonatos. No es posible exagerar la importancia de estos avances para la colaboración y la convivencia de las distintas confesiones. Por otra parte, de los problemas eclesiológicos aún no resueltos también se deriva ciertamente una serie de problemas en el ámbito práctico. Pienso sobre todo en la cuestión de las celebraciones eucarísticas conjuntas, las celebraciones ecuménicas en domingo por la mañana y la distribución de la comunión a cristianos no católicos. A menudo surge la pregunta: si las Iglesias se reconocen recíprocamente el bautismo, ¿por qué no también la eucaristía? ¿Qué relación guardan entre sí la comunión eucarística y la unidad eclesial? Últimamente vuelve a hacerse hincapié también en las dificultades que se les plantean a los matrimonios mixtos. Me gustaría decir algunas palabras sobre este problema, tan apremiante para muchos cristianos y, sobre todo, para numerosos pastores de almas.

2. El problema de los matrimonios mixtos

Cuán hondamente marcadas están las conductas prácticas de los fieles por la confesión a la que pertenecen se advierte, por ejemplo, en el problema de los matrimonios mixtos. Uno de cada tres matrimonios que se celebran en la República Federal de Alemania tiene lugar entre un cristiano católico y otro evangélico. Los matrimonios mixtos se han convertido, hasta cierto punto, en lo normal. En el debate ecuménico desempeñaron durante largo tiempo un papel apenas digno de mención. Solo en los últimos tiempos han mostrado algunas publicaciones sobre el tema que el problema de los matrimonios mixtos no está ni mucho menos resuelto.

En especial Peter Neuner, catedrático de teología dogmática en Múnich, ha llamado la atención sobre la singular circunstancia de que la problemática de los matrimonios mixtos parece invertir por completo el principio ecuménico de que «la doctrina separa, la práctica une»; aquí valdría más bien lo siguiente: «La doctrina une, pero en la praxis siguen existiendo problemas».

Los documentos más importantes del diálogo sobre el matrimonio son la relación final *La teología del matrimonio y el problema de los matrimonios mixtos*, elaborada por la Comisión de

Estudio Católico-Romana y Luterano-Reformada en 1976, y el informe de la Comisión Conjunta de Teólogos Evangélicos y Católicos sobre las condenas doctrinales del siglo XVI y su relevancia para el presente. Estos documentos ecuménicos plasman un amplio acuerdo en la teología del matrimonio. En lo que concierne a la sacramentalidad del matrimonio, se ha puesto de manifiesto que las diferencias en la comprensión del matrimonio son atribuibles en último término a diferencias en el concepto de sacramento. La Comisión Conjunta de Teólogos Evangélicos y Católicos afirma: «Que la condena del concilio de Trento afecte o no a la esbozada doctrina evangélica del matrimonio depende del significado que se atribuya al concepto de "sacramento". En cualquier caso, por lo que respecta al contenido existen evidentes coincidencias».

Innegables controversias existen todavía sobre todo en lo concerniente a la indisolubilidad del matrimonio. Resulta patente, sin embargo, que tales diferencias radican antes en el plano de la praxis que en el credo. Pues también para los cristianos evangélicos, el matrimonio es, al igual que para los católicos, indisoluble por principio. Tanto unos como otros entienden el divorcio como una transgresión del precepto divino. Diferente es, en cambio, el trato que dispensan a los divorciados. La Iglesia evangélica, a diferencia de la praxis católica, reconoce el matrimonio civil y, en numerosos casos, incluso lo bendice eclesiásticamente. La Iglesia católica, por el contrario, desea atenerse en su praxis al dicho de Jesús sobre la indisolubilidad del matrimonio.

Los estudios estadísticos y las experiencias de los pastores de almas llegan unánimemente al resultado de que el compromiso cristiano y eclesial de los integrantes de matrimonios mixtos es bastante menor o menos frecuente que el de los cónyuges que pertenecen a la misma confesión. En muchos matrimonios mixtos, solo uno de los cónyuges es cristiano practicante. Pero en aquellos casos en los que ambos están eclesialmente comprometidos, a menudo estallan conflictos, en especial con motivo del bautismo y la primera comunión (católica) o confirmación (evangélica) de los niños. De ahí que para muchas familias la consecuencia lógica parezca ser excluir de la práctica existencial concreta el ámbito de la religión, puesto que, más que unir, separa.

Los problemas tratados ponen de manifiesto que es urgentemente necesaria una pastoral matrimonial conjunta en el caso de las parejas formadas por cristianos de distintas confesiones. Aquí se ha alcanzado un punto en el que los resultados del diálogo ecuménico sobre cuestiones doctrinales deben tornarse efectivos para la práctica pastoral. Las recomendaciones eclesiales conjuntas para la atención pastoral a los matrimonios y familias mixtos del año 1981 constituyen un primer paso en esta dirección, que ha de ser prolongado sin demora.

3. Eucaristía y comunión eclesial

Justo lo contrario parece ocurrir en el caso del deseo y la exigencia de comunión eucarística. Aquí la praxis parece ir por delante del diálogo teológico en muchas comunidades. Pero fijémonos más detenidamente: es posible, sin duda, que algunas parroquias y grupos ecuménicos vivan una experiencia de comunión que sobrepasa la comunión existente en el plano de la Iglesia universal. Sin embargo, la opinión a menudo defendida de que el ecumenismo de base en las comunidades se encuentra en general más avanzado que los esfuerzos ecuménicos de la teología o de los gobiernos de las respectivas Iglesias me parece sumamente necesitada de corrección.

Pues debemos guardarnos de confundir el hecho de que la mayoría de los fieles no pueda justificar explícitamente su origen e identidad confesional con la existencia de un consenso ecuménico. Con ello no pretendo hacer un llamamiento a situar de nuevo en primer plano las diferencias. Únicamente quiero advertir del riesgo de aprovechar el hecho de que la conciencia de identidad confesional esté solo latente en la comunidad para ignorar sin más dicha conciencia.

No es necesario más que pensar en el caso de un párroco católico que quisiera eliminar el tabernáculo de su iglesia o el caso inverso de un pastor evangélico que deseara colocar un tabernáculo en la suya. No hace falta mucha fantasía para imaginar que la resistencia no vendría solo de la respectiva Iglesia oficial, sino, probablemente con mayor intensidad aún, de la propia comunidad. En una situación así, la identidad y diferencia confesional, por regla general solo latente, se manifestaría de inmediato.

Por lo demás, aún existen numerosas parroquias o grandes sectores dentro de las parroquias en los que los acercamientos ecuménicos esbozados no han sido ni mucho menos recibidos y llevados a la práctica. Avanzaríamos un gran trecho, incluso desde el punto de vista ecuménico, si por doquier aconteciera lo que ya cuenta con el refrendo de las autoridades de las respectivas Iglesias e incluso es deseado por estas. Así pues, las experiencias de la base son, cuando menos, muy variadas. Esto puede poner de manifiesto que el impaciente llamamiento a la comunión eucarística no hace justicia a la complejidad del diálogo teológico ni tampoco a la conciencia media de las comunidades parroquiales o de otro tipo.

El punto teológicamente decisivo en la cuestión que nos ocupa es qué relación existe entre comunión eucarística y comunión eclesial. Esta relación está bíblicamente fundamentada. En 1 Cor 10,16s leemos: «La copa de bendición que bendecimos, ¿no es comunión con la sangre del Mesías? El pan que partimos, ¿no es comunión con el cuerpo del Mesías? Uno es el pan y uno es el cuerpo que todos formamos, pues todos compartimos el único pan». La participación en el único cuerpo eucarístico de Cristo y la participación en el cuerpo de Cristo que es la Iglesia forman, por consiguiente, una unidad. Para Agustín, la eucaristía es sacramento de la unidad y vínculo del amor. Este motivo atraviesa la entera historia de la teología y de los dogmas hasta el Vaticano II. Así, es convicción sostenida ya por la Iglesia antigua que cada cual pertenece a la comunidad en la que recibe la eucaristía. El restablecimiento de la comunión eucarística rota tenía siempre como condición *sine qua non* el restablecimiento de la comunión eclesial. En el transcurso posterior de la historia de la Iglesia, la comunión eucarística siguió siendo la quintaesencia de la comunión de fe y la comunión eclesial.

También los reformadores asumieron este principio. Solo en nuestro siglo se ha producido un cambio progresivo por parte protestante. En la actualidad, muchas Iglesias protestantes no ven ya impedimento alguno para una comunión eucarística con la Iglesia católica, porque entienden unilateralmente la eucaristía como comunión personal con Jesucristo y dejan fuera de consideración el aspecto de la comunión eclesial. Aquí se manifiesta de manera concreta el problema fundamental ya presentado. Las diferencias persistentes en la eclesiología son la razón profunda de que la Iglesia católica y las Iglesias protestantes lleguen a afirmaciones diferentes también en la cuestión de la comunión eucarística en el sentido de una administración abierta de la comunión.

El hecho de que las Iglesias evangélicas pongan el listón para la comunión eucarística «más bajo» que la Iglesia católica no es consecuencia de una mayor tolerancia, sino de diferentes supuestos doctrinales. La Cena tiene en el pensamiento y la piedad evangélicos una relevancia para la esencia de la Iglesia distinta de la que la eucaristía tiene en la piedad católica. Esta diferencia tiene que ser superada, sin duda. Pero mientras tal cosa no ocurra, ha de ser sinceramente respetada.

Tanto de la comunión eclesial como de la comunión eucarística forma parte necesaria la comunión de fe. Cabalmente en la eucaristía no se puede hacer lo mismo y pensar en algo distinto. Eso introduciría en la celebración de la eucaristía una escisión interna y una insinceridad. Dado el actual estado del diálogo ecuménico, si la Iglesia católica cediera al deseo de comunión eucarística con los cristianos protestantes, tendría que renunciar a convicciones de fe esenciales para su comprensión de la fe apostólica. Al mismo tiempo, habida cuenta de la unidad de eucaristía y comunión de fe, si estuviera en comunión eucarística con los cristianos de credo protestante, incorporaría a estos a la propia comunión de fe. La comunión eucarística comporta entonces una absorción de los fieles de otras confesiones. Esto conduciría en último término a una tercera confesión y, con ello, no a una mayor unidad, sino a una nueva escisión.

A causa de esta actitud, a menudo se reprocha a la Iglesia católica falta de disposición a la reconciliación. Si la eucaristía comunitaria no fuera más que un banquete fraternal, este reproche estaría de hecho justificado. Pero la eucaristía, según la concepción católica, no se limita a ser un banquete fraternal. Es sacramento, esto es, signo e instrumento de la comunión con Dios y de unos con otros que nos es regalada a través de Jesucristo. Así pues, supone ya la unidad –que se representa por medio de signos– y simultáneamente la profundiza en la fe y en el amor.

El caso de las celebraciones ecuménicas de la palabra es distinto de las celebraciones eucarísticas conjuntas. Aquellas constituyen ocasiones importantes, más aún, necesarias para la profesión de fe y la oración en común, así como para el conocimiento recíproco. De ahí que el sínodo de Wurzburgo de las diócesis de la República Federal de Alemania formule el deseo de que las celebraciones ecuménicas de la palabra formen parte del programa de celebraciones de toda parroquia católica. Las celebraciones ecuménicas de la palabra responden al actual estado del ecumenismo y a la vez lo impulsan hacia delante.

Para prevenir la tendencia a una subrepticia sustitución y nivelación de la celebración de la eucaristía, y no por mentalidad antiecuménica, como a veces se le supone, la Conferencia Episcopal de Alemania ha promulgado unas directrices, según las cuales estas deseables celebraciones ecuménicas no deben tener lugar los domingos y festivos «a las horas en que habitualmente se celebra la misa en la parroquia o localidad, en especial el domingo por la mañana».

Conozco, por supuesto, la difícil situación en la que pueden verse en este asunto los párrocos de áreas geográficas confesionalmente mixtas. La presión de la comunidad civil y de las asociaciones puede llegar a ser muy fuerte. Pero deberíamos atenernos por principio a una línea común sin dejarnos inducir en ningún caso a enfrentamientos. A la larga no puede ser bueno que parroquias o párrocos concretos introduzcan prácticas ecuménicas especiales no susceptibles de ser compartidas por las demás parroquias ni por el conjunto de la Iglesia. Incluso dentro de una comunidad que en determinadas circunstancias asume semejantes experiencias singulares pueden producirse situaciones en extremo nocivas si un nuevo párroco, por razones de conciencia, no está dispuesto a continuar la especial praxis de su predecesor. Es un saludable principio pastoral no introducir nada que el eventual sucesor de uno no pueda en conciencia continuar.

De la cuestión de la comunión eucarística en el plano oficial de la parroquia hay que distinguir la cuestión de la admisión de cristianos evangélicos individuales a la eucaristía o la de la participación de cristianos católicos a título individual en la Cena evangélica. También aquí rigen fundamentalmente los mismos principios, en especial la vinculación entre eucaristía y comunión eclesial. Un cristiano católico que participa en la Cena evangélica se adhiere objetiva y públicamente a la Iglesia evangélica, aunque no sea esa su intención subjetiva; y otro tanto cabe decir, *mutatis mutandis*, de un cristiano evangélico que comulgue en una misa católica. Siempre se trata, por consiguiente, de una decisión de gran relevancia.

Pero en tales decisiones personales nunca se aplican y realizan exclusivamente normas objetivas. Antes bien, estas son transferidas en la conciencia a una situación concreta, a menudo muy compleja y conflictiva. Así, por ejemplo, un cristiano evangélico que desee seguir siendo evangélico, pero que, tanto por el bautismo común como por especiales circunstancias vitales, se sienta no obstante cercano a la Iglesia católica, se vea en armonía con la fe católica en lo concerniente a la eucaristía y adopte una disposición consecuente en su forma de vida, puede considerarse justificado e incluso alentado en su situación concreta a comulgar durante una celebración católica de la misa. Pienso que no podemos ni debemos invitarle a hacerlo, pero hemos de respetar su decisión.

Análogamente, no puede excluirse, como dice el sínodo de Wurzburgo, «que un cristiano católico, obedeciendo su conciencia personal, crea reconocer en una situación especial razones que le presenten como interiormente necesaria [yo preferiría decir: interiormente posible] su participación en la Cena evangélica». Tendremos que llamarle la atención sobre el doble hecho de que semejante praxis no se corresponde con el vínculo intrínseco entre comunión eucarística y comunión eclesial y de que su decisión puede equivaler a una negación de la propia fe y de la propia Iglesia, pero también en este caso hemos de respetar una decisión tomada responsablemente en conciencia.

VI. Reflexión conclusiva sobre un ecumenismo espiritual

Allí donde cristianos de diferentes confesiones se abren unos a otros en la oración compartida, en la profesión de la fe común y en el servicio caritativo y social conjunto, la ausencia de una comunión plena entre las Iglesias es experimentada sin duda de modo doloroso. Pero el camino hacia una unidad real no puede ser el de pasar por alto las diferencias aún existentes. Antes bien, debemos tomar las dolorosas experiencias de la separación como acicate para no desfallecer en la búsqueda sincera de la verdadera comunión.

No existe ninguna razón para dudar –y, menos aún, para desesperar– del sentido de tal esfuerzo paciente. En las últimas décadas se han conseguido muchas cosas positivas, mucho más de lo que podíamos esperar. La mayor parte de ello se ha convertido entretanto en algo evidente, natural. ¿Por qué perder ahora de pronto los nervios? Mal que nos pese, divergencias seculares no pueden resolverse en unos cuantos años. No nos compete a nosotros marcarle el ritmo al Espíritu Santo. Pero justo este Espíritu

Santo es el único que puede concedernos la unidad. Esta no puede ser «hecha» y mucho menos forzada. Debe sernos regalada, por lo que ante todo tiene que ser objeto de nuestras súplicas. Quizá todos deberíamos sumarnos con mayor intensidad a la oración de Jesús: «Que todos sean uno». No digo esto como una cómoda coartada. La oración no excluye el trabajo, sino que le imprime fuerza, lo inspira, lo motiva. Pero el trabajo ecuménico, sin la oración, degenera muy rápidamente en el activismo sin espíritu, que enseguida se convierte en resignación y frustración. Conjuguemos trabajo y oración y hagamos del ecumenismo espiritual el alma de nuestros esfuerzos ecuménicos. Entonces cobraremos nuevo impulso y abrigaremos una nueva esperanza.

15
El ecumenismo, en proceso de cambio radical

El informe sobre la actividad del Pontificio Consejo para la Promoción de la Unidad de los Cristianos durante el año 1999 lo he intitulado con toda intención: «El ecumenismo, en proceso de cambio radical». Con ello pretendo sugerir que actualmente se perfilan nuevas situaciones y constelaciones, nuevos problemas e interpelaciones críticas, nuevos desafíos. Esto ocurre de formas muy diferentes. Todas las Iglesias, si bien con distinta intensidad, se aferran al objetivo del acercamiento ecuménico. No existe alternativa a ello. Sin embargo, el ecumenismo se ha convertido en un concepto negativo, sobre todo en el Oriente cristiano, pero asimismo entre nosotros en Occidente. Con ello, el ecumenismo se encuentra sometido una vez más a examen.

Semejante situación de crisis no puede ser entendida solo por el lado negativo. Tiene también un aspecto positivo. En tal situación, pueden abrirse nuevas y hasta ahora insospechadas posibilidades, que tornan a su vez viables e incluso necesarias algunas reorientaciones. La nueva situación ecuménica es, sobre todo, un acicate para un serio esfuerzo de profundización teológica.

Por eso, en mi informe no quiero proceder de manera meramente descriptiva, no quiero limitarme a describir los distintos diálogos y las demás actividades. Para ello puedo remitir en lo esencial al informe del año pasado, que conserva su validez. Me gustaría presentar los distintos diálogos centrándome en los problemas persistentes. Eso significa que planteo más preguntas y muestro más problemas que respuestas acabadas estoy en condiciones de ofrecer, máxime ahora, al comienzo de mi actividad en el Pontificio Consejo para la Promoción de la Unidad de los Cristianos.

I. Puntos cimeros del ecumenismo en 1999

El ecumenismo, en proceso de cambio radical: esto implica, en primer lugar, dirigir la mirada a lo positivo que cabe constatar también a lo largo del pasado año. Y no es poco. Pues en estos últimos doce meses hemos podido recoger en distintos sentidos el fruto maduro del trabajo ecuménico de los años y las décadas precedentes. Me gustaría llamar la atención en especial sobre dos acontecimientos, que fueron los puntos cimeros de las relaciones interconfesionales. Son sobradamente conocidos; pero frente al falso rumor de crisis ecuménica, merecen mención explícita y análisis detallado.

1. La Declaración conjunta sobre la doctrina de la justificación

El primer acontecimiento que merece ser subrayado es la firma de la *Declaración conjunta sobre la doctrina de la justificación* el 31 de octubre de 1999 en Augsburgo. Este acontecimiento fue el fruto maduro del trabajo teológico y ecuménico de más de tres décadas. Sin embargo, al final casi fue un pequeño milagro que pudiéramos alcanzar nuestro objetivo. Así, fue adecuado realizar la firma de la declaración en un marco litúrgico. Pues un acuerdo de tal envergadura –aunque sea matizado–, que afecta al centro del Evangelio y al fundamento de la separación en que vivimos desde hace más de cuatrocientos cincuenta años, es un don por el que no podemos dar suficientemente las gracias.

Desde una perspectiva teológica me parecen importantes dos puntos de vista. El primero es que la *Declaración conjunta sobre la doctrina de la justificación* no representa un consenso total, sino matizado, o sea, un consenso en las cuestiones fundamentales de la doctrina de la justificación que va acompañado, no obstante, de otras afirmaciones en las que no fue posible alcanzar un consenso tan pleno. Pero tales afirmaciones no son entendidas ya como contradictorias entre sí, sino más bien como complementarias; de ahí que no pongan en cuestión el consenso fundamental. Este concepto de consenso matizado precisa de una clarificación profundizadora. La distinción que Johann Adam Möhler propone entre divergencias que forman parte de la vida y contradicciones que se absolutizan puede resultar de utilidad al respecto. Partiendo de ello, el *Comunicado oficial común* emitido con motivo de la firma de la *Declaración conjunta sobre la doctrina de la justi-

ficación pudo hacer suyo positivamente, por lo que respecta al contenido, el modelo de la diversidad reconciliada como meta ecuménica, confirmándolo así de manera oficial por primera vez. Entretanto resulta claramente perceptible que, mediante este acuerdo, nuestra relación con los luteranos ha cobrado en el mundo entero una nueva intensidad y calidad. Nos hemos tendido la mano unos a otros y estamos decididos a no soltarnos ya más. En comparación con la situación existente con anterioridad, ahora tenemos una base común bastante más amplia sobre la que podemos clarificar las cuestiones aún pendientes, que no son pocas. La *Declaración conjunta* representa, como dijo el papa, un hito en los esfuerzos ecuménicos; o sea, se ha alcanzado un importante final de etapa, pero todavía no la meta última.

Al mismo tiempo, la *Declaración conjunta* y el debate subsiguiente son una suerte de prueba de papel tornasol para la actual situación ecuménica. El Pontificio Consejo para la Promoción de la Unidad de los Cristianos ha procurado reunir y evaluar, con ayuda de informes de las nunciaturas y de los delegados de las conferencias episcopales, las reacciones habidas en los distintos países a la firma de la *Declaración conjunta*.

Las duras y en parte agrias polémicas, como las que se produjeron en Alemania, quedaron circunscritas –salvo aisladas excepciones, que confirman la regla– al mundo de lengua alemana. El eco ha sido predominantemente positivo en el mundo entero. En muchas partes del mundo, como en Estados Unidos, Canadá, Australia y América Latina, tuvieron lugar celebraciones ecuménicas de acción de gracias. En las reacciones de los medios de comunicación social se valoró y aplaudió el progreso conseguido. En un simposio celebrado en la Universidad de Yale (Estados Unidos) en enero, en el que también tomaron la palabra representantes de otras comunidades eclesiales, se hizo patente esta actitud positiva en el más alto nivel académico.

Así pues, se advierte –y esto es un primer aspecto de la nueva situación ecuménica– una diferenciación regional y nacional de la situación y el ambiente interconfesionales. Estamos ante un movimiento ecuménico con diferentes velocidades y con específicos desplazamientos de fase.

El hecho de que la crítica haya cobrado voz tiene también, sin embargo, su lado positivo. Por una parte, ha hecho que en las comunidades vuelva a hablarse, en muchos casos por primera vez tras largo tiempo, del mensaje de la justificación y que, así, uno de los mensajes centrales –por no decir el mensaje central– del Nuevo Testamento haya sido elevado de nuevo a conciencia. Por otra parte, el debate ha mostrado los puntos de fractura ecuménica en la mencionada nueva constelación. Junto a problemas teológicos dignos de ser tomados en serio, todos ellos mencionados sin excepción en la propia *Declaración conjunta* y sobre los que, por supuesto, hay que seguir trabajando, se ponen de manifiesto –y esto constituye un aspecto adicional de la nueva situación– irracionales miedos identitarios y un nuevo confesionalismo, en ocasiones casi fundamentalista, que recela del ecumenismo. Además, en el ámbito académico existe una terrible cantidad de deficiente información teológica; salta a la vista que algunos profesores no han seguido de cerca el debate teológico de las últimas décadas. Así, por desgracia, debemos tomar buena nota de que la recepción no solo de los resultados ecuménicos, sino incluso de la aspiración ecuménica no está ni mucho menos tan avanzada como hasta ahora suponíamos. Existen corrientes opuestas al ecumenismo en absoluto despreciables; y ello, en todas las Iglesias.

En el desafortunado debate sobre las indulgencias se juntó todo esto: emociones, porque las indulgencias siguen siendo, máxime en Alemania, el trauma originario del cristianismo protestante; conocimientos deficientes –más aún, en parte espeluznante desconocimiento– de la doctrina católica de las indulgencias; torpezas de alguna que otra presentación católica; y el peculiar empeño en revivir antiguas controversias que en el fondo se creen ya superadas. Entretanto el Pontificio Consejo para la Promoción de la Unidad de los Cristianos ha invitado a la Federación Luterana Mundial a un simposio sobre este tema. De este modo esperamos ser capaces de apaciguar algunos innecesarios enfados que se han generado.

Otra característica de la situación actual es que una gran parte de la crítica partió de expectativas falsas y exageradas, como si la *Declaración conjunta* pudiera y debiera conducir directamente a la comunión eucarística o, cuando menos, a una hospitalidad eucarística. Detrás de ello se encuentra el malentendido consciente o inconsciente de que es posible transferir también a la Iglesia católica la clase de comunión eclesial que se da en la *Concordia de Leuenberg*. Se pasa entonces por alto que las Iglesias ortodoxas y la Iglesia católica, por una parte, y las Iglesias nacidas de la Reforma, por otra, constituyen tipos diferentes de Iglesia. Los problemas que ahora, una vez firmada la *Declaración conjunta*, se plantean con acrecentada fuerza son las preguntas por la esencia de la Iglesia y la unidad eclesial y, en el marco esbozado por ellas, especialmente la cuestión del ministerio.

En el grupo conjunto de diálogo entre el Pontificio Consejo para la Promoción de la Unidad de los Cristianos y la Federación Luterana Mundial, estas cuestiones son abordadas actualmente bajo el marbete de la «apostolicidad de la Iglesia». Lo que hay que clarificar en ello es la relación entre comunión eucarística y comunión eclesial. ¿Qué significa comunión eclesial? ¿Cuál es la meta del ecumenismo? ¿Cuál es nuestra visión ecuménica? La concentración en estos planteamientos es un elemento adicional de la nueva constelación.

2. La Semana de Oración por la Unidad de los Cristianos

La pregunta por nuestra visión ecuménica me lleva al segundo acontecimiento sobresaliente del último año: la celebración ecuménica de la apertura de la Puerta Santa de San Pablo Extramuros el 18 de enero de 2000. Desde el punto de vista del ecumenismo, este fue un momento de gracia. Pero fue también resultado de los esfuerzos interconfesionales de las últimas décadas. Veintidós Iglesias de Oriente y Occidente estaban representadas, más incluso que en el concilio Vaticano II. Se hizo patente lo que entretanto ha crecido en el diálogo ecuménico en lo relativo a una nueva convivencia y una nueva solicitud recíproca de las Iglesias.

Además, esta celebración fue para mí una especie de premonición y anticipación de una posible comunión eclesial plena (o más plena) en el futuro: el obispo de Roma, como el primero de los obispos, abre la Puerta Santa; sin embargo, no lo hace en solitario, sino acompañado por el delegado del patriarcado ecuménico de Constantinopla –Atanasio, metropolita de Heliópolis y Teira– y el arzobispo de Canterbury, George Carey; los tres a la vez se arrodillan delante de la Puerta Santa, que representa a Cristo. Junto con el papa, obispos de otras Iglesias y comunidades eclesiales muestran el evangeliario, cada cual hacia uno de los cuatro puntos cardinales, aludiendo así de manera muy simbólica al mensaje que queremos portar conjuntamente al tercer milenio en un mundo cada vez más secularizado.

Esto fue bastante más que una lograda escenificación con gran impacto en la opinión pública. Todas estas fueron acciones simbólicas que sugieren algo más profundo. El discurso dogmático sobre la *communio* [comunión] ya existente y real, si bien aún imperfecta, se celebró en una ceremonia litúrgica y se selló con el saludo litúrgico de paz. Se trata de acontecimientos que contienen algo irreversible. Ninguna Iglesia puede volver ya al estado de cosas previo. Estos acontecimientos remiten hacia delante. Gestos así comprometen.

3. La celebración ecuménica en memoria de los testigos de la fe del siglo XX

Algo que reaviva mi esperanza para este camino es el próximo gran acontecimiento ecuménico, para el que actualmente nos preparamos: la conmemoración de los testigos del siglo XX (los nuevos mártires, como se dice equívocamente con frecuencia) el 8 de mayo de 2000 delante del Coliseo romano. De nuevo hemos invitado a representantes de todas las Iglesias. Pues en el pasado siglo cristianos de todas las Iglesias dieron testimonio de la vida. El recién concluido siglo XX ha sido una centuria muy oscura y sangrienta. Pero hay dos puntos luminosos: el movimiento ecuménico y el testimonio de numerosos mártires. Este testimonio es una herencia común de las Iglesias, que esperamos que en el nuevo siglo sea ecuménicamente fructífera. El testimonio de estos mártires nos infunde valor para afrontar los nuevos desafíos, así como la esperanza de que seremos capaces de darles respuesta.

II. Enfados y esperanzas en el diálogo con las Iglesias orientales

En la presentación de los distintos diálogos y de los problemas que en ellos afloran, comienzo por el ecumenismo oriental. Desde el punto de vista dogmático nos encontramos muy cerca tanto de las Iglesias orientales antiguas como de las Iglesias ortodoxas. Con unas y otras estamos en una *communio* casi plena. Pero últimamente experimentamos en creciente medida que estas Iglesias nos siguen resultando, a despecho de ello, extrañas en lo que atañe a la mentalidad; y hoy, pese al acercamiento mutuo que se ha producido, vuelven a tornársenos, por desgracia, en parte aún más chocantes. Cuando oigo hablar de la primera visita del cardenal Willebrands a Moscú después del concilio, del entusiasmo que a la sazón se despertó y de la impresión de que la unidad estaba al alcance de la mano, y comparo todo ello con el estado de ánimo hoy reinante, no tengo más remedio que decir: esta experiencia saludablemente desilusionadora forma parte de la nueva situación.

Todavía conocemos demasiado poco la espiritualidad y la mentalidad de Oriente. Es legítimo, pero también fácil, entusiasmarse con su riqueza espiritual. Pero tales afirmaciones también resultan ingenuas si no se toma nota de los problemas existentes. Por regla general somos muy poco conscientes de cuántos lastres históricos tienen que ser superados aún. La conciencia colectiva de la historia, a menudo también los mitos históricos, es mucho más fuerte en Oriente que entre nosotros, en el Occidente en gran medida deshistorizado. Por eso fue tan importante la purificación de la memoria que el papa Juan Pablo II llevó a cabo el primer domingo de Cuaresma del año 2000, también y de manera especial para las relaciones con las Iglesias orientales. Pero aún queda mucho por hacer.

1. Las Iglesias ortodoxas

Sobre este trasfondo se recordarán con tanta mayor gratitud algunos puntos luminosos del año pasado. Entre ellos destaca la visita del papa a Rumanía. Esta visita ha impreso una nueva índole –que entretanto se hace patente en numerosas cartas y encuentros– a las relaciones entre Roma y la Iglesia ortodoxa de aquel país, aunque, por desgracia, no necesariamente a las relaciones entre la Iglesia católica *in situ* y la Iglesia ortodoxa *in situ*. Especialmente digno de atención y esperanzador es aquí, como en otras partes, el hecho de que, si bien las jerarquías eclesiásticas tienen dificultades entre sí, el pueblo quiere la unidad. El espontáneo grito del pueblo en Bucarest: «Unidad, unidad», es significativo al respecto. No tan positivas, pero en cualquier caso más positivas de lo que al principio se esperaba y de cómo en parte fueron presentadas en los medios de comunicación social, resultaron las visitas del papa a Georgia en 1999 y a Egipto y al monasterio del monte Sinaí en 2000. No obstante, por doquier se constata lo mismo, tanto en Oriente como entre nosotros: el pueblo de Dios quiere y anhela la unidad.

Aparte de la visita a Rumanía, hay que mencionar ante todo los impresionantes encuentros ecuménicos celebrados en Tierra Santa, en los que el papa pudo enlazar con el encuentro mantenido en 1967 por Pablo VI con el patriarca Atenágoras en la misma sala. El recuerdo de esa fecha muestra los progresos realizados desde entonces, pero también las nuevas dificultades y obstáculos que inesperadamente han surgido. Los progresos radican en que, tras el diálogo de la caridad, pudo alzar el vuelo el diálogo de la verdad como diálogo teológico, que entretanto, sin embargo, desde 1993 –y estas son las dificultades– se encuentra prácticamente interrumpido por razones a las que más adelante nos referiremos.

Progresos existen asimismo en las relaciones interconfesionales en Tierra Santa. Pienso sobre todo en la apertura conjunta del Año Santo en Belén el primer domingo de Adviento de 1999 por los responsables máximos de todas las Iglesias presentes en Tierra Santa, quienes además emitieron un mensaje conjunto. Tuve la fortuna de poder participar en el acto y me impresionó vivamente. También hay que ver un avance en el hecho de que, con motivo de la apertura de la Puerta Santa de San Pablo Extramuros en el año 2000, por primera vez fuera enviado a un acontecimiento de estas características un alto representante del patriarcado greco-ortodoxo de Jerusalén. Igualmente, los encuentros celebrados en 1999 con ocasión de la festividad de los santos Pedro y Pablo en Roma y de la festividad de san Andrés en Constantinopla transcurrieron en un buen ambiente.

Sin embargo, a pesar de la patente amabilidad, los contactos oficiales con las Iglesias ortodoxas se han tornado en conjunto más difíciles. Paradójicamente, el cambio político de 1989, en vez de facilitar las cosas, las ha dificultado. A ello han contribuido múltiples causas. Una razón importante radica en el resurgimiento de las Iglesias uniatas sobre todo en Ucrania y Rumanía, así como en la penetración de sectas y el reproche de proselitismo que, en conexión con ello, se le hace también a la Iglesia católica. El establecimiento de una jerarquía católica en forma de administración apostólica en el área de la antigua URSS no fue entendido al principio como justificada preocupación pastoral por los cristianos católicos que allí viven, sino como intento de expansión de la Iglesia católica en el llamado «territorio canónico», un concepto difícilmente aceptable para nosotros.

Otra razón consiste en la debilidad y la inseguridad internas del Este de Europa en general y en el fortalecimiento de las tendencias nacionalistas, que han propiciado intentos de aislamiento intelectual respecto de Occidente y su –real o supuesto– liberalismo. De ahí que, en numerosas Iglesias orientales, el ecumenismo se haya convertido entretanto en un concepto con connotaciones negativas. Tras un largo tiempo de aislamiento a la fuerza, muchas Iglesias ortodoxas todavía tienen que desarrollar una relación constructiva con el mundo pluralista posilustrado, que, mal que les pese, inevitablemente está penetrando también en sus países. Deben encontrar sobre todo una relación positiva con la libertad religiosa. En la actualidad carecen en gran medida, por desgracia, de posibilidades teológicas pertinentes al respecto. También esta es una de las consecuencias a largo plazo del despotismo comunista y un aspecto importante de la nueva situación.

En los últimos años, las cosas han mejorado notablemente. Esto se hizo patente durante la visita que el cardenal Cassidy y yo realizamos a Moscú en noviembre de 1999, la cual transcurrió de manera sumamente amistosa. En Ucrania, los representantes ortodoxos me aseguraron durante mi visita a ese país hace algunas semanas que ya no existen problemas; otros me decían que se trata de problemas de segundo y tercer orden. Eso no significa, sin embargo, que se hayan establecido relaciones interconfesionales positivas. Los obstáculos se deben también, no obstante, a que la propia Iglesia ortodoxa en Ucrania se encuentra dividida en tres Iglesias que rivalizan entre sí.

Sobre todo las relaciones con el patriarcado de Moscú se han distendido y han mejorado desde los mencionados enfados. Los contactos regulares, que no pudieron celebrarse en la primavera de 1999 a causa del conflicto de Kosovo –el cual lastra también las relaciones eclesiales–, se retomaron gracias a una visita que realizamos el cardenal Cassidy y yo. El encuentro tuvo lugar en un ambiente bueno, más aún, cordial. Se produjo con motivo de nuestra participación en un congreso interreligioso internacional que debía celebrarse en el marco del Año Jubilar 2000 con el tema «Jesucristo es el mismo ayer, hoy y siempre». Y a la inversa, el patriarcado de Moscú envió un delegado de alto rango tanto al segundo sínodo de los obispos europeos, celebrado del 2 al 24 de octubre, y a la asamblea interreligiosa que tuvo lugar en Roma del 25 al 28 de octubre, como a la apertura de la Puerta Santa de San Pablo Extramuros el 18 de enero de 2000.

En la situación actual, que se ha tornado más difícil, serán muy importantes los contactos oficiosos de diócesis e instituciones concretas (así, por ejemplo, San Egidio y los focolares; y en el mundo de lengua alemana, Pro Oriente, el Instituto de la Iglesia Oriental, Renovabis y Kirche in Not). Por regla general resultan menos complicados que los contactos oficiales. Mientras que el diálogo teológico internacional no ha avanzado en los últimos años, en el plano nacional, sobre todo en Estados Unidos y en Francia, las conversaciones han arrojado buenos e iluminadores resultados. También hay que mencionar aquí al Grupo de Les Dombes. Además, las relaciones entre el monacato occidental y el monacato oriental son de gran relevancia, puesto que las Iglesias orientales poseen una marcada impronta monástica. En cambio, por las razones ya mencionadas, los contactos teológicos necesitan ser considerablemente reforzados. El clima ecuménico solo podrá abonanzarse a largo plazo si se consigue mejorar la formación teológica del clero futuro. En Oriente falta sobre todo sólida literatura teológica, que esté en cierta medida actualizada e informe objetivamente también sobre la Iglesia católica.

El diálogo internacional se interrumpió en 1990 en Freising a requerimiento de los participantes ortodoxos, con el fin de abordar el problema del llamado uniatismo y el proselitismo. Esto se hizo en el *Documento de Balamand* de 1993. Este texto declara, por una parte, que las Iglesias orientales católicas tienen derecho a la existencia y a la actividad pastoral; pero, por otra, afirma que el uniatismo no puede ser ya hoy el modelo para la consecución de la unidad eclesial. Por último, hace suyo el concepto de «Iglesias hermanas», que desde el concilio[1] y en especial desde *Anno ineunte*, el *motu proprio* promulgado con ocasión del encuentro entre Pablo VI y el patriarca Atenágoras (1967), ha devenido fundamental. Aparece también en la encíclica *Ut unum sint*[2].

En una carta al cardenal Cassidy fechada el 20 de noviembre de 1999, el papa enfatizó de forma expresa que la prosecución del diálogo teológico es muy importante. Esperamos poder retomarlo en julio de 2000 en Baltimore. Así y todo, a juzgar por el estado de cosas, no podremos ocuparnos todavía, por desgracia, de las cuestiones teológicas centrales, sino que tendremos que hablar una vez más del llamado uniatismo y del proselitismo. Sin em-

---

1. Cf. UR 14.
2. Cf. JUAN PABLO II., *Ut unum sint* (1995), 55-58.

bargo, en último término tales cuestiones solamente se podrán apreciar si se debaten sus presupuestos –el reconocimiento o no reconocimiento de la *communio* con Roma– como esenciales para la comunión eclesial plena.

2. Las Iglesias orientales ortodoxas

Tras la exposición de las relaciones con las Iglesias ortodoxas, permítanseme aún algunas observaciones sobre las Iglesias orientales antiguas, esto es, precalcedonenses. Las antiguas controversias han sido zanjadas gracias a una serie de declaraciones cristológicas conjuntas (1973 con los coptos, 1984 con los sirios, 1990 con la Iglesia ortodoxa malankar, 1994 con los asirios). Las visitas de los respectivos patriarcas a Roma o del papa a sus sedes han mejorado las relaciones en el más alto nivel. Con todas estas Iglesias existen comisiones de diálogo bilaterales.

Pero el diálogo con los coptos, la mayor de las Iglesias orientales antiguas, se encuentra suspendido desde 1992. La visita del papa a El Cairo a principios del año 2000 y mi visita a Egipto en marzo de 2000 nos han hecho concebir la fundada esperanza de poder reavivarlo en breve plazo. En Egipto fui recibido de manera inesperadamente cordial por el papa Shenouda III, por los obispos con los que me reuní y, sobre todo, en los monasterios del desierto. Estos encuentros suscitaron en mí la impresión de una Iglesia, por una parte, venerable y fiel a la tradición y, por otra, muy viva, caracterizada tanto por una dinámica actividad pastoral como por numerosas vocaciones monásticas.

El diálogo con la Iglesia ortodoxa malankar, tras algunas dificultades en el inabarcable campo de las Iglesias indias, ha avanzado bien en el último año. El diálogo con la Iglesia asiria, la Iglesia del Oriente, se centra en la tradición sacramental asiria. Seguidamente habrá que abordar de nuevo la llamada «disputa de los tres capítulos» en el quinto concilio ecuménico, el segundo de Constantinopla (553), en el que fueron condenados los cabezas de escuela de la Iglesia asiria.

Muy distintas son las relaciones con la Iglesia armenia, que nunca se ha separado de la Iglesia de Roma mediante un acto formal; en este sentido, no existen problemas emocionales consecuentes. Entre el papa Juan Pablo II y el difunto *katholikós* Karekin I, un personaje verdaderamente extraordinario, existían relaciones espirituales personales, que también se expresaron en el deseo del papa, por desgracia no realizado, de hacerse uno a otro una visita personal amistosa. Existen sólidas razones para esperar que las buenas relaciones puedan proseguirse de otro modo con el nuevo *katholikós*, Karekin II.

La situación en Oriente Medio requiere una mención especial. En ningún otro lugar es tan acuciante como allí el problema ecuménico. Todos hablan la misma lengua árabe. Todas las Iglesias han de confrontarse con el islam y han de arrostrar el problema de dar testimonio de Jesucristo en una sociedad mayoritariamente musulmana. Pero con frecuencia residen en la misma ciudad tres o cuatro patriarcas o entre cinco y siete obispos. En esta situación se plantea también con especial urgencia el problema de encontrar una fecha común para la Pascua. Al mismo tiempo, todas las Iglesias padecen la permanente emigración de los cristianos. Entretanto, la mayoría de sus miembros viven en Occidente (Estados Unidos, Canadá, Australia, América Latina y Europa).

Las relaciones ecuménicas sobre todo entre la Iglesia siria y la Iglesia melquita son francamente buenas. Todas las Iglesias –con una excepción– se han unido en un Consejo de Iglesias de Oriente Medio. Un problema acuciante sigue siendo la participación de la Iglesia asiria, que, por razones teológicas, se ha opuesto hasta ahora a la Iglesia copta. Los coptos tienen a los asirios por nestorianos; así pues, las antiguas polémicas entre Cirilo de Alejandría y el antioqueno Nestorio continúan vivas.

Esta resistencia muestra que los antiguos problemas cristológicos aún tienen repercusiones. Además, con los coptos –al igual que con algunas Iglesias ortodoxas, en especial los griegos– el reconocimiento recíproco del bautismo constituye un problema; en otros casos, como se puso de manifiesto en Georgia o en el monasterio del monte Sinaí, la oración común es entendida como *communicatio in sacris* [comunicación/comunión en las cosas sagradas] y, en consecuencia, rechazada. Esto muestra una vez más que en el diálogo siguen planteándose, o en realidad se plantean sin cesar, cuestiones teológicas fundamentales.

3. El problema del primado en el diálogo con la Ortodoxia

En las conversaciones tanto con los ortodoxos como con las Iglesias orientales antiguas debemos canalizar de una vez la oferta del papa de llevar a cabo un diálogo fraternal sobre el ejercicio del ministerio petrino[3]. A mi juicio, este es en último término el único problema serio que existe entre nosotros y estas Iglesias. Entretanto se han celebrado numerosos simposios y se han publicado muchos libros sobre el tema. En marzo de 2000, yo mismo sinteticé en un simposio celebrado en Innsbruck los diálogos mantenidos hasta la fecha e intenté formular algunos principios hermenéuticos que ayuden a avanzar. Sin embargo, aparte de los diferentes desarrollos iniciados ya en el primer milenio, no se deben minusvalorar las dificultades emocionales que surgen en esta cuestión. Por eso, el acuerdo no es únicamente un problema teológico. Así como Oriente y Occidente no se separaron mediante un único acto formal, sino que se fueron alejando en el curso de un prolongado proceso, así también la unidad tan solo podrá alcanzarse a través de un largo proceso. Debemos volver a familiarizarnos unos con otros, visitarnos, conocernos y aprender a valorarnos mutuamente; debemos aprender a amarnos.

III. Diferenciaciones en el diálogo con las Iglesias de la Reforma

Si del diálogo con las Iglesias orientales pasamos al diálogo con las Iglesias o con las comunidades eclesiales separadas de Occidente, entramos en otro mundo. Es cierto que estas Iglesias están dogmáticamente más alejadas de nosotros, pero su mentalidad nos resulta más cercana. Todas proceden de la común tradición latina. Comparten con nosotros al padre de la Iglesia Agustín; no se separaron de nosotros hasta comienzos de la Modernidad y, al igual que nosotros, han pasado por la Ilustración moderna. Además, en la actualidad tienen idénticos métodos exegéticos y, en gran medida, teológicos; y viven, como nosotros, en el mundo pluralista contemporáneo.

---

3. Cf. *ibid.*, 88-96; reiterada de forma más apremiante en El Cairo.

1. La Federación Luterana Mundial

El primer plano lo ocupó el año pasado el diálogo con los luteranos. Como ya se ha dicho, este diálogo adquirió con la *Declaración conjunta sobre la doctrina de la justificación* una nueva intensidad y calidad. Esto se evidenció también con motivo de la visita que el presidente de la Federación Luterana Mundial, el obispo Krause, realizó al papa Juan Pablo II el 9 de diciembre de 1999. El obispo Krause afirmó: «¡Las manos que nos hemos tendido no deben volver a separarse!». En esta visita se discutió el programa subsiguiente a la *Declaración conjunta*: un simposio con exegetas, a fin de ahondar bíblicamente en el tema de la justificación más allá de la *Declaración conjunta*; la clarificación de las cuestiones eclesiológicas que ahora se plantean; la transposición del mensaje sobre la justificación al lenguaje actual; y por último, pero no menos importante, la posible ampliación del consenso matizado alcanzado a otras comunidades eclesiales nacidas de la Reforma. En la reunión de las planas mayores que tendrá lugar en la primavera de 2000 se tomará una decisión definitiva sobre estas cuestiones.

También fue importante que, para la festividad de santa Brígida y con ocasión de su elevación a copatrona de Europa, el 12 de noviembre de 1999, acudiera a Roma, junto a la pareja real sueca y el arzobispo Hammar de Uppsala, una delegación de los obispos suecos. Además de unas vísperas ecuménicas, en las que los obispos suecos concelebraron y dieron la bendición con el papa en la basílica de San Pedro, se mantuvieron conversaciones en las que se valoró positivamente la *Declaración conjunta* como fundamento y punto de partida para el camino común que tenemos ante nosotros; en ellas volvieron a hacerse patentes también las diferencias regionales a la hora de asumir la aspiración ecuménica.

La diferenciación regional interna del luteranismo cobra también clara expresión en el hecho de que en la *Porvoo Statement* [Declaración de Porvoo], acordada con la Iglesia anglicana, las Iglesias escandinavas acentúan el episcopado histórico, con lo que en este punto se encuentran en una tensión hasta ahora no resuelta con el luteranismo continental y la *Concordia de Leuenberg*. Algo análogo puede decirse del luteranismo estadounidense, que, sin embargo, atraviesa una crisis a causa de ello. Por consiguiente, para avanzar sobre todo en la cuestión del ministerio, es necesaria una clarificación dentro del luteranismo.

2. La Alianza Reformada Mundial

Puesto que, a diferencia de Alemania, en el resto del mundo no existe ninguna unión de comunidades eclesiales luteranas y reformadas equiparable a la Iglesia Evangélica en Alemania (*Evangelische Kirche in Deutschland*, EKD) y a la Iglesia evangélica de la Unión (*Evangelische Kirche der Union*, EKU), las conversaciones con las comunidades eclesiales reformadas deben llevarse a cabo de forma fundamentalmente separada en la Alianza Reformada Mundial. La tercera fase del diálogo comenzó en 1998. Trata en especial de la relación entre la Iglesia y el reino de Dios como trasfondo del testimonio común en el mundo. En este diálogo, las cuestiones sociales y éticas ocupan, pues, el primer plano. Los diferentes presupuestos eclesiológicos entran en juego más bien indirectamente. Esto guarda relación asimismo con el hecho de que las comunidades eclesiales reformadas, a diferencia de las comunidades agrupadas en la Federación Luterana Mundial, no tienen escritos confesionales comunes, por lo que no poseen una identidad explícitamente formulada.

En ellas se expresa también con mayor claridad la aspiración «protestante», de suerte que el debate sobre las indulgencias las llevó a no participar deliberadamente en la celebración del 18 de enero de 2000. Sin duda, existen igualmente otras tendencias, por ejemplo, en Estados Unidos, que están dispuestas a adherirse, al menos por lo que respecta al contenido, a la *Declaración conjunta sobre la doctrina de la justificación*. También aquí tenemos que vérnoslas con el fenómeno de la diferenciación interna de nuestros interlocutores.

3. La Comunión anglicana

Este fenómeno de la diferenciación interna lo encontramos de manera especial en el diálogo con los anglicanos. Tradicionalmente adoptan una postura intermedia y un papel mediador entre la Iglesia católica y el resto de las comunidades eclesiales nacidas de la Reforma. Por ambas partes hay un sentimiento de comunión en numerosas materias de fe y de vida; además, existen excelentes relaciones con la representación del arzobispo de Canterbury en Roma, así como, por lo demás, con el propio arzobispo. En consecuencia, los diálogos ARCIC (*Anglican/Roman-Catholic International Commission*, Comisión Internacional Anglicano/Católico-Romana) están muy avanzados. La tercera fase del diálogo se concluyó en cierto modo en 1998 con el documento *The Gift of Authority* [El don de la autoridad], publicado en 1999. Se trata de un documento clave, que ha ocupado a la ARCIC desde sus inicios y que vuelve a abordar el problema de la autoridad, tratado ya en varios documentos anteriores. Como dice ya el título, en él la autoridad es entendida como un don, no como una carga. Así, en cuestiones como la relación entre Escritura y tradición, el magisterio, la recepción y el primado se llegó a sorprendentes convergencias, incluso a algunos consensos. Sin embargo, el método predominantemente descriptivo no siempre deja que aparezcan con suficiente claridad las diferencias persistentes entre ambas partes ni tampoco las diferencias que existen dentro de la propia Comunión anglicana. Por consiguiente, en esta hubo diferentes reacciones a *The Gift of Authority*. Hasta ahora no se ha producido una evaluación oficial de los resultados de los diálogos ARCIC II y ARCIC III.

Eso obedece también al hecho de que la Comunión anglicana o, respectivamente, episcopal no constituye una Iglesia uniforme en la doctrina vinculante, sino más bien una suerte de *commonwealth* [comunidad] de Iglesias, en la que, como muestra el *Virginia Report* para la Conferencia de Lambeth de 1998, la cuestión de la autoridad deviene cada vez más acuciante. Salta a la vista que la concepción de la *dispersed authority* [autoridad dispersa] y la *comprehensiveness* [inclusividad] ya no es suficiente para mantener el equilibrio entre las distintas alas (anglocatólicos, evangélicos [*evangelicals*], liberales) y las distintas regiones (África y Asia, por un lado, y Estados Unidos y Australia, por otro). No solo en la cuestión de la ordenación de mujeres, sino también en cuestiones cristológicas, eclesiológicas y éticas de fondo persisten profundas diferencias (presidencia de la eucaristía por laicos, valoración de las uniones homosexuales, etcétera).

En el diálogo con la Iglesia católica, el reconocimiento recíproco de los ministerios está en gran medida bloqueado por la cuestión de la ordenación de mujeres. A ello se añade que algunas provincias anglicanas han establecido una suerte de hermanamiento con otras comunidades eclesiales: la *Porvoo Statement* y, en Estados Unidos, los acuerdos con luteranos, por un lado, y metodistas, por otro. Así, ha surgido una red diferenciada y difícilmente abarcable y un nuevo plano de relaciones ecuménicas que plantean la cuestión de hasta qué punto son de hecho vinculantes algunas posiciones de la ARCIC.

Todo esto constituye el trasfondo de la consulta que va a tener lugar en mayo de 2000 en Toronto entre importantes obispos de la Iglesia anglicana y la Iglesia católica experimentados en estos asuntos. El objetivo es analizar el estado de nuestras relaciones en el mundo entero y hablar sobre la prosecución del diálogo tanto en el plano teológico como en el práctico.

En diálogo con todas las tradicionales Iglesias o comunidades eclesiales nacidas de la Reforma nos encontramos con el fenómeno de la diferenciación interna de nuestros interlocutores. No siempre está claro cuál es su posición. Esto dificulta el diálogo, lo bloquea hasta cierto punto. Ello hace que el modelo de la unidad corporativa, con frecuencia debatido en la década de 1970, resulte por el momento impracticable y obsoleto.

IV. Otras comunidades protestantes

1. Las Iglesias libres: un nuevo reto

Si nos volvemos ahora hacia las Iglesias libres, resulta una imagen distinta. El papel que ecuménicamente desempeñan las Iglesias libres y los temas que plantean representan otros importantes aspectos novedosos del panorama ecuménico, que en la actualidad se está transformando a marchas aceleradas.

A las Iglesias libres no les interesan las –en su opinión– anquilosadas doctrinas y estructuras, sino la santificación personal, el estilo de vida, la experiencia de fe, el compromiso social. Han anticipado la independencia y la libertad respecto del Estado y la despedida de la época constantiniana de la Iglesia, cuestiones que entretanto se les plantean asimismo a las Iglesias históricas. Temas importantes para el diálogo con ellas son la evangelización y el proselitismo.

Últimamente, el diálogo con las Iglesias libres resulta cada vez más importante, sobre todo porque las Iglesias libres, en especial los evangélicos y los pentecostales, a diferencia de las estancadas Iglesias «históricas», están creciendo en la actualidad de manera considerable en el mundo entero. En el fondo, en comparación con las comunidades eclesiales procedentes de la Reforma, representan un nuevo tipo de Iglesia o comunidad eclesial. Pero no deben ser calificadas de sectas. Esta designación es válida para grupos que operan agresivamente, sobre todo en América Latina; con ellas, a causa de su actitud fundamentalista y polémica, no es posible el diálogo. En cambio, las Iglesias libres buscan de manera creciente el diálogo con nosotros y no, en parte deliberadamente, la pertenencia al Consejo Mundial de Iglesias, que consideran, sobre todo en cuestiones éticas, una oficina de representación del protestantismo liberal rechazado por ellas.

2. Los metodistas

El diálogo con los metodistas, que constituyen una forma más bien tradicional de Iglesia libre, ha progresado positivamente desde el Vaticano II, conduciendo –pese a algunas tensiones, por ejemplo, en Latinoamérica, a causa del reproche de proselitismo– a unas buenas relaciones. Los resultados de las fases anteriores del diálogo se debatieron en la Conferencia Metodista Mundial celebrada en 1996 en Río de Janeiro.

En la actualidad, los temas de la enseñanza eclesiástica y el discernimiento (*discernment*) en cuestiones relativas a la verdad del Evangelio ocupan el primer plano. El siguiente *report* [informe] se presentará con ocasión de la próxima Conferencia Metodista Mundial de Brighton (Inglaterra) en 2001.

Es significativo que en el contexto del diálogo con los metodistas se hable de *reports* [informes] en vez de *agreed statements* [declaraciones consensuadas]. Las cuestiones relativas a la autoridad suscitan controversia en el seno del metodismo. Básicamente, los metodistas están convencidos de que la *episkopé* [supervisión] es una tarea en la Iglesia encomendada por Dios, pero no tienen ninguna forma definida de ejercerla. Así, junto al metodismo episcopal, existe también un metodismo no episcopal; entre ambos también se dan, ciertamente, signos de acercamiento. Para los metodistas se trata, en último término, de una cuestión a la que debe responderse de forma pragmática.

3. Los menonitas y los baptistas

Con los menonitas y los baptistas llegamos al ala radical de la Reforma. En el diálogo con los primeros se trata en la actualidad sobre todo de continuidad o ruptura o, lo que viene a ser lo mismo, de la apostasía de la fe verdadera a consecuencia del giro constantiniano; en este contexto, se habla de la libertad respecto del Estado, del servicio a la paz y del concepto de «Iglesia libre». Cada vez resulta más patente, sin embargo, que entre los menonitas permanecen vivos numerosos elementos de la llamada Iglesia constantiniana: la vida monástica, la afinidad con el movimiento franciscano y con la *devotio moderna* y su crítica a la riqueza y el poder de la Iglesia.

Con los baptistas no mantenemos actualmente diálogo alguno, pero esperamos poder retomarlo pronto. En el Congreso Baptista Mundial celebrado en Australia en enero de 2000, al que fue invitado un representante del Pontificio Consejo para la Promoción de la Unidad de los Cristianos, afloraron varios temas ecuménicamente relevantes. La identidad baptista fue descrita con ayuda de los siguientes rasgos: libertad religiosa, independencia del Estado, Iglesia de bautizados adultos, sacerdocio de todos los bautizados y principio democrático, autonomía de la comunidad local sin perjuicio de la interdependencia, credo trinitario, unidad pero no uniformidad con otros cristianos.

Aunque de los baptistas no solo nos separa la praxis y la doctrina del bautismo de niños, sino también la eclesiología en general, estamos cerca de ellos, entre otras cosas, en el énfasis de la evangelización y en muchas cuestiones éticas, sobre todo en el rechazo del aborto y en la acentuación del valor de la familia. Esta es una de las razones por las que los baptistas, al igual que otras Iglesias libres, buscan el diálogo con nosotros y rechazan en su mayor parte la pertenencia al Consejo Mundial de Iglesias.

4. Las comunidades eclesiales evangélicas [evangelical]

El diálogo con las comunidades evangélicas es importante. En noviembre de 1999 tuvo lugar una consulta con la *World Evangelical Fellowship* [Asociación Evangélica Mundial]; la próxima está programada para 2001. Los temas son: la concepción de la Iglesia como *koinōnía* (asociación y/o comunión), la libertad religiosa, el testimonio cristiano y el proselitismo.

Positivos para nuestra relación con ellos e importantes desde el punto de vista práctico son, sobre todo, los acuerdos sobre el tema del proselitismo. Sin embargo, no se deben sobrevalorar los resultados. Pues las comunidades eclesiales evangélicas no tienen una estructura unitaria y cohesionada. Sus representantes en los diálogos no siempre cuentan con el respaldo de sus comunidades. A pesar de esto, los diálogos con ellos son importantes. Por una parte, debido a su rápida expansión: mientras que las Iglesias tradicionales están más bien estancadas, las Iglesias evangélicas (*evangelical*) crecen de manera notable en el mundo entero, lo que a menudo origina problemas –véase el reproche de proselitismo– con las Iglesias tradicionales. Por otra parte, los diálogos tienen una cierta función mayéutica, o sea, propia de comadronas. Contribuyen a que determinados planteamientos teológicos sean elevados a conciencia y debatidos por primera vez en estas comunidades.

5. Las comunidades pentecostales

En análoga situación se encuentra el diálogo con los cristianos pentecostales. Desde 1972 estamos en diálogo con los pentecostales clásicos (no con los pentecostales confesionales dentro de las distintas Iglesias históricas ni tampoco con los pentecostales no denominacionales). El objetivo de este diálogo no es la unidad estructural de la Iglesia, pues, dadas las eclesiologías diametralmente opuestas, así como la ausencia de un corpus doctrinal vinculante entre los cristianos pentecostales y su pluralismo interno, ello no sería posible. No, el objetivo consiste más bien en el entendimiento mutuo. Lo que cuenta para ellos no es la eclesiología ni en modo alguno la doctrina, sino su experiencia pentecostal, su *éthos* y su espiritualidad.

El diálogo con los pentecostales es importante, puesto que este movimiento constituye un fenómeno en expansión. Las comunidades pentecostales son, después de la Iglesia católica, la segunda mayor comunidad eclesial del mundo. Defienden con frecuencia posiciones marcadamente antiecuménicas y anticatólicas. Los temas del diálogo son, en consecuencia, la evangelización y el proselitismo, a los que en la nueva fase del diálogo se suman la iniciación cristiana y el bautismo espiritual. Por supuesto, indirectamente se debaten también cuestiones eclesiológicas.

Estamos muy contentos de haber dado un buen paso adelante en la cuestión del proselitismo.

V. La cooperación con el Consejo Mundial de Iglesias

1. El transformado papel del Consejo Mundial de Iglesias

La nueva situación ha transformado considerablemente el papel del Consejo Mundial de Iglesias, empujando a este en parte a una crisis. Esto se puso de manifiesto sobre todo en la asamblea plenaria de Harare (1998). El Consejo Mundial de Iglesias se vio confrontado, por una parte, con la crítica –justificada, en gran medida– de los ortodoxos, que se sienten perjudicados también estructuralmente. Por otra parte, hay que mencionar la actitud crítica de los evangélicos y los pentecostales, pero también de numerosas Iglesias tradicionales pertenecientes al Consejo. Está por ver si la reestructuración aprobada en Harare sirve de algo. La idea de un foro que ayude a integrar a los evangélicos no se ha concretado ni aclarado desde entonces. En el fondo, con este fin existe desde hace tiempo un foro en el encuentro anual de los secretarios de las familias confesionales mundiales, que este año, con ocasión del Gran Jubileo, tuvo lugar en Jerusalén. En cambio, los diálogos en la comisión especial para la mejora de las relaciones con las Iglesias ortodoxas pertenecientes al Consejo parecen desarrollarse mejor de lo esperado.

Para el Consejo Mundial de Iglesias ha surgido también una nueva situación a través de los diálogos bilaterales que con creciente frecuencia se llevan junto a los diálogos multilaterales, cuyo fruto más importante hasta ahora es el Documento de Lima *Bautismo, eucaristía y ministerio* (1982). Desde entonces no se ha logrado nada comparable. Los diálogos bilaterales, en especial los mantenidos con los luteranos, amén de yuxtaponerse a los diálogos multilaterales, también han transformado la meta ecuménica que estos venían persiguiendo. La concepción de la diversidad reconciliada se ha ocupado de que las tradiciones confesionales no se diluyan sin más en una unión orgánica. A ello se añade el hecho de que algunas tendencias determinantes en el propio Consejo Mundial de Iglesias han emprendido un cambio de paradigma, no exento de problemas, hacia un ecumenismo secular. Los múltiples proyectos, en su mayoría buenos proyectos sociales y políticos, a menudo no permiten que siga siendo perceptible el principal objetivo ecuménico: la unidad visible de la Iglesia. Desde fuera, el Consejo Mundial de Iglesias parece en ocasiones una suerte de organización no gubernamental. Durante mi visita a Ginebra (del 30 de enero al 1 de febrero de 2000) mencioné claramente este peligro.

2. La Comisión Fe y Constitución

Para nosotros, la Comisión Fe y Constitución sigue siendo el órgano más importante del Consejo Mundial de Iglesias. Por eso he abogado para que esta comisión, de la que somos miembros, recobre su papel prominente en el Consejo. La reestructuración del Consejo asignó a la comisión un estatus aminorado. En lugar de la asamblea plenaria, que poseía un carácter representativo de las Iglesias miembros, la comisión permanente será en adelante la que ostente la principal responsabilidad decisoria.

De los documentos de estudio que se encuentran actualmente en fase de elaboración, el más importante versa sobre *The Nature and Purpose of the Church: A Stage on the Way to a Common Statement* [Naturaleza y finalidad de la Iglesia: una etapa en el camino hacia una declaración conjunta]. Se trata de presentar tanto lo común como lo separador en la eclesiología bajo el punto de vista general de la Iglesia como *communio*. Con ello se aborda una las cuestiones esenciales y acuciantes del actual diálogo ecuménico. Otros estudios se ocupan de la naturaleza y la finalidad del diálogo y del tema «antropología».

Según decisión del comité ejecutivo (13 al 15 de enero de 2000), el tema principal de la Comisión Permanente del Consejo Mundial de Iglesias y la Iglesia católica durante la próxima asamblea plenaria que se celebrará en Beirut (mayo de 2000) será el bautismo y sus implicaciones ecuménicas. Se estudiarán, pues, los fundamentos teológicos y se abordará asimismo la cuestión del reconocimiento recíproco del bautismo. Este proyecto y los planteamientos eclesiológicos de la Comisión Fe y Constitución muestran que el trabajo teológico sobre los fundamentos vuelve a estar a la orden del día. En la presente situación, esto me parece lo más importante; nada nuevo, ciertamente, pero sí un elemento del que, por fortuna, vuelve a cobrarse conciencia. Solo de este modo será posible superar algunos de los fenómenos de crisis y estancamiento.

En conjunto, la cooperación entre el Consejo Mundial de Iglesias y la Iglesia católica es calificada por ambas partes de buena, marcada por la confianza y fructífera. No es necesario cambio alguno en nuestro estatus actual: no pertenencia al Consejo, pero estrecha colaboración con él.

VI. Perspectivas

Una reflexión para concluir. En una publicación reciente he leído que actualmente, por lo que atañe al gran objetivo de la unidad de la Iglesia, tan solo son posibles pequeños pasos. Esa es, de hecho, la impresión que da a primera vista. En lo que concierne a las Iglesias tradicionales, los consensos y las convergencias alcanzables han sido ya alcanzados y están en cierto modo agotados. Por el camino seguido hasta ahora difícilmente es posible de momento algún avance sustancial.

Pero tras una reflexión más detenida, el mencionado juicio solo puede emitirse si tácitamente se presupone que el gran objetivo de la unidad visible ya está claro en todos sus aspectos concretos y que los pasos futuros deben ir sencillamente en la misma línea que hasta ahora. La nueva situación desmiente esta idea. Son necesarias reflexiones teológicas fundamentales. Afectan sobre todo a los métodos o la hermenéutica del diálogo interconfesional, a los objetivos ecuménicos y, en conexión con ello, a las cuestiones eclesiológicas, en especial a la cuestión de la esencia y la misión de la Iglesia, así como a la del ministerio y los ministerios en la Iglesia.

Si se percibe que la situación está cambiando rápidamente y se admite que, a la vista de esta nueva situación, es necesario repensar con mayor profundidad la gran meta en su contenido concreto y sus presupuestos teológicos, pero también en lo tocante a su implementación práctica, entonces se abren nuevos horizontes.

De ahí que no me atreva a hacer ningún pronóstico; en el momento presente, ni siquiera es posible. Pero creo que en la actualidad están aconteciendo –no solo en la superficie de la situación exterior, sino también en lo profundo– muchas más cosas de lo que habitualmente se aprecia. El Espíritu unificador de Dios actúa bastante más de lo que suele percibirse. La nueva situación, que resulta ya inabarcable, le brinda, por así decir, una nueva oportunidad. Debemos permitirle que la aproveche. Los aspectos críticos de la situación de cambio radical en la que nos encontramos tienen también su lado positivo. El hablar de crisis no nos ayuda a avanzar. Por muy conveniente que sea la sobriedad, podemos ponernos confiadamente manos a la obra.

16
Situación y futuro del ecumenismo

En las últimas semanas he releído el *Relato del Anticristo* de Vladimir Soloviev. Resulta divertido si se piensa en el acto que hoy celebramos, pues Soloviev narra que la facultad de teología de Tubinga hace doctor *honoris causa* al Anticristo[1]. Pero este relato del Anticristo merece asimismo que se reflexione sobre él. Marca un punto de inflexión en el pensamiento de este precursor del movimiento ecuménico. Hacia el final de su vida, Soloviev descubre poco a poco que la idea de formar una Iglesia unitaria a partir de todas las confesiones sobre un fundamento puramente humanista constituye una utopía anticristiana. Así, al final del relato, después de que la gran mayoría haya sucumbido a la tentación pancristiana del Anticristo, no queda más que un pequeño grupo disperso que realiza la unidad de las Iglesias sobre un fundamento cristiano y cristológico «en medio de la oscura noche, en un elevado y solitario lugar»[2].

I. Impulsos

¿Es el ecumenismo todavía asunto de una pequeña minoría? Es de esperar que no, aun cuando en la actualidad no puede ignorarse un cierto enfriamiento del clima ecuménico. Es conveniente afrontar la expectativa de una pronta unidad de todos los cristianos con una buena dosis de escepticismo, máxime si tal unidad tiene una motivación filantrópica en vez de cristológica. Algunos escépticos dicen incluso que la unidad de todos los cristianos solo acontecerá el día del juicio final, y los guasones añaden: en el núcleo

---

1. Cf. W. Soloviev, *Kurze Erzählung vom Antichrist*, München 1968[6], 37 [trad. esp. del orig. ruso: «El relato del Anticristo», en Id., *Los tres diálogos y el relato del Anticristo*, Scire, Barcelona 1999].
2. Cf. *ibid.*, 45.

antiguo de la región alemana de Württemberg (donde está enclavada Tubinga), solo a la caída de la tarde del día del juicio final. Pero, como seres humanos que somos, no podemos saber qué forma adoptará el futuro. Debemos hacer lo que hoy es posible. Pues la oración y el encargo de Jesús de que «todos sean uno» son inequívocos (cf. Jn 17,21). El don (*Gabe*) y la tarea (*Aufgabe*) de la unidad, así como la llamada a la unanimidad, son claramente audibles en el Nuevo Testamento[3]. La división del cristianismo contradice el mandato de Jesús y representa un escándalo para el mundo. No debemos resignarnos a ella. «Creer en Cristo significa querer la unidad»[4]. Así pues, no se trata de filantropismo ni de oportunismo de política eclesiástica. Se trata de una exigencia de la fe[5].

Si echamos la vista atrás al siglo que ha concluido, no podemos por menos de afirmar: en muchos sentidos ha sido una centuria llena de oscuridad. Pero yo veo al menos un punto de luz: el surgimiento del movimiento ecuménico. La división de las Iglesias: desde hace mil quinientos años estamos separados de las Iglesias orientales antiguas, desde hace mil años de las Iglesias ortodoxas, desde hace casi quinientos años del cristianismo protestante, con tendencia a incesantes nuevas escisiones dentro de este; tales divisiones han dañado gravemente la credibilidad del mensaje cristiano y causado mucho sufrimiento a la humanidad y también a nuestro país, originando discordias y distanciamientos hasta dentro de las propias familias, y no pocas familias siguen padeciendo hasta hoy a causa de ello.

El movimiento ecuménico del siglo XX ha iniciado un desarrollo que no puede describirse sino como obra del Espíritu San-

---

3. En los dos únicos pasajes en los que aparece en los sinópticos (cf. Mt 16,18; 18,17), el término «Iglesia» se emplea en singular. Pablo acentúa la unidad de la Iglesia especialmente con la imagen del cuerpo (cf. 1 Cor 12,4-7; Rom 12,4s). Mediante el bautismo somos «uno en Cristo» (cf. Gál 3,27s). Así, Pablo previene contra las divisiones y exhorta a conservar la unidad del Espíritu. «Uno es el cuerpo, uno el Espíritu, como una es la esperanza... uno el Señor, una la fe, uno el bautismo, uno Dios, Padre de todos» (Ef 4,4s). Juan habla de «un solo rebaño con un solo pastor» (Jn 10,16). En los Hechos de los Apóstoles, la unanimidad de los discípulos se considera marchamo de calidad de la comunidad primitiva (cf. Hch 1,14; 2,46; 4,24; 5,12).
4. JUAN PABLO II, *Ut unum sint* (1995), 9.
5. Cf. *ibid.* 43 y 49.

to⁶. La opción de la Iglesia católica por el compromiso ecuménico es, como reiteradamente ha acentuado el papa Juan Pablo II, irrevocable⁷. Es mucho lo que se ha logrado desde que se clausuró el concilio. Los cristianos separados ya no nos consideramos extraños ni rivales ni enemigos, sino hermanos y hermanas. Hemos eliminado la incomprensión, los malentendidos, los prejuicios, la indiferencia de antaño. En muchos campos trabajamos juntos desde la confianza. «Lo que nos une es mucho más fuerte que lo que nos separa»⁸. Este cambio apenas era imaginable hace medio siglo. A mi juicio, se cuenta entre las grandes acciones de Dios en nuestra época. Para querer regresar a la situación anterior, a uno tendrían que abandonarle no solo todos los buenos espíritus, sino incluso el Espíritu Santo.

El mundo actual necesita y espera nuestro testimonio común. La unidad de los cristianos no es un fin en sí. Jesús pidió «que todos sean uno, para que el mundo crea» (Jn 17,21). Solo en la mayor comunión posible puede la Iglesia ser signo e instrumento de la unidad y la paz en un mundo que en gran medida se ha alejado del Evangelio. El compromiso ecuménico es también una respuesta a la llamada de los «signos de los tiempos»⁹.

II. Fundamentos

Algunos documentos recientes, ante todo la declaración *Dominus Iesus*¹⁰, han alimentado dudas sobre el compromiso ecuménico de la Iglesia católica. El hecho de que, a causa de su tono y estilo, haya decepcionado, herido y ofendido a numerosas personas, también a muchos de mis amigos, tanto en la propia Iglesia católica como en otras Iglesias, me ha herido y ofendido asimismo a mí. Los enfados surgidos no son, sin embargo, motivo para la re-

---

6. Cf. UR 1 y 4; JUAN PABLO II, *Ut unum sint* 7 y 100.
7. Cf. JUAN PABLO II, *Ut unum sint* 3; *L'Osservatore romano* de 18 y 19 de septiembre de 2000.
8. JUAN PABLO II, *Ut unum sint* 20. Para los «frutos del diálogo», cf. *ibid.* 41-49.
9. Cf. UR 4; JUAN PABLO II, *Ut unum sint* 3.
10. Cf. CONGREGACIÓN PARA LA DOCTRINA DE LA FE, Declaración *Dominus Iesus* sobre la unicidad y la universalidad salvífica de Jesucristo y de la Iglesia, 6 de agosto de 2000. Al respecto, véase *infra*, notas 13, 27 y 57.

signación. Pues la llamada de atención sobre las diferencias aún existentes no significa el final del diálogo, sino que debería ser entendida más bien como una interpelación al diálogo.

A causa de los múltiples malentendidos de las últimas semanas y meses, antes de entrar a considerar el presente y el futuro del ecumenismo, me gustaría realizar un par de observaciones –necesariamente fragmentarias– sobre los fundamentos teológicos del ecumenismo, tal como son formulados en el decreto sobre el ecumenismo del concilio Vaticano II (1962-1965) y en la encíclica sobre el ecumenismo *Ut unum sint* (1995). Estos dos textos juntos constituyen la carta magna del compromiso ecuménico por parte católica.

La declaración *Dominus Iesus* debe ser leída y entendida en este contexto. Es en él donde adquiere su significado. Pues del concilio a esta parte la situación ha cambiado de forma dramática. El pluralismo y el relativismo posmodernos o tardomodernos, ampliamente extendidos, han puesto en cuestión lo que hasta ahora era el supuesto común del diálogo interconfesional: la fe en Jesucristo como mediador único, exclusivo y universal de la salvación (cf. 1 Tim 2,5). Ello constituye el centro y el corazón, más aún, en cierto modo la totalidad del Evangelio y el supuesto fundamental de todo ecumenismo. Y debería ser igualmente una preocupación protestante. Pues el *solus Christus* [solo Cristo] es el principio protestante por excelencia, sin el cual tanto la doctrina de la justificación como el ecumenismo en su conjunto quedan suspendidos en el aire, pierden su razón de ser y caen en el vacío.

Lo decisivo del enfoque ecuménico del Vaticano II consiste justamente en que el concilio hace un planteamiento cristocéntrico. Esto era nuevo. Pues hasta entonces el problema se abordaba eclesiocéntricamente. Prevalecía la concepción del ecumenismo «de regreso». Dicho de forma concisa, la tesis rezaba: la Iglesia católica es la verdadera Iglesia de Jesucristo; por eso, la unidad es posible únicamente como retorno de las demás Iglesias al seno de la Iglesia católica[11].

El concilio Vaticano II abandonó esta concepción. El punto de partida y de referencia ya no es la Iglesia católica en su forma confesional, sino la única Iglesia de Jesucristo[12]. Esta, sin embargo, no es una realidad puramente espiritual. Está históricamente ubicada

---

11. Así lo formula expresamente Pío XI en la encíclica *Mortalium animos* (1928).
12. Para lo que sigue, cf. el comentario de J. FEINER, en LThK.E 2, 44-69.

de forma concreta. «Subsiste», como dice el concilio, en la Iglesia católica; es decir, se realiza concretamente en ella[13]. La formulación *subsistit in* se eligió en lugar del antes habitual *est*, a fin de dejar claro que fuera de la estructura visible de la Iglesia católica no solo hay cristianos individuales, sino también «realidad eclesial»; o sea, que la Iglesia de Jesucristo no coincide sin más con la Iglesia católica concretamente existente[14]. «Fuera de los límites de la comunidad católica no existe, pues, un vacío eclesial»[15].

El concilio habla de *elementa ecclesiae* [elementos de la Iglesia] fuera de la Iglesia católica, que, como dones propios de la Iglesia de Cristo, entran a formar parte también de la unidad católica[16]. Este desafortunado concepto, *elementa*, procede de Calvino[17]. Sin embargo, el concilio, a diferencia del reformador, no entiende los *elementa* como tristes despojos, sino como una reali-

13. Cf. LG 8. La interpretación exacta del *subsistit* [subsiste] es todavía un desiderátum. En el presente contexto no puede sino quedar abierta la cuestión de si el *subsistit* ha de entenderse en el sentido del concepto aristotélico-escolástico de *hypóstasis/subsistentia* o más bien en un sentido general que sirve sencillamente para –en comparación con el *est* [es]– ganar espacio para las Iglesias y las comunidades eclesiales fuera de la estructura de la Iglesia católica. Cf. los comentarios de A. GRILLMEIER, en LThK.E 1, 174s y 200-205, y de G. PHILIPS, *L'Église et son mystère au deuxième Concile du Vatican*, Paris 1967, 119 [trad. esp.: *La Iglesia y su misterio en el concilio Vaticano II*, Herder, Barcelona 1968]. Son importantes las interpretaciones dispares entre sí del cardenal J. WILLEBRANDS, «"Subsistit in". Vatican's Ecclesiology of Communion» (1987): *Information Service* 1999/II-III, 143-149, y del cardenal J. RATZINGER, «L'ecclesiologia della Costituzione "Lumen gentium"», en R. FISICHELLA (ed.), *Il Concilio Vaticano II. Recezione e attualità alla luce del Giubileo*, Milano 2000, 78-80. Para mi propia interpretación, cf. «Kirche III», en LThK[3] 5, 1469. Para el debate más reciente, que a menudo va más allá de las afirmaciones del concilio, cf. P. LÜNING, «Das ekklesiologische Problem des "subsistit in" (LG 8) im heutigen ökumenischen Gespräch»: Cath (M) 52 (1998), 1-23. La interpretación del *subsistit* por la *Dominus Iesus* debería ser estudiada de manera específica. Al respecto, cf. las consideraciones críticas de L. BÖLL, «Was wollte das Konzil?»: *Orientierung* 64 (2000), 262-264 (con una amplia visión de conjunto de la bibliografía); considerablemente más equilibrado M. KEHL, «Die eine Kirche und die vielen Kirchen»: StdZ 219 (2001), 3-16. Véase además *infra*, notas 27 y 57.
14. Cf. G. ALBERIGO y F. MAGISTRETTI (eds.), *Constitutionis dogmaticae Lumen gentium Synopsis historica*, Bologna 1975, 38, 440 y 506s.
15. JUAN PABLO II, *Ut unum sint* 13.
16. Cf. LG 8; UR 3.
17. Cf. J. CALVINO, *Unterricht in der christlichen Religion. Institutio christianae religionis* (1539) IV, 2.11s, Neukirchen 1955, 712s [trad. esp. del orig. latino: *Institución de la religión cristiana*, 2 vols., Visor, Madrid 2003].

dad dinámica, y afirma explícitamente que el Espíritu de Dios se sirve de estos *elementa* como medio de la salvación, algo que reitera la *Dominus Iesus*[18]. Por consiguiente, no cabe hablar de una arrogante pretensión de poseer el monopolio de la salvación. Al contrario, la acción del Espíritu Santo en las otras Iglesias, ejemplos de santidad hasta el martirio, es reconocida de forma expresa tanto por el concilio como en la encíclica sobre el ecumenismo[19].

Así entendido, el *subsistit in* no es peyorativo para las Iglesias y comunidades eclesiales existentes fuera de la Iglesia católica. En ellas se encuentran afirmaciones análogas. Las Iglesias ortodoxas elevan la pretensión de ser la Iglesia de Jesucristo, de manera incluso más «dura»[20]. También los escritos confesionales protestantes parten de que la verdadera Iglesia está presente en ellos. Se desmarcan de modo conscientemente crítico de la «Iglesia papal» de su época, y las Iglesias protestantes siguen haciéndolo así hasta la fecha[21].

Ninguna Iglesia puede hablar de varias concreciones o ramas igual de legítimas de la única Iglesia de Jesucristo sin renunciar a su pretensión de verdad. Toda Iglesia que se tome en serio a sí misma debe partir de que en ella, pese a todas las debilidades humanas, se hace presente la verdadera Iglesia de Jesucristo. La Iglesia católica toma en serio a las demás Iglesias «en nivel de igualdad»[22] en tanto en cuanto no nivela las diferencias ni las califica de irrelevantes, sino que respeta a las otras Iglesias en la alteridad que ellas mismas reivindican para sí.

---

18. Cf. LG 15; UR 3; JUAN PABLO II, *Ut unum sint* 48; CONGREGACIÓN PARA LA DOCTRINA DE LA FE, *Dominus Iesus* (2000), 17.
19. Cf. UR 4; JUAN PABLO II, *Ut unum sint* 12 y 15.
20. Cf. J. MEYENDORFF, *The Orthodox Church*, New York 1981, 225: «As opposed to Protestantism and Roman Catholicism, the Orthodox Church claims to be the true Church of Christ from which Western Christians have separated. Its claims are as exclusive and categorical as those of Rome» [Por contraste con el protestantismo y el catolicismo romano, la Iglesia ortodoxa asegura ser la verdadera Iglesia de Cristo, de la que los cristianos occidentales se han separado. Sus pretensiones son tan exclusivas y categóricas como las de Roma]. Véase también D. STANILOAE, *Orthodoxe Dogmatik*, vol. 1, Zürich/Gütersloh 1990, 223s.
21. Para la equivocidad de la expresión «verdadera Iglesia» en la teología protestante, cf. W. HÄRLE, «Kirche VII», en TRE 18, 288s.
22. UR 9: «Par cum pari agat». Por lo que concierne a la estima personal, el diálogo ecuménico transcurre, por supuesto, en el plano de la igualdad. Sin embargo, de ahí no se puede derivar para ninguna de las partes el reconocimiento de la igualdad y la in-diferencia del contenido doctrinal de la fe.

El concilio es consciente sin duda de la pecaminosidad de los miembros de la propia Iglesia, así como de la necesidad de reformar la figura de la Iglesia. La constitución dogmática sobre la Iglesia y el decreto sobre el ecumenismo afirman expresamente que la Iglesia es Iglesia peregrina y también una *ecclesia «semper purificanda»* [una Iglesia que debe ser purificada siempre], que debe recorrer sin cesar el camino de la penitencia y la renovación[23]. El diálogo ecuménico hace en ello las veces de un examen de conciencia[24].

Entre las heridas de la Iglesia católica se cuenta el hecho de que en la situación de separación no puede realizar plenamente de forma concreta su propia catolicidad[25]. También ella está herida a consecuencia de la división. Algunos aspectos del ser Iglesia se realizan mejor en las otras Iglesias. De ahí que el ecumenismo no sea una calle de sentido único, sino un intercambio de dones, como expone la encíclica *Ut unum sint*[26].

Esto muestra que las separaciones no han penetrado hasta la raíz ni alcanzan hasta el cielo. Por eso no cabe hablar con propiedad de una división eclesial. El concilio distingue más bien entre la *communio* plena y la *communio* imperfecta[27]. La finalidad del trabajo ecuménico no es, por consiguiente, la anexión de las otras Iglesias, sino la realización de la *communio* plena y de la plenitud de la unidad, que no puede ser una Iglesia unitaria, sino tan solo una unidad en la diversidad[28].

El camino hacia esa meta no es la conversión de cristianos individuales a la Iglesia católica[29], sino la conversión de todos a Jesucristo. Sin renovación tanto personal como institucional no es

---

23. Cf. LG 8; UR 4 y 6-8; JUAN PABLO II, *Ut unum sint* 15-17.
24. Cf. JUAN PABLO II, *Ut unum sint* 34.
25. Cf. UR 4; CONGREGACIÓN PARA LA DOCTRINA DE LA FE, *Dominus Iesus* (2000), 17.
26. Cf. JUAN PABLO II, *Ut unum sint* 28.
27. Cf. UR 3; JUAN PABLO II, *Ut unum sint* 11. Cuando el número 16 de la *Dominus Iesus* afirma que solo en la Iglesia católica se realiza plenamente la Iglesia de Jesucristo, esto solamente puede referirse a la dimensión sacramental-institucional de la Iglesia. Así entendida, esta afirmación implica que, bajo el aspecto sacramental-institucional, la Iglesia de Cristo no se realiza en otras Iglesias y comunidades eclesiales de forma plena, pero sí imperfectamente.
28. Cf. UR 4; JUAN PABLO II, *Ut unum sint* 14.
29. UR 4 pone claramente de relieve tanto la diferencia como la no contradicción entre la conversión individual y el trabajo ecuménico.

posible la unidad ecuménica[30]. En la medida en que nos ayudamos recíprocamente a acercarnos a Jesucristo, nos acercamos también entre nosotros mismos. Así pues, no se trata de negociaciones y compromisos de política eclesiástica, ni de contactos de cualquier tipo, sino de un intercambio y un enriquecimiento mutuos. El ecumenismo es un proceso espiritual que no representa un camino hacia atrás, sino hacia delante[31]. Tal unidad no se puede «hacer». En último término, es don del Espíritu Santo y de la guía que ejerce sobre nosotros. De ahí que el ecumenismo no sea únicamente un asunto académico. Su alma es el ecumenismo espiritual[32].

Hasta aquí he presentado en apretada síntesis las afirmaciones centrales del decreto sobre el ecumenismo y de la encíclica sobre el ecumenismo. Ambos documentos deben ser entendidos sobre el trasfondo de la eclesiología bíblica y veteroeclesial de *koinōnía/communio*[33]. Esta eclesiología de *communio* ha sido desarrollada sobre todo por teólogos ortodoxos[34] y con el tiempo se ha convertido en la práctica en el fundamento tanto de todo diálogo ecuménico co-

30. Cf. UR 4; JUAN PABLO II, *Ut unum sint* 15: «No hay verdadero ecumenismo sin conversión interior». Véase además los números 82-85 de la encíclica.
31. Así opina también J. RATZINGER, *Gott und die Welt. Glauben und Leben in unserer Zeit*. Stuttgart/München 2000, 388s [trad. esp.: *Dios y el mundo: creer y vivir en nuestra época (una conversación con Peter Seewald)*, Debolsillo, Barcelona 2005].
32. Cf. UR 7s; JUAN PABLO II, *Ut unum sint* 21.
33. De entre la abundante bibliografía sobre el tema, aquí no podemos hacer referencia más que a algunas obras y autores. Un libro fundamental fue L. HERTLING, *Communio und Primat. Kirche und Papsttum in der Antike* (Miscellanea Historiae Pontificiae 7), Rom 1943; y, por parte protestante, W. ELERT, *Abendmahl und Kirchengemeinschaft in der alten Kirche hauptsächlich des Ostens*, Berlin 1954. Sobre la concepción bíblica nos han escrito, entre otros, H. Seesemann, J. Hainz, P. C. Bori y K. Kertelge. De la época del concilio destacan H. de Lubac, Y. Congar, J. Hamer, M. J. Le-Guillou, etc. En el posconcilio la bibliografía es abundantísima: A. Grillmeier, H. U. von Balthasar, O. Saier, J. Ratzinger, W. Kasper, J. M. R. Tillard, M. Kehl, B. Forte, etc. Son importantes el libro homenaje al obispo P. W. Scheele: J. SCHREINER y K. WITTSTADT (eds.), *Communio Sanctorum*, Würzburg 1988; y el libro homenaje al arzobispo O. Saier: G. BIEMER (ed.), *Gemeinsam Kirche sein. Theorie und Praxis der Communio*, Freiburg i.Br. 1992. Hay que mencionar también el debate en clave canónica protagonizado por W. Aymans, D. Pirson, E. Corecco, I. Riedel-Spangenberger y otros.
34. Son fundamentales los trabajos de N. Afanasiev, J. Meyendorff, A. Schmemann, J. Zizioulas y otros. Sin embargo, la mayoría de los teólogos ortodoxos contemporáneos parten, con su eclesiología eucarística de comunión, de la prioridad de la Iglesia local, por lo que llegan a una concepción eclesiológica global distinta de la católica.

mo de los textos pertinentes del Consejo Mundial de Iglesias[35]. Según ella, la unidad de la Iglesia debe entenderse como unidad de *communio* de Iglesias que son y siguen siendo Iglesias y, sin embargo, devienen cada vez más una única Iglesia[36].

III. El ecumenismo con las Iglesias orientales antiguas y las Iglesias ortodoxas

Si se examina la situación ecuménica sobre la base de estos fundamentos y desde la perspectiva del Pontificio Consejo para la Promoción de la Unidad de los Cristianos, el análisis se hace entonces con una perspectiva más universal de lo que suele ser el caso en Alemania. En esta perspectiva no es posible circunscribirse a la relación entre evangélicos y católicos, y mucho menos a la relación entre evangélicos y católicos tal como se da en Alemania. Antes bien, hay que pensar en el sentido originario de la palabra «ecuménico», o sea, referido a toda la ecúmene, a todo el orbe. A la teología ecuménica alemana, fuertemente «orientada a Occidente», le vendría bien una «ampliación hacia el Este» (*Osterweiterung*, un término habitual en el debate político alemán tras los acontecimientos de 1989) en el terreno ecuménico. Por eso, antes de nada, permítanme un par de observaciones sobre el estado del debate ecuménico con las Iglesias orientales, que hoy, en la forma de Iglesia en la diáspora, están extendidas por el mundo entero; y eso quiere decir: también entre nosotros en Occidente.

Entre las Iglesias orientales se cuentan no solo las ortodoxas, sino asimismo las Iglesias orientales antiguas, que ya en los siglos IV y V, con motivo de los concilios de Éfeso (431) y Calcedonia (451), se separaron de la Iglesia imperial de la época (siro-orientales y siro-occidentales, coptos, etíopes) o nunca llegaron a pertenecer a esta (armenios y cristianos tomasianos). Aunque causan una impresión arcaica, están viva y profundamente enraizadas en la vida de sus respectivos pueblos. A través del movimiento ecuménico han vuelto a entrar en el contexto interconfesional más amplio.

Durante siglos, tanto el cristianismo latino como el ortodoxo consideraron a estos cristianos o bien nestorianos, o bien monofisi-

---

35. Cf. W. THÖNISSEN, *Gemeinschaft durch Teilhabe an Jesus Christus. Ein katholisches Modell für die Einheit der Kirchen*, Freiburg i.Br. 1996.
36. Así reza una conocida formulación de J. RATZINGER, «Die Kirche und die Kirchen. Das ökumenische Problem in der zweiten Session des gegenwärtigen Konzil»: *Reformatio 13* (1964), 105.

tas. Estas controversias cristológicas han sido zanjadas entretanto mediante declaraciones bilaterales del papa y del correspondiente patriarca[37]. Las investigaciones sobre la historia de los dogmas[38], que se condensaron en una fórmula cristológica en los congresos de *Pro Oriente* celebrados en Viena[39], realizaron un trabajo preparatorio esencial. Dicha fórmula permitió afirmar la fe común en Jesucristo como Dios verdadero y hombre verdadero sin necesidad de imponer a estas Iglesias las formulaciones del concilio de Calcedonia. Así pues, una unidad en la diversidad de los modos de expresión.

De otra índole son los problemas con las Iglesias ortodoxas de impronta bizantina y eslava. Con ellas compartimos la herencia del primer milenio. Sin embargo, singularizar el año 1054 como fecha del cisma tiene más bien un carácter simbólico. Ambas mitades del Imperio romano se habían distanciado ya antes[40]. Así, en todo encuentro con las Iglesias ortodoxas se constata que, a pesar de la cercanía dogmática, en ellas nos encontramos con una cultura y una mentalidad distintas que no tienen detrás de sí ni la separación occidental de Iglesia y Estado ni la Ilustración moderna, sino en gran parte cincuenta o setenta años de represión comunista. Ahora, tras los cambios políticos de 1989, estas Iglesias se ven confrontadas con un mundo transformado por entero, en el que laboriosamente deben reorientarse. Esto requiere tiempo, y a nosotros nos exige paciencia.

La única cuestión teológica controvertida entre las Iglesias ortodoxas y nosotros es el primado de Roma[41]. Como abiertamente lo han manifestado los papas Pablo VI y Juan Pablo II, esta es la

37. Cf. DwÜ 1, 529-531, 533s y 541s (con los coptos); DwÜ 2, 571s (con los sirios); 575 (con los coptos); 578s (con la Iglesia malankar-siro-ortodoxa); J. GROS, H. MEYER y W. RUSCH (eds.), *Growth in Agreement*, vol. 2, Gèneve 2000, 707-708 (con la Iglesia apostólica armenia); 711-712 (con la Iglesia asiria de Oriente).
38. Son importantes los trabajos de A. Grillmeier, A. de Halleux, L. Abramowski y otros.
39. Cf. *Wort und Wahrheit*, volúmenes suplementarios 1-5, 1974-1989; *Chalzedon und die Folgen* (FS Bischof Mesrob Krikorian) [Pro Oriente 14], Innsbruck/Wien 1992. Al respecto, cf. D. WENDEBOURG, *Die eine Christenheit auf Erden*, Tübingen 2000, 116-146.
40. Cf. Y. CONGAR, *Zerrissene Christenheit. Wo trennten sich Ost und West?*, Freiburg i.Br. 1959 [trad. esp. del orig. francés: *Cristianos ortodoxos*, Estela, Barcelona 1963].
41. La cuestión del *filioque* ya no es hoy, al menos desde la perspectiva católica, motivo de separación de las Iglesias. Al respecto, cf. la declaración del PONTIFICIO CONSEJO PARA LA PROMOCIÓN DE LA UNIDAD DE LOS CRISTIANOS, *Les traditions grecque et latine concernant la procession du Saint-Esprit*, Città del Vaticano 1996. Para otro enfoque en la eclesiología, cf. *supra*, nota 32.

mayor piedra de escándalo para los cristianos no católicos[42]. Y a la inversa, las múltiples tensiones nacionales dentro de la Ortodoxia ponen de manifiesto la relevancia de un servicio universal a la unidad en un mundo cada vez más integrado.

Tras los cambios políticos de 1989 en la Europa Central y del Este surgieron problemas adicionales. En Ucrania y Rumanía, las Iglesias uniatas, empujadas a viva fuerza por Stalin a la ilegalidad, han regresado de las catacumbas a la vida pública. Por desgracia, desde entonces el problema del primado se discute al hilo del problema sucedáneo de las Iglesias orientales unidas con Roma. Era previsible que el debate, así planteado, terminara llevando a un callejón sin salida. Pues no se puede tratar el problema de las Iglesias orientales unidas con Roma sin tratar la causa más importante de que surgieran las llamadas Iglesias uniatas, a saber, el problema de la *communio* con Roma.

Esta cuestión no se puede abordar aisladamente. Desde el punto de vista ortodoxo, afecta a la relación entre el primado y la sinodalidad (nosotros diríamos: colegialidad)[43]. Joseph Ratzinger, aún como profesor, tendió los fundamentos para este debate en la famosa conferencia que pronunció en Graz en 1976 en tanto en cuanto afirmó que «hoy no puede ser cristianamente imposible lo que durante un milenio fue posible». «En lo relativo a la doctrina del primado, Roma no debe exigir a Oriente más de lo que se formuló y vivió también en el primer milenio»[44]. Esta «fórmula de Ratzinger» ha devenido fundamental para el debate. Ha sido re-

---

42. Cf. PABLO VI, «Discurso al Consejo Mundial de Iglesias en Ginebra» (10 de junio de 1969), [textos francés e italiano en www.vatican.va]; JUAN PABLO II, «Discurso al Consejo Mundial de Iglesias» (12 de junio de 1984), 2: *Insegnamenti* VII, 1 (1984), 1686; ID., «Alocución a la asamblea plenaria del Pontifico Consejo para la Promoción de la Unidad de los Cristianos», en: *Information Service* 98 (1998), 118ss; ID., *Ut unum sint* 88.
43. En ello, los ortodoxos invocan siempre el canon 34 de los *Cánones apostólicos*; cf. *Les Constitutions apostoliques*, vol. 3, libro 8, 47 (SChr 336), Paris 1987, 274s.
44. Reimpresa sin cambios en J. RATZINGER, *Theologische Prinzipienlehre. Steine zur Fundamentaltheologie*, München 1982, 209 [trad. esp.: *Teoría de los principios teológicos*, Herder, Barcelona 2005²]. Más tarde, J. Ratzinger, sin retractarse de ella, precisó esta posición frente a malentendidos dejando claro que de ahí no cabe deducir una vuelta al primer milenio ni, en ese sentido, un ecumenismo de regreso. Cf. J. RATZINGER, *Kirche, Ökumene, Politik*, Einsiedeln 1987, 76s y 81s [trad. esp.: *Iglesia, ecumenismo y política: nuevos ensayos de eclesiología*, BAC, Madrid 2005²].

cogida asimismo en la encíclica *Ut unum sint*[45]. Este documento invita a un debate ecuménico sobre el futuro ejercicio concreto del ministerio petrino[46]. ¡Un paso revolucionario para un papa! Pero a despecho de las numerosas jornadas en academias diocesanas, simposios y publicaciones que se le han dedicado, la cuestión del primado no está, a mi juicio, teológica ni psicológicamente madura, ni en la Ortodoxia ni en el catolicismo[47].

Pese a ello, entretanto ha ocurrido mucho y sigue ocurriendo mucho. Los tres documentos que la *Comisión Teológica Internacional Mixta* ha aprobado hasta ahora muestran una profunda afinidad en la comprensión de la fe, la Iglesia y los sacramentos[48]. Así, hemos sido capaces de retomar conjuntamente con las Iglesias ortodoxas y orientales antiguas hermanas elementos esenciales de la *communio* de la Iglesia antigua, algo que hace cincuenta años habría sido impensable: visitas recíprocas y correspondencia regular en el plano de la Iglesia universal, así como múltiples contactos entre Iglesias locales y –lo que es importante para las Iglesias orientales, de marcada impronta monástica– entre monasterios. Al igual que nos hemos distanciado en el curso de numerosos siglos, hoy debemos reencontrarnos por medio de un proceso prolongado.

La *communio* presupone comunicación, lo que precisamente con los orientales no acontece solo a través de discusiones teológicas, sino también en procesos de vida, en encuentros humanos y cristianos, en los que desterramos prejuicios aún existentes y en parte hondamente arraigados, acendramos la memoria histórica, construimos comprensión y estima mutua, aprendemos unos de otros y nos familiarizamos los unos con los otros.

---

45. Cf. JUAN PABLO II, *Ut unum sint* 61.
46. Cf. *ibid.* 95.
47. El Instituto Johann Adam Möhler de Paderborn prepara una amplia síntesis y análisis de todos los posicionamientos que se han dado hasta ahora en respuesta a la petición del papa.
48. Para el diálogo internacional, cf. DwÜ 2, 531-541, 542-553, 556-567; el Documento de Balamand puede verse en J. GROS, H. MEYER y W. RUSCH (eds.), *Growth in Agreement, op. cit.*, 680-685. Para los diálogos bilaterales, cf. T. BREMER, J. OELDEMANN y D. STOLTMANN (eds.), *Orthodoxie im Dialog*, Trier 1999. Es importante el diálogo estadounidense; al respecto, cf. J. BORELLI y J. H. ERICKSON (eds.), *The Quest für Unity*, Crestwood/Washington, D.C. 1996.

IV. El ecumenismo con las Iglesias protestantes

Me he ocupado con algo más de detalle del debate ecuménico con las Iglesias orientales porque, entre otras razones, estoy convencido de que es importante para la superación de las divisiones en el cristianismo occidental. A causa de la separación de Oriente, el cristianismo latino se ha desarrollado unilateralmente. Se ha empobrecido; ya respira, por así decir, con un solo pulmón. Este empobrecimiento fue una de las causas de la grave crisis de la Iglesia en la Edad Media tardía, que llevó a la catástrofe del cisma eclesial en el siglo XVI.

Entretanto hemos logrado mucho en los múltiples diálogos tanto bilaterales como multilaterales en el plano universal, regional y local[49]. Merced a numerosos trabajos preparatorios[50], hoy podemos hablar con una sola voz en cuestiones fundamentales de la cristología y la doctrina de la justificación. La *Declaración conjunta sobre la doctrina de la justificación* (1999) fue un hito[51]. Podemos dar testimonio conjunto del centro del Evangelio. Diciendo esto, en modo alguno subestimo las cuestiones que esta declaración tuvo que dejar abiertas. Precisamente aquí en Tubinga han sido analizadas por extenso[52]. Es bueno que así sea. Solo

---

49. Me limitaré a mencionar los documentos internacionales. Con los luteranos: *El Evangelio y la Iglesia* (Relación de Malta, 1972); *La Cena del Señor* (1978); *Caminos hacia la comunión* (1980); *Todos bajo el mismo Cristo* (1980); *El ministerio espiritual en la Iglesia* (1981); *Martín Lutero, testigo de Jesucristo* (1983); *Ante la unidad* (1984); *Iglesia y justificación* (1994). Con los reformados: *La presencia de Cristo en la Iglesia y el mundo* (1977). Diálogos multilaterales: *Bautismo, eucaristía y ministerio. Declaraciones de convergencia de la Comisión Fe y Constitución del Consejo Mundial de Iglesias* (1982); *Confesar en común la única fe. Una interpretación ecuménica del credo apostólico tal como es conocido en la profesión de fe de Nicea-Constantinopla* (1991).
50. Cf. espec. *Justification by Faith. Lutherans and Catholics in Dialogue* VII, Minneapolis 1985; K. Lehmann y W. Pannenberg (eds.), *Lehrverurteilungen – kirchentrennend?*, Freiburg i.Br. / Göttingen 1986.
51. Cf. *Gemeinsame Erklärung zur Rechtfertigungslehre. Gemeinsame offizielle Feststellung. Anhang zur Gemeinsamen offiziellen Feststellung*, Frankfurt a.M. – Paderborn 1999 [la traducción española oficial del documento se encuentra en www.vatican.va].
52. Cf. sobre todo E. Jüngel, *Das Evangelium von der Rechtfertigung des Gottlosen als Zentrum des christlichen Glaubens*, Tübingen 1998 [trad. esp.: *El evangelio de la justificación del impío como centro de la fe cristiana: estudio teológico en perspectiva ecuménica*, Sígueme, Salamanca 2004]. La demostración de W. Pannenberg de que no existe «la» doctrina

pregunto: ¿debemos estar de acuerdo como Iglesias en todas las cuestiones teológicas incluso en los puntos y en las comas? ¿No pueden persistir sobre la base del acuerdo sustancial diferencias que, aun siendo importantes desde el punto de vista teológico, no tienen por qué ser motivo de separación de las Iglesias? ¿No es suficiente un consenso matizado, una diversidad reconciliada o como se la quiera llamar[53]?

A mi juicio, hay algo más importante que las preguntas concretas aún pendientes. La mayoría de la gente se ha alegrado de lo acontecido en Augsburgo [la firma de la *Declaración conjunta*], pero solo a muy pocas personas hemos conseguido transmitirles con claridad de qué se trata realmente. Es un deficiencia ecuménica común no ser a menudo capaces ya de hacer comprensible siquiera lo que compartimos, por no hablar de lo que nos diferencia. Por eso, el primer esfuerzo debería ir dirigido a traducir aquello en lo que estamos de acuerdo a un lenguaje que mueva hoy existencialmente a las personas del mismo modo en que afectó y movió a Lutero y sus contemporáneos[54].

El verdadero «hueso duro de roer» que sigue existiendo y que en la *Declaración conjunta* está oculto en una nota al pie[55] es la cuestión eclesiológica y, dentro de ella, la cuestión del ministerio. En el curso de la Reforma y la subsiguiente confesionalización surgió de hecho, ya fuera en conformidad con la intención de los reformadores o en contra de ella, un nuevo tipo de Iglesia. Lo digo deliberadamente: un nuevo tipo de Iglesia, y prefiero esta formulación, tomada del antiguo presidente del Pontificio Consejo para la Promoción de la Unidad de los cristianos, el cardenal Jan Wille-

---

protestante de la justificación significa una desactivación de esta polémica. Cf. W. PANNENBERG, *Hintergründe des Streites um die Rechtfertigungslehre in der evangelischen Theologie* (Bayerische Akademie der Wissenschaften. Phil. hist. Klasse), München 2000.

53. Cf. H. MEYER, «Einheit in versöhnter Verschiedenheit», en ID., *Versöhnte Verschiedenheit. Aufsätze zur ökumenischen Theologie*, vol. 1, Frankfurt a.M. / Paderborn 1998, 101-119; K. LEHMANN, «Was für ein Konsens wurde erreicht?»: StdZ 124 (1999), 740-745; H. WAGNER (ed.), *Einheit – aber wie? Zur Tragfähigkeit der ökumenischen Formel vom «differenzierten Konsens»* (QD 184), Freiburg i.Br. 2000.
54. Cf. J. RATZINGER, «Wie weit trägt der Konsens über die Rechtfertigungslehre?»: IKaZ 29 (2000), 424-437.
55. La nota 9 de la *Declaración conjunta sobre la doctrina de la justificación* llama la atención sobre el diferente uso del término «Iglesia» y la indecisión de la cuestión eclesiológica que ello implica.

brands⁵⁶, a esa otra de que las Iglesias nacidas de la Reforma no son Iglesias en sentido propio⁵⁷. Esta es una formulación equívoca que, como el cardenal Ratzinger ha aclarado entretanto⁵⁸, quiere decir que han surgido Iglesias que conscientemente se entienden de manera distinta de como la Iglesia católica se entiende a sí misma; o sea, dicho de forma concisa y más adecuada, Iglesias de un tipo distinto, a las que, desde la perspectiva católica, les faltan elementos que, según nuestra concepción de Iglesia, son esenciales.

En la visión protestante, la Iglesia es *creatura verbi* [criatura de la palabra]⁵⁹. Es entendida desde la predicación de la palabra y desde la fe a la que hay que responder como asamblea de los creyentes, en la que el Evangelio es predicado íntegramente y los sacramentos se administran conforme a él⁶⁰. A juzgar por esto, el enfoque no se centra ya en la Iglesia, que según Lutero es un «término opaco y confuso»⁶¹, sino en la comunidad en cuanto «principal punto de anclaje de las ideas básicas y las estructuras de pensamiento protestantes»⁶². De ahí que las Iglesias protestantes no estén episcopalmente constituidas, sino, en virtud del sacerdocio común de los fieles, de modo comunitario-sinodal y presbiteral. Teológicamente, el ministerio episcopal es un ministerio de pastor con funciones directivas en la Iglesia⁶³, una concepción que en las

---

56. Cf. J. WILLEBRANDS, «The Notion of "Typos" within the one Church» (1970), reimpreso en *Information Service* 1999/II-III, 130-140.
57. Cf. CONGREGACIÓN PARA LA DOCTRINA DE LA FE, *Dominus Iesus* (2000), 17. Esta formulación debe ser leída en el sentido de la doctrina escolástica de la analogía. Así entendida, no implica que las Iglesias nacidas a raíz de la Reforma sean no-Iglesias o Iglesias ficticias. No excluye, sino que más bien incluye, que, en comparación con la concepción católica de Iglesia, sean Iglesias en sentido análogo.
58. En el diario *Frankfurter Allgemeine Zeitung* de 22 de septiembre de 2000.
59. Cf. M. LUTERO, «De captivitate Babylonica ecclesiae praeludium» (1520), en WA 6, 561 [trad. esp.: «Preludio a *La cautividad babilónica de la Iglesia*», en ID., *La cautividad babilónica de la Iglesia; la libertad del cristiano; Exhortación a la paz*, Plantea-De Agostini, Madrid 1996].
60. Cf. CA VII y VIII (BSELK 61s); *Artículos de Esmalcalda* III,10: «De las Iglesias» (BSELK 459s); *Gran catecismo*, art. 3 (BSELK 653-658); *Catecismo de Heidelberg*, preg. 54 (en W. NIESEL [ed.], *Bekenntnisschriften und Kirchenordnungen*, Zürich 1938³, 43s); *Declaración de Barmen*, art. 3 (en ibid., 335s).
61. M. LUTERO, «Von Konziliis und Kirchen» (1539), en WA 50, 625.
62. Cf. G. GLOEGE, «Gemeinde», en RGG³ 2, 1329.
63. Al respecto es fundamental CA XXVIII (BSELK 120-134). Cf. G. TRÖGER, «Bischof III», en TRE 6, 690-693. Para la forma actual del «episcopado sinodal», cf. ibid., 694-697; H. DE WALL, «Bischof 3», en RGG⁴ 2, 1621-

Iglesias reformadas (*reformierte Kirchen*, de filiación calvinista y zuingliana mayormente) está aún más marcada que en las Iglesias luteranas[64]. La diferencia con el tipo católico-ortodoxo de Iglesia, con su constitución sacramental-episcopal, salta a la vista. En las dos últimas décadas se ha producido, sin embargo, cierto movimiento. Un papel importante lo desempeña el Documento de Lima *Bautismo, eucaristía y ministerio* (1982), que entiende la sucesión apostólica en el ministerio episcopal «como un signo, aunque no como garantía, de la continuidad y la unidad de la Iglesia»[65]. Importantes son también los debates tanto bilaterales como multilaterales sobre la *episkopé* [supervisión][66]. En diálogo con las Iglesias anglicanas, que ecuménicamente adoptan una importante postura intermedia[67], las Iglesias luteranas escandinavas y estadounidenses se han abierto entretanto a la cuestión del ministerio episcopal histórico[68]. Distinta es la posición de las Iglesias luteranas continentales-europeas agrupadas en la Comunión de Leuenberg.

1623. En opinión de W. HÄRLE (cf. «Kirche VII», art. cit., 301), los ministerios de gobierno eclesiástico, incluido el ministerio episcopal, son solo secundarios, esto es, ministerios orientados y subordinados al ministerio de anuncio. U. KÜHN, «Kirche 3.4», en EKL 2, 1077, afirma: «Todavía falta una teología luterana del ministerio episcopal suficiente». De manera análoga opinan M. MEIN y H. G. JUNG, «Bischof, Bischofsamt», en EKL 1, 522. Son constructivas las reflexiones de W. PANNENBERG, *Kirche und Ökumene. Beiträge zur Systematischen Theologie*, vol. 3, Göttingen 2000, 150-155 y 156-159.

64. Cf. J. CALVINO, *Unterricht in der christlichen Religion*, op. cit., 714-724, donde Calvino excluye el episcopado de su tratado sobre los ministerios. Cf. G. TRÖGER, «Bischof 3», art. cit., 693; A. HERAN, «Kirche 3.5», en EKL 2, 1081.

65. *Taufe, Eucharistie und Amt*, n. 38, Frankfurt a.M. / Paderborn 1982, 44 [trad. esp. del orig. inglés: «Bautismo, eucaristía y ministerio. Lima 1982», en *Enchiridion oecumenicum*, vol. 1, ed. por A. González Montes, Centro de Estudios Orientales Juan XXIII y Universidad Pontificia de Salamanca, Salamanca 1986, 888-931].

66. Cf. *Episkope and Episcopate in Ecumenical Perspective*, Faith and Order Paper 102, 1980; P. C. BOUTENEFF y A. D. FAICONER (eds.), *Episkope and Episcopacy an the Quest for Visible Unity. Two Consultations*, Faith and Order Paper 183, 1999. Para el debate ecuménico precedente, cf. G. GAßMANN, «Bischof 2, 7», en TRE 6, 688-689.

67. Es importante sobre todo el último documento de ARCIC: *The Gift of Authority. Authority in the Church* III, London / Toronto / New York 1999 [la versión española oficial está disponible en www.vatican.va].

68. Cf. *The Porvoo Common Statement* (1992) [The Council for Christian Unity of the General Synod of the Church of England. Occasional Paper 3]; *A Formula of Agreement*, USA 1997.

Estas entienden la coexistencia del orden episcopal y el orden sinodal-presbiteral como expresión de legítima diversidad[69].

Así, en la actualidad recibimos de nuestros interlocutores señales dispares, y por el momento no nos resulta fácil determinar dónde se encuentran eclesiológicamente y en qué dirección se mueven. Aquí, como en otras cuestiones eclesiológicas, por ejemplo, la relación entre sacerdocio de todos los fieles, ministerio ordenado y presidencia de la eucaristía, son necesarias clarificaciones adicionales[70]. Por eso resulta laudable que la Comisión Fe y Constitución del Consejo Mundial de Iglesias haya puesto en marcha un proceso de consulta sobre *The Nature and Purpose of the Church* [Naturaleza y finalidad de la Iglesia][71], y es de esperar que sea capaz de prolongar constructivamente el Documento de Lima *Bautismo, eucaristía y ministerio* (1982).

En síntesis, tras la clarificación de las cuestiones fundamentales de la doctrina de la justificación, los problemas eclesiológicos ocupan ahora el primer plano del diálogo con las Iglesias protestantes. Según la comprensión tanto católica como ortodoxa, son la clave para avanzar en la pastoralmente acuciante cuestión de la comunión eucarística. Con ello queda señalado el punto en el que nos encontramos en la actualidad.

V. Nuevos retos y tareas futuras

Los problemas concernientes al ministerio y a la forma institucional de la Iglesia suelen interesar poco a los profanos en teología. Pero detrás de estos asuntos se esconde una cuestión profundamente existencial. Lo que se dirime en último término en la pregunta por la autoridad en la Iglesia es el hablar y actuar vinculante de la Iglesia. En el actual contexto pluralista, en el que to-

---

69. Cf. *Die Kirche Jesu Christi. Der reformatorische Beitrag zum ökumenischen Dialog über die kirchliche Einheit* (Leuenberg-Texte 1), Frankfurt a.M. 1995, 34 y 56-59.
70. Para el debate intraprotestante, cf. U. KÜHN, «Kirche 4, 1-2», en TRE 18, 262-277; ÍD., «Kirche 3.4», en EKL 2, 1075-1079; ÍD., «Kirche 4», en LThK³, 1474-1476. Para el debate ecuménico que ha tenido lugar hasta ahora sobre la Iglesia, cf. A. BIRMELÉ, *Le salut en Jesus Christ dans les dialogues oecuméniques*, Paris 1986; G. WAINWRIGHT, «Church», en *Dictionary of the Ecumenical Movement*, Genève 1991, 159-167.
71. Cf. *The Nature and the Purpose of the Church. A Stage on the Way to a Common Statement*, Faith and Order Paper 181 (1998).

do se relativiza, esta es una cuestión de vida o muerte. Afecta al núcleo de la fe cristiana. «Tolle assertiones et christianismum tulisti» [Suprime las afirmaciones y acabarás con el cristianismo], le objetó Lutero a Erasmo[72]. De hecho, el pluralismo que todo lo nivela desemboca en el escepticismo y, a la postre, en el nihilismo. Las Iglesias que no encuentran ninguna respuesta convincente a la pregunta por una autoridad vinculante corren peligro de sucumbir en este remolino que todo lo arrastra[73].

Así, en todas las Iglesias se han formado en las últimas décadas movimientos contrarios a la excesiva acomodación a las modas y los estados de ánimo de cada momento, a lo realizable en las circunstancias dadas. En todas las Iglesias se da una nueva búsqueda de identidad cristiana y eclesial. Esto tiene al principio un efecto retardador en el ecumenismo y es una de las razones de algunos reveses que debemos registrar en este terreno en los últimos tiempos.

Fuera de las Iglesias históricas, la búsqueda de identidad se pone de manifiesto en las nuevas comunidades evangélicas y pentecostales. En la actualidad crecen de manera exponencial en el mundo entero, mientras que las Iglesias protestantes, vistas universalmente, se estancan o incluso retroceden en lo que al número de miembros se refiere. Este fenómeno ha transformado el paisaje ecuménico en las últimas décadas y presumiblemente seguirá transformándolo. La crisis del Consejo Mundial de Iglesias, que se hizo evidente en la asamblea plenaria de Harare (1998), guarda una estrecha relación con ello.

Las conversaciones que el Pontificio Consejo para la Promoción de la Unidad de los Cristianos mantiene con las Iglesias libres, antiguas y nuevas, no giran ya principalmente alrededor de las antiguas doctrinas controvertidas, sino en torno a otro interrogante más fundamental: ¿qué quiere decir ser cristiano y dar testimonio del Evangelio[74]? Y en conexión con el tema «testimonio común», las cuestiones éticas –relativas, por ejemplo, al matrimonio y la familia, el aborto, la praxis homosexual, la eutanasia, la justicia, la paz y la lucha contra el racismo y la violencia– pasan a primer plano.

---

72. Cf. M. LUTERO, *De servo arbitrio* (1526), en WA 18, 603.
73. Así opina de forma expresa y con énfasis W. PANNENBERG, *Kirche und Ökumene, op. cit.*, 42 y 63.
74. Cf. DwÜ 1, 233-245 y 476-486; DwÜ 2, 374-391, 392-443 y 581-622.

En estas y en otras cuestiones, a todas las Iglesias se les plantea el dilema entre identidad y relevancia. Con ello se alude a la siguiente pregunta: ¿cuánta apertura es necesaria para ser relevante y cuánta apertura es posible sin perder la propia identidad? Sin relevancia, el ecumenismo no pasa de ser un juego de abalorios. Pero sin identidad tampoco existe relevancia; sin identidad no se puede ser un interlocutor ecuménico al que merezca la pena tomar en serio.

Numerosos intentos de salvaguardar la propia identidad son antiecuménicos por fundamentalistas, o sea, porque se aferran a una comprensión literal, ahistórica de la Biblia o de los credos. Este no puede ser el camino católico. Para la concepción católica, la *fides* [fe] no puede ser separada de la *ratio* [razón]. Por eso, la encíclica *Ut unum sint* (1995) tiene que ser leída conjuntamente con la encíclica *Fides et ratio* (1998). Precisamente a la vista del pluralismo y el relativismo posmodernos, debemos plantear de nuevo la pregunta por la verdad. Pues la confesión de fe en el Dios uno y en el único Señor Jesucristo incluye el reconocimiento de la única verdad.

Para el futuro de la teología ecuménica será fundamental, por tanto, que esta se entienda a sí misma en mayor medida que hasta ahora como *fides quaerens intellectum* [fe que busca entender], como esfuerzo intelectual en torno a la fe común. El ecumenismo no es posible a un precio menor. Una posible salida de la situación actual sería una nueva alianza entre la fe y la razón[75].

VI. La contribución de la teología de Tubinga

Si hay que pensar la cuestión de la unidad en la diversidad, entonces tocamos el problema fundamental de la filosofía occidental. Este problema ha sido reflexionado teológicamente en la doctrina de la Trinidad y en la cristología. En la Modernidad determinó el pensamiento del idealismo alemán y del romanticismo, capacitando así a la Escuela Católica de Tubinga del siglo XIX para abordar intelectualmente el problema ecuménico de un modo que sigue mostrándonos el camino hacia el futuro.

Bajo la influencia de Friedrich Wilhelm Joseph Schelling, de Friedrich Schleiermacher y del romanticismo, Johann Sebastian Drey, el fundador de la Escuela Católica de Tubinga, pensó anti-

---

75. Así, con razón, W. PANNENBERG, *Kirche und Ökumene*, op. cit., 37.

cipadamente en esta dirección[76]. La contribución más sustancial se la debemos a Johann Adam Möhler, importante pionero de la teología ecuménica[77]. Con ocasión del centenario de su muerte, en 1939 se publicó un volumen editado por Pierre Chaillet: *L'Église est une. Hommage à Moehler* [La Iglesia es una: homenaje a Möhler][78]. El dominico francés Yves Congar, quizá el ecumenista católico más destacado de la generación precedente a nosotros, se remite a Möhler en su libro *Diversités et communion* (1982) bajo el encabezamiento: «Diversité réconciliée. Comment réagirait Möhler?» [Diversidad reconciliada: ¿cómo reaccionaría Möhler?][79]. Por consiguiente, Congar invoca a un representante de la teología de Tubinga como juez en la cuestión fundamental de la teología ecuménica, al igual que hace el viejo maestro de la teología ecuménica estadounidense, Avery Dulles, en su libro *The Catholicity of the Church* [La catolicidad de la Iglesia][80]. Conocida es asimismo la influencia de Möhler en la teología ruso-ortodoxa renovada, en especial en Alexei Chomiakov y en Georges Florovski[81].

En el escrito *La unidad en la Iglesia* (1825) parte Möhler de la filosofía romántica, según la cual toda vida se mueve en oposiciones entrelazadas. También la Iglesia y su unidad son un asunto de la vida. Solo donde hay oposiciones, reina la armonía; donde no hay oposiciones, únicamente existe monotonía. Pero la verdad es sinfónica (Hans Urs von Balthasar). Así, la oposición debe moverse en la unidad, dice Möhler, «libre y llena de vida»[82]. La teología de Tubinga siempre estuvo impregnada de esta libertad y vitalidad del Espíritu.

De la oposición hay que distinguir, según Möhler, la contradicción. Esta no es sino la oposición fallida, que se separa de for-

---

76. Cf. J. S. Drey, *Mein Tagebuch über philosophische, theologische und historische Gegenstände* 1812-1817, editado y prologado por M. Seckler, Tübingen 1997, 312-318 y 325-338.
77. Cf. J. A. Möhler, *Die Einheit in der Kirche oder das Prinzip des Katholizismus. Dargestellt im Geiste der Kirchenväter der drei ersten Jahrhunderte* (1825), editado, prologado y comentado por J. R. Geiselmann, Darmstadt 1957, espec. §§ 46 y 152-157 [trad. esp.: *La unidad en la Iglesia*, Eunate, Pamplona 1996].
78. Cf. P. Chaillet (ed.), *L'Église est une. Hommage à Moehler*, Paris 1939.
79. Cf. Y. Congar, *Diversités et communion*, Paris 1982, 221-226.
80. Cf. A. Dulles, *The Catholicity of the Church*, Oxford 1985, 149-152.
81. Cf. S. Tyszkiewicz, «La théologie moehlerienne de l'unité et les théologiens pravoslaves», en P. Chaillet (ed.), *L'Église est une, op. cit.*, 270-294.
82. Cf. J. A. Möhler, *Die Einheit in der Kirche, op. cit.*, 153.

ma egoísta de la unidad, independizándose y absolutizándose. En ella no es posible, en último término, vida verdadera alguna[83]. Las herejías son contradicciones de este tipo. Desgajan una verdad parcial del todo. Por otra parte, encierran el peligro de que una ortodoxia espaciosa y viva, como dice Drey, se convierta en una medrosa e inmóvil hiperortodoxia[84]. Así, ya Drey habló de un protestantismo intracatólico[85], que, una vez abandonada la unidad, «despliega fuera su abigarrado ser» y se manifiesta como «infinita disgregación del conjunto», que se opone a toda forma, mientras que «la unidad malvive encerrada en sí» y, de este modo, deviene «severa, arbitraria, intolerante»[86].

Para Möhler, la verdad solo es posible en el amor, y eso significa: en la unidad de *communio* de la verdad. Para él, el amor es principio fundamental de la unidad[87]. Por consiguiente, a diferencia de lo que ocurre en Hegel, la unidad no brota de la síntesis especulativa de las oposiciones, sino de la progresiva transformación de las contradicciones en oposiciones o, dicho de otro modo, del hecho de que las contradicciones se reconcilien entre sí y retornen a la unidad[88].

Si Möhler habla aquí de «retorno», no lo hace en el sentido de un retrógrado ecumenismo «de regreso». Möhler entiende el retorno a la unidad como un movimiento hacia delante que conduce de una mística e inconsciente unidad en la pluralidad a una consciente unidad en la diversidad. El intercambio ecuménico de los dones significa enriquecimiento. Lleva a una visión más desarrollada y profunda, así como a una más abarcadora realización concreta de toda la riqueza de la catolicidad. Catolicidad plenamente realizada y «ecumenicidad» son aquí las dos caras de la misma moneda.

La concepción de Drey y Möhler hace valer la tríada clásica que caracteriza a la Escuela Católica de Tubinga en general: eclesialidad, cientificidad y orientación a la praxis (en el sentido tanto de la conversión personal como de la reforma institucional)[89].

---

83. Cf. *ibid.*, 154s.
84. Cf. J. S. DREY, *Kurze Einleitung in das Studium der Theologie mit Rücksicht auf den wissenschaftlichen Standpunkt und das katholische System* (1819), Frankfurt a.M. 1966, 173.
85. Cf. *ibid.*, 313.
86. *Ibid.*, 328.
87. Cf. J. A. MÖHLER, *Die Einheit in der Kirche*, *op. cit.*, §§ 7 y 26.
88. Cf. *ibid.*, §§ 46 y 156.
89. Cf. M. SECKLER, «Tübinger Schule I», en LThK³ 10, 287-290.

Esta tríada de Tubinga es fundamental para la forma futura de la teología ecuménica. Lejos de ser la afición privada de unos cuantos individuos, está enraizada en la vida misma de la Iglesia; no rehúye el esfuerzo del concepto y se sabe comprometida con la renovación de la Iglesia.

Con esta declaración a favor de la teología de Tubinga, con la que me familiaricé aquí en Tubinga como estudiante en la década de 1950 y que más tarde expuse como docente durante veinte años, me presento de regreso ante la *alma mater tubingensis*. Con el llamamiento a plantear con más valentía la pregunta por la verdad en la teología ecuménica retomo el discurso justo allí donde lo dejé en mi lección de despedida «Zustimmung zum Denken» [Consentimiento para pensar] en el semestre de verano de 1989[90].

Vuelvo, por así decir, a casa, no como el hijo pródigo, sino como alguien que, tras múltiples viajes, regresa a casa y se siente bien en ella. Me alegro de volver a estar aquí.

---

90. Cf. W. KASPER, «Zustimmung zum Denken. Von der Unerlässlichkeit der Metaphysik für die Sache der Theologie»: ThQ 169 (1989), 257-271, reimpreso en ÍD., *Theologie und Kirche*, vol. 2, Mainz 1999, 11-27.

17
Perspectivas de un ecumenismo en transformación.
El compromiso ecuménico de la Iglesia católica

La situación ecuménica se está transformando. Con frecuencia se habla incluso de estancamiento o crisis del ecumenismo. Algunos ven en la promoción de la unidad de los cristianos un saldo de la identidad católica, protestante u ortodoxa. Se habla del final del ecumenismo de consenso que hemos conocido hasta ahora y se exige una nueva teología de controversia. En algunos círculos de las Iglesias ortodoxas, «ecumenismo» se ha convertido incluso en un concepto con connotaciones negativas; en ellos es tenido en ocasiones por la herejía de todas las herejías. Otros se sienten decepcionados: tienen la impresión de que ya no se avanza realmente y echan la culpa de ese parón a las instituciones eclesiásticas, que, a diferencia de la base, actúan de forma vacilante.

En la exposición siguiente abordo exclusivamente el diálogo ecuménico entre católicos y evangélicos: en ello me circunscribo en esencia al estado actual de las conversaciones en Alemania. En este contexto no puedo detenerme de forma expresa en el debate entre católicos y ortodoxos, que asimismo está en proceso de cambio. Mi tesis principal reza: el ecumenismo se transforma, pero no ha llegado a su fin. Ha devenido más maduro, más adulto, también más sobrio. Por razones de tiempo, a continuación propongo, sin ninguna pretensión de exhaustividad, siete tesis.

I. La opción fundamental católica por el ecumenismo

La primera tesis, que al mismo tiempo es la más importante, reza: la Iglesia católica optó por el movimiento ecuménico en el concilio Vaticano II, es decir, con la máxima autoridad posible dentro de la Iglesia católica. El papa Juan Pablo II calificó esta decisión reiteradas veces de irrevocable e irreversible; y ello, desde los primeros días hasta los últimos meses de su pontificado. Por muy grande que sea el cambio, la opción fundamental católica por el ecumenismo es definitiva.

Para la Iglesia católica, esta no es una decisión de política cotidiana basada en un cálculo humano cualquiera o en una estrategia de política eclesiástica. La Iglesia católica considera que esta decisión la compromete con la clara e inequívoca voluntad de Jesús, con su testamento de que todos seamos uno (cf. Jn 17,21). No ve en el movimiento ecuménico el espíritu liberal y relativista de la época, sino una obra y un fruto del Espíritu Santo y a la vez una respuesta a los signos de los tiempos. En una época de grandes conflictos, la Iglesia quiere ser signo e instrumento de la unidad, de la reconciliación. El objetivo del ecumenismo es la unidad visible, la plena comunión eclesial, que no es una Iglesia unitaria uniforme, sino que deja espacio para la legítima diversidad de dones del Espíritu, tradiciones, espiritualidades y culturas.

Segundo: ¿qué hemos alcanzado en los treinta y cinco años transcurridos desde la entrada oficial de la Iglesia católica en el movimiento ecuménico? A buen seguro, aún no la meta; si somos realistas, tenemos ante nosotros, hasta donde puede juzgarse, un largo y dificultoso camino. Pero no es poco lo que hemos logrado.

El fruto verdadero no son los documentos y declaraciones ecuménicos, por grande que sea su importancia. El verdadero fruto es la redescubierta fraternidad de todos los cristianos. A pesar de todas las diferencias persistentes, ya no nos entendemos unos a otros como adversarios, competidores o vecinos indiferentes entre sí. Sabemos que es más lo que tenemos en común que lo que nos separa: la fe en un solo Dios, Padre de todos los hombres, que se ha revelado de una vez por todas en Jesucristo para nuestra salvación y quiere que tengamos vida y nos infunde esperanza, tal como lo atestiguan la Sagrada Escritura y el credo que compartimos. La base del ecumenismo no es, por tanto, un difuso espíritu de fraternidad, sino el fundamento común de la fe junto con el único bautismo, por medio del cual ya somos miembros del único cuerpo de Cristo.

Con ello ha surgido un clima fundamentalmente nuevo entre los cristianos. Rezamos juntos y cooperamos. Las celebraciones ecuménicas y las «semanas de oración por la unidad de todos los cristianos» forman parte de los elementos fijos de la vida eclesial. Esto vale no solo para la base de la Iglesia, sino también para los responsables eclesiásticos. Además de los grandes acontecimientos ecuménicos, como, por ejemplo, durante el Año Santo o con ocasión de la Jornada de Oración por la Paz en Asís, la colaboración diaria con otras Iglesias y comunidades eclesiales ha devenido también en Roma algo casi natural.

Ello se funda en que fuera de la Iglesia católica vemos ricos frutos de la acción del Espíritu Santo, signos de santidad hasta llegar incluso al martirio. Queremos y podemos aprender de ello. Fuera de la Iglesia católica no solo vemos cristianos individuales, sino que también reconocemos elementos esenciales de nuestro propio ser Iglesia: sobre todo, la predicación de la palabra de Dios y el bautismo.

La *Declaración conjunta sobre la doctrina de la justificación* que firmamos solemnemente el 31 de octubre de 1999 en Augsburgo ha ampliado de manera decisiva la base común entre la Iglesia católica y los luteranos. Esta declaración no ha caído de repente del cielo ni ha sido concebida a la ligera. Es el fruto de décadas de intenso trabajo en muchos diálogos tanto nacionales (sobre todo en Alemania y Estados Unidos) como internacionales. El papa ha celebrado expresa y públicamente esta declaración y la ha confirmado. Por parte católica no puede existir duda alguna, en consecuencia, de que asumimos esta declaración. Ciertamente, la *Declaración conjunta* no refleja un consenso pleno, sino matizado, un consenso que deja abierta una serie de cuestiones, sobre todo la de la Iglesia. El papa ha hablado de un hito y, con esta imagen, ha descrito certeramente la relevancia de esta declaración: se ha alcanzado un importante final de etapa, pero aún no la meta última.

II. ¿Crisis del ecumenismo?

Tercero: a pesar de estos alentadores progresos, actualmente se habla mucho de una crisis del ecumenismo. ¿Por qué? Existen diversos elementos de una situación ecuménica en proceso de cambio. Uno de estos elementos es que, desde el concilio a esta parte, ha crecido una nueva generación que ya no está marcada por el resurgimiento y el entusiasmo que se vivió durante el concilio y después de él. Otro elemento es que, tras la superación de numerosos malentendidos, ahora hemos llegado al núcleo duro del problema: la pregunta por la esencia y la misión de la Iglesia y sus ministerios.

Con estas preguntas se suele enlazar últimamente la cuestión de la identidad. También esto es un elemento nuevo. En todas las confesiones, también en todas las religiones, culturas y naciones, ha vuelto a aflorar la pregunta por la propia identidad. Esto puede ser positivo, pues solamente las personas y las instituciones que tienen identidad propia pueden dialogar entre sí. Pero también puede conducir a nuevas delimitaciones confesionales o nacionalistas, llegando incluso a posiciones fundamentalistas. Esto, a su vez, ha llevado a procesos de diferenciación y en parte a considerables tensiones dentro de las distintas Iglesias y comunidades eclesiales sobre cómo proseguir el ecumenismo. También estas tensiones internas tienen a menudo en la actualidad un efecto bloqueador del ecumenismo, tanto en el diálogo con los ortodoxos como en el diálogo con algunas Iglesias occidentales.

En este contexto se alude con frecuencia a la declaración *Dominus Iesus* de la Congregación para la Doctrina de la Fe, de agosto del año 2000. En ella se encuentra la afirmación de que la Iglesia de Jesucristo subsiste en sentido pleno únicamente en la Iglesia católica, mientras que las Iglesias o comunidades eclesiales nacidas de la Reforma del siglo XVI no son Iglesias en sentido propio. Esta aserción ha originado considerable disgusto y ofensas. Yo mismo he ensayado una declaración tranquilizadora que señala que la tesis de que no son Iglesias en sentido propio incluye que lo son en sentido análogo. En reacción a ello muchos enarcaron las cejas y opinaron que yo no hacía sino un regate a la declaración, relativizando la pretensión católica de verdad. El cardenal Ratzinger ha dado entretanto el visto bueno a mi interpretación, certificando que expresa lo que en realidad se pretende decir.

Ciertamente, el lenguaje abstracto y conciso resulta difícil y duro para quien no está bien familiarizado con el lenguaje técnico de la teología. Pero en su contenido esencial esta declaración se mueve en el terreno del concilio. No revoca ni una sola afirmación conciliar. Aunque pretendiera hacerlo, un documento de una congregación no tendría poder para pasar por encima de un concilio ecuménico. De ahí que la declaración deba ser interpretada en el contexto de las afirmaciones de rango superior del concilio y de la encíclica sobre el ecumenismo de Juan Pablo II, *Ut unum sint* (1995). No formula una nueva posición católica, sino que recuerda las ya existentes. Pero justamente por tal insistencia en las posiciones católicas, en sí ya conocidas, este documento se ha convertido en una divisoria de aguas ecuménica. Otras Iglesias han realizado análogos cercioramientos de identidad, no menos duros ni en el lenguaje ni en el contenido. Esto vale –para gran sorpresa, pero también para seria preocupación en otros países– especialmente para el mundo de lengua alemana, donde ya después de la *Declaración conjunta sobre la doctrina de la justificación*, luego por medio de un documento de la Iglesia evangélica de Alemania sobre la comunión eclesial y ahora como reacción al documento *Communio sanctorum* [La comunión de los santos, 2000], se ha producido una vehemente controversia por parte protestante. Esta controversia tiene sobre todo una agudización dentro del propio protestantismo: algunos teólogos protestantes acusan a otros prestigiosos teólogos protestantes de minimizar, por afán «catolizante», ciertas preocupaciones e ideas protestantes fundamentales. Como teólogo católico, prefiero no pronunciarme al respecto. Pero la polémica se dirige también contra la Iglesia católica. Se afirman disensos básicos incompatibles que ignoran los diálogos realizados hasta ahora y en el fondo excluyen de antemano un diálogo que lleve hacia delante.

Si todo esto se define como crisis, entonces no debe entenderse la palabra «crisis» solo en sentido negativo. En su sentido originario, «crisis» no significa colapso, sino situación decisiva, crucial. Una situación de crisis es una situación crítica, una situación en la que lo habitual hasta entonces se encuentra cuestionado, pero en la que también se abren nuevas posibilidades y en la que, por lo tanto, se hace necesario tomar decisiones fundamentales. Este es el punto en que hoy nos encontramos. Pues todas las Iglesias saben que no existe ninguna alternativa al ecumenismo. La pregunta no es si hay que seguir avanzando o no en el terreno ecuménico, sino cómo debemos hacerlo.

Cuarto: un ecumenismo auténtico es un ecumenismo en la verdad y el amor. ¡En la verdad! Pues la Iglesia se alza sobre el fundamento de una verdad revelada de una vez para siempre, una verdad que no es una masa informe de la que pueda disponerse a discreción. No somos señores de la fe. Por eso, ninguna Iglesia desea un fraude ecuménico. Solo la sinceridad ayuda a avanzar, Hoy no puede ser verdad lo que ayer se condenó como error; y a la inversa, hoy no puede ser calificado de error lo que antaño se afirmaba como verdad. Tampoco cabe considerar en la actualidad sin más ni más indiferente aquello por lo que generaciones anteriores dieron la cara y asumieron el martirio. Ninguna Iglesia puede renunciar sencillamente a la herencia de sus padres y madres en la fe. Pero la verdad no es un sistema vaciado en acero y hierro. Jesucristo es la verdad en persona. «Yo soy el camino, la verdad y la vida» (Jn 14,6). La verdad que él es constituye el camino y la vida. Es una riqueza inagotable, en cuya abundancia somos introducidos progresivamente por el Espíritu de Dios (cf. Jn 16,13). Mediante un proceso histórico podemos profundizar en el conocimiento de la verdad y conocer nuevos aspectos y dimensiones de la verdad única y siempre idéntica. Por eso, el ecumenismo no es un camino para salir de la verdad, sino un camino para adentrarse más y más en ella. El ecumenismo no quiere ser un proceso de empobrecimiento, en el que nos encontremos en el mínimo denominador común. Es un proceso de aprendizaje e incremento de la fe, en el que unos aprendemos de otros.

Esto solo es posible si hacemos la verdad en el amor (cf. Ef 4,15). La verdad sin amor, sin caridad, es dura y a menudo resulta repulsiva. Puede llevar a terribles excesos de intolerancia y a persecuciones; y, por desgracia, a lo largo de la historia lo ha hecho y lo sigue haciendo en el presente con demasiada frecuencia. Pero el amor sin verdad es vacío, hueco e insincero. No es amor serio, sino carantoña superficial. De ahí que la verdad y el amor formen una unidad. Solo estamos en condiciones de reconocer la verdad o el núcleo de verdad en las afirmaciones del otro si nos abrimos a él en el amor, en la caridad. Por consiguiente, el amor no tiene solo la función de hacer la propia verdad apetecible al otro y de facilitarle el acceso a ella. Posee sobre todo la virtud de ayudar a percibir la verdad del otro: «Solo se ve bien con el corazón» (Antoine de Saint-Exupéry).

Justo en eso consiste el diálogo ecuménico. Todo diálogo, también todo diálogo ecuménico correctamente entendido, presupone interlocutores que tengan identidad y la valoren. Dos jirones de nubes o dos humaredas no pueden dialogar entre sí. Únicamente quien posee identidad propia puede no solo tolerar al otro en su identidad, sino también respetarlo y entablar con él una conversación que lleve a ambos por un camino común, en el que a los dos se les abran nuevos horizontes.

Semejante diálogo no tiene lo más mínimo en común con el relativismo. Pero se vuelve asimismo contra el aislamiento y la autosuficiencia confesionales, que en el extremo llevan al fundamentalismo. Un fundamentalista no es alguien que posee fundamentos firmes y así lo reconoce abiertamente, sino alguien que sobre sus fundamentos levanta muros infranqueables, por encima de los cuales ya solo pueden volar piedras, pero no es posible mantener conversaciones que ayuden a avanzar. El peligro de semejante confesionalismo obstinado existe en la actualidad, por desgracia, en todas las Iglesias. El camino ulterior solamente puede ser el camino en la verdad y en la caridad.

III. La cuestión de la Iglesia

Quinto: con estas reflexiones formales llego a las cuestiones materiales pendientes. Me limito a la cuestión fundamental ante la que en la actualidad nos encontramos y que la *Declaración conjunta sobre la doctrina de la justificación* deja deliberadamente abierta: la cuestión de la Iglesia.

Antes de nada, hay que delimitar con mayor precisión el nudo de la pregunta. Pues también respecto de la Iglesia existen no solo diferencias, sino bastante más terreno común de lo que por lo general se percibe. Para ambas tradiciones, la Iglesia no es una mera institución humana, una mera magnitud sociológica. Tanto la tradición protestante como la católica ven en la Iglesia el pueblo de Dios, el cuerpo y la esposa de Cristo, el templo del Espíritu Santo. También según la concepción evangélica, Jesucristo se hace presente en su Iglesia a través del Espíritu Santo. Y a la inversa, la teología católica puede hacer suyas importantes definiciones evangélicas de la Iglesia, como, por ejemplo, *creatura verbi* [criatura de la palabra] y «comunidad de los fieles».

En este punto es obligado decir una palabra sobre las observaciones críticas que figuran en el dictamen de la facultad de teología evangélica de Tubinga sobre el documento *Communio sanctorum*. Este informe ha sido dado a conocer a la opinión pública general por un prestigioso diario alemán. Postula una insuperable oposición de principio entre la eclesiología protestante y la católica. Afirma que la doctrina católica ve primero a la Iglesia constituida como magnitud sociológica y solo después, por así decir, en un segundo acto, como destinataria y portadora, esto es, mensajera de la palabra de Dios. En cambio, según la visión protestante, la Iglesia ha de ser pensada por entero como *creatura verbi*, o sea, como comunidad de los fieles exclusivamente constituida por la autocomunicación de la palabra de Dios y por ella sostenida y penetrada. A esto lo llamo yo un blanco católico figurado, levantado para poder abatirlo de nuevo a tiros de inmediato. Pues una Iglesia que fuera una magnitud meramente sociológica, y no de antemano una comunidad de creyentes que debe su existencia a la palabra de Dios, no sería una Iglesia. También según la concepción católica, la Iglesia existe solo en el modo de la recepción de la palabra de Dios y el testimonio ulterior de ella. «Existe» solo como *creatura verbi*. Justamente esta idea se expresa en la primera frase de la constitución del concilio Vaticano II sobre la revelación *Dei verbum*: «La palabra de Dios la escucha con devoción y la proclama con valentía».

El dictamen de Tubinga ofrece una interpretación de la doctrina católica con la que probablemente no estaría de acuerdo ningún teólogo católico. Distinto es el caso de los dictámenes de las facultades de teología evangélica de Erlangen y Múnich, que, justo allí donde en Tubinga se ve un disenso fundamental, constatan con razón un consenso ecuménico ya alcanzado. Esto significa que también en eclesiología existe un amplio consenso básico entre católicos y evangélicos, dentro del cual pueden valorarse adecuadamente las diferencias que de hecho aún persisten y algún día, así lo esperamos, podrán ser superadas.

Entretanto hemos conocido también una toma de posición de la Cámara de Teología de la Iglesia Evangélica en Alemania respecto al documento *Communio sanctorum*. La argumentación es parcialmente distinta, pero no menos crítica. De nuevo se trata sobre todo de una polémica intraevangélica, cuyo *Sitz im Leben* [lugar existencial] presumiblemente radique en parte en el actual debate sobre la reestructuración de la Iglesia Evangélica en Alemania (*Evangelische Kirche Deutschlands*, EKD) y en el futuro de la Iglesia Evangélica Unida de Alemania (*Vereinigte Evangelisch-Lutherische Kirche Deutschlands*, VELKD). Puesto que por ambas partes participan prestigiosos teólogos, se trata de la extraordinariamente interesante controversia sobre quién y qué es más evangélico y qué es propiamente lo evangélico. La respuesta a esta pregunta puede tener, sin embargo, considerables repercusiones en el diálogo evangélico-católico. No podemos sino aplaudir que al hilo de todo ello se especifiquen con claridad las cuestiones controvertidas que aún permanecen abiertas. La opinión –no por frecuentemente repetida, menos superficial– de que, desde el punto de vista teológico, todo está en el fondo esclarecido desde hace tiempo queda con ello refutada con claridad por parte evangélica. Es de lamentar, sin embargo, que esta toma de posición se limite a decir lo que, en opinión de estos teólogos, resulta inaceptable, pero no haga el más mínimo intento de señalar, al menos a grandes rasgos, cómo podría seguir avanzándose positiva y constructivamente en el terreno ecuménico. Aquí no se aboga, a buen seguro, por un regreso a la antigua teología de controversia. Pero, por desgracia, también en esta toma de posición se ignoran los numerosos documentos de diálogo nacionales (alemanes y estadounidenses) e internacionales, en los que asimismo han participado prestigiosos teólogos.

Si el magisterio de la Iglesia católica utilizara con las opiniones teológicas divergentes un tono crítico semejante al que aquí se emplea, en la opinión pública se alzaría con toda seguridad un clamor contra él.

IV. La cuestión de los ministerios

Sexto: el punto decisivo en el que la actual teología ecuménica debe trabajar hasta la extenuación es la cuestión del ministerio y los ministerios en la Iglesia. Tampoco aquí debemos ponérnoslo demasiado fácil limitándonos a construir oposiciones. Ni la Iglesia protestante tiene solo el sacerdocio universal, pues más bien posee ministerios que en la práctica no «funcionan» de manera tan distinta de los católicos, ni la Iglesia católica es únicamente «Iglesia ministerial». También ella conoce el sacerdocio común de todos los fieles, y no poco pastores evangélicos envidian a sus colegas católicos por los múltiples servicios que de forma voluntaria prestan los fieles y sin los cuales en numerosas parroquias nada se haría. También en la relación práctica entre ministerio y comunidad tropiezan ambas Iglesias con problemas parecidos. La crítica de muchos cristianos católicos a la Curia episcopal se diferencia solo en matices de la crítica de los cristianos evangélicos al consistorio supremo de su Iglesia regional.

La precisa relación teológica entre ministerio y comunidad es, en cambio, un problema que permanece irresuelto. No obstante, se simplifican en exceso las cosas cuando únicamente se invoca la afirmación del concilio Vaticano II de que el sacerdocio común y el sacerdocio especial ministerial se diferencian no solamente en grado, sino según la esencia[1]. En el texto latino del concilio no figura esta frase como tal. Allí aparece tan solo como una oración subordinada intercalada, siendo la oración principal la que afirma la realidad común que engloba tanto al sacerdocio común como al sacerdocio especial. Por desgracia, el buen conocimiento del latín ya no está muy extendido. Así, los traductores alemanes no han conseguido verter adecuadamente al alemán la compleja e intrincada oración latina: de lo que en latín es una oración principal y otra oración subordinada a la anterior han hecho dos oraciones principales, convirtiendo además la originaria oración subordinada en la más importante de las dos oraciones principales y, por tanto, en lo fundamental (la traducción española, en cambio, es más afortunada).

A ello se añade que a muchos el modo de expresión escolástico de esta complicada oración no les resulta ya inteligible: piensan que la afirmación de una diferencia esencial comporta que el sacerdocio especial representa una intensificación ontológica del sacerdocio común. Esto sería de hecho una afirmación difícilmente comprensible. Pues ¿quién desearía afirmar que los presbíteros y los obispos son siempre, como cristianos, mejores y más santos que los laicos? El texto conciliar quiere excluir justamente esto. Pretende afirmar que el sacerdocio especial es ontológicamente distinto en tanto en cuanto está situado en un «plano» del todo diferente. No pertenece al plano del ser cristiano, sino al plano del servicio al ser cristiano de los demás. Los ministerios en la Iglesia existen a fin de pertrechar a los creyentes para su servicio (cf. Ef 4,12).

Que esto tuviera que ser expresado de un modo tan intricado y difícilmente comprensible muestra que aquí se encuentra la teología católica con un problema no resuelto aún del todo. El concilio hace una afirmación importante y esencial, pero señala al mismo tiempo la existencia de un problema.

Sin embargo, me atrevo a preguntar si por parte evangélica todo está claro. No tengo la impresión de que sea así. Pues no basta con la mera remisión al artículo 7 de la *Confesión de Augsburgo*. En él se afirma que la Iglesia existe dondequiera que el Evangelio se predique íntegramente y los sacramentos se administren conforme a él. Así pues, en este contexto no se habla del ministerio. Pero eso no significa que, para la *Confesión de Augsburgo*, el ministerio sea un «elemento prescindible» desde el punto de vis-

---

1. Cf. LG 10.

ta teológico. Pues ya en el artículo 5 se afirma que se ha «instituido» el ministerio que anuncia el Evangelio y administra los sacramentos. No se trata, por consiguiente, de una forma humana de organización ni tampoco es –en su apariencia– una masa de la que pueda disponerse libremente. Según el artículo 14, para ejercer el ministerio, hay que ser «llamado legítimamente» a él mediante la ordenación. En el artículo 28 se habla además del «poder de los obispos». La interpretación y la realización práctica de estas aserciones son en parte controvertidas en las Iglesias luteranas. Es decir, tanto ellos como nosotros tenemos un problema sobre el que deberíamos reflexionar conjuntamente. Si así lo hiciéramos, es de suponer y de esperar que podríamos acercarnos más unos a otros.

A mi juicio, el verdadero problema no radica, sin embargo, en este punto. El problema consiste más bien en que la concepción evangélica de la Iglesia tiene su centro de gravedad en la comunidad concreta. La Iglesia es definida como comunidad, más concretamente, como comunidad litúrgica. De acuerdo con la *Confesión de Augsburgo*, la Iglesia existe dondequiera que la palabra de Dios sea anunciada «íntegramente» y los sacramentos se administren conforme al Evangelio[2]. Las distintas comunidades mantienen entre sí una relación de intercambio, pero el aspecto supracomunitario es más bien secundario. Y con mayor razón aún, sobre el aspecto de la Iglesia universal, si bien existe de hecho, se ha reflexionado poco teológicamente. La Federación Luterana Mundial es una alianza de Iglesias, no una Iglesia como tal. Según su autocomprensión, se encuentra en camino desde la alianza de Iglesias a la comunión de Iglesias.

Solo en este contexto más amplio resulta comprensible que los evangélicos no dispongan de una teología del ministerio episcopal generalmente reconocida ni tampoco de una teología de un ministerio en el nivel de la Iglesia universal, tal como nosotros lo vemos realizado en el ministerio petrino del obispo de Roma. A tenor de la opinión predominante entre los evangélicos, el ministerio de pastor y el ministerio de obispo son teológicamente idénticos y solo funcionalmente distintos. Según esta concepción, el ministerio episcopal no es más que un ministerio de pastor que asume funciones directivas de la Iglesia. Y de acuerdo con un famoso añadido de Melanchthon a los *Artículos de Esmalcalda*, el ministerio papal es, bajo determinadas circunstancias, posible (o sea, no necesario) se-

2. Cf. CA VII.

gún el «derecho humano» (*de iure humano*) en aras de la paz, pero está sujeto por principio a crítica, lo que excluye la pretensión de infalibilidad. En la actualidad existe un nuevo clima de apertura. Los teólogos evangélicos ecuménicamente abiertos consideran posible, en parte incluso deseable, un ministerio petrino en el plano de la Iglesia universal en cuanto institución humana (*de iure humano*). Pero aun cuando el ministerio petrino se reinterpretara teológicamente y se reestructura prácticamente conforme a sus ideas, para ellos solo sería concebible una *communio* [comunión] con Pedro, pero no una *communio* bajo Pedro. Los católicos estamos convencidos de que el ministerio petrino es un don esencial del Señor a la Iglesia. Para nosotros es *de iure divino* [de derecho divino], o sea, constitutivo de la Iglesia. Sirve a la unidad de la Iglesia y al mismo tiempo a la libertad de la Iglesia respecto del Estado y de la sociedad correspondiente. Por lo que atañe a su forma concreta y a la ponderada relación entre Iglesia universal e Iglesia local, existe un amplio margen. El papa mismo, en su encíclica sobre el ecumenismo *Ut unum sint*, ha planteado la pregunta por el ejercicio futuro del ministerio petrino, invitando a un fraternal diálogo ecuménico al respecto. Sobre este tema se está desarrollando entretanto un amplio diálogo. Ha llevado a algunas convergencias, pero todavía no, ni mucho menos, a un consenso.

Así, es evidente que en estas cuestiones, a pesar de los acercamientos tanto en el clima como en pasos concretos, se plantean aún difíciles interrogantes, que, hasta donde humanamente cabe juzgar, no se van a solucionar hoy ni mañana. Estas cuestiones no son solo sutilezas teológicas, sino cuestiones que afectan a la vida concreta de la Iglesia y de todo creyente individual. Pues con la cuestión del ministerio están estrechamente relacionadas tanto la cuestión del magisterio como la de la eucaristía. No en vano, con la cuestión del ministerio se plantea el problema de la exégesis vinculante de la palabra de Dios y el problema de la comunión eucarística, que es signo y medio, centro y cima de la comunión eclesial. Con la cuestión del ministerio se ponen a debate también las realizaciones centrales de la vida de la Iglesia: la recta predicación del Evangelio y la celebración común de la eucaristía.

En el presente contexto no podemos ocuparnos de la veneración de los santos y, en especial, de la veneración de María. También para este asunto existen, además del ya mencionado *Communio sanctorum*, importantes documentos ecuménicos que ayudan a avanzar y que no deberían ser ignorados. Aquí nos limitaremos a remitir a una publicación pertinente del Grupo de Les Dombes[3].

V. Ecumenismo de la vida

Séptimo: la cambiante situación ecuménica puede caracterizarse sintéticamente diciendo que, al ecumenismo en la verdad y al ecumenismo en la caridad, se añade en cada vez mayor medida el ecumenismo de la vida. Debemos vivir y colmar de vida el grado de comunión que, gracias a Dios, entretanto hemos alcanzado. Las Iglesias no solo se han alejado unas de otras a causa de discusiones teológicas, sino que durante siglos se han distanciado también existencialmente. Deben volver a aproximarse en esta dimensión. Los fenómenos críticos de los últimos tiempos ponen de manifiesto que todavía existen bastantes más reservas recíprocas, malentendidos y diferencias de lo que se pensaba en la fase entusiasta inmediatamente posterior al concilio. Los resultados ecuménicos obtenidos hasta ahora no han sido ni mucho menos recibidos de manera generalizada ni han penetrado del todo en la vida y en la conciencia de las Iglesias. Bien al contrario, siguen siendo en gran medida desconocidos. Por eso, aún hay que hacer mucho trabajo de formación ecuménica. El hecho de que numerosos cristianos no se interesen ya por las doctrinas confesionalmente diferenciadoras no es un argumento en contra. Pues la ignorancia y el indiferentismo no pueden ser criterios de la acción eclesial.

En un ecumenismo de la vida podemos hacer hoy ya mucho más de lo que en general acontece: lectura en común de la Sagrada Escritura, conocimiento recíproco, intercambio de experiencias espirituales, cooperación en el ámbito del compromiso caritativo y social, en la ayuda al desarrollo, en la protección de la vida y del medio ambiente, en el trabajo de opinión pública, en la teología, etc. Aquí no se solicita solo la participación de obispos y teólogos, sino la de todos los cristianos. En este terreno, todos somos expertos, cada cual a su manera.

El ecumenismo espiritual es fundamental, máxime en la actual situación crítica. Es cierto que debemos hacer todo lo posible para propiciar el progreso del ecumenismo, pero la unidad de la

---

3. Trad. al.: *Maria in Gottes Heilsplan und die Gemeinschaft der Heiligen*, Frankfurt 1999 [trad. esp.: «María en el designio de Dios y la comunión de los santos»: DiEC 33 (1998), 69-137].

Iglesia no la podemos «hacer» nosotros. Es un don del Espíritu Santo y únicamente es posible como un Pentecostés renovado. Y eso es algo que, en último término, no podemos sino suplicar. Lo que se requiere no es activismo ecuménico, sino espiritualidad ecuménica. Concluyo con una experiencia vivida en múltiples conversaciones y encuentros ecuménicos. Siempre que nos limitamos a debatir en el plano teológico, todos los interlocutores son suficientemente inteligentes para encontrar objeciones a lo que el otro plantea. Tales conversaciones ecuménicas son un fenómeno escatológico: sería posible continuar con ellas hasta el día del juicio final. En cambio, cuando se consigue pasar a un ecumenismo de la vida y a un ecumenismo espiritual, cuando se logra forjar amistades, orar en común y llegar a un intercambio espiritual, el clima se transforma y la comprensión y el entendimiento mutuos se tornan posibles. El otro deviene entonces causa de alegría. Y el ecumenismo deja de ser de repente solo una empresa laboriosa que requiere mucha paciencia. Un ecumenismo así, en transformación, no produce hastío, sino que infunde alegría, esperanza, confianza. Es experimentado como obra del Espíritu Santo, quien sin cesar depara sorpresas. En esta clase de ecumenismo me gustaría confiar. Porque es digno de confianza.

18
Un Señor, una fe, un bautismo.
Perspectivas ecuménicas para el futuro

Si bajo el tema bíblico: «Un Señor, una fe, un bautismo», nos preguntamos por perspectivas ecuménicas para el futuro y no queremos comprometernos, en una falsa actitud profética, con utopías ajenas a la realidad y carentes de lugar en sentido literal ni con ilusiones, entonces debemos tomar en consideración la frase: «Únicamente quien conoce su origen puede tener futuro y modelar el futuro».

I. La nueva situación

Según las palabras del último concilio, es un signo de la acción del Espíritu Santo en nuestra época –nótese bien: del Espíritu Santo en nuestra época, no del espíritu de la época– que en nuestro siglo, junto con el arrepentimiento por la división, hayan vuelto a aflorar el anhelo y la búsqueda de la unidad. Tras siglos de separaciones, aislamientos, animosidades y desinterés recíproco, todas las Iglesias han emprendido el camino ecuménico.

Significativamente, el movimiento ecuménico tiene su origen en la Conferencia Misionera Mundial celebrada en Lausana en 1927. A la sazón, todos los participantes cobraron conciencia de que la escisión del cristianismo constituye uno de los mayores obstáculos para la misión mundial. En Alemania, el ecumenismo tuvo su origen, entre otras cosas, en las trincheras de la Segunda Guerra Mundial y en los campos de concentración del Tercer Reich. En estos últimos convivían cristianos católicos y protestantes confesantes y también judíos; en la resistencia común contra un régimen inhumano y criminal descubrieron su profunda afinidad, que era mayor que todo lo que les separaba.

Al acabar la Segunda Guerra Mundial, la teología ecuménica pudo basarse en tales experiencias. Teólogos católicos y evangélicos de altura descubrieron las riquezas del otro, leyeron en común la Sagrada Escritura, estudiaron conjuntamente a los padres de la Iglesia. A través de este intercambio profundizaron y enriquecieron la propia fe y se percataron de que estaban mucho más cerca unos de otros de lo que hasta entonces habían pensado. Como mártir de la paz entre las confesiones y los pueblos hay que nombrar sobre todo al párroco católico Max Josef Metzger. Otros nombres importantes son Karl Barth, Karl Rahner, Yves Congar, Hans Urs von Balthasar, Hans Asmussen, Peter Brunner, Edmund Schlink, Heinrich Fries, etc.

El movimiento teológico fue sostenido y acompañado por la «base». A causa de los desplazamientos de población, tras la Segunda Guerra Mundial quedaron en Alemania pocas regiones puramente católicas o evangélicas. Católicos y protestantes vivían puerta con puerta, coincidían en el lugar de trabajo y aprendieron a estimarse como personas y como cristianos. Ya apenas existía el ambiente típicamente católico o típicamente evangélico.

Esto llevó sin duda a una preocupante nivelación de la conciencia de fe. Sin embargo, puesto que ya no podemos revertir los desarrollos sociológicos, solo nos sirve el camino hacia delante: debemos descubrir y fortalecer lo común en la fe y buscar la unidad en la fe. No existe alternativa al ecumenismo. No se trata de si queremos o no el acercamiento. La única pregunta es cómo configurar responsablemente este proceso de la manera más adecuada. El movimiento ecuménico mismo es, tanto espiritualmente como por lo que hace a la práctica existencial, un proceso irreversible.

II. La irrupción del ecumenismo

Un proceso de esta índole no transcurre, por supuesto, sin dificultades y resistencias. No es posible cerrar fosos centenarios de un día para otro. Ni tampoco cabe franquearlos a la ligera. Ninguna Iglesia puede negar sin más su tradición y la fe de sus padres y madres. La fe tiene que ver con convicciones de conciencia que no se pueden mudar como uno cambia de camisa o se compra un coche nuevo.

Así, es comprensible que al principio existiera, formulándolo cautelosamente, una considerable reserva oficial frente al movimiento ecuménico. En tiempos de Pío XI fue más o menos condenado en la encíclica *Mortalium animos* (1928). La tesis básica de la encíclica reza: la Iglesia católica es la verdadera Iglesia de Jesucristo, por lo que los cristianos no católicos han de regresar a la unidad de la Iglesia católica. Se temía que el ecumenismo condujera a una relativización y nivelación del punto de vista católico. En consecuencia, se prohibió a los teólogos católicos participar en actos ecuménicos. En tiempos de Pío XII, esta prohibición fue ligeramente relajada en 1949 en una *instructio* del entonces Santo Oficio. Pero en la encíclica *Mystici corporis* (1943) defendió Pío XII la tesis de que la Iglesia católica es la Iglesia de Jesucristo, el cuerpo de Cristo. Dada semejante identificación, no queda margen alguno para el ecumenismo con las demás Iglesias.

Pero no todos los posicionamientos eclesiásticos están destinados a la eternidad. La conciencia ecuménica y el anhelo ecuménico se impusieron también en la Iglesia católica. Ya a finales del siglo XIX se mantuvieron en Bélgica las conversaciones de Malinas con los anglicanos. En Francia, el *abbé* Couturier fundó el ecumenismo espiritual. Allí surgió la llamada *nouvelle théologie*. Yves Congar, que primero fue sospechoso para la Iglesia, pero luego terminó siendo elevado a cardenal, se convirtió en pionero del ecumenismo. En Alemania cobró importancia el llamado *Círculo Jäger-Stählin*, fundado en 1945. En 1957, Lorenz Jäger, arzobispo de Paderborn, fundó el Instituto Johann Adam Möhler. Desde Holanda, Jan Willebrands, quien más tarde sería elevado a cardenal, y Frans Thijssen crearon en 1952 la Conferencia Católica para Cuestiones Ecuménicas. En uno de sus viajes por Europa, Willebrands conoció en Roma a Augustin Bea, posteriormente cardenal y primer presidente del entonces llamado Secretariado para la Promoción de la Unidad de los Cristianos, creado por Juan XXIII en 1960. Willebrands se convirtió en el segundo de Bea y en 1969 en su sucesor.

La irrupción oficial del ecumenismo fue obra del concilio Vaticano II (1962-1965). Siendo nuncio en Bulgaria y Turquía (Constantinopla), el papa Juan XXIII había conocido y aprendido a estimar a los cristianos ortodoxos y sus Iglesias. Su intención era que el concilio tuviera un toque ecuménico. Por eso creó el Secretariado para la Promoción de la Unidad de los Cristianos e invitó al concilio a observadores no católicos, a los que se concedió la posibilidad de posicionarse ante los documentos en preparación.

La preocupación ecuménica se plasmó en la fundamental constitución sobre la Iglesia *Lumen gentium*. En este documento se llevó a cabo un importante cambio respecto a la *Mystici corporis* de Pío XII. Ya no se afirma que la Iglesia católica es la Iglesia de Jesucristo, sino, más cautelosamente, que la Iglesia de Jesucristo subsiste (*subsistit*) en la Iglesia católica, o sea, que en ella se realiza concretamente y está presente concretamente. Con ello se posibilitó afirmar que fuera de la estructura visible de la Iglesia católica existen no solo cristianos individuales, sino también elementos de la Iglesia de Jesucristo misma, elementos que, lejos de ser tristes despojos, tienden dinámicamente a la plenitud y la unidad.

El decreto sobre el ecumenismo *Unitatis redintegratio* puso de relieve sobre esta base los «principios católicos del ecumenismo» y extrajo consecuencias prácticas. La primera frase de este decreto sobre el ecumenismo reza: «Promover la restauración de la unidad entre todos los cristianos es uno de los fines principales que se ha propuesto el sacrosanto concilio Vaticano II». Con ello, la preocupación ecuménica se convirtió en una de las prioridades de la Iglesia posconciliar. El papa Juan Pablo II se adhiere expresamente a ello en su encíclica sobre el ecumenismo *Ut unum sint* (1995), en la que escribe una frase que luego ha repetido a menudo, a saber, que la opción ecuménica del concilio es una decisión irrevocable.

El concilio afirma, por supuesto, que la Iglesia católica es la Iglesia verdadera, que se ha mantenido fiel al legado apostólico. Pero enseña que fuera de ella existe ciertamente no «la» Iglesia, pero sí realidad eclesial. Tales elementos de la Iglesia son, sobre todo, la predicación de la palabra de Dios y el bautismo, mediante el cual nos convertimos en miembros de la Iglesia. Fuera de la Iglesia católica es posible encontrar fe, esperanza y amor, así como signos y testimonios de la santidad, incluso del martirio. En las Iglesias ortodoxas se dan también la eucaristía y el ministerio episcopal en sucesión apostólica. El concilio llega hasta el punto de afirmar que el Espíritu Santo se sirve de estas Iglesias y comunidades eclesiales como medio para la salvación de sus miembros.

Las orientaciones fundamentales del concilio han sido incorporadas al código de derecho canónico tanto de la Iglesia latina católica (CIC, *Codex Iuris Canonici*) como de las Iglesias orientales católicas (CCEO, *Codex Canonum Ecclesiarum Orientalium*), adquiriendo de este modo el estatus de canónicamente vinculantes, sobre todo para los obispos. ¡Esto, hasta donde yo sé, no ha ocurrido en el ordenamiento jurídico de ninguna otra Iglesia! A ello se añade el *Directorio ecuménico* (primera versión, 1967 y 1970; segunda versión, 1993), que concreta las afirmaciones conciliares desde una perspectiva práctica y las hace obligatorias para obispos y sacerdotes. Quien estudie este directorio constatará que concede a las Iglesias locales mucho más margen del que se suele percibir. Por último, es necesario mencionar la encíclica de Juan Pablo II *Ut unum sint*, que ha de ser calificada de profética y en la que el papa valora positivamente los resultados obtenidos hasta ese momento en los diálogos y declara que el ecumenismo se cuenta entre las prioridades de su pontificado. No conozco a ningún otro «líder eclesiástico» que se posicione con tanta frecuencia y tan inequívocamente a favor del ecumenismo como lo hace este papa.

Muchos objetarán ahora: sí, sí, pero ahí está la *Dominus Iesus*. Este documento, promulgado en agosto de 2000 por la Congregación para la Doctrina de la Fe, ¿no ha revocado todo lo anterior, destruyendo las expectativas ecuménicas? Muchos piensan que así es y muchos se sienten decepcionados y ofendidos por esta declaración. Esto me ha afectado también a mí, porque la tristeza y el dolor de mis amigos me entristecen y me duelen. Sin embargo, no puedo sustraerme del todo a la impresión de que esta declaración les ha venido como llovida del cielo a algunos, a quienes ya antes les importaba poco el ecumenismo y les ha servido de oportuna excusa para mostrar con regodeo la imposibilidad de toda la empresa ecuménica, tan poco apreciada por ellos. Por eso no pueden hinchar este texto lo suficiente.

No pretendo quitar importancia a la *Dominus Iesus*, pero sí que quiero intentar poner en su sitio la declaración. Su intención no es presentar de forma exhaustiva la doctrina ecuménica de la Iglesia católica. Tan solo busca recordar algunas afirmaciones conciliares conocidas desde hace mucho tiempo. Esto lo lleva a cabo de una forma, a mi juicio, innecesariamente afilada y dura. Debe ser leída en el contexto de otros textos más abarcadores y también de mayor rango, como, por ejemplo, las afirmaciones conciliares y la encíclica *Ut unum sint*. No puede anular estos otros textos. Ni tampoco puede dejar sin valor las múltiples afirmaciones y gestos positivos realizados por el papa desde entonces, afirmaciones y gestos que muestran que la «política vaticana» no ha cambiado y que no hay marcha atrás respecto del último concilio. Antes bien, el Vaticano II es, como dice el papa en *Novo millennio ineunte* (2001), la brújula para el camino de la Iglesia hacia el nuevo siglo y el nuevo milenio.

III. ¿Dónde estamos?

El desarrollo no se ha detenido desde el concilio. En todos los niveles se han producido en las últimas décadas muchas cosas positivas que no podemos ni queremos revertir: en las parroquias y en las asociaciones ha cobrado forma una estrecha colaboración y una amistosa vinculación. Las celebraciones conjuntas de la palabra y los encuentros ecuménicos forman parte de las actividades consolidadas de las parroquias. Y algo análogo vale para las facultades de teología, las diócesis y la Conferencia Episcopal. La contraposición y la yuxtaposición han cedido paso a la convivencia y al salir al encuentro del otro, a la vinculación amistosa y, allí donde es posible, a la colaboración. Nos encontramos en una ya realizada, si bien todavía imperfecta, comunión eclesial.

Los progresos en el plano universal se evidenciaron en diversos acontecimientos ecuménicos acaecidos durante el Año Santo. Por primera vez en la historia, la Puerta Santa de San Pablo Extramuros fue abierta conjuntamente por el papa, el arzobispo de Canterbury y el delegado del patriarcado ecuménico de Constantinopla en presencia de representantes de veintidós Iglesias y federaciones de Iglesias. Estaban representadas más Iglesias que en tiempos del concilio. Todos juntos celebraron a continuación un impresionante servicio religioso común. Algo análogo ocurrió en la celebración conmemorativa de los testigos de la fe del siglo XX delante del Coliseo romano. En ambas ocasiones se evidenció la positiva transformación de la situación ecuménica.

El Pontificio Consejo para la Promoción de la Unidad de los Cristianos mantiene actualmente diálogos formales con trece Iglesias o federaciones de Iglesias; con otras existen contactos más informales. No se trata solo, como entre nosotros en Alemania, de la relación entre católicos y evangélicos, sino también de la relación con las Iglesias orientales antiguas (armenios, coptos, sirios, etíopes, malankares, asirios), las Iglesias ortodoxas de tradición bizantina (en especial el patriarcado ecuménico de Constantinopla, las Iglesias ortodoxas rusa, griega, serbia, rumana, etc.), la Comunión anglicana, las Iglesias luteranas y reformadas, los metodistas, los baptistas, los menonitas, los adventistas, los discípulos de Cristo, las nuevas comunidades evangélicas y pentecostales, etc. –o sea, un amplio espectro, con el que uno no se aburre tan rápidamente–. La Iglesia católica no es miembro del Consejo Mundial de Iglesias, pero mantiene buenas relaciones con él. Existe un *Joint Working Group* [Grupo de Trabajo Conjunto], que se reúne anualmente y aborda temas importantes. La Iglesia católica es miembro formal de la Comisión Fe y Constitución, la más importante del Consejo a nuestro juicio.

El trabajo ecuménico no se circunscribe, desde luego, a estos diálogos teológicos oficiales. Igualmente importantes, o incluso aún más importantes, son los múltiples encuentros y visitas personales. El papa mantiene correspondencia regular con los responsables máximos de las otras Iglesias y comunidades eclesiales. Las visitas de los patriarcas y otros líderes eclesiásticos a Roma son numerosas, al igual que las visitas y los encuentros que realiza el papa con ocasión de sus viajes. Tales visitas y cartas son algo más que una muestra formal de cortesía diplomática. Antes bien, con este tipo de contactos las Iglesias han retomado formas de la *communio*, o sea, de la comunión eclesial, que eran habituales durante el primer milenio.

Esta comunión eclesial no nace solo de un sentimiento humano de simpatía y solidaridad. No se trata de una filantropía humanista. Sus fundamentos son la fe común en Jesucristo y el bautismo común, en virtud del cual todos los bautizados somos ya ahora miembros del único cuerpo de Cristo. Pero, por desgracia, esta comunión existente ya ahora no es todavía una comunión plena y perfecta. Esto se manifiesta sobre todo en que todavía no nos reunimos en común alrededor de la única mesa del Señor –lo que con razón todos debemos desear y anhelar–, ni podemos celebrar conjuntamente la eucaristía, el sacramento de la unidad.

IV. Dos hitos en el camino ecuménico

Me gustaría entresacar dos hitos en el camino hacia la plena unidad, en los que los diálogos han conducido a resultados oficiales. En primer lugar hay que nombrar los acuerdos con las Iglesias orientales antiguas. Estas se separaron ya en los siglos IV y V en el contexto de los concilios de Éfeso (431) y Calcedonia (451). El problema residía entonces en la confesión de fe en que Jesucristo es Dios verdadero y hombre verdadero en una sola persona. Entretanto, gracias al intenso trabajo teológico previo desarrollado sobre todo por la fundación *Pro Oriente*, creada en Viena por el cardenal Franz König, se ha podido afirmar, en sendas declaraciones conjuntas del papa con los patriarcas de las distintas Iglesias, que las diferencias en el plano de las formulaciones y las filosofías subyacentes en cada caso no afectan al contenido de la fe en cuanto tal. Aunque la formulemos de modo distinto, «materialmente» profesamos la misma fe.

Algo análogo ocurre con la *Declaración conjunta sobre la doctrina de la justificación*, firmada solemnemente en Augsburgo el 31 de octubre de 1999. La doctrina de la justificación fue el principal punto de controversia en la época de la Reforma, el artículo del que Martín Lutero decía que dependía por completo la suerte de la Iglesia, el artículo con el que «la Iglesia se mantiene en pie o cae». Tras ello estaba la experiencia personal de Lutero. A él le inquietaba la pregunta: ¿cómo consigo un Dios misericordioso? ¿Cómo puedo pasar la prueba ante Dios, esto es, cómo puedo ser justo? La respuesta de Lutero rezaba: eso no lo consigo en virtud de mis buenas obras; solo soy justificado si acepto en la fe que Dios me declara justo y me hace justo, no por mis propias obras, sino en virtud de la cruz de Cristo, que es donde reside exclusivamente la salvación. Aquí se trata, de hecho, del núcleo del Evangelio, de la cuestión de la salvación y la paz interior.

Así pues, no discutimos sobre cuestiones marginales, sino sobre la cuestión central del Evangelio. Únicamente tras décadas de trabajos previos en el plano nacional e internacional fue posible afirmar conjuntamente que en la actualidad estamos de acuerdo en enseñanzas fundamentales (¡no en todas las enseñanzas fundamentales!) de la doctrina de la justificación y que las condenas recíprocas no son aplicables ya a los interlocutores actuales. Esto no fue el resultado de una negociación diplomático-eclesiástica ni de un compromiso barato. Tampoco se trataba de que una de las partes cediera y renunciara a su legado. Eso no puede hacerlo ninguna Iglesia. Más bien, a la luz de la Sagrada Escritura y de la tradición común de los padres, así como del estudio de los escritos de Lutero y de las afirmaciones del concilio de Trento, hemos aprendido a entender de forma nueva y más profunda nuestra respectiva doctrina. Así, al final pudimos afirmar sinceramente que, en virtud de las profundas afinidades constatadas, las diferencias persistentes ya no son motivo de separación de las Iglesias. Pudimos afirmar una unidad en la diversidad o, como hoy se dice con frecuencia, una diversidad reconciliada.

La firma de la declaración en Augsburgo fue con razón una fiesta. En el resto del mundo, incluso en Latinoamérica, donde, como es sabido, la Iglesia luterana tiene una presencia minoritaria, el acontecimiento fue celebrado con servicios litúrgicos de acción de gracias. En realidad, solo en Alemania tuvo la declaración un epílogo poco grato, lo que demuestra que muchos no habían tomado nota del profuso debate teológico internacional previo que posibilitó la firma en Augsburgo y se vieron sorprendidos y sintieron que los acontecimientos les habían pillado desprevenidos.

El papa aplaudió de forma expresa y sin demora la firma. Con ello debería haber quedado eliminada hasta la más mínima sospecha de que la autoridad suprema de la Iglesia católica no respaldaba esta firma. Reiteradas veces manifestó su aprobación.

En referencia a Augsburgo, el papa ha hablado de un hito. Con ello se describe con precisión lo alcanzado: hemos cubierto una importante etapa del camino, pero aún no hemos llegado a la meta misma. Pero lo que hemos logrado no es poco. Estamos de acuerdo en la profesión de fe en el centro del Evangelio y, en virtud del único bautismo, somos miembros del único cuerpo de Cristo. Con ello estamos en condiciones de dar conjuntamente testimonio de la buena noticia del Evangelio en un mundo que cada vez sabe menos de este mensaje y, sin embargo, lo necesita más que nunca. Este testimonio conjunto de aquello en lo que creemos en común, de aquello que nos une y sostiene, de lo que juntos podemos decir al mundo y hacer en el mundo, es la tarea y la gran oportunidad de las Jornadas Eclesiales Ecuménicas (*Ökumenischer Kirchentag*) de 2003. No debemos desaprovechar esta gran oportunidad lamentándonos de lo que, por desgracia, todavía no es posible.

V. La cuestión eclesiológica abierta

Las cuestiones aún abiertas se hacen patentes si preguntamos: ¿en qué consiste la unidad plena? ¿Cuál es la meta de la peregrinación ecuménica? ¿Cuáles son los pasos que hemos de dar a continuación? La respuesta católica es clara: unidad en la fe, en los sacramentos y en los ministerios eclesiásticos. Mientras no alcancemos un consenso sustancial en estas cuestiones, según la comprensión católica, ortodoxa y también veteroevangélica, válida hasta la década de 1970, no es posible la celebración conjunta de la eucaristía. Según 1 Cor 10,16s, la comunión en el único cuerpo eucarístico de Cristo y la comunión en el único cuerpo eclesial de Cristo constituyen una unidad. Así, la comunión eucarística y la comunión eclesial iban de la mano en la entera tradición, válida para todas las Iglesias hasta los años setenta del siglo pasado.

Sin embargo, con lo que hemos dicho hasta ahora ha quedado ya claro que la Iglesia una no puede ser una Iglesia unitaria. La unidad no debe ser confundida con la uniformidad. En materias de fe no puede haber yuxtaposición ni contraposición de posiciones contrarias. Por consiguiente, no puede ser que una Iglesia haga afirmaciones de fe vinculantes que otra Iglesia condene y anatematice como contrarias al Evangelio. Pero sí que pueden existir diversos modos de expresión de una y la misma fe, diversos acentos, diversos ritos, diferentes tradiciones y costumbres. Tal diversidad no constituye, sin embargo, una deficiencia; antes al contrario, significa riqueza y plenitud. Es catolicidad en el sentido propio de la palabra.

En este sentido, se trata de unidad en la diversidad y diversidad en la unidad. También cabe hablar de una diversidad reconciliada. Bien entendido, lo que se quiere decir es que el diálogo paciente posibilita que las contradicciones, tal como existen en la actualidad, se conviertan en diferencias susceptibles de ser entendidas como enfoques diferentes y, por tanto, no se excluyen mutuamente, sino que se complementan. Las aserciones contradictorias pueden transformarse en aserciones complementarias; así pues, una diversidad reconciliada.

De momento no estamos aún tan lejos. En algunas cuestiones importantes no tenemos todavía una diversidad reconciliada, sino una diversidad sin reconciliar. La falta de reconciliación no afecta solo a doctrinas dogmáticas no reconciliadas, sino también –y en realidad, casi en mayor medida– a los corazones no reconciliados. Todas las Iglesias arrastran consigo recuerdos colectivos, recuerdos de lo que los otros les han hecho y de cuán imposibles son, en consecuencia, los católicos, los evangélicos o los ortodoxos. Así, todavía hay mucho que asumir de la historia. Es necesaria una «purificación de la memoria». El papa Juan Pablo II predicó con el ejemplo el primer domingo de Cuaresma del año 2000 y pidió perdón por los pecados contra la unidad.

Únicamente en el espíritu del perdón y la reconciliación es posible abordar las diferencias dogmáticas aún existentes. Una vez que nos hemos puesto de acuerdo a grandes rasgos sobre el contenido del Evangelio, sobre Jesucristo, sobre la justificación, ahora se plantea con tanta mayor urgencia la pregunta por la Iglesia –y sus ministerios– como testigo, signo e instrumento de este mensaje. De ello se trata en la actualidad en los diálogos teológicos y en el proceso de consulta que sobre el tema *The Nature and Purpose of the Church* [Naturaleza y finalidad de la Iglesia] ha puesto en marcha la Comisión Fe y Constitución del Consejo Mundial de Iglesias.

Con la Ortodoxia compartimos la concepción de Iglesia. Tenemos los mismos credos veteroeclesiales, los mismos sacramentos, en especial la eucaristía, y la misma constitución episcopal de la Iglesia. El problema se reduce esencialmente a la cuestión del ministerio petrino. También los ortodoxos reconocen a Roma como la primera sede apostólica, a la que corresponde un «primado en la caridad» (Ignacio de Antioquía), pero están convencidos de que los dos dogmas del concilio Vaticano I (1869-1870), el de jurisdicción universal y el de infalibilidad del papa, no son compatibles con su comprensión de la *koinōnía/communio* [comunión].

Por desgracia, el debate al respecto se ha tornado más difícil desde el cambio político de 1989-1990 en Europa Central y del Este. Cuando a la sazón volvió la libertad a la Europa de Este, las Iglesias unidas con Roma en Ucrania y Rumanía, que habían sido brutalmente reprimidas por Stalin después de 1946, pudieron reincorporarse a la vida pública. Ello hizo que la Iglesia ortodoxa perdiera una parte considerable de sus parroquias. Desde entonces, el uniatismo y el proselitismo son los dos reproches que Moscú y otras Iglesias ortodoxas nos hacen sin cesar. En la asamblea plenaria de la Comisión Teológica Internacional Mixta celebrada en Baltimore en 2000 no fue posible, por desgracia, avanzar en estas cuestiones. Se puso de manifiesto que todavía hay que superar numerosos prejuicios. Sin embargo, varios contactos mantenidos en los últimos meses me confirman en la confianza de que pronto podremos dar un nuevo paso hacia delante.

VI. Diferentes concepciones de Iglesia

Con las Iglesias y comunidades eclesiales nacidas de la Reforma del siglo XVI, el foso en la concepción de Iglesia es más profundo. Aquí no se trata solo del ministerio petrino, sino de la comprensión del ministerio en general: de la relación del sacerdocio general con el sacerdocio especial y, sobre todo, del ministerio episcopal en sucesión apostólica. También cabría decir que no estamos todavía de acuerdo sobre aquello en lo que deberíamos estar de acuerdo en aras de la unidad visible de la Iglesia. Pues aún no estamos de acuerdo en todo lo que es la Iglesia, en cuáles son sus ministerios constitutivos y sus sacramentos. El debate al respecto se ve dificultado por el hecho de que las Iglesias procedentes de la Reforma ofrecen respuestas muy distintas a estas preguntas. En parte incluso el bautismo es cuestionado en cuanto fundamento, como ha ocurrido recientemente en una resolución sinodal de la Iglesia reformada (*reformierte Kirche*) en Francia.

Las cuestiones de eclesiología aún abiertas han sido puestas de relieve sobre todo por la *Dominus Iesus*. Lo que ha causado mayor irritación ha sido la afirmación de que las comunidades eclesiales surgidas de la Reforma del siglo XVI no son Iglesias en el sentido propio de la palabra. Muchos amigos evangélicos se han tomado esto como un insulto. De hecho, habría sido posible expresar de forma considerablemente más amable y menos equívoca lo que se pretende decir. Pues no se afirma que no sean Iglesias, sino que no son Iglesias en sentido propio. Lo que se quiere decir es: no son Iglesias en el sentido en que la Iglesia católica se entiende a sí misma como Iglesia. Esto, de hecho, es innegable. A consecuencia de una concepción diferente de Iglesia, estas comunidades eclesiales no quieren ser Iglesia en el sentido en que la Iglesia católica entiende este término. Son un tipo distinto de Iglesia. No tienen el ministerio episcopal en sucesión histórica ni tampoco el ministerio petrino, que para nosotros, los católicos, son esenciales.

Sin embargo, no son simplemente no-Iglesias. Poseen elementos esenciales de la Iglesia, en especial la predicación de la palabra de Dios y el bautismo. Como afirma la encíclica *Ut unum sint*, fuera de la Iglesia católica no se da el vacío eclesial. Allí fuera no se encuentra «la» Iglesia, pero sí una realidad eclesial que aspira dinámicamente al pleno ser Iglesia. Así, el debate sobre el ministerio episcopal está en plena efervescencia en el diálogo ecuménico internacional.

También la reciente declaración de la Iglesia Evangélica de Alemania *Kirchengemeinschaft nach evangelischem Verständnis* [La comunión eclesial según la concepción evangélica], de septiembre de 2001, afirma que «la necesidad y la forma del "ministerio petrino" y, con ello, del primado del papa, la comprensión de la sucesión apostólica, la no admisión de mujeres al ministerio ordenado y, no menos importante, la relevancia del derecho canónico en la Iglesia católica de Roma son circunstancias a las que debemos oponernos por parte evangélica». Esto está dicho de forma tan tajante y poco matizada y, además, sin tener en cuenta los resultados de los diálogos ecuménicos que, en comparación, la *Dominus Iesus* parece un amable texto ecuménico. Sea como fuere, tras esta declaración ya no puede afirmarse que todas las cuestiones teológico-doctrinales en el ámbito del ecumenismo están en el fondo aclaradas. Queda mucho por hacer.

Las diferencias todavía –por desgracia– existentes tienen consecuencias para la cuestión de la comunión eucarística. Es comprensible que las expectativas de muchos se canalicen hacia esta, no solo pensando en las Jornadas Eclesiales (*Kirchentag*) de 2003. Donde más claramente se hace manifiesto el dolor de la separación es en torno a la mesa del Señor. De ahí que me resulte difícilmente comprensible que puedan formularse las contradicciones de un modo tan intransigente y tajante como hace la citada declaración de la Iglesia Evangélica de Alemania e invitar al mismo tiempo a la comunión eclesial más estrecha posible. Ambas cosas no casan entre sí.

Algo distinto es que, también según el derecho canónico católico, existan casos individuales concretos –situacionalmente fundamentados– en los que, mediando una grave necesidad, sean viables soluciones pastorales en aras de la salvación de las almas. La impresión que tengo es que en general no suelen ser interpretados con estrechez de miras. Pero estas reglamentaciones no se pueden aplicar, naturalmente, a la situación de unas Jornadas Eclesiales. Aquí hay disponibles otras múltiples formas ecuménicas de celebración que, a través de la palabra y las acciones simbólicas, expresan la comunión ecuménica ya existente sin fingir una unidad que en realidad todavía no se ha alcanzado (celebraciones agápicas, vísperas, oración de Taizé, oración nocturna litúrgica, etcétera).

Nadie se dará definitivamente por satisfecho con esta situación. El proceso ecuménico debe continuar avanzando, y así lo hace. En el diálogo ecuménico existe movimiento en las cuestiones abiertas a las que nos hemos referido. Me limitaré a mencionar la *Porvoo Statement* [Declaración de Porvoo] de la Iglesia luterana escandinava con la Comunión anglicana, el acuerdo de las Iglesias luteranas de Estados Unidos y Canadá con la *Episcopalian Church* [Iglesia episcopal] y el último documento del diálogo católico-anglicano (ARCIC, *Anglican/Roman-Catholic International Commission*, Comisión Internacional Anglicano/Católico-Romana) *The Gift of Authority* [El don de la autoridad], así como los documentos del diálogo multilateral, en especial el Documento de Lima *Bautismo, eucaristía y ministerio* (1982). Todos estos textos muestran que también en la cuestión de la Iglesia y el ministerio, especialmente en lo que respecta a la comprensión del ministerio episcopal, existen esperanzadores acercamientos. Aunque todavía no se haya logrado un consenso, salta a la vista que el ecumenismo en modo alguno está estancado.

En la encíclica *Ut unum sint*, el papa Juan Pablo II ha invitado a un paciente diálogo fraternal sobre el ejercicio futuro del ministerio petrino, dándole así un impulso decidido al ecumenismo. Se trata de un paso valiente, más aún, revolucionario para un papa. Esta invitación ha impulsado un amplio debate teológico, que el Pontificio Consejo para la Promoción de la Unidad de los Cristianos ha recopilado y sintetizado.

Por supuesto, el papa no ha puesto en cuestión el primado como tal. ¿Cómo iba a hacerlo? En nuestra opinión, el ministerio petrino es un regalo para la Iglesia.

En el mundo actual, que en gran medida se ha convertido en una *global village* [aldea global], pero sigue caracterizándose por inmensas tensiones y conflictos internos, el servicio petrino a la unidad no está en modo alguno superado. Precisamente las tensiones y escisiones tanto en el mundo ortodoxo como en el protestante ponen de manifiesto cuán saludable resulta tener semejante punto de referencia común y semejante ministerio de la unidad.

No obstante, el modo de desempeñar ese ministerio ha cambiado de manera considerable a lo largo de la historia y seguirá transformándose en el futuro. La unidad en el ministerio petrino no comporta necesariamente, por ejemplo, una administración unitaria de la Iglesia, como de hecho se ha configurado en la Iglesia latina. La pregunta es, por consiguiente, de qué modo puede el ministerio petrino ejercer en el futuro su servicio a la unidad permitiendo al mismo tiempo a las otras tradiciones, en especial a las orientales, una relativa autonomía. ¿Cómo se puede alcanzar, pues, una nueva unidad en la diversidad? ¿Cómo puede lograrse el equilibrio adecuado entre el aspecto de la Iglesia universal y el aspecto de la Iglesia local?

También dentro de la Iglesia católica nos encontramos solo al comienzo de este debate. A juzgar por mucho de lo que oí durante el consistorio de mayo de 2001 y en el sínodo de los obispos de octubre de 2001, se trata de un prometedor comienzo.

VII. Llegados a un punto de inflexión

El ecumenismo ha alcanzado un *point of no return*, un punto de no retorno. Pero también ha llegado a un punto de inflexión. Seguirá siendo importante abordar y dirimir nuestras antiguas cuestiones controvertidas. Eso es suficientemente difícil. Pero ya no basta. Ello se hizo patente en la firma de la *Declaración conjunta sobre la doctrina de la justificación*. La mayoría de nuestros contemporáneos se alegraron de que las antiguas cuestiones controvertidas quedaran zanjadas, pero solo una minoría entendió el fondo del asunto. Las preguntas del siglo XVI ya no les dicen nada; esas preguntas ya no parecen ser las suyas. Lutero preguntaba cómo podía estar seguro él, como pecador, de su salvación. La respuesta liberadora la encontró en la Carta a los Romanos del apóstol Pablo: solo por la fe en la justicia otorgada por Dios en virtud de la cruz de Jesucristo.

Nuestra experiencia hoy ya no es la del lastre del pecado, sino la de la ausencia de la experiencia de pecado, que, a su vez, se basa en la experiencia de la ausencia de Dios y en el desinterés por Dios. En la actualidad, a la gran mayoría no les dicen nada el pecado –y mucho menos el pecado original– ni la redención mediante la cruz ni la transmisión de la redención por la Iglesia en sus sacramentos. Nuestra pregunta no es: ¿cómo consigo un Dios misericordioso?, sino: ¿qué tiene que ver mi vida con Dios? Para muchos, Dios resulta muy lejano; quizá todavía es el horizonte último, pero ya no el centro. Todos nos hemos convertido más o menos en deístas. Ya no nos preguntamos: ¿cómo me las arreglo con Dios?, sino: ¿cómo me las arreglo conmigo mismo y con mi vida? Así, las antiguas respuestas de las distintas Iglesias –las de la católica tanto como las de la evangélica o la ortodoxa– no parecen ya comprensibles ni tampoco interesantes. En esta situación, todas las Iglesias se enfrentan a una tarea común, a un nuevo reto ecuménico. Deben aprender a explicar y decir de modo nuevo las riquezas de sus respectivas tradiciones: quién es Dios para nosotros y quiénes somos nosotros para Dios, quién es Jesucristo y qué significa para nosotros. Debemos aprender a decir de modo nuevo qué significan el pecado, el juicio y la gracia. Hemos de traducir nuestras tradiciones a un lenguaje que afecte a nuestras vidas, las ilumine y sea capaz de infundir esperanza. Estos son retos ecuménicos a los que se enfrentan todas las Iglesias en común. Al comienzo del nuevo siglo y el nuevo milenio se encuentran juntas ante la tarea de una nueva evangelización.

Dada semejante situación, las personas no son comprensivas con las sutiles polémicas teológicas y los juegos de política eclesiástica. Esperan respuestas extraídas del Evangelio con las que poder vivir y afrontar la vida diaria. Pues sienten cada vez más que las respuestas secularizadas que se les ofrecen como sucedáneo no dan fruto, sino que engañan y conducen al vacío. Bastantes más personas de las que solemos imaginar se plantean –consciente o inconscientemente– la pregunta por Dios, la pregunta por la gracia y la redención. Tienen elevadas expectativas en nosotros. No debemos defraudarlas. Pero tanto hoy como en el futuro, solo en común seremos capaces de ofrecer respuesta. De ahí que el ecumenismo no sea un lujo yuxtapuesto al resto de la misión de la Iglesia. Ocupa el centro de esta. La apuesta por la unidad de los cristianos tiene en la actualidad prioridad pastoral para todas las Iglesias, «a fin de que el mundo crea». Todas las Iglesias han de trabajar conjuntamente a través de una nueva evangelización para que el nuevo siglo sea más pacífico que el anterior. Eso es lo que anhelan la mayoría de las personas.

VIII. Valentía para el ecumenismo

Me gustaría concluir con un vistazo panorámico al futuro ecuménico. Estoy convencido de que no hay alternativa al ecumenismo. El encargo expreso de Jesús nos compromete con él. La división de los cristianos contradice a todas luces la voluntad de Jesús; es pecado. También sería pecado que, a la vista de las dificultades actuales, decepcionados, nos retirásemos del diálogo. El ecumenismo es obra del Espíritu de Dios. ¿Quién quiere detenerlo? Así pues, toca tener esperanza.

Pero tener esperanza no es lo mismo que hacerse ilusiones. La esperanza bíblica está asociada con la *hypomoné*, que suele traducirse por paciencia. Según Charles Péguy, la paciencia es la hermana pequeña de la esperanza. Traducido literalmente, la voz *hypomoné* significa «aguantar bajo la carga». Por eso, no me convencen las pías ilusiones ni las utopías concebidas ante el escritorio. El Espíritu de Dios no se rige por nuestros planes y medidas temporales. Nos debe bastar con hacer, con miras a una gran meta, lo que hoy es posible y necesario para alcanzar el objetivo de la unidad visible.

Hemos de ser realistas. No debemos subestimar las difíciles cuestiones aún abiertas. Sobre todo no debemos pasar por alto la búsqueda de la propia identidad recientemente renacida en todas las Iglesias y las resistencias ecuménicas que lleva asociadas. Tales resistencias existen en la Iglesia católica, pero no solo en ella. En las Iglesias ortodoxas, «ecumenismo» incluso se ha convertido entretanto en un concepto con connotaciones negativas. Las reservas frente al ecumenismo existentes en las Iglesias protestantes se pusieron de manifiesto en la firma de la *Declaración conjunta sobre la doctrina de la justificación*. Y la reciente decisión del consejo de la Iglesia Evangélica de Alemania de dejar de utilizar en las celebraciones ecuménicas la versión alemana de la Sagrada Escritura conocida como *Einheitsübersetzung* [Traducción unificada], que es la traducción litúrgica oficial de la Iglesia católica en los países de lengua alemana, representa un paso atrás respecto de algo común que se había conseguido con mucho esfuerzo.

Puedo entender que a muchos les parezca que el proceso ecuménico avanza con excesiva lentitud. Dicen que el ecumenismo oficial, más que hacer progresos, retrocede; o también hablan de una crisis del ecumenismo. Lo que de cierto hay en ello es que, por múltiples razones, el entusiasmo ecuménico que podía percibirse justo después del Vaticano II pertenece ya al pasado.

Esta constatación no tiene por qué interpretarse como un fenómeno de crisis. En esta situación cabe ver también un proceso de maduración. Tras el entusiasmo juvenil de los primeros años, hemos entrado en una fase de maduración en la que vemos que la realidad es más difícil de lo que, llevados por ese entusiasmo inicial, creíamos. Es mucho lo que hemos conseguido. Ahora se trata de configurar responsablemente la situación intermedia y de transición que ha surgido por medio de un diálogo en la caridad y en la verdad.

En el futuro, el diálogo en el amor y en la verdad no será solo un diálogo académico, sino un diálogo de la vida –y en mayor grado que hasta ahora–. Lo peor no es que nos hayamos alejado a causa de las discusiones, sino que nos hemos distanciado existencialmente, lo que ha hecho que al final ya ni siquiera nos entendamos. Por eso, debemos volver a aproximar nuestras vidas y a hacer en común todo lo que hoy ya es posible hacer sin transgredir en lo más mínimo los reglamentos eclesiásticos y, sobre todo, sin renegar de la propia conciencia. Es mucho más de lo que ahora solemos hacer.

Por desgracia, todavía es necesario eliminar malentendidos y prejuicios. La «purificación» de la memoria sigue siendo una tarea importante. Aún tenemos que aprender a entendernos mejor unos a otros. No es cuestión solo de debates, sino de comunicación, de intercambio de los dones respectivos. Podemos aprender mucho unos de otros. Eso no será posible a menos que admitamos las propias deficiencias. No existe diálogo ecuménico sin conversión personal y renovación institucional. La conversión no comienza, pues, por la conversión del otro, sino por la propia conversión y renovación. Es mejor ponderar qué pasos puedo dar hacia mi interlocutor que exigirle pasos que él de momento no está en condiciones de dar. Los pasos que yo dé hacia mi interlocutor le animarán a dar por su parte algunos pasos.

Al diálogo en la caridad se añade el diálogo en la verdad. Pues el amor sin la verdad es huero, insincero y, en último término, mendaz. El ecumenismo no avanza renunciando cada cual a sus convicciones de fe. No se trata de renunciar a nuestras convicciones, sino de profundizar en ellas, como ha ocurrido con la doctrina de la justificación; de profundizar tanto en ellas que se tornen compatibles con la tradición de la otra Iglesia. Eso no es posible sin un trabajo teológico serio. Y también requiere la formación ecuménica de los laicos, los sacerdotes e incluso los obispos. Los resultados de los diálogos, que en muchos aspectos habían sido ya previamente preparados, son en gran medida desconocidos y están todavía pendientes de recepción.

Aceptar y configurar positivamente la situación transitoria no significa renunciar al objetivo ecuménico: la unidad visible de la Iglesia. En los últimos cuarenta años hemos crecido en comunión más que en los cuatrocientos cincuenta años previos transcurridos desde la Reforma. Esto es razón suficiente para no resignarse y mirar con esperanza al futuro. Sin embargo, en último término no somos nosotros quienes podemos forjar la unidad. La unidad de las Iglesias es un don del Espíritu Santo. Por eso, la oración por la unidad constituye el corazón del ecumenismo.

19
La situación actual de la teología ecuménica

I. Una situación contradictoria

En una situación en la que el concepto de «globalización» caracteriza el estado actual del mundo en toda su ambigüedad, el ecumenismo se convierte en una respuesta a los signos de los tiempos. Gracias a las nuevas tecnologías de la comunicación y a las posibilidades de viajar, los seres humanos se aproximan; las naciones y los pueblos están vinculados entre sí de forma mucho más estrecha y van, por decirlo así, de buen grado o a la fuerza en la misma barca. Y así, como también afirma el papa Juan Pablo II en su encíclica sobre el ecumenismo[1], el ecumenismo está para la Iglesia católica en lo más alto de la lista de prioridades de la acción pastoral[2].

Es mucho lo que se ha conseguido en las últimas décadas. Hoy los cristianos separados ya no nos consideramos extraños, rivales o enemigos, sino hermanos y hermanas. Hemos superado en gran medida la antigua falta de entendimiento, así como los malentendidos, los prejuicios y la indiferencia mutua. Oramos juntos, damos testimonio conjunto de la fe común y colaboramos llenos de confianza en muchos terrenos. Hemos descubierto que «lo que nos une es mucho más que lo que nos separa»[3].

Todo esto habría sido completamente impensable hace medio siglo. Solo quien hubiera sido abandonado no solo por todos los buenos espíritus, sino incluso por el Espíritu Santo, podría querer

---
1. Cf. JUAN PABLO II, *Ut unum sint* (1995), 99.
2. Cf. UR 1.
3. JUAN PABLO II, *Ut unum sint* 3; para los «frutos del diálogo», cf. *ibid.*, 41-49.

regresar a la situación de antaño. Fue el Espíritu Santo quien nos recordó que Jesús quiso una Iglesia y que en la víspera de su muerte oró para «que todos sean uno» (Jn 17,21).

Sin embargo, tras esta primera fase, bastante eufórica, del movimiento ecuménico que siguió al concilio Vaticano II, el entusiasmo se ha atenuado. En la última década ha habido claros síntomas de cansancio, decepción y estancamiento. Algunos hablan incluso de una crisis o de un nuevo invierno ecuménico. Hasta cierto grado, tal situación es un signo y una prueba del éxito del movimiento ecuménico. Pues en la medida en que los cristianos de las distintas Iglesias y comunidades eclesiales nos hemos acercado entre nosotros, percibimos de forma tanto más dolorosa las diferencias que siguen existiendo y las dificultades transitorias que es necesario superar y sufrimos de forma tanto más intensa por el hecho de no poder sentarnos conjuntamente a la única mesa del Señor. Así, la decepción puede entenderse también en un sentido positivo.

Pero ¿por qué ha perdido el ritmo el movimiento ecuménico? A esta pregunta se le pueden dar diversas respuestas. Aquí quiero limitarme a un motivo que nos lleva al núcleo de la cuestión: el tema de una nueva identidad. Precisamente en un mundo caracterizado por la globalización muchos se preguntan: ¿quiénes somos?, ¿quién soy? Nadie quiere perderse en un todo anónimo y sin rostro, y la pregunta por la propia identidad concierne tanto al individuo como a culturas, etnias y religiones enteras. Esta pregunta ha reaparecido también en las Iglesias cristianas, donde un ecumenismo falsamente entendido ha llevado en ocasiones al relativismo y al indiferentismo.

Este malentendido y el ecumenismo salvaje de ahí resultante han dado pie a comprensibles reservas frente al diálogo ecuménico y en ocasiones incluso a actitudes fundamentalistas. Correctamente entendida, la pregunta por la propia identidad es fundamental y constitutiva no solo para todo individuo, sino también para la Iglesia y para el diálogo ecuménico. Solo interlocutores con una identidad clara pueden entablar diálogo entre sí sin necesidad de temer perder su identidad en el curso del diálogo. Así, en los últimos años han vuelto a aflorar cuestiones relativas a los fundamentos teológicos y eclesiológicos de un diálogo y un ecumenismo sanos. Por eso, antes de ofrecer una visión de conjunto de la situación presente del ecumenismo, me gustaría ocuparme brevemente del actual debate sobre los fundamentos teológicos y eclesiológicos del ecumenismo.

II. Los fundamentos eclesiológicos

La declaración *Dominus Iesus* de la Congregación para la Doctrina de la Fe retomó esta cuestión de la identidad, recordando algunos de los principios católicos básicos del ecumenismo[4]. Rectamente interpretado, el contenido de este texto está, por lo que atañe a su sustancia, en consonancia con el concilio Vaticano II. Pero el estilo del documento, marcadamente abstracto y compacto, suscitó dudas sobre la seriedad ecuménica de la Iglesia católica. A muchos les decepcionó, hirió y ofendió su tono y estilo. En especial, la siguiente frase del documento ocasionó considerables dificultades: «Por el contrario, las comunidades eclesiales que no han conservado el episcopado válido y la genuina e íntegra sustancia del misterio eucarístico no son Iglesia en sentido propio». A buen seguro, habría sido posible formular esto con mayor sensibilidad. Pero los informados saben que las comunidades protestantes no quieren ser «Iglesia» en el sentido en que la Iglesia católica se entiende a sí misma como Iglesia.

Los enfados desencadenados por este texto no son motivo para la resignación. Pues poner sobre el tapete las diferencias innegablemente persistentes en modo alguno significa el fin del diálogo; antes al contrario, es un estímulo para proseguirlo. De este modo, la declaración tampoco contradice el espíritu ecuménico, pues el ecumenismo tan solo puede practicarse en el espíritu de la caridad y la verdad. La franqueza es una de las primeras condiciones indispensables del diálogo; y así, este documento no comporta ningún cambio fundamental en la actitud de la Iglesia católica y su irreversible compromiso con el movimiento ecuménico.

---

4. Cf. CONGREGACIÓN PARA LA DOCTRINA DE LA FE, Declaración *Dominus Iesus* sobre la unicidad y la universalidad salvífica de Jesucristo y de la Iglesia (6 de agosto de 2000).

La tesis de que la Iglesia de Jesucristo subsiste plenamente solo en la Iglesia católica[5], más que excluir, incluye el reconocimiento de que fuera de los límites visibles de la Iglesia católica no existen solo cristianos individuales, sino también elementos eclesiales esenciales, que, en cuanto dones de Cristo, pertenecen a la Iglesia de Cristo y representan impulsos en dirección a la unidad católica[6]. O como se afirma en la encíclica *Ut unum sint*: «Fuera de la comunidad católica no existe el vacío eclesial»[7]. Tanto el concilio Vaticano II como la encíclica sobre el ecumenismo admiten de forma expresa que el Espíritu Santo está activamente presente también en las otras Iglesias y comunidades eclesiales[8]; en especial, las Iglesias orientales son reconocidas en estos textos como Iglesias particulares y hermanas[9]. En consecuencia, no cabe hablar de una arrogante pretensión de poseer el monopolio de la salvación.

Además, el concilio es consciente de que la Iglesia es una Iglesia de pecadores y de que en ella existen también estructuras de pecado[10]; conoce igualmente la necesidad de reformar la Iglesia. La Iglesia es una Iglesia peregrina, una *ecclesia «semper purificanda»* [una Iglesia que debe ser purificada siempre], que sin cesar debe mantenerse en el camino de la conversión y la renovación[11]. También la Iglesia católica está herida por las divisiones del cristianismo, de suerte que en una situación de división no le es posible realizar de forma concreta y plena su propia catolicidad[12]. Diversos aspectos del ser Iglesia se realizan mejor en otras Iglesias. De ahí que el ecumenismo no sea una calle de sentido único, sino un proceso de aprendizaje mutuo o, como se afirma en la encíclica *Ut unum sint*, un «intercambio de dones»[13]. Por eso, el camino hacia allí no es el simple regreso de los demás al seno de la Iglesia católica.

---

5. Cf. LG 8.
6. Cf. LG 8 y 15; UR 3.
7. JUAN PABLO II, *Ut unum sint* 13.
8. Cf. LG 15; UR 3; JUAN PABLO II, *Ut unum sint* 48; CONGREGACIÓN PARA LA DOCTRINA DE LA FE, *Dominus Iesus* 17.
9. Cf. UR 14.
10. Cf. JUAN PABLO II, *Ut unum sint* 34.
11. Cf. LG 8; UR 4 y 6-8; JUAN PABLO II, *Ut unum sint* 15-17.
12. Cf. UR 4; CONGREGACIÓN PARA LA DOCTRINA DE LA FE, *Dominus Iesus* 17.
13. Cf. JUAN PABLO II, *Ut unum sint* 28.

Lo que importa en el movimiento ecuménico no es la conversión solo de los otros, sino la conversión de todos a Jesucristo. La conversión comienza siempre por nosotros mismos, de suerte que también los católicos debemos estar dispuestos al examen de conciencia, a la autocrítica y a la penitencia. En la medida en que los cristianos nos acercamos a Jesucristo, nos aproximamos asimismo entre nosotros. Por eso no se trata de una cuestión de debates y compromisos de política eclesiástica ni de una forma cualquiera de «unión», sino del camino conjunto desde una comunión imperfecta a la comunión plena. Lo fundamental es el crecimiento espiritual en la fe y en la caridad, así como el recíproco intercambio espiritual, que comporta un mutuo enriquecimiento. La *oikouménē*, el ecumenismo, es un proceso espiritual en el que no se trata de encontrar un camino hacia atrás, sino un camino hacia delante[14]. Una unidad de esta índole es, en último término, un don del Espíritu Santo y el resultado de su guía, por lo que la *oikouménē* no es simplemente un asunto académico ni una negociación diplomática, sino un proceso espiritual. El ecumenismo espiritual es el corazón, el alma y el motor del ecumenismo[15].

Justo este aspecto es el que el Pontificio Consejo para la Promoción de la Unidad de los Cristianos quiere fomentar especialmente en el futuro próximo. Pues, desprovisto de esa su alma, el ecumenismo degenera en un activismo superficial o en un ejercicio académico. En un mero intercambio de teólogos no pueden participar la gran mayoría de los creyentes, quienes tampoco están entonces en condiciones de entender qué es lo que se halla en juego en el diálogo ecuménico; la consecuencia de ello es que la mayor parte de los fieles se distancian del diálogo y este o bien les resulta indiferente o bien es objeto de absoluto rechazo, de suerte que en el cuerpo de la Iglesia no tiene lugar una verdadera recepción. En otras palabras, solo podemos ampliar el diálogo ecuménico haciéndolo espiritualmente más profundo. Únicamente así seremos capaces de superar la crisis actual.

---

14. Cf. J. RATZINGER, *Gott und die Welt. Glauben und Leben in unserer Zeit*, Stuttgart/München 2000, 388s [trad. esp.: *Dios y el mundo: creer y vivir en nuestra época (una conversación con Peter Seewald)*, Debolsillo, Barcelona 2005].
15. Cf. UR 7s; JUAN PABLO II, *Ut unum sint* 21.

III. El ecumenismo con las Iglesias orientales

Después de estas contadas observaciones sobre los fundamentos y el corazón de la teología del diálogo ecuménico, me gustaría pasar ahora a describir la situación ecuménica. En ello no nos podemos circunscribir al diálogo protestante-católico. En la *oikoumēnē* debemos superar una teología ecuménica unilateralmente «orientada a Occidente» y llegar a una «ampliación hacia el Este» (*Osterweiterung*, un término habitual en el debate político alemán tras los acontecimientos de 1989) del ecumenismo, incluyendo, pues, a las Iglesias orientales.

Entre las Iglesias orientales se cuentan, además de las Iglesias ortodoxas, las Iglesias orientales antiguas, que ya en los siglos IV y V se separaron de la Iglesia imperial a la sazón existente (coptos, sirios, armenios, etíopes, Iglesia malankar). Aunque a los «occidentales» nos causan una impresión arcaica, estas Iglesias se caracterizan por una gran vitalidad y un profundo enraizamiento en la cultura de sus respectivos pueblos. Desde que se adhirieron al movimiento ecuménico, han salido de su aislamiento y ocupado su lugar en el conjunto del cristianismo.

Aparte de motivos políticos, la razón de la separación fue sobre todo la disputa sobre la formulación del credo cristológico. El concilio de Calcedonia (451) promulgó la fórmula: Jesucristo es Dios verdadero y hombre verdadero, o sea, una persona en dos naturalezas. Las que hoy son conocidas como Iglesias orientales antiguas defendían, en cambio, la fórmula de Cirilo de Alejandría de que la naturaleza divina se ha encarnado. Tras intensos trabajos previos sobre la historia de los dogmas[16] y varios coloquios de la fundación vienesa *Pro Oriente*[17], la controversia ha quedado recientemente zanjada mediante sendas declaraciones bilaterales del papa y los patriarcas afectados[18]. Y es que se cayó en la cuenta de que, al hablar de una persona y dos naturalezas, se había par-

---

16. Publicados en obras importantes de A. Grillmeier, A. de Halleux y L. Abramowski, entre otros.
17. Cf. *Wort und Wahrheit*, vols. supl. 1-5, 1971-1989; *Chalzedon und die Folgen* [FS M. Kikorian] (Pro Oriente 14), Innsbruck/Wien 1992; D. WENDEBOURG, *Die eine Christenheit auf Erden*, Tübingen 2000, 116-146.
18. Cf. DwÜ 1, 529-531, 533s y 541s (con los coptos); DwÜ 2, 571s (con los sirios); 575 (con los coptos); 578s (con la Iglesia ortodoxa siro-malankar); DwÜ 3, 582s (con la Iglesia apostólica armenia); 596ss (con la Iglesia asiria del Oriente).

tido de diferentes conceptos filosóficos de «persona» y «naturaleza», pero que, por lo que respecta al contenido, se quería decir lo mismo. Esta constatación permitió a las Iglesias mantener su concordancia en la misma fe en Jesucristo sin que ninguna de las dos partes impusiera a la otra su formulación. El resultado final fue una unidad en la diversidad de modos de expresión.

Entretanto hemos iniciado una segunda fase del diálogo, esta vez con todas las Iglesias orientales antiguas juntas. Una vez que los problemas cristológicos ya han sido tratados, ahora nos concentramos en el tema de la Iglesia como *communio*. Esperamos que poco a poco puedan darse pasos concretos y desarrollarse en el futuro perspectivas para posibilitar una plena comunión eclesial.

Con las Iglesias ortodoxas de tradición bizantina y eslava aún no se ha alcanzado un acuerdo oficial de estas características; de todos modos, en la última sesión del concilio Vaticano II, celebrada el 7 de diciembre de 1965, se consiguió «borrar de la memoria de la Iglesia» la recíproca excomunión de Oriente y Occidente del año 1054[19]. El año 1054 es, sin embargo, más bien una fecha simbólica, puesto que, en el fondo, Oriente y Occidente acogieron desde el principio de manera diferente el mensaje del Evangelio, transmitiéndolo en tradiciones[20], formas culturales y mentalidades distintas. A pesar de estas diferencias, convivían en una sola Iglesia; pero ya en el primer milenio comenzaron a distanciarse de manera progresiva y a entenderse cada vez menos. Este distanciamiento fue la verdadera causa de la separación en el segundo milenio[21].

Todavía hoy, en todo encuentro con los ortodoxos se hace enseguida patente que, si bien estamos muy cerca unos de otros en la fe, así como en la vida sacramental y en la constitución episcopal de la Iglesia, tropezamos con dificultades culturales y de men-

---

19. Cf. *Tomos Agapis*, Città del Vaticano / Phanar, 1958-1970; Roma/Istanbul 1971; véase también J. RATZINGER, «Rom und die Kirchen des Ostens nach der Aufhebung der Exkommunikationen von 1054», en Íd., *Theologische Prinzipienlehre*, München 1982, 214-239 [trad. esp.: «Roma y las Iglesias de Oriente tras el levantamiento de las excomuniones del año 1054», en ID., *Teoría de los principios teológicos*, Herder, Barcelona 2005², 244-263].
20. Cf. UR 14 y 16.
21. Cf. Y. CONGAR, *Zerrissene Christenheit. Wo trennten sich Ost und West?*, Wien 1959 [trad. esp. del orig. francés: *Cristianos ortodoxos*, Estela, Barcelona 1963].

talidad para entendernos de verdad. Oriente posee una rica y sumamente diferenciada tradición teológica, espiritual y cultural, que no conoce la separación de Estado e Iglesia –que se consolidó en Occidente a partir de la querella de las investiduras del siglo XI– ni ha pasado por la Ilustración moderna, y que sobre todo está signada, en lo que concierne a la cultura y la mentalidad, por cincuenta o setenta años de represión comunista. Tras los cambios de finales del siglo pasado, estas Iglesias son ahora libres por primera vez: libres de los emperadores bizantinos, libres de los otomanos, libres de los zares y libres del sistema totalitario comunista. Pero se ven confrontadas con un mundo transformado por completo, en el que primero han de encontrar su camino. Ello necesita tiempo y requiere paciencia.

Los tres documentos que la *Comisión Mixta Internacional de Diálogo Teológico entre la Iglesia Católica de Roma y la Iglesia Ortodoxa* pudo publicar entre 1980 y 1990 muestran la profunda afinidad entre ambas tradiciones en la comprensión de la fe, la Iglesia y los sacramentos[22]. En esta línea fue posible renovar importantes elementos de la comunión paleo-eclesial con las Iglesias hermanas tanto ortodoxas como orientales antiguas: visitas mutuas y correspondencia regular entre el papa y los patriarcas, contactos frecuentes en el plano de las Iglesias locales y –algo importante para las Iglesias orientales, de marcada impronta monástica– entre monasterios.

Aparte del añadido del *filioque* al texto del credo, que a nuestro juicio constituye una afirmación antes complementaria que contradictoria[23], el único problema teológico seriamente debatido entre las Iglesias ortodoxas y nosotros es el primado del obispo de

---

22. Por lo que respecta al diálogo internacional, cf. DwÜ 2, 531-541, 542-553 y 556s; DwÜ 3, 560-567 (Documento de Balamand); T. BREMER, D. OELDEMANN y D. STOLTMANN (eds.), *Bilateral Dialogue: Orthodoxy in Dialogue*, Trier 1999. Para el importante diálogo estadounidense, cf. J. BORELLI y J. H. ERICKSON (eds.), *The Quest for Unity: Orthodox and Catholics in Dialogue*, Crestwood (NY) / Washington, D.C. 1996. Entretanto se ha podido consensuar en este diálogo estadounidense un documento sobre el añadido del *filioque*.
23. Cf. *Catecismo de la Iglesia católica*, n. 246; PONTIFICIO CONSEJO PARA LA PROMOCIÓN DE LA UNIDAD DE LOS CRISTIANOS, *Les traditions grecque et latine concernant la procession du Saint-Esprit*, Città del Vaticano 1996; A. STIRNEMANN y G. WILFLINGER (eds.), *Vom Heiligen Geist. Der gemeinsame trinitarische Glaube und das Problem des Filioque*, Innsbruck/Wien 1998.

Roma. Como con frecuencia han dicho los papas Pablo VI y Juan Pablo II, este tema es la gran piedra de escándalo para los cristianos no católicos[24].

Pensado en ello, Juan Pablo II, en su encíclica sobre el ecumenismo *Ut unum sint* (1995), hizo una invitación a un diálogo fraternal sobre el futuro ejercicio del primado[25]. ¡Un paso verdaderamente revolucionario para un papa! La resonancia fue grande. El Pontificio Consejo para la Promoción de la Unidad de los Cristianos recopiló y analizó las reacciones a esta iniciativa y envió una síntesis a todas las Iglesias y grupos eclesiales involucrados[26]. Como cabía esperar, el resultado de esta primera fase no fue ni mucho menos un consenso, pero sí que parecen haber surgido un nuevo clima, un nuevo interés y una nueva apertura. Ahora confiamos en poder iniciar una segunda fase del diálogo. En mayo de 2003, el Pontificio Consejo para la Promoción de la Unidad de los Cristianos organizó un simposio sobre el ministerio petrino con teólogos de las más importantes Iglesias ortodoxas. Como era de esperar, no encontramos ninguna solución, pero se hizo evidente una prometedora apertura por ambas partes, por lo que se acordó proseguir esta clase de diálogo en el plano académico.

Por desgracia, tras el cambio político de 1989-1990 en Europa Central y del Este, la relación con las Iglesias ortodoxas se ha complicado. En Ucrania y Rumanía, las Iglesias orientales unidas con Roma, reprimidas y perseguidas violentamente por el régimen comunista, han regresado de las catacumbas a la vida pública. Antiguas animosidades asociadas con el proselitismo y el llamado «uniatismo» se han reavivado, haciendo desde entonces más difícil y en ocasiones incluso polémico el diálogo. En la asamblea plenaria de la Comisión Mixta Internacional celebrada en 2001 en Baltimore no se logró, por desgracia, ningún tipo de progreso en el espinoso problema del llamado «uniatismo». Lamentablemente, desde Baltimore ha sido imposible vol-

---

24. Cf. PABLO VI, «Discurso al Consejo Mundial de Iglesias en Ginebra» (10 de junio de 1969), [textos francés e italiano en www.vatican.va]; JUAN PABLO II, «Discurso al Consejo Mundial de Iglesias» (12 de junio de 1984), 2: *Insegnamenti* VII, 1 (1984), 1686; ID., «Alocución a la asamblea plenaria del Pontifico Consejo para la Promoción de la Unidad de los Cristianos», en: *Information Service* 98 (1998), 118ss; ID., *Ut unum sint* 88.
25. Cf. JUAN PABLO II, *Ut unum sint* 95.
26. Cf. *Information Service* 2002/I-II, 29-42 (con detallada bibliografía).

ver a convocar la Comisión Mixta Internacional. La erección de cuatro diócesis en el territorio de la Federación Rusa agudizó aún más los problemas y dificultades, en especial con la Iglesia ortodoxa rusa.

Con todo, el diálogo en modo alguno se ha interrumpido entretanto. Mediante visitas personales y contactos fraternales, el llamado diálogo de la caridad, hemos conseguido mejorar las relaciones bilaterales con las Iglesias ortodoxas de Rumanía, Serbia y Bulgaria. Delegaciones de alto rango intercambiaron visitas. Sobre todo tras la histórica visita del papa a Atenas en 2001, nuestras relaciones con la Iglesia de Grecia, hasta entonces más bien frías, cobraron algo de calor y se desarrollaron en dirección hacia una colaboración cada vez más intensa. Un paso adicional fue una visita de una delegación de la Santa Sede a Atenas y una visita de una delegación del Santo Sínodo de la Iglesia greco-ortodoxa a Roma. Tales visitas habrían sido por completo inconcebibles solo dos años antes. También por lo que concierne a nuestras relaciones con Moscú hay signos de distensión y mejora, y tengo la impresión de que hemos conseguido abrir una nueva página.

El principal problema teológico al que nos enfrentamos es la distinta manera en que entendemos el común concepto de *communio* (*koinōnía*). He ahí el núcleo de nuestras diferencias: por una parte, el ministerio petrino y una concepción universalista de la Iglesia; por otra parte, la idea de la autocefalia de Iglesias nacionales. Para superar esta diferencia, deberíamos esforzarnos por nuestra parte por llevar a cabo una reinterpretación y una nueva recepción del concilio Vaticano I, en las que el ministerio petrino siga siendo entendido como un don para la unidad y la libertad de la Iglesia, pero al mismo tiempo se conserve la tradición oriental de Iglesias *sui iuris* [de derecho propio], con su particularidades teológicas, espirituales y canónicas, sin que lleguen a ser Iglesias nacionales autocéfalas. Hay también teólogos ortodoxos que ven en este punto una de las debilidades de la Ortodoxia actual.

Es necesario encontrar una solución perdurable para el problema de cómo conjugar unidad y legítima diversidad. Aunque también en el futuro nos veremos confrontados con dificultades y problemas, tengo la impresión de que nos encontramos al comienzo de una nueva y prometedora fase.

IV. El ecumenismo con las Iglesias de tradición protestante

Estoy convencido de que la mejora de nuestras relaciones interconfesionales con las Iglesias orientales es también esencial para la superación de las divisiones en el cristianismo occidental. Desde su separación de Oriente, el cristianismo latino se ha desarrollado de manera unilateral. Ha respirado, por así decir, con un solo pulmón, empobreciéndose en cierto modo a causa de ello. Este empobrecimiento fue una de las causas de la grave crisis de la Iglesia a finales de la Edad Media, que llevó al trágico cisma del siglo XVI.

En la exposición siguiente me circunscribo esencialmente al diálogo con los luteranos, que es el que, junto con el diálogo con la Comunión anglicana, se encuentra más avanzado. Con la Federación Luterana Mundial (*Lutheran World Federation*) se ha alcanzando en los últimos decenios un considerable acercamiento a través de múltiples diálogos en el plano internacional, regional y local[27].

Sobre la base de importantes trabajos preparatorios[28], en 1999 se firmó solemnemente la *Declaración conjunta sobre la doctrina de la justificación*[29]. Esto fue –como con razón dijo el papa

---

27. Me limitaré a mencionar los documentos internacionales. Con los luteranos: *El Evangelio y la Iglesia* (Relación de Malta, 1972); *La Cena del Señor* (1978); *Caminos hacia la comunión* (1980); *Todos bajo el mismo Cristo* (1980); *El ministerio espiritual en la Iglesia* (1981); *Martín Lutero, testigo de Jesucristo* (1983); *Ante la unidad* (1984); *Iglesia y justificación* (1994). Con los reformados: *La presencia de Cristo en la Iglesia y el mundo* (1977). Diálogos multilaterales: *Bautismo, eucaristía y ministerio. Declaraciones de convergencia de la Comisión Fe y Constitución del Consejo Mundial de Iglesias* (1982); *Confesar en común la única fe. Una interpretación ecuménica del credo apostólico tal como es conocido en la profesión de fe de Nicea-Constantinopla* (1991). En el mundo de lengua alemana: *Comunión eclesial en la palabra y los sacramentos* (1984); *Communio Sanctorum* (2000); K. LEHMANN y W. PANNENBERG (eds.), *Lehrverurteilungen – kirchentrennend?*, Freiburg i.Br. / Göttingen 1986. Del ámbito estadounidense cabe destacar los hasta ahora nueve volúmenes de *Lutherans and Catholics in Dialogue*, Minneapolis 1965-1995. Por último, son importantes las publicaciones del Grupo de Les Dombes.
28. Cf. sobre todo H. G. ANDERSON, T. A. MURPHY y J. A. BURGESS (eds.), *Justification by Faith. Lutherans and Catholics in Dialogue* VII, Minneapolis 1985; K. LEHMANN y W. PANNENBERG (eds.), *Lehrverurteilungen – kirchentrennend?, op. cit.*
29. Cf. *Gemeinsame Erklärung zur Rechtfertigungslehre. Offizieller Text und*

Juan Pablo II– todo un hito, o sea, una importante etapa intermedia, pero no constituye todavía la meta definitiva del camino común.

Por supuesto, aún existen en relación con la cuestión de la justificación una serie de problemas irresueltos, pero las Iglesias no tienen por qué estar de acuerdo punto por punto en todas las cuestiones teológicas. Cuando existe consenso en lo sustancial, las diferencias concretas no tienen por qué separar a las Iglesias, puesto que algunas diferencias pueden entenderse como resultado de afirmaciones no contradictorias entre sí, sino complementarias. En este sentido, basta con un consenso matizado, una diversidad reconciliada, o como se quiera llamar[30].

Varios teólogos protestantes, sobre todo alemanes, han criticado la ausencia de consecuencias eclesiológicas. En mi opinión, esta crítica no está justificada, pues en la *Declaración conjunta* se dice muy claramente que no pretende resolver cuestiones eclesiológicas. Pero la *Declaración conjunta* ha aportado una dimensión nueva y más profunda a nuestro trato con los hermanos y hermanas luteranos, intensificando las relaciones mutuas, una dimensión que no tenemos con otras confesiones protestantes. En último término, ello nos abre la posibilidad de dar testimonio conjunto desde el centro del Evangelio, lo que en la actual situación secularizada ciertamente no es poco.

El núcleo duro sigue estando en la cuestión de la Iglesia y, en este contexto, en la cuestión de los ministerios en la Iglesia. Este tema figura ahora en el orden del día. Según la visión protestante, la Iglesia es *creatura verbi* [criatura de la palabra][31]. Es entendida desde la predicación de la palabra y la fe que responde a ella como asamblea de los creyentes, en la que el Evangelio se predica íntegramente y los sacramentos son administrados conforme a

---

Anhang, Frankfurt a.M. / Paderborn 1999; también en DwÜ 3, 419-441 [la trad. esp. oficial de la declaración puede consultarse en www.vatican.va].
30. Cf. H. MEYER, «Einheit in versöhnter Verschiedenheit», en *Versöhnte Verschiedenheit. Aufsätze zur ökumenischen Theologie*, vol. 1, Frankfurt a.M. / Paderborn 1998, 101-119; K. LEHMANN, «Was für ein Konsens wurde erreicht?»: StdZ 124 (1999), 740-745; H. WAGNER (ed.), *Einheit – aber wie? Zur Tragfähigkeit der ökumenischen Formel vom «differenzierten Konsens»* (QD 184), Freiburg i.Br. 2000.
31. Cf. M. LUTERO, «De captivitate Babylonica ecclesiae praeludium» (1520), en WA 6, 561 [trad. esp.: «Preludio a *La cautividad babilónica de la Iglesia*», en ID., *La cautividad babilónica de la Iglesia; la libertad del cristiano; Exhortación a la paz*, Plantea-De Agostini, Madrid 1996].

él[32]. Según esto, el centro de gravedad no está ya en la Iglesia, sino en la comunidad como el «principal punto de anclaje de las ideas básicas y las estructuras de pensamiento protestantes»[33]. Por eso, las Iglesias protestantes no están constituidas episcopalmente, sino, en virtud del sacerdocio común de los fieles, de modo comunitario-sinodal y presbiteral. Desde el punto de vista teológico, el ministerio episcopal no es sino un ministerio de pastor con funciones directivas en la Iglesia[34], una concepción que en las Iglesias reformadas (*reformierte Kirchen*) está aún más marcada que en las luteranas[35]. Las dos últimas décadas han traído, sin embargo, una serie de cambios. Un papel importante corresponde al Documento de Lima *Bautismo, eucaristía y ministerio* (1982), que entiende la sucesión apostólica en el ministerio «como signo, pero no como garantía, de la continuidad y la unidad de la Iglesia»[36].

En diálogo con las Iglesias anglicanas, que en lo relativo al ecumenismo adoptan una importante posición intermedia[37], las Iglesias luteranas escandinavas y estadounidenses se han abierto entretanto a la cuestión del ministerio episcopal histórico[38]. De otro modo en-

---

32. Cf. CA VII y VIII (BSELK 61s); *Artículos de Esmalcalda* III,10: «De las Iglesias» (BSELK 459s); *Gran catecismo*, art. 3 (BSELK 653-658); *Catecismo de Heidelberg*, preg. 54; *Declaración de Barmen*, art. 3.
33. G. GLOEGE, «Gemeinde», en RGG³ 2, 1329.
34. Es fundamental CA XXVIII (BSELK 120-134).
35. Cf. J. CALVINO, *Unterricht in der christlichen Religion. Institutio christianae religionis*, ed. por O. WEBER, Neukirchen 1955, 714-724 [trad. esp. del orig. latino: *Institución de la religión cristiana*, 2 vols., Visor, Madrid 2003], donde Calvino excluye el ministerio episcopal de su doctrina de los ministerios.
36. Cf. «Taufe, Eucharistie und Amt. Konvergenzerklärungen der Kommission für Glauben und Kirchenverfassung des Ökumenischen Rates der Kirchen (1982)», en: DwÜ 1, 545-585, aquí: *Amt* 38 (580) [trad. esp. del orig. inglés: «Bautismo, eucaristía y ministerio. Lima 1982», en *Enchiridion oecumenicum*, vol. 1, ed. por A. González Montes, Centro de Estudios Orientales Juan XXIII y Universidad Pontificia de Salamanca, Salamanca 1986, 888-931, aquí: «Ministerio», n. 38].
37. Es importante sobre todo el último documento de la Comisión Internacional Anglicano-Católico Romana (ARCIC, *Anglican / Roman Catholic International Commission*), *The Gift of Authority – Authority in the Church III*, London / Toronto / New York 1999 [trad. alemana: «Die Gabe der Autorität. Autorität in der Kirche III», en: DwÜ 3, 262-289; la trad. esp. oficial, *El don de la autoridad*, puede consultarse en www.vatican.va].
38. Cf. «Die Porvooer Gemeinsame Feststellung zwischen den britischen und irischen anglikanischen Kirchen und den nordischen und baltischen lutherischen Kirchen (*The Porvoo Common Statement*, 1992)», en: DwÜ 3, 749-777; «Zu gemeinsamer Sendung berufen. Episkopalkirche und evange-

tienden esto las Iglesias luteranas de la Europa continental partícipes en la *Concordia de Leuenberg*, para las que tanto el ordenamiento episcopal como el sinodal-presbiteral son legítimos dentro de una pluralidad de ordenamientos y estructuras eclesiales[39]. Así, hoy nos encontramos ante dos enfoques diferentes: por una parte, el enfoque episcopal –inspirado por la tradición de la Iglesia antigua y universalmente orientado– de los anglicanos y de algunas Iglesias luteranas; y, por otra, un enfoque presbiteriano, más local y centrado en la comunidad. A estos dos enfoques les subyacen interpretaciones diferentes de la intención de la Reforma. ¿Pretendían los reformadores renovar la Iglesia universal de su época, asegurando la continuidad con su estructura fundamental, como defiende la Confesión de Augsburgo (1530)[40]? ¿O la consecuencia inevitable y pretendida de sus acciones era el desarrollo de un nuevo tipo y paradigma de Iglesia? ¿Existe un consenso fundamental o, como hoy afirman muchos, una diferencia fundamental[41]?

En la actualidad recibimos diferentes señales de nuestros interlocutores, y para nosotros no es fácil en estos momentos constatar en qué dirección se están moviendo desde el punto de vista eclesiológico. En esta como en otras cuestiones eclesiológicas, en

lisch-lutherische Kirche in Amerika (*Called to Common Mission. An Agreement of Full Communion between the Episcopal Church of the USA and the Evangelical Lutheran Church in America*, 1999)», en: DwÜ 3, 794-808; «Zu voller Gemeinschaft berufen. Die Waterloo-Erklärung zwischen der evangelisch-lutherischen Kirche in Kanada und der anglikanischen Kirche von Kanada (*Called to Full Communion. The Waterloo Declaration by the Anglican Church in Canada and the Evangelical Lutheran Church in Canada*, 1999)», en: DwÜ 3, 809-813.

39. Cf. *Die Kirche Jesu Christi. Der reformatorische Beitrag zum ökumenischen Dialog über die kirchliche Einheit* (Leuenberger Texte 1), Frankfurt a.M. 1995, 34, y 56-59. Otros dos nuevos documentos de Leuenberg son: *Kirchengemeinschaft nach evangelischem Verständnis* [La comunión eclesial según la concepción evangélica, 2001] y *Ökumene nach lutherischem Verständnis* [El ecumenismo según la concepción luterana, 2004].

40. Así opinan en la actualidad, por ejemplo, W. PANNENBERG, «Reformation und Einheit der Kirche», en Íd., *Kirche und Ökumene*, Göttingen 2000, 173-185; C. E. BRAATEN y R. W. JENSON (eds.), *The Catholicity of the Reformation*, Grand Rapids (Mich.) 1996; C. E. BRAATEN y R. W. JENSON (eds.), *The Ecumenical Future. Background Papers for In One Body through the Cross: The Princeton Proposal for Christian Unity*, Grand Rapids (Mich.) 2003.

41. Cf. A. BIRMELÉ y H. MEYER (eds.), *Grundkonsens – Grunddifferenz*, Frankfurt a.M. / Paderborn 1992; H. MEYER, *Ökumenische Zielvorstellungen*, Göttingen 1996, 159-162.

especial la del sacerdocio ordenado, existe necesidad de clarificación tanto en el plano ecuménico como dentro del protestantismo. La Comisión Mixta Internacional de Diálogo con los Luteranos trabaja ahora en estos temas, y la Comisión Fe y Constitución del Consejo Mundial de Iglesias ha puesto en marcha un proceso de consulta sobre *The Nature and Purpose of the Church* [Naturaleza y finalidad de la Iglesia][42], que es de esperar que prolongue constructivamente el Documento de Lima *Bautismo, eucaristía y ministerio* (1982)[43].

Mientras trabajamos intensamente en superar estas y otras diferencias tradicionales, en los últimos tiempos han surgido, por desgracia, nuevos problemas en el terreno de la ética, en el que hasta ahora reinaba un consenso generalizado. Esto no afecta solo a la ordenación sacerdotal de mujeres, que Lutero rechazaba de plano; antes bien, el mundo anglicano y el mundo protestante se encuentran hoy profundamente divididos ante los problemas éticos que se debaten en nuestra moderna cultura occidental, entre ellos el aborto, la homosexualidad y la eutanasia. Y esto crea nuevas barreras, que hacen más difícil y en ocasiones imposible el testimonio conjunto que nuestro mundo tanto necesita.

En lo que atañe a los problemas relacionados con los ministerios eclesiásticos y la ética, existe una preocupación común de la teología de la Reforma: la libertad cristiana. A causa de ello vuelve a cobrar nueva relevancia el famoso tratado de Lutero de 1520, uno de sus escritos reformadores fundamentales: *La libertad del cristiano*. Lutero ha sido a menudo entendido –pero con mayor frecuencia aún malentendido– como liberador del yugo del papado y de todas las coacciones institucionales y, en este sentido, como pionero de la libertad en el sentido liberal moderno[44]. Así, por lo que hace al diálogo con las Iglesias procedentes de la tradición de la Reforma, las cuestiones que aún quedan pendientes tras la clarificación de la doctrina de la justificación son, ante todo, cuestiones de eclesiología. Pero la solución de estos problemas eclesiológicos hay que verla en el contexto mucho más amplio de có-

---

42. Cf. *The Nature and the Purpose of the Church. A Stage on the Way to a Common Statement*, Faith and Order Paper 181 (1998).
43. Cf. «Taufe, Eucharistie und Amt. Konvergenzerklärungen der Kommission für Glauben und Kirchenverfassung des Ökumenischen Rates der Kirchen (1982)», art. cit.
44. Cf. G. EBELING, «Der kontroverse Grund der Freiheit», en Íd., *Lutherstudien*, vol. 3, Tübingen 1985, 366-394.

mo se configura nuestra relación con la cultura moderna y posmoderna, y de cómo entendemos la libertad cristiana en comparación con la libertad occidental liberal.

V. La doctrina del Espíritu Santo como planteamiento fundamental

A menudo se formula la objeción de que las cuestiones concernientes a los ministerios eclesiásticos –sacerdocio, episcopado, ministerio petrino– no deberían ser la única razón de que vivamos en Iglesias separadas y no podamos sentarnos en común a la mesa del Señor. ¡Pero así es! Teólogos de las Iglesias ortodoxas y de la tradición de la Reforma llaman la atención sobre el hecho de que, en relación con la manera de entender el ministerio, sale a la luz una diferencia más profunda. Esto tiene importancia en la medida en que solamente podremos avanzar en el diálogo ecuménico si conseguimos caracterizar de forma precisa esta diferencia más profunda, no para consolidar la diversidad, sino para superarla mejor.

A juicio de algunos teólogos ortodoxos, esta diferencia fundamental incluye también la disputa sobre el *filioque*, el añadido latino al credo niceno-constantinopolitano común de la Iglesia antigua. Aunque esta tesis parezca un poco extraña a primera vista, el *filioque* tiene, en opinión de algunos teólogos ortodoxos, consecuencias concretas para la concepción de Iglesia. Así, a ellos les parece que el *filioque* vincula la obra del Espíritu Santo por completo a la persona y obra de Jesucristo y no deja espacio alguno para la libertad del Espíritu. El *filioque*, por así decir, encadena enteramente el Espíritu Santo a las instituciones creadas por Cristo. A tenor de esta interpretación, el *filioque* es la raíz de la subordinación católica del carisma a la institución, de la libertad del individuo a la autoridad de la Iglesia, de lo profético a lo canónico, de la mística a la escolástica, del sacerdocio universal al sacerdocio jerárquico y, por último, de la colegialidad episcopal al primado de Roma[45]. Este reproche de un unilateral cristomonismo

---

45. Esta es la opinión de V. LOSSKY, *Théologie mystique de l'Église d'Orient*, Paris 1944 [trad. al.: *Die mystische Theologie der morgenländischen Kirche*, Graz 1961; trad. esp.: *Teología mística de la Iglesia de Oriente*, Herder, Barcelona 2009]. Fue criticada por F. FLOROVSKI, «Christ and his Church. Suggestions and Comments», en O. Rousseau (ed.), *L'Église et les Églises 1054-1954*, vol. 2, Chevetogne 1955.

no está justificado si se considera la tradición católica en su conjunto, pero sí que contiene un importante grano de verdad por lo que concierne a la eclesiología posreformista, que de hecho a menudo no era sino una jerarcología[46].

También entre los protestantes se encuentran argumentos análogos, si bien formulados desde supuestos muy distintos. Las Iglesias de la Reforma se encuadran sin duda en la tradición latina y en general conservan el *filioque*. Contra las corrientes entusiastas, acentúan enérgicamente que el Espíritu es el Espíritu de Jesucristo y está vinculado a la palabra y los sacramentos[47]. Pero también reconocen, por contraposición a una concepción jurídico-institucional de Iglesia, la soberanía de la palabra de Dios en y sobre la Iglesia. Así, proclaman la libertad cristiana como libertad respecto de la mediación de la Iglesia a través de indulgencias y respecto de todo el sistema sacerdotal-sacramental. Esta libertad cristiana, un tema principal para los reformadores, se corresponde con la libertad de Dios y su Espíritu.

El desarrollo del movimiento pietista y del movimiento de despertar religioso (*Erweckungsbewegung*), así como de las Iglesias libres, a partir de la Reforma, con su acentuación de la libertad del Espíritu, fue en parte una reacción a las Iglesias protestantes, pronto igualmente institucionalizadas y establecidas, y extrajo en buena medida su lógica interna de las decisiones fundamentales de los reformadores. Después de los diferentes movimientos de despertar religioso y de las Iglesias libres clásicas (metodistas, baptistas, menonitas, adventistas, discípulos de Cristo y otras), hoy asistimos al surgimiento de nuevos y más pujantes movimientos carismáticos y pentecostales, que se extienden con rapidez por el mundo entero mientras que las Iglesias protestantes tradicionales retroceden asimismo en todo el planeta. De este modo, el panorama ecuménico se está transformando de manera dramática[48].

---

46. Cf. Y. Congar, «Pneumatologie et "christomonism" dans la tradition latine», en J. Coppens (ed.), *Ecclesia a Spiritu Sancto edocta*, Gembloux 1970, 41-64; Id, *Je crois en l'Esprit Saint*, vol. 1: *L'expérience de l'Esprit*, Paris 1979, 95-130 y 207-217 [trad. esp.: *El Espíritu Santo*, libro I: «El Espíritu Santo en la "economía". Revelación y experiencia del Espíritu», Herder, Barcelona 2009²].
47. Cf. *ibid.*, 191-198; R. Frieling, *Amt, Laie – Pfarrer – Priester – Bischof – Papst*, Göttingen 2002, 213s.
48. Cf. W. J. Hollenweger, *Pentecostalism*, Hendrickson 1997; C. M. Robeck, «Pentecostals and Ecumenism in a Pluralistic World», en M. W. Demspter et al. (eds.), *The Globalisation of Pentecostalism*, Oxford 1999.

Los pentecostales no siempre han resultado ser interlocutores sencillos. Algunos de ellos son muy agresivos y proselitistas y plantean grandes problemas a la Iglesia católica, en especial en Latinoamérica. Con otros, en cambio, fue posible entablar un diálogo positivo y marcado por la confianza mutua[49]. Se mantienen firmes en sus ideas de fe trinitarias y cristológicas y en sus convicciones éticas; en una palabra, son cristianos que se toman en serio su fe, pero les falta una eclesiología desarrollada y, sobre todo, una eclesiología universal que vaya más allá de sus respectivas comunidades locales. El diálogo con estas comunidades eclesiales y las cuestiones por ellas planteadas serán muy importantes para el futuro del diálogo ecuménico[50].

También el concilio Vaticano II trajo consigo una reavivación de la dimensión carismática de la Iglesia[51]. Así, el concilio no solo habla de la acción del Espíritu a través de los obispos[52], sino también del sentido de la fe de todos los creyentes[53] y del Espíritu, quien, a través de todas las realizaciones existenciales de la Iglesia, introduce a los creyentes en la verdad[54]. De ahí que no deba existir solo una relación unilateral desde arriba hacia abajo entre obispos y sacerdotes[55] o entre laicos, sacerdotes y obispos[56], sino más bien una reciprocidad de las relaciones basada en la fraternidad y la amistad.

Un fruto práctico fue el movimiento carismático, a través del cual el movimiento pentecostal entró en la Iglesia católica. En cierto sentido cabe hablar incluso de una «pentecostalización» de la Iglesia católica en numerosas comunidades y parroquias, lo que

---

49. Para las Iglesias pentecostales y el diálogo, cf. R. DEL COLLE, «The Holy Spirit and Christian Unity. A Case Study from Catholic/Pentecostal Dialogue», en P. Walter, K. Krämer y G. Augustin (eds.), *Kirche in ökumenischer Perspektive* (FS Walter Kasper), Freiburg i.Br. 2003, 290-305; C. M. ROBECK, «The Challenge Pentecostalism Poses to the Quest for Ecclesial Unity», en *ibid.*, 306-332.
50. Cf. Y. CONGAR, *Je crois en l'Ésprit Saint*, vol. 2, Paris 1980, 193-270 [trad. esp.: *El Espíritu Santo*, libro II: «Señor y dador de vida», Herder, Barcelona 2009²].
51. Cf. LG 4, 7, 12 y 49; AA 3; AG 4 y 29. Cf. CONGAR, *Je crois en l'Ésprit Saint*, vol. 1, *op. cit.*, 227-235.
52. Cf. LG 21, 24s y 27.
53. Cf. LG 12 y 35.
54. Cf. DV 8.
55. Cf. LG 28; PO 7; CD 16 y 28.
56. Cf. LG 37; PO 9; AA 25.

puede percibirse sobre todo en su forma de celebrar la liturgia. Pero a diferencia de los movimientos pentecostales libres extracatólicos, el movimiento carismático católico se mantiene dentro de la estructura sacramental e institucional de la Iglesia. De este modo tiene la posibilidad de influir en la Iglesia vivificándola.

Este enfoque pneumatológico puede integrarse con facilidad en una eclesiología de *communio*, que en las últimas décadas se ha convertido progresivamente en un concepto clave para la mayoría de los documentos del diálogo ecuménico[57]. Su idea central y fundamental es la participación mediada por el Espíritu Santo de todos los creyentes en la vida del Dios trinitario (cf. 1 Jn 1,3). En ello, el Espíritu Santo nos concede sus dones en una gran diversidad (cf. 1 Cor 12). Esto plantea numerosas cuestiones eclesiológicas, entre ellas la de la relación entre el sacerdocio universal de todos los bautizados y el sacerdocio jerárquico, entre el primado del obispo de Roma y las estructuras sinodales o conciliares en la Iglesia, entre obispos, sacerdotes y diáconos y, por último, entre los párrocos y el entero pueblo de Dios. Al mismo tiempo, esta vía de acceso abre también numerosas puertas para soluciones menos estáticas y más bien dinámicas para este problema.

La participación común en la vida del Dios uno y trino significa que la Iglesia se configura según la imagen de la Santísima Trinidad[58]. La doctrina de la Trinidad divina no es, en el fondo, sino el desarrollo de la afirmación de la Primera carta de Juan: «Dios es amor» (1 Jn 4,8.16), Dios es en sí pura relación de amor; y, sobre todo, el Espíritu Santo es amor en persona. De ahí deriva una on-

---

57. Entre la extensa bibliografía pueden destacarse los siguientes autores y títulos: de importancia fundamental: L. HERTLING, *Communio und Primat. Kirche und Papsttum in der Antike* (Miscellanea Historiae Pontificiae 7), Rom 1943; por parte luterana: W. ELERT, *Abendmahl und Kirchengemeinschaft in der alten Kirche hauptsächlich des Ostens*, Berlin 1954; para una comparación bíblica: H. Seesemann, J. Hainz, P. C. Bori y K. Kertelge, entre otros; durante el concilio: H. de Lubac, Y. Congar, J. Hamer, M.-J. Le Guillou, etc. La bibliografía es muy abundante en el posconcilio: A. Grillmeier, H. U. von Balthasar, O. Saier, J. Ratzinger, W. Kasper, J. M. R. Tillard, M. Kehl, G. Greshake, B. Forte, J. Hilberath y otros. Son importantes el libro homenaje al obispo P. W. Scheele: J. SCHREINER y K. WITTSTADT (eds.), *Communio Sanctorum* (1988), y el libro homenaje al arzobispo O. Saier: G. BIEMER (ed.), *Gemeinsam Kirche sein. Theorie und Praxis der Communio* (1992).
58. Cf. LG 4; UR 3.

tología relacional, que es fundamental para una renovada eclesiología de *communio*. Tal ontología únicamente puede entender el ser con ayuda de conceptos relacionales, como un mutuo concederse espacio y una recíproca posibilitación de relaciones. De ahí se deriva una espiritualidad de la comunión, al margen de la cual todos los debates sobre la comunión resultan vacíos e inanes[59].

La libertad que concede el Espíritu Santo no es, por tanto, una libertad individualista, sino una libertad comunitaria para otros y con otros; la libertad cristiana, por su esencia, está entrelazada con la responsabilidad y encuentra su realización en el amor abnegado y el servicio a los demás. Así, el apóstol Pablo exhorta en su Carta a los Gálatas: «Vosotros, hermanos, habéis sido llamados a la libertad; pero no vayáis a tomar la libertad como estímulo del instinto; antes bien, servíos mutuamente por amor» (Gál 5,13).

En el tratado *La libertad del cristiano* retoma Lutero con razón esta idea; pero fue el famoso teólogo tubingués Johann Adam Möhler quien formuló certeramente como sigue de qué se trata en realidad: «En la vida eclesial son posibles dos extremos, y ambos se llaman "egoísmo". Consisten en que todos a la vez quieran serlo todo o en que uno solo quiera serlo todo. En este último caso, el vínculo de la unidad es tan estrecho y el amor tan cálido que no es posible evitar la sensación de sofoco; en el primer caso, todo se desintegra y se torna tan frío que uno se congela. Un egoísmo engendra el otro; pero ni uno solo ni cada cual por su parte deben querer serlo todo; todo solamente pueden serlo todos juntos, y la unidad de todos constituye un único todo. Esa es la idea de la Iglesia católica»[60].

Esto nos anima a proponernos hacer realidad una Iglesia en la que los distintos roles y carismas cooperen en abierta interacción. Una Iglesia en la que, por ejemplo, el magisterio desempeñe su irrenunciable e insustituible papel, pero no por ello sean reprimidos el sentido de la fe y el consenso de los creyentes ni el proceso de recepción ni la función de los teólogos ni, sobre todo, el testimonio de la liturgia. En una interacción de esta índole, la libertad del Espíritu no opera junto a la *communio* eclesial, sino en ella y

---

59. Cf. JUAN PABLO II, *Novo millennio ineunte* (2001), 43.
60. J. A. MÖHLER, *Die Einheit in der Kirche oder das Prinzip des Katholizismus. Dargestellt im Geiste der Kirchenväter der drei ersten Jahrhunderte* (1825), editado, prologado y comentado por Josef Rupert Geiselmann, Darmstadt 1957, § 70 [trad. esp.: *La unidad en la Iglesia*, Eunate, Pamplona 1996].

a través de ella, y la *communio* eclesial es al mismo tiempo tanto institución como acontecimiento carismático siempre nuevo[61]. Semejante visión salvaguardaría todas las posiciones católicas esenciales sobre los ministerios y el magisterio y, a la vez, haría justicia a la crítica de nuestros hermanos separados. En último término, lleva de regreso a un ecumenismo espiritual. Pues no podemos «hacer» ni «organizar» esta clase de *communio*. Así, la oración *Veni Creator Spiritus* [Ven, Espíritu creador] es la respuesta última a la pregunta de cómo podemos corresponder al apremio del Espíritu y superar el escándalo de la división. Únicamente en él podemos realizar aquello por lo que el Señor oró en la víspera de su muerte: «Que todos sean uno» (Jn 17,21).

---

61. En otro lugar he mostrado que esta visión se corresponde con la de la primera Escuela de Tubinga, por ejemplo, con los planteamientos de J. S. Drey y J. A. Möhler.

20
No hay motivos para la resignación.
La Iglesia católica y sus relaciones interconfesionales

El Pontificio Consejo para la Promoción de la Unidad de los Cristianos no hace ecumenismo por propia iniciativa y según su gusto. Nos obliga el encargo encomendado por Jesús y su oración en la víspera de su muerte (cf. Jn 17,21) y actuamos en nombre de la Iglesia. Esta, como ha recordado el papa reiteradas veces, optó irreversiblemente en el concilio Vaticano II por el camino ecuménico[1]. «Unidad» es un concepto básico tanto en el Antiguo y el Nuevo Testamento como en el credo de la Iglesia. Confesamos a un solo Dios, un solo Señor Jesucristo, un solo Espíritu, un solo bautismo, una sola Iglesia (cf. Ef 4,4-6). Por eso, el ecumenismo no es un mero añadido a la misión de la Iglesia, sino que está fundado en el centro de esta misión[2]. El Vaticano II lo considera una de sus principales tareas[3]. Se trata también de una de las prioridades pastorales del actual pontificado[4]. El camino ecuménico es el camino de la Iglesia[5]. De la promoción de la unidad de los cristianos forman parte tanto el ecumenismo *ad extra*, o sea, el diálogo con las Iglesias y comunidades eclesiales que no están en comunión plena con la Iglesia católica, como el ecumenismo *ad intra*, el fomento del interés por la unidad de los cristianos en la propia Iglesia católica.

En todos estos esfuerzos *ad intra y ad extra* no se trata de un ecumenismo cualquiera, sino de un ecumenismo en la verdad y en la caridad; en ningún caso, sin embargo, de un ecumenismo al precio de la verdad[6]. La meta es la unidad visible de la Iglesia en la fe, en los sacramentos –en especial en la celebración conjunta

---

1. Cf. JUAN PABLO II, *Ut unum sint* (1995), 3.
2. Cf. *ibid*. 9 y 20.
3. Cf. UR 1.
4. Cf. JUAN PABLO II, *Ut unum sint* 99.
5. Cf. *ibid*. 7.
6. Cf. UR 11; JUAN PABLO II, *Ut unum sint* 18 y 36.

de la eucaristía– y en el gobierno de la Iglesia[7]. En la última plenaria hemos intentado clarificar este objetivo con ayuda del concepto bíblico y paleo-eclesial de *communio* en el marco de una eclesiología católica de comunión.

I. La conciencia ecuménica es a menudo superficial

La conciencia ecuménica es a menudo superficial. Por una parte, la conciencia ecuménica ha crecido gratamente en la «base». Para muchas parroquias y comunidades, el ecumenismo se ha convertido en una realidad casi natural que las enriquece. Está firmemente arraigada en la vida de la Iglesia. Tanto los informes sobre la praxis del ecumenismo espiritual elaborados para esta plenaria como la encuesta que nuestro dicasterio ha llevado a cabo entre las conferencias episcopales a fin de recabar información sobre la difusión de la Semana de Oración por la Unidad de los Cristianos han puesto de manifiesto que, si bien siguen existiendo terrenos en los que el ecumenismo espiritual aún tiene que progresar, la conciencia de un ecumenismo espiritual está experimentado un sustancial crecimiento. En conjunto cabe decir que el encargo encomendado a este Pontificio Consejo responde a la esperanza y al anhelo de numerosos cristianos «de que todos sean uno».

La unidad de la Iglesia es a la vez signo e instrumento de la unidad de la humanidad[8]. Por eso, la solidaridad de los cristianos está al servicio de la humanidad. También esta cooperación en el servicio a la libertad, la justicia, la paz y el futuro del mundo, y en el servicio caritativo-diaconal concreto se ha incrementado. «Es evidente, y la experiencia lo demuestra, que en algunas circunstancias la voz común de los cristianos tiene más impacto que una voz aislada»[9].

Por otra parte, junto al movimiento ecuménico de unidad, también existe, por desgracia, un movimiento centrífugo contrario, que lleva a tensiones –y en parte también a divisiones– den-

---

7. Cf. UR 2; JUAN PABLO II, *Ut unum sint* 9.
8. Cf. LG 1.
9. JUAN PABLO II, *Ut unum sint* 43.

tro de las Iglesias, las comunidades eclesiales y las familias confesionales existentes. Mientras que, por un lado, se logra parcialmente superar antiguas contraposiciones y llegar al menos a acercamientos, por otro aparecen nuevas diferencias, por regla general éticas, en cuestiones como el aborto, el divorcio, la eutanasia o la homosexualidad. Asimismo, cuestiones étnicas, sociales y políticas tienen con frecuencia un efecto divisorio. Las tensiones entre las Iglesias ortodoxas autocéfalas o dentro de la Comunión anglicana o de las comunidades eclesiales reformadas, en ocasiones también dentro de la Iglesia católica misma, son perjudiciales para el diálogo ecuménico, porque la falta de consenso *ad intra* dificulta o imposibilita la construcción de consenso *ad extra*. Esto puede ocasionar parálisis e incluso incapacidad ecuménica.

En este contexto se plantea la pregunta: ¿quiénes son nuestros interlocutores si ciertas familias confesionales de ámbito mundial están paralizadas por los conflictos internos, pero grupos concretos dentro de ellas llaman a nuestra puerta? Por principio, este Pontificio Consejo solamente mantiene diálogos teológicos con todas las Iglesias ortodoxas juntas y con las familias confesionales de ámbito mundial. Pero en la situación actual surge el interrogante, que ya se formuló en la última plenaria, de si es concebible un «ecumenismo de doble velocidad». La pregunta es sin duda delicada, pero ¿puede evitarse a la larga por consideración diplomática?

Un problema adicional resulta del hecho de que la conciencia y la praxis ecuménicas son a menudo superficiales. El moderno y posmoderno pensamiento pluralista y relativista, que se despide de la pregunta por la verdad, no quiere ver ya las diferencias de fe existentes y se consagra a una tolerancia falsamente entendida, que no se basa en el respeto a la opinión del otro, sino en la indiferencia con respecto a las convicciones de fe tanto propias como ajenas. Sin embargo, hay que decir que el ecumenismo no es causa, sino víctima de este –también por lo demás generalizado– relativismo y de la pérdida del saber sobre la fe y de la sustancia de la fe. Pues la mentalidad que cree que los problemas dogmáticos están en el fondo ya resueltos, o han devenido entretanto irrelevantes y anticuados, lleva solo de manera provisional a un «ecumenismo salvaje», que salta los límites de la disciplina eclesiástica; al final, sin embargo, conduce a su propia disolución. De este modo, el ecumenismo se hace a sí mismo superfluo.

Frente a este peligro están apareciendo en todas las Iglesias y comunidades eclesiales indicios de un nuevo confesionalismo. A pesar de la preocupación que en ello se manifiesta, justificada y digna de ser tomada en serio, el repliegue a la preservación de una identidad confesional autosuficiente no puede ser la solución. En esta actitud se manifiesta un particularismo y nacionalismo tanto antiguo como nuevo, una mentalidad contraria a lo global y –en vez de la disposición a la reorientación del pensamiento, a la conversión y a la reconciliación, irrenunciables para el movimiento ecuménico– una tendencia a la obstinación, la inercia y la comodidad. Cuando estas actitudes se intensifican hasta el fundamentalismo fanático, también hoy pueden llevar todavía a formas de animosidades confesionalistas e incluso a la violencia.

El diálogo con las Iglesias orientales ha ocupado en gran medida el primer plano en los dos últimos años. Con ellas nos une una gran cercanía en la fe, en los sacramentos y en la constitución episcopal de la Iglesia. Con ellas nos une una comunión como la que existe entre las Iglesias locales en cuanto Iglesias hermanas[10]. Las Iglesias orientales guardan una riqueza espiritual que es patrimonio de la Iglesia universal[11]. En los contactos con ellas también constatamos, sin embargo, que numerosos factores no teológicos, entre ellos, una historia, una cultura y una mentalidad diferentes, crean a menudo considerables dificultades de entendimiento. No obstante, podemos afirmar con gratitud que en estos dos últimos años los lazos de la *communio* fraternal con una serie de Iglesias ortodoxas han crecido de un modo hasta ahora inimaginable. También esto representa un aspecto demasiado poco conocido, pero cuya importancia difícilmente se puede exagerar, de la nueva situación ecuménica.

II. No existe una crisis general en las relaciones con los ortodoxos

A este progreso ecuménico han contribuido en gran medida los viajes del papa a países mayoritariamente ortodoxos, viajes que fueron posibles gracias asimismo a la apertura de los respectivos

---

10. Cf. UR 14; JUAN PABLO II, *Ut unum sint* 55-57 y 60.
11. Cf. OE 1.

patriarcados: Rumanía, Armenia, Egipto y Sinaí, Jerusalén, Siria, Grecia, Bulgaria. También este Pontifico Consejo, mediante una serie de visitas, ha podido forjar múltiples contactos y amistades nuevos. Algunas de estas Iglesias han respondido con visitas de delegaciones de alto rango. Realmente sorprendente es cómo se ha transformado el clima en la relación con la Iglesia ortodoxa en Grecia y Bulgaria, así como con la Iglesia serbo-ortodoxa. En general podríamos decir que se está desarrollando una creciente colaboración amistosa con las distintas Iglesias ortodoxas. Me gustaría resaltar expresamente que las relaciones con el patriarcado ecuménico siguen siendo intensas y cordiales.

Con las Iglesias orientales antiguas se ha entablado un nuevo y alentador diálogo. Tras las conversaciones con las distintas Iglesias por separado, se inició un diálogo conjunto con todas ellas. El clima de este encuentro preparatorio fue sincero, amistoso y fraternal. Está previsto además que la primera asamblea plenaria de este nuevo diálogo se celebre en Egipto. La gran estima, más aún, la veneración personal que se le profesa al Santo Padre también en las Iglesias ortodoxas se puso de manifiesto sobre todo con ocasión del vigésimo quinto aniversario del comienzo de su pontificado.

Las relaciones con la Iglesia ruso-ortodoxa, que hasta el cambio político de 1989-1990 eran buenas en general, se han tornado más difíciles a partir de entonces (además de la reciente crisis en la relación con la Iglesia georgiano-ortodoxa). Fue entonces cuando surgieron los reproches del llamado uniatismo (respecto a Ucrania occidental) y de proselitismo. Tales reproches se han reavivado tras el establecimiento de una jerarquía católica en toda regla en la Federación Rusa en febrero de 2002 y recientemente en Kazajistán, así como tras la erección de dos nuevas diócesis en Ucrania oriental. En el trasfondo hay problemas teológicos relacionados con la concepción de Iglesia (autocefalia, territorio canónico, interpretación del concepto de «Iglesias hermanas»), pero también cuestiones de autoafirmación religioso-cultural y de identificación con la propia cultura frente al liberalismo occidental, siendo entendida también la libertad religiosa como una expresión de ese liberalismo occidental.

No obstante, el diálogo no se ha interrumpido por completo. En los dos últimos años ha habido una serie de contactos informales; últimamente también se perciben indicios de la voluntad de una lenta, pero clara mejora de las relaciones. Por nuestra parte son necesarias, sin perjuicio de la firmeza en lo que atañe a los principios, paciencia, modestia, comprensión hacia los problemas y las preocupaciones de la parte rusa y, sobre todo, aprecio por la rica y secular tradición espiritual de Rusia. Sería deseable que sobre esta base se pudiera elaborar una suerte de «código de conducta» entre el patriarcado ruso-ortodoxo y la Conferencia Episcopal Católica de Rusia (o la Santa Sede). Además, se vislumbran algunos campos en los que sería imaginable y deseable una colaboración más estrecha en interés de ambas partes (Europa, Oriente Próximo, paz mundial).

El mayor problema de nuestras relaciones con las Iglesias orientales consiste en que el diálogo teológico internacional existente desde 1980 se suspendió a raíz de la asamblea plenaria de Baltimore (2000). En esa asamblea fue imposible avanzar en la cuestión del llamado uniatismo. Aunque ambas partes se declararon dispuestas a proseguir el diálogo, algo a lo que sobre todo la Iglesia católica y el patriarca ecuménico están firmemente decididos, luego surgieron dificultades en el seno de la propia Ortodoxia que imposibilitaron la convocatoria de nuevas sesiones de la comisión. Desde entonces, el patriarca ecuménico se esfuerza por forjar un consenso entre las Iglesias ortodoxas sobre la prosecución del diálogo, la temática y la presidencia de la delegación ortodoxa.

No en sustitución del diálogo oficial, sino como preparación para él, este Pontificio Consejo pudo organizar en mayo de 2003 un simposio académico sobre el ministerio petrino. Ese simposio intentó retomar la invitación realizada por el Santo Padre en el número 95 de *Ut unum sint*. Se desarrolló en el más alto nivel académico y en un ambiente inmejorable. Pese a todas las diferencias, se constató una alentadora actitud de apertura por ambas partes. Las actas serán publicadas lo antes posible. Al final, todos los participantes manifestaron el deseo de realizar pronto un simposio similar sobre la *koinōnía/communio*. Con este tema tocamos el principal problema teológico en las relaciones con las Iglesias orientales: el concepto de la autocefalia, que, de acuerdo con las afirmaciones de algunos destacados teólogos ortodoxos, constituye asimismo el principal problema de la propia Ortodoxia. En el futuro habrá que poner de relieve el concepto y la praxis de una *communio* universal, respetando plenamente, por supuesto, las ricas y antiguas tradiciones litúrgicas, teológicas, espirituales y canónicas de las Iglesias orientales[12].

En conjunto puede afirmarse que resulta del todo inadecuado hablar de una crisis general en las relaciones con las Iglesias orientales. Cierto es más bien lo contrario: nuestras relaciones van en general por un camino bueno y prometedor. Por lo que cabe humanamente juzgar, no hay que contar con resultados sensacionales a corto plazo. A buen seguro se producirán sin cesar reveses, pero quizá el Espíritu Santo nos depare también alguna que otra sorpresa positiva. Sin embargo, con pequeños pasos se avanza por regla general más despacio hacia la meta que con grandes saltos, pero en contrapartida también de forma más segura.

III. Con las Iglesias de la Reforma no son posibles por el momento progresos sustanciales

Las diferencias de índole no solo histórica y cultural, sino también doctrinal con las comunidades eclesiales de Occidente son más profundas que las que nos separan de las Iglesias de Oriente[13]. De estos diálogos vale en principio lo que ya se ha dicho sobre las luces y sombras del ecumenismo. Tenemos abiertas un gran número de conversaciones. Entre todas las Iglesias y comunidades eclesiales, la Iglesia católica es, con mucho, la que mantiene un mayor número de diálogos. Tras la *Declaración conjunta sobre la doctrina de la justificación* (1999), los diálogos avanzan lentamente, pero con seriedad en el marco de unas buenas y armoniosas relaciones, como ya se ha puesto de manifiesto en el presente informe.

En numerosos diálogos se observan desarrollos positivos, en especial en los que se mantienen con la *World Evangelical Alliance* [Alianza Evangélica Mundial], reflejados en el documento *Church, Evangelization and Bonds of Koinonia* [Iglesia, evangelización y lazos de comunión], así como con los metodistas, que han iniciado un proceso para adherirse a la *Declaración conjunta sobre la doctrina de la justificación*. Con los menonitas y los adventistas hemos entablado nuevos diálogos o, más bien, conversaciones. Han aparecido tensiones, por ejemplo, a causa de la de-

---

12. Cf. UR 14-18.
13. Cf. Juan Pablo II, *Ut unum sint* 64-68.

claración *Dominus Iesus* (2000) y en el contexto tanto de la encíclica *Ecclesia de Eucharistia* (2003) como de las Jornadas Eclesiales Ecuménicas (*Ökumenischer Kirchentag*) de Berlín (de finales de mayo a principios de junio de 2003). Pero en general se ha creado una buena base de confianza, la cual ayuda a salvar y resolver en la medida de lo posible las dificultades o desavenencias que surgen sin cesar.

Me gustaría mencionar de forma expresa el diálogo con la Comunión anglicana. Tras el documento *The Gift of Authority* [El don de la autoridad, 1998], la Comisión Internacional Anglicano/Católico-Romana (ARCIC, *Anglican/Roman-Catholic International Commission*) está terminando en estos momentos un documento sobre mariología. Hace dos años, tras la asamblea celebrada en Mississauga (2000), creamos en el nivel episcopal una nueva Comisión Internacional Anglicano/Católico-Romana para la Unidad y la Misión (IARCCUM, *International Anglican/Roman-Catholic Commission for Unity and Mission*), que se ocupa de la recepción de los documentos aprobados hasta ahora. Si bien estos dos diálogos progresan a muy buen ritmo, el diálogo con la Comunión anglicana muestra quizá mejor que otros diálogos el problema actual del ecumenismo y la aporía en la que este se encuentra: la urgencia de nuevos problemas en el campo de la ética y la fragmentación interna de una comunidad eclesial. Durante la visita que el arzobispo de Canterbury hizo al papa Juan Pablo II en octubre de 2003 tuvimos ocasión de abordar estos temas en un ambiente franco y al mismo tiempo amistoso. Como interlocutor ecuménico, que, por supuesto, no puede intervenir en los asuntos del otro, no somos solo espectadores, sino interlocutores solidarios; la red ecuménica ha devenido entretanto tan densa que cualquier decisión de un interlocutor afecta también a sus relaciones con todos los demás, por lo que debe ser tomada en solidaridad recíproca.

Esta solidaridad y el compromiso a favor de la unidad de todos los discípulos de Cristo constituyen también la base para nuestra colaboración con el Consejo Mundial de Iglesias, principalmente a través de la Comisión Fe y Constitución. Los problemas y las dificultades de las Iglesias ortodoxas miembros del Consejo en lo concerniente a la eclesiología y la oración común durante los encuentros ecuménicos son nuevos retos. Al mismo tiempo manifiestan la nueva situación ecuménica; los cambios experimentados se hacen patentes también en el debate sobre una nueva configuración del ecumenismo (las distintas coaliciones ecuménicas, los estatutos del Consejo Mundial de Iglesias, las *Christian World Communions* [Comuniones Cristianas Mundiales], las organizaciones ecuménicas regionales, las organizaciones no gubernamentales ecuménicas, etcétera). Los resultados de este debate no son todavía por entero públicos.

Si se analizan más detenidamente las dificultades surgidas, se pone de relieve –más allá de los estados de ánimo, por regla general pasajeros– el principal problema objetivo del diálogo con las comunidades eclesiales de tradición protestante. Nos encontramos ante eclesiologías diferentes, que se traducen en diferentes metas ecuménicas. Y estas a su vez llevan a expectativas diferentes y, con ello, por la esencia misma del asunto, a decepciones mutuas, porque el interlocutor no satisface las expectativas de la otra parte o, dada su distinta meta ecuménica, no puede en absoluto satisfacerlas. Esta situación ha conducido a un cierto estancamiento, que por el momento, y mientras no se resuelvan de verdad las cuestiones de eclesiología, impide todo avance sustancial.

Desde la perspectiva católica, la meta ecuménica es, como ya se ha sugerido, la plena y visible comunión eclesial en la fe, los sacramentos y el gobierno de la Iglesia. Como muestra en especial el ejemplo de las Iglesias locales, la Iglesia católica considera una riqueza la diversidad de formas de expresión de las diferentes Iglesias locales, siempre y cuando tal diversidad no comporte oposiciones de contenido. Distinto de ello es el modelo de unidad que, a raíz de la *Concordia de Leuenberg* (1973), ha devenido dominante sobre todo en el protestantismo europeo continental.

Según este modelo, las Iglesias hasta ahora separadas establecen entre sí una comunión eclesial que incluye un consenso básico en la comprensión del Evangelio, pero permite que sigan existiendo los credos diferentes, hasta ahora separadores. Las Iglesias permanecen separadas por lo que respecta a sus credos e instituciones, pero establecen entre sí una comunión de púlpito y de altar y se reconocen recíprocamente los ministerios. El pluralismo confesional no se percibe ya como un escándalo, sino, tal cual han intentado demostrar Ernst Käsemann y otros después de él, como una realidad legítima sobre la base del Nuevo Testamento. En esta línea se sitúan también los últimos documentos de la Iglesia Evangélica en Alemania (*Evangelische Kirche in Deutschland*, EKD): *Kirchengemeinschaft nach evangelischem Verständnis* [La comunión eclesial según la concepción evangélica, 2001] y *Das Abendmahl* [La Cena, 2003].

IV. Interpretaciones diversas de la preocupación protestante

Es evidente que esta concepción de la comunión eclesial difiere por principio de la unidad eclesial como unidad de *communio* propia de la concepción católica. Sobre este trasfondo resulta comprensible el hecho de que –y la razón por la que– las Iglesias protestantes insisten en la actualidad en la intercomunión o, lo que viene a ser lo mismo, en la hospitalidad eucarística; y de modo análogo resulta comprensible el hecho de que –y la razón por la que– la Iglesia católica no puede sino entender esta insistencia como una exigencia excesiva, a la que no puede ceder, porque ello equivaldría a renunciar a su autocomprensión eclesiológica. Y a la inversa, la meta ecuménica que se corresponde con la autocomprensión católica es entendida por las Iglesias protestantes como una exigencia excesiva, porque implica el reconocimiento del ministerio episcopal y el ministerio petrino. De ahí resulta la mencionada situación de tablas, que también se puede caracterizar como la actual aporía ecuménica.

El modelo de Leuenberg en modo alguno es el único modelo que existe entre los protestantes. Ahí están también los resultados del diálogo con los anglicanos en la *Declaración de Porvoo* de las Iglesias escandinavas (1992); la declaración *Called to Common Mission* [Llamados a un misión común, 2001], de la Iglesia evangélico-luterana de Estados Unidos; y la declaración *Called to Full Communion* [Llamados a la comunión plena], de la Iglesia luterana de Canadá, aprobada en Waterloo (2001). Estos diálogos están en la línea del Documento de Lima *Bautismo, eucaristía y ministerio* (1982). Otro tanto vale para el diálogo de la ARCIC en el documento *The Gift of Authority* [El don de la autoridad, 1998] y el documento alemán *Communio sanctorum* [La comunión de los santos, 2000].

Estudiosos evangélicos y católicos de Lutero han mostrado que Lutero (al igual que los demás reformadores) no quería fundar una propia Iglesia confesional, sino reformar desde el Evangelio la Iglesia universal existente. Este proyecto fracasó por razones tanto teológicas como políticas.

En la medida en que ahora el movimiento ecuménico recibe en un «intercambio de dones»[14] las legítimas preocupaciones de la que en cada caso sea la otra parte, la separación de las Iglesias deja de estar legitimada. En este sentido, los esfuerzos de Friedrich

---

14. Cf. *ibid.* 28.

Heiler, del movimiento de la Iglesia Alta (*hochkirchliche Bewegung*) y del antiguo movimiento *Una Sancta*, así como en la actualidad de Wolfhart Pannenberg, Harding Meyer y otros teólogos luteranos alemanes, estadounidenses y escandinavos, han llevado a la noción de una «catolicidad evangélica», que, lejos de conformarse con una pluralidad no reconciliada, persigue una diversidad realmente reconciliada y una verdadera unidad en la diversidad. Tal noción conduce incluso al reconocimiento del ministerio episcopal en sucesión apostólica y, si bien hoy todavía con reservas, del ministerio petrino.

Aquí estamos ante dos interpretaciones diferentes de los propósitos protestantes en el siglo XVI. Mientras que una de ellas constata una diferencia fundamental, la otra parte de un consenso básico, que por el camino del diálogo ecuménico y el «intercambio de dones» debería llevar a un consenso pleno que incorpore la diversidad legítima. Mientras no se supere dentro del protestantismo esta diferencia entre un ecumenismo de consenso y un ecumenismo de la diferencia, será imposible lograr avances sustanciales con las comunidades eclesiales de tradición protestante. Este Pontifico Consejo ha propuesto a la Federación Luterana Mundial debatir este complejo temático relativo a la intención de la Reforma con la vista puesta en la celebración del quinto centenario del inicio de la Reforma en 2017.

En 2004 celebramos el cuadragésimo aniversario de la promulgación del decreto conciliar *Unitatis redintegratio* (1964). En 2004 se conmemora asimismo la conquista de Constantinopla durante la cuarta cruzada (1201), y al año siguiente recordaremos el cuadragésimo aniversario del levantamiento de la excomunión mutua entre Roma y Constantinopla (1965). Sobre todo con motivo del acontecimiento mencionado en primer lugar, este Pontificio Consejo ha convocado una asamblea de los presidentes de las comisiones de ecumenismo de las conferencias episcopales y de los sínodos de las Iglesias orientales católicas *sui iuris* [de derecho propio], a fin de reflexionar sobre el estado actual y el futuro del movimiento ecuménico e imprimir nuevo impulso a la parte católica en el movimiento ecuménico.

V. Afianzar los fundamentos ecuménicos

La situación descrita no es motivo alguno para la resignación. Como ya se mostró en la última plenaria, el movimiento ecuménico ha llevado entretanto a una situación transitoria de buena vecindad y de ahondada, pero todavía no plena, *communio* eclesial. Ahora hay que configurar esta situación transitoria en el marco de un ecumenismo de la vida, colmándola de vida. Para ello existen múltiples posibilidades, en gran medida aún no agotadas. En la medida en que sean aprovechadas y colmadas de vida, podría resultar una situación nueva y más distendida, que posibilite a su vez progresos sustanciales. Con solo que hiciéramos lo que ya hoy resulta viable sin dificultad alguna y sin transgredir ninguna ley eclesial, e incluso es aconsejable, estaríamos en una situación considerablemente más avanzada.

A la vista del peligro actual de erosión de la base sobre la que, conforme a la concepción católica, se apoya el ecumenismo[15], a saber, el bautismo y la fe bautismal, o sea, el credo, se hace necesario afianzar de nuevo los fundamentos. Este Pontificio Consejo ha puesto en marcha un trabajo en esa dirección solicitando a las conferencias episcopales que establezcan acuerdos con los interlocutores ecuménicos sobre el reconocimiento recíproco del bautismo o que examinen y ahonden los acuerdos ya existentes. No se trata únicamente del reconocimiento formal de la validez del bautismo que se administra con agua y en forma trinitaria, sino de un entendimiento sobre la comprensión del bautismo y del credo que forma parte de él. El eco que hasta ahora ha encontrado esta propuesta resulta alentador. Sin embargo, es necesario seguir trabajando consecuentemente en este proyecto. Aristóteles mostró que toda comunidad, incluido el Estado, depende de la amistad para tener cohesión[16]. También en el Nuevo Testamento es la amistad una categoría importante y una autodesignación de los primeros cristianos (cf. Jn 15,11-15; 3 Jn 15). El ecumenismo no se promueve principalmente por medio de documentos y acciones, sino a través de amistades que salvan los límites confesionales. En virtud del único bautismo, de la pertenencia común al único cuerpo de Cristo, de la vida animada por el Espíritu Santo, trascienden la simpatía meramente humana y crean un clima de confianza y aceptación mutua, que es lo único que posibilita progresos sustanciales en el diálogo teológico. Por eso, este Pontifico Consejo se esfuerza por establecer el mayor número

---

15. Cf. UR 2-4.
16. Cf. ARISTÓTELES. *Ética a Nicómaco* 1155 y 1160a-1161a.

posible de contactos personales y por participar en una red de amistad ecuménica.

El alma y el corazón del movimiento ecuménico es el ecumenismo espiritual[17]. Cuando hablamos de espiritualidad ecuménica, con este término –que, por desgracia, se ha convertido en un lugar común– no nos referimos a una espiritualidad vaga, gelatinosa, puramente emocional, poco amiga de la razón y subjetivista, que o no se interesa por la doctrina objetiva de la Iglesia o se la salta a la torera. Antes bien, se trata de la doctrina de la Escritura, de la tradición viva de la Iglesia y de los resultados del diálogo ecuménico apropiados subjetivamente en su totalidad, personalizada, colmada de vida y puesta en contacto con la vida. El mero activismo ecuménico acaba en nada. Las conversaciones de expertos, por importantes que sean, pasan por encima de las cabezas de los creyentes «normales» y de largo ante sus corazones y ante la vida. Solo podemos ampliar el movimiento ecuménico confiriéndole mayor profundidad.

De la espiritualidad ecuménica forma parte en primer lugar la oración, que se concentra en la Semana de Oración por la Unidad de los Cristianos. En la oración cobramos conciencia de que no podemos «hacer» la unidad. La unidad es un don del Espíritu, que nosotros, como seres humanos, no podemos obrar[18]. Son importantes la conversión y la santificación personales, ya que sin conversión personal y renovación institucional no hay ecumenismo[19]; y, por último, una espiritualidad de la *communio*[20]. Me gustaría mencionar además lo siguiente: la lectura y la meditación en común de la Sagrada Escritura, el intercambio entre monasterios, comunidades y movimientos espirituales, la visita a lugares de peregrinación y centros de espiritualidad, la familiarización con los grandes testigos de la fe y los nuevos «mártires». Estos no son más que algunos ejemplos, que se pueden completar. Añado que es probable que solo en un contexto espiritual quepa abordar de forma ecuménicamente adecuada y con posibilidades de éxito el tema de la mariología y la veneración de María. Así, partiendo de una comprensión purificada y

---

17. Cf. UR 7s; Juan Pablo II, *Ut unum sint* 21.
18. Cf. *ibid.* 21-27.
19. Cf. *ibid.* 15s, 21, 34s y 82s.
20. Cf. Juan Pablo II, *Novo millennio ineunte* (2001), 43-45.

clarificada de la espiritualidad ecuménica, me parece posible llegar a una praxis renovada y más profunda que confiera nueva vitalidad a la aspiración ecuménica y ayude a salir de las dificultades, las aporías y las crisis actuales.

21
La identidad confesional: una riqueza y un reto

Es para mí una alegría haber sido invitado a estas Jornadas Eclesiales (*Kirchentag*) y tener la oportunidad de dirigirles la palabra. Recuerdo gratamente anteriores Jornadas Católicas (*Katholikentag*) y Eclesiales (*Kirchentag*) en las que pude participar y colaborar. Pero estas primeras Jornadas Eclesiales Ecuménicas (*Ökumenischer Kirchentag*) representan algo especial, que, dada mi actual responsabilidad, aguardaba con singular interés y, en mayor medida aún, singular esperanza. Me gustaría felicitar a los cristianos alemanes evangélicos y católicos por la valentía de haber acometido la organización de un acontecimiento ecuménico tan sobresaliente.

El tema que se me ha pedido desarrollar reza: «La identidad confesional: una riqueza y un reto». Debo confesar que esta formulación me ocasionó problemas al principio. Pues puede ser malentendida en el sentido de que la diversidad confesional, o sea, la división de la única Iglesia de Jesucristo en una pluralidad de confesiones con identidad propia debe ser vista como una riqueza, por lo que el reto consiste entonces en conservar esa supuesta riqueza, enterrando y olvidando lo más rápidamente posible el objetivo del ecumenismo: la unidad visible de todos los cristianos.

Por desgracia, ese programa existe. Hay quienes opinan que la pluralidad de confesiones es una riqueza y que bastaría con que nos reconociéramos recíprocamente y nos admitiéramos unos a otros a la comunión; por lo demás, todo podría seguir más o menos como antes. Alguien me dijo en una ocasión: «¿Por qué no? La competencia activa el negocio». Yo le respondí: «Mil años de funesta competencia con las Iglesias de Oriente y quinientos años de competencia entre el cristianismo evangélico y el católico han traído suficiente desgracia sobre Europa y, en especial, sobre Alemania. Por amor de Dios, terminemos de una vez con esta situación. Según la voluntad de Jesucristo, no somos competidores ni rivales, sino hermanos y hermanas».

Por eso, para evitar malentendidos, antes de abordar el tema que se me ha planteado, a saber, «La identidad confesional: una riqueza y un reto», me gustaría decir algunas palabras sobre un tema aún más fundamental: «El ecumenismo: una riqueza y un reto».

I. El ecumenismo, una riqueza y un reto

En mi infancia y juventud –eso fue antes de la Segunda Guerra Mundial–, seguramente a nadie se le habría ocurrido el lema de estas Jornadas Eclesiales Ecuménicas: «Debéis ser una bendición». La palabra «ecumenismo» no estaba ni mucho menos en boca de todos. Antes al contrario, Lutero y Calvino eran para nosotros palabras malsonantes, y sin necesidad no habría puesto yo nunca el pie en una iglesia evangélica. Todavía cuando estudié teología en Tubinga –diez años antes del concilio Vaticano II–, nos estaba prohibido asistir a cursos de la facultad de teología evangélica. Pero justo a causa de esa prohibición, resultaban especialmente interesantes para nosotros, jóvenes estudiantes.

¡Cuánto ha cambiado todo para bien, gracias a Dios! En la actualidad, los cristianos evangélicos, católicos, ortodoxos y miembros de las Iglesias libres no se sienten ya adversarios ni rivales ni extraños, sino amigos; viven, trabajan y rezan juntos. Los cristianos evangélicos, católicos, ortodoxos y miembros de las Iglesias libres dicen en estas Jornadas Eclesiales: queremos ser una bendición unos para otros. El hecho de que esto hoy no solo sea concebible, sino también una realidad, constituye para mí un motivo de alegría y gratitud. Detrás de ello no está el cambiante viento del espíritu de la época; esto es un signo de la acción del Espíritu Santo. El ecumenismo es una riqueza, una bendición.

El movimiento ecuménico es uno de los escasos rayos de luz del pasado siglo XX, que fue una centuria nefasta, oscura, sangrienta. Después de mil años de cisma eclesial entre Oriente y Occidente y casi quinientos años de cisma eclesial en Occidente, con todas las funestas consecuencias de guerras de religión, enemistades, polémicas, distanciamientos y prejuicios que penetraban incluso en las familias, comenzó un cambio radical, un giro de ciento ochenta grados. Los cristianos redescubrieron su fraternidad (hermandad) cristiana.

El impulso misionero fue determinante en el surgimiento del movimiento ecuménico. La primera Conferencia Misionera Mundial, que se celebró en Edimburgo en 1910, constató que la separación de las Iglesias en un obstáculo decisivo para la difusión del Evangelio. Con nuestras divisiones, los cristianos nos perjudicamos a nosotros mismos. Nos restamos credibilidad ante el mundo. Por eso no podemos entender la pluralidad de confesiones como una riqueza; es un escándalo con el que contrariamos la voluntad de Jesucristo de que «todos sean uno». No debemos resignarnos a ella.

A lo anterior se añadió entre nosotros en Alemania un segundo elemento: la experiencia del Tercer Reich y la Segunda Guerra Mundial. Soldados rasos evangélicos y católicos estuvieron tumbados unos junto a otros en las trincheras; miembros de la resistencia evangélicos y católicos coincidieron en los campos de concentración; tras la experiencia del destierro y la huida, los cristianos evangélicos y católicos dejaron de vivir en zonas confesionales cerradas y pasaron a estar puerta con puerta; la Iglesia evangélica y la católica compartieron la experiencia del fin del predomino de una Europa impregnada en sus valores por el cristianismo. Se ven confrontadas en común con religiones no cristianas, en especial el islam, con nuevos movimientos religiosos y sectas; y juntas se encuentran en una cultura secularizada e indiferente a la religión. Por eso se preguntan con razón: ¿podemos seguir permitiéndonos nuestras divisiones?

La respuesta a esta pregunta convierte hoy a los cristianos católicos y evangélicos, lo quieran o no, en una comunidad de destino; lleva a la solidaridad entre los cristianos. Los cristianos separados cobramos conciencia de que solo juntos tendremos una oportunidad. No existe alternativa al ecumenismo.

Aún hay que mencionar un tercer elemento, que entre nosotros en Alemania está, por desgracia, muy poco desarrollado; en otros países, en Francia o Italia, por ejemplo, se plasma con mucha más fuerza. Entre nosotros en Alemania, el país originario de la Reforma, todo se halla más o menos referido al ecumenismo entre católicos y protestantes; el tercer interlocutor importante –las antiguas Iglesias de Oriente, en especial las Iglesias ortodoxas– suele permanecer a la sombra. Muchos piensan que los cristianos orientales están muy lejos, no solo geográficamente, sino también por lo que respecta a la mentalidad.

Craso error. Sobre todo a partir de la Segunda Guerra Mundial, los cristianos ortodoxos viven entre nosotros; desde el punto de vista geográfico, ya no son Iglesias puramente orientales, sino que están dispersos por todo el mundo occidental. Mediante la ampliación de Europa hacia el Este se acercan a nosotros. Los países del Este de Europa que ya pertenecen (como Grecia) o pertenecerán en un futuro cercano (como Rumanía, Bulgaria y Serbia) a la Unión Europea están todos ellos profundamente impregnados por la tradición ortodoxa. Sin ellos no es posible construir la casa común de la Europa unida. No podemos dejarlos fuera, considerándolos personajes exóticos no ilustrados o aguafiestas ecuménicos que, a lo sumo, concitan un interés folclorista. Necesitamos una ampliación hacia el Este no solo política, sino también ecuménica.

Todo el que conozca siquiera los iconos –y entretanto hay ya entre nosotros muchos amantes de los iconos– sabe qué gran riqueza espiritual hay en ellos, algo que a nosotros en el Occidente secularizado no puede hacernos más que bien. También la Ortodoxia puede ser una bendición para nosotros. La Iglesia en Europa debe respirar con ambos pulmones.

También en otro sentido se necesita una ampliación de la mirada. El panorama ecuménico está experimentando actualmente en el mundo entero un cambio acelerado. El centro de gravedad se desplaza hacia el hemisferio Sur. Allí se constata un crecimiento de las Iglesias libres y el pentecostalismo (un nuevo movimiento pentecostal, de orientación marcadamente carismática y muy diferenciado en lo concreto). Allí predominan otros temas; desde allí se nos plantean nuevos retos. La fijación en un único tema, como en gran medida está ocurriendo en Alemania en los últimos meses y en las últimas semanas, es observada en otros lugares con sorpresa, incomprensión y cabeceos desaprobatorios.

«Ecúmene» significaba originariamente «toda la tierra habitada». De ahí que justo hoy no podamos permitirnos un provincialismo ecuménico. La opción ecuménica no es flor de un día del espíritu de la época. No fue ni es el espíritu de la época lo que guía e impulsa el ecumenismo; es el Espíritu Santo quien nos hace conscientes de que es más lo que nos une que lo que nos separa. Creemos conjuntamente en un solo Dios, Padre de nuestro Señor Jesucristo; conjuntamente hemos sido bautizados en su nombre; por eso pertenecemos al único cuerpo de Cristo.

Pues Jesucristo quiso solo una Iglesia. En la víspera de su muerte oró por la unidad de sus discípulos. Y nos dejó como testamento esa oración por la unidad. De ahí que sea vinculante para nosotros. Creer en Jesucristo significa, por tanto, querer la unidad de la Iglesia.

No estamos hablando, pues, de un estado de ánimo sentimental; no es cuestión de ser hoy más simpáticos unos con otros ni de tratarnos mutuamente mejor y de forma más humana y más cristiana de lo que en el pasado, por desgracia, a menudo ha sido el caso. Tampoco se trata de un curso de carantoñas, de un relativismo e indiferentismo al que ya no le interesan las diferencias de fe. No, la opción por el ecumenismo se basa en nuestra común fe en Cristo y en nuestro bautismo común, en virtud del cual todos los bautizados somos miembros del único cuerpo de Cristo. Con ello se da ya una unidad fundamental, si bien todavía incompleta, entre todos los bautizados.

El ecumenismo no es un añadido al ser cristiano ni una afición de unos cuantos. El ecumenismo se funda en el centro del ser cristiano. El ecumenismo forma parte de la identidad cristiana. Así, la Iglesia católica formuló en el concilio Vaticano II (1962-1965) una clara opción por el movimiento ecuménico. El concilio afirma incluso que el restablecimiento de la unidad se cuenta entre sus más importantes aspiraciones. Esta opción es vinculante para nosotros. El papa Juan Pablo II hizo suya esta opción y desde el primer día de su pontificado reiteró una y otra vez que la opción por el ecumenismo es irrevocable e irreversible.

Sería impío y desconsiderado con el Espíritu hablar mal de estos desarrollos positivos o asustarnos del propio coraje, para volver a replegarnos detrás de nuestros muros confesionales. El ecumenismo no es una mera obra humana. Es la voluntad de nuestro Señor, es un impulso del Espíritu Santo. Así, esperamos que el siglo XXI sea el siglo de la unidad ecuménica. Este es el reto histórico ante el que hoy nos encontramos.

II. La identidad como riqueza y reto

«Reto» significa que hemos reconocido la meta y que también hemos dado ya pasos importantes hacia ella, pero todavía no la hemos alcanzado. Constatar esto ha supuesto para algunos en las semanas y meses previos a estas Jornadas Eclesiales casi una conmoción. Por eso han recibido como un revés la reciente encíclica, aunque esta se limita a repetir –de una forma por lo demás muy mesurada– lo que debería ser conocido como doctrina católica desde hace mucho tiempo, pero que a todas luces era sumamente necesario y saludable repetir, porque muchos lo habían olvidado o reprimido. Así, afloraron dudas, y la decepción, la resignación y la frustración se extendieron por muchos lugares. Se habló de paralización, estancamiento, bloqueo, anquilosamiento, repliegue, invierno ecuménico o incluso edad de hielo.

En los últimos meses y semanas he viajado mucho por el mundo y creo conocer en cierta medida la situación ecuménica. Me resulta de todo punto imposible compartir este juicio. Procurar que exista claridad puede ser una desilusión a lo sumo en el sentido positivo de poner fin a una ilusión y liberar la mirada de tendencias encubridoras, a fin de que esta pueda percibir las «cosas» tal como son.

Así pues, es bueno que haya acabado la primavera ecuménica que muchos asocian con la primera década del posconcilio. Muchas de las aspiraciones de aquel entonces no se han realizado. Pero a la primavera no le sigue el invierno, ni tampoco el dorado otoño, en el que pueden recogerse los frutos maduros. Tras la primavera viene el verano. Entre medias hay un par de heladas a mediados de mayo (las que en Alemania se conocen como *Eisheilige*, por estar vinculadas a las festividades de varios santos) y ocasionalmente alguna tormenta. Pero, en conjunto, el verano es la estación del crecimiento lento y la maduración. También en el ecumenismo hemos entrado en una fase semejante de maduración y crecimiento. El ecumenismo se ha hecho adulto y ahora ve las realidades con mayor claridad que en el primer entusiasmo juvenil y trabaja intensamente en ellas. Pero no ha arrojado la toalla; se ha vuelto más objetivo y eso, a mi juicio, no es ningún retroceso, sino un avance.

¿Qué ha llevado a este cambio de clima? Como siempre, son posibles diversas respuestas. Por ejemplo, que no solo el ecumenismo, sino también sus pioneros han entrado en años, y ahora el protagonismo corresponde más a una nueva generación, para la que el auge de la década de 1970 queda ya muy lejos. En aquel entonces ni siquiera habían nacido; ellos ponen sus propios acentos, en parte diferentes, y tienen derecho a hacerlo. Me gustaría mencionar tan solo uno de estos nuevos acentos, que afecta directamente a nuestro tema: la nueva búsqueda de identidad. Con ello llego ya al tema que se me ha planteado.

Vivimos en un mundo en gran medida globalizado, con todas las ventajas y todas las desventajas, los riesgos, las injusticias y los miedos que la globalización trae consigo. Nadie quiere perderse en –ni ser absorbido por– un gran todo desprovisto de rostro. Así, muchos se preguntan: ¿quién soy?, ¿quiénes somos? La búsqueda de la propia identidad es fundamental para todo individuo, pues ninguno de nosotros es solo un caso, solo un número en un gran todo. Cada uno tiene su propio nombre, su propio rostro, su propia identidad.

La pregunta por la identidad concierne también a las diferentes religiones y culturas, a los diferentes grupos étnicos y a las diferentes Iglesias cristianas. Cada una de ellas tiene su propia historia, su perfil, su mentalidad y cultura, sus ritos y convicciones de fe, su estructura; y todo esto lo consideran una riqueza.

Esta identidad confesional es fundamental para el diálogo ecuménico. Pues únicamente interlocutores con identidad inconfundible, y conocida, valorada y reafirmada por ellos mismos, tienen algo que decirse; solo interlocutores así pueden entablar un diálogo. Entre dos velos de niebla no se produce encuentro alguno; sencillamente se desdibujan el uno en el otro. El diálogo requiere interlocutores con perfil e identidad propios. En consecuencia, quien opina que católico, evangélico u ortodoxo es, en el fondo, todo lo mismo y, por tanto, in-diferente no busca diálogo ecuménico alguno; quien así opina no es capaz siquiera de dialogar, se ha dado de baja ya de antemano.

Pero, como todo en el mundo, también se puede entender equivocadamente la búsqueda de identidad y abusar de ella. Bien entendida, yo no tengo «mi identidad» como un solitario robinsón en una isla desierta, sino solo en relación, encuentro e intercambio con otros. Si uno, por el contrario, por puro miedo se distancia de los demás, ocultándose y encerrándose en sí, porque cree que todo encuentro con otros puede amenazar, difuminar o diluir su identidad, no solo pierde toda capacidad de diálogo, sino que termina teniendo una identidad por entero angosta, atrofiada, reseca, encostrada y endurecida. El ecumenismo es entendido entonces como peligro y amenaza para la propia fe. Eso lleva a una reedición del antiguo confesionalismo, que puede exacerbarse en un fundamentalismo agresivo y fanático.

Así, hay cristianos ortodoxos que consideran que el ecumenismo es una herejía o incluso la herejía de todas las herejías. Semejante recaída en antiguos caminos confesionalistas y en corrientes y endurecimientos fundamentalistas se da también entre algunos católicos y protestantes. No solo previenen, con toda razón, frente a un falso ecumenismo, frente al relativismo e irenismo ecuménico, sino que también manifiestan dudas sobre si el ecumenismo era y es el camino.

Por desgracia, también se oyen tales voces en la llamada base, incluso entre gente joven. Por eso soy crítico con la tesis de que la base es mucho más avanzada que la pesada, medrosa, dubitativa e incomprensiva jerarquía. Esto puede ser cierto en casos concretos. Pero la base en modo alguno es tan unívoca y unánime como supone esta tesis, al igual que tampoco los «cabezas de la jerarquía» constituyen un bloque tan monolítico como algunos creen. Me daría por contento si todos en la base fueran tan avanzados en este asunto como Juan Pablo II, quien no le tiene miedo alguno al movimiento ecuménico: en cuanto se presenta la ocasión, alienta y anima al compromiso con él. No conozco a ningún «líder eclesiástico» que hable con tanta frecuencia y de forma tan positiva sobre el ecumenismo como este papa.

La única pregunta es: ¿qué clase de ecumenismo? A buen seguro, no un engaño o chanchullo ecuménico ni tampoco un fraude ecuménico. Ya solo la pura decencia humana y el respeto a las convicciones tanto propias como ajenas prohíben tan insincero ecumenismo. Se trata de un ecumenismo en la verdad, pero en la verdad enmarcada en el amor. El amor sin la verdad resulta vacío, hueco, carente de seriedad e insincero; es amor ciego y amorío insincero. Pero a la inversa también vale lo siguiente: la verdad sin amor, sin caridad, puede ser fría, dura, hiriente y repulsiva. La verdad y el amor forman una unidad. Pablo nos dice que debemos hacer la verdad en el amor. No «tenemos» la verdad como un trapo húmedo con el que golpearnos unos a otros en la cara, sino como un abrigo cálido que unos a otros nos ayudamos a ponernos.

En pocas palabras, el diálogo ecuménico requiere interlocutores que tengan su propia identidad, la conozcan, se identifiquen con ella y la consideren una riqueza, pero que también lleven a cabo entre sí un intercambio en el que cada uno comunique al otro su riqueza y le permita participar de ella. Al diálogo ecuménico no se acude con el lema: de todos modos, creemos ya en tan poco...; ese poco podemos, al fin y al cabo, creerlo en común. Al diálogo ecuménico se acude con la convicción: de aquello de lo que nuestros antepasados, nuestros padres y madres se alimentaron en épocas a menudo difíciles; de lo que les dio fuerza, consuelo y valor para afrontar la vida; de lo que es importante para mí; de aquello de lo que me alimento en mi vida; de lo que me sostiene y mantiene en la vida: de todo eso quiero dar algo también a los demás. Quiero hacerles partícipes de ello, al igual que también me gustaría aprender de su riqueza, dejarme estimular y enriquecer por ellos.

Por consiguiente, lo que lleva al diálogo ecuménico es la fe consciente, no la indiferencia en la fe. El diálogo ecuménico solo tiene sentido entre interlocutores que poseen su identidad evangélica, ortodoxa o católica, que están enraizados en su Iglesia y en la fe de esta y que, precisamente por ello, no quieren resignarse a las diferencias confesionales, que más bien experimentan como un reto.

III. Excurso: la polémica sobre la eucaristía y la comunión eucarística

¿En qué consiste el reto? En este punto, antes de proseguir con nuestro tema, debo hacer –a causa del debate actualmente existente, sobre todo aquí en Alemania– un excurso sobre la eucaristía y la comunión eucarística. Durante los últimos meses y semanas, en Alemania prácticamente no se ha hablado de otra cosa. *De facto*, la comunión alrededor de la única mesa del Señor, o sea, la comunión eucarística es la meta y, por ende, el reto del ecumenismo. Por eso, el hecho de que aún no hayamos alcanzado este objetivo no puede dejarnos tranquilos. Pero precisamente porque la comunión eucarística es la meta y el reto, no es posible tratarla y perseguirla al margen de todas las demás cuestiones. Y en un asunto como este, que afecta a las convicciones sobre la verdad y a las decisiones de conciencia, menos aún ayudan a avanzar la presión, la polémica, la protesta y la contestación públicas.

¿De qué se trata? También en la cuestión de la eucaristía tienen mucho en común los cristianos evangélicos y católicos; sobre todo, entre cristianos católicos y luteranos se han logrado en las últimas décadas satisfactorios progresos por lo que respecta a la superación de las antiguas controversias, muy duras y ásperas. Pienso sobre todo en el documento *La Cena del Señor* (1978), el Documento de Lima *Bautismo, eucaristía y ministerio* (1982) y el libro *Lehrverurteilungen – kirchentrennend?* [Condenas doctrinales: ¿motivo de separación de las Iglesias?, 1986]. Estos progresos han siso expresamente reconocidos en la reciente encíclica. Pero la encíclica y las muy útiles orientaciones recientemente publicadas por la EKD (*Evangelische Kirche in Deutschland*, Iglesia Evangélica en Alemania) están también de acuerdo en que, a despecho de todos los gratos avances, persisten importantes diferencias que no pueden ser pasadas por alto. Si algunos teólogos sostienen otra opinión, eso debe ser respetado como su opinión personal; sin embargo, en ninguna de las dos Iglesias se ha alcanzado hasta ahora un consenso.

Prescindo ahora de numerosas cuestiones concretas, por ejemplo, la relativa a la presencia permanente de Cristo en la eucaristía más allá de la celebración litúrgica, y me circunscribo a un único, pero importante punto: la relación entre eucaristía e Iglesia. Esta cuestión se encuadra en el contexto de las diferentes concepciones de Iglesia y en este marco más amplio de la concepción del ministerio y de su relevancia para la celebración de la eucaristía. Todo el que lea las mencionadas orientaciones de la EKD se informará de manera objetivamente certera sobre esta diferencia.

Si se prescinde de nuevo de cuestiones teológicas concretas, la diferencia puede formularse de manera algo simplificada como sigue: la parte evangélica, en consonancia con su actual horizonte teológico global neoprotestante, ve la cuestión de la comunión eucarística desde una óptica más individualista; lo que cuenta para ella es el acceso a la comunión y la comunión con Cristo del cristiano individual. La parte católica (al igual que la ortodoxa) no niega, por supuesto, este aspecto individual, pero pone mayor énfasis en el carácter eclesial comunitario. Siguiendo a Pablo, a los padres de la Iglesia, en especial a Agustín y a los grandes teólogos medievales, y también al primer Lutero, subraya la relación entre el cuerpo eucarístico del Señor y el cuerpo eclesial del Señor, la Iglesia. Con un famoso dicho de Agustín, afirma: «La eucaristía es sacramento de la unidad y vínculo del amor».

Esta tradición se encuentra todavía, como ya se ha dicho, en el primer Lutero y en toda la tradición evangélica; por eso, hasta la década de 1960 no existió comunión eucarística entre luteranos y reformados. Solo desde entonces han cambiado las Iglesias evangélicas su punto de vista. Están en su derecho, y nosotros tenemos que respetarlo, por supuesto; pero, permítanme formularlo de manera algo informal, no se puede criticar al papa porque en la encíclica *Ecclesia de Eucharistia* no se haya vuelto, cabalmente a su ya avanzada edad, evangélico y no haya renunciado a la posición de todas las Iglesias antiguas, que todavía hoy es sostenida por la abrumadora mayoría –dos tercios largos– de los cristianos. Los grupos teológicos de diálogo tanto internacional como alemán trabajan actualmente con intensidad en esta cuestión, pero hasta ahora ninguno de los dos grupos de teólogos ha alcanzado, por desgracia, un consenso sustancial y firme. Así pues, la encíclica no anda tan descaminada desde el punto de vista teológico.

Ahora bien, sin duda existen situaciones individuales en las que no es posible esperar a que se encuentre una solución común. Eso lo sabe también la Iglesia católica. Por eso conoce dos principios, ambos importantes: el ya mencionado principio de la unidad entre la comunión eucarística y la comunión eclesial, que en general excluye la comunión eucarística ecuménica; y el principio de que la salud de las almas constituye la ley suprema, que permite la comunión eucarística a cristianos no católicos –supuesta una correcta disposición por su parte– en situaciones especiales de grave y seria necesidad espiritual. Eso se prevé también en la encíclica; en consecuencia, esta no cierra el camino a soluciones pastorales individuales responsables. Nunca he sido testigo todavía de que alguien que acude a comulgar con seriedad sea rechazado, y menos aún me he negado yo nunca a dar la comunión a nadie en tales circunstancias.

Sé que con ello no se solucionan todas las cuestiones. Yo mismo he vivido treinta años de mi vida en un ambiente secular no clerical y después de ello he sido durante diez años obispo de una gran diócesis, que confesionalmente estaba mezclada más o menos al cincuenta por ciento, de modo que conozco los problemas que pueden planteárseles sobre todo a los matrimonios y las familias mixtas. Afronto estos problemas como un reto para seguir trabajando ecuménicamente. Por eso, tras este excurso, regreso a nuestro tema y a la pregunta de cómo podemos afrontar el reto ecuménico y qué debemos hacer para avanzar hacia la unidad de todos los cristianos.

IV. El ecumenismo, un camino hacia el futuro

Hemos dicho que toda Iglesia tiene sus riquezas, a las que no puede ni debe renunciar. No podemos arrojar por la borda lo que hasta ahora nos ha sostenido y mantenido, aquello de lo que nuestros antepasados han vivido en tiempos a menudo difíciles: eso no podemos esperarlo tampoco de nuestros hermanos y hermanas evangélicos y ortodoxos. Ni ellos ni nosotros podemos ser infieles a nosotros mismos. ¿De qué modo es posible avanzar entonces?

La respuesta está latente en lo que hemos dicho sobre la identidad. En todo diálogo, también, por tanto, en el diálogo ecuménico, no se trata solo de un intercambio de ideas, o sea, de un diálogo entre expertos que resulta incomprensible para el cristiano medio. El diálogo entre expertos es necesario, útil e indispensable, pero no es lo principal. No se trata ante todo de un intercambio de ideas, sino de un intercambio de dones. Lo que cuenta es la participación recíproca en nuestras respectivas riquezas. Una de las experiencias más gratificantes del ecumenismo, que a mí personalmente me asombra y alegra sin cesar, es que el Espíritu Santo actúa también fuera de los límites de la propia Iglesia y que, a través del encuentro, somos introducidos por el Espíritu –como se nos promete en el Evangelio de Juan– en la verdad plena.

Me gustaría ilustrar esto con un ejemplo. En las últimas décadas, los católicos hemos aprendido de nuevo de nuestros hermanos y hermanas evangélicos qué gran riqueza representan la palabra de Dios, la lectura de la Sagrada Escritura y la vida espiritual desde esta. Eso ha enriquecido y dado profundidad a nuestras celebraciones litúrgicas y a nuestra espiritualidad. Y a la inversa, ellos aprenden ahora de nosotros la relevancia de la eucaristía y de los signos y símbolos litúrgicos; actualmente celebran la eucaristía con bastante mayor frecuencia que antaño. De ahí que ya no se pueda decir: la Iglesia evangélica es la Iglesia de la palabra; y la Iglesia católica, la Iglesia de los sacramentos. Mediante el intercambio ecuménico unos y otros redescubrimos riquezas que no son extrañas a la propia tradición, pero que habían pasado a un segundo plano.

Esto muestra que el ecumenismo no significa que el encuentro se produzca en el mínimo denominador común y que el resto se deje más o menos a la discreción individual. El ecumenismo no es un proceso de empobrecimiento ni un negocio ruinoso, y mucho menos una liquidación, un saldo; es un proceso de incremento y de aprendizaje, una ganancia, un proceso de mutuo enriquecimiento. En el ecumenismo podemos y debemos ser, como reza el lema de estas Jornadas Eclesiales, una bendición los unos para los otros.

El ejemplo mencionado no es el único. También podría citar la *Declaración conjunta sobre la doctrina de la justificación.* Concierne a la principal preocupación de los reformadores, a la doctrina con la que, como decía Lutero, se mantiene en pie o cae la Iglesia, la doctrina de la que la suerte de esta depende por completo. Sobre todo por causa de ella se rompió entonces trágicamente la unidad. Hoy, en este punto, estamos de acuerdo en lo que atañe a la verdad fundamental. Pero ¿cómo ha sido eso posible? No porque de repente los católicos nos hayamos hecho del todo –o al menos un poquito– evangélicos y los evangélicos del todo –o al menos un poquito– católicos. El diálogo ecuménico no es un tira y afloja en el que cada una de las partes intenta jugársela a la otra. Nos hemos sentado juntos, hemos leído en común la Sagrada Escritura, hemos estudiado nuestras respectivas tradiciones y hemos constatado que tanto una como otra son más ricas de lo que se pensaba en la polémica propia de la teología de controversia. No hemos nivelado las diferencias, sino que hemos ahondado en nuestras respectivas posiciones, llegando así a consensos sustanciales. Y quien estuvo en Augsburgo sabe bien que la verificación de esta conclusión no fue un acto eclesiástico oficial ajeno a la realidad que se culminó con una firma, sino una fiesta, celebrada primero en la iglesia y luego en las calles de la ciudad por jóvenes y mayores.

El avance que hemos logrado en la doctrina de la justificación no ha sido posible hasta ahora en la cuestión de la Iglesia y los ministerios. También en este punto existen riquezas en ambas partes. Los católicos estamos convencidos de que en el ministerio episcopal y en el ministerio petrino tenemos un filón al que se le puede sacar partido y del que queremos hacer partícipes a nuestras hermanas y hermanos evangélicos. Al menos en su forma actual, no es aceptable para ellos. Pero, en un mundo y en una Europa cada vez más integrados, la organización en Iglesias regionales no puede ser la última palabra; y la autoridad, ejercida de modo adecuado y espiritual, no es un peligro, sino, como lo hemos formulado conjuntamente con nuestros amigos anglicanos en el documento *The Gift of Authority* [El don de la autoridad, 1998], un don, un regalo. Por eso, el papa mismo ha invitado a un fraternal debate ecuménico sobre el correcto ejercicio de su ministerio. A este respecto podemos aprender también de las Iglesias evangélicas y ortodoxas y de sus respectivas experiencias sinodales. Al igual que varios teólogos luteranos, no creo que aquí nos encontremos ante posturas incompatibles por principio. También en esta cuestión debería ser posible una diversidad reconciliada. En realidad, tal intercambio de dones debería ser importante justamente para los teólogos protestantes. Pues con él el movimiento ecuménico retomaría una originaria y justificada aspiración de la Reforma. Los reformadores no querían fundar una nueva Iglesia; deseaban renovar la Iglesia existente de acuerdo con el espíritu del Evangelio. Hoy también nosotros los católicos sabemos cuán necesaria era a la sazón tal reforma: al final de la Edad Media, la Iglesia había entrado en crisis. Pero la reforma de la Iglesia universal fracasó entonces por múltiples razones, algunas de ellas políticas; la culpa es de las dos partes. Así se llegó a la catástrofe de la confesionalización. En ese proceso, los católicos perdimos, por una parte, algo de lo que la Reforma podría haber aportado; por otra parte, la necesaria reforma se convirtió en la Reforma, en la que, a nuestro juicio, se perdieron verdades irrenunciables.

Así, a la sazón tanto unos como otros salimos perdiendo. El actual movimiento ecuménico ha retomado el diálogo bajo condiciones históricas por entero transformadas y de un modo nuevo e intenta enmendar lo que entonces se malogró. Aprendemos unos de otros y nos enriquecemos mutuamente.

¿Cuál es el siguiente paso? El ecumenismo no es un camino hacia atrás, sino hacia delante. No se trata de un regreso, sino de un avance intensificado hacia Jesucristo. En la medida en que, a través de la conversión y la santificación personal, devenimos uno con él, también nos unimos entre nosotros en él. Jesucristo es nuestra unidad. Lo que se persigue en esta dinámica hacia delante es una realización más plena de la catolicidad en el sentido originario, no confesional, de la palabra. Se trata de una catolicidad evangélica y de una evangelicidad católica. Este era el programa originario del movimiento *Una Sancta* en la primera mitad del siglo pasado, programa que deberíamos rememorar.

Este camino no lleva a una Iglesia unitaria. «Unidad» no quiere decir uniformidad. No hace falta unidad hasta en el más mínimo punto y la más mínima coma. En efecto, también el único

Evangelio nos viene dado en cuatro evangelios distintos, y «catolicidad» significa totalidad y plenitud. De ahí que la catolicidad sea unidad en la diversidad y diversidad en la unidad. Esto es lo que nos han enseñado los grandes teólogos de los siglos XIX y XX: Johann Adam Möhler, John Henry Newman, Karl Adam, Romano Guardini, Henri de Lubac, Yves Congar y muchos otros. Con frecuencia se habla de diversidad reconciliada. En la actualidad, por desgracia, todavía tenemos que vérnoslas en muchos casos con una diversidad no reconciliada. «Diversidad reconciliada» significa que las infecundas contradicciones aún existentes se convierten en fructíferas tensiones complementarias. El cardenal Ratzinger lo formuló en una ocasión de la siguiente manera: «Las Iglesias deben seguir siendo Iglesias y convertirse progresivamente en una sola Iglesia».

V. ¿Qué podemos hacer?

La pregunta permanece abierta: ¿qué podemos hacer en concreto? De este interrogante vamos a ocuparnos a continuación, en un último apartado. Me gustaría mencionar tres puntos de vista: la oración común como el corazón del ecumenismo; el diálogo teológico como su cabeza; y la colaboración interconfesional como sus manos y sus pies. Resumiendo el primer y el tercer aspecto, ya he dicho que hay dos lugares para «hacer» ecumenismo: la Iglesia y la mesa compartida. Pues compartiendo la mesa se resuelven, como es sabido, muchos problemas.

A mi juicio, lo más importante es el ecumenismo espiritual. En aras de la unidad de la Iglesia se puede y se debe hacer todo lo que esté al alcance de uno; pero nosotros no podemos «hacer» ni organizar la unidad. Es un don del Espíritu de Dios. Él debe sacudir los corazones, conferir la capacidad de comprender la verdad del otro y encender el amor mutuo. La unidad de la Iglesia será un renovado Pentecostés. Por eso, justamente ahora en estos días, entre la fiesta de la Ascensión y la de Pentecostés, hay que hacer lo que, junto con María, hicieron los apóstoles tras la ascensión del Señor: se congregaron en el cenáculo para suplicar la llegada del Espíritu.

El ecumenismo espiritual fue el inicio de todo. Hay que mencionar dos nombres: el *abbé* Couturier y Max Josef Metzger. Así surgió la Semana de Oración por la Unidad de los Cristianos, que desde 1933 se celebra en enero, en ocasiones también antes de Pentecostés. También cobró importancia la Jornada Mundial de Oración de las Mujeres bajo el lema: «Oración informada, acción orante». Ya antes había comenzado el aprovechamiento de la riqueza espiritual de las otras Iglesias. A ello se añaden hasta hoy encuentros entre órdenes religiosas, comunidades de vida, comunidades y movimientos espirituales. En 2003 celebramos el año de la Biblia; es una invitación a leer la Biblia en común. Alguien dijo en una ocasión: por causa de la Biblia nos separamos en su día, a través de la Biblia debemos reencontrarnos.

Este ecumenismo espiritual nos preserva de dos formas de error. La primera de ellas es el activismo ecuménico, la laboriosidad ecuménica con incesantes congresos, simposios, comisiones, diálogos, documentos, acciones y manifestaciones, en los que de continuo se formulan los mismos argumentos y exhortaciones, las mismas quejas, acusaciones y críticas. Eso es como acelerar a fondo en punto muerto: hace ruido, pero no hay movimiento. El otro peligro lleva al ecumenismo de expertos. Este es necesario. Pero puesto que el profesor universitario alemán –como antiguo catedrático estoy quizá legitimado a decir esto– se define por ser más inteligente que su compañero, es tan listo que siempre encuentra un argumento que oponer a lo afirmado por quien ha hablado antes que él. Tales conversaciones son una empresa ecuménica que se perpetúa sin fin. Los cristianos «normales» no están en condiciones de seguirlas; así que desconectan y entienden lo que les parece. Únicamente podemos extender el diálogo ecuménico haciéndolo más profundo. Pues todo cristiano tiene acceso a la oración, o al menos debería tener acceso a la oración y experiencia de ella.

La renovación institucional de las Iglesias y la renovación y santificación personal van de la mano. Sin una espiritualidad de la unidad y la comunión, la unidad y la comunión meramente institucionales se convierten en un sistema muerto y en una maquinaria que trabaja en el vacío. «Espiritualidad de la comunión» significa: aceptar al otro en su alteridad y considerarlo un don para mí, llevar la carga del otro, compartir sus alegrías y sus penas.

Este ecumenismo espiritual no es un asunto tan complaciente como podría parecer al principio. Jesús comenzó su actividad pública en el espíritu de los profetas veterotestamentarios con el llamamiento: «*Metanoeîte!*», «¡Convertíos!». No hay acercamiento ecuménico sin conversión y renovación. No se trata de la conversión de una confesión a otra. Tales conversiones pueden darse en casos particulares; y cuando se producen por razones de conciencia personal, han de ser tratadas con todo respeto y consideración. Pero no solo deben convertirse quienes en cada caso sean los otros; la conversión empieza por nosotros mismos. Todos debemos convertirnos. Por eso, lo primero que debemos preguntar no es: ¿qué les falta a los otros?, sino: ¿qué nos falta a nosotros? ¿En qué puntos tenemos que hacer nosotros nuestros propios deberes? No solo debemos percibir la astilla en el ojo ajeno, sino también la viga que tenemos delante del nuestro; a menudo se trata incluso de un tablón, que nos impide ver más allá de nuestras narices. Lo que nos hace falta no es tanto acentuar nuestra singularidad cuando la autocrítica.

Quien por comodidad quiere dejar todo como está y pretende que las Iglesias se reconozcan recíprocamente tal como son priva al movimiento ecuménico de dinamismo y de fuerza renovadora.

Hemos dicho que el ecumenismo espiritual es el corazón y que el diálogo teológico es la cabeza. El ideal de la fe cristiana no es la ingenua fe del carbonero. También la inteligencia es un don de Dios; por eso, la fe y el saber forman una unidad, incluso en el ecumenismo. Por desgracia, los conocimientos sobre los contenidos cristianos básicos han disminuido alarmantemente en la actualidad; se encuentran en mínimos insólitos. Un informe PISA sobre conocimientos cristianos probablemente arrojaría resultados bastante más catastróficos que el famoso informe PISA sobre el nivel cultural de los alemanes. Como ponen de manifiesto algunas encuestas, muchos ya no saben siquiera qué es lo que los cristianos celebramos en Navidad o en Pascua, por no decir nada de las diferencias entre los contenidos de fe evangélicos y católicos. No me refiero ahora a pequeños detalles teológicos ni a reales o supuestas sutilezas teológicas, que, desde luego, no tiene por qué conocer todo cristiano. Hablo del abecedario cristiano, sin cuyo conocimiento no tiene sentido el diálogo. Quien quiera participar en el diálogo debería interiorizar al menos los conocimientos catequéticos básicos. No se puede dialogar responsablemente si uno se rige por los meros sentimientos o por la intuición. Es necesaria, pues, una formación ecuménica continua, tanto para sacerdotes como para laicos.

El diálogo teológico en sentido estricto se centra ahora en la cuestión de la Iglesia; en la relación entre Escritura, tradición y magisterio; en los sacramentos, en especial la eucaristía; en los ministerios, sobre todo el ministerio episcopal y el ministerio petrino; y por último, en la veneración de María y de los santos. Me limito a la dimensión de la Iglesia universal. Esta concierne al mismo tiempo a la meta del ecumenismo. Hoy solo podemos pensar en perspectiva mundial. La Iglesia católica está más familiarizada con ello. La Iglesia evangélica se ha organizado tradicionalmente en Iglesias regionales. Solo desde finales del siglo XIX se formaron las federaciones mundiales o alianzas como asociaciones más o menos laxas de Iglesias. Sin embargo, no son Iglesias, por lo que, al igual que el Consejo Mundial de Iglesias, no pueden hablar de forma vinculante en nombre de las Iglesias miembros. Su meta reza: reconocimiento recíproco de las Iglesias.

Los católicos no podemos compartir este modelo de Leuenberg de un reconocimiento recíproco, como tampoco pueden hacerlo ortodoxos ni anglicanos ni, por lo demás, todas las Iglesias evangélicas. Para nosotros, la meta es la unidad visible en la fe, en los sacramentos y en el ministerio. El ministerio petrino es, a nuestros ojos, un don que queremos aportar –en forma espiritualmente renovada– a la futura unidad más abarcadora. Pero, a su vez, este modelo católico de la unidad no es aceptable, al menos en su versión actual, para las Iglesias no católicas. Así las cosas, el papa mismo ha tomado la iniciativa y ha convocado a un diálogo sobre la forma futura del ministerio papal. Por consiguiente, por ambas partes quedan preguntas sin responder. Tanto unos como otros tenemos todavía interpelaciones críticas, pero también queremos aportar algo. Eso significa que el camino hacia delante sigue abierto.

Pero también hay nuevas cuestiones y nuevos retos. Sobre todo en el mundo occidental estamos experimentando actualmente una intensificación de los procesos de secularización e individualización; y estos llevan asociada una vertiginosa pérdida de relevancia social de todas las Iglesias. En la actualidad, la mayor confesión es la de los eclesialmente indiferentes. Al mismo tiempo experimentamos un regreso de lo religioso en formas a menudo muy problemáticas. Las religiones no cristianas, en especial el islam, están presentes hoy en medio de nosotros. Así, el problema de Dios y el problema de Cristo vuelven a ser actuales para todas las Iglesias. Debemos preguntarnos: ¿qué significa la riqueza de nuestro legado para el mundo actual? Pienso que estas son las verdaderas preguntas para hoy y para el futuro próximo, y se trata de retos comunes.

Por último, después del corazón y la cabeza, llegamos a las manos y los pies del ecumenismo. El lema reza: «Hacer lo que nos une». El ecumenismo de la verdad y la caridad necesita del ecumenismo de la vida. No solo nos hemos alejado a fuerza de discutir, sino que también nos hemos distanciado existencialmente. Debemos volver a aproximar nuestras vidas, debemos conocernos aún mucho mejor unos a otros. De ahí brotarán luego el testimonio común y la colaboración. Probablemente avanzaríamos bastante más si todos hiciéramos y viviéramos juntos lo que ya hoy es posible. También existe posibilidad de colaboración allí donde en cuestiones concretas persisten posiciones diferentes. Podemos mostrar que también se puede –y a menudo no hay más remedio que– vivir con problemas.

En este sentido, en Basilea (1989) y Graz (1997) emprendimos el proceso conciliar por la justicia, la paz y la conservación de la creación y pusimos en marcha la década de las mujeres. Pienso también en numerosos posicionamientos conjuntos sobre la situación social y política. Aquí se vislumbran grandes cambios que deberíamos afrontar en común: la cuestión de la paz y el orden internacional, así como la de la justicia en el mundo entero y el reordenamiento de nuestros propios sistemas sociales; la santidad de la vida; la dignidad del ser humano; la protección del medio ambiente dados los nuevos desarrollos científicos y técnicos; la configuración de los fundamentos de la Europa futura. Todos estos son retos comunes. Por desgracia, en estas cuestiones se adivinan nuevas controversias hasta ahora inexistentes. Tanto mayor es el reto y la responsabilidad ante el futuro.

Hasta donde humanamente cabe juzgar, todavía tendremos que recorrer un largo camino. Con tanta mayor razón debemos disponernos para ser buenos compañeros de camino. La senda que nos aguarda no se asemeja a una pista de aterrizaje iluminada hasta el final; antes bien, es como si camináramos con una linterna: esta alumbra a medida que avanzamos. Esa linterna es, como nos dicen los Salmos, la palabra de Dios. Da luz suficiente para cada día y para el próximo paso. No tenemos necesidad de elaborar un esbozo detallado de la meta final y formular utopías ecuménicas. Carece de sentido rechazar pasos intermedios solo porque el paso final aún no sea posible. Es suficiente con hacer lo que es posible, necesario y aconsejable aquí y ahora. No somos señores de la historia; el Señor de la historia es, por suerte, otro.

Él nos ha prometido su Espíritu. En él podemos confiar. Él determina los tiempos y las horas. Pero también nos depara sin cesar sorpresas. Esto nos infunde valentía, confianza y, sobre todo, alegría; y el lugar menos adecuado para aguarnos tal alegría es precisamente estas Jornadas Eclesiales Ecuménicas.

22
Escollos para el ecumenismo

I. El ecumenismo después de las Jornadas Eclesiales Ecuménicas

Las Jornadas Eclesiales Ecuménicas (*Ökumenischer Kirchentag*) celebradas en Berlín en 2003 han sido una especie de prueba de papel tornasol de la situación ecuménica que se vive en Alemania. Han puesto de manifiesto dónde nos encontramos, pero también dónde radican los problemas. Según mi experiencia personal, ciertamente limitada, estas Jornadas Eclesiales transcurrieron mucho mejor de lo que cabía esperar dados los controvertidos debates previos. Todos los participantes con los que hablé allí coincidían en que su experiencia había sido buena. Los numerosos obispos tanto alemanes como extranjeros que acudieron a Berlín me confirmaron en privado esta valoración positiva.

El transcurso de las Jornadas muestra que la conciencia y la praxis ecuménicas en las parroquias y las comunidades están vivas y se han convertido en gran medida en algo natural. La nueva convivencia de los cristianos de diferentes confesiones es una realidad que ha crecido en las últimas décadas. Todas las personas que son suficientemente mayores para recordar la época anterior al concilio Vaticano II saben que esto no es en modo alguno evidente. Pero la conciencia ecuménica no solo ha crecido, sino que también ha madurado. Puede soportar tensiones y vivir con ellas. La mayoría de los participantes en las Jornadas deseaban seguramente una comunión eucarística –en realidad, ¿quién no la deseaba?–, pero también eran realistas. Estaban alegres por lo que ya es posible hoy, que en las Jornadas devino gratamente realidad.

Así, el encuentro de Berlín reforzó la esperanza de que el ecumenismo va a seguir avanzando, de que puede y debe seguir avanzando. Defraudar esta esperanza sería una irresponsabilidad. Equivaldría a traicionar el encargo encomendado por Jesús, así como los enormes esfuerzos ecuménicos y los notables éxitos de los últimos decenios. Estamos obligados a ello.

Cabe extraer, sin embargo, una segunda lección: las Jornadas han puesto de manifiesto, tanto en la fase preparatoria como una vez concluidas, que también persisten considerables problemas. No se hicieron patentes solo por la celebración eucarística no autorizada, que no tuvo lugar en el marco del programa oficial sino al margen de las Jornadas y que causó un escándalo *a posteriori*. Prescindiendo ahora de la problemática teológica, esta celebración de la eucaristía fue una protesta y provocación innecesaria y en el fondo contraproducente, como no es posible llevarla a cabo en ningún otro lugar. Soy comprensivo cuando alguien apela a su conciencia, pero las decisiones de conciencia son discretas. No se exhiben por televisión. Que, pese a todo, aconteciera esto, lejos de ayudarnos a avanzar, ha contribuido a que se endurezcan los frentes, originando considerables daños ecuménicos.

Sería un error, sin embargo, concentrarse en este suceso desencaminado. Los problemas son más amplios y profundos. El encuentro de Berlín fue un acontecimiento que se puso en marcha años antes con notable entusiasmo. Pero luego, cuando comenzó la preparación, se reveló como una empresa compleja y cargada de problemas. Había que hacer converger la diferente autocomprensión y las diferentes estructuras de las Jornadas Eclesiales Evangélicas (*Evangelischer Kirchentag*), por un lado, y de las Jornadas Católicas (*Katholikentag*) o, lo que viene a ser lo mismo, del Comité Central de los Católicos Alemanes, por otro. Esto resultaba muy difícil porque tras ello se encuentran las dispares concepciones católica y evangélica de Iglesia. Lo cual no solo se expresa en distintas comprensiones de la eucaristía, sino que entretanto ha conducido asimismo a divergentes visiones del ecumenismo. Se contraponen expectativas y objetivos ecuménicos distintos, lo que inevitablemente tenía que ocasionar una decepción mutua.

Esto se hace especialmente manifiesto en los ecos que ha despertado la encíclica *Ecclesia de Eucharistia* (2003). La encíclica se limita a repetir lo que ya antes era doctrina y disciplina católica y lo que también los obispos alemanes sostuvieron con énfasis desde el principio pensando en las Jornadas Eclesiales Ecuménicas. En consecuencia, no se trata de un paso atrás ni de un tardío frenazo de emergencia. Más bien, el papa defiende la doctrina católica, en sí ya conocida, con palabras claras, pero en modo alguno bruscas. Expone su posición de un modo muy personal y sensible, reconociendo y alentando los progresos ecuménicos. También el saludo que envió a las Jornadas estaba impregnado de esta positiva actitud hacia el camino ecuménico. Volvió a mostrar que el ecumenismo sobre la firme base del concilio Vaticano II es una de sus prioridades pastorales.

El hecho de que las reacciones a la encíclica a menudo fueran, sin embargo, de tanta sorpresa y de tono tan crítico muestra que en amplios círculos del protestantismo alemán y también en algunos círculos católicos ha arraigado entretanto una concepción ecuménica, unas expectativas ecuménicas y en parte también una praxis ecuménica que no están en consonancia con los esfuerzos ecuménicos cimentados por el Vaticano II y fomentados por el actual papa. En la disputa en torno a la comunión común se ponen de manifiesto, pues, problemas fundamentales de la comprensión del ecumenismo. No se trata de la pregunta: «Ecumenismo, ¿sí o no?». Para la Iglesia católica, esta pregunta está clara y positivamente zanjada de forma vinculante. El papa ha asegurado de forma reiterada que la opción por el ecumenismo es irrevocable. La pregunta es más bien qué clase de ecumenismo queremos. En torno a ello gira la polémica.

En la exposición siguiente me gustaría explicar esta polémica desde la perspectiva católica. Soy consciente de que algunas cosas se verán de manera distinta desde la perspectiva evangélica. Así como yo planteo a continuación interrogantes a la posición evangélica, así también los teólogos evangélicos formulan preguntas a la posición católica. Solo juntando ambas visiones resulta el diálogo ecuménico. Lo que quiero presentar es, por tanto, meramente una introducción a una conversación ecuménica abierta, tal como resulta necesaria ahora, tras las Jornadas Eclesiales Ecuménicas. Las buenas palabras ya no ayudan a avanzar; debemos llamar a los escollos por su nombre.

II. Los fundamentos teológicos del ecumenismo

La primera pregunta reza: ¿por qué hacemos ecumenismo? ¿Es necesario? ¿No hay nada más importante? ¿Cuáles son los fundamentos teológicos del ecumenismo?

Existen diversas respuestas para esta pregunta. Cabe argumentar pragmáticamente y afirmar: el mundo actual, en gran medida secularizado, necesita nuestro testimonio común; y los problemas actuales de la paz y la justicia social necesitan nuestro compromiso común. Por eso no podemos seguir permitiéndonos la separación. Antes al contrario, nuestras divisiones nos restan cada vez más credibilidad y los jóvenes huyen por completo de nosotros. Sobre todo, la existencia de numerosos matrimonios y familias mixtos, de diferente confesión (*konfessionsverschieden*) –o como hoy se dice con frecuencia en Alemania, vinculadores de confesiones (*konfessionsverbindend*)– reclama que las Iglesias se unan.

Todos estos son, a no dudarlo, puntos de vista correctos e importantes. Solo se tornan problemáticos cuando se añade: olvidemos la antigua disputa. Hoy ya no nos interesa; nos da igual. Hace poco leí que en la Iglesia católica son ante todo los liberales quienes se esfuerzan por el ecumenismo. Esto se podía entender de la siguiente manera: el ecumenismo interesa a quienes no se toman al pie de la letra la verdad ni los dogmas y están dispuestos a llegar a compromisos en aras de la unidad, hasta el punto de enajenar, por así decir, la vajilla de plata católica.

Este tipo de ecumenismo liberal suscita entretanto vehementes reacciones contrarias en todas las Iglesias. Se dice: el ecumenismo lleva a un saldo de la identidad católica y a una protestantización de la Iglesia católica. Por parte protestante, idénticos reproches se hacen, con signo invertido, a los evangélicos partidarios del ecumenismo. Se les acusa de tendencias catolizantes. A los partidarios del ecumenismo, ya católicos, ya evangélicos, se les recrimina: vuestros documentos ecuménicos de consenso o convergencia son un engaño, porque no resuelven las diferencias, sino que, mediante ingeniosas acrobacias semánticas, las ignoran. Se habla incluso de fraude. Existe una resistencia emocional muy fuerte frente al ecumenismo.

Esto muestra que una comprensión superficial, meramente pragmática, del ecumenismo desencadena reacciones contrarias. En vez de unir, divide. Sobre todo, es insincero. Un ecumenismo que ya no se funda en la verdad está construido sobre arena y se alza sobre unos cimientos quebradizos. Semejante comprensión del ecumenismo no puede perdurar. Antes o después, está condenada al fracaso.

Cuando el concilio Vaticano II caracteriza el acercamiento ecuménico como uno de sus grandes objetivos y cuando el papa

Juan Pablo II lo singulariza como una de sus prioridades pastorales, ni uno ni otro pretenden cuestionar la doctrina de fe católica. Al contrario, tanto el concilio como el papa rechazan de plano el relativismo o indiferentismo dogmático. Ninguno de los dos fundamenta el ecumenismo ignorando la doctrina de fe, sino que ambos toman esta como su firme cimiento. Lo que les interesa es un ecumenismo fundado sobre la verdad.

Los fundamentos del ecumenismo son las afirmaciones centrales y básicas de la fe cristiana. Creemos en un solo Dios, en un solo Señor Jesucristo y en un solo Espíritu Santo; además, reconocemos un único bautismo. De este credo deriva la confesión de fe, común a todas las Iglesias, en la Iglesia una, santa, católica y apostólica. Jesús oró por esta unidad en la víspera de su muerte: «Que todos sean uno». Ese es el testamento de Jesús, su legado; y para nosotros, por eso, una obligación.

La unidad es, por consiguiente, una categoría fundamental del Antiguo y, en mayor medida aún, del Nuevo Testamento. La existencia de múltiples Iglesias que se contradicen entre sí y no están en comunión unas con otras contraría la voluntad de Jesús. Eso es un pecado y un escándalo. El anhelo de –y el apasionado esfuerzo por– realizar la unidad de todos los discípulos de Jesús no es, por tanto, un asunto secundario ni un mero añadido a la tarea pastoral de la Iglesia; se apoya en el fundamento y en el centro mismo de la fe cristiana. De ahí que sea fundamental y central para el trabajo pastoral de la Iglesia.

Estas verdades que cimientan el trabajo ecuménico se encuentran contenidas en el credo común a ambas Iglesias. Esta profesión de fe recoge las decisiones dogmáticas de los dos primeros concilios ecuménicos: el de Nicea (325) y el de Constantinopla (381). Sobre estas verdades fundamentales y centrales no existió ningún disenso en el siglo XVI. Martín Lutero pudo afirmar en los *Artículos de Esmalcalda* (1537) que «sobre estos artículos relativos a la majestad divina» no existe «disputa ni polémica alguna». Los credos de la Iglesia antigua constituyen la base del *Gran catecismo* y del *Pequeño catecismo* de Lutero y se cuentan entre los escritos confesionales protestantes. Han pasado a formar parte de la fórmula base del Consejo Mundial de Iglesias. Según esta fórmula, el movimiento ecuménico es sostenido por personas «que invocan al Dios trinitario y confiesan a Jesucristo como Señor y Redentor». Esta fórmula fue asumida expresamente por el concilio Vaticano II[1].

Por desgracia, hoy debemos plantear la pregunta: ¿qué hay de esta afinidad en la actualidad? ¿Sigue existiendo? ¿Tenemos todavía en el credo un fundamento común o se afirma por parte evangélica el principio de la *sola scriptura* [solo la Escritura], conforme al cual la Biblia puede ser interpretada con ayuda del método histórico-crítico –tal como se ha ido desarrollando desde la Ilustración– de manera muy dispar, más aún, antitética en las cuestiones centrales de la fe cristiana? La pregunta vale tanto para la filiación divina de Jesús como para la relevancia salvífica del sacrificio de la cruz y la resurrección de Cristo. Así pues, ¿hasta qué punto sigue siendo vinculante el credo común? ¿Cuál es la base común de este negocio?

Sé bien que muchos cristianos evangélicos y prestigiosos teólogos evangélicos se atienen decididamente a la interpretación paleo-eclesial de la Sagrada Escritura. Soy consciente asimismo de que esta pregunta habría que planteársela también a algunos predicadores y catequistas católicos. Todo el que ve la situación tal cual es sabe que los conocimientos religiosos básicos son deficitarios en la actualidad. Sobre la ignorancia y la indiferencia no se puede construir la unidad eclesial. Levantarla solo sobre el hecho de que hoy la mayoría no saben ya bien qué es la fe cristiana y aún son menos los que conocen en qué consisten las diferencias entre las Iglesias sería darle un fundamento tambaleante. Semejante unidad eclesial estaría construida sobre arena. Aquí tenemos una primera tarea común. Hemos de llevar a cabo un trabajo de fundamentos en la predicación, la catequesis y la formación de adultos, a fin de afianzar de nuevo los cimientos sobre los que poder levantar los esfuerzos ecuménicos.

III. La cuestión ecuménica fundamental: la Iglesia y los ministerios en la Iglesia

La actual teología ecuménica parte de lo común y, desde ahí, trata de encuadrar y entender mejor y, en la medida de lo posible, superar las diferencias. Este método ha propiciado un resultado po-

---

1. Cf. UR 1.

sitivo en la cuestión central del siglo XVI, el problema de la justificación. Para Lutero, la doctrina de la justificación era la cuestión con la que la Iglesia se mantiene en pie o cae, la cuestión de la que depende por completo su suerte. En ella no se debe ceder lo más mínimo. Tras un amplio debate internacional, en 1999 pudimos afirmar solemnemente en Augsburgo que en cuestiones fundamentales de la doctrina de la justificación ya no existe hoy ninguna oposición separadora de las Iglesias y que las condenas de aquel entonces no son ya aplicables a los interlocutores actuales.

Con ello no quedaron resueltos, sin embargo, todos los problemas. Las diferencias en la doctrina de la justificación llevaron ya en el siglo XVI a diferencias en la comprensión de la Iglesia y del ministerio eclesial, en especial del ministerio papal. La diferente concepción de Iglesia y de ministerio es considerada hoy el principal problema ecuménico.

Esta valoración aparece ya en el siglo XVI. Cuando fue interrogado en 1518 en Augsburgo por el legado pontificio, el cardenal Cayetano, y expuso su doctrina de la justificación, Lutero invocó su propia certeza personal de fe. Cayetano le respondió en el acto: «A eso lo llamo yo construir una nueva Iglesia». Pues con ello levantaba Lutero la fe sobre la certeza y experiencia personal del individuo, no sobre la experiencia de fe del «nosotros» de la Iglesia. De ese modo se adoptó una opción fundamental entre la certeza subjetiva de fe y la doctrina eclesial objetiva; algunos hablan incluso de una diferencia confesional básica.

Consecuentemente, Lutero no tardó en calificar al papa de Anticristo. Esto no era un zafio insulto, sino expresión de la convicción de que el papa reprime el Evangelio de la justificación solo por la fe. Así, para Lutero lo obligatorio ya no era la comunión con el papa, sino la lucha contra él. Por tanto, Reforma y crítica al papa fueron ya desde pronto de la mano.

Esto no significa que la Iglesia fuera para Lutero una realidad meramente humana o sociológica. En Lutero se encuentran conmovedoras afirmaciones sobre la Iglesia como cuerpo de Cristo y esposa de Cristo. En la fe en la esencia misteriosa de la Iglesia seguimos estando en gran medida de acuerdo. La diferencia afecta a la cuestión de dónde puede encontrarse y percibirse de manera concreta esta misteriosa esencia de la Iglesia. La pregunta concierne, pues, no tanto al qué sino al cómo de la Iglesia. Según los reformadores, la Iglesia está oculta. Pero no es una idea platónica. Existen «rasgos distintivos» visibles de la verdadera Iglesia. La Iglesia existe dondequiera que el Evangelio se predique íntegramente y los sacramentos sean administrados conforme a él[2]. Pero la pregunta es: ¿quién decide lo que es conforme al Evangelio? La Iglesia católica responde a esta pregunta con el famoso *subsistit in*[3]. Afirma que la Iglesia de Jesucristo tiene su lugar histórico concreto, su existencia concreta, en la Iglesia católica en comunión con el papa y con los obispos que están en comunión con él. Esta no es solo la doctrina de la declaración *Dominus Iesus* (2000), sino que aparece ya como doctrina del concilio Vaticano II. La Iglesia concreta que está en comunión con el papa y los obispos es, por consiguiente, el lugar en el que acontece el Evangelio. La cuestión de la Iglesia se concreta y agudiza, pues, en el problema de los ministerios, en especial en el problema del ministerio episcopal y papal.

La diferencia no se puede reducir a la simple disyuntiva «Iglesia ministerial contra sacerdocio común». También la Iglesia católica conoce el sacerdocio común de todos los bautizados[4], y no pocos pastores evangélicos miran con envidia los numerosos ministerios que desempeñan los laicos en la parroquia católica vecina. Y a la inversa, también según la concepción luterana se cuenta el ministerio ordenado entre los rasgos distintivos de la verdadera Iglesia. Eso se hace patente ya en la *Confessio Augustana* V y XIV. Así pues, la posición luterana no se puede describir solo con citas de la Escritura del joven Lutero, según el cual todo aquel que ha salido a rastras del bautismo puede gloriarse de haber sido ordenado sacerdote, obispo o papa[5]. Pero sobre todo en sus escritos tardíos, en especial en *Von den Konziliis und Kirchen* [De los concilios e Iglesias, 1539], incluye Lutero entre las marcas características de la verdadera Iglesia el que «ordene o llame servidores de la Iglesia o tenga ministerios que ella debe instituir; pues es necesario contar con obispos, pastores o predicadores que, tanto en público como en privado», proclamen el Evangelio y administren los sacramentos, y lo hagan «en nombre de las Iglesias, pero en medida mucho mayor aún por nombramiento de Cristo».

---

2. Cf. CA VII.
3. Cf. LG 8.
4. Cf. LG 9-17.
5. Cf. M. LUTERO, *An den christlichen Adel deutscher Nation*, 1520 [trad. esp.: «A la nobleza cristiana de la nación alemana», en ID., *Escritos políticos*, Tecnos, Madrid 2001, 3-20].

Lutero quería conservar el ministerio episcopal histórico, esto es, el ministerio episcopal en sucesión histórica. La *Confesión de Augsburgo* (art. XXVIII) y la *Apología de Melanchthon* (XVI,1) no dejan lugar a dudas a este respecto. El problema no era el ministerio episcopal en cuanto tal, sino, por una parte, su funesta involucración en las estructuras políticas del Imperio y, por otra, el hecho de que ningún obispo se mostrara dispuesto a pasarse a la Reforma y a predicar conforme al Evangelio en el sentido de los reformadores. Si los obispos y, con mayor razón aún, el papa hubieran permitido, en cambio, la predicación del Evangelio, esto es, de la doctrina de la justificación, Lutero habría llevado al papa en palmitas y le habría besado los pies[6]. Pero puesto que ni los problemas políticos ni los teológicos pudieron resolverse a la sazón, fue necesaria una solución de emergencia. Lutero tuvo que nombrar visitadores y, con el tiempo, obispos. De este modo, el avance hacia una propia estructura eclesiástica confesional se tornó inevitable.

El neoluteranismo del siglo XIX, luego la Iglesia Alta de la Unión de la Confesión de Augsburgo (*Hochkirchliche Vereininung Augsburgischen Bekenntnisses*) y también destacados teólogos luteranos del siglo XX se atuvieron y se atienen a la constitución episcopal de la Iglesia luterana[7]. Sin embargo, a diferencia de lo que ocurre en la Iglesia católica, no consideran que el ministerio episcopal sea necesario y constitutivo, sino tan solo útil y deseable. Eso ha propiciado acuerdos concretos tanto en el diálogo anglicano-escandinavo como en el diálogo entre la Iglesia episcopal de Estados Unidos y Canadá y las Iglesias luteranas de ambos países[8].

En cambio, la corriente preponderante en el protestantismo alemán se posiciona con reservas, cuando no de forma crítica, ante estas tendencias. Parte bíblicamente de que, sobre el suelo del Nuevo Testamento, son posibles diversos ordenamientos eclesiales. De ahí extrajo Ernst Käsemann ya en 1951 la conclusión de que el canon neotestamentario no funda la unidad de la Iglesia, sino la multiplicidad de las confesiones. Así, la *Concordia de Leuenberg* considera posible la coexistencia de diversos ordena-

---

6. Cf. WA 40 I, 181.
7. Cf. E. Benz, P. Brunner y H. Asmussen; en la actualidad, W. Pannenberg, H. Meyer, G. Kretschmar, D. Wendebourg y G. Wenz, entre otros.
8. Cf. la Declaración de Porvoo, así como el documento *Call to Common Mission* [Llamados a una misión común] y la Declaración de Windsor; véase también el Documento de Lima, de 1982, y la reciente declaración lutera-

mientos eclesiales que se reconozcan recíprocamente. El ministerio se convierte con ello en una función del ordenamiento eclesial, manejable de manera distinta según la situación. Esta es una posición que no tiene capacidad de enganche para el ecumenismo con las Iglesias ortodoxas y anglicanas ni tampoco con la Iglesia católica. Así pues, se ponen de manifiesto dos paradigmas a la hora de entender la Reforma. Unos la interpretan como correctivo de desarrollos desencaminados, pero desean permanecer por principio sobre el suelo de la doctrina de la Iglesia antigua y de la constitución episcopal de la Iglesia (así, por ejemplo, la *Confesión de Augsburgo*). Otros ven en ella algo radicalmente nuevo, un nuevo paradigma según el cual el Espíritu de Dios hace presente el Evangelio «donde y cuando quiere»[9].

De ahí deriva la pregunta ecuménicamente decisiva: ¿existe entre nosotros un consenso básico (Sagrada Escritura e Iglesia antigua) o un disenso fundamental? O por formularlo con Kierkegaard: ¿es la Reforma un factor correctivo o constitutivo? ¿Está en primer plano la delimitación respecto de lo católico, o sea, es el protestantismo lo importante? ¿O lo que cuenta es la continuidad con lo católico y su renovación a partir del Evangelio, o dicho de otra forma, ocupa lo evangélico el primer plano?

Esta última posición fue la que defendió el movimiento *Una Sancta*. Habló de una catolicidad evangélica. Esta posición encuentra entretanto cada vez mayor predicamento en el mundo entero. Sin embargo, la tendencia principal en la actual Iglesia evangélica alemana parece ir más bien en la otra dirección, la de la delimitación y la autosuficiencia protestante. De cara al diálogo ecuménico sería importante ganar en claridad y saber hacia dónde quiere moverse la Iglesia evangélica. Mientras no exista claridad al respecto, el diálogo ecuménico estará bloqueado y no hará sino moverse en círculos.

IV. La cuestión de la eucaristía o la Cena

La discusión sobre la Iglesia y sobre los ministerios en la Iglesia se concreta y agudiza en el debate sobre la eucaristía o la Cena.

---

na *Das bischöfliche Amt im Rahmen der Apostolizität der Kirche* [2003; una traducción española del original inglés, bajo el título *El ministerio episcopal en la apostolicidad de la Iglesia*, puede consultarse en la ciberpágina del Consejo Latinoamericano de Iglesias: http://www.claiweb.org/documentos/ministerio_episcopal.htm].
9. Cf. CA V.

No es ninguna casualidad. Para nosotros, la eucaristía es centro y cima de la vida cristiana y eclesial[10]. «Ecclesia de Eucharistia», es decir, la Iglesia vive de la eucaristía. La eucaristía es, como dice Agustín, «signo de la unidad y vínculo de la caridad»[11]. Según Tomás de Aquino, es el sacramento de la unidad eclesial y la suma de la entera vida de la Iglesia[12]. Grandes teólogos que se han convertido en clásicos de la teología del siglo XX, como Henri de Lubac[13], han vuelto a poner de relieve para nosotros este vínculo intrínseco entre Iglesia y eucaristía.

En torno a este centro de la Iglesia estallaron en la Reforma vehementes controversias. Para Lutero, la vida y sustancia de la Iglesia no es la eucaristía, sino la palabra de Dios[14]. El sacramento es una forma de la palabra; está, como dice Lutero en el *Gran catecismo* (1529), «enmarcado en la palabra de Dios y ligado a ella». Partiendo de ahí, en el siglo XVI se dirimieron dos controversias: la controversia sobre la presencia real de Jesucristo en la eucaristía y la controversia sobre el carácter sacrificial de la eucaristía. La tercera controversia –sobre la comunión bajo las dos especies– ha devenido hoy superflua.

En el siglo XVI, la cuestión de la presencial real y esencial de Jesucristo en la eucaristía estaba más presente en las controversias con los reformados (*Reformierten*, esto es, calvinistas y zuinglianos) que en las controversias con los luteranos. Lutero rechazó la comprensión meramente simbólica de la eucaristía y afirmó la presencia real del cuerpo y la sangre de Jesucristo «en, con y bajo» el pan y el vino. En el diálogo de Marburgo con Zuinglio (1529), Lutero defendió la interpretación literal del dicho bíblico: «Este es mi cuerpo». En el *Gran catecismo* se dice: «Son el cuerpo y la sangre verdaderos del Señor Cristo, en y bajo el pan y el vino». Aunque los luteranos, a diferencia de nosotros, no hablan de una transformación esencial[15], la presencia real de Cristo durante la celebración eucarística no es motivo de controversia entre católicos y luteranos. Una cuestión abierta es, en cambio, la

---

10. Cf. LG 11 y 26; SC 10; UR 15.
11. Agustín, *In Ev. Ioh.* 26,6,13.
12 Cf. Tomás de Aquino, *S.th.* III, q. 73, a. 3.
13. Al respecto, cf. obras como *Corpus mysticum*, 1946; *Méditation sur l'Église*, 1953.
14 Cf. WA 7, 721.
15. Cf. DH 1642; 1652.

presencia permanente y, con ello, la cuestión de qué hacer con las formas restantes. Pero el problema principal sigue siendo, como enseguida se mostrará, la cuestión del sacramento del orden[16].

Distintas son las cosas con la comprensión reformada (*reformiert*) de la presencia de Cristo en la eucaristía. El *Catecismo de Heidelberg* (1563) rechaza expresamente una transformación esencial del pan y el vino en el cuerpo y la sangre de Cristo. El pan es llamado cuerpo de Cristo solamente «por la naturaleza y el uso [de los sacramentos]» (pregunta 78). Según la doctrina reformada, cuando recibimos la eucaristía con fe, con el pan somos unidos por el Espíritu Santo al cuerpo de Cristo (pregunta 76). Este «con el pan» en vez del luterano «en el pan» atenúa considerablemente la afirmación bíblica: «Este es mi cuerpo». Por eso, entre luteranos y reformados no existió comunión eucarística hasta la década de 1970.

Únicamente en virtud de la *Concordia de Leuenberg* se estableció la comunión eucarística entre luteranos y reformados. Se pusieron de acuerdo en la fórmula mínima de que «con el pan» recibimos el cuerpo de Cristo. Eso ha ocasionado que hoy existan entre los cristianos y pastores evangélicos diferentes respuestas a la pregunta por el contenido esencial de la eucaristía, que van desde la presencia real a una concepción meramente simbólica. Por desgracia, debemos añadir por sinceridad, entretanto también entre católicos se da semejante confusión.

La verdadera disputa con Lutero no giraba en torno a la presencia real, sino en torno a la misa como sacrificio. En ello veía Lutero una obra humana, a través de la cual se negaba el valor del sacrificio cumplido de una vez por todas en la cruz, que era sustituido o completado por un sacrificio humano. De ahí que en los *Artículos de Esmalcalda* (1537) se refiere a la misa así entendida como la más terrible abominación, como idolatría, como mera invencioncilla y baratija humana. La consecuencia que de aquí extrae Lutero reza: «Así pues, estamos y seguiremos estando eternamente separados y enfrentados. Lo presienten ellos a la perfección: si falla la misa, cae asimismo el papado». De manera análoga, el *Catecismo de Heidelberg* habla de una «maldita idolatría» (cuestión 80).

---

16. Cf. *Das Herrenmahl*, 1978 [trad. esp.: «La Cena del Señor», en *Enchiridion oecumenicum*, vol. 1, ed. por A. González Montes, Centro de Estudios Orientales Juan XXIII y Universidad Pontificia de Salamanca, Salamanca 1986, 292-320]

Estas duras formulaciones han sido entretanto retiradas. Pues también en la cuestión del carácter sacrificial de la eucaristía hemos terminado acercándonos mucho unos a otros. Para ello han sido fundamentales determinadas consideraciones bíblicas. Se ha descubierto que en la frase: «Haced esto en memoria mía», el término «rememoración» o «memoria» (*anámnēsis/memoria*) no solo significa que debemos recordar subjetivamente en nuestra memoria la muerte de Jesús en la cruz, sino que, según la concepción bíblica, en el recuerdo se actualiza objetivamente el singular sacrificio de la cruz. Así entendida, la eucaristía no es un nuevo sacrificio ni tampoco la repetición o el complemento del sacrificio único de Jesucristo, sino la actualización aquí y ahora de este sacrificio sin par. Así, en la celebración de la eucaristía podemos participar en la entrega de Jesús al Padre por nosotros. Somos incorporados a la entrega de Jesús en la cruz. Es computada a nuestro favor y somos hechos partícipes de ella[17].

Estos acercamientos en la doctrina se han plasmado en la renovación litúrgica de la Iglesia evangélica. La *Misa alemana* (1523) de Lutero se concentraba por completo en la predicación y en las palabras de la consagración. Por eso eliminó el canon (la plegaria eucarística) con el argumento de que contenía la idea de sacrificio. Esta llamada «misa luterana» se celebraba por regla general con muy poca frecuencia y a menudo solo una vez concluida la celebración comunitaria.

Entretanto, los evangélicos han llevado a cabo una renovación litúrgica. Fue impulsada por los círculos de Berneuchen y Alpirsbach, así como por la hermandad del Arcángel Miguel. (En Württemberg, el monasterio de Kirchberg y la parroquia tubinguesa de Santiago). La Cena vuelve a celebrarse con mayor frecuencia y en el marco de la liturgia comunitaria. Los elementos festivos han sido acentuados de nuevo. Sobre todo, ha sido asimilada a la forma paleo-eclesial, hasta el punto de que se ha reintroducido la plegaria eucarística.

La renovación de la forma litúrgica no es solo algo exterior. Dice también algo sobre la renovada intelección del contenido. Por eso, cuando hoy algunas Iglesias luteranas celebran la forma originaria de la misa con la plegaria eucarística, ello significa que

---

17. Cf. K. LEHMANN y W. PANNENBERG (eds.), *Lehrverurteilungen – kirchentrennend?*, Freiburg i.Br. / Göttingen 1986, 89-94.

renuevan la común herencia recibida de la Iglesia antigua y llevan a la práctica litúrgica el acercamiento con los católicos en la doctrina del sacrificio de la misa. Tal fue gratamente el caso en las celebraciones litúrgicas que viví en la asamblea plenaria de la Federación Luterana Mundial que tuvo lugar en Winnipeg (2003). Desafortunadamente, en Alemania no estamos por regla general tan avanzados. A diferencia del estadounidense *Lutheran Book of Worship* de 1978, en los rituales alemanes de 1996 y 1999 no se ha llegado todavía al restablecimiento del canon. Por desgracia, la Iglesia regional (*Landeskirche*) de Württemberg, a despecho de todos los progresos que también aquí se dan, es litúrgicamente pobre. Así pues, todavía hay que recuperar terreno en lo ecuménico.

Para contribuir a la clarificación, el consejo de la Iglesia Evangélica en Alemania publicó en las vísperas de las Jornadas Eclesiales Ecuménicas unas orientaciones muy útiles con el título *Das Abendmahl* [La Cena, 2003]. Es de agradecer que haya aclarado los malentendidos más graves y puesto de relieve las convergencias alcanzadas. Pero tampoco ha ocultado las diferencias aún existentes.

Las diferencias se hacen patentes sobre todo en la cuestión del ministerio. Se afirma que, en circunstancias especiales, también una persona no ordenada con un mandato especial (lo que entre nosotros corresponde, por ejemplo, a la delegación de un acólito) puede presidir la celebración de la Cena. Pero precisamente esta es la razón por la que la Iglesia católica dice de la Cena luterana que, a causa de la carencia del sacramento del orden, no ha conservado la «genuina e íntegra sustancia» del misterio eucarístico. Con ello, el concilio Vaticano II en modo alguno afirma que la Cena evangélica sea nula y carente de valor. Antes bien, de los cristianos evangélicos afirma positivamente: «Mientras conmemoran en la santa cena la muerte y la resurrección del Señor, profesan que en la comunión de Cristo se representa la vida y esperan su glorioso advenimiento»[18].

Si no se quiere que la afirmación: «No ha conservado la genuina e íntegra sustancia del misterio eucarístico», permanezca puramente abstracta y en último término ideológica, no puede dejar de tener implicaciones para la praxis. La Iglesia católica no se

---

18. UR 22.

tomaría ya en serio a sí misma si de esta convicción no extrajera con sinceridad consecuencias de cara a la participación o no participación en la Cena evangélica. Todo lo demás sería un fraude ecuménico. Pues la eucaristía es un «misterio de fe».

En la cuestión de la admisión a la comunión, la Iglesia católica parte de dos principios. 1) La comunión eucarística y la comunión eclesial forman una unidad. Uno comulga en la Iglesia a la que pertenece. Por eso no es posible la comunión eucarística en general. 2) La salvación de las almas constituye la ley suprema[19]. De ahí que, en aras de la salvación, en situaciones individuales de una grave necesidad espiritual sea posible e incluso recomendable la participación de un cristiano no católico en la eucaristía católica. Sin embargo, se excluye una invitación generalizada[20].

Soy consciente de que con ello toco un punto complejo y doloroso. Sé que a muchos no les basta con soluciones pastorales para casos concretos. Tampoco se me escapa que aquí no todos los católicos comparten mi opinión, ni siquiera todos los párrocos católicos. Conozco los problemas que se plantean sobre todo en matrimonios y familias mixtas. A pesar de ello, no me siento en condiciones de hacer promesas y alimentar esperanzas que no tengo autoridad para cumplir. Siendo sincero, no puedo hacer otra cosa que explicar la posición oficial de la Iglesia católica. Lo único que nos puede ayudar a avanzar es el diálogo teológico. Pues sin acuerdo en el contenido, la unificación en la praxis no sería sincera.

Sin cesar oigo decir: la Iglesia católica debe moverse. Sin duda tiene que hacerlo, y eso es lo que viene haciendo del concilio Vaticano II a esta parte; y ello, en bastante mayor medida que otras Iglesias. Por eso, respondo con otra pregunta: ¿no deben moverse también los otros: en la forma y frecuencia de la eucaristía, dilucidando la concepción de eucaristía y de ministerio, etcétera? Clarificaciones pertinentes por parte evangélica nos ayudarían a dar nuevos pasos.

---

19. Cf. CIC can. 1752.
20. Cf. UR 8; JUAN PABLO II, *Ecclesia de eucharistia* (2003), 45s.

V. Diferentes objetivos ecuménicos

Después de las preguntas: ¿dónde se apoya el movimiento ecuménico?, y ¿en qué consisten las diferencias?, debemos ocuparnos ahora de la pregunta: ¿a qué aspira el movimiento ecuménico, hacia dónde se dirige? En los documentos fundamentales de todas las Iglesias puede leerse: el objetivo del ecumenismo es la unidad visible de la Iglesia. La mayoría de las veces se añade a renglón seguido: unidad no significa uniformidad, sino unidad en la diversidad. Esta meta se ha desarrollado en los últimos tiempos en la medida en que se ha redescubierto la idea paleo-eclesial de la *communio* como noción rectora del ecumenismo.

Según la concepción católica, esto significa que el objetivo del ecumenismo es la *communio* en la misma fe, en los mismos sacramentos –en especial la eucaristía– y en el gobierno de la Iglesia[21]. Salta a la vista que, por el momento, esta meta no se ha alcanzado aún. Pero en virtud del único bautismo existe ya ahora sobre todo una *communio* imperfecta. Por eso, la tarea ecuménica consiste en pasar de la comunión imperfecta ya existente a la comunión plena.

Sin embargo, una consideración más detenida permite constatar de inmediato que la idea de la *communio* aparece entretanto en casi todos los documentos de consenso o convergencia, si bien a menudo es entendida de manera bastante dispar. Mientras que la parte católica habla de la unidad de *communio* de la Iglesia (¡en singular!) en la fe, los sacramentos y el gobierno, por parte evangélica se alude con frecuencia a la comunión de las Iglesias (¡en plural!), lo que significa: reconocimiento recíproco de Iglesias que están unidas por una común comprensión fundamental del Evangelio, pero siguen existiendo autónomamente como Iglesias y se atienen a los mismos credos diferentes que hasta ahora.

Esta tendencia se ha extendido por toda Europa a partir de la década de 1970 a través de la llamada *Concordia de Leuenberg* (1973). En virtud de este acuerdo y sobre la base de una comprensión común del Evangelio, las distintas confesiones evangélicas de Europa, a pesar de sus diferentes credos, se reconocen recíprocamente como Iglesias y establecen entre sí comunión de púlpito y altar. Por consiguiente, no son una Iglesia. Tampoco la

21. Cf. UR 2s.

EKD (*Evangelische Kirche in Deutschland*, Iglesia Evangélica en Alemania) es una Iglesia. Existe comunión eclesial y eucarística, pero no unidad eclesial.

Este modelo específicamente protestante es el que está en el trasfondo cuando en la actualidad se espera de la Iglesia católica el pleno reconocimiento de las Iglesias evangélicas, así como el establecimiento de comunión u hospitalidad eucarística con estas, sin que sean solucionadas las diferencias persistentes en la comprensión de la Iglesia y de la eucaristía. De ese modo, se confronta a la Iglesia católica con una expectativa a la que, en razón de sus propios presupuestos, de antemano no puede responder. Para poder cumplir con esta exigencia desmesurada, la Iglesia católica debería convertirse antes en evangélica.

Los teólogos luteranos suelen hablar en este contexto de diversidad reconciliada. Esta fórmula puede ser entendida correctamente si con ella se pretende decir que una y la misma fe es susceptible de ser expresada y acentuada de modo diverso. En tal caso, las diferencias no se excluyen mutuamente. Se complementan. Entre ellas no existe contradicción, sino complementariedad. Están realmente reconciliadas. Así entendida, la fórmula de la diversidad reconciliada resulta aceptable. En cambio, si se interpreta en el sentido de la coexistencia de formulaciones de fe mutuamente contradictorias y excluyentes, entonces no se trata de una diversidad reconciliada, sino de una diversidad no reconciliada.

Con tales divergencias no reconciliadas tenemos que vérnoslas todavía en la relación entre las Iglesias. Esto se constata en un documento de la EKD sobre *Kirchengemeinschaft nach evangelischen Verständnis* [La comunión eclesial según la concepción evangélica, 2001] cuando se afirma apodícticamente que, por ejemplo, la doctrina católica de la sucesión apostólica en el ministerio episcopal es incompatible con la concepción evangélica. Lo único difícil de entender entonces es que, por una parte, se afirme semejante incompatibilidad y, por otra, en el mismo aliento, por así decir, pueda esperarse de la Iglesia católica que reconozca a las Iglesias provenientes de la Reforma como Iglesias en sentido pleno. Esto es contradictorio. Pues ¿cómo puede reclamarse el recíproco reconocimiento pleno si al mismo tiempo se califican de incompatibles determinadas doctrinas fundamentales?

La respuesta es clara si se percibe que a ello le subyace una meta ecuménica distinta, que ha renunciado a la meta ecuménica hasta ahora vigente: la unidad visible. Ya no se trata de la unidad de la Iglesia en la diversidad, sino de una comunión eclesial en la que las diferencias separadoras ya no se ven como escándalo, sino que en ocasiones incluso son encomiadas como riqueza. Con ello, las diferencias son, en último término, eliminadas como irrelevantes. Se las deja existir y se establece la comunión eclesial, con lo que ya se ha alcanzado el objetivo principal. Existe, por consiguiente, un conflicto en lo relativo a la meta del ecumenismo. Eso significa que debemos aclararnos sobre qué queremos ecuménicamente y sobre si realmente deseamos lo mismo. Los católicos no podemos ni queremos obligar a los protestantes a aceptar nuestra comprensión del ecumenismo; pero, a la inversa, tampoco ellos deberían tratar de imponernos su concepción de unidad eclesial. Evitando reproches mutuos y sin ponernos unos a otros entre la espada y la pared, es necesario tener en cuenta la existencia de un conflicto en relación con la meta del ecumenismo e intentar superarlo en la medida de lo posible a través del diálogo.

VI. ¿Cómo seguir adelante? ¿Qué podemos hacer?

Lo que es seguro es que esto sigue adelante y tiene que seguir adelante –a pesar de todas las dificultades–. El ecumenismo es encargo inequívoco de Jesús, opción del concilio Vaticano II, una de las prioridades del papa Juan Pablo II y esperanza de la inmensa mayoría del pueblo de Dios. En último término, el ecumenismo es un impulso y una obra del Espíritu Santo, y en él podemos confiar. Llevará a su fin lo que ha comenzado. Por eso, pastoralmente no solo sería irresponsable, sino además imposible en la práctica, ignorar el encargo ecuménico. De ahí que la pregunta no pueda ser si el ecumenismo ha de seguir adelante, sino de qué manera puede hacerlo. En lo que viene a continuación no pretendo desarrollar ningún programa exhaustivo. Me limito deliberadamente a sugerir solo tres puntos.

1. *Concienciación ecuménica*. El ecumenismo únicamente puede avanzar sobre la base de la fe de la Iglesia, tanto del credo común como de los diferentes enunciados confesionales de las respectivas Iglesias. El diálogo solo es posible entre personas que tienen un punto de vista claro y a las que, por tanto, la fe no les resulta indiferente, entre personas que más bien se encuentran arraigadas en la fe de su Iglesia. La ignorancia de la fe y la indi-

ferencia y el desinterés por ella nunca pueden ser el fundamento del ecumenismo.

Por eso hay que defenderse ante algunos abusos, pero en mayor medida aún es necesario conocer y entender la fe tanto propia como ajena. Debe tenerse en cuenta lo que ya se ha alcanzado en los documentos ecuménicos precedentes. Aquí se abre un amplio campo para la predicación, la catequesis y la formación religiosa de adultos, que hasta ahora ha permanecido en gran medida en barbecho. Así pues, se requieren sólidos conocimientos sobre la fe y una sólida formación continua en ecumenismo tanto entre laicos como entre clérigos.

Los miembros de *Unità dei cristiani* pueden cobrar conciencia ellos mismos y ayudar a que otros tomen conciencia de qué significa el ecumenismo, por qué es importante, cuáles son sus fundamentos y objetivos, cuáles los problemas aún existentes y qué pasos pueden darse para superarlos. En una época en la que los conocimientos religiosos se encuentran bajo mínimos, informar sobre la fe es una tarea importante. No se puede amar y, por ende, tampoco respaldar lo que no se conoce.

El ecumenismo acontece, conforme a su esencia, en el mundo entero. Pero las circunstancias y condiciones cambian mucho de un lugar a otro. A fin de hacer justicia a las condiciones culturales y a los distintos retos de cada región, debemos llevar a cabo en un futuro próximo conferencias nacionales y continentales *in situ* con obispos, sacerdotes, teólogos y laicos activamente comprometidos con el ecumenismo (por el momento tenemos en proyecto reuniones de esa índole en Brasil y Kenia). Tales encuentros generan sobre todo gastos de viaje que los participantes de estos países pobres en muchos casos no pueden afrontar.

En el contexto de la ampliación europea hacia el Este es importante el ecumenismo con las Iglesias ortodoxas, que impregnan de manera decisiva la cultura del Este de Europa. Pero estas Iglesias son muy pobres. Les faltan sobre todo profesores bien formados, buenos centros de formación y libros que estén al día. La inversión ecuménica con mayor futuro consiste en posibilitar por medio de becas a jóvenes capaces (tanto sacerdotes como laicos) que estén destinados a asumir ministerios eclesiásticos de gran responsabilidad una buena formación adicional (de posgrado) en Occidente (sobre todo en Roma). De este modo conocen también mejor nuestra Iglesia. Últimamente hemos empezado además a apoyar centros de formación en el Este de Europa (Minsk, Kiev, Belgrado, Sofía). Tenemos esperanza de que pronto esto vuelva a ser posible también en Rusia en mayor medida que hasta ahora. La asociación *Unità dei cristiani* puede financiar, como ya ha hecho con anterioridad, publicaciones de escritos y folletos informativos. Esto es necesario porque en la actualidad los escritos religiosos no pueden ser en general comercializados a un precio razonable sin subvención. Para el apoyo a las Iglesias orientales, el Pontificio Consejo para la Promoción de la Unidad de los Cristianos ha creado un propio Comité Católico para la Cooperación Cultural, que cuenta con el respaldo de bienhechores en Europa y Estados Unidos, así como con el de *Unità dei cristiani*.

2. El ecumenismo espiritual. No podemos avanzar solo a fuerza de congresos, simposios, encuentros, diálogos y conversaciones de expertos cada vez más frecuentes; de documentos siempre nuevos, pero que en el fondo no hacen sino repetir lo ya sabido; o de acciones espectaculares. Todo eso tiene su lugar, pero se convierte fácilmente en algo que se alimenta a sí mismo y acaba en nada. El concilio afirma con claridad, y el papa lo ha reiterado a menudo, que el alma del movimiento ecuménico es el ecumenismo espiritual.

Este incluye: la oración, la conversión personal, la renovación institucional de la Iglesia y el esfuerzo de santificación personal. No solo la Iglesia, sino los propios cristianos debemos ser más atrayentes. El principal punto de referencia es y debe ser aún en mayor medida la celebración de la Semana de Oración por la Unidad de los Cristianos. No tiene uno la impresión de que en Alemania ocupe ya por doquier el lugar que debería corresponderle. Tal vez los miembros de *Unità dei cristiani* podrían contribuir a que esta Semana de Oración suscite mayor interés en sus parroquias.

Del ecumenismo espiritual forman parte también los encuentros entre monasterios, comunidades espirituales, comunidades de vida y hermandades. Con el padre Beda Müller, Neresheim se ha convertido desde hace décadas en un importante lugar de encuentro espiritual de esta índole. La cuestión y la sugerencia es cómo aprovechar las posibilidades que se dan precisamente aquí. La asociación *Unità dei cristiani* puede apoyar la creación, los encuentros y el trabajo de grupos espirituales hasta ahora bastante dispersos, contribuyendo así a que el ecumenismo espiritual se convierta en una suerte de nuevo movimiento *Una Sancta*, capaz de imprimir un renovado impulso al ecumenismo entre nosotros en Alemania.

3. Los interlocutores ecuménicos siguen siendo sin duda las comunidades evangélicas vecinas y sus pastores, los delegados de las Iglesias regionales (*Landeskirchen*) y sus comisiones de ecumenismo. Un foro importante es el Grupo de Trabajo de Iglesias cristianas; y en el plano mundial, las federaciones confesionales (por ejemplo, la Federación Luterana Mundial) y el Consejo Mundial de Iglesias. Pero debemos constatar con realismo que el ecumenismo oficial atraviesa un momento difícil, especialmente en Alemania. Las frustraciones no solo existen por parte evangélica, sino también católica. Comenzaron con la retirada de la Iglesia evangélica de la *Einheitsübersetzung* [Traducción unificada] de la Biblia, prosiguieron con la muy extendida resistencia al consenso alcanzado en la doctrina de la justificación y se agudizaron con las airadas reacciones a documentos católicos oficiales y la crítica al documento *Communio sanctorum* [La comunión de los santos, 2000] y otros. A ello se añaden la falta de claridad teológica, sobre todo en la cuestión de la Iglesia, el ministerio y la eucaristía. Al mismo tiempo se están abandonando las posiciones comunes en cuestiones éticas y surgen graves problemas nuevos (aborto, divorcio, homosexualidad). En este contexto se encuadra también la cuestión de la ordenación de mujeres. En consecuencia, por lo que respecta a las expectativas concretas hemos de ser realistas y sobrios. Sin embargo, vale lo siguiente: no debemos soltarnos. ¡Tenemos que luchar conjuntamente! El ecumenismo oficial debe proseguir y proseguirá.

Aparte, existen cristianos evangélicos y grupos, hermandades, comunidades, etc., evangélicos que mantienen los ideales del movimiento *Una Sancta* de la primera mitad del siglo XX. Quieren aportar su legado y su espiritualidad luterana a la Iglesia una, participando a un tiempo de la riqueza de la Iglesia católica. Están firmemente asentados sobre el suelo de la Biblia, la tradición de la Iglesia antigua y los escritos confesionales luteranos; además, hacen suyos los resultados de los diálogos llevados a cabo hasta ahora. En las mencionadas cuestiones éticas se alinean (al igual que los grupos pietistas y pentecostales) con la Iglesia católica. Su meta es una catolicidad evangélica. Pero no quieren conversiones personales. Persiguen una unidad corporativa. Esta opción, característica de las décadas de 1960 y 1970, ha pasado entre nosotros en cierto modo a segundo plano, pero bajo nuevas formas parece estar ganando relevancia de nuevo en el mundo entero.

La pregunta: ¿cómo debemos proceder aquí? ¿Pertenece el futuro quizá a un ecumenismo de diversas velocidades? ¿Deberemos jugar, por tanto, en el futuro a dos bandas: proseguir el diálogo oficial, pero hablar al mismo tiempo por separado con tales grupos? Esto suena más sencillo de lo que en realidad es, pues semejante «política» exige un difícil juego de equilibrio. En el caso de las Iglesias orientales no hemos tenido solo buenas experiencias con las uniones parciales (el llamado uniatismo). Antes bien, estas uniones parciales han envenenado el ambiente. Nadie puede querer eso. Por otra parte, tampoco podemos rechazar a nade que sinceramente desee hablar con nosotros y venir a nosotros. De ahí que yo vea con buenos ojos la propuesta de mantener contacto con los mencionados grupos. Sin embargo, esto debemos hacerlo desde la leal franqueza con nuestros interlocutores oficiales. No se puede prever de antemano adónde conducirá este o aquel contacto. Tenemos que dejar margen a la dinámica propia de estas conversaciones, y eso significa que debemos discernir hacia dónde nos conduce en cada caso el Espíritu de Dios.

Y con ello he llegado ya al final. El ecumenismo es obra del Espíritu de Dios. No está a nuestro alcance hacerlo. Ni tampoco fijarle calendario alguno. Sin embargo, no debemos recostarnos cómodamente con la excusa de que no podemos hacer nada. ¡Podemos hacer algo! ¡Tenemos que hacer algo! No debemos dejarnos hechizar por las dificultades momentáneas e incurrir en lamentaciones. Atendiendo al Espíritu de Dios, alentados y fortalecidos por él, podemos dar pasos concretos. Para ello necesitamos paciencia, valentía e ingenio. Necesitamos regocijo en la fe y también esperanza. Sin lo uno y lo otro no hay ser cristiano. Sin lo uno y lo otro tampoco hay ecumenismo. Con paciencia, acompañada de valentía, nacerá un nuevo impulso ecuménico. Por ello oramos y en ello confiamos. Estoy seguro de que al final no quedaremos decepcionados.

23
¿Cómo se puede avanzar en el ecumenismo?
Una controversia fraternal con el obispo luterano Johannes Friedrich[1]

Del 1 al 3 de octubre de 1529, a iniciativa del landgrave Felipe de Hesse, se desarrolló en el castillo de Marburgo el coloquio entre Martín Lutero y Zuinglio, en el que, junto a otros, participaron asimismo Melanchthon y Ecolampadio. La disputa se agudizó en la cuestión de la Cena, en la que, a pesar de algunos acercamientos, no se logró alcanzar consenso alguno sobre la presencia real y verdadera de Cristo en la Cena. Lutero no tuvo más remedio que constatar: «Así, vuestro espíritu y nuestro espíritu no están en consonancia; más bien es evidente que no tenemos el mismo espíritu». Ambos bandos coincidieron, en cambio, en el rechazo de la misa católica. Lutero la criticó en 1537 en los *Artículos de Esmalcalda* con mordacidad difícilmente superable como «la mayor y más terrible abominación». La consecuencia que extrajo de ello no deja lugar a dudas: «Así pues, estamos y estaremos eternamente separados y enfrentados».

Uno de los padres de la actual teología ecuménica, Johann Adam Möhler (1796-1838), aseguró sentirse espantado por este «eternamente separados»; con razón no quería resignarse a ello. Sin embargo, hemos de recordar tan duras controversias y tan ásperas afirmaciones del reformador cuando leemos las reflexiones, considerablemente más amables, de un obispo luterano actual en relación con una –a su juicio ya posible– unidad en la diversidad. Según él, para la declaración recíproca de comunión eucarística, basta con un consenso básico en la comprensión común del Evangelio.

Semejante consenso básico existía sin duda entre Lutero y Zuinglio. De un total de quince artículos, en catorce se había al-

---

1. Cf. J. FRIEDRICH, «Vorbild Australien. Kirchen können zusammenwachsen, ohne daß sie ihre Eigenart aufgeben müssen»: *Zeitzeichen. Evangelische Kommentare zu Religion und Gesellschaft* 6 (1/2005), 26-29.

canzado un acuerdo. Lutero incluso exhortó a la sazón a que ambos bandos se tratasen «con amabilidad». Sin embargo, durante más de cuatrocientos años, hasta la década de 1970, no existió comunión eucarística entre luteranos, zuinglianos y calvinistas. Unos y otros defendían con buenas razones bíblicas y patrísticas lo que la Iglesia católica ha seguido sosteniendo hasta hoy; a saber, que la comunión eucarística y la comunión eclesial forman una unidad. En la obra del teólogo luterano Werner Elert puede estudiarse en detalle esta tradición común.

I. ¿Qué significa «bíblico»?

¿A qué se debe entonces el cambio de opinión, que equivale a un abandono de posiciones bíblicas, paleo-eclesiales y protestantes? La respuesta del obispo Johannes Friedrich es clara: para que la Biblia pueda servir de norma, es necesario tener en cuenta sin cesar los resultados exegéticos. Esto es convincente solo a primera vista. Pues los resultados exegéticos no son en modo alguno homogéneos. Gerhard Ebeling, quien sabía medir sus palabras con cautela, habló de un caos doctrinal; y Wolfhart Pannenberg constató ya en 1962 la crisis del principio de Escritura.

De ahí que no resulte convincente rechazar, por una parte, una concepción uniformista de Iglesia y de ministerio como no bíblica, más aún, como pecado y, por otra, presuponer tácitamente una comprensión unitaria de la Biblia, elevándola a norma. El escarnio de los episcopalianos, presbiterianos, congregacionalistas y, por supuesto, también de los católicos, porque todos ellos demuestran concluyentemente su opinión a partir de la Biblia y, sin embargo, no son capaces de convencer con ello a los demás, afecta también al pluralista posmoderno, que quiere hacer justicia a todos y, apelando a la Escritura, exhorta al plácido reconocimiento recíproco. No fue eso lo que hizo Pablo, quien opuso resistencia a Pedro a la cara (cf. Gál 2,11), ni tampoco Lutero, cuando no cedió ante Zuinglio y reprobó categóricamente –por expresarlo de forma pacífica– al papa.

II. La inevitabilidad de la pregunta por la verdad

Así pues, resulta inevitable distinguir entre una diversidad legítima –que de hecho se contempla en el testimonio de la Escritura– y contradicciones, que la Escritura excluye, pero que, por desgracia, se dan entre confesiones. Así, ningún teólogo católico habla ya de una uniformidad o acuerdo total. Quien argumenta contra tal uniformismo echa agua al mar. En la Iglesia católica existe una gran diversidad de espiritualidades, teologías, órdenes, comunidades de laicos y ritos (bizantinos y latinos), que viven en diferentes ordenamientos canónicos. Semejante diversidad constituye una riqueza y un signo de vida, y es tanto expresión de la libertad del creyente como deber de la caridad cristiana no imponer a los otros cargas que vayan más allá de lo necesario (cf. Hch 15,28).

Distintas son las cosas con las contradicciones, en las que una parte niega y rechaza, en aras del Evangelio, lo que la otra parte afirma en obediencia de fe a ese mismo Evangelio. Aquí, por mor de la verdad, el sí debe ser un sí y el no un no (cf. Mt 5,37). Tales anatemas se dan también en el Nuevo Testamento.

De ahí que no quepa dejar de preguntarse cómo puede ser posible un sincero reconocimiento recíproco de los ministerios si la parte católica está convencida de que el ministerio petrino y el ministerio episcopal en sucesión apostólica no solo son eventualmente útiles y, en este sentido, aceptables bajo determinadas condiciones en interés de la paz, sino que fueron queridos por Jesús y, por tanto, poseen carácter vinculante, mientras que la parte evangélica rechaza precisamente esto de modo categórico. En tales circunstancias, el reconocimiento recíproco equivaldría a no tomar realmente en serio la propia posición ni la del otro. Eso sería reconocimiento del no reconocimiento: justo lo que Eberhard Jüngel llama con razón un fraude ecuménico.

La pregunta por la verdad no puede esquivarse en teología; por eso resulta sorprendente que en el artículo del obispo Friedrich no aparezca ni una sola vez la palabra «verdad», y menos aún se plantee la pregunta por la verdad.

III. La cuestión del canon

Oigo ya la objeción que también el artículo del obispo Friedrich formula con claridad. Reza que cabalmente las mencionadas posiciones católicas son protocatolicismo de los siglos II y III; aquí, en comparación con el Nuevo Testamento, estamos ante testimonios por entero nuevos bajo nuevas condiciones.

Con este argumento se aborda un amplio tema del reciente debate exegético. Quien está un poco familiarizado con él sabe que son exegetas evangélicos quienes sitúan el protocatolicismo no en época posneotestamentaria, o sea, en los siglos II y III, sino ya en el propio Nuevo Testamento, descubriéndolo en escritos que, al menos en parte, presumiblemente surgieron en el último tercio del siglo I. Entre ellos se cuentan el Evangelio de Lucas y los Hechos de los Apóstoles, las Cartas de la Cautividad (Efesios y Colosenses), las Cartas Pastorales y las llamadas Cartas Católicas (sobre todo la Carta de Santiago y las dos de Pedro). Si todos estos escritos son de verdad protocatólicos, entonces cabe argumentar pícaramente, como hizo Hans Küng frente a Ernst Käsemann, que, desde el punto de vista exegético, el partido no tiene tan mala pinta para el bando católico.

Hay que ir incluso un paso, un importante paso más allá y afirmar: todo el Nuevo Testamento es protocatólico. Pues el canon del Nuevo Testamento no se cerró definitivamente hasta el siglo III, y esto aconteció justo en la Iglesia que a la sazón acababa de reconocer de una vez para siempre la constitución episcopal en sucesión apostólica como la forma que Jesucristo le había dado. No se puede tener lo uno sin lo otro.

La relación entre el canon de la Escritura, el credo y el ministerio episcopal en sucesión apostólica fue puesta ya de relieve por el gran teólogo evangélico liberal Adolf von Harnack; y otro teólogo evangélico, Hermann Strathmann, describió por eso la cuestión del canon como la enfermedad latente de la teología evangélica. Eso no tiene nada que ver –como opinaban Ernst Käsemann y, ya antes de él, Karl Barth– con una idolatrización de la Iglesia, que en el concilio Vaticano II se definió a sí misma como Iglesia que escucha, sino que significa, como bellamente lo expresó Agustín, que el Evangelio debe ser leído sobre las rodillas de la Iglesia.

El canon de la Escritura es, por así decir, el resultado coagulado de un proceso eclesial de comunicación. De ahí que no se deba interpretar la Escritura arbitrariamente (cf. 2 Pe 1,20); antes bien, hay que entenderla en comunicación con todos los demás, o sea, escuchando a todos los que en los siglos que nos han precedido han escuchado la palabra de la Escritura y a todos los que la escuchan en la actualidad simultáneamente con nosotros. ¿O es que queremos vanagloriarnos de poseer hoy el Espíritu de Dios en mayor medida que todos los siglos precedentes?

Con ello queda excluida la teoría de la decadencia, que de modo arbitrario y ahistórico limita la acción del Espíritu Santo al siglo I y postula la irrupción de una ruptura en el curso de los siglos II y III. Excluida queda asimismo la posibilidad de extraer de su contexto histórico una afirmación aislada como la de Jerónimo sobre la equiparación de los obispos con los presbíteros, acentuándola por contraposición a un gran número de pasajes de los padres en otro sentido. Así como hay que escuchar la Escritura entera, así también hay que tomarse en serio la entera tradición exegética.

IV. ¿Cómo avanzar?

El presente contexto no es el lugar para abordar la cuestión hermenéutica de qué método y qué criterios permiten llevar de manera concreta a la práctica, a la vista de la innegable diversidad de los testimonios bíblicos y de la tradición, los principios recién formulados. En nuestro contexto es más importante el hecho de que, con estos principios, de pronto hemos llegado a la preocupación fundamental de la teología ecuménica. Lo que persigue este tipo de teología es –en la escucha de la tradición de exégesis bíblica que en cada caso sea la propia– escuchar también a las tradiciones de las demás Iglesias, entablando con ellas un proceso de comunicación y aprendizaje tan constructivo como crítico. Mediante tal proceso, las Iglesias deben unirse sin necesidad de renunciar de manera purificada y enriquecida a lo que en él se revela como su herencia perdurable. La Iglesia católica está convencida de que el resultado irá en la línea de su bimilenaria tradición.

Así pues, en la teología ecuménica no se trata del incesantemente invocado fantasma del ecumenismo «de regreso» ni de la cómoda ilusión –que se presenta como progresista, pero en realidad deja todo tal como estaba– de un reconocimiento recíproco del *statu quo*. De lo que se trata es de un proceso esperanzadoramente dirigido hacia el futuro, de una aventura del Espíritu Santo, que, sin embargo, no puede llevarse a cabo sin un duro y laborioso trabajo teológico.

No puedo ocultar mis dudas sobre si este camino, comenzado hace cuarenta años con tanta esperanza y tanto impulso, todavía es querido por la actual teología evangélica alemana. Voces diferentes y contrastantes me desconciertan. Por una parte, una apertura posmoderna del *anything goes* [todo vale]: basta con que seamos un poco amables unos con otros y no nos tomemos las diferencias demasiado en serio. Por otra, un nuevo confesionalismo, por completo contrapuesto a lo anterior, que encuentro plasmado en algunos posicionamientos recientes de la Iglesia Evangélico-Luterana Unida de Alemania (*Vereinigte Evangelisch-Lutherische Kirche Deutschlands*, VELKD)[2], donde ya no hay huella del diálogo ecuménico y los resultados de los diálogos realizados hasta ahora son ignorados o incluso revocados.

Esta situación no mejora en nada por el hecho de que las dos actitudes erróneas mencionadas puedan encontrarse asimismo en el ámbito católico. Ambas posturas son reacias a aprender, pero también incapaces de hacerlo; ambas son conservadoras en un sentido negativo: se cierran a la escucha común del Evangelio en una escucha recíproca tan crítica como constructiva.

Mi llamamiento y mi súplica a la teología y la Iglesia evangélicas consisten, por tanto, en que no desfallezcan en el ciertamente laborioso diálogo ecuménico teológico. Este ha arrojado ya muchos frutos positivos y seguirá arrojándolos si nos atenemos a la verdad en la caridad (cf. Ef 4,15) y no perdemos la necesaria paciencia.

---

2. VELKD; cf. www.velkd.de.

24
Situación ecuménica, problemas ecuménicos, perspectivas ecuménicas

Es una alegría para mí poder hablarles sobre algunos problemas fundamentales de mi antiguo y ahora otra vez nuevo ámbito de trabajo, a saber, sobre «la situación actual, los problemas actuales y las perspectivas de futuro del ecumenismo».

Me gustaría hacerles partícipes de un par de problemas y reflexiones actuales, tal como se plantean desde el punto de vista romano, lo que equivale a decir: desde el punto de vista de la Iglesia universal. Este punto de vista romano no se diferencia del específicamente alemán porque en Alemania exista mayor apertura y receptividad al ecumenismo, mientras que en Roma, en cambio, la actitud sea más cerrada. Lo que se acentúa de manera diferente no es la buena o no tan buena voluntad, sino la perspectiva.

La diferencia podría formularse como sigue: la perspectiva romana es más universal. Pues la situación que vivimos en Alemania, donde se contraponen dos confesiones igual de fuertes, no se da bajo esta forma en ningún otro lugar. O bien nos encontramos con una Iglesia mayoritaria marcadamente católica (por ejemplo, Italia), protestante (por ejemplo, Escandinavia) u ortodoxa (por ejemplo, Rusia), o bien con una situación pluralista (por ejemplo, Estados Unidos), o bien con Iglesias minoritarias en un entorno musulmán o pagano (Oriente Próximo, Asia, con la excepción de Filipinas). En comparación con todo ello, la situación alemana es bastante singular; de ahí que no se deban generalizar la situación alemana y los problemas alemanes.

Concentrar todo en la cuestión de la comunión de eucaristía o de Cena, como en gran medida ocurre en la actualidad en el debate público alemán, es una reacción a un problema sin duda importante y al que no quiero restar relevancia, pero que no puede ser resuelto aisladamente. Por eso me gustaría tratar de presentarles los contextos más amplios y los problemas tal como se plantean hoy en el plano mundial.

I. Los fundamentos del movimiento ecuménico

Comienzo por unos cuantos recuerdos históricos. Tras precursores y preliminares varios en los siglos XVIII y XIX, el movimiento ecuménico del siglo XX se inició con una constatación que en el tiempo transcurrido desde entonces no ha perdido ni un ápice de su actualidad; antes bien, todo lo contrario. En la Conferencia Misionera Mundial celebrada en Edimburgo en 1910, los participantes constataron unánimemente que la división del cristianismo representa el mayor obstáculo para la misión universal. En ese momento nació el movimiento ecuménico; de ahí que este y el movimiento misionero vayan unidos desde el principio como dos gemelos. El problema de la misión es hoy incluso más actual que en aquel entonces. Pues la misión no solo se contempla en exóticas regiones de la Tierra; la misión, en el sentido de la nueva evangelización, es hoy urgentemente necesaria también en un continente en gran medida secularizado como es Europa.

Esto significa que el ecumenismo, lejos de ser un fin en sí, está subordinado al encargo fundamental recibido por la Iglesia de anunciar el Evangelio en el mundo entero (cf. Mt 28,19). El movimiento ecuménico tiene aquí su contexto. En consonancia con ello, en la oración que Jesús dirigió a su Padre en la víspera de su muerte, la cual constituye para nosotros su testamento, se dice: «Que todos sean uno, para que el mundo crea» (Jn 17,21). El ecumenismo no es, por consiguiente, un apéndice ni un añadido a la misión de la Iglesia; no es la ocupación de tiempo libre de unos cuantos que están suficientemente locos para embarcarse en esta aventura del Espíritu Santo.

Jesús quería una sola Iglesia. Así, todas las Iglesias confiesan en el credo: «Creo en la Iglesia una y santa». La separación de las Iglesias contradice, pues, la voluntad de Jesús y la esencia de la Iglesia. El movimiento ecuménico responde a la voluntad expresa de Jesús y simultáneamente a los «signos de los tiempos». Pues vivimos en un mundo que deviene cada vez más uno en el aspecto tecnológico y económico, así como a través de los modernos medios de comunicación, pero en el que la convivencia pacífica de las personas y los pueblos se encuentra amenazada por oposiciones religiosas o, mejor, por oposiciones étnicas, políticas y de otros tipos religiosamente maquilladas. En esta situación, el diálogo tanto entre las Iglesias como entre las religiones es una condición para la supervivencia de la humanidad en paz y libertad.

Por eso no queda a nuestra discreción decidir si seguimos trabajando por el ecumenismo o lo damos por terminado, como algunos querrían. El ecumenismo es para nosotros encargo y obligación. No existe alternativa realista a él. La unidad ecuménica de las Iglesias era una de las prioridades pastorales del papa Juan Pablo II[1]. También el nuevo papa Benedicto XVI ha hecho del ecumenismo, justo después de su elección, ya en su primera homilía, una de sus prioridades.

II. El camino del acercamiento

El movimiento ecuménico ha vivido en sus años de historia dos cesuras determinantes: tras la catástrofe de la Segunda Guerra Mundial, en 1948 fue creado el Consejo Mundial de Iglesias, del que entretanto son miembros más de doscientas Iglesias, a saber, la mayoría de las protestantes y la mayoría de las ortodoxas. La Iglesia católica no es miembro, pero colabora con el Consejo Mundial de Iglesias de modo amistoso e institucionalmente regulado. El Consejo atraviesa en la actualidad una difícil fase de reestructuración o, como se dice, de reconfiguración, en la que las perspectivas y metas del ecumenismo en el siglo XXI deben ser determinadas de nuevo. Se espera concluir con ello en febrero de 2006 en la asamblea plenaria de Porto Alegre (Brasil).

La segunda fecha importante es el año 1964, cuando el concilio Vaticano II, con el decreto sobre el ecumenismo *Unitatis redintegratio*, declaró de manera oficial la entrada de la Iglesia católica en el movimiento por la unidad de los cristianos. Fue el papa Juan XXIII quien personalmente quiso esta orientación ecuménica. En la encíclica sobre el ecumenismo, la *Ut unum sint* (1995), la primera de este tipo, el papa Juan Pablo II valoró positivamente los frutos del diálogo, animó a entablar nuevos diálogos y calificó de irreversible el compromiso ecuménico de la Iglesia católica.

En noviembre de 2004, con un congreso en Rocca di Papa, en las cercanías de Roma, celebramos junto con representantes de casi todas las conferencias episcopales del mundo, los *delegati fraterni* de todas las Iglesias y comunidades eclesiales con las que

---

1. Cf. JUAN PABLO II, *Ut unum sint* (1995), 99.

nos encontramos en diálogo, así como con algunos expertos e invitados, el cuadragésimo aniversario del citado decreto conciliar, que en estos cuarenta años ha determinado y transformado la vida de la Iglesia y del movimiento ecuménico como pocos otros documentos.

Podemos afirmar con gratitud que en estos cuarenta años la relación entre las Iglesias se ha transformado radicalmente casi por doquier: de la controversia al diálogo, de la delimitación a la colaboración amistosa con la conciencia de que lo que nos une es más que lo que nos separa. Así, han surgido un nuevo clima y un nuevo ambiente. Los cristianos de las diferentes Iglesias y comunidades eclesiales ya no se consideran unos a otros enemigos o rivales, sino hermanos y hermanas que, en virtud de la fe común en Jesucristo y del único bautismo, tienen ya entre sí una comunión fundamental, si bien, por desgracia, todavía imperfecta. A las Iglesias de Oriente las consideramos Iglesias hermanas de las Iglesias católicas locales.

El diálogo debe servir para superar las diferencias persistentes, en parte todavía graves. Se lleva a cabo tanto en el plano universal como en el nacional. En el plano universal mantenemos en la actualidad quince diálogos oficiales con las Iglesias de Oriente, con las comunidades eclesiales protestantes tradicionales –en especial con anglicanos, luteranos, reformados y metodistas– y recientemente también con Iglesias libres con las que hace tan solo diez años un diálogo habría sido por completo inimaginable: menonitas, baptistas, adventistas, pentecostales y otros. Así, los diálogos se extienden cada vez más; de este modo ha surgido una espesa red de relaciones y amistades. Los documentos de diálogo solo en el plano universal llenan entretanto tres gruesos volúmenes.

Estos diálogos han recibido confirmación oficial en tres casos: los diálogos con las Iglesias orientales ortodoxas (coptos, sirios, armenios, etc.), que ya en el siglo V se separaron de la gran Iglesia a causa de cuestiones cristológicas, han culminado con sendos acuerdos oficiales entre el papa y los distintos patriarcas. El resultado de la primera fase del diálogo con los anglicanos sobre eucaristía y ministerio sacerdotal fue confirmado asimismo a través de correspondencia oficial. Para nosotros, lo más importante es que el diálogo con los luteranos sobre la cuestión de la justificación, que en el siglo XVI desempeñó un papel central, se selló solemnemente en 1999 en Augsburgo mediante una *Declaración conjunta sobre la doctrina de la justificación*. El papa calificó esta declaración de hito. Entretanto, los metodistas han iniciado un proceso para adherirse a ella.

En todos los demás casos no se ha llegado todavía a consensos oficiales, pero sí a la superación de numerosos malentendidos, a una comprensión mutua más profunda y a múltiples convergencias. Hay que mencionar, por ejemplo, el grato hecho de que tanto luteranos como presbiterianos hayan borrado oficialmente de sus escritos confesionales –por tratarse de juicios no aplicables a la actual doctrina de la Iglesia católica– condenas especialmente duras de esta doctrina emitidas en el siglo XVI.

Así pues, tenemos razones más que suficientes para echar con gratitud la vista atrás a las últimas cuatro décadas; en estos cuarenta años se ha puesto en movimiento mucho más que en los cuatrocientos años precedentes o –si pensamos en las Iglesias orientales– más incluso que en mil o mil quinientos años. El movimiento ecuménico se ha revelado como fructífero. Es uno de los desarrollos más positivos del siglo XX, por lo demás tan oscuro.

III. Problemas actuales

Sería poco realista e insincero limitarse a mencionar estos progresos, que difícilmente pueden encomiarse lo suficiente, y creer que ahora, en el recién comenzado siglo XXI, el proceso continuará avanzando sin más. Evidentemente no es ese el caso. El panorama ecuménico se está transformando en la actualidad de manera profunda y lleva a nuevas escisiones. Me circunscribo a dos puntos de vista.

Desde los comienzos del movimiento ecuménico se suele hablar de *un* movimiento ecuménico. Ello no excluye que desde el principio hayan existido diversas corrientes y direcciones. Pero lo que estamos viviendo en la actualidad es una nueva fragmentación dentro del único ecumenismo.

Este proceso de diferenciación y fragmentación tiene diferentes aspectos. Entre ellos se cuentan en primer lugar las diferentes situaciones en los distintos continentes. Ya la situación de Europa occidental difiere de la de Norteamérica: las divisiones eclesiales se produjeron en Europa, y numerosos malos recuerdos históricos lastran en parte la relación hasta la fecha. América del Norte, en cambio, era para los padres peregrinos la tierra prometida de la libertad, donde desde el principio pudo desarrollarse un pluralismo confesional. Diferente es la situación en Europa del Este, que está marcada en gran medida por la tradición ortodoxa y que –tras cuarenta o, según el caso, setenta años de dominio comunista– solo desde hace una década y media es libre para abrirse al proceso ecuménico, el cual antes transcurría con impronta occidental.

Totalmente distinta de las anteriores es la situación en Latinoamérica, África y Asia. Los países del hemisferio austral han asumido la división confesional como herencia europea, hasta cierto punto como herencia colonial. El ecumenismo no es, por consiguiente, su problema más característico; tienen otros problemas graves, que al menos en la actualidad ya apenas guardan relación con las Iglesias protestantes tradicionales; el reto lo constituyen más bien los movimientos evangélicos y pentecostales, las sectas tanto antiguas como nuevas y las Iglesias libres autóctonas.

Consideradas en el conjunto del planeta, las Iglesias protestantes tradicionales se encuentran hoy en declive, mientras que los grupos evangélicos y carismáticos, los pentecostales, las Iglesias libres africanas y las numerosas sectas tanto antiguas como nuevas están experimentado un rápido crecimiento. También crecen en Europa del Este y en el mundo occidental y representan en el mundo entero un nuevo desafío común para todas las Iglesias tradicionales.

Con sectores de los evangélicos y pentecostales fue posible entablar un fructífero diálogo, marcado por el respeto y la confianza mutuos; con otros grupos, en cambio, debido a su actitud a menudo agresiva y su praxis proselitista, así como a su bajo nivel teológico, el diálogo resulta difícil, cuando no imposible. Por eso, el Pontificio Consejo para la Promoción de la Unidad de los Cristianos centra su actividad en 2005 en Latinoamérica y África, a fin de reflexionar en encuentros regionales organizados en colaboración con las conferencias episcopales de la zona y expertos nativos sobre una estrategia pastoral común.

Una segunda forma grave de fragmentación acontece en la actualidad dentro de las grandes familias confesionales tradicionales. Con frecuencia llega hasta el borde del cisma. Ni en el caso de los orientales ni en el de las familias confesionales protestantes estamos ante interlocutores unitarios y homogéneos. Eso no facilita el diálogo; antes bien, con mucha frecuencia lo bloquea.

Así, las dificultades para retomar los diálogos teológicos oficiales con las Iglesias ortodoxas no se deben a problemas, por ejemplo, entre Roma y Constantinopla, sino a divergencias de opinión entre las propias Iglesias ortodoxas autocéfalas. En el caso de los luteranos, nos encontramos, sin tener en cuenta el Sínodo de Missouri, ante diferencias difícilmente conciliables entre la Comunión de Leuenberg, en la Europa continental, por una parte, y las Iglesias escandinavas signatarias de la *Declaración de Porvoo* y las Iglesias luteranas estadounidenses y canadienses que han llegado a acuerdos análogos con los episcopalianos, por otra parte. En la Alianza Reformada Mundial, las diferencias tradicionalmente están incluso más marcadas.

Aún más inquietantes son las discrepancias que actualmente están aflorando en todas las Iglesias tradicionales nacidas de la Reforma en cuestiones éticas. En los siglos pasados existía *de facto* un amplio consenso con las Iglesias protestantes en estos asuntos, nunca una diferencia digna siquiera de mención. Hoy, por el contrario, en problemas como, por ejemplo, el aborto, la eutanasia y la homosexualidad, aparecen claras discordancias y profundas grietas entre las Iglesias e incluso dentro de las propias Iglesias. Donde con mayor claridad se han manifestado estas tendencias en los últimos años ha sido en la Comunión anglicana. En algunas comunidades eclesiales protestantes encontramos problemas análogos. De este modo se han abierto nuevos fosos, hasta ahora inexistentes, y justificadas esperanzas de avances en el camino ecuménico se han ido a pique. Estas diferencias nos impiden, por desgracia, dar un testimonio interconfesional conjunto en una sociedad en gran medida secularizada, que necesitaría con urgencia tal testimonio.

La nueva orientación ética ha traído consigo como desfavorable consecuencia adicional que en varias Iglesias protestantes hayan tenido lugar fragmentaciones internas. En todas estas Iglesias existen grupos que no están de acuerdo con la evolución que se está produciendo. Quieren conservar su propio legado confesional; por eso, en general no desean hacerse católicos, pero sí que miran hacia Roma y agradecen la firmeza que Roma, en especial el papa, muestra en estas cuestiones. También en el aspecto dogmático están firmemente enraizados en la tradición confesional de los primeros concilios. En ello coinciden con numerosos grupos de miembros de Iglesias libres, así como de evangélicos, carismáticos y pentecostales, que tanto en cuestiones cristológicas y trinitarias como en los mencionados temas éticos están asimismo de acuerdo, por lo que al contenido respecta, con la posición católica.

De tales afinidades que trascienden los límites confesionales solo en casos muy concretos pueden surgir alianzas pragmáticas; los interlocutores son tan diferentes que no cabe hablar de coaliciones fijas. Nos encontramos más bien ante una situación que ha devenido confusa y en la que las coordenadas confesionales, que hasta ahora estaban claras, sirven cada vez menos para orientarse, sin que todavía se vislumbren nuevas formaciones.

Por suerte, las amistades forjadas se mantienen, la cooperación *in situ* continúa adelante, como también prosiguen los encuentros y diálogos oficiales. Traicionaríamos nuestra misión si, a causa de las mencionadas dificultades, quisiéramos retirarnos del diálogo. Pero debemos ser realistas. El entusiasmo de las décadas de 1960 y 1970 se ha disipado entretanto. No solo debemos prepararnos para un camino más largo, sino también para nuevas formas de ecumenismo.

IV. Paciencia y confianza

Es evidente que, con los procesos de diferenciación y fragmentación aludidos, el clima interconfesional se ha transformado. Se ha tornado más inclemente, máxime en Europa. Se extiende el mal humor. Unos están enfadados, porque no les satisfacen los resultados alcanzados hasta ahora y piensan que se ha renunciado a elementos esenciales o que estos han sido falsificados o relativizados. Otros andan frustrados; les devora la impaciencia, porque consideran que todo marcha demasiado despacio y porque esperaban muchos más resultados. Ocasionalmente se habla incluso de un invierno ecuménico o de una edad de hielo ecuménica.

Tengo esta valoración por falsa. Puesto que antes me gustaba hacer montañismo en verano, a menudo comparo esta situación con la situación del montañista. Para llegar a la pared que quiere escalar, antes ha tenido que recorrer un largo y dificultoso camino. Ya solo esta marcha puede resultar dura, pero no es nada en comparación con la verdadera escalada. En cuanto se empieza a escalar, todo va más despacio que antes; ya no son posibles grandes saltos; cada paso y cada agarre tienen que ser asegurados. Lo decisivo es que uno pueda confiar en el compañerismo de aquellos con los que cuelga de una misma cuerda.

¿Qué quiero decir con ello? En los últimos cuarenta años hemos dejado ya a nuestras espaldas, mejor o peor, la marcha de aproximación. No ha sido sencillo, pero sí relativamente fácil. Ahora hemos llegado al núcleo duro de los problemas; ahora es cuando, por así decir, colgamos de la pared. Ahí ya no se puede echar a correr ni dar saltos. La pared de la que se trata teológicamente son los problemas de la Iglesia y de los ministerios en la Iglesia y, en conexión con todo ello, la pregunta de a qué unidad nos referimos cuando hablamos de la unidad visible de la Iglesia como objetivo del movimiento ecuménico. Puesto que sobre todo católicos y protestantes parten de diferentes concepciones de Iglesia, tienen, como es lógico, nociones divergentes de la unidad eclesial. ¿En qué dirección deberíamos, pues, seguir escalando ecuménicamente y qué pasos son necesarios para ello? Son precisas reflexiones de principio sobre la meta del ecumenismo.

Por fortuna, en el curso de la marcha común de aproximación ortodoxos, católicos y protestantes hemos encontrado un punto de partida y una base comunes. En prácticamente todos los documentos de convergencia de los últimos cuarenta años, de manera en gran medida independiente entre sí, se ha configurado una concepción básica común de Iglesia. Todas las Iglesias mencionadas coinciden en entender la Iglesia como *communio*, como comunión visible que, a través de la palabra de Dios y de los sacramentos, participa de la vida del Dios trinitario (cf. 1 Jn 1,3); como comunión, la unidad de la Iglesia es una unidad en la diversidad o una diversidad en la unidad. Este es, resumido en pocas palabras, el denominador común del que partimos. Dicho con una imagen: en la escalada colgamos juntos de una misma cuerda.

Pero ahora vienen las diferencias. Como católicos estamos convencidos de que la plena unidad visible de la Iglesia incluye la unidad en la fe, en los sacramentos y en el gobierno de la Iglesia, esto es, en el ministerio episcopal y el ministerio petrino; esta triple unidad no comporta uniformidad, sino que permite una rica diversidad de diferentes espiritualidades, teologías, ordenamientos canónicos, etc.

La mayoría de las Iglesias protestantes ven las cosas de otra manera. Según ellas, es suficiente con un consenso básico en la comprensión del Evangelio, así como en lo relativo al bautismo y la Cena. Por lo que atañe a los ministerios, son posibles formas diversas; formas episcopales, presbiterales y sinodales e incluso formas mixtas pueden reconocerse unas a otras. Así pues, a despecho de diferencias y oposiciones de profundo alcance, las Iglesias pueden entablar entre sí comunión eclesial, eucarística y de púlpito, permaneciendo por lo demás independientes y conservando no solo ministerios diferentes, sino incluso credos dispares.

Las Iglesias ortodoxas, por su parte, quieren, al igual que nosotros, una unidad real en la fe y en los sacramentos, así como en el ministerio episcopal; sobre ello se ha alcanzado un acuerdo de gran alcance en los diálogos mantenidos hasta ahora. Pero a diferencia de nosotros, ellos ven la unidad de la Iglesia como descentralizada en el plano universal. No reconocen al obispo de Roma un primado de jurisdicción, sino solamente un primado de honor. Por eso, la unidad de la Iglesia universal no puede garantizarse institucionalmente por medio de una cabeza primacial, sino solo de modo conciliar y colegial.

Las caracterizaciones anteriores son muy esquemáticas y simplificadoras; deben bastar en el presente contexto para poner de manifiesto dónde radican las dificultades actuales a la hora de salvar la escarpada pared ecuménica. El problema de la comunión eucarística o de Cena está íntimamente entrelazado con estas cuestiones. Pues según la convicción de católicos y ortodoxos, la comunión eucarística y la comunión eclesial forman una unidad. En casos concretos justificados son posibles soluciones pastorales, pero como regla general vale lo siguiente: uno comulga en la Iglesia a la que pertenece y cuya fe comparte.

El problema central del diálogo ecuménico es, por consiguiente, la concepción de Iglesia, de su unidad y sus ministerios. Sin embargo, puesto que en ello están en juego para todas las Iglesias elementos esenciales de su autocomprensión como Iglesia, no cabe esperar soluciones rápidas. En consecuencia, debemos prepararnos para una escalada aún más larga y algunas noches de vivac en el camino hacia la unidad plena. Al escalar, es importante que todos los participantes permanezcan sujetos a la cuerda y no se alejen del grupo para ensayar por su cuenta rutas alternativas; que se mantengan de continuo al alcance del oído y de la vista unos de otros; que, por mucha seriedad que requiera el asunto, no pierdan el humor y sigan siendo buenos amigos, capaces de confiar unos en otros. Dicho teológicamente, es importante no perder la fe en que fue el Espíritu de Dios quien impulsó el proceso ecuménico, en que es él quien lo guía y también quien lo llevará a su término cuando, donde y como determine.

V. El diálogo como búsqueda de la verdad

La confianza en el Espíritu de Dios no nos exime de la pregunta de cómo puede seguir avanzado de modo realista el ecumenismo en las cuestiones concretas. Ya al comienzo de esta intervención he acentuado que, a nuestro juicio, el diálogo ecuménico constituye un proceso irreversible para el que no existe alternativa. La pregunta no es *si* el diálogo ecuménico debe continuar o no, sino *de qué modo* puede hacerlo.

Para responder a esta pregunta, no basta con algunas adaptaciones organizativas y pragmáticas, por muy necesarias que estas sean. Hay que plantear la pregunta fundamental de qué es el diálogo ecuménico y qué aportaciones está en condiciones de realizar. En este punto no puedo ahorrarles un par de reflexiones fundamentales.

Desde el punto de vista teológico, «diálogo» es un concepto relativamente nuevo, pero central en los documentos del concilio Vaticano II. Desde entonces se habla de diálogo en la Iglesia, de diálogo con las demás Iglesias y comunidades eclesiales, de diálogo con los judíos y con las otras religiones y, por último, de diálogo con el mundo moderno, la cultura moderna y las ciencias modernas. «Diálogo» es, por consiguiente, un concepto clave del actual lenguaje eclesial y teológico.

Pero ¿qué significa «diálogo»? En la ya mencionada encíclica sobre el ecumenismo *Ut unum sint*, el papa Juan Pablo II afirma que el concepto «diálogo» tiene su contexto en el pensamiento personalista actual. El papa escribe: «La actitud de "diálogo" se sitúa en el nivel de la naturaleza de la persona y de su dignidad». Y luego prosigue: «El diálogo es paso obligado del camino que se ha de recorrer hacia la autorrealización del hombre, tanto del individuo como también de cada comunidad humana». En cuanto tal, no solo tiene relevancia cognoscitiva, sino una dimensión global, existencial. «Abarca al sujeto humano totalmente»[2].

El diálogo es, por tanto, algo muy distinto de una *small talk*, una cháchara no vinculante; tampoco debe confundirse con un discurso científico. El diálogo es un acontecimiento existencial, que no solo implica a mi intelecto, sino a la totalidad de mi persona. Para el pensamiento dialógico, lo importante no es tanto la relación yo-ello, sino la relación yo-tú, el nosotros. Por eso, junto a la exactitud objetiva y la coherencia lógica de las afirmaciones, cuenta en igual medida la veracidad subjetivo-existencial y la conveniencia interpersonal de cada afirmación. No se trata únicamente de qué digo, sino también de a quién se lo digo y cómo lo hago.

El pensamiento dia-lógico se diferencia del pensamiento lógico en que no procede mono-lógicamente; antes bien, como dice Martin Buber, uno de los más destacados representantes de esta corriente de pensamiento, sitúa la verdad en un *diá*, en un «espacio intermedio» que se abre entre los interlocutores y del que ambos participan. Ello diferencia al diálogo asimismo de la antigua controversia, que partía de las diferencias y buscaba refutar al contrincante; el diálogo arranca, por el contrario, de lo compartido y trata de aprender del otro.

En semejante proceso personal de diálogo, los interlocutores no producen la verdad, no la constituyen; antes bien, participan desde sus respectivas perspectivas personales de la verdad que les viene dada. En el diálogo, las verdades se abren una para otra y se regalan una a otra. De ahí que en el diálogo no se trate de alcanzar un acuerdo al precio de la verdad, sino, al contrario, de llegar al consenso *en* la verdad.

Esta concepción de verdad se corresponde con la doctrina teológica tradicional del consenso. La tradición teológica conoce la teoría del *consensus fidelium* [consenso de los fieles], el *consensus patrum* [consenso de los padres] y el *consensus theologorum* [consenso de los teólogos]; concede a cada uno de estos consensos gran relevancia de cara a la búsqueda de la verdad. Por eso, la búsqueda de la verdad en y a través de procesos de consenso no

---
2. *Ibid.* 28.

es una innovación que haya aparecido solo en la actualidad en el marco de la búsqueda ecuménica de consenso. Procesos de consenso se llevaron a cabo ya con motivo de la formación del canon, en todos los concilios y en la elaboración de los escritos confesionales protestantes. De ahí que los credos de las Iglesias antiguas no digan: «Creo» (*pisteúō, credo*), sino: «Creemos» (*pisteúomen, credimus*). Expresan un consenso.

El diálogo ecuménico se remonta, pues, al tradicional proceso teológico de conocimiento de la verdad; la novedad consiste en que ahora el proceso de consenso ya no tiene lugar únicamente en la respectiva Iglesia confesional, sino que se extiende, más allá de los límites de esa Iglesia específica, a las otras Iglesias y comunidades eclesiales. La construcción ecuménica de consenso, al escuchar la palabra de Dios, quiere escuchar también a todos los que la han escuchado en los siglos previos al nuestro y a todos los que la escuchan simultáneamente con nosotros; así pues, escuchando la propia tradición de exégesis bíblica, quiere escuchar también las tradiciones de las demás Iglesias y entablar con ellas un proceso de comunicación. Desea examinar aquello que oye a los demás y quedarse con lo bueno. Por este camino, las Iglesias pueden unirse sin tener que renunciar a nada de lo que han conocido como verdad; pueden y deben conservar su legado espiritual de modo purificado y enriquecido.

La novedad del proceso ecuménico de consenso –a saber, que desborda los límites de la propia confesión e incluye a las demás Iglesias– es consecuencia lógica de la fundamental idea ecuménica, según la cual todos los cristianos, en virtud de la fe común en Jesucristo y del único bautismo, participan de la verdad de Jesucristo y pertenecen a la única Iglesia de Jesucristo. Las persistentes divisiones son, por eso, heridas en el cuerpo único de la Iglesia. Hacen que en la participación en la verdad existan diferencias y grados. En este sentido, se habla de *communio* plena y de *communio* imperfecta.

Cuando la Iglesia católica asegura que la Iglesia de Jesucristo «subsiste»[3] –o sea, está presente en toda su plenitud de forma históricamente concreta– en ella, eso no excluye que en las otras

---

3. Cf. LG 8; UR 3.

Iglesias se encuentren también elementos esenciales de la única verdad y que algunos aspectos de esa verdad única puedan estar eventualmente mejor realizados y desarrollados en ellas que entre nosotros[4]. Por eso, en una situación de división no puede la Iglesia católica realizar en plenitud la unidad y catolicidad que le es propia. Así, para la realización plena de esa unidad y catolicidad le resulta imprescindible el diálogo –y eso significa: el intercambio– con las otras Iglesias y comunidades eclesiales; puede aprender de ellas y dejarse enriquecer por ellas.

Sería, por consiguiente, un malentendido creer que el diálogo pretende renunciar a las verdades conocidas en su día, negarlas, relativizarlas o reinterpretarlas, a fin de encontrar así un consenso en el mínimo denominador común. El diálogo, como afirma el papa Juan Pablo II, es un intercambio de dones[5]; no representa un negocio deficitario, sino un enriquecimiento mutuo. Es un proceso de crecimiento y, simultáneamente, de purificación. En el diálogo debemos crecer hasta alcanzar la entera plenitud de Jesucristo (cf. Ef 4,13).

El diálogo ecuménico no tiene que ver, pues, con el incesantemente invocado fantasma del ecumenismo «de regreso», con el retorno de los demás al seno de la Iglesia católica. No se trata de una vuelta atrás, sino de un avance común. Tampoco se trata de una coexistencia pacífica de enunciados confesionales y estructuras ministeriales dispares y contradictorias entre sí, que no obstante se reconocen recíprocamente. La unidad de la Iglesia no es una Iglesia unitaria; en ella hay espacio para una rica diversidad. Pero diversidad no es lo mismo que existencia de contradicciones. Una unidad en la que una Iglesia contradijera la enseñanza de otra porque según ella resulta contraria al Evangelio sería insincera; sería un reconocimiento del no reconocimiento y un «fraude» teológico. No se trata de una vuelta atrás ni del mantenimiento del *statu quo*, sino de dar pasos hacia delante en dirección al futuro común en la única verdad: «Un Señor, una fe, un bautismo, un Dios y Padre de todos» (Ef 4,5s).

---

4. Cf. UR 4; JUAN PABLO II, *Ut unum sint* 13s.
5. Cf. JUAN PABLO II, *Ut unum sint* 28.

VI. El camino del ecumenismo espiritual

Esta es una visión católica del diálogo ecuménico. Es católica, porque parte de que la Iglesia, a pesar de toda la legítima diversidad a través de todas las épocas y en todos los lugares, es tanto diacrónica como sincrónicamente la Iglesia una y, por consiguiente, no puede prescindir de un proceso universal de consenso. La catolicidad incluye la ecumenicidad: son las dos caras de una misma moneda.

Desde esta posición se desprenden interpelaciones a las Iglesias tanto orientales ortodoxas como occidentales protestantes. A ambas se les pregunta si desean participar en este proceso universal de consenso. A las Iglesias ortodoxas, que han conservado y desarrollado fielmente el legado apostólico, se les pregunta si se entienden a sí mismas como Iglesias autocéfalas que se bastan a sí mismas y se aferran a su particularidad o si desean hacer fructífera en el diálogo su riqueza para otros y para la época que nos ha tocado vivir. ¿Qué prefieren: encastillarse incomunicadas en el pasado del primer milenio o participar en un diálogo e intercambio universal, en el que, conservando sus venerables tradiciones, pueden enriquecerlas con las experiencias de las demás Iglesias?

Y a las comunidades eclesiales protestantes se les pregunta si entienden la Reforma como renovación de la Iglesia universal –una renovación que en el siglo XVI sin duda era urgentemente necesaria y que nunca deja de ser necesaria– o más bien como ruptura con la tradición y nuevo comienzo radical, como innovación que a partir de sí origina sin cesar nuevas innovaciones; si entienden la Reforma como renovación o como revolución y como proceso revolucionario, al cabo del cual la *ecclesia semper reformanda* [la Iglesia (que) debe ser reformada siempre] –como en la actualidad, por desgracia, a menudo ocurre– cuestiona incluso sus propios fundamentos y renuncia a ellos.

También por parte católica existen bloqueos que se basan en una errónea comprensión del diálogo ecuménico. El principal malentendido radica en malinterpretar el diálogo como indiferencia respecto a la pregunta por la verdad. Se cree poder acelerar la marcha hacia la unidad desprendiéndose del equipo de marcha y al final se queda uno sin aprovisionamiento para el camino; o también se pretende hacer más veloz el barco ecuménico arrojando por la borda todo lo que suponga un peso innecesario y no se tiene en cuenta que un barco sin tara queda a merced de las olas, que lo lanzan de aquí para allá.

La reacción a tal «ecumenismo *light*» consiste, en el otro extremo del espectro eclesial, en un ecumenismo duro. Quiere «clavar» la verdad en fórmulas y conceptos fijos sin admitir que el concilio consideró posible expresar de modos diferentes una y la misma verdad[6]. El consenso requiere confiar en que el otro realmente piensa lo que dice y en que también puede querer decir lo mismo que nosotros aunque lo diga de un modo y en una forma lingüística distintos de aquellos a los que estamos acostumbrados.

Yo he participado ya en numerosos diálogos. Muchos transcurrieron gratamente, otros fueron más bien un diálogo de sordos, donde se hablaba sin tener en cuenta al otro y las posturas se distanciaban cada vez más. El diálogo ha salido siempre bien cuando la discusión académica estaba sostenida por una comunión y una experiencia espirituales más profundas. Pues en los diálogos meramente académicos cualquiera de los interlocutores es tan listo que siempre se le ocurre una objeción a lo que el otro ha dicho previamente. Tales diálogos son un acontecimiento escatológico. Por el contrario, allí donde el diálogo está sostenido por la confianza, la amistad humana y la comunión cristiana en la oración, allí siempre se avanza.

Por consiguiente, debe darse lo intermedio –el interés compartido y la confiada búsqueda común de la verdad– que forma parte de todo diálogo. A este espacio de lo «intermedio» lo llama Buber también «espíritu». Así, el verdadero diálogo como intelección común únicamente es posible en el Espíritu Santo. El diálogo es, en último término, un acontecimiento espiritual, y el ecumenismo espiritual es el alma del diálogo ecuménico[7]. Presupone la oración y la disposición a la conversión.

En último término, solo el ecumenismo espiritual será capaz de superar la actual crisis. Las palabras de Jesús: «Que todos sean uno» (Jn 17,21), no fueron un mandato ni una orden, sino una oración. «Ecumenismo» significa unirse a esta oración en la certeza de que cuando dos o tres personas o, con más razón aún,

---

6. Cf. GS 62; UR 6; JUAN PABLO II, *Ut unum sint* 19.
7. Cf. UR 8; JUAN PABLO II, *Ut unum sint* 12 y 21-27.

cuando dos o tres Iglesias se unen en la oración en nombre de Jesús, sin duda serán escuchadas (cf. Mt 18,20).

Así, concluyo con la afirmación: puesto que sé fidedignamente que no son pocos los que oran de este modo, puesto que sé fidedignamente que en la actualidad se están formando por doquier redes de semejante ecumenismo espiritual, no aguardo el curso futuro del ecumenismo, a pesar de todo, con miedo ni tampoco con barato optimismo, sino a buen seguro con fundada esperanza. Estoy firmemente convencido de que en la próxima década –y eso significa: en el recién comenzado pontificado de Benedicto XVI– se lograrán progresos decisivos. Les invito a colaborar con el pensamiento y con la acción desde donde ustedes vivan y del modo que les sea posible. Les agradezco su interés y atención.

25
El ecumenismo, en transformación

I. Un encargo permanente

Hace más de cuarenta años, el 8 de diciembre de 1965 concluyó el concilio Vaticano II con una clara opción por el acercamiento interconfesional. En el decreto sobre el ecumenismo *Unitatis redintegratio*, el concilio caracteriza el restablecimiento de la unidad de todos los cristianos como una de sus principales tareas. Este documento arranca con las palabras: «Promover la restauración de la unidad entre todos los cristianos es uno de los fines principales que se ha propuesto el sacrosanto concilio Vaticano II»[1]. El decreto deja claro, sin embargo, que, al hacer esta afirmación, no piensa en un ecumenismo cualquiera, sino en el ecumenismo en la verdad y en el amor con vistas a la unidad visible de la Iglesia[2].

El papa Juan Pablo II, en la encíclica sobre el ecumenismo *Ut unum sint* (1995), califica la opción por el ecumenismo de irreversible[3] y añade que la preocupación ecuménica no es un mero apéndice de la actividad pastoral de la Iglesia[4]; la considera más bien «una de las prioridades pastorales» de su pontificado[5]. También el papa Benedicto XVI, ya al día siguiente de su elección como sumo pontífice, tanto en un discurso programático ante los cardenales reunidos para el cónclave como durante la ceremonia de inicio de su ministerio petrino en la plaza de San Pedro el 24 de abril de 2005, caracterizó la unidad de la Iglesia como un objetivo fundamental.

Aunque en los últimos tiempos, el diálogo interreligioso (distinto desde el punto de vista teológico del diálogo ecuménico) ha

---
1. UR 1.
2. Cf. UR 2s.
3. Cf. JUAN PABLO II, *Ut unum sint* (1995), 3.
4. Cf. *ibid*. 20.
5. Cf. *ibid*. 99.

pasado a ocupar, por razones comprensibles, el primer plano del interés general, el ecumenismo sigue sin ser una refinada y elitista empresa de unos cuantos entusiastas; por el contrario, se trata del encargo que la Iglesia ha recibido de Jesucristo mismo y que mediante el concilio Vaticano II ha hecho irreversiblemente suyo. La Iglesia católica ha fijado este encargo en sus dos códigos de derecho canónico, encareciéndolo de manera especial a los obispos[6]. Por eso podemos afirmar: a pesar del cambio que está experimentando la situación ecuménica, del que enseguida nos ocuparemos, el encargo de fomentar la unidad de los cristianos no está en cuestión en cuanto tal; nos ha sido encomendado por el Señor mismo (cf. Jn 17,21) y ha sido expresamente confirmado por la Iglesia reiteradas veces.

II. El cambio de la situación ecuménica

Con ocasión del cuadragésimo aniversario del decreto conciliar sobre el ecumenismo, el Pontificio Consejo para la Promoción de la Unidad de los Cristianos organizó del 11 al 13 de noviembre de 2004 en Rocca di Papa un congreso al que fueron invitados representantes de todas las conferencias episcopales del mundo y de todas las Iglesias con las que estamos en diálogo[7]. Analizamos el decreto conciliar y, sobre su base, trazamos el camino futuro. Especialmente valiosas fueron las palabras que el papa Juan Pablo II nos dirigió durante unas vísperas celebradas en la basílica de San Pedro; fue su último discurso sobre la tarea ecuménica, pronunciado con sus últimas fuerzas, su testamento ecuménico, por así decir. En ellas no hubo ningún lamento por el mal estado de las cosas; fueron palabras valientes y alentadoras, que miraron con gran esperanza hacia el futuro.

En este congreso pusimos de relieve las luces y las sombras de la actual situación. El más importante fruto positivo del ecumenismo de los últimos cuarenta años no son los documentos, si-

---

6. Cf. CIC, cann. 364 § 6; 387 § 3; 755; CCEO, cann. 902-908.
7. Cf. JUAN PABLO II, WALTER KASPER et al., *Rechercher l'Unité des Chrétiens. Actes de la Conférence Internationale organisée à l'occasion du 40e anniversaire de la promulgation du Décret «Unitatis redintegratio» du Concile Vatican II, 11-13 novembre 2004*, Montrouge 2006.

no el nuevo espíritu que se ha instalado casi por doquier en la Iglesia. Juan Pablo II habló del redescubrimiento de la fraternidad cristiana, caracterizándolo como el fruto más importante del ecumenismo[8]. Ya no vemos a los demás cristianos como adversarios o rivales, sino como hermanos y hermanas en Cristo. Con ellos oramos (salvo algunas excepciones), trabajamos y damos testimonio conjunto, sobre todo en cuestiones sociales, de manera casi natural. En muchos documentos ecuménicos hemos recorrido un buen tramo de camino, también desde el punto de vista teológico.

Por supuesto, tampoco deben pasarse por alto las sombras. Entre ellas se cuentan los malentendidos y abusos de la aspiración ecuménica y la impaciencia ecuménica, así como la comodidad y el pensamiento del *statu quo*; el papa Juan Pablo II habla de inercia y estrechez de corazón[9]. La auténtica sombra, por no decir oscuridad, es el hecho de que, si bien hemos logrado progresos en el camino hacia la meta ecuménica, no la hemos alcanzado. Entretanto han aparecido incluso nuevas dificultades que no es posible ignorar, y el camino hacia la meta nos parece hoy más largo y laborioso de lo que muchos creyeron al principio. Esto lo vio también Juan Pablo II hacia el final de su vida[10].

En el tiempo transcurrido desde el congreso de Rocca di Papa, el desarrollo no se ha detenido. Voy a hablar en primer lugar de los movimientos dentro del habitual marco ecuménico y luego de la evolución del propio panorama ecuménico. En ello me circunscribo, en consonancia con el mandato de este Pontificio Consejo, a la dimensión universal, aunque soy consciente, por supuesto, de que el ecumenismo acontece también –e incluso sobre todo– en el plano de la Iglesia local.

Menciono tan solo algunos desarrollos recientes. Tras una interrupción lamentablemente larga se ha conseguido retomar de momento el trabajo en la comisión teológica mixta con las Iglesias orientales ortodoxas (coptos, sirios, armenios, malankares, etcétera). Con ellos ya se logró superar las diferencias cristológicas persistentes desde el siglo V. Con las Iglesias ortodoxas hemos podido retomar en septiembre de este año el diálogo internacional tras el parón iniciado en la asamblea plenaria de 2000, celebrada en Em-

---

8. Cf. JUAN PABLO II, *Ut unum sint* 42.
9. Cf. JUAN PABLO II, *Novo millennio ineunte* (2001), 48.
10. Cf. *ibid*. 12.

mitsburg (Baltimore)[11]. El tema general es: *communio* (*koinōnía*); en este marco global queremos ocuparnos de la principal cuestión controvertida, el ministerio petrino[12], así como del delicado asunto del llamado uniatismo. El trabajo de la comisión ha comenzado con buen espíritu y de modo constructivo. Del inminente encuentro del papa con el patriarca ecuménico Bartolomé I en El Fanar esperamos nuevos e importantes impulsos. Gracias a Dios podemos decir que el positivo desarrollo y la mejora de nuestras relaciones con las Iglesias ortodoxas constituyen el cambio más prometedor de las relaciones interconfesionales. Resulta interesante constatar que también el Consejo Mundial de Iglesias ha conseguido mejorar su relación con las Iglesias ortodoxas tras la crisis que estalló en la asamblea general del Consejo en Harare (1998).

Con la Comunión anglicana y las Iglesias de la Reforma[13] hemos logrado aprobar algunos importantes documentos de diálogo[14]. Ya solo el número de estos diálogos y documentos muestra

---

11. En el ínterin tuvieron lugar muchos encuentros con Iglesias ortodoxas por separado, visitas del papa a Egipto (coptos), Damasco, Grecia, Bulgaria y Armenia, así como visitas a Roma del patriarca ecuménico, el patriarca de Antioquía y el patriarca rumano-ortodoxo. También se prosiguió el diálogo teológico en el plano local, sobre todo en la *North American Orthodox-Catholic Theological Consultation* [Consulta Teológica Católico-Ortodoxa de Norteamérica, desde 1965], que en 2003 pudo publicar el documento *The Filioque: A Church-Dividing Issue?* [El *filioque*: ¿un asunto separador de las Iglesias?]. Este grupo trabaja actualmente sobre el tema «primacies and conciliarity» [primados y conciliaridad].
12. El Pontificio Consejo para la Promoción de la Unidad de los Cristianos organizó del 21 al 24 de mayo de 2003 un simposio sobre este tema: cf. W. KASPER (ed.), *Il ministero Petrino. Cattolici e ortodossi in dialogo*, Roma 2004.
13. En este texto descriptivo, también el término «Iglesia» se utiliza en sentido descriptivo, obviándose así la diferencia teológica entre Iglesia en sentido propio y comunidad eclesial.
14. Con la Comunión anglicana: *María: gracia y esperanza en Cristo* (2005), así como la aún no publicada síntesis de los resultados de las dos primeras fases de ARCIC *(Anglican / Roman Catholic International Commission*, Comisión Internacional Anglicano-Católico Romana) por la JARCCUM (*Joint Anglican Roman Catholic Commission on Unity and Mission*, Comisión Conjunta Anglicano-Católico Romana sobre Unidad y Misión): *Growing Together in Unity and Mission* [Crecer juntos en unidad y misión, 2006]. Con la Federación Luterana Mundial: el asimismo aún no publicado documento sobre la apostolicidad de la Iglesia (2006). Del diálogo entre católicos y reformados: *The Church as Community of Common Witness to the Kingdom of God* [La Iglesia como comunidad de testimonio conjun-

que el rumor de que la Iglesia católica ha puesto fin al diálogo con las Iglesias de la Reforma carece de todo fundamento. Especial importancia tiene el hecho de que el Consejo Mundial de Iglesias Metodistas declaró en junio de 2006 en Seúl su adhesión a la *Declaración conjunta sobre la doctrina de la justificación* (1999). La colaboración con el Consejo Mundial de Iglesias se ha retomado en el grupo conjunto de trabajo después de la asamblea general del Consejo celebrada en Porto Alegre (febrero de 2006)[15]. Conjuntamente con el Consejo preparamos desde 1968 la Semana de Oración por la Unidad de los Cristianos. A todo ello se suman innumerables encuentros, casi a diario, con representantes de otras Iglesias, ora en nuestras dependencias, ora en numerosos viajes literalmente por el todo planeta. También en estas ocasiones puede percibirse el soplo del Espíritu Santo.

Apenas hay algún acontecimiento eclesial importante en el que no hayan estado presentes representantes oficiales de las demás Iglesias. Esto es cierto, por ejemplo, del sínodo de los obispos de 2005, del simposio con motivo del cuadragésimo aniversario de la constitución conciliar *Dei verbum* (1965) y, sobre todo, de los funerales del papa Juan Pablo II y la ceremonia de inicio del ministerio petrino del papa Benedicto XVI. A estos dos acontecimientos casi todas las Iglesias enviaron representantes de alto rango. Eso no había ocurrido nunca antes en la historia de la Iglesia. De este modo, a comienzos del siglo XXI nos encontramos en una situación con la que ni siquiera nos hubiéramos atrevido a soñar hace cien años.

Por eso, quien habla sin más y de forma indiferenciada de paso atrás, de bloqueo o incluso de una edad de hielo ecuménica o cosas por el estilo delata desconocimiento de la situación. No hay

---

to sobre el reino de Dios, 2006]. Hay que mencionar igualmente los esfuerzos de una Iglesia presbiteriana por corregir en sus escritos confesionales las afirmaciones anticatólicas del siglo XVI. Con el Consejo Mundial de Iglesias Metodistas: *The Grace Given You in Christ. Catholics and Methodists Reflect Further on the Church* [La gracia que os ha sido dada en Cristo: católicos y metodistas siguen reflexionando sobre la Iglesia, 2006]. La nueva comisión de diálogo con los baptistas se ocupa del tema «Cristo en la Escritura y la tradición»; y la comisión de diálogo con los menonitas, del tema «Llamados conjuntamente a ser pacificadores».

15. Cf. el informe del GRUPO DE TRABAJO CONJUNTO DE LA IGLESIA CATÓLICA DE ROMA Y EL CONSEJO MUNDIAL DE IGLESIAS, *Achter Bericht 1999-2005*, Genève / Roma 2005.

motivo para el lamento ni menos aún para el pánico. Más bien tenemos razones de sobra para expresar nuestra gratitud tanto a Dios como a numerosos colaboradores y colaboradoras.

Sin embargo, estaríamos ciegos si no viéramos también los rápidos y profundos cambios políticos e ideológicos que en los cuarenta años transcurridos desde el concilio han acontecido por doquier en el mundo y en casi todas las esferas de la vida. En el presente contexto no es posible describir en detalle esos complejos procesos. Habrá de bastar con mencionar la globalización, el terrorismo internacional y el incremento de la violencia en el mundo, constatando que la avanzada secularización del mundo occidental y el espíritu del relativismo ético, del indiferentismo religioso y de todo lo que puede caracterizarse como posmodernidad tienen repercusiones también en el ámbito del ecumenismo. Así y todo, el cambio ecuménico no afecta solamente a las condiciones marco del ecumenismo; antes bien, el propio panorama ecuménico y la constelación ecuménica global están experimentando en la actualidad una rápida transformación.

Por eso, para entender la actual situación ecuménica, no basta con considerar solo las formas clásicas de ecumenismo y el progreso en los distintos diálogos ecuménicos. Es necesario percatarse de la nueva constelación ecuménica global y extraer de ahí consecuencias prácticas para el futuro del ecumenismo.

III. Un cambio de clima: la nueva búsqueda de identidad

En primer lugar, hay que constatar un claro cambio de clima en el diálogo con las Iglesias históricas tanto en Oriente como en Occidente. En todos los diálogos ha pasado a primer plano un elemento relativamente nuevo: la búsqueda de la propia identidad, algo que en ocasiones se denomina «ecumenismo de perfiles» (obispo Wolfgang Huber).

Ya hace tiempo que algunos temen que el ecumenismo conduzca a la disolución de la respectiva identidad confesional. Unos tienen miedo a una protestantización de la Iglesia católica, mientras que otros formulan, a la inversa, una sospecha de catolización y temen que los interlocutores evangélicos se dejen engañar e imponer planteamientos católicos. Así, el lugar de una hermenéutica de la confianza es ocupado a menudo por una hermenéutica de la sospecha.

Pero la preocupación por la propia identidad es fundamentalmente un interés justificado. Todo diálogo, también el diálogo ecuménico, requiere interlocutores que posean su respectiva identidad, la aprecien, la articulen y la hagan valer. La relativización, el encubrimiento o, como en ocasiones se dice, el «fraude» (Eberhard Jüngel), no benefician a nadie, y menos aún al objetivo ecuménico. La pregunta es, sin embargo, qué se quiere decir cuando se habla de «identidad»: una actitud defensiva, temerosamente cerrada sobre sí misma e interesada en la delimitación frente a los demás o una identidad abierta, consciente de que, por principio, solo se puede tener identidad en comunicación, encuentro e intercambio con el otro, o sea, en diálogo con él. «Diálogo» no significa renunciar a la propia posición, encontrarse en el mínimo denominador común y así empobrecerse, sino dejar que la propia identidad se enriquezca, crezca y madure en intercambio con los demás. En este sentido, Juan Pablo II caracterizó el diálogo como «paso obligado del camino que se ha de recorrer hacia la autorrealización del hombre, tanto del individuo como también de cada comunidad humana», definiéndolo en consecuencia como «intercambio de dones»[16]. El diálogo no pretende, pues, empobrecer, sino que puede y quiere enriquecer.

Sobre esta base hay que confrontarse con la crítica global al ecumenismo habitual en algunos círculos ortodoxos y, por desgracia, también católicos, así como en numerosos grupos evangélicos y pentecostales. Esta crítica considera que el ecumenismo lleva al relativismo, al sincretismo y al indiferentismo dogmático. Para algunos, el ecumenismo se ha convertido precisamente en una palabra que despierta polémica, en quintaesencia de todas las herejías y en expresión del intento apocalíptico de una anticristiana Iglesia de unidad universal, frente a la cual ya nos advierte el Apocalipsis. Esta crítica a un ecumenismo falsamente entendido puede leerse ya en el impresionante ensayo de Soloviev *Relato del Anticristo*. En las Iglesias históricas no se encuentra oficialmente esta crítica global y frontal al ecumenismo; en sus declaraciones oficiales la crítica es formulada de manera considerablemente más matizada y seria.

En la Iglesia católica, la preocupación por la identidad está detrás de la «Carta a los Obispos de la Iglesia Católica sobre al-

---

16. Cf. JUAN PABLO II, *Ut unum sint* 28 y 57.

gunos aspectos de la Iglesia considerada como comunión» o *Communionis notio* (1992), de la *Nota sobre la expresión «Iglesias hermanas»* (2000) y, sobre todo, de la declaración *Dominus Iesus* (2000), que, en virtud de la afirmación conciliar *subsistit in* [subsiste en], distingue entre «Iglesia» y «comunidad eclesial», acentuando así la identidad de la Iglesia católica y la perdurable realización de la Iglesia de Cristo en ella[17].

Estos documentos han desencadenado reacciones por parte evangélica que hacen aparecer a la Iglesia evangélica de forma más acentuadamente «protestante». Ya ante la *Declaración conjunta sobre la doctrina de la justificación* (1999) cobró voz en algunos teólogos evangélicos una crítica en parte acerba, la cual luego, con motivo de la declaración *Dominus Iesus* (2000), creció hasta convertirse en un potente coro, que no ha callado hasta hoy.

Y a la inversa, por parte católica se percibieron con pesar ciertas formas desabridas en reacción a algunos recientes posicionamientos de la EKD (*Evangelische Kirche in Deutschland*, Iglesia Evangélica en Alemania) y la VELKD (*Vereinigte Evangelisch-Lutherische Kirche Deutschlands*, Iglesia Evangélico-Luterana Unida de Alemania)[18], así como a la retirada de la EKD del trabajo común en la *Einheitsübersetzung* [Traducción unificada] de la Biblia. La preparación de un documento sobre ministerio y ordenación por parte de la VELDK y la EKD causó algunas preocupaciones no solo entre católicos, sino también a no pocos luteranos, preocupaciones que luego se vieron confirmadas por el texto definitivo *Ordnungsgemäß berufen* [Llamados en debida forma, 2006]. Este texto no solo vuelve a posiciones anteriores a los acuerdos ecuménicos alcanzados hasta ahora, sino que está concebido unilateralmente con vistas a la delimitación frente a nosotros. De las grandes afinidades existentes a pesar de todas las diferencias no se habla ya.

Algunos teólogos evangélicos llegan hasta el punto de decir adiós al ecumenismo de consenso y preconizar un ecumenismo de la diferencia (Ulrich H. J. Körtner); otros hablan de un saludable desengaño, en referencia a que los documentos de consenso y convergencia aprobados hasta ahora no son suficientemente sólidos, por lo que merecían que nos desengañáramos de ellos (Wilfried Härle). A

---

17. Cf. LG 8; UR 4.
18. Cf. *Kirchengemeinschaft nach evangelischem Verständnis. Ein Beitrag des Rates der Evangelischen Kirche in Deutschland*, EKD Text 69 [La comu-

juicio de estos teólogos, todos los llamados documentos de consenso o convergencia aprobados en las últimas décadas tienen que demostrar aún su eficacia. En conjunto, el clima se ha tornado más inclemente. El nuevo clima pudo percibirse con claridad también en las conversaciones más recientes con las Iglesias ortodoxas. Transcurrieron en un ambiente espiritual bueno y constructivo. Sin embargo, al debatir un texto elaborado ya a finales de la década de 1980 y principios de la de 1990, se puso de manifiesto que algunas formulaciones algo conciliadoras de aquel entonces suscitaban reparos tanto entre ortodoxos como entre católicos; ambas partes daban gran importancia a una mayor precisión. Ello hizo que el trabajo avanzara con mayor lentitud de lo previsto originariamente, pero de forma bastante más sólida en contrapartida.

Resumiendo, la acentuación de la propia identidad –o ecumenismo de perfiles– es ecuménicamente legítima y también provechosa si (1) singulariza las diferencias persistentes sobre la base –y en el marco– de la fe común, más abarcadora; y si (2) esto no se hace con vistas a la delimitación frente al otro y para realzar la propia posición, sino con objeto de superar las diferencias a través de un diálogo orientado a la verdad.

IV. Cuestiones controvertidas sobre los fundamentos y la meta del ecumenismo

El cambio del clima y del ambiente tiene, por supuesto, causas más profundas; no se trata solo de estados de ánimo, sino de problemas más hondos, fundados en el contenido mismo del asunto. Respecto tanto de los fundamentos como de la meta del ecumenismo existen en la actualidad antiguos y en parte también nuevos problemas.

nión eclesial según la concepción evangélica: una contribución del Consejo de la Iglesia Evangélica en Alemania, 2001]; *Ökumene nach evangelisch-lutherischem Verständnis. Ein Votum zum geordneten Miteinander bekenntnisverschiedener Kirchen*, VELKD Text 123 [El ecumenismo según la comprensión evangélico-luterana: un dictamen sobre la ordenada relación entre Iglesias con credos diferentes, 2004]; *Allgemeines Priestertum, Ordination und Beauftragung nach evangelischem Verständnis*, EKD-VELKD Text 130 [El sacerdocio universal, la ordenación y la delegación según la concepción evangélica, 2004], que luego se publicó en una versión revisada definitiva: *Ordnungsgemäß berufen* [Llamados en debida forma], *VELKD Informationen*, n. 118, 26 de septiembre de 2006.

El ecumenismo no se basa en un irenismo sentimental, para el que la pregunta por la verdad se ha tornado indiferente; ni tampoco en un vago sentimiento de unión ni en un difuso humanismo ni en una religión universal. Según la concepción católica, los fundamentos del ecumenismo radican en la confesión de fe común en Jesucristo y en el Dios trinitario, tal como se expresa también en la fórmula básica del Consejo Mundial de Iglesias, que es citada de forma expresa en el decreto sobre el ecumenismo del concilio Vaticano II[19]. Allí se dice que el movimiento ecuménico es sostenido por personas que invocan al Dios trinitario y creen en Jesús como Señor y Redentor. En el estudio del Consejo Mundial de Iglesias sobre el credo niceno-contantinopolitano *Confessing the One Faith* [Confesar la fe común, 1991], se comenta por extenso este fundamento de fe común y se explica su significado para la actualidad.

Por desgracia, este estudio apenas ha sido recibido. Esta ausencia fáctica de recepción pone de manifiesto un problema fundamental. El credo cristológico y trinitario forma parte de los escritos confesionales de todas las Iglesias tradicionales, pero la pregunta es si también es realmente reconocido por doquier. El problema se hace patente de súbito si se sigue el debate en algunas Iglesias reformadas (*reformierte Kirchen*) que permiten sustituir la fórmula trinitaria bautismal por otra, la llamada fórmula inclusiva. También en otros temas, sobre todo en cuestiones relacionadas con la protección de la vida, la familia, la moral sexual, la bioética o la ordenación de mujeres, por desgracia se han evidenciado en la relación con algunas Iglesias nuevas diferencias, hasta ahora inexistentes, que apuntan a problemas más profundos de antropología y hermenéutica bíblica. Estas nuevas diferencias dificultan el testimonio común de las Iglesias en el mundo, debilitándolo de manera considerable.

Mientras que en los comienzos del movimiento ecuménico la línea la marcaban, por parte evangélica, el redescubrimiento de Lutero y la teología de la palabra de Dios de Karl Barth, actualmente experimentamos un resurgimiento del protestantismo liberal-individualista y del protestantismo cultural. Así, vuelven a ocupar el primer plano motivos como la individualidad, la interioridad o la conciencia individual, todos ellos contenidos centrales de las lecciones que Adolf von Harnack impartió en 1900 sobre *La esencia del cristianismo*. Ello tiene como consecuencia

---

19. Cf. UR 1.

que la unidad visible de la Iglesia no represente ya un problema acuciante. El interés se centra en problemas del encuentro con la cultura actual o con otras culturas.

En último término se trata de la pregunta de si –y en caso de respuesta afirmativa, en qué medida– encontramos a Dios no solo «en» la Iglesia, sino también «a través de» la Iglesia. Esta pregunta por la función de la Iglesia en la mediación de la salvación puede formularse también de la siguiente manera: ¿se relaciona el cristiano individual directamente con Dios o está su relación personal con Dios mediada por la Iglesia? En la respuesta a esta pregunta se contraponen dos concepciones de Iglesia: la protestante, más individualista, y la católica, más referida a la comunidad.

De ahí que sea demasiado simplista reducir el problema ecuménico a la cuestión del ministerio. Esta tan solo representa, por así decir, la punta del iceberg. El problema más fundamental es la relación entre la palabra de Dios y la Iglesia y, en este contexto, la relación entre Escritura y tradición, pero también entre Escritura y magisterio eclesial. Así, a despecho de algunos acercamientos, aún permanecen abiertas cuestiones básicas relativas a la concepción de Iglesia, y en conexión con ello, a la veneración de María y los santos[20]. Resulta significativo que el documento *Communio sanctorum* [La comunión de los santos, 2000], del Grupo de Trabajo Bilateral Luterano-Católico de Alemania, importante en este contexto, todavía no haya sido oficialmente recibido por parte evangélica, pero oficiosamente haya sido objeto de aceradas críticas.

Las cuestiones eclesiológicas básicas aún pendientes llevan a una distinta determinación de la meta ecuménica. La fórmula base del Consejo Mundial de Iglesias define esta meta como «unidad visible». En ello coincide en lo fundamental con la posición católica. La asamblea plenaria del Consejo celebrada en Porto Alegre (2006) ratificó una vez más este enunciado[21]. La anterior asamblea plenaria del Consejo, la de Harare (1998), admitió, sin embargo, que en la actualidad no existe ningún consenso pleno sobre qué es lo que en concreto quiere decirse con «unidad visi-

---

20. Cf. UR 20; JUAN PABLO II, *Ut unum sint* 79.
21. Cf. el documento de la asamblea general: *Called to Be the One Church. An Invitation to the Churches to Renew their Commitment to the Search for Unity and to Deepen their Dialogue* [Llamados a ser la Iglesia una. Una invitación a las Iglesias a renovar su compromiso con la búsqueda de la unidad y conferir mayor profundidad a su diálogo].

ble». Se reconoce que carecemos de una comprensión común de la unidad, así como de una visión común (*common vision*)[22].

La carencia de una meta común es probablemente, junto con la falta de claridad en los fundamentos, el problema más grave de la actual situación ecuménica. Pues si no se posee una meta común, corremos el peligro de movernos sin querer en direcciones distintas, de suerte que al final estemos más lejos unos de otros que antes. Existe acuerdo sobre el hecho de que unidad no significa uniformidad. Lo que buscamos es la plena comunión (*communio*) visible como «unidad en la diversidad y diversidad en la unidad». Pero una consideración más detenida muestra que esta fórmula no es en modo alguno inequívoca[23].

La Iglesia católica entiende por ello –coincidiendo así en esencia con la posición ortodoxa– unidad en *una* fe, en *los mismos* sacramentos y en *un* ministerio episcopal apostólicamente fundado. La diversidad es posible, en cambio, en las formas de expresión de la fe una, en los ritos sacramentales y en la concreta configuración canónica de la estructura jerárquica[24], incluida la cuestión planteada por el papa Juan Pablo II acerca de cómo debe ser ejercido en concreto en el futuro el ministerio petrino sin menoscabo de su esencia[25]. En este sentido, la Iglesia católica, al firmar la *Declaración conjunta sobre la doctrina de la justificación*, ha reconocido una legítima unidad en la diversidad.

En amplios sectores de la Iglesia evangélica se ha impuesto en las últimas décadas una comprensión distinta de la unidad en la diversidad. Se invoca para ello el famoso artículo 7 de la *Confessio Augustana*, que afirma que para la unidad de la Iglesia es suficiente (*satis est*) con estar de acuerdo en la doctrina del Evangelio y en la administración de los sacramentos conforme a este. Según una interpretación hoy con frecuencia defendida, eso significa que para la unidad basta con un consenso básico en lo relativo al Evangelio y a la administración del bautismo y de la Cena en conformidad con él, mientras que en la comprensión y forma de los ministerios eclesiásticos pueden persistir diferencias esenciales.

---

22. Cf. D. Kessler (ed.), *Together on the Way. Official Report of the Eighth Assembly of the World Council of Churches (Harare)*, World Council of Churches Publications, Geneva 1999.
23. De este problema se ocupó exhaustivamente la asamblea plenaria de 2001. Cf. *Service d'information* 109 (2002/I-III), 12-90.
24. Cf. LG 13 y 15; UR 2s.
25. Cf. Juan Pablo II, *Ut unum sint* 95.

Sobre esta base, las Iglesias de tradición luterana y reformada (*reformiert*) establecieron entre sí en la *Concordia de Leuenberg* comunión de púlpito y de altar y, por ende, también comunión eclesial; y esto lo hicieron aunque entre ellas siguen existiendo diferencias doctrinales en la comprensión tanto de la eucaristía como de la Iglesia y los ministerios. Sobre esta base se ha llegado recientemente a nuevas fusiones por parte evangélica, como, por ejemplo, la Comunión de Iglesias Evangélicas en Europa. Asimismo, sobre esta base se espera con mucha frecuencia de la Iglesia católica la admisión de cristianos evangélicos a la comunión, la llamada hospitalidad eucarística. Pero para nosotros (al igual que para las Iglesias ortodoxas) la comunión eclesial y la comunión eucarística no son posibles sin unidad en la comprensión de la Iglesia y los ministerios. Reservas análogas albergan también algunas de las Iglesias evangélicas escandinavas que suscribieron la *Declaración de Porvoo* (1992).

Existen, por consiguiente, diferentes concepciones de la unidad de la Iglesia que se ha de perseguir; no nos ponemos de acuerdo acerca de hacia dónde debe encaminarse el itinerario ecuménico. A fin de avanzar en esta cuestión, tienen una gran importancia para nosotros dos documentos: el de la asamblea plenaria del Consejo Mundial de Iglesias de Porto Alegre, *Called to Be One Church* [Llamados a ser una sola Iglesia], y el de la Comisión Fe y Constitución de ese mismo Consejo titulado *The Nature and Mission of the Church* [Naturaleza y misión de la Iglesia, 2005]. Estos dos documentos son signos positivos. Confiamos en que la Comisión Fe y Constitución continúe trabajando con energía en los temas que en ellos se abordan. Pues solo por la vía de una clarificación de la concepción de Iglesia podremos avanzar en los interrogantes que plantea la comunión eucarística y desarrollar una visión ecuménica común.

V. El nuevo reto planteado por los evangélicos y las Iglesias pentecostales

Mientras que las Iglesias históricas discuten sobre sus problemas históricamente heredados, abriendo en parte, por desgracia, nuevos fosos entre ellas, existen nuevas formaciones de comunidades eclesiales que están experimentando ya un auge. Se habla de una tercera ola en la historia del cristianismo: después de las Iglesias que se remontan al primer milenio (Iglesias orientales antiguas, Iglesias ortodoxas y la Iglesia católica), las Iglesias que directa o indirectamente (Iglesias libres) se remontan a la Reforma; y ahora las comunidades evangélicas y carismáticas y, sobre todo, las Iglesias pentecostales. Su difusión y su influencia crecen con rapidez. A ello hay que añadir numerosos movimientos y grupos sectarios cristianos, no cristianos y sincretistas, entre los cuales se cuentan también un buen número de las llamadas Iglesias africanas autónomas.

Corrientes y comunidades evangélicas han existido en el pasado dentro del protestantismo, en concreto en los distintos movimientos de despertar religioso (*Erweckungsbewegungen*) y, en especial, en el pietismo. En la actualidad se extiende también en algunas Iglesias históricas como reacción a las tendencias liberal-modernistas. Por eso, «evangélico» (*evangelical*) a menudo se ha convertido en un término verdaderamente combativo desde el punto de vista de la política eclesial. Con frecuencia (aunque no siempre) lleva asociadas tendencias fundamentalistas. Los evangélicos acentúan la inspiración literal y la autoridad incondicional de la Escritura, se atienen a la cristología íntegra del símbolo apostólico, conceden importancia a la conversión y santificación personal, anteponen la misión a la acción social y defienden una espera escatológica próxima. En parte tiene lugar también un descubrimiento o redescubrimiento de la tradición.

En los detalles se constata una gran variedad. Algunas de estas comunidades están organizadas de forma análoga a la de las Iglesias (el Sínodo de Missouri, la *Southern Baptist Convention* [Convención Bautista (o Baptista) del Sur]); últimamente vuelven a estar interesadas en el diálogo con la Iglesia católica. Junto a ellas existen estructuras paraeclesiales en grupos carismáticos, movimientos confesantes (*confessing movements*) y congresos de Iglesias confesantes (*confessing churches*), días comunitarios, grupos de trabajo y otros; también con ellos existen contactos de un tiempo a esta parte[26]. El movimiento se ha fusionado organizativamente en la *World Evangelical Alliance* [Alianza Evangélica Mundial].

Por regla general, los evangélicos difieren bastante de nosotros en cuestiones eclesiológicas y de teología de los sacramentos; pero en cuestiones cristológicas y, sobre todo, en temas éticos suelen estar considerablemente más cerca de nosotros que algu-

---

26. Cf. los saludos oficiales de varios cardenales al octavo congreso europeo de Iglesias confesantes (*confessing churches*) celebrado en Bad Blankenburg (Turingia, Alemania) en octubre de 2006.

nas Iglesias protestantes históricas. Así, son posibles coaliciones prácticas, también podría decirse: alianzas estratégicas[27]. De todo lo anterior hay que distinguir las Iglesias pentecostales. Surgieron a comienzos del siglo XX en el ambiente de los movimientos de despertar religiosos (*Erweckungsbewegungen*) metodistas; pero no tienen raíces directas en la Reforma del siglo XVI, sino que, según su propia convicción, son el resultado de una nueva y directa efusión del Espíritu Santo. Desde su primera aparición se expanden de un modo vertiginoso, hasta ahora inaudito, sobre todo en el hemisferio austral; entretanto, el movimiento está llegando también a Europa. Ya se habla del cristianismo del futuro (Philip Jenkins).

Cabe preguntarse si se puede hablar de un nuevo tipo de Iglesias. Pues se trata de multitud de comunidades, cada una de las cuales está vinculada de forma autónoma y flexible a otras comunidades. Comparten la experiencia directa del Espíritu (bautismo del Espíritu), una espiritualidad emocional y espontánea que transmite la experiencia de pertenencia a un grupo mayor. Entretanto se distinguen tres olas: el pentecostalismo clásico, con algunos de cuyos grupos se han podido llevar a cabo positivos diálogos[28]; el movimiento carismático dentro de las Iglesias tradicionales, incluida la Iglesia católica; y el neopentecostalismo, que a menudo se convierte en una religión de meras promesas de prosperidad intramundana. Este último adopta por lo común una actitud bastante agresiva y proselitista frente a las Iglesias tradicionales. Con él es posible, por supuesto, un diálogo de vida; no así, en cambio, al menos hasta ahora, un diálogo en el sentido propio y habitual.

Pero entonces, ¿qué? Sea como fuere, el pentecostalismo constituye un reto. El problema es planteado por numerosos obispos con ocasión de sus visitas *ad limina*; tanto Juan Pablo II como Benedicto XVI han expresado también reiteradas veces su preocupación al respecto. ¿De qué manera debemos arrostrar este reto? Opinamos que, sobre todo, de forma autocrítica. Debemos preguntarnos: ¿qué hace que este movimiento resulte tan

---

27. Cf. la declaración «That They May Have Life. A Statement of Evangelicals and Catholics together»: *First Things* 166 (October 2006), 18-27.
28. Actualmente se está elaborando un nuevo documento bajo el título provisional de *On Becoming a Christian. Insights from Scripture and Patristic Era* [Hacerse cristiano. Perspectivas desde la Escritura y la era patrística]. Es interesante que este documento redescubra la tradición de los padres.

atractivo? ¿Por qué abandonan tantos fieles nuestra Iglesia? ¿Qué esperan de las comunidades pentecostales? ¿Qué es lo que no encuentran entre nosotros? ¿Qué podemos y debemos cambiar pastoralmente a fin de dar respuesta a la sed espiritual y al hambre de experiencia concreta, así como a las concretas situaciones sociales de necesidad? En este sentido, este Pontificio Consejo organizó el año pasado cuatro grandes seminarios con obispos y teólogos: uno en el África anglófona (Nairobi) y otro en el África francófona (Dakar), el tercero en Latinoamérica (São Paulo) y el cuarto en Corea del Sur (Seúl); para el próximo mes de febrero está programado otro en Filipinas (Manila).

VI. Fragmentación y nueva interconexión del ecumenismo

La relativamente laxa concepción protestante de la unidad de la Iglesia y los nuevos grupos evangélicos y carismáticos han llevado, por una parte, a una fragmentación del panorama ecuménico y, por otra, a nuevas formas de interconexión y cooperación ecuménicas.

Las Iglesias protestantes están estructuradas de manera regional o nacional; hasta comienzos del siglo XX no surgieron federaciones mundiales de Iglesias de índole confesional, que, sin embargo, no se entienden a sí mismas como Iglesias, sino como asociaciones o comuniones de Iglesias. Según esta concepción, la unidad ecuménica universal no puede consistir más que en una red de relaciones mutuas y reconocimiento recíproco como Iglesias.

Así, ya antes existía una marcada asimetría ecuménica en lo relativo a las estructuras de toma de decisiones. En la actualidad, tal asimetría se ve intensificada tanto por la tendencia a la fragmentación a todas luces inherente al modelo protestante como por los grupos evangélicos (*evangelical*). El problema se presenta en todas las federaciones mundiales confesionales, en especial en la Comunión anglicana, que –por diversas razones, entre ellas también la ausencia de una autoridad central– causa de momento una impresión más bien difusa.

Como consecuencia de esta fragmentación existen, por un lado, tendencias y grupos marcadamente liberales y, por otro, monasterios, comunidades de vida, comunidades de la Iglesia Alta (la Fraternidad del Arcángel Miguel, la Fraternidad de Santiago Apóstol, la Iglesia Alta de la Unión de la Confesión de Augsburgo, etc.), anglocatólicos y también grupos de las Iglesias libres que, sobre todo en la liturgia y en la configuración de los ministerios, desean plasmar con más fuerza la herencia católica en el protestantismo. Últimamente se asocian a menudo con los interlocutores católicos pertinentes (órdenes y congregaciones, ciertos monasterios, movimientos espirituales, obras pías, etc.) en redes. Así, en mayo de 2004 se reunieron en Stuttgart más o menos diez mil personas, en su mayoría jóvenes, de diversas Iglesias; vía satélite participaron en el encuentro unas cien mil personas de toda Europa. Para abril de 2007 está programado un Stuttgart II. Además, existen muchos encuentros regionales y nacionales de este tipo. En este contexto se puede pensar también en la irradiación de monasterios como Taizé, Bose y Chevetogne, entre otros, o en comunidades ecuménicas, por ejemplo, dentro del movimiento focolar, San Egidio o Chemin Neuf.

De momento no es posible ver aún adónde nos conducirá el Espíritu de Dios con este desarrollo. Fundamentalmente vinculo a él grandes esperanzas. Por otra parte, la situación ecuménica ha devenido de este modo confusa; ya no encaja en las estructuras ecuménicas tradicionales. Este problema se percibe también en el Consejo Mundial de Iglesias, donde se debate sobre él con ayuda de la idea de un foro ecuménico global, en el que también pueden participar Iglesias, comunidades y grupos que no sean miembros del Consejo. En la misma dirección se mueve en Estados Unidos la nueva organización *Christian Churches Together* [Iglesias cristianas unidas].

A nosotros, a la vista de esta evolución, se nos plantea la pregunta: ¿quién es nuestro interlocutor? ¿Cómo debemos conducirnos con los distintos interlocutores, tan dispares? Hasta ahora, la respuesta a esta pregunta era inequívoca. Valía el principio: hablamos con las Iglesias y, en el plano universal, con las federaciones confesionales. Esto continuaremos haciéndolo, desde luego. Sin embargo, la pregunta ahora es: ¿sigue siendo realista la autolimitación que ello comporta? ¿De qué manera debemos y podemos entablar diálogo con grupos específicos que llaman a nuestra puerta y buscan mantener conversaciones con nosotros?

La respuesta es delicada. Por supuesto, no queremos llevar ningún insincero doble juego; y totalmente lejos de nuestro ánimo están cualquier forma de proselitismo y cualquier clase de nuevo uniatismo. Toda respuesta requiere, por eso, un elevado grado de transparencia para con nuestros interlocutores en las otras Iglesias. Este Pontificio Consejo agradecería recibir en esta asamblea plenaria sugerencias para una posible respuesta; tal respuesta sería también útil a las conferencias episcopales que se enfrentan a las mismas cuestiones u otras análogas.

VII. Nuevas e importantes tareas: el ecumenismo secular y el ecumenismo fundamental

Como últimos fenómenos de un ecumenismo en proceso de transformación me gustaría hablar del ecumenismo secular y del ecumenismo fundamental. El concepto de «ecumenismo secular» se debe a un antiguo secretario general del Consejo Mundial de Iglesias: Konrad Raiser. Con esta expresión, Raiser quería decir que en el futuro las Iglesias no convergerán mediante nuevos diálogos teológicos, sino a través de la colaboración en pro de la justicia, la paz y la libertad en el mundo. Para él, este era el nuevo paradigma del ecumenismo.

Pienso que algo hay de cierto en esto, pero solo una verdad parcial. De hecho, los cristianos tenemos razones más que suficientes para colaborar y dar testimonio común ya hoy. Esto vale no solo en relación con los países pobres del llamado Tercer Mundo, para los derechos humanos, para la paz y la justicia en el mundo, sino también para Europa, donde es necesario volver a elevar conjuntamente a conciencia las raíces y los valores cristianos. Propuestas y sugerencias al respecto provienen en la actualidad sobre todo de parte ortodoxa. Merece la pena aceptar esta oferta.

Pero las cuestiones teológicas no pueden resolverse solo por medio de ello; se hacen manifiestas también –y quizá de forma especial– en las preguntas por la praxis adecuada (*orthopráxis*). Pues, a diferencia de lo que opinan algunos, no es cierto que la doctrina divide, mientras que la praxis une. Antes bien, han sido y son diferentes, más aún, contrapuestos criterios y opciones políticas (en la postura, por ejemplo, ante el antiguo Bloque del Este, ante los movimientos de liberación, ante la crisis en Oriente Próximo y Oriente Medio, etc.) los que han llevado y llevan a tensiones y divisiones. La ortopraxis no puede separarse de la ortodoxia.

Por eso, el hecho de que entretanto numerosas personas no muestren ya interés alguno por las antiguas controversias y su superación no puede remediarse pasando por alto estas preguntas, sino explicándolas de un modo nuevo. La ignorancia, a menudo también la indiferencia, no afecta solo a las cuestiones de controversia, sino a los fundamentos comunes de los que parten las Iglesias. Así, muchas personas, sobre todo jóvenes, no pueden entender ya, por muy buena voluntad que tengan, las tradicionales doctrinas diferenciadoras. Necesitan algo más básico; hay que hacerles accesible de nuevo, en un lenguaje que entiendan, el mensaje cristiano central y fundamental. Donde acontece esta mediación fundamental, allí surge un nuevo tipo de ecumenismo sobre la base de la fe cristiana. De ahí que pueda hablarse de un ecumenismo fundamental, que luego debe crecer y madurar hasta la plena unidad visible como meta última del ecumenismo.

Este fenómeno he podido observarlo con ocasión de la promulgación de la encíclica *Deus caritas est*. Por ella se sintieron interpelados, poniéndose de nuevo a la escucha, no solo católicos, sino también protestantes y ortodoxos, e igualmente –y quizá sobre todo– muchos a los que a menudo se califica algo precipitadamente de alejados y a los que, sin embargo, más bien habría que llamar peregrinos, personas que se interrogan, personas en actitud de búsqueda. Otro tanto cabe decir de la homilía que el papa pronunció en la celebración ecuménica de Ratisbona el 12 de septiembre de 2006. Esta homilía ha sido criticada en ocasiones porque supuestamente no ha propiciado avance ecuménico alguno ni ha aportado nada nuevo. Pero ha llamado la atención sobre los problemas de comprensión más profundos que algunos tienen, por ejemplo, con la doctrina de la justificación. «En último término», afirma el papa, «este debilitamiento del tema de la justificación y del perdón de los pecados es resultado de un debilitamiento de nuestra relación con Dios. Por eso, nuestra primera tarea consistirá tal vez en redescubrir al Dios vivo en nuestra vida, en nuestra época y en nuestra sociedad».

La tarea de un ecumenismo fundamental nos obliga ecuménicamente en común. En la medida en que nos dediquemos a esta tarea, volveremos a cobrar también algo de distancia respecto de un ecumenismo devenido demasiado académico, que sin lugar a dudas también en el futuro será necesario e indispensable, pero que, si predomina de manera unilateral, más que acercar a los creyentes «normales» a la cuestión ecuménica, los aleja de ella.

Estas reflexiones nos llevan de regreso a la última asamblea plenaria de este Pontificio Consejo, la del año 2003, que estuvo dedicada al ecumenismo espiritual[29]. Pues el ecumenismo funda-

---

29. Cf. *Service d'information* 115 (2004/I-II), 24-81.

mental es en último término una tarea espiritual. Vuelve a situar en el centro el hecho de que el ecumenismo es, en lo más profundo y en su núcleo, ecumenismo espiritual, o sea, un ecumenismo que –después de todas las pecaminosas divisiones, de todos los pecados contra la caridad y la verdad, de todos los prejuicios y maldades recíprocos– deja espacio al Espíritu de Cristo, que es un Espíritu de la reconciliación y el amor[30]. Significativamente, el dicho de Jesús: «Que todos sean uno» (Jn 17,21), no es un mandato ni tampoco una orden; se trata de una oración, y «ecumenismo» no significa otra cosa que unirse a esta oración del Señor y hacerla propia. Así nos lo enseñó el gran maestro del ecumenismo espiritual, Jean Paul Couturier (1881-1953).

VIII. Lo decisivo en el futuro inmediato

Por eso me alegro de poder presentar por fin en esta asamblea plenaria el vademécum, la guía práctica del ecumenismo espiritual, que la última asamblea plenaria instó a elaborar[31]. Estoy convencido de que precisamente en esta época de rápido cambio en todos los terrenos, también en la escena ecuménica, el ecumenismo del futuro será ecumenismo espiritual o no será. En este sentido, durante la asamblea que ahora se inicia deberíamos responder a las siguientes preguntas, que se desprenden de esta introducción al debate.

1. En la situación actual, el diálogo de la caridad debe volver a preparar el terreno al diálogo de la verdad. Pues el diálogo de la verdad requiere un clima de confianza. ¿Qué nuevas medidas avivadoras de confianza y qué signos y gestos concretos son necesarios, cuáles deseables?
2. El ecumenismo es ecumenismo en la verdad. En ello, debemos regresar a las fuentes, sobre todo a la Sagrada Escritura y a la liturgia. Tenemos que transmitir de nuevo lo que constituye la base común, haciendo comprensibles las diferencias desde el fundamento que compartimos. ¿Cómo puede llevarse a cabo tal formación en las parroquias, entre el presbiterio, en las universidades y en otros lugares?

---

30. Cf. UR 8; JUAN PABLO II, *Ut unum sint* 21-27.
31. En alemán, W. KASPER, *Wegweiser Ökumene und Spiritualität*, Freiburg i.Br. 2007 [trad. esp.: *Ecumenismo espiritual: una guía práctica*, Verbo Divino, Estella 2007].

3. El ecumenismo espiritual es el corazón del ecumenismo. ¿De qué manera pueden fomentarse sus objetivos? Las sugerencias del vademécum ¿cómo pueden ser llevadas en concreto a la práctica en la vida de los individuos (laicas y laicos, religiosas y religiosos, presbíteros), en las parroquias y comunidades, en las redes ecuménicas?

4. La situación ecuménica se caracteriza por nuevas fragmentaciones y, simultáneamente, por nuevos grupos y redes supraconfesionales. ¿Cómo debemos y podemos conducirnos en la cuestión de las nuevas alianzas? Y sobre todo, ¿cómo podemos salir al paso del fenómeno del pentecostalismo y las numerosas nuevas sectas?

5. La colaboración práctica es posible ya hoy en muchas áreas y, en cuanto testimonio común, incluso necesaria: en el ámbito social y caritativo, en las cuestiones éticas, en el terreno de la cultura, en el trabajo por la paz y, en especial, en el ecumenismo de la vida diaria. ¿Cómo podemos alentar y fomentar esta cooperación? ¿En qué medida son útiles las llamadas alianzas estratégicas?

Todas estas son cuestiones que nos ocuparán durante esta asamblea plenaria; tendrán una importancia decisiva para el trabajo ecuménico de los próximos años y para el futuro del ecumenismo. En todo ello somos conscientes de que la unidad de la Iglesia no se puede «hacer» ni organizar. Es un don, un regalo del Espíritu de Dios; él es el auténtico protagonista del movimiento ecuménico. Él es quien lo ha impulsado[32]; así, podemos esperar con confianza en que proseguirá su obra y la llevará a término. Cuándo, dónde y cómo acontecerá esto es cosa suya, no nuestra. Pero aquí y ahora debemos hacer nuestra parte. En este sentido, el Pontificio Consejo espera que la presente asamblea plenaria contribuya a que el actual cambio ecuménico resulte fructífero y benéfico para la vida y la unidad de la Iglesia.

---

32. Cf. UR 1 y 4.

26
El cambio de la situación ecuménica

Es un sentimiento especial regresar hoy, al cabo de dieciocho años, a esta aula, que durante casi veinticinco años fue testigo de mi casi diaria actividad. No fue la peor época de mi vida. Si mi tarea entonces era la teología dogmática, entretanto me ha correspondido ocuparme del ecumenismo y de la teología ecuménica. Es una materia interesante y, sobre todo, amplia. Va desde el diálogo con la Iglesia asiria de Oriente y las Iglesias orientales ortodoxas (coptos, sirios y armenios, entre otros), pasando por el diálogo con las Iglesias ortodoxas de tradición bizantina y eslava, con la Comunión anglicana, con los veterocatólicos (*Altkatholiken*), los luteranos, los reformados y las Iglesias libres, hasta el diálogo con las comunidades evangélicas y pentecostales, que en el siglo XX y a principios del XXI han experimentado y siguen experimentando un enorme crecimiento. Y a todo esto no he mencionado siquiera la tarea de promover el interés por el ecumenismo en mi propia Iglesia, la católica.

En el presente contexto no quiero entrar en los fundamentos del ecumenismo, conocidos para los teólogos, sino más bien decir algo con algunas ilustraciones sobre el estado actual del ecumenismo, y eso significa: sobre el rápido cambio de la situación ecuménica. Hablo de «cambio» en primer lugar en el sentido positivo de que en los últimos cuarenta años largos transcurridos desde el concilio Vaticano II hemos podido crear con casi todas las Iglesias mencionadas un clima bueno y amistoso de diálogo y colaboración práctica. Pero hablar de «cambio» implica también que las coordenadas del panorama ecuménico están experimentando una transformación fundamental –no concluida aún ni de lejos– que se corresponde con la transformación del mundo actual en prácticamente todos los ámbitos de la vida.

Este cambio suele describirse con ayuda del término «globalización». Esta se tornó posible tras el fin del pensamiento de bloques que había predominado durante la Guerra Fría y ha propiciado que la Europa del Este y la Europa Occidental vuelvan a converger hoy en un difícil proceso. A través de él, las Iglesias orientales han entrado de nuevo por completo en el campo visual. Más aún, la integración de ambas partes de Europa es del todo imposible sin el acercamiento con las Iglesias orientales, que durante siglos han marcado decisivamente la cultura y la mentalidad de la Europa del Este. A ello se añade que, a consecuencia de los movimientos de migración del siglo XX, aproximadamente la mitad de los cristianos orientales viven en el mundo occidental. También con ello viene dada una nueva situación de diálogo, desconocida hasta ahora.

El diálogo con las Iglesias orientales tuvo un prometedor comienzo en la víspera de la clausura del Vaticano II, el 7 de diciembre de 1965, con el llamado levantamiento de las bulas de excomunión de 1054, el año con el que –más simbólica que históricamente– se asocia el cisma entre Oriente y Occidente. En la segunda mitad de la década de 1960 se desarrolló también la correspondencia entre el papa Pablo VI y el patriarca ecuménico Atenágoras, recopilada en un volumen que lleva el significativo título de *Tomos agapis* [El tomo del amor, 1971]. En el contexto del prometedor comienzo con el «diálogo de la caridad» se encuadran las múltiples visitas recíprocas entre el papa Juan Pablo II y casi todos los patriarcas de las Iglesias orientales. Así, ha surgido una nueva relación de amistad y fraternidad.

El concilio Vaticano II tendió buenos cimientos para el diálogo teológico en sentido estricto; el concilio afirma benevolentemente de las Iglesias orientales que «las diversas fórmulas teológicas, más que oponerse entre sí, se completan y perfeccionan unas a otras»[1]. Sobre esta base pudo comenzar en un clima esperanzador el diálogo teológico en la década de 1980. Sin embargo, el cambio político de 1989-1990 en la Europa del Este y en Centroeuropa precipitó el diálogo teológico, paradójicamente, en una profunda crisis. Pues la liberación del despotismo comunista permitió a las Iglesias orientales unidas con Roma, que bajo el comunismo habían sufrido lo indecible, abandonar las catacumbas y regresar a la vida pública. Con ello se abrieron viejas heridas y nuevos reproches.

---

1. UR 17.

La *Balamand Statement* [Declaración de Balamand, 1993] supuso un avance que debe ser calificado de histórico; pero cuando en el encuentro de Baltimore-Emmitsburg, del año 2000, se intentó profundizar eclesiológicamente en lo alcanzado en el plano práctico, el fracaso fue innegable. Hizo falta mucho trabajo para convencer a las Iglesias ortodoxas de que las cuestiones del llamado uniatismo únicamente pueden ser resueltas en el contexto más abarcador de la eclesiología, en especial del ministerio petrino.

Hasta septiembre de 2006, en Belgrado, no fue posible un nuevo comienzo, que queremos desarrollar en octubre de 2007 en Rávena, un lugar simbólico para la relación con el Oriente bizantino. La intención es preparar el terreno en el que luego pueda abordarse el problema fundamental entre las Iglesias orientales y la Iglesia latina: la cuestión del primado de Roma. Esto debe acontecer mediante una interpretación del famoso canon 34 de los *Cánones apostólicos*, originarios del siglo IV, en el sentido de que en todos los niveles de la vida eclesial –el de la Iglesia local, el de la región o el patriarcado, el de la Iglesia universal– existe una relación de tensión complementaria entre un *prôtos*, esto es, un primado, y las estructuras colegiales o sinodales. Sobre esta base deberá tratarse luego, en un paso adicional, la posición del primado en el plano universal.

El papa Juan Pablo II dio un primer paso invitando en su encíclica sobre el ecumenismo *Ut unum sint* (1995) a un diálogo sobre nuevas formas de ejercicio del ministerio petrino. El papa Benedicto XVI reiteró literalmente esta oferta con motivo de su visita a El Fanar en noviembre del año pasado. El hecho de que la Iglesia católica posea ya hoy dos códigos de derecho canónico diferentes –uno para el ámbito de la Iglesia latina y otro para el ámbito de las Iglesias orientales que están en comunión plena con Roma– muestra que el primado puede ser ejercido de manera distinta en Oriente y Occidente. Así fue en el primer milenio y así puede volver a ser en el tercero.

En ello, una y otra vez se remite a la regla que el entonces profesor Ratzinger formuló en su famosa conferencia de Graz en 1976, según la cual Roma, en lo que atañe a la doctrina del primado, no debe exigir de las Iglesias ortodoxas más de lo que se formuló y vivió en el primer milenio. Más tarde, ya como prefecto de la Congregación para la Doctrina de la Fe, relativizó en cierta medida esta regla, a mi juicio con razón; pues en el primer milenio, lejos de existir una praxis uniforme, hubo diversos desarrollos y tendencias, también innumerables cismas. De ahí que el primer milenio, más que ponernos en la mano una receta, nos remite a un punto de partida común en la eclesiología veteroeclesial de *communio*. Un regreso al primer milenio no es posible, porque la praxis de aquel entonces estaba estrechamente entrelazada con el derecho imperial romano-bizantino, que hoy es historia.

Así pues, en los detalles se plantean complejas cuestiones exegéticas, históricas, canónicas y sistemático-teológicas, de las que no puedo ocuparme en este contexto. El que se les superpongan prejuicios y malentendidos históricamente condicionados y en gran medida emocionales las torna aún más difíciles. Este tipo de problemas no se puede resolver teológicamente; exige una «purificación de la memoria», pero también un intercambio cultural y religioso a largo plazo. Así, entre otras actividades, el Pontificio Consejo para la Promoción de la Unidad de los Cristianos lleva a la práctica y financia un amplio programa de becas. En último término, estos problemas únicamente pueden resolverse a través de encuentros personales. Así como el cisma entre Oriente y Occidente no tuvo lugar en una fecha determinada, sino que fue el resultado de un dilatado proceso de progresivo alejamiento, así también hoy solo podrá ser superado mediante un largo proceso de acercamiento.

Una dificultad adicional son las tensiones existentes entre las propias Iglesias ortodoxas. El problema no radica tanto en la tensa relación que se puso de manifiesto en Belgrado entre Constantinopla y Moscú en torno a la comprensión del primado de honor de Constantinopla; esa es una cuestión interna de la Ortodoxia. Más grave es la cuestión de en qué medida tiene prioridad para Moscú en estos momentos el restablecimiento de la comunión eclesial plena. El interés de Moscú parece circunscribirse actualmente a la colaboración en el ámbito cultural y social, así como a las relaciones en el plano de las Iglesias locales. Así, hasta ahora no se ha celebrado ningún encuentro entre el papa y el patriarca Alexei II y tampoco parece que Moscú tenga de momento mucha prisa al respecto. Para encontrar una solución a las cuestiones planteadas una y otra vez por Moscú, la Santa Sede presentó hace ya un año una propuesta aprobada personalmente por el papa; es más que extraño que hasta ahora el patriarca no haya considerado necesario reaccionar a ello con una notificación provisional, por no hablar de contrapropuestas. Así, es grato que se haya podido retomar el diálogo; pero a mi juicio, está aún por ver si el diálogo, reiniciado con muchas esperanzas, lleva en el futuro próximo a un resultado que nos ayude a avanzar. Sobre el éxito a más largo plazo no tengo ningún tipo de dudas. A la vista de la situación política e ideológica mundial, sería irresponsable desaprovechar por motivos de política eclesiástica la oportunidad que actualmente se nos brinda. Semejante *kairós* no se repite a discreción.

Junto al término «globalización», existe una segunda palabra clave con la que se describe la situación actual, sobre todo en Europa Occidental: «secularización». Con ello llegamos a la situación actual del ecumenismo occidental, o sea, al ecumenismo con las Iglesias que directa o indirectamente proceden de la Reforma del siglo XVI. También aquí se han producido grandes progresos desde la década de 1970. Quiero recordar en especial el Documento de Lima *Bautismo, eucaristía y ministerio* (1982), los *diálogos ARCIC (Anglican/Roman-Catholic International Commission*, Comisión Internacional Anglicano/Católico-Romana) con la Comunión anglicana y los diálogos internacionales con la Federación Luterana Mundial, sobre todo la solemne firma en Augsburgo en 1999 de la *Declaración conjunta sobre la doctrina de la justificación*, a la que en 2006 se adhirió también la Federación Metodista Mundial, en su asamblea de Seúl.

Media frase –sin duda demasiado concisa– de la declaración *Dominus Iesus* (2000), que clasifica teológicamente a las Iglesias protestantes no como Iglesias en sentido propio, sino como comunidades eclesiales, causó entre los protestantes agravios que no pudieron ser remediados ni por todas las subsiguientes explicaciones *urbi et orbi* [a la ciudad (de Roma) y al mundo]. Por lo que al contenido se refiere, esta media frase quería llamar la atención sobre las innegables e innegadas diferencias en la concepción de Iglesia. Pero diríase que a algunos les vino muy a propósito para poder ocultar o, según el caso, manifestar mejor las propias reservas críticas frente al ecumenismo. Pues si se compara la incriminada media frase con declaraciones mucho más duras de la EKD (*Evangelische Kirche in Deutschland*, Iglesia Evangélica en Alemania), la *Dominus Iesus* puede caracterizarse como un documento ecuménico relativamente benevolente. También tiene valor ecuménico porque, prescindiendo de esta media frase, en el resto del texto hace valer una preocupación hondamente protestante: el *solus Christus* [solo Cristo].

Más importante y a largo plazo más decisivo que este enturbiamiento ambiental de las relaciones interconfesionales es, en mi opinión, el hecho de que el clima intelectual general últimamente está influyendo con fuerza en los diálogos con las Iglesias de la Reforma. En el presente contexto tengo que renunciar a abordar en toda su complejidad el concepto y el fenómeno de la «secularización». Entretanto todas las Iglesias admiten una secularización legítima, o sea, el reconocimiento de la legítima autonomía de las esferas culturales objetivas mundanas (ciencia y cultura, economía y política, etc.); la Iglesia católica se manifestó claramente en este sentido a través del concilio Vaticano II.

Sin embargo, la secularización legítima se está convirtiendo de modo creciente en secularismo, o sea, en la ideología de una unilateral y en parte intolerante pretensión de validez también en la esfera espiritual de puntos de vista intramundanos, actitudes, formas de vida y mentalidades modernas y posmodernas. La complacencia ante tales tendencias ha propiciado una secularización interna de algunas Iglesias protestantes, sobre todo en cuestiones éticas; esto, a su vez, ha tenido como consecuencia el fraccionamiento entre un ala liberal y otra conservadora. Donde con mayor claridad puede estudiarse la crisis desencadenada por semejante polarización es en la Comunión anglicana, cuya cohesión se encuentra en la actualidad seriamente amenazada. Análogas fragmentaciones se dan también en algunas Iglesias protestantes. Así, actualmente no solo existen procesos de unificación, sino también nuevos procesos de escisión y desintegración.

Como reacción a la liberalización en cuestiones tanto confesionales como éticas se produjo un fuerte crecimiento de corrientes y comunidades evangélicas (*evangelical*), en parte también fundamentalistas. Asimismo hay que mencionar la inaudita y vertiginosa expansión de comunidades pentecostales en el hemisferio austral, el incremento de antiguas y nuevas sectas, así como de comunidades eclesiales indígenas. Este desarrollo plantea al movimiento ecuménico nuevos retos. Para afrontarlos, el Pontificio Consejo para la Promoción de la Unidad de los Cristianos ha organizado en los últimos dos años seminarios para obispos y teólogos en Latinoamérica, Asia y África; y se están preparando algunos más. Los problemas se plantean también en Norteamérica y, cada vez más, en Europa.

Dirijamos, pues, la mirada a Europa y consideremos de manera algo más detenida la evolución que allí se vive. En los inicios del diálogo católico-protestante en las décadas de 1970 y 1980 se podía partir de la base confesional común del credo apostólico y del credo niceno-constantinopolitano, así como de los respectivos credos confesionales (sobre todo de la *Confesión de Augsburgo* de 1530). En el protestantismo europeo de la época marcaban la pauta la teología de la palabra de Dios de Karl Barth y el renacimiento de Lutero. Hoy, en cambio, han recobrado fuerza motivos liberales que se creían ya superados por Karl Barth.

A la vista del peligro de una disolución de la identidad protestante, el obispo Wolfgang Huber (Berlín) llamó a agudizar el perfil del protestantismo. Huber habla de un ecumenismo de perfiles. De hecho, todo diálogo presupone interlocutores con perfil e identidad propios. A nadie benefician un ecumenismo fraudulento y de caricias mutuas y un cristianismo de mera palabrería. El ecumenismo de perfiles se diferencia saludablemente de la propuesta de un ecumenismo de la diferencia; pero se queda a medio camino en la realización de sus objetivos, en sí legítimos. Por perfil protestante se tiene lo que desde la década de 1970 se ha ido configurando en Centroeuropa en el ámbito de la *Concordia de Leuenberg* (1973) como unidad en la diversidad. Según esto, hay que distinguir entre el fundamento común vinculante de la fe y la forma eclesial, en la que puede darse un considerable pluralismo, sobre todo en la comprensión y figura del ministerio ordenado. Con ello, las Iglesias protestantes retroceden en la cuestión de la Iglesia y del ministerio más allá de las declaraciones de convergencia ya alcanzadas; hay que hablar incluso de un distanciamiento. También en la doctrina de la Cena o la eucaristía existe de hecho un considerable pluralismo.

Resulta, por tanto, difícilmente comprensible que, por una parte, puedan romperse acuerdos ya alcanzados y, por otra, exigir la comunión eucarística o de Cena. Tampoco cabe hacer de la necesidad de la fragmentación fáctica una virtud teológica *a posteriori* y encomiar tal fragmentación como Iglesia de la libertad. En realidad, se trata de un pensamiento del *statu quo*, interesado en el reconocimiento recíproco del pluralismo eclesiológico *de facto* existente.

Esta concepción de la paz eclesial no solo no es asumible desde el punto de vista católico y ortodoxo; tampoco me parece que sea esto lo que perseguían Martín Lutero y la *Confesión de Augsburgo*. Internacionalmente no es capaz de suscitar consenso entre las Iglesias luteranas. Varias Iglesias luteranas (por ejemplo, las Iglesias de Suecia y Finlandia, por no hablar del estadounidense *Sínodo de Missouri*) la rechazan. De ahí que en el diálogo internacional se impongan posiciones dialogalmente más abiertas. En Alemania se distancian de dicha posición teólogos concretos, grupos de la Iglesia Alta fieles al credo, grupos de las Iglesias libres y grupos evangélicos y pietistas, así como algunas comunidades específicas. Esto confirma una vez más lo que hemos analizado como creciente fragmentación.

Las escasas ilustraciones que he podido presentar en el breve tiempo disponible quizá apunten a una profunda crisis del movimiento ecuménico. En vez de crisis, yo prefiero hablar de un cambio de largo alcance en la escena ecuménica. Esta está reorientándose en la actualidad. Este proceso se halla todavía en marcha. Por eso resulta difícil prever dónde nos encontraremos, por ejemplo, dentro de diez años.

El concilio Vaticano II, en el decreto sobre el ecumenismo, afirma en dos ocasiones que el movimiento ecuménico se debe a un impulso del Espíritu Santo. Él es el verdadero protagonista. Nosotros no podemos hacer la unión; es obra del Espíritu. Por eso, el ecumenismo espiritual es el corazón del ecumenismo. Este corazón late. Casi a diario puedo constatar en conversaciones con obispos, párrocos, teólogos y laicos de las más diversas Iglesias un profundo anhelo de unidad. Es evidente que el Espíritu Santo se permite soplar con fuerza también fuera de los muros de la propia Iglesia y empujar hacia la unidad. Así, en lo escondido sucede mucho más de lo que la mayoría sospecha.

De ahí que no me inquiete el futuro del ecumenismo. Hago lo que puedo hacer aquí y ahora. El cómo, cuándo y dónde concretos de la unidad plena puedo dejárselo tranquilamente al Espíritu de Dios. En él se puede confiar. Lleva a su término lo que ha comenzado. Sin embargo, como experimentamos en la actualidad, sus caminos son en ocasiones distintos de lo que habíamos concebido originariamente. Pero el reino de Dios y el ecumenismo, y con esto quiero concluir, no pueden crecer sino como *hominum confusione, sed Dei providentia* [para confusión humana, pero por providencia divina]. En este sentido: a pesar de todo, la caravana continúa su viaje; el ecumenismo avanza.

27
Mandatum unitatis: el ecumenismo en el pasado y en el futuro

El movimiento ecuménico se cuenta entre los rasgos característicos de la historia de la Iglesia del siglo XX. Es la respuesta a los signos de los tiempos; él mismo se cuenta entre tales signos. En Paderborn se reconocieron pronto los signos de los tiempos y el empuje del Espíritu Santo hacia la unidad de todos los discípulos de Jesucristo y se llevó a cabo un decisivo trabajo pionero. Por eso, junto con la felicitación por el cincuentenario que hoy celebramos, me gustaría transmitir a la archidiócesis de Paderborn y al Instituto Johann Adam Möhler que ella sostiene el reconocimiento y la gratitud del Pontificio Consejo para la Promoción de la Unidad de los Cristianos. ¿Qué podría ser más adecuado a esta ocasión que contemplar agradecidamente los pasados cincuenta años y echar un vistazo a los nuevos desafíos de la actualidad?

I. El cardenal Lorenz Jäger como fundador

La historia del Instituto Johann Adam Möhler está inextricablemente unida al nombre de su fundador, el cardenal arzobispo de Paderborn Lorenz Jäger[1]. La madre de este era una devota católica oriunda de la católica región de Eichsfeld; y su padre, prematuramente fallecido, un convencido protestante. Así, ya en su hogar familiar vivió Lorenz Jäger tanto el sufrimiento de la desunión como la posibilidad de una convivencia ecuménica. Como párroco en la diáspora, que también existe en el supuestamente tan católico y clerical Paderborn, conoció las dificultades pastorales de la

---

1. Cf. W. THÖNISSEN y L. JÄGER, «Wiedervereinigung im Glauben als Gebot der Gegenwart», en C. Möller (ed.), *Wegbereiter der Ökumene im 20. Jahrhundert*, Göttingen 2005, 194-213.

desunión; y como capellán de división en la Segunda Guerra Mundial admiró el heroísmo vivido también por numerosos capellanes evangélicos.

Estas experiencias existenciales le abrieron ya pronto a Lorenz Jäger los ojos y el corazón para lo que a la sazón se abría paso como movimiento ecuménico. Este no nació en salones de mentalidad liberal ni en círculos académicos alejados del mundo. Como inicio del movimiento ecuménico se suele tomar la Conferencia Misionera de Edimburgo (1910). Los misioneros allí reunidos constataron unánimemente que la división del cristianismo era *el* obstáculo para la misión universal. Así pues, el movimiento ecuménico está enraizado en las experiencias misioneras y de diáspora y en las experiencias de sufrimiento de matrimonios y familias mixtos, pero también en la experiencia de la afinidad que cristianos católicos y evangélicos vivieron en las trincheras y búnkeres antiaéreos de la Segunda Guerra Mundial, así como –y de forma muy especial– en los campos de concentración en conjunta resistencia contra un sistema brutal e inhumano. Allí descubrieron que es mucho más lo que nos une que lo que nos separa.

Así pues, cuando en 1941 fue nombrado arzobispo de Paderborn en los revueltos tiempos de la Segunda Guerra Mundial, Lorenz Jäger estaba inmejorablemente preparado para entender qué era lo que pedía el momento. Ya durante su ordenación episcopal, en una época en la que la *ecumenical correctness* [lo ecuménicamente correcto] todavía se desconocía, más aún, incluso resultaba sospechosa para muchos, se dirigió a los cristianos evangélicos y habló de la reunificación en la fe. Pero el nuevo arzobispo no se limitó a palabras amables. Ya en su primer año de episcopado presentó a la Conferencia Episcopal Alemana un exhaustivo dictamen a favor de una suerte de seminario ecuménico. Quería información objetiva, comprensión mutua, conversación e intercambio.

Un año después de la guerra, cuando, bien lo sabe Dios, existían asimismo muchas otras preocupaciones, creó juntamente con el luterano Wilhelm Stählin, obispo de Oldenburg, el Círculo Jäger-Stählin de Teólogos Evangélicos y Católicos, que aún existe en la actualidad. Cuando luego, con motivo de la creación del Consejo Mundial de Iglesias en 1948, se consideró por parte católica la fundación de un instituto de «confesionología», como se decía a la sazón, el arzobispo Jäger comprendió de nuevo. Tras una concienzuda preparación, el 19 de enero de 1957 se inauguró el instituto, a cuyos cincuenta años de existencia miramos hoy con gratitud.

Aquel día estaba presente la *crème de la crème* de la teología alemana: Konrad Algermissen, Hans Urs von Balthasar, Heinrich Fries, Robert Grosche, Hubert Jedin, Heinrich Schlier, Gottlieb Söhngen, Hermann Volk, que luego sería elevado a cardenal, el holandés Johannes Willebrands, también distinguido más tarde con el capelo, y muchos otros. Pertrechado con semejante *think tank* [laboratorio de ideas] y respaldado por su fiel e informado asesor Eduard Stakemeier, el arzobispo Jäger se convirtió durante el concilio Vaticano II en uno de los más importantes promotores del decreto sobre el ecumenismo *Unitatis redintegratio* (1964). Este decreto supuso la irrupción oficial del movimiento ecuménico en la Iglesia católica y todavía hoy constituye su carta magna. Caracterizó el movimiento ecuménico como impulso del Espíritu Santo[2]; y el restablecimiento de la unidad de todos los cristianos, como una de las principales tareas del concilio[3]. Ya dos años antes del comienzo del concilio, el arzobispo Jäger había intentado tender los cauces institucionales para ello proponiendo al papa Juan XXIII la creación del Secretariado –hoy Pontificio Consejo– para la Promoción de la Unidad de los Cristianos.

El arzobispo Lorenz Jäger hizo personalmente suyo, como pocos otros, el *mandatum unitatis* que Jesús dejó a sus discípulos como testamento la víspera de su muerte (cf. Jn 17,21), convirtiéndolo en la tarea de su vida. El papa Pablo VI le concedió en 1965, como merecido reconocimiento, la púrpura cardenalicia.

II. Johann Adam Möhler como figura inspiradora

Al discurso que pronunció en la inauguración del instituto hace cincuenta años, el arzobispo Jäger le dio un título que se convirtió en el nombre del instituto: *Johann Adam Möhler*. De hecho, Möhler no es solo un nombre, sino un programa. Jäger califica al teólogo tubingués, nacido en 1796 en Igersheim, localidad de Württemberg, de «superador del espíritu de la época y renovador

---

2. Cf. UR 1 y 4.
3. Cf. UR 1.

de la teología católica», de «teólogo de la unidad de la Iglesia» y «teólogo de la reunificación»[4].

A través de su confrontación con la teología ilustrada de su época y con el padre del protestantismo moderno, Friedrich Schleiermacher, Johann Adam Möhler contribuyó a la superación tanto del afán polemizador de la teología de controversia como del irenismo dogmático. De ahí que esté considerado con razón como precursor y pionero de la actual teología ecuménica. Esta ya no parte de lo diferenciador y separador, sino de lo común, que es mucho más amplio, para clasificar adecuadamente las diferencias y entenderlas mejor, superándolas luego en la medida de lo posible desde la herencia común[5].

La influencia de Möhler fue enorme ya en el siglo XIX y, sobre todo, en el XX. Su historia efectual (*Wirkungsgeschichte*) no está, ni mucho menos, suficientemente investigada. Al respecto se podrían escribir aún interesantes tesis doctorales. La influencia de Möhler se extiende tanto a Francia e Inglaterra, en especial a John Henry Newman, como a la escuela romana y, a través de ella, a Matthias Joseph Scheeben; llega asimismo a los eslavófilos en Rusia, a Vladimir Soloviev y a la teología ortodoxa. Los ecumenistas católicos del siglo XX, como el viejo maestro de la teología ecuménica católica Yves Congar, quien más tarde sería creado cardenal, se dejó inspirar por Möhler. Otros, como el que probablemente sea el teólogo sistemático protestante más importante del siglo XX, Karl Barth, se confrontaron con él hasta la extenuación. No en vano, Barth califica a Möhler de padre del nuevo catolicismo alemán[6].

Para Johann Adam Möhler, el ecumenismo no era una ocupación secundaria de la teología. Con el término «ecúmene» se designaba originariamente todo el orbe habitado; de ahí que el ecumenismo tenga una dimensión universal, concerniente a la humanidad

---

4. Cf. L. JÄGER, *Einheit und Gemeinschaft. Stellungnahmen zu Fragen der christlichen Einheit*, ed. por Instituto Johann Adam Möhler, Paderborn 1972, 63-79.
5. Cf. W. KASPER, «Vom Geist und Wesen des Katholizismus. Bedeutung, Wirkungsgeschichte und Aktualität von Johann Sebastian Dreys und Johann Adam Möhlers Wesensbestimmung des Katholizismus»: ThQ 183 (2003), 196-212. Un libro útil recientemente publicado es: M. DENEKEN, *Johann Adam Möhler*, Paris 2007, espec. 207-235.
6. Cf. K. BARTH, *Die kirchliche Dogmatik*, vol. I/2, Zollikon 1960, 624.

entera. Ya en su temprano ensayo *La unidad en la Iglesia* (1825) se ocupa Möhler, en el espíritu del romanticismo, de la unidad de la Iglesia en el contexto de la unidad universal; en la *Simbólica* (1832) se interesa por el ser humano, pues la antropología es, a su juicio, la preocupación fundamental de la teología occidental[7]. Esta dimensión universal se corresponde con la oración de Jesús, «que todos sean uno, para que el mundo crea» (Jn 17,21). Así, el concilio Vaticano II define la Iglesia como signo e instrumento de la unidad con Dios y de los seres humanos entre sí[8]. Para Yves Congar, el ecumenismo y la misión universal son, por decirlo así, gemelos. En efecto, en el ecumenismo y la misión mundial acontece de modo diferente la autotrascendencia de la Iglesia: en el ecumenismo, con la vista puesta en las demás Iglesias; en la misión, con la vista puesta en la humanidad. Tanto en el ecumenismo como en la misión universal se abre camino la congregación de las naciones hacia un *šalom* [paz] escatológico universal, congregación anunciada por los profetas e iniciada ya con la actividad de Jesús. Al igual que, según una frase que ha hecho fortuna, no puede haber paz mundial sin paz entre las religiones (Hans Küng), así tampoco puede haber paz entre las religiones sin paz entre las Iglesias.

Según esto, el ecumenismo es universal; y es también fundamental. Confesamos nuestra fe en un *solo* Dios, un *solo* Señor Jesucristo, un *solo* Espíritu Santo, un *solo* bautismo y también una *sola* santa Iglesia. En cada celebración de la eucaristía, que es el centro de la vida eclesial y el sacramento de la unidad, hacemos nuestra la oración de Jesús por la unidad cuando, tras rezar el padre nuestro, pedimos por «la unidad y la paz» en la Iglesia. Así, según el papa Juan Pablo II, la preocupación ecuménica por la unidad no es solo un apéndice; a su juicio, se halla arraigada en el centro del afán pastoral; el ecumenismo es el camino de la Iglesia[9]. Esto vale también para el papa Benedicto XVI. Ya en el primer día de su pontificado, se refirió a la unidad de la Iglesia como prioridad pastoral.

---

7. Cf. J. A. Möhler, *Symbolik* (1832), ed. por J. R. Geiselmann, Darmstadt 1958, 18 [trad. esp.: *Simbólica o exposición de las diferencias dogmáticas entre católicos y protestantes según sus públicas confesiones de fe*, Cristiandad, Madrid 2000].
8. Cf. LG 1.
9. Cf. Juan Pablo II, *Ut unum sint* (1995), 9 y 20.

III. ¿Qué hemos logrado y dónde nos encontramos?

Apoyado por todos los papas posteriores al concilio Vaticano II, el movimiento ecuménico ha realizado enormes progresos en las últimas cuatro décadas. Solo los documentos ecuménicos aprobados en el plano internacional abarcan hasta el año 2001 tres gruesos volúmenes[10]. El primer éxito rotundo se alcanzó en la relación con las Iglesias orientales antiguas, en la que se logró zanjar un conflicto de más de mil quinientos años sobre la fórmula cristológica del cuarto concilio ecuménico de Calcedonia (451) mediante sendas declaraciones conjuntas del papa con los respectivos patriarcas. Más conocido entre nosotros es el progreso con los luteranos en la doctrina de la justificación, o sea, en aquella doctrina en torno a la cual más apasionadamente se polemizó en el siglo XVI. En julio de 2006, la Federación Metodista Mundial se adhirió por fortuna a esta declaración sellada en 1999 en Augsburgo.

Por desgracia, hasta ahora no nos ha sido concedido un avance análogo en la eclesiología, en especial en la cuestión del ministerio. Antes al contrario, la cuestión del ministerio se ha convertido –también dentro de la Iglesia evangélica– en una dura prueba[11]. Esta es la razón por la que, habida cuenta de que la comunión eucarística y la comunión eclesial forman una unidad, no hemos avanzado en la cuestión de la comunión eucarística. Las acusaciones recíprocas no ayudan a mejorar la situación. Es necesario abordar los problemas eclesiológicos pendientes. Con vistas a ello se trabaja hoy con intensidad en varios frentes: en la Comisión Fe y Constitución; en el diálogo internacional con la Comunión anglicana, que ha llegado ya a su fin; en el diálogo con las federaciones mundiales luterana, reformada y metodista; y en el Círculo Jäger-Stählin. También el diálogo con las Iglesias orientales antiguas y el diálogo con las Iglesias ortodoxas, retomado en 2006 en Belgrado, se ocupan de este tema.

---

10. Cf. H. MEYER (ed.), *Dokumente wachsender Übereinstimmung. Sämtliche Berichte und Konsenstexte interkonfessioneller Gespräche auf Weltebene*, 3 vols., Paderborn / Frankfurt a.M. 1983-2003 [una publicación similar, aunque temporalmente más limitada, existe en español: *Enchiridion oecumenicum*, 2 vols., ed. por A. González Montes, Centro de Estudios Orientales Juan XXIII y Universidad Pontificia de Salamanca, Salamanca 1986-1993; muchos de los documentos más recientes han sido publicados en español en la revista *Diálogo ecuménico*].

11. Cf. W. THÖNISSEN en su informe del año 2005: «Die Amtsfrage in der Zerreißprobe»: *Bausteine für die Einheit der Christen* 47 (2007), n. 177, 7-15.

Así pues, desde el punto de vista de los diálogos internacionales no existe motivo alguno para la afirmación, reiterada con frecuencia de un tiempo a esta parte, de que la Iglesia católica busca últimamente de forma unilateral el diálogo con las Iglesias ortodoxas y descuida el diálogo con las comunidades eclesiales protestantes. Es «política» declarada nuestra dialogar con todo aquel que quiere diálogo. Sin embargo, los documentos no constituyen, como ha mostrado el papa Juan Pablo II, el verdadero progreso. No son sino papeles que deben ser traducidos a la vida de la Iglesia, a la carne, por así decir, del cuerpo de Cristo. Lo decisivo es el nuevo espíritu, la redescubierta fraternidad entre los cristianos. Los demás cristianos ya no son hoy para nosotros, como ha hecho patente el papa, enemigos o extraños, ni tampoco rivales, sino hermanos y hermanas a quienes nos une una comunión real, si bien todavía no plena, basada, más que en un filantropismo liberal, en la fe común en Jesucristo y en el bautismo que compartimos[12].

Tenemos razones más que sobradas para no menospreciar esta afinidad y este redescubrimiento de la fraternidad. Pues las Iglesias se enfrentan hoy a grandes retos comunes. En ello, la línea separadora no transcurre entre cristianos católicos y cristianos evangélicos, sino entre los cristianos convencidos de las distintas Iglesias, por un lado, y las tendencias laicistas, especialmente fuertes y en parte agresivas en Europa, por otra. En esta situación, los cristianos convencidos de todas las Iglesias están llamados a dar testimonio común. No podemos permitirnos nuevas luchas de trincheras confesionales. Debemos seguir trabajando con valentía y paciencia desde la obediencia al Señor sobre la base del Vaticano II y con la brújula que el propio concilio nos ha puesto en la mano. No existe ninguna alternativa responsable al ecumenismo.

IV. Más allá del pluralismo y el confesionalismo

Sin embargo, estaríamos ciegos si, a pesar de los progresos, por los que no podemos sentirnos suficientemente agradecidos, no consideráramos también los problemas, las decepciones, los reveses. En la actualidad nos encontramos en una situación parecida a

12. Cf. JUAN PABLO II, *Ut unum sint* 42.

la de los primeros cristianos: la entusiasta espera próxima (*Naherwartung*) ecuménica no se ha cumplido y, hasta donde podemos juzgar los hombres, tampoco se cumplirá en un futuro previsible. El camino es más largo y laborioso de lo que muchos pensaron al principio. Desilusión y síntomas de cansancio fueron entonces y son hoy la consecuencia. Sin embargo, es falso hablar sin más de estancamiento, crisis o incluso de una edad de hielo. Lo cierto es más bien que el ecumenismo se encuentra actualmente inmerso en un profundo proceso de transformación[13].

En estos momentos se trata de encontrar un camino que esté más allá tanto del pluralismo en boga como del confesionalismo[14]. Ocupémonos primero del problema del pluralismo. Este forma parte de los signos distintivos de nuestra época, también en el ecumenismo. Apenas existen ya ambientes confesionalmente homogéneos. Vivimos puerta con puerta con cristianos de otras confesiones y con mucha frecuencia también con miembros de otras religiones o con personas que no pertenecen a religión alguna. Nadie puede sustraerse a este pluralismo fáctico; sin embargo, se convierte en un problema cuando se hace de él un pluralismo teológico fundamental, se cuestiona el carácter vinculante de la única verdad y ya solo se habla de verdades en plural.

Esto acontece habitualmente cuando se consideran anticuados e irrelevantes los planteamientos ecuménicos. Tal actitud no es expresión de una fe fuerte, sino débil. No solo muestra una muy extendida falta de conocimientos sobre la fe en el intelecto, sino también una ausencia de fervor creyente en el corazón, algo bastante más grave. Como ya observó Möhler con razón, ello lleva a la unificación no en la fe, sino en la falta de fe[15]. Pues quien realmente ama la fe quiere conocerla mejor y entenderla en mayor profundidad, se confronta con ella; y actúa así incluso allí donde las fórmulas creyentes se revelan al principio como difícilmente comprensibles.

El problema se presenta también en la teología profesional. En ella ha tenido lugar un cambio de las mareas teológicas. Si se

---

13. Cf. W. KASPER, «Ökumene im Wandel»: StdZ 132 (2007), 3-18, reimpreso en el presente volumen: «El ecumenismo, en transformación», 498-518.
14. Cf. P. NEUNER (ed.), *Ökumene zwischen «postmoderner Beliebigkeit» und «Rekonfessionalisierung»* (Beiträge aus dem Zentrum für ökumenische Forschung München 3), Berlin 2006.
15. Cf. J. A. MÖHLER, *Symbolik, op. cit.*, 8.

consideran los temas tratados en los primeros años del Instituto Johann Adam Möhler, se constata lo siguiente: la confianza ecuménica de aquel entonces se basaba en la convicción de que en la teología evangélica se había producido un cambio, alejándose del protestantismo cultural del siglo XIX hacia, por un lado, la dialéctica teológica de la palabra de Dios de Karl Barth, que por parte católica encontró un vivo eco, entre otros, en Hans Urs von Balthasar y Hans Küng y, por otro, un renacimiento de Lutero –basta pensar en teólogos luteranos como Peter Brunner y Edmund Schlink o en teólogos católicos como Joseph Lortz, Erwin Iserloh, Peter Manns, Otto Hermann Pesch y otros–. No hace mucho, Heinz Schütte ha vuelto a llamar la atención sobre el deseo hondamente ecuménico de Martín Lutero[16].

Semejante teología confesional –en el buen sentido de la palabra– ha devenido entretanto rara. El padre del protestantismo moderno, Friedrich Schleiermacher, del que Barth intentó desmarcarse, vuelve a ser actual; y tanto el protestantismo cultural como diversas teologías contextuales están en boga. Ello afecta también –y de manera especial– a cuestiones éticas, en las que hasta ahora existía un amplio consenso; últimamente se constata, en cambio, una creciente fragmentación, que encierra una considerable fuerza explosiva y puede conducir a nuevas divisiones, tanto entre católicos y evangélicos como entre los propios evangélicos.

Las diferentes eclesiologías conllevan diferentes metas ecuménicas. Hasta ahora, la unidad visible de la Iglesia se consideraba la meta del movimiento ecuménico por encima de límites confesionales. Entretanto, la Biblia no es ya para muchos documento y base de la unidad, sino de la diversidad confesional (Ernst Käsemann). De ahí que el lugar de la unidad visible lo ocupe a menudo el objetivo del reconocimiento recíproco de las Iglesias *de facto* existentes. La penúltima asamblea plenaria del Consejo Mundial de Iglesias, celebrada en Harare (1998), admitió que actualmente no existe una *common vision* [visión común] de la unidad.

Detrás del modelo pluralista de unidad está lo que se designa como pluralismo posmoderno. Este no lleva solo a teorías pluralistas de las religiones, sino también a teorías pluralistas de las Iglesias. Cada cual concibe la unidad de las Iglesias a su medida,

---

16. Cf. H. SCHÜTTE, *Martin Luther und die Einheit der Christen*, Paderborn 2007.

aprovisionándose a la carta en el mercado de las posibilidades. Así, se juntan y encajan piezas eclesiológicas de la más diversa procedencia. Surgen heterogéneas y artificiales identidades y biografías individuales, así como heterogéneas y artificiales eclesiologías. Este no es un camino transitable para la Iglesia católica. Ella se atiene a la subsistencia de la Iglesia de Jesucristo en la Iglesia católica, esto es, en la Iglesia que está en comunión con el sucesor de Pedro y con los obispos en comunión con él[17].

En consecuencia, la verdadera crisis ecuménica consiste en que ya no estamos de acuerdo sobre cuál sea la meta del ecumenismo. Así, existe el peligro de que nos movamos en direcciones diferentes y terminemos bastante más alejados unos de otros que al principio. De hecho, en la actualidad no solo crece la unidad, sino también la fragmentación y, con ella, la desorientación de los fieles. De ese modo, las Iglesias pierden su fuerza de integración y cohesión, así como su relevancia e influencia en la opinión pública.

V. El peligro neoconfesionalista

Como siempre, también en nuestra cuestión un extremo suscita, a modo de reacción, el contrario. También aquí se hace patente la dialéctica de la Ilustración. La absolutización posmoderna del individuo, el pluralismo cualitativo que de ahí resulta y la nueva confusión que ello genera han llevado a un anhelo de orden, orientación y seguridad, así como a una huida hacia nuevas certezas.

Mientras que las Iglesias que se presentan como liberales están en declive en el mundo entero, los grupos evangélicos y pentecostales que prometen semejante certeza atraen a un enorme número de personas. Ya se habla de una tercera ola de la historia del cristianismo, que se está gestando en la actualidad tras las Iglesias del primer milenio y las Iglesias nacidas de la Reforma. Se habla de los movimientos evangélicos y pentecostales como de la forma futura del cristianismo[18]. Lo que de cierto hay en ello es al me-

---

17. Cf. LG 8.
18. Cf. P. JENKINS, *The Next Christendom. The Coming of Global Christianity*, Oxford / New York 2002.

nos que con estos movimientos surgen una nueva situación ecuménica y un nuevo reto ecuménico, que entre nosotros suelen ser minusvalorados de manera imperdonable.

El reto se presenta también en las propias Iglesias históricas. En ellas, el pluralismo eclesiológico se transforma en parte en un nuevo confesionalismo. Algunas reacciones a la *Declaración conjunta sobre la doctrina de la justificación* estuvieron impregnadas de ello; tampoco el ecumenismo de perfiles me parece totalmente libre de este peligro. Si se considera el ámbito católico, no hay que pensar solo en el movimiento de Lefebvre; también dentro de la Iglesia cabe constatar tendencias para las cuales el ecumenismo se ha vuelto sospechoso. Se desea mostrar un perfil bien definido, se insiste en la delimitación y se ve con recelo cualquier acercamiento. El listón para el consenso ecuménico se pone cada vez más alto por todos los lados.

Tales reacciones pueden entenderse en un sentido positivo como reacción tanto frente a tendencias de arbitrariedad posmoderna como frente al peligro de una autosecularización de la Iglesia. En ellas se pone de manifiesto la resistencia de la religión a la Ilustración. Sin embargo, el muy citado retorno de la religión es un fenómeno ambiguo. No comporta necesariamente el regreso de Dios; también puede implicar el regreso de los dioses y los ídolos. Los ídolos no son en modo alguno solamente magnitudes del pasado ya superadas; como dice Max Weber, descienden a sus tumbas en forma siempre nueva y cautivan a las personas. A veces a uno le entra miedo cuando se entera de lo que ocasionalmente se lleva a cabo en el terreno del esoterismo y se cede al sincretismo, incluso en hogares eclesiales.

Así, la Ilustración no es un proceso por naturaleza progresivo, pero sí una tarea permanente. La fe y la razón forman una unidad; la religión y la fe requieren ser entendidas racionalmente. Entretanto, este punto lo ha dejado claro reiteradas veces el papa Benedicto XVI. Eso excluye tanto una comprensión fundamentalista de la Biblia y los dogmas como una comprensión fundamentalista y exclusivista de la unidad, que confunda unidad con uniformidad y no quiera permitir la unidad en la diversidad. Por eso, con el neoconfesionalismo se avecina un peligro en todas las Iglesias, y no solo para el ecumenismo.

VI. El diálogo como concepto clave

El doble desafío del pluralismo y el confesionalismo nos sitúa ante la pregunta: ¿en qué punto se encuentra hoy la concepción católica del ecumenismo? ¿Es preilustrada la Iglesia católica, como en ocasiones se le reprocha? ¿O se ha iniciado ya también en ella un proceso de ilustración y descomposición, como temen otros? ¿O se ha tornado al final también ella medrosamente confesionalista? Se formulan estos tres diagnósticos, y para todos ellos cabe aducir ejemplos. Esto muestra que la meta ecuménica católica está clara en principio, pero todavía no ha sido suficientemente precisada en detalle. Preguntémonos, por tanto: ¿cómo debemos y podemos cumplir en el futuro el *mandatum unitatis*?

Básicamente, la Iglesia católica definió su lugar en el mundo moderno en el concilio Vaticano II. Reconoció por principio la historia moderna de libertad, se comprometió con la libertad religiosa, se abrió al proceso moderno de diferenciación e introdujo una distinción fundamental entre religión y política[19].

Pero distinción (*Unterscheidung*) no es sinónimo de separación (*Scheidung*). Por eso, la Iglesia católica se opone al culto de la arbitrariedad y a la dictadura del relativismo. Afirma el carácter vinculante de la verdad y entiende esta obligatoriedad no solo como obligatoriedad individual, que solo me afecta a mí, sino como obligatoriedad intersubjetiva, como verdad que, en tanto vincula (*bindet*), también une (*verbindet*). Una obligatoriedad que no implicara obligatoriedad universal sería mera arbitrariedad. Así, la Iglesia católica toma en serio la libertad personal y la conciencia del individuo sin renunciar a su concepción de la unidad.

Cabe preguntarse: ¿cómo se conjugan ambas cosas? El concepto clave para la respuesta reza: «diálogo». Para el concilio, toda la historia de la salvación es un diálogo de Dios con los seres humanos; el Dios trinitario mismo no es monológico, sino dialógico en sí[20]. Así, el término «diálogo» no aparece en los textos conciliares solo en un contexto ecuménico; también lo hace en los más diversos encuadres. «Diálogo» es un término clave del con-

---

19. Cf. GS 36, 41, 56, 76, etc..
20. Cf. BENEDICTO XVI, *Deus caritas est* (2005).

cilio, del que se deriva la respuesta para el camino que el ecumenismo aún tiene ante sí[21].

Sin embargo, el término «diálogo» es utilizado a menudo de forma inocua, en ocasiones incluso complaciente. Se ignora su trasfondo filosófico, que se remonta hasta bastante atrás en la historia[22], y se olvida que del diálogo forman parte también las controversias y que estas conllevan distinciones, o sea, clarificaciones conceptuales. El diálogo incluye asimismo la disputa y la discusión como vía para resolver oposiciones, superándolas y reconciliándolas. Se trata de un diálogo en la claridad y la verdad.

El papa Juan Pablo II singularizó, en la encíclica sobre el ecumenismo *Ut unum sint* (1995), una de las raíces filosóficas del diálogo analizando el diálogo en la filosofía personalista del siglo XIX y entendiéndolo como camino hacia la autorrealización de la persona. Para él, el diálogo no es únicamente un intercambio de ideas, sino un intercambio de dones[23]. En el diálogo no solo le di-

---

21. Diálogo de Dios con los hombres (cf. DV 2, 8 y 25); diálogo con Dios (cf. GS 19); diálogo con el mundo (cf. GS 3, 28, 40 y 43; CD 13; OT 19; AG 11; AA 14; PO 19); diálogo interreligioso (cf. NA 2 y 4; GS 21, 28 y 92; AG 11, 16, 38, 41 y 92); diálogo ecuménico (cf. UR 4, 9, 11, 14, 18, 19, 21, 22 y 23; GE 11); diálogo en la Iglesia (cf. GS 4; AG 20; AA 12); diálogo y desarrollo de la persona (GS 25; IM 1). Cf. también la encíclica del papa PABLO VI *Ecclesiam suam* (1964), dedicada por completo al diálogo.
22. El pensamiento dialógico únicamente puede comprenderse a partir del contexto global de la filosofía y la teología modernas. Las raíces del pensamiento dialógico se remontan hasta H. Jakobi, J. G. Hamann y W. von Humboldt; principios explícitos se encuentran en todos los representantes del idealismo alemán, Fichte, Schelling y Hegel; conforme a ello, F. Schleiermacher desarrolla su dialéctica como arte de la conversación. Estos principios fueron retomados de diferente manera por Feuerbach y Kierkegaard. Sobre esta base, diversos autores judíos (H. Cohen, F. Rosenzweig, M. Buber y E. Lévinas) y pensadores cristianos (E. Mounier y G. Marcel en Francia, F. Ebner en Alemania) contribuyeron en el siglo XX a la irrupción de la filosofía dialógica. Esta imprimió una amplia huella en la filosofía (T. Litt, K. Löwith, K. Jaspers, E. Grisebach, etc.) y en la teología (K. Barth, P. Brunner, F. Gogarten, H. U. von Balthasar, M. Schmaus, K. Hemmerle, B. Casper, etc.). J. Heinrichs y M. Theunissen han puesto de relieve los vínculos con la filosofía trascendental. Las líneas de conexión con las teorías actuales de la acción comunicativa (J. Habermas, K. O. Apel y otros), así como con los diferentes enfoques de filosofía del lenguaje, necesitan aún ser investigadas en detalle. Cf. J. HENRICHS, «Dialog, dialogisch», en HWPh 2, 1972, 226-229.
23. Cf. JUAN PABLO II, *Ut unum sint* 28.

go algo al otro, sino que me digo a mí mismo; ofrezco algo de mí, más aún, me ofrezco a mí mismo, renuncio a mí mismo. Por eso, el diálogo es en último término testimonio (*martyría*) y una forma de amor abnegado. Pero el amor es aquella unidad que no diluye la propia identidad ni la del otro, sino que lleva a ambas, íntimamente entrelazadas, a su realización plena. De ahí que el diálogo no sea solo un método para alcanzar la unidad; el diálogo, entendido y realizado en sentido pleno, es la forma concreta de la unidad. La unidad debe entenderse como unidad dialogal.

Sobre este trasfondo debe entenderse la concepción de la unidad de Möhler[24]. Para él, el Espíritu Santo es el principio de vida y unidad de la Iglesia. Esta unidad se despliega en una rica pluralidad de dones espirituales, en la que el individuo puede moverse «libre y lleno de vitalidad». A ojos de Möhler, la unidad no es rígida y monolítica uniformidad ni amorfa yuxtaposición pluralista; antes bien, se trata de un entrelazamiento de carismas complementarios. Hoy diríamos: es unidad dialogal según el modelo de la unidad en la trinidad y la trinidad en la unidad del Dios uno y trino[25].

La diversidad se convierte en problema cuando carismas aislados se absolutizan, se desgajan de la unidad y se tornan infructuosos y estériles. Eso lesiona asimismo la unidad más abarcadora; también esta se empobrece a consecuencia de ello y a menudo se anquilosa en la delimitación y la resistencia. De esta suerte, en ambas partes pervive el anhelo del restablecimiento de la unidad perdida. Lo cual solo es posible si los desavenidos renuncian a su contraposición, encuentran la manera de retornar al amor y la contradicción se convierte en una oposición complementaria. Si esto acontece, no es porque hayan sido infieles a sí mismos. No renuncian a su propio ser. En la medida en que se reincorporan al

---

24. Para lo que sigue, cf. J. A. MÖHLER, *Die Einheit in der Kirche oder das Prinzip des Katholizismus* (1825), ed. por J. R. GEISELMANN, Darmstadt 1957, 98-103 [trad. esp.: *La unidad en la Iglesia*, Eunate, Pamplona 1996]. Al respecto, véase también J. R. GEISELMANN, «Introducción», en J. A. MÖHLER, *Symbolik, op. cit.*, [127]-[148]; Y. CONGAR, «Diversité réconciliée. Comment réagirait Möhler?», en ID., *Diversités et communion*, Paris 1982, 221-232; W. KASPER, «Die Einheit der Kirche im Licht der Tübinger Schule», en M. Kessler y O. Fuchs (eds.), *Theologie als Instanz der Moderne* (TSThPh 22), Tübingen 2005, 189-206, espec. 194-202.
25. Cf. LG 4; UR 2.

todo más abarcador, se liberan más bien de sus infructuosos reduccionismos; y ello enriquece a ambas partes, que ahora influyen enriquecedoramente en el conjunto.

Con esta concepción, Möhler anticipó lo que se denomina «diversidad reconciliada». Bien entendida, no implica la aprobación de la situación actual ni es tampoco un mero retorno, sino un camino que, a través de la conversión y la renovación, conduce hacia delante a la unidad en la plenitud. Las Iglesias deben conservar su respectivo legado, aportándolo –una vez purificado de todo lo pecaminosamente separador– a la unidad más abarcadora; según un dicho del entonces profesor Joseph Ratzinger, deben seguir siendo Iglesias deviniendo al mismo tiempo cada vez en mayor medida una sola Iglesia.

Las ideas de Möhler no son en modo alguno extrañas a la tradición teológica. Pues esta sabía que la verdad de la fe es atestiguada en la fe común de la Iglesia, más en concreto: en la *communio* y, por tanto, en procesos de comunicación[26]. La teología ecuménica retoma esta idea tan tradicional, llevando a cabo, sin embargo, una insólita ampliación del horizonte. Rompe el carácter monológico de la teología confesional existente con anterioridad; lejos de seguir restringiendo los procesos de comunicación, recepción y consenso a la tradición eclesial que en cada caso sea la propia, incluye asimismo las tradiciones de otras Iglesias.

Se puede ir todavía un paso más allá y afirmar: en el diálogo ecuménico se realiza en cierto modo la promesa que Jesucristo le hizo a la Iglesia de que el Espíritu Santo la conduciría a la verdad plena (cf. Jn 16,13); en él se le revela de manera concreta a la Iglesia en toda su profundidad y plenitud la verdad de la que desde el principio da testimonio. La dilatación ecuménica del horizonte abre a la teología de un modo nuevo una dimensión universal, y eso significa: una dimensión católica entendida en el sentido estructural de la palabra.

El instituto, que lleva el nombre de Johann Adam Möhler y cuyo cincuentenario hoy celebramos, podría realizar una impor-

---

26. La relevancia de la eclesiología de comunión para la epistemología y la metodología teológicas ha sido puesta recientemente de relieve por M. SECKLER, «Die Communio-Ekklesiologie, die theologische Methode und die Loci-theologici-Lehre Melchior Canos»: ThQ 187 (2007), 1-20.

tante contribución a la realización del *mandatum unitatis* y mostrar una salida en el mencionado sentido católico a la situación actual si una vez más aprendiera de Möhler y, partiendo de la dialéctica de unidad, discordia y reconciliación, desarrollara tanto una reflexionada metodología del diálogo ecuménico como un modelo material de una unidad ecuménica dialógica.

VII. El ecumenismo espiritual

Sin embargo, sería temerario pensar que la crisis actual puede superarse solo mediante tales reflexiones teológicas sobre los fundamentos y mediante diálogos en el plano académico; unos y otras son necesarios e imprescindibles, pero en modo alguno demarcan la totalidad de la tarea ecuménica. Antes bien, la tesis de Möhler de que el principio de unidad y el alma de la unidad eclesial es el Espíritu Santo me lleva, ya para concluir, a una observación sobre el ecumenismo espiritual, que es el corazón y la fuente de energía de todo ecumenismo[27]. Me interesa de manera especial, y estoy firmemente convencido de que el futuro le pertenece[28]. Pues en último término no somos nosotros quienes «hacemos» u organizamos la unidad; la unidad es un don y un regalo del Espíritu Santo.

El ecumenismo espiritual tiene su fundamento último en el dicho de Jesús: «Que todos sean uno» (Jn 17,21). Esta frase no es una orden, sino una oración dirigida al Padre. De ahí que «ecumenismo» signifique hacer propia la oración de Jesús por la unidad y, a través de él, con él y en él, pedir al Padre el Espíritu de la unidad con la certeza de que esa oración en nombre de Jesús será escuchada (cf. Jn 14,13 y *passim*). Por supuesto, tal oración debe fructificar en un ecumenismo de la vida, la caridad y la verdad. Debe llevar tanto a la conversión personal como a la renovación espiritual de la Iglesia y plasmarse en la santificación personal de la vida.

Cuando no está presente semejante fondo espiritual, las instituciones y actos ecuménicos degeneran en un aparato sin alma, en un activismo acelerado que tiene lugar en el vacío, en una diplomacia eclesiástica o en meras conversaciones de expertos. Sin

---

27. Cf. UR 8; JUAN PABLO II, *Ut unum sint* 15, 21-27, 33-35 y 82-85.
28. Cf. W. KASPER, *Wegweiser Ökumene und Spiritualität*, Freiburg i.Br. 2007 [trad. esp.: *Ecumenismo espiritual: una guía práctica*, Verbo Divino, Estella 2007].

embargo, el ecumenismo no puede ser tan solo asunto de unos cuantos especialistas; compromete al pueblo de Dios en su conjunto y a todo cristiano. En el ecumenismo espiritual, cada cual puede realizar su contribución a la realización del *mandatum unitatis*. Además, en este terreno ya hoy es posible mucho más de lo que habitualmente pensamos y hacemos. Con solo que hiciéramos lo que ya hoy es posible, estaríamos bastante más avanzados. Así, el ecumenismo espiritual puede transmitirnos nuevo impulso, nuevo brío, nueva esperanza.

«Quanta es nobis via?». ¿Cuán largo es el camino que aún tenemos ante nosotros? No lo sé. La respuesta a estas preguntas podemos dejársela a la providencia divina y a la guía divina en la historia. Pero si es cierto lo que dice el concilio en el sentido de que no fue el espíritu del liberalismo, sino el Espíritu de Dios el que impulsó el proceso ecuménico[29], podemos estar seguros de que el Espíritu de Dios llevará a término lo que ha comenzado. No nos compete a nosotros, sino a él decidir cuándo, dónde y cómo. A nosotros debe bastarnos con hacer lo posible aquí y ahora con la certeza de que el Espíritu de Dios también está dispuesto sin cesar a darnos sorpresas.

Así y todo, hasta donde podemos juzgar los seres humanos, el camino restante será largo, laborioso y en ocasiones empinado, y en él necesitaremos la resistencia que confiere el Espíritu de Dios. También la perseverancia (*perseverantia*) de la paciencia activa (*hypomonḗ*) es un don del Espíritu; tiene que ir acompañada por la franqueza (*parrēsía*). En modo alguno debemos arrojar la toalla. Ni ante Dios ni ante la historia podríamos justificar un fracaso. El camino ecuménico es el camino de la Iglesia que se nos ha encargado con carácter de obligación.

Permítanme concluir reiterando mi gratitud y reconocimiento por todo lo que el Instituto Johann Adam Möhler ha logrado en su primer medio siglo de existencia y expresando mi deseo de que, con la ayuda y bendición de Dios, pueda seguir sirviendo en el futuro –en el espíritu del gran precursor del ecumenismo Johann Adam Möhler– al *mandatum unitatis* «ut omnes unum sint» [que todos sean uno] e imprimiendo nuevos y fecundos impulsos; mi deseo de que siga creciendo y prosperando al servicio de la unidad de todos los cristianos, así como de la paz en el mundo. «Ad multos annos» [Por muchos años].

---

29. Cf. UR 1 y 4.

28

Informaciones y reflexiones sobre la actual situación ecuménica

En el breve tiempo de que disponemos, tan solo de forma desligada y necesariamente incompleta y generalizadora es posible exponer informaciones y reflexiones sobre la actual situación ecuménica. No obstante, espero que en la presentación de la actual situación ecuménica resplandezca algo del plan de la providencia divina de reconciliar en la unidad al fragmentado cristianismo, haciendo así de él un signo más nítido.

I. El ecumenismo como deber sagrado

Permítanme comenzar con una observación previa de índole fundamental. A diferencia del diálogo interreligioso, lo que designamos como «ecumenismo» se funda en último término en el testamento que Jesús nos dejó la víspera de su muerte: «Ut unum sint» [Que sean uno] (Jn 17,21). El concilio Vaticano II caracterizó la promoción de la unidad de los cristianos como impulso del Espíritu Santo[1] y como una de sus principales preocupaciones[2]. El papa Juan Pablo II calificó esta decisión de irreversible[3]. Y el papa Benedicto XVI, ya en el primer día de su pontificado, anunció su intención de trabajar con todas las fuerzas por el restablecimiento de la unidad plena y visible de todos los discípulos de Cristo; y añadió que para ello se necesitan no solo palabras, sino signos

---

1. Cf. UR 1 y 4.
2. Cf. UR 1.
3. Cf. Juan Pablo II, *Ut unum sint* (1995), 3.

concretos que lleguen al corazón[4]. De ahí que el ecumenismo no sea una opción, sino un deber sagrado.

Por supuesto, no se trata de un ecumenismo sobre la base de un humanismo bienintencionado o de un relativismo eclesiológico, sino de un ecumenismo que parte de la autocomprensión de la Iglesia católica, de un ecumenismo en consonancia con principios católicos[5], de un ecumenismo en la verdad y la caridad. Estas dos cualidades se hallan inextricablemente entrelazadas y no pueden sustituirse una a otra. Es necesario prestar atención sobre todo al diálogo en la verdad. Las normas concretas determinantes se encuentran recogidas de forma vinculante en el *Directorio ecuménico* (1993).

El resultado más importante y lo gratificante del ecumenismo de las últimas décadas no son los documentos interconfesionales, sino la redescubierta fraternidad, el hecho de que nos hemos redescubierto como hermanos y hermanas en Cristo, hemos aprendido a valorarnos recíprocamente y hemos avanzado al unísono por el camino hacia la unidad plena[6]. En este camino, la *cathedra Petri* [sede de Pedro] se ha convertido de manera creciente en el curso de los últimos cuarenta años en un punto de referencia de todas las Iglesias y comunidades eclesiales. Si el entusiasmo originario ha cedido paso entretanto a una sobriedad mayor, eso es también signo de que el ecumenismo ha devenido más maduro y adulto, de que se ha convertido en algo en gran medida obvio y es percibido como un fenómeno normal en la vida de la Iglesia. De todo esto únicamente cabe tomar nota con gratitud por el hecho de que la Iglesia sea guiada por el Espíritu de Dios.

Descendiendo al terreno de lo concreto, hay que distinguir tres ámbitos del ecumenismo. Primero, el ecumenismo con las Iglesias orientales antiguas y las Iglesias ortodoxas del primer milenio, a las que reconocemos como Iglesias porque, junto con nosotros, han conservado en su ser Iglesia la fe apostólica y la sucesión apostólica. Luego está el ecumenismo con las comunidades eclesiales que directa o –como las Iglesias libres– indirectamente nacieron de la Reforma del siglo XVI; estas han desarrollado su propia autocomprensión eclesial invocando la Sagrada Escritura.

---

4. Cf. BENEDICTO XVI, *Discurso a los cardenales*, 20 de abril de 2005.
5. Cf. UR 2-4.
6. Cf. JUAN PABLO II, *Ut unum sint* 4.

La reciente historia del cristianismo conoce, por último, una llamada tercera ola: la de los movimientos carismáticos y pentecostales, que irrumpieron a comienzos del siglo XX y desde entonces están experimentando un veloz crecimiento en el mundo entero. Por consiguiente, en el ecumenismo tenemos que vérnoslas con un fenómeno múltiple y diferenciado, que se presenta bajo formas muy diversas en las distintas culturas e Iglesias locales.

II. Las formas de la *communio* en el primer milenio como indicador de camino

Comencemos por el ecumenismo con las Iglesias del primer milenio. En diálogo con las Iglesias orientales precalcedonenses pudimos conseguir ya progresos significativos en la primera década, o sea, entre 1980 y 1990. Mediante una serie de acuerdos de los papas Pablo VI y Juan Pablo II con los respectivos patriarcas de estas Iglesias se logró superar la sesquimilenaria controversia cristológica en torno al concilio de Calcedonia (451) o, en el caso de la Iglesia asiria de Oriente, en torno al concilio de Éfeso (431).

En la segunda fase, el diálogo se ha dirigido a la eclesiología y, más en concreto, a la pregunta por la comprensión y los criterios de la *communio* [comunión] eclesial. Está programado que el próximo encuentro se celebre del 27 de enero al 2 de febrero de 2008 en Damasco. En él se debatirá una primera versión de un documento sobre *La naturaleza, constitución y misión de la Iglesia*. Por medio de este diálogo, Iglesias de la más antigua tradición, en parte apostólica, que han vivido milenio y medio al margen, entran de nuevo en contacto con la Iglesia universal. A la vista de la larga separación y las grandes diferencias de mentalidad, no cabe esperar sino que ello transcurra lentamente y paso a paso.

El diálogo con las Iglesias ortodoxas de tradición bizantina, siria y eslava se inauguró oficialmente en 1980. Con estas Iglesias compartimos los dogmas del primer milenio, la eucaristía y los restantes sacramentos, la veneración de María, Madre de Dios, y de los santos, así como la constitución episcopal de la Iglesia. Al igual que a las Iglesias orientales antiguas, las denominamos Iglesias hermanas de las Iglesias católicas locales. Ya en el primer milenio existían diferencias entre ellas y nosotros, pero a la sazón no eran percibidas como motivo de separación de las Iglesias. La separación fue resultado de un largo proceso de distanciamiento o, como dice el concilio, a causa de la falta de comprensión y caridad[7]. Consecuentemente, hoy solo es concebible un proceso inverso de progresiva reconciliación.

Ya durante el concilio se dieron los primeros pasos importantes. Hay que recordar el encuentro y la correspondencia entre el papa Pablo VI y el patriarca ecuménico Atenágoras, el *Tomos agapis* y la supresión de la memoria de la Iglesia de las bulas de excomunión de 1054, sellada el penúltimo día del concilio. Sobre esta base fue posible retomar varias formas de *communio* eclesial propias del primer milenio: visitas recíprocas; intercambio regular de mensajes y cartas entre el papa y los patriarcas, en especial el patriarca ecuménico; buena convivencia diaria y colaboración en numerosas Iglesias orientales. Como signo de hospitalidad y comunión, la Iglesia católica suele poner a disposición de los cristianos ortodoxos que viven entre nosotros en la diáspora iglesias para uso litúrgico. En el ángelus de la fiesta de los Santos Pedro y Pablo de 2007, el papa Benedicto XVI pudo afirmar que con estas Iglesias estamos ya ahora en una comunión eclesial casi plena.

En la primera década de diálogo, o sea, de 1980 a 1990, se corroboraron las afinidades básicas en la comprensión de los sacramentos, en especial la eucaristía, así como en lo que atañe al ministerio episcopal y presbiteral. Sin embargo, el cambio político de 1989-1990, en vez de facilitar el diálogo, lo dificultó. El regreso de las Iglesias orientales católicas a la vida pública tras una época de brutal persecución y heroico martirio fue entendido por las Iglesias ortodoxas como una amenaza a través de un nuevo uniatismo, como ellos lo llaman. Eso precipitó el diálogo en los años noventa -a despecho de importantes clarificaciones en Balamand (1993) y en Baltimore (2000)- a una crisis, que sobre todo en la relación con la Iglesia ruso-ortodoxa se exacerbó tras la erección canónica de cuatro nuevas diócesis en Rusia (2002).

Gracias a Dios, tras múltiples pacientes esfuerzos, el diálogo pudo ser retomado en 2006 en Belgrado y en 2007 en Rávena. En este último encuentro se puso de manifiesto que el clima, pese a la lamentable partida de la delegación ruso-ortodoxa, motivada

7. Cf. UR 14.

por razones intraortodoxas, había mejorado decisivamente. Con ello comenzó una esperanzadora tercera fase del diálogo.

El documento de Rávena, *Consecuencias eclesiales y canónicas de la naturaleza sacramental de la Iglesia*, constituye un importante progreso. Por primera vez reconocieron los participantes ortodoxos en el diálogo un nivel universal de la Iglesia, admitiendo al mismo tiempo que en este plano universal existe un *prôtos*, un primado, que según la praxis de la Iglesia antigua no puede ser otro que el obispo de Roma. Todos los participantes tienen claro que esto no es más que un primer paso y que el camino hacia la comunión eclesial plena todavía será largo y nada sencillo. Sin embargo, con este documento hemos tendido una base para el diálogo futuro. El tema de la próxima asamblea plenaria reza: *El papel del obispo de Roma en la Iglesia durante el primer milenio*.

La relación con el patriarcado moscovita de la Iglesia ruso-ortodoxa requiere unas palabras aparte. Básicamente, la relación con el patriarcado de Moscú se ha distendido y ha mejorado de manera perceptible en los últimos años. Cabe afirmar que ya no estamos en la edad de hielo, sino en el deshielo. A nuestro juicio, sería útil un encuentro entre el papa y el patriarca de Moscú. El patriarcado de Moscú nunca ha excluido por principio tal entrevista, pero insiste en que antes deben ser solucionados los problemas que, en su opinión, existen en Rusia y, sobre todo, en Ucrania. Así, de momento no se contempla la posibilidad de un encuentro semejante. Pero en otros niveles existen numerosas entrevistas, por ejemplo, recientemente el patriarca Alexei II visitó París, lo que ambas partes consideramos un paso importante.

En resumen, todavía es necesaria mucha purificación de la memoria histórica y mucha oración, para, sobre la base común del primer milenio, sanar la escisión entre Oriente y Occidente y restablecer la comunión eclesial plena. Pero a pesar de todas las dificultades que tenemos ante nosotros, existen buenas razones para esperar que, con la ayuda de Dios y mediante la oración de muchos fieles, la Iglesia, tras la separación del segundo milenio, pueda volver a respirar con ambos pulmones en el tercer milenio.

III. La transformada situación del ecumenismo

A continuación me gustaría hablar del ecumenismo con las comunidades eclesiales protestantes. También aquí se perciben signos alentadores. Todas estas comunidades manifiestan su voluntad de diálogo, y la Iglesia católica dialoga con casi todas ellas. Se han logrado progresos en el consenso sobre verdades de fe, en especial sobre algunas cuestiones fundamentales de la doctrina de la justificación. En muchos lugares existe una buena colaboración práctica en asuntos sociales. Han surgido confianza, también amistad y un profundo anhelo de unidad, que, pese a formas ocasionalmente desabridas y algunas amargas decepciones, no debe subestimarse. Se ha tejido una espesa red de relaciones tanto personales como institucionales, capaz de aguantar cargas ocasionales.

No estamos ante un estancamiento, sino ante una profunda transformación de la situación ecuménica. Al igual que el mundo en general y la situación de la Iglesia en el mundo, así también la situación ecuménica está experimentando un cambio veloz y radical. Me limito a mencionar unos cuantos aspectos:

1. Después del fundamental acuerdo en la doctrina de la justificación, siguen en debate algunos irresueltos temas controvertidos clásicos, en la actualidad sobre todo la cuestión de la Iglesia y los ministerios eclesiásticos[8]. Tras el documento *Respuestas a preguntas acerca de ciertos aspectos de la doctrina sobre la Iglesia*, hecho público por la Congregación para la Doctrina de la Fe en julio de 2007, este tema ha suscitado inquietud y en parte disgusto. La mayor parte de la inquietud era innecesaria, puesto que las respuestas no dicen nada nuevo, sino que condensan la doctrina católica ya conocida. Ello no obstante, habría que volver a reflexionar sobre la forma, el lenguaje y la presentación pública de tales notificaciones.

2. Las diferentes concepciones de Iglesia conllevan distintas metas para el ecumenismo. Así, es un problema que actualmente carezcamos de una visión común de la unidad eclesial que se ha de perseguir. Esto es tanto más grave cuanto que la comunión eclesial es, para nosotros, una condición *sine qua non* de la comunión eucarística, y la ausencia de comunión eucarística origina importantes problemas pastorales, en especial para matrimonios y familias mixtas.

---

8. Cf. JUAN PABLO II, *Ut unum sint* 66.

3. Mientras que en las antiguas cuestiones controvertidas tratamos de salvar antiguos fosos, en la actualidad se abren nuevos fosos en cuestiones éticas. Esto vale en especial, (1) para la protección de la vida; (2) para el matrimonio y la familia; y (3) para cuestiones relacionadas con la sexualidad humana. El testimonio público común se ve debilitado o imposibilitado a resultas de ello. Las crisis internas que atraviesan las Iglesias afectadas se advierten con especial claridad en la Comunión anglicana, pero no solo en ella.

4. En la teología protestante, tras el renacimiento de Lutero y de la teología de la palabra de Dios de Karl Barth que tuvo lugar en los años iniciales del diálogo ecuménico, ahora se está produciendo un retorno de las preocupaciones de la teología liberal. Ello suele tener como consecuencia un alejamiento del fundamento trinitario y cristológico, que hasta ahora presuponíamos unos y otros. Lo que designamos como herencia común se está derritiendo aquí y allá, como los glaciares en los Alpes.

Entre los cambios de la situación ecuménica se cuenta también, sin embargo, la existencia de movimientos contrarios a las corrientes mencionadas. En el mundo entero se constata un fortalecimiento de los grupos evangélicos (*evangelical*), que en cuestiones dogmáticas fundamentales y, ante todo, en cuestiones éticas están la mayoría de las veces de nuestro lado, pero que en cuestiones eclesiológicas y de teología de los sacramentos, así como en la comprensión de la Escritura y la tradición, suelen adoptar posiciones muy distantes de las nuestras. Hay grupos de la Iglesia Alta que, en lo que atañe al culto divino y la concepción de los ministerios, conscientemente quieren hacer valer la tradición católica en el anglicanismo y el luteranismo. A ello se añaden en creciente medida comunidades monásticas, que con frecuencia viven conforme a la Regla de san Benito, por lo que sienten una cierta cercanía a la Iglesia católica. Por último, hay comunidades pietistas que, a consecuencia de la crisis en el terreno ético, ya no se encuentran totalmente a gusto en las Iglesias protestantes; y se muestran agradecidas por los claros posicionamientos del papa, al que hasta no hace demasiado tiempo seguían dedicando calificativos menos amables.

Todos estos grupos se han unido recientemente con comunidades católicas de vida religiosa y nuevos movimientos espirituales en «redes espirituales», que suelen agruparse en torno a monasterios como Chevetogne, Bose y, de manera muy especial, Taizé o se integran en movimientos espirituales como el movimiento focolar o Chemin Neuf. Con ello, el movimiento ecuménico regresa a sus orígenes en pequeños grupos de diálogo, oración o estudio bíblico. De un tiempo a esta parte, los grupos mencionados toman públicamente la palabra también en grandes encuentros de movimientos, como los celebrados en Stuttgart en 2004 y 2007. Así, junto a los diálogos oficiales, que se han tornado más difíciles, están surgiendo nuevas y esperanzadoras formas de diálogo. Si se considera todo este paisaje ecuménico, se constata que no solo existe un movimiento de aproximación ecuménica, sino nuevas fragmentaciones; también operan fuerzas centrífugas. Si se añaden además las numerosas Iglesias nuevas que han surgido en los últimos tiempos y siguen surgiendo –sobre todo en África: las llamadas Iglesias independientes– y muchas otras fragmentaciones, a menudo muy agresivas, entonces se observa que el paisaje ecuménico ha devenido entretanto muy plural e inabarcable. Este pluralismo es una imagen especular de la llamada situación pluralista posmoderna, que con frecuencia lleva a un relativismo religioso.

En esta situación, actos como la asamblea general del Consejo Mundial de Iglesias celebrada en 2006 en Porto Alegre (Brasil), el *Global Christian Forum* [Foro Cristiano Mundial] o la Asamblea Ecuménica Europea de Sibiu/Hermannstadt (Rumanía) son importantes. Estos foros pretenden contribuir a que los grupos que se alejan unos de otros sigan dialogando entre sí, manteniendo así unido en la medida de lo posible el movimiento ecuménico, con sus luces y sombras, con sus nuevos retos en una nueva situación que continúa cambiando con mucha rapidez.

La palabra clave «pluralización» me lleva a la tercera ola de la historia del cristianismo: a las comunidades carismáticas y pentecostales. Con aproximadamente cuatrocientos millones de miembros en el mundo entero, ocupan el segundo lugar entre los grandes grupos cristianos y siguen creciendo a marchas aceleradas. Entre ellos se dan notables diferencias; no existe ninguna estructura común. Se entienden a sí mismos como fruto de una nueva efusión pentecostal del Espíritu Santo; en consecuencia, el bautismo del Espíritu desempeña en ellos un papel decisivo. Ya el papa Juan Pablo II llamó la atención sobre el hecho de que este fenómeno no puede verse como algo negativo; por muy problemáticos que sean los detalles concretos, en él se expresa también el hambre y sed de experiencia espiritual. Por otra parte, no se puede pasar por alto que muchas de estas comunidades se han convertido en una religión centrada en la promesa de felicidad intramundana.

Con los pentecostales clásicos es posible el diálogo; otras corrientes representan, a causa de sus agresivos métodos misioneros, un serio reto. El Pontificio Consejo para la Promoción de la Unidad de los Cristianos ha afrontado este desafío organizando seminarios para obispos, teólogos y laicos con responsabilidades eclesiales en Latinoamérica (São Paulo, Buenos Aires), África (Nairobi, Dakar) y Asia (Seúl, Manila). Estos seminarios han arrojado el mismo resultado que se formula en el documento final de la reunión del Consejo Episcopal Latinoamericano de Aparecida (2007). Debemos realizar un examen de conciencia pastoral y preguntarnos con actitud autocrítica: ¿por qué abandonan tantos cristianos nuestra Iglesias? Así pues, la primera pregunta que hemos de hacernos no es: ¿en qué se equivocan los pentecostales?, sino: ¿qué es lo que pastoralmente no funciona bien entre nosotros? ¿Cómo podemos reaccionar ante el nuevo reto mediante una renovación litúrgica, catequética, pastoral y espiritual?

IV. La espiritualidad de la *communio*

Esta pregunta nos lleva al interrogante conclusivo: ¿cómo puede seguir avanzando el ecumenismo? No es posible dar una respuesta general a esta pregunta; la situación en las distintas partes del planeta, en las distintas culturas y en las distintas Iglesias locales es demasiado diversa. A este respecto, cada conferencia episcopal tiene una obligación.

Básicamente, hemos de seguir partiendo del legado común de fe y ateniéndonos a lo que con ayuda de Dios se ha alcanzado ya en el ecumenismo. De esta fe común podemos y debemos dar en la medida de lo posible testimonio conjunto en un mundo en gran parte secularizado. En la actual situación, esto significa también: tenemos que volver a cobrar conciencia de los fundamentos de nuestra fe común y fortalecerlos. Pues sin la fe en el Dios trinitario vivo, sin la fe en la divinidad de Jesús, en la relevancia salvífica de la cruz y en la resurrección de Cristo, todo se halla suspendido literalmente en el aire. A quien nada sabe ya de la realidad de pecado y de la involucración en el pecado, la justificación del pecador le dice poco o nada.

Únicamente sobre la base de la fe común es posible dialogar sobre las diferencias. Esto debe hacerse con claridad, pero evitando polémicas. No debemos denigrar ni ofender a los otros; no debemos poner el dedo en la llaga señalando lo que no son y no tienen; más bien tenemos que dar testimonio de un modo positivo y sugerente de la riqueza y belleza de nuestra propia fe. Lo mismo esperamos también de los demás. Cuando eso acontece, entonces puede tener lugar entre ellos y nosotros, como se dice en la encíclica *Ut unum sint*, un intercambio no solo de ideas, sino de dones, en el que nos enriquecemos recíprocamente[9]. El ecumenismo no es entonces un empobrecimiento, sino un enriquecimiento mutuo.

En semejante ecumenismo de intercambio espiritual, al diálogo teológico le sigue correspondiendo una importancia capital. Pero solo puede resultar fructífero si está sostenido por un ecumenismo espiritual de la oración, la conversión del corazón y la santificación personal. Este ecumenismo espiritual es el corazón del ecumenismo[10]. Por eso, es lo que hay que promover ante todo. Sin una espiritualidad de la *communio*, que concede espacio al otro sin renunciar a la propia identidad, todo lo demás degenera en los esfuerzos baldíos de un activismo inane.

Si hacemos nuestra la oración de Jesús en la víspera de su muerte, no tenemos por qué perder pusilánimemente la valentía y podemos confiar, como se nos promete en el Evangelio (cf. Jn 14,13 y *passim*) en que la oración en nombre de Jesús será escuchada. El cuándo, dónde y cómo no depende de nosotros. Haciendo la parte que nos corresponde, podemos dejar tranquilamente el cuándo, dónde y cómo a aquel que es el Señor de la Iglesia y congrega a esta desde los cuatro puntos cardinales. Debemos reconocer con gratitud lo que se nos ha regalado en el terreno del ecumenismo y lo que hasta ahora hemos alcanzado, para así poder caminar hacia el futuro con esperanza. Con solo contemplar los «signos de los tiempos» con una cierta dosis de realismo, nos daremos cuenta de que no existe ninguna alternativa realista –y, menos aún, creyente– al ecumenismo.

---

9. Cf. *ibid.*, 28 y 57.
10. Cf. UR 8; JUAN PABLO II, *Ut unum sint* 21-27.

29
El legado del cardenal Jan Willebrands y el futuro del ecumenismo

Es para mí una gran alegría poder dirigirme a ustedes al final de este simposio sobre el cardenal Willebrands. El cardenal Jan Willebrands fue una de las grandes figuras de la historia de la Iglesia del último siglo, uno de los gigantes sobre cuyos hombros ahora nos alzamos; y ello, en lo que atañe tanto al ecumenismo como a las relaciones religiosas con los judíos. Con motivo del centenario de su nacimiento, lo recordamos con profunda gratitud como persona signada por la caridad y como renombrado teólogo.

Mis reflexiones se ocuparán de tres aspectos. En primer lugar, me gustaría rememorar la importante contribución del cardenal Willebrands en su trayectoria ecuménica. Luego me fijaré en los cambios experimentados por la situación desde el final de la época en que él estuvo al frente del dicasterio romano para la promoción de la unidad de los cristianos. Y terminaré exponiendo cómo preveo que será el futuro y respondiendo a la siguiente pregunta: en la actual situación, ¿cómo podemos sacar el máximo partido a la rica herencia e inspiración del cardenal Willebrands?

I. Vida y obra del cardenal Willebrands

Jan Willebrands inició su compromiso ecuménico durante la Segunda Guerra Mundial y, sobre todo, al término de ella. Europa estaba hundida, tanto en el aspecto material como en el anímico. La época del eurocentrismo había terminado. Las ideologías y utopías totalitarias del siglo XIX y de la primera mitad del XX habían fracasado, dejando el mundo como un campo de ruinas con millones de muertos. Había una pronunciada necesidad de una nueva orientación. Los fundamentos para esta nueva orientación fueron tendidos en el periodo de entreguerras por el movimiento litúrgico y el movimiento bíblico, así como por los gérmenes de un nuevo papel de los laicos en la Iglesia, el comienzo del movimiento ecuménico y el nuevo interés por los estudios patrísticos. En la posguerra estaba claro que sobre la base de la división confesional y los conflictos a ella asociados no podía haber ningún camino hacia el futuro. Tras los horrores de la *Šo'ah* [catástrofe, en referencia al Holocausto], también el deber de dialogar con los judíos y establecer una nueva relación con ellos se hizo ineludible. Los cristianos debíamos hablar con una sola voz en el proceso de construcción de una nueva Europa y en el establecimiento de un nuevo orden mundial pacífico. Así, redescubrimos la importancia del legado de Jesús en la víspera de su muerte: «Que todos sean uno» (Jn 17,21).

Jan Willebrands no fue el único –ni siquiera el primero– que ya antes del concilio Vaticano II impulsó la unidad y la reconciliación de todos los cristianos, en una época en la que el ecumenismo todavía era en la Iglesia católica un asunto difícil y espinoso. Antes de él y junto con él, muchos en Francia, Alemania, Bélgica, Holanda y Estados Unidos compartían el mismo deseo. Ya en 1949 el papa Pío XII se refirió al movimiento ecuménico como un impulso del Espíritu Santo, una idea que luego fue profundizada y desarrollada por el concilio Vaticano II hablando de una «gracia del Espíritu Santo»[1].

Sin embargo, fue Jan Willebrands quien, junto con Frans Thijssen, a través de la Conferencia Católica para el Ecumenismo estableció contactos y creó redes, recorrió Europa y reunió a prestigiosos nombres del campo de la teología. Tuvo contactos con el entonces padre Augustin Bea y con el primer secretario general del Consejo Mundial de Iglesias, Willem Visser 't Hooft, con quien pronto trabó una verdadera amistad. Ya antes del concilio Vaticano II, la Conferencia Católica para el Ecumenismo participaba activamente en el trabajo del Consejo Mundial de Iglesias; según Visser 't Hooft, esta contribución católica tuvo consecuencias de gran alcance para el movimiento ecuménico.

---

1. Cf. UR 1 y 4.

Así, Willebrands consiguió tejer una red que resultó extremadamente útil cundo el papa Juan XXIII creó en 1960 el Secretariado para la Promoción de la Unidad de los Cristianos. Juan XXIII tenía realmente el don de percibir los signos de los tiempos, incluso se podría decir: los signos del Espíritu Santo en aquel tiempo. Decidió que el tema del concilio anunciado el 25 de enero de 1959 debía ser la unidad de todos los cristianos. Fue él quien, a sugerencia del arzobispo Lorenz Jäger (Paderborn), creó el Secretariado para la Promoción de la Unidad de los Cristianos, otorgándole así al movimiento ecuménico dentro de la Iglesia católica un anclaje en el plano de la Iglesia universal.

Como primer secretario de este dicasterio, Willebrands contribuyó a dar forma al nuevo Secretariado, que primero fue dirigido por el cardenal Augustin Bea y luego, desde 1969 hasta su jubilación en 1989, por él mismo. Willebrands tenía el don de encontrar los colaboradores adecuados y de infundirles inspiración. Me limitaré a mencionar a unos cuantos de ellos: recuerdo a Jerome Hamer, Charles Möller y Pierre Duprey, quien desde 1963 hasta 1999, o sea, durante treinta y seis años enteros trabajó para el Secretariado. Colaboradores en sentido amplio fueron Yves Congar, Gustave Thils, Balthasar Fischer, Karl Rahner, Johannes Feiner, Jean Corbon, Emmanuel Lanne, Raymond Brown y otros. Entre las mujeres merecen ser nombradas Corinna de Martini y Josette Kersters. Tenemos una deuda de gratitud con todos los hombres y mujeres que trabajaron para el Secretariado en aquellos años inaugurales.

Durante el concilio Vaticano II se celebraban debates periódicos con los observadores ecuménicos en el Centro «Unitas», cerca de la Piazza Navona, bajo la dirección del entonces obispo Willebrands. Estos observadores pudieron asumir un papel activo, que se reveló extremadamente fructífero para el propio concilio y sus resultados. El alcance y el fruto del trabajo desarrollado fueron asombrosos. No influyó únicamente en el decreto sobre el ecumenismo *Unitatis redintegratio*, sino también en la constitución dogmática sobre la divina revelación y en las declaraciones sobre el judaísmo y la libertad religiosa. Estos tres documentos habían originado vehementes debates y, a causa de tenaces resistencias, no fueron aprobados hasta el último periodo de sesiones. En este contexto, Willebrands conseguía una y otra vez encontrar el equilibrio adecuado entre su propia visión ecuménica y aquello que era necesario para lograr un amplio consenso en el concilio. Tenía las dos virtudes cardinales de la prudencia y la fortaleza.

Aquí me gustaría concentrarme solo en el decreto sobre el ecumenismo *Unitatis redintegratio*. Su aprobación por abrumadora mayoría, con solo once votos en contra, el 21 de noviembre de 1964 fue resultado no solo del decisivo papel del cardenal Bea, sino asimismo del trabajo del obispo Jan Willebrands.

Tras la negativa visión de la encíclica *Mortalium animos* de Pío XI (1928) y del *monitum* de 1948 del entonces Santo Oficio, este decreto significó una nueva orientación y supuso para la Iglesia un verdadero avance, que hoy en ocasiones se considera en exceso como algo natural. El decreto no hablaba de los demás cristianos bajo la forma del anatema, sino bajo la forma del diálogo. Por «diálogo» se entendía entonces –y sigue entendiéndose en la actualidad– no el intento de alcanzar un desvaído compromiso diplomático. *Unitatis redintegratio* señala con razón que el diálogo presupone conversión, renovación y reforma. «Diálogo» significa siempre diálogo en la verdad y la caridad. El diálogo es, según esto, un profundo proceso tanto en el aspecto espiritual como en el eclesial.

Entendido en este sentido, el decreto sobre el ecumenismo representa el fin de la Contrarreforma y el comienzo de una nueva era en las relaciones con las Iglesias y comunidades eclesiales separadas, una era que ya ha arrojado muchos frutos positivos, pero que necesita una renovación adicional, también precisamente hoy, cuarenta y cinco años después de la aprobación de *Unitatis redintegratio*.

A pesar de todo, con este decreto no se pretendía ninguna ruptura con la entera tradición de la Iglesia. Al contrario, se apoyaba, como acentúo en especial el cardenal Bea, en el reconocimiento del bautismo común (*unum baptisma*), que une a todos los cristianos en una comunión profunda, si bien aún imperfecta, con Jesucristo y con la Iglesia.

Los fundamentos teológicos del decreto sobre el ecumenismo se encuentran en la constitución dogmática sobre la Iglesia *Lumen gentium*, sobre todo en los números 8 y 15, que fueron aprobados el mismo día. Así, *Unitatis redintegratio* se basó en el contenido de *Lumen gentium*, desarrollándolo y llevándolo a una realización concreta. Cuando promulgó solemnemente el decreto sobre el ecumenismo, el papa Pablo VI explicó que este clarificaba y complementaba la constitución dogmática sobre la Iglesia. Estas palabras deben recordarlas todos aquellos que cuestionan el carácter vinculante de las afirmaciones teológicas de *Unitatis redintegratio*.

Cuando hoy reflexionamos sobre los debates y reflexiones de aquella época, percibimos el ímpetu y la magia de un nuevo comienzo. Fue un avance obrado por el Espíritu, y vino acompañado de una gran esperanza. Todavía se percibe el asombro del mundo secular y de otros cristianos a la vista de lo que el Espíritu Santo había llevado a cabo ante sus ojos, haciendo que una Iglesia que estaba considerada como inflexible en muchas de sus posiciones apareciera de repente fresca y viva. Y también se percibe la alegría que experimentaron los católicos al redescubrir a los otros cristianos como hermanos y hermanas.

Es evidente que este avance no se produjo de la noche a la mañana. El camino hacia él lo habían allanado los movimientos de oración que, independientemente unos de otros, habían comenzado en el siglo XVIII en distintas partes del planeta y en diferentes Iglesias, llevando –ya en tiempos del papa León XIII– a la Jornada Mundial de Oración por la Unidad de los Cristianos. Este avance lo habían preparado también importantes teólogos como Johann Adam Möhler y John Henry Newman, quienes hoy son tenidos por auténticos pioneros del ecumenismo. De importancia capital para el Vaticano II fueron también los acontecimientos que tuvieron lugar fuera del mundo católico a raíz de la Conferencia Misionera celebrada en Edimburgo en 1910, así como la fundación del Consejo Mundial de Iglesias en 1948. Este impulso del Espíritu Santo a través de la oración de numerosos fieles y la reflexión de teólogos concretos pasó finalmente con claridad a primer plano y se plasmó de manera concreta en la Iglesia. Personas como Jan Willebrands fueron suficientemente receptivas y perspicaces para escuchar la llamada del Espíritu y convertirse con valentía en instrumentos de este.

Uno de los primeros frutos de los esfuerzos de Willebrands fue la posibilidad de presentar públicamente el 7 de diciembre de 1965, víspera de la clausura oficial del concilio, la *Declaración conjunta* del papa Pablo VI y el patriarca ecuménico Atenágoras. Su lectura fue recibida con un prolongado aplauso. Esta *Declaración conjunta* expresó el pesar por la recíproca excomunión de 1054, que debía ser borrada de la memoria de la Iglesia, e hizo un llamamiento a un esfuerzo por alcanzar la comunión plena de las dos Iglesias.

Después del concilio, a Willebrands le correspondió la tarea de traducir a la realidad el pensamiento del Vaticano II. Una vez más, uno no puede sino asombrarse ante todo lo que se consiguió llevar a cabo en tan solo veinticinco años. El grupo de trabajo conjunto con el Consejo Mundial de Iglesias se había creado ya durante el concilio. Al concluir este, comenzó una serie de diálogos con comunidades cristianas de ámbito mundial: primero con las Iglesias de la tradición protestante del siglo XVI, en concreto en 1967 con luteranos y metodistas, en 1970 con anglicanos y reformados; más tarde, con las Iglesias pentecostales en 1972, con los evangélicos y los discípulos de Cristo en 1997 y con los baptistas en 1984. Merece la pena recordar de manera especial el conmovedor encuentro de Pablo VI y el primado anglicano, el arzobispo Ramsey, en 1966 en Roma, cuando el papa, en un gesto inesperado, colocó su propio anillo episcopal en el dedo del primado anglicano.

Los contactos con las Iglesias ortodoxas se desarrollaron al principio mediante una serie de visitas en Constantinopla, Grecia, Rumanía y Rusia; llevaron al inicio del diálogo oficial en Patmos y Rodas en 1980, con Willebrands como copresidente por parte católica. También con las Iglesias orientales antiguas se establecieron contactos: con el papa Shenouda III de la Iglesia copta, con el *katholikós* Karekin II de la Iglesia siria, y con el patriarca Ignatius Zakka II de la Iglesia siro-ortodoxa. Gracias también al trabajo de *Pro Oriente*, la institución fundada por el cardenal Franz König en Viena, dichos contactos propiciaron una serie de declaraciones cristológicas que pusieron fin al sesquimilenario problema subyacente a este cisma eclesial. Por último, merece ser mencionada asimismo la participación católica en la Comisión Fe y Constitución del Consejo Mundial de Iglesias; su documento más importante sigue siendo el Documento de Lima *Bautismo, eucaristía y ministerio* (1982).

Jan Willebrands no fue solo el organizador y mediador de estas iniciativas: a todas ellas les imprimió su sello personal. El simposio que va a clausurarse ha hecho patentes este compromiso y esta contribución inestimables. Por eso me gustaría abordar con toda brevedad dos puntos.

Mi primera reflexión: también en el ámbito del ecumenismo actúa Dios a través de personas. La personalidad de Jan Willebrands fue determinante sobre todo en esta fase inicial. Tenía numerosas virtudes: sensibilidad y discernimiento a la hora de juzgar personas y situaciones, una gran capacidad comunicativa, el don de cultivar la verdadera amistad. Todo esto es fundamental para el diálogo ecuménico, porque el ecumenismo incluye la superación de prejuicios y la generación de confianza; de él forma parte también la forja de amistades. Ya he mencionado la capacidad de Jan Willebrands tanto para la cautela como para la valentía y, en especial, su don para valorar situaciones con sensibilidad. En Willebrands encontramos también el adecuado equilibrio entre lealtad y flexibilidad, entre el apasionado compromiso con la unidad y una paciencia que procura no forzar las cosas; antes bien, permite que crezcan y maduren. Jan Willebrands poseía también, y no en último término, un sentido del humor extraordinariamente fino. El humor es a menudo el único remedio contra la conducta mezquina y sumisa. Es una forma de gallardía que en último término hunde sus raíces en la oración. En el fondo no se trata de «mi» Iglesia, de «mi» ecumenismo, sino de la Iglesia de Jesucristo y del ecumenismo tal como lo quiere Dios, quien presumiblemente en ocasiones contempla con sonriente ironía nuestras pequeñas empresas humanas.

Me gustaría añadir un segundo punto; el cardenal Willebrands basaba su trabajo ecuménico también en una reflexión teológica que estaba impregnada por el análisis concreto de la fe de John Henry Newman. En abril de 1990, pocos meses después de despedirse del Pontificio Consejo para la Promoción de la Unidad de los Cristianos, impartió en Toronto una conferencia con el título: *El lugar de la teología en el movimiento ecuménico: su contribución y sus límites*. En ella afirmó: «La mayoría de los grandes arquitectos del ecumenismo eran teólogos». Entre los temas fundamentales de Willebrands se contaban: las interesantes tesis sobre los diversos *týpoi* de Iglesias; la comunión como el concepto más importante y central del movimiento ecuménico; la importancia de la recepción para la Iglesia y el ecumenismo; la correcta interpretación de la expresión *subsistit in* [subsiste en], que contiene *in nuce* el entero problema ecuménico; por último, la fundamental relevancia del ecumenismo espiritual. Todas estas cuestiones influyen todavía profundamente en nuestro trabajo y lo seguirán marcando también en el futuro. Así, el cardenal Willebrands nos ha dejado un gran legado. Nos ha impuesto tareas que deben ser acometidas con renovada energía. Le damos gracias a Dios porque en una fase decisiva en la historia de nuestra Iglesia nos regaló al teólogo, obispo y cardenal Jan Willebrands, con todos sus dones personales y espirituales. Siempre estaremos profundamente agradecidos.

II. El cambio en los últimos veinte años

No hace falta más que mencionar el clima y los éxitos del trabajo que el Secretariado para la Promoción de la Unidad de los Cristianos desarrolló en aquellos años dorados para constatar enseguida hasta qué punto se han transformado tanto el mundo como la situación de la Iglesia y del ecumenismo desde 1989, cuando el cardenal Willebrands, al cumplir ochenta años, renunció a su cargo como presidente del rebautizado Pontificio Consejo para la Promoción de la Unidad de los Cristianos.

1989, el año en que cayó el Muro de Berlín, significó el fin de la división del mundo en los dos bloques de la Guerra Fría. También el ecumenismo tuvo que vérselas con una nueva situación: se había albergado una esperanza que, por desgracia, no había llegado a cumplirse. 1989 es el año de la libertad para las Iglesias en la Europa del Este tras un largo periodo (de cuarenta o, según el caso, incluso setenta años) marcado por la represión y la persecución. Cabría pensar que ello debería haber facilitado el diálogo. Pero las cosas se desarrollaron de otro modo. La libertad recién obtenida en el Este europeo supuso también libertad para las Iglesias orientales católicas. Habían tenido que sufrir mucho bajo el dominio comunista y por fin pudieron regresar de la ilegalidad a la vida pública. Esto reavivó entre los ortodoxos los antiguos y profundamente arraigados temores y prejuicios en lo relativo al proselitismo y el uniatismo.

Durante la primera sesión de la comisión de diálogo católico-ortodoxo tras la caída del Muro de Berlín, que tuvo lugar en Freising en junio de 1990, el nuevo presidente del Pontificio Consejo para la Promoción de la Unidad de los Cristianos, el cardenal Edward I. Cassidy, vivió un complicado «bautismo de fuego». Más tarde, en Balamand (1993) fue posible llegar a una solución práctica para el problema del llamado «uniatismo». Sin embargo, entre los ortodoxos no hubo un asentimiento unánime. Cuando en el año 2000 la comisión trató de abordar de nuevo este difícil tema en Baltimore, el resultado fue un fiasco y el fracaso fáctico del diálogo. Así, el jubileo del año 2000, que, según las expectativas del papa Juan Pablo II, tendría que haber traído decisivos desarrollos positivos sobre todo en lo concerniente a las Iglesias ortodoxas, se caracterizó al contrario por la crisis y la desunión en las relaciones interconfesionales.

Solo tras muchas y pacientes rondas de discusión fue posible un nuevo comienzo en los encuentros de 2006 en Belgrado y 2007 en Rávena, gracias también al decidido apoyo del patriarca ecuménico. Por parte ortodoxa desempeñó un papel determinante el metropolita Johannes Zizioulas. Es interesante señalar que ya el cardenal Willebrands había puesto de relieve la importancia del famoso canon 34 de la *Constitución apostólica*; este canon tuvo una relevancia fundamental en las discusiones en Rávena. Se reveló como el mejor instrumento para lograr progresos en la cuestión de la estrecha relación entre sinodalidad y primado también en el plano universal. Sin embargo, los debates durante la última reunión de la comisión en Chipre en octubre de 2008 –esta vez con participación de la delegación de la Iglesia ruso-ortodoxa– mostraron que un nuevo avance en esta cuestión decisiva es sin duda posible, aunque solo mediante pequeños y pacientes pasos.

Análogamente, en 2003 fue posible retomar el diálogo con las Iglesias orientales antiguas. Tras una alentadora fase inicial en las décadas de 1980 y 1990, el diálogo se había estancado. Pensando en la eclesiología, para mí personalmente fue casi un milagro que el año pasado pudiéramos afirmar en una declaración conjunta que, pese a los mil quinientos años de separación, hemos conseguido conservar la estructura apostólica común.

No obstante este grato proceso, la situación actual se diferencia inequívocamente de la fase inaugural del diálogo, de la que fue responsable el cardenal Willebrands. El entusiasmo inicial ha desaparecido; el ambiente se ha tornado más sobrio. Aunque nadie cuestiona la fuerza del Espíritu Santo, es realista contar con que todavía tenemos ante nosotros un largo camino. Las Iglesias orientales necesitarán algún tiempo para superar arraigados prejuicios y miedos y llevar a cabo una recepción más amplia de la idea ecuménica y sus resultados. Pero las Iglesias ortodoxas no son las únicas que han de esforzarse. Hace falta conversión, renovación y reforma en todas las partes. Con la vista puesta en la cuestión de la sinodalidad y el primado, la Iglesia católica debería seguir reflexionando y definir más concretamente la forma la comunión plena con el ministerio petrino, a fin de que esta comunión no comporte absorción recíproca ni fusión[2].

También los diálogos con las Iglesias de tradición protestante se vieron influidos por los cambios acontecidos tras 1989. En 1999, con la firma de la *Declaración conjunta sobre la doctrina de la justificación* junto con la Federación Luterana Mundial, se consiguió un éxito sin precedentes en el marco de los diálogos bilaterales. Esto fue un verdadero hito. Entretanto también la Federación Metodista Mundial se adhirió a la declaración en 2006 en su asamblea de Seúl. Hace tan solo unas semanas celebramos en Augsburgo el décimo aniversario de este importante acontecimiento, que también forma parte del legado del cardenal Willebrands.

A pesar de ello, el año 2000 simboliza paradójicamente una fase difícil también en las relaciones con las Iglesias de tradición protestante. Ese año la Congregación para la Doctrina de la Fe publicó una serie de textos, entre ellos la famosa declaración *Dominus Iesus*, que ofrece una interpretación de la expresión *subsistit in* contenida tanto en el número 8 de *Lumen gentium* como en *Unitatis redintegratio*. Ya el autor principal de *Lumen gentium*, el teólogo belga Gérard Philips, llegó a la opinión de que este *subsistit in* contiene *in nuce* todo el problema ecuménico y de que en torno a él correría mucha tinta en el futuro.

A no dudarlo, la declaración *Dominus Iesus* presenta correctamente la doctrina y la eclesiología católicas, porque de hecho las distintas partes no quieren decir lo mismo cuando hablan de «Iglesia». Pero, por desgracia, el correcto contenido de la *Dominus Iesus* fue expresado con escaso tacto ecuménico. Ello ocasionó tensiones que todavía hoy persisten y han enfriado claramente las relaciones recíprocas. Muchos se preguntan si los diálogos bilaterales atraviesan en la actualidad una crisis o incluso se encuentran en un callejón sin salida.

---

2. Cf. JUAN PABLO II, *Slavorum apostoli* (1985), 27.

También por parte protestante ha habido desarrollos que no han facilitado los diálogos. La mentalidad posmoderna, que a partir de 1989 se extendió rápidamente por toda Europa Occidental y que a menudo se caracteriza por fenómenos como el relativismo y el pluralismo, tuvo claras repercusiones también en el ecumenismo. En el nuevo contexto posmoderno, la pérdida de una meta común para el movimiento ecuménico se convirtió en el problema fundamental. La concepción de una unidad visible se debilitó, y creció el escepticismo respecto al llamado «ecumenismo de consenso». Algunos querían darlo por concluido; algunos le reprochan que difumina las identidades. El esfuerzo por la unidad y la comunión en la verdad fue sustituido con frecuencia por la conservación de la propia identidad confesional y cultural y el reconocimiento recíproco de las distintas identidades. Así, los protestantes retornan con frecuencia a un «ecumenismo de perfiles» o un «ecumenismo de la diferencia». Otros consideran irrelevante el ecumenismo teológico con el argumento de que se concentra en cuestiones que parecen carecer de interés para la llamada base.

En este nuevo contexto, tenemos que vérnoslas con la desaparición de la idea de unidad en la verdad; las propias Iglesias encuadradas en la tradición de la Reforma han devenido en muchos casos más plurales. Esta tendencia afecta tanto a la doctrina y al ministerio de la Iglesia como también, y en medida creciente, a cuestiones éticas. Como se percibe con aflicción en la Comunión anglicana y últimamente asimismo en algunas Iglesias luteranas, ello puede derivar con facilidad en un pluralismo interno o incluso en una escisión. Por eso, en estas Iglesias nos encontramos, por una parte, con determinados grupos «filocatólicos» y, por otra, con un número cada vez mayor de grupúsculos y alianzas entre confesiones, las llamadas Iglesias unificadas, en las que la identidad confesional de los distintos miembros no es reconocible ya con claridad y nosotros solemos vernos confrontados con interlocutores cuya identidad confesional resulta difícil de describir.

Simultáneamente, los evangélicos (*evangelicals*) están creciendo en el mundo entero, al igual que los movimientos carismáticos y pentecostales y las llamadas Iglesias independientes. Este fenómeno se caracteriza con frecuencia como la tercera ola en la historia del cristianismo, después de las Iglesias del primer milenio y las comunidades eclesiales surgidas de la Reforma del siglo XVI. Esta tercera ola no tiene todavía perfiles nítidos; la ausencia de una autodefinición clara representa para nosotros un nuevo y difícil reto.

Así pues, carecemos de una visión común capaz de suscitar entusiasmo, como la que existía antaño. Esta carencia preocupa también al Consejo Mundial de Iglesias. En la opinión pública se habla entretanto de un estancamiento del ecumenismo o de un invierno ecuménico. El cardenal Willebrands fue bastante clarividente cuando previó que al entusiasmo inicial le sucedería una cierta desilusión. Advertía de los riesgos de pensar que la unidad de los cristianos podría realizarse en unos cuantos años. Tales expectativas, aseguraba, llevarían inevitablemente a decepciones.

En esta difícil situación, la Iglesia católica no puede arrojar la toalla sin más y limitarse a esperar. Antes bien, tiene una especial responsabilidad. Su responsabilidad ecuménica deriva paradójicamente del ministerio petrino, que a menudo es considerado el más importante obstáculo para la unidad y, sin embargo, se entiende a sí mismo como ministerio de la unidad. Justamente en esta situación, la Iglesia de Roma, como «sede que preside en la caridad» (Ignacio de Antioquía), debe asumir responsabilidad de un modo especial. Permítanme, pues, poner ahora en el centro las siguientes preguntas: ¿cómo es nuestra visión para el futuro del ecumenismo? ¿En qué consiste la tarea que nos compete a comienzos de este nuevo siglo y este nuevo milenio? ¿Cuál es la mejor manera de hacer fructífero hoy y en el futuro próximo el legado del concilio Vaticano II y del cardenal Willebrands?

III. El futuro del ecumenismo

Por supuesto, no soy un profeta ni tampoco puedo asumir este papel en el intento de aclarar el camino futuro del ecumenismo. El Espíritu Santo tiene sus propios planes y nos deparará sin cesar sorpresas. Pero una cosa es segura: el Espíritu Santo es fiel. Él ha dado el impulso inicial, y podemos estar seguros de que llevará a su término lo que ha puesto en marcha. Reflexionar sobre el futuro del ecumenismo en la actual situación, que se ha transformado en muchos sentidos respecto a la del pasado y sigue transformándose velozmente, no significa que haya que reinventar por completo el ecumenismo. Este se basa en la tarea que el propio Jesús nos encomendó. Está enraizado en el encargo del concilio Vaticano II, que hizo de la unidad de todos los cristianos una de sus prioridades. Como afirmó con razón el papa Juan Pablo II y con otras palabras reiteró el papa Benedicto XVI, el ecumenismo es un proceso irreversible. El ecumenismo tiene futuro no porque nosotros así lo queramos, sino porque Jesús lo quiere y porque su Espíritu nos apoya en esta tarea.

El ecumenismo en la verdad y la caridad no es meramente una opción que la Iglesia pueda adoptar o también descartar; antes bien, se trata de un deber sagrado para nosotros. El ecumenismo tampoco es un apéndice de nuestras tareas pastorales normales ni un «artículo de lujo» para la acción pastoral: se trata más bien de «la» perspectiva para la entera vida de la Iglesia. Los principios católicos del ecumenismo, tal como los formuló el concilio en el decreto *Unitatis redintegratio*, o sea, el ecumenismo en la verdad y la caridad, valen asimismo para el futuro. Este decreto conciliar sigue siendo la carta magna para el camino ecuménico que aún tenemos por delante. La herencia del cardenal Willebrands será para nosotros una buena guía en este camino.

Ello vale también a la vista de los nuevos desarrollos, es decir, allí donde individuos o grupos de otras Iglesias, en especial de la Comunión anglicana, movidos por la gracia de Dios y obedeciendo a su conciencia, se incorporan a la Iglesia católica con el deseo de preservar los elementos legítimos de su tradición litúrgica y espiritual. Si esto sale bien, en modo alguno estaremos ante un nuevo ecumenismo, como en las últimas semanas se ha podido leer en algunos periódicos, entre ellos varios que deberían estar mejor informados. Antes al contrario, aconteció precisamente en consonancia con el decreto conciliar sobre el ecumenismo[3], que distingue con nitidez entre la conversión de individuos o grupos, por una parte, y el ecumenismo como diálogo con las otras Iglesias con objeto de alcanzar la comunión plena, por otra. No podemos cerrar nuestras puertas cuando otros llaman a ellas, pero ello no nos exime del encargo del Señor de abrir nuestro corazón en la caridad a todos nuestros hermanos y hermanas en Cristo.

Lo repito una vez más: no existe un nuevo ecumenismo ni tampoco ha terminado el antiguo. Bien al contrario, lo que acontece es fruto de los diálogos ecuménicos de las últimas décadas y

---

3. Cf. UR 4.

representa, por ende, un fuerte impulso para seguir avanzando en nuestra obligación ecuménica, también en el diálogo con la Comunión anglicana, que hasta ahora tan productivo ha resultado. Pero tanto la conversión individual o corporativa como el diálogo interconfesional deben producirse con la mayor transparencia posible, con tacto y respeto mutuos, a fin de no generar tensiones innecesarias con nuestros interlocutores ecuménicos.

Por eso, nada decisivo ha cambiado respecto a la orientación fundamental de *Unitatis redintegratio*. A pesar de ello, existen también nuevos puntos de vista. Antes de nada me gustaría abordar una perspectiva teológica fundamental. Con su primera encíclica *Deus caritas est* (2005), el papa Benedicto XVI ha concedido prioridad a los fundamentos teológicos del ecumenismo de un modo profundo y en un contexto teológico más amplio. Es cierto que la encíclica no trata explícitamente de ecumenismo. Pero en su mensaje con motivo del final de la Semana de Oración por la Unidad de los Cristianos de 2006 el papa acentúa que esta encíclica es importante también desde una perspectiva ecuménica. Y añade que la caridad es el verdadero motor del ecumenismo. La caridad, a su vez, se basa en la autorrevelación y la autocomunicación de Dios en Jesucristo. La tarea fundamental de la Iglesia consiste en transmitir y comunicar esta caridad, este amor al mundo.

Ello vale tanto para el ecumenismo como para la misión. El ecumenismo es el hermano gemelo de la misión. Desde la Conferencia Misionera Mundial de Edimburgo de 1910, cuyo centenario celebramos el año que viene, sabemos que las divisiones entre los cristianos constituyen el principal obstáculo para la misión de la Iglesia en el mundo. De ahí que también desde el punto de vista de la misión y de la nueva evangelización, que en la Europa masivamente secularizada tanto necesitamos, tenga el ecumenismo especial urgencia.

Como expresión de este amor que se da a sí mismo como don, el diálogo ecuménico es una forma de testimonio. Los testigos no actúan y hablan solo con los labios, sino con su existencia entera. Pero a diferencia del proselitismo, el ecumenismo no quiere imponer nada a nadie a la fuerza. El amor valora la libertad del otro y respeta a este precisamente en su alteridad. Así, el ecumenismo es expresión del amor que se regala a sí mismo estrechamente vinculado con respeto y estima mutuos, con amistad y fraternidad, con encuentro y colaboración. Pero el amor quiere en último término la unidad. Por eso, la meta última del ecumenismo únicamente puede ser la comunión plena en la fe, en los sacramentos, en el ministerio apostólico y en la misión. En este sentido, también en el futuro estará marcado el ecumenismo por el consenso. Al mismo tiempo, el amor crea espacio para las diferencias legítimas y también para el carisma de otras Iglesias. Sobre este trasfondo, la concepción del cardenal Willebrands de los distintos *týpoi* de Iglesia en la única Iglesia sigue siendo actual.

La insistencia en que el ecumenismo está fundado en el amor hace patente que el ecumenismo no es un programa político que aspira a la ampliación del ámbito de influencia eclesial, como algunos ridículamente suponen, ni tampoco un compromiso diplomático de la Iglesia que se apoya en el mínimo denominador común. El amor es desinteresado y se afana por comunicar a los demás su propia riqueza. En consecuencia, como nos ha enseñado el papa Juan Pablo II, el diálogo ecuménico en la verdad no es sencillamente un intercambio de ideas, sino de dones. El diálogo ecuménico no nos priva de nuestros respectivos tesoros, sino que aspira al enriquecimiento mutuo. A través de él podemos aprender unos de otros y ser introducidos por el Espíritu en la verdad plena (cf. Jn 16,13), a fin de que cada vez participemos en mayor medida de la plenitud de Cristo (cf. Ef 4,13).

Tras estas reflexiones fundamentales, ahora nos preguntamos más en concreto: ¿cómo pueden lograrse progresos concretos sobre esta ahondada base teológica? Hay algo de lo que no cabe duda alguna desde el principio: aun cuando estemos por entero comprometidos en nuestros esfuerzos ecuménicos, tal como debe ser, sabemos que nosotros no podemos «hacer» ni organizar la unidad de la Iglesia. La unidad que perseguimos no surgirá de debates teológicos en una comisión ecuménica, por muy útil y necesaria que también sea esta vía de acceso. La unidad es un don del Espíritu Santo. De ahí que el ecumenismo espiritual sea el corazón del ecumenismo[4] y haya devenido cada vez más importante a lo largo de la última década. En todas las partes del mundo ecuménico, la gente lo está descubriendo en creciente medida. Requiere una renovación de actitudes, una conversión interior y una volun-

---

4. Cf. UR 8.

tad de llevar a cabo reformas. La oración por la unidad cristiana es el corazón de este ecumenismo espiritual. Así entendido, hemos redescubierto la visión del *abbé* Paul Couturier († 1953). A su juicio, «ecumenismo» significa dar testimonio de la oración de Jesús, participar en ella, hacerla propia. Paul Couturier hablaba de un monasterio invisible, en el sentido de una comunidad dispersa por el mundo entero en la que todos los individuos están, sin embargo, vinculados en la oración de Jesús por la unidad. Esta comunidad invisible crece en nuestros días y se hace más y más visible en lugares diversos. Comunidades de vida religiosa y movimientos espirituales del mundo entero, pertenecientes a diferentes Iglesias, se reúnen con periodicidad, se esfuerzan por llevar a cabo un intercambio espiritual y oran unos por otros. Inmediatamente después de la firma de la *Declaración conjunta sobre la doctrina de la justificación* en 1999 se reunieron en Ottmaring, cerca de Augsburgo, y decidieron crear conjuntamente un movimiento de tales características. Bajo el lema *Juntos por Europa* se congregaron en dos ocasiones en Stuttgart para celebrar importantes congresos internacionales. Su trabajo continúa ahora en el plano de uniones regionales y nacionales. Lo que es afín crece junto. Ahí radica, para mí, la mayor esperanza ecuménica.

Habrá que esperar a ver si este fenómeno desemboca en un futuro próximo o algo más distante en la creación de una unidad corporativa –o sea, una unidad en la que se mantengan las legítimas diferencias confesionales– con grupos que nos son cercanos. Esa no sería la clase de unidad que se perseguía en la primera fase del posconcilio, cuando esperábamos la unidad corporativa con esta o aquella Iglesia. Actualmente, algo así no es posible. Pero todos estamos en las manos de la providencia divina y debemos confiar en la guía del Espíritu Santo, quien decidirá dónde y cómo realizar una u otra forma de unidad.

Permítanme hacer referencia a un tercer y último punto. Si consideramos los resultados conseguidos hasta ahora, se evidencia que no existe razón alguna para la resignación. Nuestro ecumenismo de consenso, recientemente objeto de injustas críticas, ha logrado en las décadas pasadas mucho más de lo que habríamos podido imaginar hace cuarenta años. Pienso en la situación que hemos creado, signada por la buena voluntad, la colaboración, el testimonio común y, a menudo, la amistad. Ha tenido lugar una recepción de himnos, formas y símbolos litúrgicos de otras Iglesias. Y también hemos aprendido mucho unos de otros en el ámbito de la exégesis bíblica, en el que las líneas separadoras no transcurren ya a lo largo de las confesiones, sino a través de ellas. Gracias a Dios ha surgido una nueva situación. También los logros teológicos son bastante mayores de lo que muchos creen. Tras dos años de trabajo, el Pontificio Consejo para la Promoción de la Unidad de los Cristianos ha condensado en el llamado *Harvest Project* [Proyecto Cosecha] los resultados de cuarenta años de diálogo bilateral con las Iglesias de la tradición protestante clásica (anglicanos, luteranos, reformados y metodistas). La síntesis está organizada en cuatro capítulos: Jesucristo y la Trinidad; justificación y santificación; la Iglesia; y los sacramentos principales, esto es, el bautismo y la eucaristía. En cada una de las partes de *Harvesting the Fruits* [*Cosechar los frutos*, Sal Terrae, Santander 2010] se ha alcanzado mucho más de lo que yo mismo habría podido imaginar en mis más optimistas expectativas.

Por supuesto, no estamos ciegos ante las cuestiones aún pendientes. Los temas están abiertamente sobre la mesa: hay cuestiones fundamentales de hermenéutica, antropología, eclesiología y teología de los sacramentos que se resisten a una solución. Sin embargo, es cierto que identificar con claridad un problema representa ya la mitad de su solución.

Iniciamos este proyecto con dos propósitos bien definidos. Considerábamos que había llegado el momento de facilitar la recepción de los resultados de nuestros diálogos. Así pues, queríamos iniciar un proceso de recepción en nuestras Iglesias, con el fin de que los frutos de cuarenta años de esfuerzos no acumulen polvo en las estanterías, sino que se transformen en realidad viva en el cuerpo de nuestras Iglesias. En segundo lugar, está surgiendo una segunda generación de ecumenistas, que aportan nuevas y frescas ideas, pero que no conocen ni pueden conocer lo que se ha logrado hasta ahora y qué cuestiones aún no aclaradas les entregamos. Con este libro, los *oldies*, los viejos, pasamos la antorcha a la nueva generación. Esperamos y confiamos en que constituya para ellos un alentador estímulo con el fin de llevar a cabo nuevos progresos en el hasta ahora tan fructífero itinerario ecuménico.

Sobre la base de *Harvesting the Fruits* hemos programado para comienzos de 2010 una consulta en forma de simposio. Junto con nuestros interlocutores ecuménicos queremos debatir los resultados y decidir sobre el camino que se abre ante nosotros. Después de esto, habrá toda una serie de acontecimientos ecuménicos: el cincuentenario del Pontificio Consejo para la Promoción de la Unidad de los Cristianos; el centenario de la Conferencia de Edimburgo; las Jornadas Eclesiales Ecuménicas (*Ökumenischer Kirchentag*) de Múnich; la asamblea plenaria de la Federación Luterana Mundial en Stuttgart; la ya iniciada década de Lutero, que se prolongará hasta 2017. Así, 2010 será un año marcadamente ecuménico. Esto muestra que el ecumenismo no pertenece al pasado; antes bien, se encuentra ante un nuevo comienzo.

Por eso debemos dar los pasos que sean posibles aquí y ahora con la misma confianza y el mismo equilibrio de valentía y realismo que el cardenal Willebrands demostró en la primera fase del diálogo interconfesional. Podemos dar tales pasos confiando en el Espíritu Santo y en la oración de innumerables cristianos de todas las Iglesias en el mundo entero. Ellos y ellas son los verdaderos protagonistas del movimiento ecuménico y nuestros más importantes colaboradores. Nos ha sido dada la promesa de que lo que pidamos en nombre de Jesús se cumplirá (cf. Jn 14,13). ¿Y qué otra oración en nombre de Jesús tiene más probabilidades de ser escuchada que la oración del propio Jesús de que todos seamos uno (cf. Jn 17,21)?

La oración de muchos y la promesa del propio Jesús pueden infundirnos valentía y confianza en la realización de la tarea que asumimos a su servicio. Una cosa es segura: el ecumenismo será uno de los muros de carga del futuro de la Iglesia. El cardenal Willebrands nos mostró que merece la pena el esfuerzo de dedicarnos en cuerpo y alma al ecumenismo. Su legado nos invita a seguir actuando así en el futuro.

TERCERA PARTE

Espiritualidad del ecumenismo

30
El ecumenismo de la vida

Es para mí motivo de alegría poder hablar aquí en Ulm sobre el tema: «El ecumenismo de la vida». Muchos buenos recuerdos me unen con Ulm. Sobre todo me gusta rememorar que, por invitación del entonces prelado de Ulm y hoy obispo regional (*Landesbischof*) evangélico, fui el primer obispo católico desde la Reforma al que se le permitió predicar, ataviado con todos los ornamentos episcopales católicos, desde el púlpito de la catedral de Ulm durante una celebración ecuménica de la palabra.

Ulm, ciudad medieval vinculada a la dinastía Staufen y luego ciudad imperial, se adhirió mayoritariamente a la Reforma en 1530; en la actualidad, a resultas de la emigración desde los alrededores católicos, algo más de la mitad de sus habitantes vuelven a ser de confesión católica. Así, el monumento emblemático de la ciudad, la catedral de Ulm, vincula la tradición evangélica y la tradición católica, y la torre de la catedral es hoy, a su manera, testigo del buen ambiente ecuménico de esta ciudad.

I. Base bíblica

Comenzamos estas reflexiones sobre el ecumenismo de la vida con una cita de la Sagrada Escritura, el libro de la vida. En el segundo capítulo de la Carta a los Efesios leemos lo siguiente:

«Ahora, gracias al Mesías Jesús y en virtud de su sangre, los que un tiempo estabais lejos, estáis cerca. Él es nuestra paz, el que de dos hizo uno, derribando con su cuerpo el muro divisorio, la hostilidad... haciendo las paces. Por medio de la cruz, dando muerte en su persona a la hostilidad, reconcilió a los dos con Dios, haciéndolos un solo cuerpo... Ambos [los cercanos y los lejanos] con el mismo Espíritu y por medio de él tenemos acceso al Padre. De modo que ya no sois extranjeros ni advenedizos, sino conciudadanos de los consagrados y de la familia de Dios; edificados sobre el cimiento de los apóstoles, con el Mesías Jesús como piedra angular. Por él todo el edificio bien trabado crece hasta ser templo consagrado al Señor, por él vosotros entráis con los otros en la construcción para ser morada espiritual de Dios» (Ef 2,13-22).

Históricamente considerado, este texto trata de la superación de la enemistad entre judíos y paganos. Este cisma primigenio entre la Iglesia y la Sinagoga está en la raíz de todos los demás cismas posteriores. Por eso, el texto puede aplicarse igualmente a la fragmentación de la Iglesia una en diferentes Iglesias confesionales. También en este sentido, el texto nos dice: el muro de la hostilidad ha sido derribado; se han hecho las paces; todos –ortodoxos, evangélicos, miembros de las Iglesias libres, católicos– pertenecemos a la única familia de Dios.

Sin embargo, debemos leer con cuidado. No somos nosotros quienes hemos restablecido la paz; Jesucristo es nuestra paz. Es él quien mantiene cohesionado el todo y propicia el crecimiento en la unidad con Dios y de unos con otros. Así pues, la unidad no es resultado del esfuerzo humano; también el crecimiento en la unidad es –algo que resulta interesante precisamente en estas semanas posteriores a Pentecostés– un acontecimiento pentecostal.

II. Fundamentos de un ecumenismo de la vida

Con estas pocas palabras, la Carta a los Efesios nos informa sobre la base del ecumenismo. El fundamento no es otro que Jesucristo, más en concreto: su cruz y su resurrección. Con esta constatación, la epístola nos inmuniza de antemano contra el peligro de que el ecumenismo se deslice hacia un humanismo genérico, que en el caso extremo desemboca en la ideología masónica: «Recibid un abrazo, millones». El fundamento de semejante ecumenismo humanista genérico no es Jesucristo, sino una incolora religión universal: todos tenemos el mismo Dios, no necesitamos Iglesia alguna y, con mayor razón aún, los enunciados de fe son prescindibles.

Semejante visión liberal-racionalista es el mayor enemigo del movimiento ecuménico. Le priva del fundamento y la motivación de los que ha surgido. La fórmula base del Consejo Mundial de Iglesias plasma estos fundamentos; el concilio Vaticano II la asume explícitamente. La asamblea conciliar dice: «En este movimiento de unidad, llamado ecuménico, participan los que invocan al Dios trino y confiesan a Jesucristo como Señor y Salvador»[1].

Con ello se afirma inequívocamente que el movimiento ecuménico se alza sobre el suelo común de los credos de la Iglesia aún indivisa de los primeros siglos, sobre la fe en Jesucristo como Hijo de Dios y sobre la fe en el Dios uno y trino. No existe ecumenismo al margen de tal base bíblica y dogmática.

Cuando hablamos de un ecumenismo de la vida y de un diálogo de la vida[2], nos referimos a la nueva vida que nos ha sido concedida en el bautismo en nombre del Dios uno y trino: la vida en Jesucristo y en el Espíritu Santo. Por medio del único bautismo, todos los bautizados somos incorporados al único cuerpo de Cristo, a la única Iglesia (cf. Gál 3,28; 1 Cor 12,13; Ef 4,4). En consecuencia, en el ecumenismo no empezamos de cero; no partimos de Iglesias separadas que se unen *a posteriori*. En virtud del bautismo común existe ya ahora una unidad fundamental. La renovación del bautismo común y del credo bautismal que repetimos en la vigilia pascual todos los años es el punto de partida y de referencia de todo ecumenismo de la vida.

En la actualidad, en una época en la que los fundamentos de la fe se desvanecen de manera dramática, tal renovación del bautismo es urgentemente necesaria. Muchos, no solo los llamados «cristianos de partida de bautismo», no tienen ya claro qué significa ser cristiano y estar bautizado, qué significa haber sido llamado a una nueva vida.

Si estos fundamentos no están ya claros, el ecumenismo corre peligro de desdibujarse en un «ecumenismo de mera palabrería» que, al carecer de perfiles nítidos, antes o después termina diluyéndose. De ahí que, tras una previa encuesta, el Pontificio Consejo para la Promoción de la Unidad de los Cristianos recomiende a las conferencias episcopales entablar diálogos con las Iglesias que tenga por interlocutoras sobre el reconocimiento recíproco del bautismo y el significado de este. En la actual situación ecuménica, que se ha complicado, las meras reparaciones de daños menores sirven de bien poco; es necesario afrontar lo fundamental y asegurar los cimientos del movimiento ecuménico.

1. UR 1.
2. Cf. AG 57.

El escándalo de la separación solo se nos revela en toda su magnitud si cobramos conciencia de la base del ecumenismo; únicamente entonces experimentamos la contradicción intrínseca que existe en el hecho de que seamos *un* cuerpo en Jesucristo y vivamos, sin embargo, en Iglesias separadas. Entonces se nos evidencia que no podemos resignarnos a esta situación y que no basta con dejar sencillamente que las diferencias y oposiciones persistan, fingiendo una unidad que en realidad no existe. Nuestras divisiones hacen que carezcamos de credibilidad; son uno de los mayores obstáculos para la misión universal. Jesucristo derribó el muro, pero nosotros hemos levantado nuevos muros y abierto nuevos fosos.

Si nos tomamos en serio la Carta a los Efesios, no podemos pretender que sea posible saltar con facilidad estos muros y fosos o hacer como si no existieran. Únicamente podemos superarlos en la fuerza del Espíritu de Pentecostés. Solo podemos avanzar en el ecumenismo si desplegamos la nueva vida que nos ha sido concedida en el bautismo, si dejamos que crezca y madure. A esto se le da el nombre de «ecumenismo espiritual». Es también el corazón del ecumenismo de la vida.

III. Una situación ecuménica intermedia

Por el camino recién descrito, es mucho lo que, gracias a Dios, nos ha sido regalado en las últimas décadas. El muro ya está derribado, pero todavía queda por los alrededores un gran número de molestos escollos. La culpa de ello no es solo de los otros o de «los de arriba», que supuestamente no toman nota de los resultados a los que llega la teología. Tales culpabilizaciones no ayudan a avanzar. Todos y cada uno de nosotros somos un escollo, porque no vivimos como deberíamos hacerlo en cuanto cristianos.

Así, desde el punto de vista ecuménico nos encontramos en una situación intermedia. Ya han pasado cosas decisivas. Cualquiera que pueda echar la vista atrás un par de décadas sabe que en este tiempo ha acontecido más que en todos los siglos anteriores. Se han aprobado textos importantes que atestiguan un considerable acercamiento (el Documento de Lima *Bautismo, eucaristía y ministerio*; *La Cena del Señor*; la *Declaración conjunta sobre la doctrina de la justificación* y otros muchos).

Mucho más importante es lo que ha ocurrido en la vida. En la actualidad, los cristianos evangélicos y los cristianos católicos ya no se consideran unos a otros rivales y competidores. Se tienen por hermanos y hermanas; viven, trabajan y rezan juntos. Hemos de estar agradecidos por ello. De ahí que no debamos dejar que el ecumenismo sea puesto por los suelos por los derrotistas ni incurrir en un pesimismo apocalíptico, que ve decadencia y declive por doquier. En la inauguración del concilio Vaticano II, el papa Juan XXIII previno expresamente contra tales profetas de calamidades.

Pero tampoco debemos ser soñadores ecuménicos que persiguen utopías. Existen dos tipos de utopía: la utopía progresista, que ya no ve los restos de muro esparcidos ni los fosos y, por tanto, cae de bruces. Cree que en el fondo hace tiempo que todas las diferencias fueron superadas o que ya no son más que inútiles disputas de teólogos, de las que uno bien puede olvidarse. Pero imagínense por un momento a un párroco católico que quitara el tabernáculo de su iglesia, porque no desea diferenciarse de los evangélicos; o a un pastor evangélico instalando un tabernáculo en la suya. Es fácil imaginar el revuelo que se originaría en una u otra comunidad; pondría enseguida de manifiesto las diferencias por desgracia aún existentes.

Junto a la utopía progresista está la utopía clerical-integrista. Cree que puede regular los problemas con ayuda del mayor número posible de carteles de prohibición. Existen, por desgracia, manifestaciones que se limitan a decir todo lo que no se está permitido hacer, pero no muestran ningún camino positivo para superar el escándalo de la separación. Esto tampoco sirve de nada; con ello se sofoca ya en su origen todo desarrollo y toda vida.

Los cristianos no somos adustos pesimistas que todo lo ven más negro que el azabache ni utópicos que todo lo ven de color rosa; los cristianos somos realistas de la fe y realistas de la vida. Toda vida se mueve en un «entre» cargado de tensión. En este sentido, ecuménicamente nos encontramos en una época de transición. En nuestro camino hemos alcanzado, por fortuna, algunos hitos, pero aún no hemos llegado a la meta. Nos hallamos todavía en un periodo de crecimiento y maduración o, como en otro pasaje dice la Carta a los Efesios, en un periodo de construcción y crecimiento hacia la entera plenitud de Cristo (cf. Ef 4,16).

IV. El ecumenismo como proceso de crecimiento

Las imágenes bíblicas de construir y crecer son importantes en la confrontación con quienes atacan al ecumenismo desde la extrema derecha. Por desgracia su número crece. Nos dicen: «¡Nada de compromisos baratos! El ecumenismo no puede ignorar la verdad». Y yo digo: eso es totalmente cierto. Al margen de la verdad, el amor es insincero. Es amor ciego. La Iglesia ha sido fundada de una vez por todas sobre la verdad de los apóstoles y los profetas (cf. Ef 2,20) y será sostenida perdurablemente por el Espíritu de la verdad. Es la misma en todos los siglos. No podemos edificar hoy una Iglesia nueva. Pero al igual que la catedral de Ulm fue construida en su día, pero luego siempre está en obras, así también la Iglesia se construye de manera permanente con piedras vivas (cf. 1 Pe 2,5). Es el pueblo peregrino de Dios que está en camino en la historia del mundo.

Por este camino, el Espíritu Santo nos introduce en la verdad plena (cf. Jn 16,13); nos hace crecer y madurar en la verdad conocida en su día. La verdad y la tradición no son realidades estáticas; no se transmiten como una moneda muerta. La tradición es tradición viva, un proceso vital; es «espíritu y vida» (cf. Jn 6,64). Esta no solo es, como hay que recordarles a estos críticos, la doctrina del concilio Vaticano II[3], sino también ya la del Vaticano I[4]. La idea de que existe un progreso en el conocimiento de la verdad revelada de una vez por todas forma parte de la mejor tradición católica. La Iglesia deviene, por así decir, lo que desde siempre ha sido y perdurablemente será.

Esta doctrina fue desarrollada por dos grandes teólogos del siglo XIX: el gran teólogo tubingués Johann Adam Möhler y el gran John Henry Newman. El pionero teológico y maestro de la teología ecuménica, el dominico Yves Congar († 1995), de quien hace pocas semanas celebramos el centenario de su nacimiento, aprendió de ambos y ya bastante antes del concilio mostró que existen dos caminos por los que la Iglesia se autotrasciende hacia el futuro: el ecumenismo y la misión.

En la misión se dilata el horizonte de la Iglesia; esta se introduce en nuevos pueblos y culturas; hace suyas críticamente esas

---
3. Cf. DV 8.
4. Cf. DH 3020.

culturas, las penetra y purifica, les confiere profundidad. En este proceso descubre aspectos de su propia verdad que hasta ese momento permanecían ocultos para ella. Así ocurrió en el encuentro con la cultura helenística y romana antigua, pero también en el encuentro con los pueblos germánicos y eslavos; y así ocurre en la actualidad con las culturas africanas y asiáticas, y otro tanto debería ocurrir con nuestra actual cultura moderna y posmoderna, que se transforma velozmente. Por desgracia, los cristianos actuales nos hemos convertido en guerreros cansados; hemos perdido el dinamismo misionero, así como el coraje para aventurarnos en territorios desconocidos. En lugar de poner con valentía nuevos acentos misioneros, nos preguntamos cómo conservar, aunque sea a trancas y barrancas, tanto cuanto sea posible de lo que tenemos.

En el ecumenismo acontece un avance análogo. Las Iglesias y comunidades eclesiales separadas han comprendido y plasmado algunos aspectos concretos de la única verdad del Evangelio en parte mejor que nosotros. Así, podemos aprender unos de otros y enriquecernos mutuamente. Por mencionar un ejemplo: en las últimas décadas hemos aprendido mucho de los hermanos evangélicos sobre la importancia de la palabra de Dios, la lectura y la exégesis de la Sagrada Escritura; ellos, por su parte, aprenden actualmente de nosotros sobre la importancia de símbolos y celebraciones litúrgicos.

El ecumenismo no es, por consiguiente, un negocio ruinoso ni un proceso de empobrecimiento en el que se renuncie a la propia identidad y se arroje frívolamente por la borda lo que era sagrado para generaciones anteriores. El ecumenismo es un proceso de crecimiento de la vida. El papa describe el ecumenismo como un «intercambio de dones y regalos»[5]. Damos y a la vez recibimos en abundancia. Como dice la Primera carta de Pedro, debemos servirnos unos a otros, cada cual con el don que haya recibido (cf. 1 Pe 4,10). O como se formuló en las Jornadas Eclesiales Ecuménicas (*Ökumenischer Kirchentag*) de Berlín: seamos una bendición los unos para los otros.

En este camino de crecimiento y maduración son necesarios muchos pasos intermedios. Quien repudia esos pasos pequeños se priva de la posibilidad de terminar haciendo grandes progresos. Quien siempre quiere de inmediato el todo y lo definitivo no lo-

---

5. Cf. JUAN PABLO II, *Ut unum sint* (1995), 28 y 57.

gra nada al final. Toda vida acontece según la ley de los pasos y según las leyes del crecimiento. En una hoja de calendario leí: «La paciencia es pasión domeñada»; y en otra: «Quien dice paciencia, dice valentía, perseverancia y fuerza». Pues la paciencia es, como dijo Charles Péguy, «la hermana pequeña de la esperanza».

V. Posibilidades prácticas de un ecumenismo de la vida

Con estas breves citas no pretendo ofrecer consuelo barato. Antes bien, a continuación me gustaría mostrar algunas posibilidades concretas de un ecumenismo de la vida. Se trata únicamente de ejemplos. Quien quiera consultar una lista más detallada puede consultar el *Directorio ecuménico* del Pontificio Consejo para la Promoción de la Unidad de los Cristianos, la *Charta oecumenica* del Consejo de Conferencias Episcopales Europeas o las orientaciones pertinentes de distintas diócesis alemanas. Me ciño a las tres funciones básicas de la Iglesia: el testimonio de la fe, la celebración de la liturgia, la diaconía al servicio de las personas.

Comencemos por el testimonio de la fe. Esto en modo alguno se limita al clero. A todo cristiano se le encarga, a cada cual a su manera, dar testimonio de la fe. El testimonio de la fe en la vida diaria es fundamental. Especial importancia tiene la lectura y meditación en común de la Sagrada Escritura. Por causa de la Biblia nos separamos, a través de ella debemos unirnos de nuevo. Hay muchas posibilidades para trabajar en común sobre la Biblia e impulsar círculos bíblicos ecuménicos. Entretanto es una buena costumbre que en las celebraciones ecuménicas de la palabra prediquen tanto el pastor evangélico como el párroco católico. A esto se añaden numerosas formas de colaboración en la clase de religión en las escuelas y centros de enseñanza secundaria, así como en la formación de adultos. En todo ello es necesario familiarizarse primero con los resultados de los diálogos, para luego sacarles rendimiento en la práctica.

Pasemos ahora a la liturgia. No se circunscribe a la celebración de la eucaristía o de la Cena. Sin duda, la eucaristía es, sobre todo para los católicos, centro y cima; pero es un error concentrarse únicamente y exclusivamente en ella. La eucaristía solo puede ser cima si existen un entorno y unos alrededores Así, antes de nada hay que aprovechar más las celebraciones de la palabra, las vísperas ecuménicas, las oraciones por la paz, los servicios conmemorativos, las celebraciones con jóvenes, las liturgias de Taizé, la adoración nocturna y matutina, el culto de Adviento, las celebraciones agápicas, las ceremonias de renovación del bautismo, las peregrinaciones ecuménicas y muchas otras posibilidades. Entretanto existen calendarios litúrgicos para celebraciones ecuménicas en los diversos tiempos festivos y ocasiones señaladas del año litúrgico. Por último, está el ámbito de la diaconía. Aquí es ya mucho lo que se ha desarrollado conjuntamente y todavía podría hacerse mucho más en común. Quizá la disminución de recursos económicos que se experimenta por doquier nos obligue a unir aún más nuestras fuerzas. Me limito a mencionar algunos ejemplos: centros sociales ecuménicos, trabajo en residencias para moribundos, acompañamiento de mayores, servicio de visitas a domicilio, atención pastoral y espiritual en hospitales y sanatorios, asistencia espiritual por teléfono, capillas en estaciones, relaciones públicas, etc. La lista podría prolongarse. A ello se añaden encuentros de todos los tipos posibles: encuentros de párrocos y pastores o de arciprestes; reuniones conjuntas de los consejos parroquiales y arciprestales; círculos de amistad; conversaciones entre vecinos, por así decir, a través de la cerca del jardín; y también, de forma especial, los grupos de trabajo de Iglesias cristianas en el ámbito municipal, arciprestal y regional.

Como ven, ya hoy es posible mucho más de lo que la mayoría sospecha. Si realmente hiciéramos ya hoy todo lo que es posible, estaríamos bastante más avanzados.

VI. La cuestión de la comunión eucarística

Nos queda la cuestión de la comunión eucarística o comunión de Cena. Para quienes somos católicos, la eucaristía es el sacramento de la fe. «Este es el sacramento de nuestra fe», decimos en cada eucaristía tras las palabras de la consagración. Por eso, al final de la plegaria eucarística, la comunidad reunida responde: «Amén», «Sí, creemos»; y al recibir la comunión, cada individuo repite: «Amén», «Sí, este es el cuerpo de Cristo». Este «amén» significa, por supuesto, más que un mero asentimiento intelectual a un dogma; se trata de un sí que se dice con la vida entera y debe estar avalado por una vida cristiana. Por eso, para nosotros no puede haber una invitación abierta y general a la comunión, ni siquiera para los católicos.

El requisito fundamental para la admisión a la comunión es la cuestión de si, tanto al final de la plegaria eucarística como al recibir la comunión, uno puede decir con la entera comunidad congregada «amén» a todo lo que, según la fe católica, acontece en la celebración de la eucaristía y de si uno corrobora ese «amén» con su vida. Ni Lutero ni Calvino habrían podido ni querido pronunciar semejante «amén». Pues, además de contra el papado, su protesta se dirigía con la máxima vehemencia contra la misa. Gracias a Dios, entretanto hemos avanzado considerablemente con los luteranos en esta cuestión. Pero también persisten serias diferencias.

Así pues, vale la regla práctica: uno comulga en la Iglesia a la que pertenece. Para esta regla hay buenas razones bíblicas (cf. 1 Cor 10,17) y una prolongada tradición común, que llega hasta los años setenta del siglo XX.

Esta regla fundamental viene acompañada de una segunda regla: el concilio afirma que «la consecución la gracia» recomienda en algunos casos individuales la comunicación, la comunión eucarística[6]. De modo análogo, el Código de Derecho Canónico dice que «la salvación de las almas es la ley suprema»[7]. Por eso, el derecho canónico católico prevé que en determinadas situaciones extraordinarias un cristiano no católico, en la medida en que comparta la fe eucarística y dé testimonio de ella en su vida, pueda ser admitido a la comunión[8]. En el derecho canónico no se pueden especificar, por supuesto, todas las situaciones individuales imaginables; el derecho canónico tiende un marco vinculante, dentro del cual hay margen para actuar de manera pastoralmente responsable.

En su encíclica sobre el ecumenismo (1995), el papa ha glosado el sentido de las estipulaciones del derecho canónico de un modo más espiritual. Escribe que para él es «motivo de alegría recordar que los ministros católicos pueden, en determinados casos particulares, administrar los sacramentos de la eucaristía, la penitencia y la unción de enfermos a otros cristianos que no están en comunión plena con la Iglesia católica, pero que desean vivamente recibirlos, los piden libremente y manifiestan la fe que la Iglesia católica confiesa en estos sacramentos»[9]. Para el papa, esta frase de la encíclica sobre el ecumenismo es a todas luces tan

---

6. Cf. UR 8.
7. CIC can. 1752.
8. Cf. CIC can. 844; véase también CONGREGACIÓN PARA EL CULTO DIVINO Y LA DISCIPLINA DE LOS SACRAMENTOS, *Redemptoris sacramentum* (2004), 85.
9. JUAN PABLO II, *Ut unum sint* 46.

importante que la repite literalmente en su encíclica sobre la eucaristía de 2003[10].

Confío en que nuestros sacerdotes tengan suficiente sensibilidad pastoral y espiritual para encontrar, en conformidad con sus obispos y en la línea marcada por el papa, soluciones que hagan justicia a la situación específica de cada persona y a la diversidad de la vida.

VII. El ecumenismo espiritual como corazón del movimiento ecuménico

Hasta ahora hemos hablado de las posibilidades oficiales del ecumenismo de la vida. Esto no es más que la mitad de la historia. La Iglesia no solo es institución; la Iglesia tiene también una dimensión carismática. De ella debemos ocuparnos a continuación. Ya hemos dicho que es tarea del Espíritu Santo introducirnos más profundamente, durante el tiempo intermedio entre el «ya» y el «todavía no», en la verdad y la realidad de la salvación (cf. Jn 14,26; 15,26; 16,13). Ello acontece por medio de múltiples carismas (cf. Rom 12,4-8; 1 Cor 12,4-11).

En la Carta a los Efesios, de la que hemos partido, se habla del fundamento de los apóstoles y los profetas (cf. Ef 2,20). Esta frase no se refiere a los profetas del Antiguo Testamento, sino a los profetas neotestamentarios. O sea, a varones y mujeres proféticamente dotados que, partícipes de la imaginación y creatividad del Espíritu Santo, formulan de modo nuevo la buena noticia y la hacen «actual»; a varones y mujeres que allí donde la Iglesia manifiesta cansancio y se ha adaptado en exceso vuelven a encarecer con talante profético-crítico el impulso del Evangelio; a varones y mujeres que descubren constructivamente y practican comunitariamente nuevas y –en el mejor sentido de la palabra– radicales formas de vida cristianas y ecuménicas, abriendo de este modo, a la vista de los nuevos desafíos, el futuro a la Iglesia.

En el pasado, estos varones y mujeres fueron con frecuencia fundadores y fundadoras de órdenes religiosas, personas que vivieron y enseñaron una nueva espiritualidad no solo para sus órdenes, sino también para un gran número de laicos: Benito de Nursia, Francisco de Asís, Ignacio de Loyola, Teresa de Jesús, Teresa de Lisieux y muchos otros. En sus respectivas épocas, que a

---

10. Cf. JUAN PABLO II, *Ecclesia de eucharistia* (2003), 46.

menudo fueron tiempos de declive, preludiaron un nuevo auge de la vida eclesial y regalaron a la Iglesia una vitalidad espiritual que, a través de los siglos, ha llegado hasta nuestros días. En la actualidad, el Espíritu de Dios suscita una diversidad de movimientos espirituales y de comunidades: de laicos, de familias, evangelizadoras, carismáticas. En algunas órdenes religiosas acontece algo análogo; y por parte evangélica, ello se plasma en fraternidades, sororidades y comunidades de vida. En Alemania todavía vamos, por desgracia, un poco retrasados en este sentido. Por eso fue toda una alegría que el 6 y el 7 del pasado mes de mayo se reunieran en Stuttgart principalmente cristianos jóvenes de un total de ciento setenta movimientos y comunidades, llamaran de forma simpática la atención sobre ellos y abogaran por una configuración cristiana de Europa. De la Jornada Mundial de la Juventud de 2005 espero nuevos impulsos vigorosos.

Con el papa Juan Pablo II cabe afirmar: estos movimientos y comunidades son una respuesta del Espíritu Santo a los «signos de los tiempos». Muchos de ellos están ecuménicamente comprometidos y desarrollan nuevas formas de convivencia interconfesional que muestran un camino hacia el futuro. Entretanto se han unido en redes ecuménicas. El padre fundador del movimiento ecuménico espiritual, el *abbé* francés Paul Couturier († 1953), habló de un monasterio invisible en el que se pide fervorosamente por la llegada del Espíritu de la unidad.

Y es que el corazón del ecumenismo no está en los papeles y documentos. Estos también son importantes, sin duda; pero en ocasiones no puede sustraerse uno a la impresión de que en la Iglesia actual hay demasiado papel escrito con tinta de imprenta. El Espíritu no se apareció en Pentecostés en forma de papel, sino de lenguas de fuego; y el fuego, por fortuna, quema el papel inútil. El ecumenismo comenzó antes del concilio con círculos de amistad; y también hoy puede cobrar nuevo impulso sobre todo a través de círculos de amistad, comunidades y centros de vida.

El Vaticano II califica al ecumenismo espiritual de corazón del movimiento ecuménico[11]. El concilio enumera: conversión personal; santificación de la vida; perdón mutuo en vez de incesante recordatorio de los errores del pasado, más bien purificación

---

11. Cf. UR 8.

de la memoria respecto de los propios errores; servicio humilde; y amor abnegado[12].

Lo decisivo es la oración por la unidad. Pues nosotros no podemos «hacer» la unidad; en último término es un don del Espíritu Santo. No podemos sino pedir: «Veni sancte Spiritus!» [¡Ven, Espíritu Santo!]. No podemos hacer nada mejor que lo que hicieron los discípulos junto con las mujeres y la madre del Señor tras la ascensión de este al cielo. Se reunieron en el cenáculo y allí perseveraron unánimemente en la oración impetrando la llegada del Espíritu Santo (cf. Hch 1,14). Por eso, la Semana de Oración por la Unidad de los Cristianos en enero debería ser el centro de los esfuerzos ecuménicos en el año litúrgico.

Además de sobre la oración y la santificación personal, el concilio habla de la reforma y renovación de la Iglesia; dice que la Iglesia «está necesitada de reforma» y debe recorrer «sin cesar el camino de la penitencia y la renovación»[13]. Son acentos nuevos. Ya no se trata de la conversión de los demás; la conversión comienza por nosotros mismos. Pero la mera reforma institucional y la introducción de estructuras de *communio*, por muy deseables que sean, de poco sirven por sí solas; si no se colman de una nueva espiritualidad de la comunión, llevan a aparatos purificados, pero inanes.

«Espiritualidad de la comunión» significa reconocer en el otro al hermano y la hermana, compartir sus alegrías y sufrimientos, adivinar sus deseos y ocuparse de sus necesidades. «Espiritualidad de la comunión» es la capacidad de ver en el otro sobre todo lo positivo, a fin de adoptarlo también para uno mismo como don de Dios. «Espiritualidad de la comunión» significa, por último, «hacer sitio» al hermano y la hermana, «llevando las cargas de los otros» (Gál 6,2) y resistiéndonos a las tentaciones de la rivalidad, la desconfianza y los mezquinos celos[14].

Quien conoce las relaciones dentro de las Iglesias y parroquias y las relaciones entre las Iglesias sabe que aún queda mucho por hacer; pero también sabe que en muchas comunidades ya acontece bastante más de lo que por regla general se conoce. En ellas se preparan muchas cosas que pueden volver a impri-

---

12. Cf. UR 6-9.
13. Cf. LG 8.
14. Cf. Juan Pablo II, *Novo millennio ineunte* (2001), 43.

mir impulso ecuménico a las Iglesias. Por este ecumenismo espiritual en múltiples comunidades espirituales apuesto yo de manera especial.

VIII. ¿Hacia dónde nos dirigimos?

¿Adónde va a parar todo esto? ¿Cuál es la meta ecuménica? A nadie puede sorprender que existan diversas respuestas a estas preguntas. Pues las diferentes ideas sobre la esencia de la Iglesia llevan a ideas dispares en lo relativo a su unidad.

La meta evangélica, sobre todo la del protestantismo continental, se conforma con un consenso básico en la exégesis del Evangelio, pero deja abierta en gran medida la forma institucional; es decir, cada confesión puede mantener más o menos su ordenamiento actual, ya sea episcopal, presbiteral, sinodal o cualquier mezcla de estas diferentes formas. Una unidad institucional, como la que entre nosotros viene dada en especial en el ministerio petrino, no es teológicamente necesaria según la concepción protestante; y para muchos, ni siquiera deseable o incluso de todo punto inaceptable.

La meta católica es distinta. Se inspira en el informe de los Hechos de los Apóstoles sobre la primitiva comunidad jerosolimitana: «Eran asiduos en escuchar la enseñanza de los apóstoles, en la solidaridad, en la fracción del pan y en las oraciones» (Hch 2,42). Consecuentemente, la posición católica se atiene a la unidad visible: unidad en la fe, unidad en los sacramentos y unidad en el ministerio apostólico[15]. Esta unidad, que encuentra su expresión más visible en el ministerio petrino, no es una desventaja, sino nuestra fuerza. En la configuración concreta de esta unidad visible es posible, incluso deseable, la diversidad; más que una carencia, es una expresión de riqueza. En este sentido, tampoco desde el punto de vista católico se persigue una Iglesia unitaria, sino la unidad en la diversidad.

No es posible trazar por adelantado un plan maestro de qué aspecto concreto debe tener esa futura unidad ecuménica en la diversidad. No puede hacerse de antemano un esbozo detallado de la futura forma ecuménica de la Iglesia. En un ecumenismo de la

---

15. Cf. UR 2.

vida tiene que bastar con no perder de vista el objetivo fundamental y con hacer aquí y ahora lo que ya es posible. El camino del ecumenismo no es una pista de despegue y aterrizaje iluminada hasta el final; se parece más bien al camino de un caminante que lleva una linterna: esta alumbra a medida que avanzamos.

IX. El ecumenismo en perspectiva universal

Para mí es importante también un último aspecto del ecumenismo de la vida. De este forma parte asimismo dilatar el horizonte y pensar bajo una perspectiva universal, verdaderamente católica.

Desde hace cinco años tengo la oportunidad de contemplar las circunstancias alemanas un poco desde fuera, no solo desde Roma (lo que a algunos de ustedes quizá les parecerá más bien sospechoso), sino también, merced a múltiples viajes alrededor del mundo entero, desde una perspectiva universal. En todo ello aprendo a apreciar de un modo del todo nuevo las ventajas del «sistema alemán», pero constato asimismo hasta qué punto estamos obsesionados en Alemania con nuestros propios problemas. Esto lleva –no solo eclesialmente, sino, como salta a la vista, en el plano general-político– a la incapacidad de realizar reformas y a un inmovilismo que sofoca toda vida. La Iglesia alemana precisa urgentemente un suministro de aire fresco también desde fuera. Incluso a Europa necesitamos descubrirla todavía desde el punto de vista eclesial. ¿Acaso conocemos las otras Iglesias europeas? Viajes con finalidad informativa a otros países del continente, que son algo más que viajes vacacionales normales, no podrían ser sino beneficiosos para nuestro ecumenismo.

Ya anteriormente he hablado con frecuencia de la ampliación del ecumenismo hacia el Este. Es algo que, en el proceso de la ampliación política y cultural de Europa hacia el Este, se plantea con gran urgencia. La integración de los Estados de la Europa del Este en la Unión Europea es un reto secular y una oportunidad única; sin embargo, únicamente puede tener éxito si involucramos a las Iglesias ortodoxas, que desde hace siglos impregnan la cultura y la mentalidad de estos pueblos, en semejante esfuerzo. Esto vale en especial para la Iglesia ruso-ortodoxa. No hace faltar más que conocer un poco los iconos, los himnos litúrgicos y las antiguas iglesias de la Europa del Este para saber cuán rica es la cultura religiosa de esos países, de la que nosotros, habitantes del religiosamente empobrecido Occidente, mucho podríamos aprender. El ecumenismo con la Europa del Este es de vital importancia para el futuro europeo.

Junto a la ampliación hacia el Este, me gustaría hablar asimismo de una ampliación del ecumenismo hacia el Sur. En África y en Latinoamérica son entretanto buenas las relaciones con las Iglesias tradicionales (en especial con los anglicanos y luteranos). Pero allí nos confrontamos con un vertiginoso crecimiento de las Iglesias pentecostales y los evangélicos. Con una parte de ellos hemos podido establecer relaciones fructíferas; otros son tan agresivos, fundamentalistas y proselitistas que el diálogo con ellos resulta, cuando no de todo punto imposible, extremadamente difícil.

También entre nosotros en Alemania hay muchas antiguas y nuevas sectas, así como movimientos neorreligiosos (Nueva Era, cienciología, las llamadas religiones juveniles, etcétera). En el ecumenismo y en el panorama religioso se está produciendo hoy en el mundo entero una mutación de profundo alcance. Junto al encuentro con el islam, nos esperan también nuevos retos ecuménicos en casa.

Europa tiene un rico legado cultural impregnado por el espíritu del cristianismo. No hay Europa sin cristianismo. Pero la tragedia de Europa consiste en que la división de las Iglesias es una de las causas del moderno secularismo. En este espacio vacío se introducen ahora sectas y movimientos neorreligiosos. Este nuevo reto podemos superarlo solo ecuménicamente.

X. Una esperanza que no destruye

Para concluir, me gustaría hacer mía una oración del *abbé* Couturier. Nos dice lo que podemos esperar y cómo debemos orar para que se haga realidad:

> «Señor Jesucristo,
> tú oraste para que todos fuéramos uno.
> Te pedimos por la unidad de los cristianos,
> tal como tú la quieres
> y en la forma en que tú la quieres.
> Que tu Espíritu nos conceda
> soportar el dolor de la separación,

reconocer nuestra culpa
y esperar contra toda esperanza».

«Esperar contra toda esperanza»: eso es posible para los cristianos. Significa: no nos pongamos de parte de los escrupulosos que se pasan de listos. Mantengamos alta la esperanza. A los cristianos debe vérsenos en el rostro la esperanza; para ello tenemos, como cristianos, razones más que suficientes Podemos confiar en el Espíritu de Dios, que impulsó el movimiento ecuménico. Él siempre está dispuesto a dar alguna que otra sorpresa; además, llevará a término lo que ha comenzado: cuando quiera y como quiera. Mostrará al mundo entero que Jesucristo es nuestra paz, que Jesucristo es la paz del mundo.

31
Ecumenismo y espiritualidad

I. El movimiento ecuménico, hoy

Desde la apertura oficial de la Iglesia católica al movimiento ecuménico durante el concilio Vaticano II, el diálogo interconfesional ha hecho grandes progresos. En todo ello, más importante que determinados resultados concretos es lo que el papa Juan Pablo II, en la encíclica sobre el ecumenismo *Ut unum sint* (1995), llama la redescubierta fraternidad entre los cristianos[1]. A despecho de estos gratos progresos, no solo existen ciertamente dificultades concretas, lo que es normal y forma parte de la vida, sino que el diálogo ha llegado de algún modo –por mucho que continúen las conversaciones, los encuentros, las visitas y la correspondencia– a un punto muerto. La situación y el estado de ánimo han cambiado y en cierta manera hay que hablar incluso de una crisis. No cabe duda: el movimiento ecuménico se encuentra hoy en un punto de inflexión.

Una razón para ello, junto a muchas otras, es seguramente que, tras la superación de numerosos malentendidos y la constatación de un consenso básico sobre el centro de nuestra fe, ahora hemos llegado al núcleo duro de las diferencias eclesiológicas y, más en concreto, institucionales. En el encuentro con las Iglesias orientales antiguas y las Iglesias ortodoxas, esto concierne a la cuestión del ministerio petrino; y en el encuentro con las Iglesias protestantes, principalmente a la cuestión de la sucesión apostólica en el ministerio episcopal. El ministerio episcopal en sucesión apostólica y el ministerio petrino son, según la concepción católica, constitutivos de la comunión eclesial plena; de ahí que el establecimiento de la comunión eucarística dependa de la solución

---
1. Cf. JUAN PABLO II, *Ut unum sint* (1995), 42s.

a estas dos cuestiones. Las instituciones, en especial cuando son tan venerables y de tan rica tradición como las dos mencionadas, tienen su propia fuerza de gravedad y también lentitud. Por eso, el camino hacia la unificación no es fácil y presumiblemente resultará largo.

¿Qué podemos hacer? ¿Cómo deberíamos proceder? Para alcanzar un consenso, no bastan los debates y diálogos públicos de los expertos, por muy importantes y relevantes que puedan ser. A fin de poner otra vez en movimiento las cosas, se necesita una fuerza de empuje mayor y más intensa de lo que, por su naturaleza, pueden ser los esfuerzos humanos y el debate académico. En esta crítica situación, debemos recordar el impulso originario del movimiento ecuménico: en sus inicios resultó determinante un movimiento espiritual, un ecumenismo espiritual, que es la fuerza motriz tras la Semana de Oración por la Unidad de los Cristianos, tal como fue creada por el *abbé* Paul Couturier, el gran apóstol y pionero del ecumenismo espiritual.

Con razón ve el concilio Vaticano II, en su decreto sobre el ecumenismo *Unitatis redintegratio*, en el movimiento ecuménico un impulso y una obra del Espíritu Santo[2]. Y no en vano caracterizan tanto el concilio como el papa Juan Pablo II el ecumenismo espiritual como el corazón del movimiento ecuménico, puesto que la unidad de la Iglesia no puede alcanzarse solo mediante esfuerzos humanos: la unidad de la Iglesia es obra y don del Espíritu Santo de Dios. Únicamente un nuevo Pentecostés, una nueva efusión del Espíritu Santo, puede regalarnos la unidad de todos los discípulos de Cristo, por la que Jesús oró en la víspera de su muerte: «Que todos sean uno» (Jn 17,21). De ahí que el trabajo por el ecumenismo represente una tarea espiritual y no pueda ser sino participación en la oración sacerdotal de Jesús. Por eso, el ecumenismo espiritual es el corazón del ecumenismo. Significa: oración, en especial la oración ecuménica conjunta por la unidad de los cristianos, por la conversión y renovación personal, por la penitencia y el esfuerzo de santificación personal[3].

Aunque a muchos cristianos se les antoje una coartada, semejante «programa» se corresponde con la actual situación del de-

2. Cf. UR 1 y 4.
3. Cf. UR 5-8.

bate ecuménico. Los cismas del siglo XI y el siglo XVI no se debieron solamente a cuestiones doctrinales. Además de la cuestión de la verdad intervinieron numerosos factores no teológicos y experiencias dispares que llevaron a un distanciamiento mutuo y, en consecuencia, a malentendidos y divergentes opiniones doctrinales.

El cristianismo oriental y el cristianismo occidental no se separaron sin más en un punto determinado de la historia; antes hubo un largo proceso de alejamiento mutuo. Todavía hoy, cuando nos encontramos con nuestros hermanos y hermanas ortodoxos, siempre seguimos percibiendo, a pesar de la amplia herencia común —la comunión casi plena en la misma fe, como señaló el papa Pablo VI—, una profunda diferencia de cultura y de mentalidad, históricamente condicionada, que en ocasiones origina serias dificultades para el diálogo. Las Iglesias orientales se posicionan de antemano con escepticismo ante una teología conceptual como la que se desarrolló entre nosotros en Occidente desde la escolástica medieval y, sobre todo, en la Modernidad; para ellas es importante la teología doxológica y apofática, así como la experiencia litúrgica y mística que subyace a esta.

En el diálogo con las Iglesias protestantes sobre la doctrina de la justificación hemos tocado la dimensión existencial de su teología, pues a las Iglesias protestantes no les interesa tanto una doctrina de la justificación cuanto la relevancia existencial del mensaje de la justificación. Este último es, por así decir, el lado subjetivo de la cristología y trata sobre lo que significa Jesucristo para mí (*pro me*) y para nosotros (*pro nobis*). Las dificultades que muchos cristianos encuentran con la doctrina de la justificación y con el consenso fundamental que se ha alcanzado al respecto radica en que ellos ya no pueden vivir ni imaginar la conmoción existencial de Lutero, quien había experimentado existencialmente la carga del pecado, la seriedad del juicio divino y el carácter liberador del mensaje de la justificación. Por eso, si no se hace de nuevo existencialmente accesible la experiencia del mensaje de la justificación, a estos cristianos contemporáneos la doctrina de la justificación no les dice nada y el debate en torno a ella se les antoja una mera disputa de teólogos.

Y por último, la especial acentuación del ecumenismo espiritual se corresponde con nuestra actual situación intelectual, que está determinada, por un lado, por el relativismo posmoderno y el escepticismo y, por otro, por un anhelo de experiencia espiritual, de una alternativa espiritual al estilo moderno y posmoderno de vida, que a muchos le resulta huero y vacío. Una vez que las ideologías y las utopías de la Modernidad se han colapsado y las expectativas vinculadas a sus doctrinas han quedado frustradas, reina una gran desconfianza ante todo tipo de doctrina, pero simultáneamente se perfila una búsqueda y experiencia espiritual, por muy vaga y rudimentaria que sea. En este contexto solo avanzaremos en nuestros esfuerzos misioneros si retornamos a las raíces espirituales del cristianismo en general y del ecumenismo en particular y buscamos una renovada espiritualidad ecuménica.

II. Espiritualidad

El anhelo de una espiritualidad ecuménica encierra un peligro y posiblemente se abra aquí también una trampa. «Espiritualidad» es hoy un concepto muy utilizado y también equívoco, que con frecuencia ya solo se emplea como mera consigna. «Espiritualidad» se entiende en ocasiones en un sentido únicamente emocional como excusa para eludir un credo objetivo y como sucedáneo de este. A tal tentación sucumbieron en el pasado y sucumben en la actualidad algunos movimientos entusiastas. Esta tendencia a buscar la espiritualidad al margen de la fe objetiva de las Iglesias deviene antes o después huera y vacía; es incapaz de ayudar a las Iglesias a superar sus diferencias y resulta inútil desde el punto de vista ecuménico.

Para prevenir tales malentendidos, haremos bien en clarificar con algo más de precisión antes de nada el concepto de «espiritualidad» y el «asunto» al que se refiere. «Espiritualidad» es un término que fue acuñado en el catolicismo francés y que significa «devoción, religiosidad»; sin embargo, con ello no se cubre todo el espectro de significados de esta voz. Así, el *Dictionnaire de Spiritualité Chrétienne* entiende por «espiritualidad» aquellas actitudes, convicciones de fe y prácticas que determinan la vida de la persona y le ayudan a acceder a realidades que trascienden la percepción sensorial. Dicho de forma algo más sencilla, la «espiritualidad» puede concebirse como la conducta que el cristiano, movido por el Espíritu, manifiesta ante Dios. Según esto, el concepto incluye fe, prácticas de devoción y configuración de la vida y designa un estilo de vida guiado por el Espíritu. De ahí que la espiritualidad se entienda a sí misma como un despliegue de la existencia cristiana que acontece bajo la dirección del Espíritu Santo.

Con ello queda claro que el concepto de espiritualidad tiene dos dimensiones. Una, por así decir, «descendente» y que no está a disposición del ser humano: la acción del Espíritu de Dios. Y otra, por así decir, «ascendente»: las circunstancias y condiciones humanas en las que se encuadra la existencia cristiana y que esta intenta configurar y penetrar. Con ello, la espiritualidad se encuentra sujeta por necesidad a la tensión entre el Espíritu Santo, que actúa por doquier y en todo, y la diversidad de realidades y formas culturales y sociales de vida. La tensión entre unidad y diversidad se funda, por consiguiente, en la esencia del concepto de espiritualidad. Además, este concepto incluye también la tensión y el conflicto entre el Espíritu Santo y el espíritu del mundo, tal como es entendido en la Biblia.

Podemos decir incluso: hasta cierto grado, las diferentes maneras de entender la espiritualidad son corresponsables de las divisiones del cristianismo. El cristianismo no se ha fragmentado principalmente por culpa de las discusiones teóricas, ni las peleas en su seno se han debido sobre todo a discrepancias doctrinales, sino que ha tenido lugar un proceso de alejamiento existencial. Formas diversas de vivir la fe cristiana han ido deviniendo mutuamente extrañas hasta alcanzar un grado de distanciamiento que ha ocasionado la incomprensión recíproca y, con ella, las divisiones. Las condiciones y circunstancias culturales, sociales y políticas han desempeñado también un papel en todo ello. Con esto no se pretende excluir que también la pregunta por la verdad haya contribuido a dicho proceso; pero desde el punto de vista histórico, la pregunta por la verdad siempre está inserta en diversas condiciones vitales humanas, en diferentes realidades experienciales concretas y, a veces, terriblemente entrelazada con ellas.

Esto puede constatarse tanto en el cisma entre Oriente y Occidente en el siglo XI como en la división eclesial occidental que resultó de la Reforma del siglo XVI. Oriente y Occidente ya se habían distanciado progresivamente en el primer milenio tanto desde el punto de vista lingüístico y cultural como político, y su relación había pasado a estar marcada por la desconfianza y la incomprensión. Las diferencias se concretaron con frecuencia en cuestiones que hoy nos parecen ora superficialidades, ora expresiones de una legítima diversidad dentro de una unidad posible: uso de pan fermentado o no fermentado en la eucaristía; diferentes ritos; diferentes disciplinas canónicas, incluso en lo concerniente a la barba de los clérigos; diferentes calendarios litúrgicos; y, sobre todo, diferentes fechas para la fiesta de Pascua y diferentes enfoques teológicos, que llevaron a la controversia sobre el *filioque*, etc. En todos estos casos se trata hasta hoy de diferentes modos de expresión y formas de vida existenciales y eclesiales globales, en las cuales prácticamente cualquier asunto concreto plantea, en especial para la Iglesia oriental, la cuestión de la identidad espiritual en conjunto. Por eso les cuesta tanto –o en el fondo les resulta imposible– a algunas Iglesias moverse en el tema, por ejemplo, de una fecha común para la Pascua, que tan importante sería para todas las comunidades cristianas. Hasta la cuestión de la fecha de la Pascua representa, para ellas, un problema dogmático.

Algo análogo ocurrió en el siglo XVI. Lutero no podía seguir conciliando su experiencia espiritual, que tenía su punto central en la justificación *sola fide* [solo por la fe] y *sola gratia* [solo por la gracia], con una espiritualidad que se expresaba en la piedad de las indulgencias y en el entero «sistema» de una gracia transmitida sacerdotal, sacramental e institucionalmente, como el que se había desarrollado en la Edad Media. Es cierto que la praxis de las indulgencias vigente en aquella época incluía en muchos casos abusos; pero incluso una praxis purificada y teológicamente reexaminada, como la que con gran seriedad espiritual realizaron en el Año Santo 2000 millones de peregrinos a Roma, suscita en numerosos protestantes, incluidos muchos ecuménicamente abiertos, no solo incomprensión, sino desazón existencial y emocional y rechazo polémico. Esto se puede mostrar también, pese al acercamiento que entretanto se ha producido, para las formas específicamente católicas de la adoración eucarística –por ejemplo, la fiesta del Corpus Christi– o la piedad mariana. Aquí existen, como es del todo evidente, barreras no solo doctrinales, sino también emocionales.

La existencia de espiritualidades diferentes encierra en sí, por consiguiente, el peligro de la división. En modo alguno es cierto, como ingenuamente opinan algunos, que la doctrina separa, mientras que la espiritualidad une. Existe algo así como una intolerancia y una obstinación pseudoespirituales; y por desgracia, muchas de nuestras controversias tradicionales estuvieron determinadas por la actitud apologética y dogmática de quien siempre está cargado de razón; en lugar de llevar al entendimiento, no hicieron sino aumentar y cimentar el abismo entre unos y otros.

La espiritualidad ecuménica pretende contrarrestar todo esto. Exactamente igual que todos los demás enfoques ecuménicos, ya no parte de lo que nos separa, sino de lo que compartimos. Comienza por experiencias cristianas comunes y, hoy en mayor medida que en el pasado, por retos cristianos comunes en nuestro mundo más o menos secularizado y multicultural. Estas experiencias comunes nos permiten entender mejor las diferencias persistentes entre nosotros. Para llegar a un entendimiento y un acuerdo ecuménicos más profundos, se precisa sensibilidad espiritual, la comprensión de una forma de vida cristiana y eclesial diferente y al principio extraña, una comprensión sensible y empática desde dentro, no solo con la inteligencia, sino también con el corazón. La espiritualidad ecuménica implica escuchar y abrirse a la exigencia del Espíritu, quien también habla desde diferentes formas devocionales; comporta asimismo la disposición a reorientar el pensamiento y a convertirse, pero también a soportar la alteridad del otro, algo que requiere tolerancia, paciencia, respeto y, sobre todo, benevolencia y aquel amor que, lejos de vanagloriarse, se alegra de la verdad (cf. 1 Cor 13,4 y 6).

En virtud de mi propia experiencia puedo afirmar que los diálogos ecuménicos solo dan fruto cuando todo lo que acabamos de mencionar acontece en cierto grado; únicamente conducen al éxito cuando se consigue crear confianza y forjar amistad. Cuando no es así, todos somos lo bastante inteligentes para encontrar objeciones a los argumentos de la otra parte. Los diálogos de esta clase nunca llegan a su fin; tienen, por así decir, una dimensión escatológica. Que lleven al cielo o más bien al infierno, eso es algo que debemos dejar que decida el buen Dios. En cambio, si existe una relación amistosa y una base espiritual común, la situación cambia. Ello no tiene por qué llevar a un consenso inmediato, y por regla general no lo hace; pero ayuda a entender mejor qué es lo que el otro quiere decir en realidad y por qué ha adoptado una posición diferente de la nuestra. Nos ayuda a aceptar al otro –interlocutor o interlocutora– en su alteridad.

Sin embargo, al mismo tiempo hay que tener presente que «espiritualidad ecuménica» no es una expresión mágica con la que se puedan solucionar fácilmente los problemas interconfesionales, así como la actual crisis ecuménica. Pues la existencia de diferentes espiritualidades no solo conlleva el peligro de la división. Como fe encarnada en el mundo y la cultura, la espiritualidad encierra en sí el peligro del sincretismo, o sea, la mezcla de la fe cristiana con elementos religiosos y culturales que, lejos de ser conciliables con la fe, la falsean. Además, una espiritualidad puede vincularse asimismo con fines políticos, imprimiendo a la fe cristiana una impronta pseudoespiritual no solo nacional, sino nacionalista, chovinista o ideológica. Este peligro se percibe con meridiana claridad en algunas formas del fundamentalismo religioso. Por otra parte, hay formas de supuesta espiritualidad, también de supuesta espiritualidad ecuménica, que no pueden caracterizarse más que como banalización superficial y tardoburguesa de la fe cristiana.

Así, toda espiritualidad debe dejarse preguntar de qué espíritu es hija, si del Espíritu Santo o del espíritu del mundo. La espiritualidad requiere discernimiento de espíritus, pues no se trata de un asunto exclusivamente emocional del que pueda quedar excluida la pregunta por la verdad; antes bien, la espiritualidad ayuda, habilita, más aún, empuja a buscar la verdad. De ahí que, apelando a la espiritualidad, no pueda uno sustraerse sin más a los planteamientos de la teología. Justamente para mantenerse sana, la espiritualidad requiere reflexión y discernimiento teológicos.

III. El Espíritu Santo

Los grandes maestros de la vida espiritual nos han legado un rico tesoro de experiencias relativas al discernimiento de espíritus. Las más conocidas son las reglas para el discernimiento de espíritus contenidas en el breve libro de los *Ejercicios Espirituales* de Ignacio de Loyola. Merecería la pena leerlas de nuevo con detenimiento bajo el punto de vista ecuménico, pues de ellas podría extraerse gran provecho para la búsqueda de la unidad de los cristianos. Pero en el presente contexto me gustaría tomar un camino distinto, más teológico-sistemático, y analizar en tres pasos la esencia y la acción del Espíritu desde una perspectiva tanto bíblica como sistemática, con objeto de plantear –sobre el trasfondo de una reflexionada teología del Espíritu Santo– la pregunta por una espiritualidad ecuménica adecuada.

1. El que actúa por doquier

El significado fundamental tanto de la voz hebrea (*ruaḥ*) como de la voz griega (*pneûma*) para espíritu es viento, aliento, soplo y, puesto que el aliento es signo de vida, también vida, alma y, por último, en sentido figurado, principio vital del ser humano, sede de sus sensaciones intelectuales y voliciones. No es, sin embargo, un principio inmanente al ser humano; antes bien, designa al espíritu como vida otorgada y empoderada por Dios. Dios lo concede y también puede retirarlo de nuevo, de suerte que el Espíritu divino es la fuerza vital creadora presente en todas las cosas. El Espíritu de Dios da al ser humano ingenio y perspicacia, juicio y sabiduría. Él es el *spiritus creator* [Espíritu creador], que actúa en la entera realidad creada. «El Espíritu del Señor llena la tierra y, como da consistencia al universo, no ignora ningún sonido» (Sab 1,7; cf. 7,22–8,1).

En consecuencia, una doctrina del Espíritu Santo adecuada a su objeto tiene que comenzar con una perspectiva universal. No debe ocultarse dentro de los muros eclesiales o replegarse en lo más interior e íntimo. La pneumatología únicamente es posible escuchando las huellas, expectativas, alegrías e infructuosidades de la vida y atendiendo a los signos de los tiempos, que se encuentran dondequiera que irrumpa y nazca nueva vida, dondequiera que haya efervescencia y agitación, pero también dondequiera que las esperanzas de vida sean violentamente destruidas, sofocadas, amordazadas y asesinadas. Dondequiera que se manifieste vida verdadera, allí está actuando el Espíritu de Dios.

Según Agustín, el Espíritu es «la fuerza de gravedad de la caridad, el empuje ascendente, aquello que se opone a la fuerza de la gravedad descendente y conduce todo a la consumación en Dios»[4]. El concilio Vaticano II descubre esta actividad universal

---

4. Agustín de Hipona, *Conf.* XIII,7,8.

del Espíritu no solo en las religiones de la humanidad, sino también en la cultura y el progreso humanos[5].

En la encíclica que dedica a la misión, la *Redemptoris missio*, el papa Juan Pablo desarrolla esta idea. Allí escribe: «El Espíritu, pues, está en el origen mismo de la pregunta existencial y religiosa del hombre, la cual surge no solo de situaciones contingentes, sino de la estructura misma de su ser». Y luego prosigue: «La presencia y la actividad del Espíritu no afectan únicamente a los individuos, sino también a la sociedad, a la historia, a los pueblos, a las culturas y a las religiones. En efecto, el Espíritu se halla en el origen de los nobles ideales y de las iniciativas de bien de la humanidad en camino»[6]. Pues, según enseña Tomás de Aquino, toda verdad, con independencia de dónde proceda, tiene su origen en el Espíritu Santo[7].

Una espiritualidad ecuménica de impronta bíblica no puede, pues, orientarse unilateralmente hacia dentro ni ser puramente eclesiocéntrica. Como el ecumenismo no es un fin en sí, así también una espiritualidad ecuménica tiene que autotrascenderse. Jesús pide que todos seamos uno, para que el mundo crea (cf. Jn 17,21). El ecumenismo en general y la espiritualidad ecuménica en especial tienen la tarea de poner a la Iglesia en condiciones de ofrecer al mundo un testimonio cristiano común y convincente. De ahí que una espiritualidad ecuménica deba estar sobre la pista de la vida y al servicio de la vida. En consecuencia, debe comprometerse con la vida diaria de los seres humanos y sus experiencias cotidianas en igual medida que con las grandes cuestiones de la vida y supervivencia de los hombres en la actualidad, con las cuestiones de la paz, la justicia y la conservación de la creación, pero también tanto con las religiones de la humanidad como con las creaciones culturales del ser humano. Según un principio de la mística medieval y de Ignacio de Loyola, es necesario buscar a Dios en todas las cosas. Este principio incluye el objetivo legítimo del ecumenismo secular, o sea, la colaboración ecuménica de cristianos que abogan en común por la justicia social, la protección del medio ambiente y otras preocupaciones. Pero para salva-

---

5. Cf. GS 26, 28, 38, 41 y 44.
6. JUAN PABLO II, *Redemptoris missio* (1990), 28.
7. Cf. TOMÁS DE AQUINO, *S.th.* I/II, q. 109, a. 1

guardar su identidad y no devenir meramente secularista, tal ecumenismo secular debe nutrirse de –y guiarse por– los dos siguientes criterios para el discernimiento de espíritus.

2. El fundamento cristológico

En la Biblia, el Espíritu no solo es el poder creador de Dios, sino el poder divino que actúa en la historia. Habla a través de los profetas y es prometido como espíritu mesiánico (cf. Is 11,2; 42,1). Es el poder de la nueva creación, que transforma el desierto en paraíso, convirtiéndolo en un lugar de derecho y justicia (cf. Is 42,15s). «No cuentan fuerza ni riqueza, lo que cuenta es mi Espíritu» (Zac 4,6). Así, él conduce a la criatura que espera y gime hacia el reino de la libertad de los hijos de Dios (cf. Rom 8,19s).

El Nuevo Testamento anuncia la irrupción del reino de la libertad en Jesucristo. Este es criatura del Espíritu (cf. Lc 1,35; Mt 1,18.20); en el bautismo, el Espíritu desciende sobre él (cf. Mc 1,9-11), y toda su actividad terrena se realiza bajo el signo del Espíritu (cf. Lc 4,14.18; 10,21; 11,20). El Espíritu está sobre él, a fin de que dé a los pobres la buena noticia y anuncie la liberación a los cautivos, la vista a los ciegos y la libertad a los oprimidos (cf. Lc 4,18s). Su resurrección de entre los muertos acontece en la fuerza del Espíritu (cf. Rom 1,3s), y en la fuerza del Espíritu permanece presente en lo sucesivo en la Iglesia y el mundo. «Ese Señor es el Espíritu» (2 Cor 3,17).

En Jesucristo, en su vida terrena y en su acción como Señor exaltado alcanza su realización escatológica la obra redentora del Espíritu. De ahí que el Espíritu sea para Pablo el Espíritu de Cristo (cf. Rom 8,9; Flp 1,19), el Espíritu del Señor (cf. 2 Cor 3,17) y el Espíritu del Hijo (cf. Gál 4,6). La confesión de fe en Jesucristo es el criterio decisivo para el discernimiento de espíritus. «Nadie, movido por el Espíritu de Dios puede decir: "¡Maldito sea Jesús!". Y nadie puede decir: "¡Señor Jesús!" si no es movido por el Espíritu Santo» (1 Cor 12,3).

Con ello acabamos de formular el decisivo criterio cristológico de una espiritualidad ecuménica. Se dirige contra el peligro de un relativismo y sincretismo espiritual, que tiende a yuxtaponer las experiencias espirituales de las distintas religiones, a fin de mezclarlas o elegir eclécticamente entre ellas. El criterio cristológico salvaguarda tanto la singularidad como la universalidad de la relevancia salvífica de Jesucristo. Sale al paso de la tentación entusiasta, que quiere arreglárselas sin mediación cristológica alguna y afirma un acceso directo al Espíritu. Nos recuerda que «nadie ha visto jamás a Dios; el Hijo único, Dios, que estaba al lado del Padre, lo ha explicado» (Jn 1,18).

Por eso, la espiritualidad ecuménica será en primer lugar una espiritualidad bíblica y se traducirá en la lectura y el estudio común de la Escritura, que para todos los cristianos es el fundamental testimonio común de que Dios ha consumado en la historia su obra salvífica en Jesucristo. Meditará una y otra vez sobre los relatos bíblicos de la actividad de Jesús, su mensaje liberador y su acción liberadora y sanadora, su servicio a los demás, su kénosis hasta la muerte, así como sobre la totalidad de su persona y su obra, tomando todo ello como norma. Como programáticamente lo formula el papa Juan Pablo II en su carta apostólica *Novo millennio ineunte* (2001), buscará incesantemente el rostro de Cristo. También el movimiento ecuménico comporta un «ripartire da Cristo», un volver a partir de Cristo. La confesión de fe en la unicidad y la relevancia salvífica universal de Cristo protege a la fe cristiana, en su encuentro con otras religiones, del relativismo y el sincretismo, pero también de la arrogancia. El seguimiento de Jesús se manifiesta en lo que Pablo enumera como los frutos del Espíritu: amor, gozo, paz, paciencia, amabilidad, bondad, fidelidad, modestia y dominio de sí (cf. Gál 5,22).

Jesucristo está presente en la palabra y los sacramentos, por lo que la espiritualidad ecuménica será asimismo una espiritualidad sacramental. Se apoya en el bautismo que todos compartimos, mediante el cual ya somos miembros en el único Espíritu del único cuerpo de Cristo y vivimos en una profunda comunión espiritual (cf. 1 Cor 12,13; Gál 3,28). A través del bautismo participamos en la muerte y resurrección de Cristo (cf. Rom 6,3-5), somos criaturas nuevas (cf. 2 Cor 5,17; Gál 6,15), renacidos a una esperanza viva (cf. 1 Pe 1,3), llamados a la permanente renovación de nuestra vida, a una vida no conforme al espíritu del mundo, sino conforme al Espíritu de Jesucristo. La renovación de las promesas bautismales y la conmemoración litúrgica del bautismo son, por eso, elementos fundamentales de una espiritualidad ecuménica.

El bautismo se orienta al compartir eucarístico. En el único pan eucarístico nos convertimos en el cuerpo único de la Iglesia (cf. 1 Cor 10,17). Esta participación contradice todas las divisiones (cf. 1 Cor 11,17-22). Por eso, para los comprometidos con el movimiento ecuménico resulta profundamente doloroso no poder sentarse juntos a la mesa del Señor. Este sufrimiento de tantos cristianos debe representar un acicate adicional para todos cuantos tienen responsabilidad en lo relativo a la promoción de la unidad de los cristianos. Esto no quiere decir que hasta entonces no se pueda hacer nada. Uno de los logros positivos del movimiento ecuménico es haber propiciado un acercamiento en cuestiones doctrinales concernientes a la eucaristía, así como un intenso intercambio sobre experiencias eucarísticas y formas litúrgicas. Ello no carece de importancia, ya que, aparte de la cuestión del papado, las controversias históricas más vehementes han estado relacionadas con la santa misa, que los reformadores calificaban de idolatría.

Pero sería una solución falsa y demasiado sencilla olvidar sin más estas controversias, prescindir de ellas y, en lugar de tenerlas en cuenta, incurrir en la mera ignorancia y trivialización del misterio eucarístico. La eucaristía es un misterio de fe, por lo que únicamente podrá llegarse a un consenso al respecto si llevamos a cabo un intercambio sobre la fe vivida desde una profunda espiritualidad eucarística. En este sentido es mucho lo que ya se ha alcanzado, sobre todo en las comunidades ecuménicas. Ya ahora podemos comulgar espiritualmente cuando participamos en una celebración eucarística en una Iglesia o comunidad eclesial que aún no está en comunión plena con nuestra propia Iglesia. En situaciones especiales de urgencia espiritual y auténtico y profundo anhelo, podemos dar la bienvenida a la celebración de la eucaristía, como explicó el papa Juan Pablo II, a otros cristianos[8].

Por último, podemos –y estamos legitimados a– invocar a Dios en el Espíritu como hizo Jesús: «*Abbá*, Padre» (cf. Rom 8,15

---

8. Cf. JUAN PABLO II, *Ut unum sint* 46; ID., *Ecclesia de eucharistia* (2003), 46.

y 26s; Gál 4,6). Una espiritualidad ecuménica es una espiritualidad oracional, con un centro especial en la Semana de Oración por la Unidad de los Cristianos, que se celebra bien en enero, bien en la semana anterior a Pentecostés. Al igual que María y los apóstoles estaban reunidos en oración cuando aconteció Pentecostés, también tal oración congregará sin cesar a personas, a fin de que impetren en común la llegada del Espíritu, que une a las múltiples naciones en un único lenguaje para que todas juntas pidan un nuevo Pentecostés (cf. Hch 1,13s). Así como el propio Jesús vivía de la oración, así también le ocurre a una espiritualidad ecuménica; al igual que Jesús en la cruz, también ella sufre y soporta en la oración las experiencias de abandono por parte del Espíritu y de Dios (cf. Mc 15,34), la experiencia de las dificultades y decepciones ecuménicas, nuestras experiencias de desierto ecuménicas.

3. *La vida de la Iglesia*

Junto al criterio cristológico está, para Pablo, el eclesiológico. Vincula el Espíritu a la construcción de la comunidad y al servicio en la Iglesia. Puesto que el Espíritu se concede para el bien común, los distintos dones del Espíritu deben servirse recíprocamente (cf. 1 Cor 12,4-30). El Espíritu no es un Espíritu de la anarquía, sino de la paz (cf. 1 Cor 14,33). Se les da a todos los creyentes y a la Iglesia como un todo, y la Iglesia en conjunto es templo del Espíritu (cf. 1 Cor 3,16-17: 2 Cor 6,16; Ef 2,21), construido con piedras vivas, los creyentes (cf. 1 Pe 2,5). Así, la acción del Espíritu no puede circunscribirse a las instituciones de la Iglesia ni puede ser reclamada por estas como si se tratara de un monopolio suyo. Igualmente, el Espíritu o el carisma no pueden ser contrapuestos a la estructura sacramental y los ministerios de la Iglesia, que son asimismo dones del Espíritu. El Espíritu no actúa en la contraposición, sino en la conjunción y colaboración de todos. Es enemigo de todo partidismo, de la formación de banderías. El principal don del Espíritu es el amor, al margen del cual los demás carismas carecen de valor. «El amor no es envidioso ni fanfarrón, no es orgulloso ni destemplado... Todo lo aguanta, todo lo cree, todo lo espera, todo lo soporta» (1 Cor 13,4.7).
La tradición teológica acentúa y desarrolla precisamente este aspecto. Según Ireneo de Lyon, la Iglesia es «el recipiente en el

que el Espíritu ha introducido y mantiene lozana la fe»; «donde está la Iglesia, allí está también el Espíritu de Dios; donde está el Espíritu de Dios, allí está la Iglesia, así como la gracia toda»[9]. E Hipólito afirma: «Festinet autem et ad ecclesiam ubi floret spiritus» [Acuda presuroso a la Iglesia, donde florece el Espíritu][10]. Según la entera tradición occidental, determinada principalmente por Agustín, el Espíritu es el amor entre el Padre y el Hijo, lo más íntimo de Dios y al mismo tiempo lo más externo, porque en él y a través de él se derrama en nuestros corazones el amor divino. Así pues, el Espíritu es el principio de vida de la Iglesia, y su función en la Iglesia puede compararse con la del alma en el cuerpo humano[11].

De ahí que la espiritualidad ecuménica es eclesial, o sea, una espiritualidad referida a la comunidad. El movimiento ecuménico no se inició con un relativismo y liberalismo eclesiológico y dogmático; bien al contrario, comenzó con –y fue sostenido y acompañado por– un *ressourcement*, un retorno a las fuentes de la vida eclesial, al testimonio de la Biblia, la liturgia y los padres. Así, la espiritualidad ecuménica se esforzará por *sentire ecclesiam* [sentir la Iglesia]; buscará una comprensión más profunda del ser, la tradición y, sobre todo, la liturgia eclesiales; y se afanará por hacer de la realidad objetiva de la Iglesia su propia realidad subjetiva. La espiritualidad ecuménica vive del testimonio y la celebración de la liturgia.

Por regla general, la espiritualidad ecuménica se cultiva principalmente en grupos y círculos ecuménicos. Sin embargo, estos no deberían aislarse de la comunidad más abarcadora de la Iglesia, puesto que les corresponde un papel especial en la Iglesia y para la Iglesia. La espiritualidad ecuménica padece también a causa de las heridas infligidas por las divisiones de la Iglesia y sangra a través de ellas. Es, por consiguiente, conciencia crítica de la Iglesia y exhorta a no replegarse en sí con autosuficiencia confesional, sino a dar con valentía todos los pasos en pro de la unidad cristiana que sean posibles y responsables, participando en el «intercambio de dones» que recoge y aprovecha la riqueza de las demás tradiciones, para perseguir así la unidad ecuménica más abarcadora y

---

9. Ireneo de Lyon, *Adv. haer.* III,24,1.
10. Hipólito, *Trad. apost.* 31 y 35.
11. Cf. LG 7.

llegar a la entera plenitud concreta de la catolicidad. En la realidad eclesial tal como es, la espiritualidad ecuménica devendrá, en consecuencia, examen de conciencia y siempre irá proféticamente por delante con el pensamiento; pero no huirá de la realidad, sino que trabajará paciente y tenazmente por el consenso. Se esforzará por salvaguardar la unidad del Espíritu (cf. Ef 4,3). El papel profético tiene también un aspecto positivo y constructivo. Los grupos que viven de una espiritualidad ecuménica de la comunión anticipan un estilo de vida eclesial que debe convertirse en paradigma para toda la Iglesia. El papa Juan Pablo II describe semejante espiritualidad de la comunión como el reconocimiento del otro en su alteridad:

«Espiritualidad de la comunión significa, además, capacidad de sentir al hermano de fe en la unidad profunda del cuerpo místico y, por tanto, como "uno que me pertenece", para saber compartir sus alegrías y sus sufrimientos, para intuir sus deseos y atender a sus necesidades, para ofrecerle una verdadera y profunda amistad. Espiritualidad de la comunión es también capacidad de ver ante todo lo que hay de positivo en el otro, para acogerlo y valorarlo como regalo de Dios: un "don para mí", además de ser un don para el hermano que lo ha recibido directamente. En fin, espiritualidad de la comunión es saber "dar espacio" al hermano, llevando mutuamente la carga de los otros (cf. Gál 6,2) y rechazando las tentaciones egoístas que continuamente nos asechan y engendran competitividad, ganas de hacer carrera, desconfianza y envidias. No nos hagamos ilusiones: sin este camino espiritual, de poco servirían los instrumentos externos de la comunión. Se convertirían en medios sin alma, máscaras de comunión más que sus modos de expresión y crecimiento»[12].

Si falta esta espiritualidad de la comunión, la comunión institucional degenera en mera máquina sin alma; en cambio, si está presente, se anticipa ya la verdadera meta del movimiento ecuménico. Pues la meta no es una Iglesia uniforme, sino la unidad dentro de la legítima diversidad, una unidad según el modelo de

---

12. JUAN PABLO II, *Novo millennio ineunte* (2001), 43.

la Trinidad: un Dios en tres personas que vive en un íntimo intercambio amoroso.

IV. El diálogo ecuménico

Los tres criterios para el discernimiento de espíritus que hemos expuesto son muy anchurosos; no restringen, sino que abren. Están animados por el Espíritu del amor, que ahuyenta el temor (cf. 1 Jn 4,18) y supera los miedos por la propia identidad, que sin cesar se oponen al movimiento ecuménico impidiendo, oprimiendo, bloqueando. Así, estos tres criterios posibilitan el dinamismo ecuménico y una dinámica espiritualidad ecuménica.

Ciertamente, la espiritualidad ecuménica está anclada, como toda espiritualidad cristiana, en la revelación que ha acontecido «de una vez por todas» en Jesucristo (cf. Heb 2,27 y *passim*); en ella tiene su fundamento y su medida. Pero ¿qué clase de criterio es este? Este criterio es todo menos una mira de nivelación fija. Pues, según el testimonio de la Sagrada Escritura, se trata de la vida y muerte de una persona en la que habita la plenitud de la divinidad (cf. Col 2,9), hasta el punto de que la Carta a los Efesios puede hablar de la insondable riqueza de Cristo (cf. Ef 3,8). Ningún concepto humano, ningún dogma puede agotar esta riqueza. Todo nuestro conocimiento es conocimiento a medias (cf. 1 Cor 13,9); los dogmas de la Iglesia son justamente verdaderos en la medida en que, con infalible certeza, remiten más allá de sí mismos al inescrutable misterio de Dios.

Por consiguiente, la meta que persiguen los enunciados dogmáticos no es la fórmula enunciada en sí, sino la verdad de Dios a la que esta alude[13]; según una acertada formulación escolástica, los artículos de fe son una «perceptio divinae veritatis tendens in ipsam» [percepción de la verdad divina que tiende hacia esa verdad misma][14]. Así, la Iglesia es el pueblo de Dios que está en camino con la certeza creyente de ser sostenido infaliblemente en la verdad, pero siempre consciente al mismo tiempo de estar en camino para ser introducido con creciente profundidad en la verdad revelada de

---

13. Cf. Tomás de Aquino, *S.th.* II/II, q. 1, a. 2 ad 2.
14. *Ibid.* q. 1, a. 6.

una vez por todas. concilio Vaticano II afirma: «La Iglesia, en el decurso de los siglos, tiende constantemente a la plenitud de la verdad divina»[15].

Esta introducción en la verdad siempre mayor y más profunda es obra del Espíritu Santo, a quien corresponde guiarnos a la verdad plena (cf. Jn 16,13). El Espíritu lleva esto a cabo de múltiples modos; uno de ellos es, según el concilio, la experiencia espiritual, de la que también forma parte la experiencia espiritual ecuménica. Pues el diálogo ecuménico no solo es un intercambio de ideas, sino también un intercambio de dones y experiencias espirituales[16]. A ello puede contribuir, en su lugar y a su modo, todo cristiano, toda cristiana, pues todos somos –cada cual a nuestra manera– expertos, o sea, personas que han vivido experiencias y tienen que transmitirlas. Así, también del diálogo ecuménico vale, en sentido análogo, lo que Pablo dice de toda asamblea comunitaria: «Cuando os reunís, que cada cual aporte algo» (1 Cor 14,26).

De ahí que el diálogo ecuménico sea todo lo contrario de una renuncia a la propia identidad en aras de una «mezcolanza» ecuménica. Es un profundo malentendido verlo como un relativismo dogmático favorecedor de compromisos entre las partes que se da por satisfecho con el mínimo denominador común. El diálogo ecuménico no aspira al empobrecimiento espiritual, sino al enriquecimiento espiritual recíproco en tanto en cuanto descubrimos la verdad del otro como nuestra propia verdad y, de este modo, somos guiados por el Espíritu a la verdad plena. Es el Espíritu quien restaña las heridas causadas por nuestras divisiones y quien nos pertrecha con la catolicidad plena.

Así, por ejemplo, en estas últimas décadas los católicos hemos aprendido mucho de las experiencias de nuestros hermanos y hermanas protestantes en lo que atañe a la relevancia de la palabra de Dios, la Sagrada Escritura, y su interpretación; por su parte, ellos aprenden en la actualidad de nuestra sacramental realidad sígnica y de la forma en que celebramos la liturgia. En el ecumenismo con las Iglesias orientales podemos aprender de la riqueza espiritual de estas comunidades eclesiales, de su respeto ante el misterio, mientras que ellas, por su parte, pueden beneficiarse de nuestras experiencias pastorales y de las experiencias que hemos acumulado en el trato con el mundo moderno. Así, la

---

15. DV 8.
16. Cf. JUAN PABLO II, *Ut unum sint* 28.

Iglesia, según una frase del papa Juan Pablo II que se ha hecho célebre, podrá volver a respirar con ambos pulmones.

La meta del diálogo ecuménico no es que los demás cristianos se conviertan a nosotros. Por supuesto, no pueden ni deben excluirse conversiones individuales; hay que aceptarlas con enorme respeto ante la subyacente decisión de conciencia. Con todo, lo que importa no es –ni siquiera en la conversión individual– la conversión a otra Iglesia, sino la conversión a la plena verdad de Jesucristo. En este sentido, no hay ecumenismo sin conversión y renovación eclesial[17]; y semejante conversión no es un acto singular aislado, sino un proceso continuo e incesante.

El movimiento ecuménico nos anima a tal conversión, ya que lleva a un examen de conciencia y no puede ser separado de la conversión personal ni de la voluntad de reforma eclesial[18]. En la medida en que, a través del intercambio de nuestras diferentes experiencias confesionales y nuestros distintos modos de acceso, nos movemos hacia Jesucristo y crecemos hacia la forma plena de Cristo (cf. Ef 4,13), devenimos uno en Cristo Jesús, pues él es nuestra unidad. Tras la superación de las divisiones, en él podemos realizar también de manera históricamente concreta la plenitud de la catolicidad.

Si ahora nos preguntamos cuál es esa unidad en la plenitud hacia la que nos encaminamos, la respuesta no se encuentra en un sistema abarcador, sofisticado y rico en matices, ya de índole especulativa, ya de índole institucional, en el que las diferencias son subsumidas (*aufgehoben*) a la manera de la dialéctica hegeliana. En este sentido, el diálogo se diferencia por principio de la dialéctica.

El diálogo persigue la reconciliación. La reconciliación no subsume la posición diferente del otro; no acapara a este ni lo absorbe. Antes al contrario, la reconciliación reconoce al otro –interlocutor o interlocutora– en su alteridad. La unión en el amor acontece de un modo tal que la identidad del otro no es ni subsumida ni absorbida, sino confirmada y realizada.

Esta experiencia de unidad en el amor es el modelo de la unidad cristiana y eclesial, que en último término se funda en el amor

---

17. Cf. UR 7.
18. Cf. Juan Pablo II, *Ut unum sint* 16, 24s y 83s.

trinitario entre el Padre, el Hijo y el Espíritu Santo; este amor es el prototipo de la unidad eclesial, que, por tanto, es, por decirlo así, un icono de la Trinidad[19].

Por eso es importante diferenciar, en el sentido del pensamiento de Johann Adam Möhler, las tensiones –que se apoyan en diferencias legítimas y forman parte de la riqueza de la catolicidad– de las contradicciones, que segregan del todo un elemento de verdad y lo absolutizan, de modo que se convierte en *haíresis*, o sea, en «algo entresacado de forma aislada», en una posición angosta que aleja de la riqueza del Evangelio y se halla, por ende, en contradicción con la plenitud de la catolicidad. De ahí que la finalidad del diálogo ecuménico sea aclarar tales malentendidos y diferencias separadoras, reconciliándolos de nuevo, esto es, reintegrándolos al conjunto del Evangelio.

Es cierto que no puede existir unidad mientras alguna Iglesia afirme que la verdad reconocida por –y vinculante para– otra Iglesia contradice el Evangelio. Pero el reconocimiento del otro en su alteridad no lleva a un pluralismo ilimitado ni a un indiferentismo dogmático. Al contrario, tal reconocimiento implica que reconocemos al otro en su alteridad y que –bajo formas y formulaciones distintas– conocemos la misma verdad, la verdad que es tan rica que no puede ser expresada con una única formulación, sino solo mediante formas de hablar complementarias entre sí. Así, de la resolución de las contradicciones separadoras no surge en modo alguno un sistema de conceptos y formulaciones uniformes. Tampoco el entendimiento humano «normal» funciona de una manera tan racionalista, sino que, en un acto de confianza, presupone en último término que ambos interlocutores quieren decir de verdad lo que dicen y quieren decir además lo mismo, si bien eventualmente de modos diferentes. Incluso el riguroso conocimiento científico-natural debe contentarse al final con modelos complementarios, tales como, por ejemplo, el modelo de ondas y el modelo de partículas.

La unidad de la Iglesia no puede ser un sistema abstracto que se encuentre y adopte por una feliz ocurrencia en el curso de un diálogo teológico. El acuerdo teológico es sin duda necesario, pero en último término la unidad solamente puede ser entendida y

---

19. Cf. LG 4; UR 3.

aceptada como una experiencia espiritual, como una experiencia que, por supuesto, no puede ser solo de índole individual, sino que ha de tener características eclesiales. Consiste en un acto de confianza en que el otro, bajo formas y formulaciones diferentes, en imágenes, símbolos y conceptos distintos, se refiere a –y cree en– el mismo misterio de fe que nosotros, tal como lo afirmamos en nuestra tradición.

Según la doctrina teológica, semejante consenso es obra y signo del Espíritu Santo[20]. La constatación del consenso acontece, por eso, en un juicio espiritual de la Iglesia. Este consenso no cae de un modo u otro del cielo, sino que es preparado por los múltiples procesos de consenso en los diferentes niveles de la vida eclesial. A través de ellos, a través asimismo de las controversias que originan, el Espíritu prepara la unidad de los cristianos. No nos compete a nosotros fijarle fechas para ello al Espíritu Santo, pues es él quien determina los tiempos.

El ecumenismo fue desde el principio un acontecimiento espiritual; y allí donde se alcanzó también un consenso interconfesional, siempre fue experimentado como un don espiritual. De ahí que, con más razón aún, un consenso de toda la Iglesia no pueda venirnos sino regalado como un nuevo acontecimiento pentecostal. El papa Juan XXIII, cuando inauguró el concilio Vaticano II con una clara finalidad ecuménica, habló de semejante renovado Pentecostés. Sería pusilánime suponer que el Espíritu no llevará a término, no consumará la obra que él mismo ha comenzado. El ecumenismo requiere magnanimidad y esperanza. Estoy persuadido de que, si hacemos la parte que nos corresponde, el Espíritu de Dios nos regalará algún día este nuevo Pentecostés.

20. Cf. LG 12.

32
La luz de Cristo y la Iglesia

El tema de esta tercera asamblea ecuménica europea: «La luz de Cristo ilumina a todos los hombres», le viene verdaderamente como anillo al dedo a la ciudad de Sibiu/Hermannstadt. Desde hace siglos conviven aquí en Transilvania húngaros y rumanos, cristianos ortodoxos, católicos, grecocatólicos y evangélicos. Casi todos los problemas europeos y ecuménicos se reflejan en esta región. No en vano, Sibiu es la capital cultural de Europa en el año 2007.

I. La luz de Cristo en el mundo

La compleja historia de esta región muestra que el tema: «La luz de Cristo ilumina a todos los hombres», no es fácil de digerir; al contrario, suscita preguntas y, en algunas personas, incluso protestas. ¿Ilumina la luz de Cristo de verdad a todos los hombres? ¿También a los no cristianos, por ejemplo, a los musulmanes? ¿También a aquellos que no conocen a Jesús y a los no pocos que en la actual Europa, aunque han oído hablar de él, rechazan su mensaje y, por decirlo con palabras de la Biblia, aman más las tinieblas que la luz (cf. Jn 3,19)? ¿Ilumina incluso a los que persiguen a Jesucristo y a quienes creen en él?

Realmente no es este un tema fácil, tampoco un tema inocuo. A pesar de ello, no ha sido formulado por una sagaz comisión ecuménica preparatoria. Se trata de una cita algo libre del prólogo del Evangelio de Juan. Allí se habla de la luz verdadera que ilumina a toda persona y que a través de Jesucristo vino definitivamente al mundo (cf. Jn 1,9). El propio Jesucristo se designa a sí mismo como luz del mundo (cf. Jn 8,2). Por eso, debemos situar de antemano el tema que se nos ha planteado: «La luz de Cristo y la Iglesia», en un horizonte más amplio, que reza: «La luz de Cristo y el mundo».

De este modo nos movemos con nuestro tema sobre firme terreno bíblico, más aún, sobre firme terreno común. Pues, a pesar de todo lo que nos diferencia a los cristianos ortodoxos, evangélicos y católicos, la profesión de fe en Jesús nos une. Como cristianos confesamos conjuntamente que en Jesucristo se nos ha regalado la luz del mundo, que esta luz ha resplandecido para nosotros en el bautismo que compartimos y al que los padres de la Iglesia se referían como «iluminación» (*phōtismós*). Juntos confesamos en el credo que Jesucristo es luz de luz, Dios verdadero de Dios verdadero. Juntos lo confesamos como el único salvador y redentor de todos los seres humanos, como salvación del mundo.

Considero importante que, al comienzo de nuestra asamblea, en lugar de fijarnos de inmediato en las diferencias que persisten entre nosotros, reflexionemos sobre el fundamento común. El ecumenismo no tiene que ver meramente con el sentimiento humano de unión. No, el ecumenismo quiere hacer realidad la confesión de fe común en el único Dios, en el único Señor Jesucristo, en el único bautismo y en la única Iglesia, a la que nos adherimos en el credo común. Como se dice en la fórmula base del Consejo Mundial de Iglesias, el movimiento ecuménico está propulsado por personas que invocan al Dios uno y trino y reconocen a Jesús como Salvador y Señor. Con este fundamento común debemos medirnos en los próximos días; por él debemos dejarnos inspirar. Sin este fundamento, estaríamos construyendo sobre arena y haciendo castillos en el aire.

El don del ecumenismo consiste en que hemos vuelto a reconocer esa afinidad fundamental, en que hemos redescubierto que no somos extraños ni rivales unos para otros, sino hermanos y hermanas en Cristo. Nunca podremos estar suficientemente agradecidos por este regalo. No deberíamos dejar que la alegría que ello nos causa se vea empañada por el hecho de que afloren diferencias y problemas. Tampoco deberíamos dejarnos disuadir de ella por quienes no ven en el ecumenismo más que una perdición. Para nosotros, el ecumenismo es un encargo de Jesucristo, quien oró para que todos fuéramos uno (cf. Jn 17,21). Es un impulso del

Espíritu Santo[1] y una respuesta a lo que pide nuestra época. Así, nos hemos dado la mano unos a otros y no queremos volver a soltarnos ya más.

Portamos esta riqueza en vasijas de barro (cf. 2 Cor 4,7). Pues a pesar de tener un fundamento común en Jesucristo, vivimos en Iglesias separadas. Eso lo hacemos en contra de la voluntad y del encargo de Jesucristo. De ahí que no debamos aceptar las divisiones entre nosotros como algo natural, ni acostumbrarnos a ellas, ni disimularlas. Contradicen la voluntad de Jesús y son, por tanto, expresión de pecado. Son un fracaso en lo relativo a nuestra tarea histórica de dar testimonio de la luz de Jesús a todos los hombres y de abogar en común por la unidad y la paz de la humanidad entera.

Con nuestras divisiones hemos oscurecido la luz de Cristo para muchas personas y restado credibilidad a la causa de Jesucristo. Como puede mostrarse históricamente, nuestras divisiones tienen parte de culpa en las divisiones existentes en Europa y en la secularización del continente. Las divisiones de los cristianos tienen parte de culpa en que muchos duden de la Iglesia y la cuestionen. Así, no podemos dar por buena la situación en la que hoy se encuentran nuestras Iglesias. Ya no nos vale la actitud del *business as usual* [conforme a lo acostumbrado]. No existe ninguna alternativa responsable al ecumenismo. Todo lo demás sería contradecir nuestra responsabilidad ante Dios y ante el mundo. La cuestión de la unidad debe inquietarnos. Tiene que quemarnos.

II. El nudo gordiano aún por deshacer

¿Qué podemos hacer? Antes de prescribir una terapia, es necesario realizar un análisis. Mi Iglesia, la Iglesia católica, en un documento de la Congregación para la Doctrina de la Fe, ha puesto recientemente de relieve las diferencias que por desgracia todavía persisten, recordándonos así la tarea que tenemos ante nosotros. Soy consciente de que muchos, en especial numerosos hermanos y hermanas evangélicos, se sienten ofendidos por ello. Eso no me deja indiferente. Pues el sufrimiento y el dolor de mis amigos son también mi sufrimiento y mi dolor. No era nuestra intención ofender ni denigrar a nadie. Queríamos dar testimonio de la verdad,

---

1. Cf. UR 1 y 4.

como lo esperamos igualmente de las demás Iglesias y como de hecho lo hacen. Tampoco a nosotros nos gustan todas las declaraciones de otras Iglesias, y menos aún lo que ocasionalmente dicen de nosotros. Pero ¡qué le vamos a hacer! Un ecumenismo de caricias mutuas e hipocresía, que no busca otra cosa que nos tratemos con simpatía unos a otros, no nos ayuda a avanzar. Lo único que nos impulsa hacia delante es el diálogo en la verdad y la claridad.

Es importante, sin embargo, que las diferencias y los llamados «perfiles» no nos hagan perder de vista lo que tenemos en común, que es más grande y significativo. También esto se expresa con claridad en el mencionado documento. En él se dice de forma expresa: Jesucristo está presente de modo eficazmente salvífico también en las Iglesias y comunidades eclesiales separadas de nosotros. Esto, verdaderamente, no es poco. Esta afirmación habría sido de todo punto inimaginable hace unas cuantas décadas, y no estoy seguro de que todos nuestros interlocutores ecuménicos digan lo mismo de nosotros. Por consiguiente, las diferencias no tienen que ver con la condición cristiana, no conciernen a la cuestión de la salvación. Se refieren más bien al problema de la concreta mediación de la salvación y a la forma visible de la Iglesia. Para católicos y ortodoxos, no se trata de asuntos secundarios. Pues la Iglesia se configura por analogía con el misterio de la encarnación[2]. Es Iglesia visible, visible también en su forma oficial, ministerial. ¿Y quién querría negar que entre nosotros, por desgracia, no existe todavía consenso en tan importante cuestión?

En este punto tocamos el verdadero nudo gordiano, hasta ahora por desgracia no resuelto. Porque no nos ponemos de acuerdo en lo relativo a la concepción de Iglesia ni tampoco, en gran parte, sobre la comprensión de la eucaristía, no podemos reunirnos unos y otros alrededor de la mesa del Señor y comer del único pan eucarístico y beber del único cáliz eucarístico en común. Esto es un escándalo y, para muchos, una pesada carga. Pero de nada sirve ocultar las heridas. Aunque duela, es necesario ponerlas al descubierto. Únicamente entonces pueden ser tratadas y, con ayuda de Dios, restañadas.

---

2. Cf. LG 8.

III. Purificación de la memoria

Permítanme, por eso, decir tras el análisis algunas palabras sobre la terapia. No debemos buscar siempre solo en los otros la culpa del indescriptible sufrimiento originado por nuestras divisiones. Todas las comisiones de historiadores que se han reunido en los últimos años han mostrado que las imputaciones de culpa unilaterales no resisten, en la inmensa mayoría de los casos, el examen histórico. La culpa suele estar repartida entre ambas partes. Esto debemos admitirlo con sinceridad para, a continuación, pedir perdón tanto a Dios como a nuestros hermanos. Solamente mediante la purificación de la memoria es posible un nuevo comienzo. Sin conversión y penitencia no habrá ningún avance ecuménico. De ahí debe nacer la disposición a la renovación y la reforma, que son necesarias en toda Iglesia y que en toda Iglesia deben comenzar por ella misma.

En el intento de llegar a un consenso franqueando los fosos abiertos, el método utilizado hasta ahora de mostrar las convergencias se ha revelado como fructífero, permitiendo avanzar en numerosas cuestiones largo tiempo controvertidas. Recordemos, por ejemplo, el consenso fundamental en la doctrina de la justificación. Pero entretanto resulta evidente que este método se ha agotado. Por este camino de momento no avanzamos ya mucho. Para mí, ello no es motivo para la resignación. Podemos darnos testimonio recíproco de nuestras respectivas posiciones de forma sincera y constructiva. Podemos hacerlo con ánimo positivo, no polemizador ni delimitador, con la esperanza de que así resultará posible un intercambio de dones, como lo llamó el papa Juan Pablo II. Esto significa que podemos aprender unos de otros. En vez de encontrarnos en el mínimo denominador común, podemos enriquecernos mutuamente con las riquezas que nos han sido regaladas.

También por este camino han acontecido muchas cosas positivas en las últimas décadas. Los católicos hemos aprendido mucho de los evangélicos sobre la importancia de la palabra de Dios. Y actualmente, ellos aprenden de nosotros sobre la importancia y la forma de la liturgia. Los católicos y los evangélicos tenemos que agradecer a las Iglesias ortodoxas hermanas una sensibilidad más despierta para el misterio. Así, en Occidente también ha crecido, por ejemplo, el amor por los iconos. Estos son ejemplos que fácilmente podrían multiplicarse. Todavía nos conocemos demasiado poco y, por eso, todavía nos amamos demasiado poco. Sin embargo, debemos ser conscientes de que en último término no podemos «hacer» la unidad. No puede ser obra nuestra. Es un don del Espíritu Santo. Únicamente él puede reconciliar los corazones. Debemos impetrar este Espíritu de la unidad. El ecumenismo espiritual es, por eso, el centro y el corazón del ecumenismo[3].

IV. La unidad de los cristianos y la unidad del mundo

La unidad de la Iglesia no es un fin en sí. Nadie, ni siquiera la Iglesia, vive para sí mismo. Jesús pidió al Padre que todos fuéramos uno, para que así el mundo crea (cf. Jn 17,21). La unidad de los cristianos se orienta a la unidad del mundo y, en nuestra situación actual, de manera especial a la unificación de Europa. La luz de Cristo unió e hizo grande a Europa. Al comienzo de la historia europea y también en su transcurso encontramos grandes santos: Martín y Benito, Cirilo y Metodio, Ulrico, Adalberto, mujeres como Isabel de Hungría e Isabel de Turingia, Eduviges de Polonia, Silesia y Alemania, Brígida de Suecia y muchas otras. No se puede pensar Europa sin los reformadores, ni sin Johann Sebastian Bach, ni sin testigos como Dietrich Bonhoeffer.

A quienes niegan las raíces cristianas de Europa no se les puede sino invitar a recorrer el continente desde Gibraltar a Estonia, atravesando España, Francia, Alemania, Escandinavia y Polonia, o desde Roma a Moscú, pasando por la antigua Constantinopla y Kiev. Encontrarán los pueblos más diversos y oirán las lenguas más diversas, pero por doquier verán la cruz y encontrarán catedrales en el centro de todas las ciudades antiguas. Solamente en contra de las evidencias cabe negar las raíces cristianas de Europa. Tampoco en la Modernidad quedaron infructuosas estas raíces cristianas. Las ideas modernas de la dignidad de la persona humana y de los derechos humanos universales tienen su origen en la tradición judeocristiana. Por consiguiente, no tenemos por qué

---

3. Cf. UR 8.

repudiar la Modernidad en su conjunto; sin embargo, debemos preservarla de la autodestrucción.

Por desgracia, Europa ha traicionado con frecuencia su misión: en múltiples guerras entre pueblos cristianos; en la explotación y opresión colonial de otros pueblos; en el siglo pasado con dos terribles guerras mundiales, dos dictaduras hostiles a Dios y al ser humano, así como mediante el Holocausto de seis millones de judíos en el centro de Europa. En la actualidad, Europa corre peligro no solo de traicionar sus ideales, sino de olvidarlos sin más de manera banal. El principal peligro no es la protesta atea, sino el olvido de Dios, que sencillamente hace caso omiso del precepto divino, la indiferencia, la superficialidad, el individualismo, la nula disposición a comprometerse a favor del bien común y a sacrificarse en aras de él. Pero con ello, ¿no estamos bailando sobre un volcán o un barril de pólvora? Todo contemporáneo atento tiene claro desde hace tiempo cuáles son los nuevos retos. Me limito a mencionar unos cuantos: el grito en demanda de justicia en el mundo globalizado, en el que la injusticia a menudo clama al cielo; la amenaza de un terrorismo despiadado; la confrontación con el islam, que es de esperar que sea pacífica, pero que necesariamente tendrá que ser también sincera.

Una religiosidad vaga y difuminada no sirve de nada a este respecto. Hasta ahora, la salvación de los cristianos nunca ha consistido en la acomodación al mundo. «No os acomodéis a este mundo, antes transformaos con una mentalidad nueva», nos exhorta el apóstol Pablo (Rom 12,2). Es hora de llevar a cabo una nueva evangelización. Lo que se requiere es una fe convencida y vivida. Pues Europa no puede ser solo una unidad económica y política. Si quiere tener futuro, Europa necesita una visión común y un fundamento de valores común. Europa –y eso quiere decir: nosotros, los cristianos europeos– debe despertar de una vez. Europa debe ser fiel a sí misma, a su historia y a los valores que en su día la hicieron grande, los únicos que pueden posibilitarle un nuevo futuro. Esa es nuestra tarea común.

Nuestra meta es la unidad, no la uniformidad de Europa. Las diferentes culturas son una riqueza. Pero a nosotros nos une la idea de la dignidad otorgada por Dios a toda persona, de la santidad de la vida, de una convivencia en justicia y solidaridad, del respeto por la creación y de una nueva cultura de la compasión y el amor.

Debemos ser conjuntamente signos, testigos e instrumentos de esta alternativa que nace del espíritu del Evangelio. En ello hemos de respetar la alteridad de las otras religiones, pero también debemos tener la valentía de reconocer nuestra propia alteridad, la valentía de diferenciarnos como cristianos, la valentía para confesar nuestra fe en la luz de Cristo, que ilumina a todos los hombres, y llevarla al mundo, que tan urgentemente la necesita. Pues ¿quién puede darnos algo mejor? ¿Dónde podemos encontrar palabras de vida semejantes (cf. Jn 6,68)?

33
Una Iglesia misionera es ecuménica

I. La misión y el ecumenismo como gemelos

El tema: «Misión y ecumenismo» no es un tema nuevo ni solo recientemente en boga; la misión y el ecumenismo van de la mano desde el principio. Su unión se remonta hasta el cenáculo, donde Jesús, en la víspera de su muerte, oró para que todos fuéramos uno, a fin de que el mundo crea (cf. Jn 17,21). La unidad de todos los cristianos es el testamento de Jesús. Pero conforme a su voluntad, no es un fin en sí; antes bien, es la condición *sine qua non* para la credibilidad del mensaje cristiano en el mundo. Pues ¿cómo puede ser creíble para los no cristianos el mensaje cristiano del amor de Dios si los propios cristianos lo desmienten tratándose unos a otros con indiferencia o incluso con hostilidad? Una Iglesia misionera presupone una Iglesia ecuménicamente comprometida. La misión y el ecumenismo son, por así decir, gemelos.

La percepción del entrelazamiento de misión y ecumenismo presidió ya los inicios del moderno movimiento ecuménico. Este arrancó en la Conferencia Misionera Mundial celebrada en Edimburgo en 1910, cuyo centenario podremos celebrar conjunta y ecuménicamente en 2010. Los misioneros del mundo entero reunidos en aquel congreso coincidieron en que el mayor obstáculo para la misión universal era la división del cristianismo. Al adherirse oficialmente al movimiento ecuménico en el concilio Vaticano II, la Iglesia católica asumió este motivo. En el decreto conciliar sobre el ecumenismo se afirma: «[Tal] división repugna abiertamente a la voluntad de Cristo y es piedra de escándalo para el mundo y obstáculo para la causa de la difusión del Evangelio por todo el mundo»¹.

Esta afirmación se corresponde, por desgracia, con la realidad. No pocos historiadores señalan que la secularización moderna, o sea, el desalojamiento de la Iglesia y su mensaje de la vida pública tiene sus raíces en las divisiones de fe del siglo XVI. Pues a la Reforma del siglo XVI siguieron en el siglo XVII las sangrientas guerras de religión, en especial la Guerra de los Treinta Años, que llevó a Alemania al borde de la ruina: se puso de manifiesto que la fe cristiana no podía ser ya la base de una convivencia pacífica, sino que se había convertido en motivo de una enemistad suicida. Por eso, en aras de la convivencia pacífica, en adelante se quiso considerar la fe como asunto privado y buscar el acuerdo sobre el terreno neutral de la razón común a todos y del derecho racional universalmente válido. Para convivir en paz, hubo que excluir la religión de la vida pública y circunscribirla al ámbito privado. La consecuencia fue la secularización de la vida privada que hoy vivimos en toda su plenitud.

El moderno movimiento ecuménico, que se inició tras la Conferencia de Edimburgo, puso un inequívoco acento en sentido contrario. Descansa sobre dos pilares, caracterizados por las dos comisiones a partir de las cuales nació luego el *Consejo Mundial de Iglesias* en Ámsterdam en 1948: por una parte, *Fe y Constitución*, o sea, el diálogo y acercamiento teológico; por otra, *Fe y Vida*, o sea, la colaboración práctica en pro de la justicia, la paz y la conservación de la creación.

El concilio Vaticano II hizo suyos ambos aspectos. Para el concilio, el fundamento del ecumenismo es la fe común –proclamada en el bautismo– en el Dios trinitario y en Jesucristo como Señor y Redentor nuestro; sobre este fundamento hay que superar malentendidos y alcanzar un entendimiento sobre las cuestiones controvertidas². Sin entendimiento sobre la verdad de la fe no puede haber unidad de la Iglesia; y sin una comprensión común de la eucaristía no puede haber comunión eucarística.

1. UR 1.
2. Cf. UR 2-4.

Cuando el concilio habla luego de la realización práctica del ecumenismo, alude a la colaboración en el ámbito social y cultural. También mediante la cooperación práctica puede crecer el entendimiento mutuo. Por eso dice el concilio que hay que ayudar conjuntamente a la persona humana a alcanzar su verdadera dignidad; promover la paz; aplicar el Evangelio a las cuestiones sociales; abogar por el desarrollo de la ciencia y el arte desde un espíritu cristiano, así como por la facilitación de toda clase de remedios contra las desgracias de nuestra época, como son el hambre, las calamidades, la miseria y la injusta distribución de los bienes. Mediante esta cooperación, concluye el concilio, los cristianos pueden conocerse mejor unos a otros y apreciarse más, allanando así el camino a la unidad[3].

En el decreto sobre la misión, el concilio retoma expresamente este aspecto; exhorta a la colaboración práctica de los cristianos en situaciones de misión[4]. Y así, vale lo siguiente: una Iglesia misionera debe ser también una Iglesia ecuménica; una Iglesia ecuménicamente comprometida es condición *sine qua non* de una Iglesia misionera. Solo cooperando entre sí pueden los cristianos ofrecer al mundo un testimonio creíble de la buena noticia, impregnándolo de nuevo con el espíritu del Evangelio.

II. Una nueva situación misionera y ecuménica

El concilio Vaticano II es la carta magna para el camino de la Iglesia en el recién comenzado siglo XXI, que esperamos que traiga un resurgir y una primavera tanto de la misión como del ecumenismo. Sin embargo, desde el final del concilio, hace casi medio siglo, la situación tanto misionera como ecuménica ha cambiado profundamente. Por lo que respecta al ecumenismo, hoy no nos encontramos ya en el mismo punto en el que echamos a andar después del concilio; hemos dado importantes pasos unos hacia otros. No podemos deshacer el camino andado. Tenemos que seguir construyendo, pensado y desarrollando nuestra praxis tanto

---

3. Cf. UR 12.
4. Cf. AG 15.

misionera como ecuménica sobre la base tendida de manera vinculante por el concilio.

A toda velocidad se transforma sobre todo la situación misionera. La misión del pasado era un movimiento Norte-Sur y Oeste-Este. Europeos y norteamericanos llevaron –a menudo con un gran compromiso personal y con heroicos sacrificios, llegando incluso al martirio– el cristianismo a los otros continentes en el Sur y el Este del planeta. Esta fase de la historia de la misión está hoy ya concluida. En el mundo occidental faltan entretanto misioneros y misioneras. Por otra parte, gracias al compromiso misionero anterior, en los otros continentes han surgido Iglesias locales vivas y en gran medida ya consolidadas y maduras. Pueden y quieren tomar en sus manos la misión en sus propios países. Para ello dependen en gran medida del necesario respaldo de nuestras obras misionales; sin embargo, hoy estas no pueden ser más que subsidiarias. Al igual que en el mundo político, también en la Iglesia se ha acabado ya la época del dominio europeo.

De ello extraen muchos la conclusión de que la época de la misión ha llegado a su fin. En la encíclica *Redemptoris missio* sobre la permanente validez del mandato misionero (1990), el papa Juan Pablo II ha refutado enérgicamente esta errónea conclusión. Según las palabras de Jesús, la misión se prolongará hasta el final de los tiempos (cf. Mt 28,19s). Ya el concilio afirmó que la Iglesia es, por su esencia, misionera[5]. Una Iglesia que perdiera el impulso misionero y se limitara a conservar y defender el *statu quo* habría dejado de ser la Iglesia de Jesucristo. Se convertiría, mal que le pese, en una pieza de museo.

Por eso, el papa no habla del fin de la misión, sino del comienzo de una nueva fase de la misión, más aún, de una nueva primavera misionera. Señala que nos encontramos en una situación religiosa fuertemente transformada, en la que países hasta ahora cristianos se han convertido en tierra de misión. En Europa existen enteras franjas de territorio y regiones, así como grupos sociales, que se han alejado por completo o en gran medida del cristianismo. A ello se añade que entretanto las religiones no cris-

---
5. Cf. AG 2.

tianas, en especial los musulmanes, no solo viven en países lejanos, sino en medio de nosotros. De ahí que no sea legítimo reducir la misión a la *missio ad gentes*, la misión de los paganos en sentido tradicional. Es necesaria una nueva evangelización de los países hasta ahora cristianos. Toda la Iglesia es Iglesia misionera. Por desgracia, no puede decirse que este llamamiento y la correspondiente conciencia hayan llegado ya plenamente a la base. La mayoría de las parroquias están demasiado ocupadas con sus propios problemas y con los cambios estructurales en marcha, de modo que apenas tienen tiempo, energía e impulso para mirar por encima de su seto y dejarse inquietar y llevar a la acción por la situación de la fe en el mundo que las rodea. Pero quien no crece merma, y una Iglesia que ya no tiene voluntad –ni es capaz– de ganar nuevos miembros envejece y termina extinguiéndose.

La nueva situación misionera afecta a todas las Iglesias cristianas; constituye para todas ellas un reto común. Eso confiere al ecumenismo y a la cooperación entre los cristianos una nueva urgencia y, como se afirma en la mencionada encíclica, una nueva dirección de avance. La actual situación de la fe debe aguijonearnos de nuevo a superar las diferencias persistentes entre las Iglesias, para poder enfrentarnos en común y con fuerzas unidas a los nuevos retos.

Pero la secularización y la nueva situación misionera han penetrado entretanto incluso en las propias Iglesias. Los fundamentos de la fe, de los que hasta ahora estábamos convencidos que nos unían, se han visto sacudidos y cuestionados. Se han abierto fosos nuevos, hasta ahora inexistentes, sobre todo en lo relativo a las orientaciones éticas que se siguen de la fe. Esta nueva situación, amén de debilitar al ecumenismo, resta fuerza misionera. Pues justo en cuestiones éticas sería urgentemente necesario en la actual situación el testimonio común de los cristianos. Si las confesiones cristianas, en vez de ello, acentúan sus diferencias y rivalizan entre sí por ver cuál hace más concesiones al mundo secularizado y se congracia en mayor medida con él, fracasan ante Dios y ante el mundo.

III. La misión y el ecumenismo comportan autotrascendencia

No es fácil poner por obra un nuevo resurgir misionero que al mismo tiempo sea un resurgir ecuménico. Hay que contar con fuertes resistencias externas e internas, con fuerzas inerciales que defienden el *statu quo*, con el cansancio en la fe, con la propia comodidad. De ahí que sea necesaria una fuerza de empuje y propulsión que nazca de lo hondo, una motivación y un entusiasmo que en último término únicamente el Espíritu de Dios puede concedernos.

Para volver a ser una Iglesia misionera, no bastan los cambios estructurales y organizativos; no es suficiente con reclamar más personal y más recursos económicos ni con elaborar planes pastorales sagazmente diseñados. Según un conocido proverbio alemán, para construir un barco no solo hace falta madera y tela para la vela, sino sobre todo anhelo de mar, anhelo de partir hacia nuevas orillas.

La Biblia está animada por este anhelo; este atraviesa tanto el Antiguo como el Nuevo Testamento. Los profetas hablan de la promesa de que, al final de los tiempos, Dios congregará a todas las naciones e instaurará una paz universal en el pueblo, entre las naciones y en el cosmos (cf. Is 2,2-5; Miq 4,1-3). En un himno litúrgico cantamos en alemán: «Gott ruft sein Volk zusammen» [Dios convoca a su pueblo][6]. Según el Nuevo Testamento, este proceso comenzó con el anuncio del reino de Dios por Jesús, con su resurrección de entre los muertos y con el envío de los apóstoles a todos los pueblos (cf. Mt 28,19). Durante la efusión del Espíritu Santo a los representantes de todos los pueblos a la sazón conocidos, que se habían congregado en Jerusalén con motivo de Pentecostés, cada cual oyó la predicación misionera de Pedro en su propia lengua (cf. Hch 2,7). Con ello se inició la superación de la babilónica confusión de lenguas y del distanciamiento entre los distintos pueblos y grupos étnicos.

Tanto la misión como el ecumenismo brotan de la confesión de fe en un único Dios, un único Señor Jesucristo y un único Espíritu Santo; con ello se corresponde una única humanidad y una única Iglesia. Tanto la misión como el ecumenismo viven de la promesa de –y la esperanza en– un *šalom* [paz] universal. Solo en este contexto más amplio del plan salvífico de Dios pa-

---
6. Cancionero litúrgico *Gotteslob*, n. 640.

ra el único mundo y la única humanidad pueden entenderse la misión y el ecumenismo; solo desde el entusiasmo por esta visión pueden crecerles tanto a la misión como al ecumenismo nuevas alas que les permitan sobrevolar y superar todas las resistencias y dificultades.

La moderna teología de la misión describe la misión como un proceso de autotrascendencia en el que la Iglesia lleva el mensaje de la salvación en Jesucristo a todos los pueblos hasta los confines de la tierra, se trasciende sin cesar a sí misma hacia nuevas regiones y dimensiones del mundo, las impregna y en todo ello se ve agraciada ella misma por la riqueza de las culturas de los pueblos.

Análogamente, el movimiento ecuménico es un proceso de autotrascendencia. En el proceso ecuménico, las Iglesias y comunidades eclesiales separadas y cerradas unas a otras vuelven a abrirse e inician un intercambio. En la encíclica sobre el ecumenismo *Ut unum sint* (1995), el papa Juan Pablo II afirma que el diálogo interconfesional no es solo un intercambio de ideas, sino de dones[7]. Por eso, el ecumenismo no acontece encontrándose en el mínimo denominador común, lo que significaría un terrible empobrecimiento para todos; tampoco acontece dejando las diferencias tal como están y sin concederles importancia. Antes bien, el ecumenismo acontece dándose recíproco testimonio de la propia riqueza, para aprender así unos de otros y dejarse enriquecer mutuamente.

Mediante semejante intercambio recíprocamente enriquecedor y deleitoso, las Iglesias pueden crecer hasta alcanzar la entera plenitud de Cristo (cf. Ef 4,13). De ahí que no pueda tratarse ni de un ecumenismo de regreso ni de un ecumenismo del *statu quo*, sino de un «ecumenismo hacia delante». En rigor, no se trata de una reunificación (*Wiedervereinigung*), sino de una unificación ahondada (*Weitervereinigung*)[8].

Tanto el proceso misionero como el proceso ecuménico de autotrascendencia nacen de una raíz común; emanan del «amor fontal» de Dios[9]. La Primera Carta de Juan afirma: «Dios es amor» (1 Jn 4,8.16). Según esto, Dios es primero en sí mismo amor que

---

7. Cf. JUAN PABLO II, *Ut unum sint* (1995), 28.
8. Cf. P. W. SCHEELE, *Weitervereinigung. Erfahrungen und Einsichten auf dem Weg zur Einheit im Glauben*, Würzburg 2008.
9. Cf. AG 2.

se autotrasciende y en el que cada una de las personas trinitarias se comunica a las otras dos. En la creación y, sobre todo, en la historia de la salvación, Dios vuelve a autotrascenderse en su amor; no nos comunica algo, sino que se nos comunica él mismo. En Jesucristo, Dios entra en nuestra historia humana y se hace hombre: «De su plenitud hemos recibido todos: una lealtad que responda a su lealtad» (Jn 1,16). En el Espíritu Santo, Dios quiere habitar y actuar en nosotros a través de Jesucristo, a fin de colmarnos a nosotros –y, a través de nosotros, colmar al mundo– de vida, paz y alegría.

El amor autotrascendente de Dios busca conmover nuestro corazón y movernos a no guardar para nosotros, sino a transmitir lo que a través de Jesucristo hemos recibido de Dios en el Espíritu Santo. La fe es un don que debe ser transmitido a otros. «Caritas Christi urget nos» [El amor de Cristo nos apremia], escribe Pablo (2 Cor 5,14).

Tanto la misión como el ecumenismo contradicen con ello el pensamiento autosuficiente y cómodo del *statu quo*, que, carente de imaginación, se atiene tan solo a lo que siempre ha sido tal como hoy es. Confían en las grandes promesas de Dios y se dejan entusiasmar por ellas; quieren partir hacia nuevas orillas y surcar el amplio mar hacia el horizonte infinito que el Evangelio nos descubre. Viven de la esperanza en lo nuevo hacia lo que nos empuja el Espíritu de Dios. Viven de la visión de la Iglesia una para el mundo uno.

IV. El peligro del relativismo y el indiferentismo

La misión y el ecumenismo tienen una raíz común; hoy se encuentran también con objeciones análogas. Estas brotan del relativismo moderno o posmoderno. Para este, no existe ya una única verdad, sino solamente verdades plurales. Según esto, toda religión y toda cosmovisión tienen su propia percepción de la verdad; pero el conocimiento humano no está en condiciones de conocer una verdad común y válida para todos. De ahí que todas las religiones deban reconocerse como iguales, lo que también significa que son igual de válidas. Basta con que el hindú sea mejor hindú, el musulmán mejor musulmán. Según esta concepción, afirmar el cristianismo como la única religión verdadera y dar testimonio de él con talante misionero es un absolutismo, que niega a las demás religiones el respecto debido y termina en la intolerancia y la violencia.

El lema de un monarca ilustrado –Federico el Grande de Prusia– de que cada cual debe ser feliz según su religión se ha convertido hoy casi en un artículo de fe de los cristianos que se consideran a sí mismos ilustrados, pero que en realidad se han entibiado hasta la disculpa y la tranquilidad de conciencia. El celo misionero de un san Francisco Javier y de muchos otros misioneros que dieron su vida por la misión parece en la actualidad un estrafalario extravío.

Esta actitud hoy ampliamente extendida priva de fundamento tanto a la misión como al ecumenismo. Pero también contradice la central y básica convicción cristiana de fe en un único Dios y una única humanidad, en el único Señor Jesucristo como único salvador y redentor de todos los hombres. Dios quiere la salvación de todos los seres humanos (cf. 1 Tim 2,4) y concede a toda persona que vive conforme a su conciencia una oportunidad de salvación. Pero esta doctrina de la voluntad salvífica universal de Dios no debe ser interpretada a contrapelo y transformada, en contra de su sentido originario, en un argumento contra la misión. Es un argumento a favor de la misión, porque nos obliga a hacer cuanto esté al alcance de nuestras posibilidades para dar testimonio a todos los hombres de la buena noticia de la salvación en Jesucristo.

Objeciones análogas a estas contra la misión se elevan hoy también contra el ecumenismo, que plantea la pregunta por la verdad y trata de superar en el diálogo las diferencias de fe persistentes. Esto no es fácil y nos sitúa ante grandes desafíos. Pero es insincero decir, como el zorro de la fábula para el que las uvas están demasiado altas: las uvas me resultan demasiado amargas. Esto acontece cuando se cree posible resolver de forma más cómoda la cuestión ecuménica haciendo abstracción de las diferencias persistentes, nivelándolas, por así decir, y exigiendo que las Iglesias confesionales existentes se reconozcan recíprocamente sin más; al fin y al cabo, la competencia anima el negocio.

Este argumento se basa en una confusión de graves consecuencias. A no dudarlo, el reconocimiento recíproco no solo es posible, sino hasta necesario cuando se trata de aceptar con respeto las decisiones personales y de conciencia de otros cristianos, reconociéndolas en este sentido. Sin embargo, tal reconocimiento y respeto personal debe distinguirse del reconocimiento material de verdades de fe que contradicen el credo de la propia Iglesia. Aquí vale la exhortación a que lo que decimos resulte inequívoco: no puede ser simultáneamente un sí y un no (cf. Mt 5,37). Ni como convencido católico ni como convencido protestante puede uno declarar como irrelevantes o in-diferentes las distintas convicciones de fe, que por desgracia siguen siendo motivo de separación. Semejante «ecumenismo de "como si"» termina haciendo superfluo al ecumenismo y privándolo de toda razón de ser.

En consecuencia, el relativismo y el indiferentismo posmodernos suprimen tanto la misión como el ecumenismo. Ambos brotan de un malentendido de la libertad. La libertad no es meramente «libertad de», sino también «libertad para», en último término libertad para la verdad. Pues únicamente la verdad nos hace libres (cf. Jn 8,32). Nos libera tanto de la dependencia respecto de modas pasajeras como del unilateral apego y adhesión a bienes en sí valiosos, pero finitos. Quien relativiza la pregunta por –y la búsqueda de– la verdad trunca al ser humano y lo convierte en manipulable esclavo de ideologías e intereses.

La «libertad para» no la tenemos nunca solo para nosotros, sino siempre en común con otros y para otros. La libertad y la solidaridad van de la mano. En último término, la libertad se realiza en la libertad de uno mismo y para los demás. La forma de existencia de la libertad cristiana es el amor (cf. Gál 5,13). El papa Benedicto XVI mostró ya en su primera encíclica *Deus caritas est* (2006) que el amor respeta la libertad del otro; no quiere disuadirlo de nada y mucho menos imponerle nada. No es inoportuno ni molesto; tiene olfato para saber cuándo es oportuno dar testimonio de la fe y cuándo es mejor esperar. De ahí que todo adoctrinamiento y todo proselitismo le resulten extraños. Así y todo, siente apremio por transmitir las riquezas de la propia fe y compartirlas con otros, posibilitándoles la participación en ellas. Por eso, al amor le repugna que, so capa de una tolerancia malentendida, no solo la verdad, sino también los otros nos resulten en último término indiferentes. Únicamente una fe que desea transmitir sus riquezas es una fe convencida y convincente; y a la inversa, la propia fe resulta fortalecida cuando se transmite.

V. Construir la Iglesia hacia el futuro

Que es necesario superar el pensamiento del *statu quo* y que en pastoral no podemos darnos por satisfechos con un fatigado relativismo e indiferentismo son ideas que la Escuela Católica de Tubinga defendió ya pronto. Mi maestro en teología pastoral, Franz Xaver Arnold, remitía sin cesar al pastoralista Anton Graf (1811-1867), quien, en el espíritu de Johann Baptist Hirscher, formuló como lema de la pastoral el principio: «Construir la Iglesia hacia el futuro». Ya antes existía la praxis de las misiones populares, que se llevaban a cabo de manera periódica en todas las parroquias y que en la primera mitad del siglo XX se desarrollaron hasta perfilar la idea de la misión territorial o zonal (*Gebietsmission*). Esta servía tanto para la renovación de la fe como para recuperar a cristianos alejados de la vida de fe. Después del concilio, esta praxis se sustituyó en gran medida por la renovación parroquial. Pero hoy está volviendo de nuevo en una forma modificada conforme al espíritu de la época. Así, recientemente se han llevado a cabo misiones urbanas a gran escala en Lisboa, París, Viena, Bruselas y Budapest. No cabe esperar sino que estos ejemplos hagan escuela.

El llamamiento a un nuevo impulso misionero pudo oírse en Francia ya antes de la Segunda Guerra Mundial. «Francia, país de misión», se decía. De ahí surgieron la *Misión de Francia* y la *Misión de París* con el proyecto de los curas obreros. El cardenal de París, Emmanuel Célestin Suhard, escribió la verdaderamente profética carta pastoral *Resurgimiento o declive de la Iglesia* (1947), que anticipó motivos del concilio Vaticano II. En Alemania, el llamamiento: «Alemania, país de misión», cobró voz a través de Alfred Delp ya durante la Segunda Guerra Mundial, así como en las primeras Jornadas Católicas (*Katholikentag*) que se celebraron en la posguerra (en 1948 en Maguncia). Con la exhortación apostólica *Evangelii nuntiandi* sobre la evangelización en el mundo contemporáneo (1975), el papa Pablo VI imprimió un nuevo impulso. A raíz de ello, el *Consejo de Conferencias Episcopales de Europa* (CCEE) trató en reiteradas ocasiones el tema de la nueva evangelización; y la Conferencia Episcopal Alemana lo retomó en el documento *Zeit zur Aussaat. Missionarisch Kirche sein* [Tiempo de sembrar. Ser Iglesia con talante misionero, 2000]. Mi sucesor al frente de la diócesis de Rottemburgo-Stuttgart, el obispo Dr. Gebhard Fürst, a quien están dedicadas estas líneas, ha hecho suyo de manera especial el tema: «Ser Iglesia con talante misionero».

Por parte protestante hubo ya pronto movimientos análogos. El nuevo espíritu evangélico (*evangelical*) partió principalmente de las Iglesias libres, en especial de los movimientos de despertar religioso (*Erweckungsbewegungen*). Aquí fue donde primero cobró vida el término «evangelización» y sigue teniéndola hasta la fecha. Así pues, no es ninguna casualidad que hoy sean sobre todo los «evangélicos» (*evangelicals*) y las comunidades carismáticas quienes mantienen viva la idea de misión. Mientras que el número de miembros de las Iglesias protestantes tradicionales disminuye en el mundo entero –y otro tanto le ocurre a la Iglesia católica en ciertas partes de Europa Occidental y en algunos países latinoamericanos–, los grupos evangélicos y pentecostales crecen rápidamente por todo el planeta.

Algunos de ellos elevan una sectaria pretensión de exclusividad, desarrollan una praxis agresiva y proselitista y adoptan una actitud antiecuménica y anticatólica. En muchos lugares del mundo constituyen un nuevo y serio reto. Otros, en cambio, se entienden a sí mismos como «fieles a la Biblia» y únicamente son críticos con el ecumenismo cuando por este se entiende un «liberalismo» que renuncia a verdades cristianas fundamentales y a normas éticas con base bíblica. Con ellos podemos colaborar bien tanto en el terreno del ecumenismo como en el de la misión. Sea como fuere, no deberíamos tener miedo al contacto con estos grupos.

No necesitamos ni debemos imitar lo que hacen algunos círculos evangélicos (*evangelical*) con misiones en carpas o en plena calle, con anuncios televisivos o con sus propias emisoras de radio y televisión. Pero en vez de mirar a otros por encima del hombro, deberíamos dejarnos interpelar por –y contagiar de– su compromiso misionero y, donde sea posible y necesario, hacerlo mejor. Sin una renovación carismática y sin un nuevo impulso misionero no tendremos futuro alguno. Hay que construir la Iglesia hacia el futuro con brío e imaginación.

VI. Ser una bendición unos para otros y para el mundo

¿Qué aspecto podría tener un movimiento ecuménico a la vista de la transformada situación misionera y ecuménica? Para concluir, me gustaría proponer cinco tesis.

La primera tesis reza que el movimiento ecuménico no ha perdido relevancia en la nueva situación misionera, sino más bien todo lo contrario. Dada la nueva situación ecuménica, ha adquirido incluso una nueva urgencia y una nueva pujanza. De ahí que no solo sea inexacto, sino también irresponsable hablar a tontas y a locas de una edad de hielo, de un invierno o incluso del final del movimiento ecuménico. El diálogo interconfesional tampoco puede ser reemplazado sin más en la nueva situación por el diálogo interreligioso, por muy necesario que este sea; antes bien, este último presupone el primero, así como el testimonio conjunto de los cristianos. Hablando bajo un prisma fundamental: en razón del mandato de Jesucristo, el movimiento ecuménico no es una opción discrecional, sino una obligación fundamental y perdurablemente sagrada de todo individuo y de la Iglesia en su conjunto.

La segunda tesis enlaza con la primera. Precisamente en la situación actual, el movimiento ecuménico no puede volver a caer por debajo de su nivel actual ni perder de vista su finalidad originaria: la unidad de la Iglesia en una viva diversidad en la unidad en la fe una, en los mismos sacramentos y en el ministerio apostólico. La unidad en la fe incluye la unidad en la vida a partir de la fe, o sea, la unanimidad a la hora de atestiguar las normas éticas del Evangelio. No debe ser puesta en juego en perjuicio del testimonio común por el mero deseo de congraciarse de forma pseudomisionera con la sociedad secularizada. En la nueva situación misionera, tal unanimidad posee una especial importancia.

De la determinación de la meta se sigue, en una tercera tesis, la determinación del camino del ecumenismo. Este camino no puede consistir en diluir la identidad cristiana y cuestionar los fundamentos en la fe en Jesucristo y en el Dios uno y trino, que hasta ahora todas las Iglesias han considerado irrenunciables; pero tampoco puede consistir en restar importancia, por irrelevantes, a las diferencias confesionales, con vistas a encontrarse en el mínimo denominador común. Eso no sería ecumenismo en la fe, sino en la falta de fe. El ecumenismo debe ser ecumenismo confesional en un doble sentido: por una parte, confesión común de la oferta y el camino de salvación abiertos para todos los hombres en Jesucristo y, por otra, confesión ante los demás de la riqueza y belleza de la fe en cada caso propia. Solo entonces podrá producirse un intercambio de dones en el que converjamos obsequiándonos y enriqueciéndonos recíprocamente. No debemos ser competidores, sino una bendición unos para otros.

Como complemento hay que añadir una cuarta tesis: es necesario hacer la verdad en el amor (cf. Ef 4,15). El ecumenismo en la caridad debe preceder al ecumenismo en la verdad, pero también ha de derivarse de él. Pues así como el amor camina a ciegas sin la verdad, así también la verdad sin amor resulta fría e incluso repulsiva. A la postre, lo convincente no son las palabras y argumentos inteligentes, que llegan al intelecto, pero no al corazón. Lo único convincente es el amor. Sin un clima de respeto mutuo, confianza recíproca, disposición a ayudarse unos a otros y amistad, los argumentos meramente teóricos desembocan en el vacío. La fe común no debe ser una fe muerta; debe ser eficaz en el amor (cf. Gál 5,6). La chispa únicamente puede saltar si los cristianos mostramos que nos amamos unos a otros y que amamos a todos los hombres; solo así puede resultar contagioso y convincente nuestro testimonio. La luz de la fe únicamente puede resplandecer ante los seres humanos si ven nuestras buenas obras y luego glorifican al Padre común que está en el cielo (cf. Mt 5,16).

Para terminar, una última pero fundamental tesis. Tanto por la unidad de la Iglesia como por la fe en el mundo debemos hacer todo lo que podamos hacer en cada momento; pero ni la una ni la otra son obra nuestra. Solamente podemos recibirlas como dones del Espíritu de Dios. No podemos forzar la venida de este, pero sí que podemos y debemos pedir por ella, para que así él nos regale ambos dones –la unidad de la Iglesia y la fe en el mundo– cuando, donde y como él quiera. El Espíritu de Dios es la verdadera fuerza motriz de la misión, y el corazón del ecumenismo es el ecumenismo espiritual[10]. En último término, «ecumenismo» significa hacer propia la oración que Jesús dirigió a su Padre la víspera de su pasión: «Que todos sean uno, para que el mundo crea» (Jn 17,21). Se nos ha prometido que, si oramos encarecidamente en nombre de Jesús, seremos escuchados (cf. Jn 14,13). Solamente con la bendición de Dios podemos ser una bendición unos para otros y para el mundo.

---

10. Cf. UR 8.

34
María y la unidad de la Iglesia

Les saludo de corazón a todos y también les traigo saludos cordiales del Santo Padre, que hace tan solo unos días estuvo aquí, en Lourdes. Un saludo también para el arzobispo de Canterbury y los obispos anglicanos que lo acompañan, así como para los obispos católicos y, sobre todo, el obispo de Tarbes-Lourdes, que tan hospitalariamente nos acoge.

Lourdes es famoso por sus milagros; hoy también somos testigos de un milagro de una clase especial. ¿Quién habría podido imaginarse hacia veinte o treinta años que, como hoy está ocurriendo, peregrinos católicos y anglicanos harían en común una peregrinación desde el santuario nacional de Nuestra Señora en Walsingham (Gran Bretaña) a este internacionalmente reconocido centro de peregrinación mariana con ocasión del sesquicentenario de la aparición de Nuestra Señora en la gruta y que, con tal motivo, un cardenal de la Iglesia católica de Roma y el arzobispo de Canterbury, cabeza de la Comunión anglicana, junto con otros siete obispos anglicanos, rezarían juntos? Para quienes son conscientes de las controversias y polémicas habidas en el pasado entre los católicos y los cristianos de Iglesias no católicas en relación con María, para quienes están al tanto de las reservas existentes en el mundo no católico frente a los lugares de peregrinación mariana, este acontecimiento sin precedentes es hoy una suerte de milagro.

Cabría decir incluso que el movimiento ecuménico como un todo puede ser contado entre los milagros. Después de siglos de separación y a menudo enemistad entre los cristianos de las diferentes confesiones, la Modernidad marca el comienzo de una peregrinación común hacia la unidad, por la que Jesús oró antes de su muerte cuando le pidió al Padre que todos sus discípulos fueran uno. El concilio Vaticano II acentúa con razón que el movimiento ecuménico no es sencillamente una empresa y un esfuerzo humanos, sino un impulso del Espíritu Santo con vistas a la realización del testamento que Jesús nos legó al final de su vida terrena. Así, desde el concilio en adelante la Iglesia se ve a sí misma inmersa en la misión de propiciar la unidad de todos los cristianos. Esto lo expresan ustedes con su peregrinación, y yo les felicito por esta maravillosa idea.

I. María y la unidad de los cristianos

Esta tarde queremos reflexionar sobre un tema que no es normal u obvio para los ecumenistas, pero que no carece de importancia. Queremos hablar sobre María y la unidad de la Iglesia, sobre María y el movimiento ecuménico hacia la plena unidad visible.

El tema no es tan estéril como algunos podrían suponer. En todas las épocas de la historia de la Iglesia ha existido piedad mariana, como ya lo predijo Nuestra Señora misma: «En adelante me felicitarán todas las generaciones». Los católicos compartimos la veneración de Nuestra Señora sobre todo con nuestros hermanos y hermanas ortodoxos, quienes en numerosos himnos maravillosos la alaban como *theotókos* (Madre de Dios), *aeipárthenos* (Virgen Eterna) y *panagiá* (Toda Santa).

Pero también hubo veneración de María en la época de la Reforma. Martín Lutero escribió en 1521 un maravilloso y admirable texto sobre el famoso himno de alabanza de María, el magníficat, que tan solo diecisiete años más tarde estaba ya disponible en traducción inglesa. Lutero siguió siendo durante toda su vida un ferviente venerador de María, a la que –en consonancia con los antiguos credos y concilios de la Iglesia indivisa del primer milenio– confesaba como virgen y madre de Dios. Solo se oponía críticamente a algunas prácticas que consideraba abusos y exageraciones. Hay asimismo otros muchos textos de los reformadores del siglo XVI sobre María, que en el siglo pasado fueron recopilados y publicados bajo el título *Das Marienlob der Reformatoren*[1] [La alabanza de María por los reformadores].

---

1. Cf. W. TAPPOLET (ed.), *Das Marienlob der Reformatoren: Martin Luther, Johannes Calvin, Huldrych Zwingli, Heinrich Bullinger*, Tübingen 1962.

En la Reforma inglesa del siglo XVI se da el mismo fenómeno. Aunque el santuario medieval de Nuestra Señora de Walsingham, originario del siglo XI, fue lamentablemente destruido por orden del rey Enrique VIII, los reformadores ingleses se atuvieron a la doctrina de la Iglesia antigua sobre María –María como virgen eterna, como madre de Dios–, porque consideraban esta doctrina conforme con la Escritura y concordante con toda la antigua tradición común. Así, el *Book of Common Prayer* [Libro de oración común] anglicano del siglo XVI mantuvo las tradicionales fiestas marianas a lo largo del año: la Inmaculada Concepción, la Natividad (de María), la Anunciación, la Visitación y la Presentación (o Purificación).

Pero, por desgracia, a partir sobre todo de la Ilustración tanto en círculos protestantes como en determinados círculos anglicanos se impuso un espíritu conocido como «minimalismo mariológico». Nuestra Señora fue descuidada con frecuencia; y el testimonio bíblico sobre ella, ignorado. Algunos opinaban incluso que debían completar la Reforma rechazando lo que los reformadores habían conservado de la antigua tradición común.

En nuestra época somos testigos de un lento pero decisivo cambio, que obedece a una lectura y meditación de la Sagrada Escritura renovada y libre de prejuicios. No pocas mujeres evangélicas y anglicanas están descubriendo hoy a María como hermana en la fe. En el oficial *Catecismo evangélico para adultos* alemán, publicado en 1998, puede leerse la interesante y en cierto sentido sorprendente afirmación: «María no solo es "católica"; también es "evangélica"». Es evangélica porque aparece en el Evangelio. Otro documento luterano-católico (*Communio sanctorum*, 2000) y una declaración del conocido Grupo francés de Les Dombes (*María en el plan salvífico de Dios y la comunión de los santos*, 1997) ahondaron en esta idea y lograron progresos adicionales de cara a una concepción y una fe comunes.

Especial importancia tiene en el presente contexto, por último, otro documento, una declaración conjunta de la Comisión Internacional Anglicano/Católico-Romana (*Anglican/Roman-Catholic International Commission*, ARCIC) hecha pública en 2004 con el significativo título: *María: gracia y esperanza*. Esta declaración conjunta no era susceptible de suscitar consenso pleno; no obstante, existió un grado inesperadamente elevado de consenso respecto al papel especial de María en la historia de la salvación, la vida de la Iglesia y el discipulado cristiano. Este breve informe sobre nuestros diálogos interconfesionales muestra que María, lejos de estar ausente de tales diálogos, se halla muy presente; las Iglesias han avanzado en su acercamiento por lo que respecta a la doctrina sobre Nuestra Señora. Esta ya no separa; antes bien, nos reconcilia y une en su hijo Jesucristo. En especial los resultados del diálogo anglicano-católico pueden ser considerados, en medio de lamentables turbulencias y decepciones en otros campos de nuestras relaciones, un signo positivo, alentador y esperanzador, quizá incluso un pequeño milagro; no podemos estar suficientemente agradecidos al Señor por este don. Hay razones para confiar en que Nuestra Señora nos ayudará a superar las dificultades que actualmente pesan sobre nuestras relaciones. De esta suerte, con ayuda de Dios podremos continuar la común senda de peregrinación ecuménica, que comenzamos bajo el impulso del Espíritu divino y que hasta ahora ha sido bendecida con tantos buenos frutos. Realmente estoy convencido de que, como tantas veces en el pasado, María será también hoy y en el futuro ayuda para los cristianos en situaciones difíciles, como las que en la actualidad encontramos en nuestra senda de peregrinación ecuménica.

II. María, signo de esperanza

En la exposición siguiente no pretendo presentar con exhaustividad los mencionados documentos, y menos aún ofrecer una completa visión de conjunto de todo el debate teológico sobre la mariología en el actual contexto ecuménico. Aquí únicamente voy a tratar el tema: «María y la unidad de la Iglesia», desde la perspectiva católica; y aun así, tan solo fragmentariamente. Pero en cierto modo me gustaría inspirarme en el título de la declaración mencionada anteriormente: *María: gracia y esperanza en Cristo*. Pues este título hace patente que María representa un signo singular y un testigo singular del centro y el corazón de la buena noticia del Evangelio. Ella es signo y testigo singular del centro del discipulado cristiano. Por último, simboliza algo de lo que hoy carecemos y, sin embargo, es lo que más necesitamos: gracia y esperanza, cabalmente también en el camino hacia la unidad de la Iglesia.

Palabra clave «gracia»: el evangelista Lucas narra al comienzo de su evangelio el anuncio de la venida del Hijo de Dios a la carne de nuestro mundo. El ángel saluda a María: «Alégrate, llena de gracia, el Señor está contigo». El texto griego dice: «Alégrate, María, *kecharitōméne*». En ocasiones, este término se traduce en inglés [pero también en castellano, por ejemplo en la Biblia de Nuestro Pueblo] por «favorecida». Con ello se quiere decir: Dios te ha mirado de manera especial, te ha favorecido y elegido desde toda la eternidad, te ha bendecido y provisto con la plenitud de su gracia, a fin de que tú, sin mácula alguna de pecado, estuvieras preparada para tu singular vocación y misión: ser la madre del Señor, del Hijo de Dios y redentor de la humanidad entera. Contigo alcanza la redención del mundo su última fase; tú, llena de gracia, eres la aurora de la nueva humanidad, de la nueva creación.

Mirar a María significa dirigir nuestro pensamiento a la eternidad, ver el eterno plan divino para la redención del género humano y reconocer la sobreabundante gracia de Dios, en virtud de la cual él no deseaba las trágicas consecuencias del pecado original: el distanciamiento entre el varón y la mujer y entre los diferentes grupos étnicos, el distanciamiento en nuestro propio interior que siguió al distanciamiento respecto de Dios. No quería que anduviéramos perdidos para siempre. La humanidad solo puede sobrevivir mediante el sí de Dios a nosotros y al mundo, solo puede sobrevivir mediante la gracia divina.

En este eterno plan de salvación, María tiene su lugar y su misión. En la anunciación representa vicariamente a todo el género humano. Gracias a su sí, a su: «Aquí estoy yo, aquí tienes a la esclava, a la sierva del Señor», gracias a este sí salido de sus labios, Dios pudo venir al mundo. Ella pronunció este humilde sí en lugar de todos nosotros, en lugar del entero género humano. Pero no lo hizo para sí, como nada hacía para sí; antes bien, lo hizo como la *kecharitōméne*, la bendita y llena de gracia. Así, pudo alabar a Dios: «Proclama mi alma la grandeza del Señor, mi espíritu festeja a Dios mi salvador».

Así, María es signo, testigo, profetisa y receptora de la gracia divina. Nos dice: sin la gracia de Dios nada es posible, nada puede hacerse, ni nosotros ni el mundo podríamos sobrevivir. Pues debemos estar agradecidos a Dios por todo lo que somos; por todo debemos darle gracias a Dios, nuestro creador y redentor. También nosotros tenemos que ensalzar el sí que nos dice a cada uno. También nosotros existimos solo por la gracia. En todo instante de nuestra vida debe decirnos Dios: sí, quiero que existas. Más aún, no seremos salvados por nuestros humildes méritos y esfuerzos, ni por nuestra más o menos decente conducta moral, ni por nuestro quehacer humano, sino solo por la gracia: *sola gratia*. Si se considera esta verdad fundamental, no existe ya controversia alguna entre católicos, anglicanos y protestantes; en esta verdad fundamental podemos dar testimonio conjunto ante un mundo que necesita un mensaje así. El mundo se equivoca cuando supone que, con nuestras capacidades científicas y tecnológicas, podemos darnos la felicidad a nosotros mismos. No, nosotros no somos los hacedores de nuestra propia felicidad. Vivimos de la gracia y por ella seremos redimidos.

Lo que vale para cada uno de nosotros vale también para toda la comunidad de los fieles, la Iglesia. La Iglesia no es solo un cuerpo socialmente formado, ni tampoco el mero resultado de la voluntad humana de vivir, trabajar y convivir. Si la Iglesia hubiese tenido que sobrevivir en virtud de sus capacidades humanas, hace ya tiempo que habría desaparecido. No, la Iglesia perdura y vive, porque ella, personificada por María, es la *kecharitōméne*, la favorecida, la elegida, la llamada, la bendita, la llena de la gracia divina. Como Iglesia, somos el pueblo y el templo de Dios.

De ahí que nosotros no podamos «hacer», organizar ni manipular la unidad de la Iglesia. La unidad plena, que anhelamos y por la que oramos, es, al igual que la historia de la salvación en general, obra de Dios, don de Dios, gracia de Dios. El verdadero centro y corazón del ecumenismo es, por eso, el ecumenismo espiritual, en el que hacemos nuestra la oración del Señor en la víspera de su pasión: «Que todos sean uno».

El gran maestro del ecumenismo espiritual, el *abbé* francés Paul Couturier, vio la meta del movimiento ecuménico no en la unidad en el sentido de nuestro proyecto, sino en la unidad donde, cuando y como Dios la quiera. El ecumenismo no es un asunto de nuestros proyectos. Es el proyecto de Dios. No somos dueños de este proceso. Pero sabemos que todo el que ora en nombre de Cristo puede estar seguro de que su oración será escuchada. Si hacemos nuestra la oración de Cristo por la unidad de sus discípulos, tenemos la promesa de que la unidad llegará: cuando, donde y como lo determine la soberana providencia divina.

III. María, modelo del discipulado

Esto me lleva a la próxima reflexión. Como ya se ha dicho, María es signo y testigo del sí de Dios a nuestro mundo, a cada uno de nosotros y a la Iglesia. Pero esta primera tesis debemos redondearla con una segunda. María responde al sí de Dios con un sí: «Aquí estoy yo, aquí está la esclava, la sierva del Señor». Como madre de Dios, se convirtió así en la puerta de entrada de Dios a nuestro mundo. Nos regaló a nosotros y a todo el género humano a Jesucristo. Pero la maternidad no termina al traer un niño al mundo; una madre nunca deja de ser madre. Así, Nuestra Señora acompaña con su maternidad todo el camino de su hijo hasta el final de la vida terrena de este. Lo buscó muy preocupada cuando, a la edad de doce años, parecía haber desaparecido; y lo siguió hasta la cruz. Estuvo al pie de la cruz, sufriendo con él y añadiendo su propio sufrimiento al de su hijo; y así se convirtió en la Dolorosa. No estuvo al pie de la cruz solo en sentido físico; con ella estaba allí también su sí, el sí que había pronunciado inicialmente. Permaneció fiel a su vocación y su misión.

También en este sentido es María un ejemplo, un modelo, un tipo de nuestro discipulado. Dios quiere nuestro sí como respuesta a su sí. Dios nos quiere –inspirados, respaldados y fortalecidos por su gracia– como colaboradores y cooperadores en su obra de salvación. O como lo formuló san Agustín: «Nos creó sin nosotros, pero no quiere salvarnos sin nosotros». Cada uno de nosotros tiene su vocación y misión personal, su carisma personal; cada cual tiene su lugar. Normalmente no se trata de vocaciones y misiones grandes, notorias, poderosas o espectaculares. María no representa a los poderosos, a los arrogantes, a los ricos; antes bien, representa a los pequeños, a los carentes de poder, a los pobres, a los humildes, a los modestos. Es cariñosa con los enfermos y discapacitados, cariñosa también con los pecadores. Todos ellos son hijos de Dios, Así, cada cual tiene su tarea, su relevancia en la Iglesia y en el mundo para la realización del plan salvífico de Dios.

Cada uno de nosotros tiene asimismo la misión de colaborar en la realización de la última voluntad de Cristo: la unidad de sus discípulos. Hay muchos caminos para colaborar, más de los que normalmente sospechamos. Por medio del sufrimiento, a lo que ya me he referido; por medio de una vida en pureza y santidad; por medio del diálogo de la vida y la caridad; por medio del interés y el respeto por la fe de otros cristianos; por medio de la solidaridad con los problemas internos de otras comunidades cristianas. Como hermanos y hermanas debemos ayudarnos mutuamente. Entonces podemos colaborar entre nosotros dando testimonio de nuestra fe católica y explicando con paciencia y cariño nuestra posición cuando otros tienen dificultades para entenderla. De este modo podemos aprender unos de otros, algo que el papa Juan Pablo II denominó un intercambio no solo de ideas, sino también de dones. En todo esto no deberíamos olvidar que la unidad puede ser fomentada por medio del amor y la verdad. Ambos están inextricablemente entrelazados. La verdad sin amor puede ser dura y repulsiva, pero el amor sin verdad puede ser insincero. Por eso, deberíamos decir la verdad en el amor, esto es, no con arrogancia, sino con respeto, sensibilidad y paciencia.

Por último, podemos y debemos dar testimonio de lo que compartimos, que es mucho más que lo que nos separa. Y si nos manifestamos conjuntamente, nuestra voz gana fuerza de convicción. Por eso deberíamos hablar con una sola voz siempre que sea posible y deberíamos cooperar para facilitar la llegada del reino de Dios a nuestro mundo.

Permítanme señalar un último punto, que probablemente sea el más importante. Hemos comenzado por la Anunciación, el principio de la misión de Nuestra Señora. Ahora nos volvemos al final de la vida terrena de Jesús: María al pie de la cruz. Desde la cruz, Jesús vio a su madre y, junto a ella, al discípulo amado, y pronunció las famosas palabras: «Madre, he ahí a tu hijo», y al discípulo le dijo: «He ahí a tu madre».

El discípulo amado es, en el cuarto evangelio, el representante de todos los discípulos. Nos simboliza a todos nosotros. Cuando Jesús abandonó este mundo, no quiso que nos quedáramos huérfanos. Antes bien, nos dejó a su madre como madre de todos los cristianos. En un sentido determinado y correctamente entendido, la hizo madre de la Iglesia. Y como por regla general toda madre es el centro de la unidad de su familia, así también Nuestra Señora devino madre de la unidad de la Iglesia.

IV. María, *týpos* de la unidad

Antes de nada, María es, como lo formula el concilio Vaticano II en referencia a un dicho de san Ambrosio, *týpos* [tipo, modelo] de la unidad de la Iglesia. Como primera discípula de Cristo, simboliza lo que la Iglesia es o debería ser: el sí inequívoco al sí de Dios en una vida de pureza y santidad, de oración y amor. Ella nos dice lo que debemos hacer. En las bodas de Caná, María dijo a los sirvientes: «¡Haced lo que él os diga!». ¡No remite a sí misma, sino a Jesús!

En realidad, no hubo ni hay más causa para las divisiones en la Iglesia que el hecho de que no hemos vivido como Jesús nos encargó y seguimos viviendo como si nuestro amor y nuestra fe fueran demasiado débiles. También en la actualidad hay cada vez más controversias, porque muchos, antes que escuchar lo que Jesús y la Sagrada Escritura nos enseñan, se guían por lo que en la cultura moderna y posmoderna parece agradable. Siempre que en la Iglesia penetran el pensamiento y la conducta mundanos, su unidad se ve en peligro. María no nos conduce a lo que a todos nos gusta, sino en ocasiones también al pie de la cruz. De ahí que no haya otro medio para reencontrar el camino hacia la unidad plena que ser lo que María fue, o sea, seguidora fiel de su hijo. Encontraremos la unidad de la Iglesia a través de la unidad con él; en la medida en que estemos unidos con él, estaremos también unidos entre nosotros. Por eso queremos tomar a María como ejemplo, modelo y tipo de nuestra vida y de la vida de la Iglesia; entonces lograremos avanzar en nuestra senda de peregrinación ecuménica.

En segundo lugar, María es madre de la Iglesia y de la unidad de la Iglesia, porque es nuestra incansable intercesora ante su hijo. A ella podemos confiarle nuestras oraciones. Soy consciente de que aquí tocamos un punto difícil para nuestros hermanos y hermanas protestantes, también para muchos hermanos y hermanas anglicanos. Tienen problemas con la intercesión de los santos, así como con la de la Reina de todos los santos. Temen que nuestra oración a María y a los santos pueda cuestionar el singular papel de Cristo como la cabeza única y descollante de la Iglesia, como origen único de la gracia.

El Vaticano II acentúa que la veneración de Nuestra Señora y el acogernos a su protección no pretenden rebajar ni cuestionar, sino precisamente subrayar la condición de Cristo como cabeza única de la Iglesia y origen exclusivo de la gracia. María no quiere existir separada de Cristo ni sin Cristo; ella es una de sus primeras discípulas y la humilde sierva de Dios. Pero al igual que toda madre intercedería por sus hijos y continuaría haciéndolo una vez muerta, en el cielo y desde el cielo, así también María acompaña con su maternal solicitud a la Iglesia en su peregrinación y en su itinerario por un mar con frecuencia encrespado. Estoy seguro de que también acompaña a la Iglesia en su camino y su peregrinación hacia la unidad plena. Podemos confiar en ella como madre. Está junto a nosotros al pie de la cruz y experimenta con todos nosotros dolor por nuestras divisiones; con su nueva vida y su nueva luz nos guía del Viernes Santo a la Pascua. María es la madre de la esperanza.

Al comienzo hemos dicho que María es para nosotros testigo de la gracia y la esperanza. Por eso, para concluir, me gustaría decir algunas palabras sobre el tema de la esperanza. María es la mujer de la esperanza bendita. En estado de buena esperanza fue con el niño en su seno por la serranía a visitar a su prima Isabel; al pie de la cruz no desesperó; no huyó como todos los discípulos varones, a excepción de Juan; permaneció firme al pie de la cruz, sostenida por la fe de que nada hay imposible para Dios. Así, junto con las otras mujeres, María se contó entre los apóstoles y discípulos que, después de la ascensión del Señor a los cielos, impetraron la venida del Espíritu prometido. Siguió siendo hasta el final la mujer de la esperanza en la llegada definitiva del reino de Dios. Sabía que la última palabra no la tendrán los poderes del mal, la injusticia, el odio y la falsedad, sino que la pronunciará Dios; y entonces triunfará la justicia sobre la injusticia, el amor sobre el odio y la verdad sobre toda falsedad.

En nuestra senda de peregrinación ecuménica necesitamos una esperanza semejante, que no se apoya en un optimismo superficial, sino en la fidelidad de Dios. No podemos salir huyendo cuando surgen dificultades y no se logran éxitos inmediatos. En el ecumenismo, como en la vida de la Iglesia en general, a menudo debemos atravesar un oscuro túnel, a fin de llegar a la luz pascual. De ahí que necesitemos la esperanza de María. En nuestro mundo actual necesitamos esperanza. La esperanza se ha convertido en un bien escaso. Nos faltan perspectivas y con frecuencia caminamos envueltos por la oscuridad y la niebla. Pero sin esperanza nadie puede vivir, ningún individuo ni tampoco la Iglesia. Sin esperanza no hay entusiasmo ni valentía para perseguir grandes metas y realizar grandes planes.

Miremos, por eso, a Nuestra Señora, la mujer de la esperanza bendita. Aprendamos de ella, recémosle, sigámosla, porque ella nos muestra a Jesús y nos conduce a él como luz del mundo, como camino, verdad y vida. Ella es la aurora y el lucero del alba, que anuncia la salida del Sol. Ella nos acompaña y ayuda, nos guía y alienta a aquello por lo que Jesús oró y nos dejó como testamento: que todos seamos uno.

35
Pablo: legado y encargo del ecumenismo en Oriente y Occidente

Es para mí un gran honor poder hablar aquí en Tesalónica por invitación de una de las más famosas facultades de teología ortodoxa. A esta ciudad están vinculados numerosos recuerdos comunes para los cristianos de Oriente y Occidente. Tesalónica fue uno de los primeros lugares en suelo europeo en los que Pablo proclamó el Evangelio de Jesucristo durante su segundo viaje misionero, como él escribe, «no solo con palabras sino con la eficacia del Espíritu Santo» (1 Tes 1,5), además de con esfuerzo y fatiga (cf. 2,9). A la comunidad de Tesalónica iba dirigida la primera de las cartas que conservamos del apóstol; se trata del documento más antiguo del Nuevo Testamento. Los importantes testimonios arqueológicos que hoy hacen famosa a esta ciudad muestran hasta qué punto la semilla del apóstol cayó en suelo fértil y sigue dando hasta hoy abundante fruto.

Pablo es el fundamento sobre el que conjuntamente nos alzamos en Oriente y Occidente. Así, Tesalónica nos invita como pocos otros lugares a que, finalizando ya este año en el que conmemoramos el segundo milenario del nacimiento del apóstol de los gentiles, reflexionemos sobre el legado y el encargo que él nos ha dejado. Su semilla nos es confiada de nuevo en la actualidad para que la sembremos. Así, Pablo es hoy para nosotros don (*Gabe*) y tarea (*Aufgabe*) a la par.

En la exposición siguiente me gustaría abordar bajo dos aspectos tanto el don recibido como la tarea actual. Voy a hablar en primer lugar del legado cultural y la tarea cultural a la que en la actualidad hemos de enfrentarnos en común; y luego sobre lo que Pablo tiene que decirnos hoy en lo relativo a la eclesiología y qué significa esto para nuestro esfuerzo presente en pro de la unidad de la Iglesia.

I. Un personaje multicultural

Fijémonos en primer lugar en el encargo cultural. A este respecto es interesante constatar desde el principio que Pablo no estaba familiarizado solo con una cultura, sino con varias. Era, si se quiere, un personaje multicultural.

Pablo procede de una familia judía, de la tribu de Benjamín; es fariseo, discípulo de Gamaliel, un judío ortodoxo, más aún, escrupuloso. Como él mismo reconoce, perseguía lleno de celo a la Iglesia y era irreprochable en lo tocante a la justicia, tal como la prescribe la ley (cf. Flp 3,5; Gál 1,13s). Este Pablo judío es redescubierto en la actualidad tras el terrible suceso del Holocausto. Se habla de una nueva perspectiva sobre Pablo, en la que vuelve a cobrarse conciencia tanto de la continuidad como de la diferencia entre lo judío y lo cristiano. El propio Pablo nos muestra claramente ambos aspectos, la continuidad y la diferencia, en *Rom 9–11*. Con ello, nos invita a un examen de conciencia cristiano al tiempo que tiende los cimientos de un nuevo diálogo entre judíos y cristianos[1].

Pablo era judío, pero judío de la diáspora. Nació en Tarso (Asia Menor), uno de los centros de cultura helenística más importantes de la época. No solo hablaba hebreo y arameo, sino también griego; además, estaba perfectamente familiarizado con la cultura helenística. Sus cartas muestran que dominaba la retórica helenística y conocía el modo de argumentación helenístico (la diatriba). Junto con el Evangelio de Jesucristo nos ha transmitido también las riquezas de la cultura y el pensamiento helenísticos.

Según la narración de los Hechos de los Apóstoles, Pablo debatió en Atenas con epicúreos y estoicos; en el Areópago se sirvió de los planteamientos de los atenienses como punto de contacto (cf. Hch 17,8.23). En la Carta a los Romanos emplea el término estoico «conciencia» (*syneidēseōs*, cf. Rom 2,15). Por consiguiente, Pablo era un judío helenístico que reflexionaba sobre el conocimiento de Dios y hablaba de un culto a Dios conforme a la razón (*logikḗn latreían*, cf. Rom 12,1). Por mucho que distinga entre la sabiduría del mundo y la sabiduría de la cruz, Pablo nos enseña a reflexionar sobre la relación entre la fe y el pensamien-

---

1. Cf. NA 4.

to, entre la fe y la cultura. Nos exhorta a no tener miedo al Areópago actual, a los actuales centros de ciencia y cultura y a mostrar que la fe y la razón no se excluyen mutuamente, sino que más bien están entrelazadas[2].

En tercer lugar, Pablo era ciudadano romano. A la sazón, Tarso era la capital de un distrito romano. Pablo se sentía orgulloso de ser ciudadano romano y supo apelar a su condición de tal cuando un comandante romano lo mandó azotar. Con la seguridad en sí mismo de un romano dijo: «Yo la poseo [la ciudadanía romana] de nacimiento» (Hch 22,28). Con ello se acogía al derecho romano, así como al orden jurídico y la paz universales de Roma. Las comunicaciones del imperio romano constituyeron una importante condición *sine qua non* de sus viajes misioneros. Pablo fue, pues, miembro de la sociedad romana y de la cultura antigua mediterránea de la época, que –de forma no exenta de analogías con nuestra actual situación cultural– era una cultura global pluralista con diferentes subculturas.

Por último, Pablo fue el primer europeo. Llevó el Evangelio de Asia a Europa. En el curso de su segundo viaje misionero, durante una visión nocturna que tuvo en la minorasiática Tróade se le apareció un macedonio, o sea, un griego, que le pedía: «Ven a Macedonia a ayudarnos» (Hch 16,9). El propio Pablo se refiere por dos veces a este suceso en sus dos cartas a los corintios y afirma que el Señor le abrió una puerta (cf. 1 Cor 16,9; 2 Cor 2,12). Así pues, Pablo vio en el avance del cristianismo desde Asia a Europa la guía y providencia divina. Este camino desde Jerusalén a Roma a través de Atenas imprimió al cristianismo una impronta duradera. Una deshelenización por principio, como la que quería la teología liberal, privaría al cristianismo no solo de su historia, sino también, con ella, de su sustancia[3].

---

2. Cf. J. HABERMAS y J. RATZINGER, *Dialektik der Säkularisierung. Über Vernunft und Religion*, Freiburg i.Br. 2005 [trad. esp.: *Dialéctica de la secularización: sobre la razón y la religión*, Encuentro, Madrid 2006]; J. RATZINGER / BENEDICTO XVI, *Glaube und Vernunft. Die Regensburger Vorlesung*, Freiburg i.Br. 2006 [la trad. española oficial de la lección de Ratisbona puede consultarse en www.vatican.va]; W. KASPER, «Glaube und Vernunft. Zur protestantischen Diskussion um die Regensburger Vorlesung von Papst Benedikt XVI.»: StdZ 132 (2007), 219-228; ID., *El Dios de Jesucristo* (OCWK 4), Sal Terrae, Santander 2013, 16-22.

3. Para el problema de la helenización y deshelenización, cf. A. GRILLMEIER, *Mit ihm und in ihm. Christologische Forschungen und Perspektiven*, Frei-

Así, con el paso hacia Europa, Pablo se convirtió en uno de los padres fundadores, es más, en *el* padre fundador de Europa. Pues sin el Evangelio de Jesucristo Europa no se habría convertido nunca en lo que es. Solo la fe común en Jesucristo unió a los distintos pueblos del continente europeo, pese a toda su diversidad, en una cultura penetrada por el espíritu del cristianismo y puso los cimientos de un humanismo cristiano en el que el pensamiento helenístico cristianamente transformado posee un lugar permanente. La cultura europea y todos nosotros nos alzamos sobre los hombros del apóstol Pablo.

Todo esto nos acerca a los hombres contemporáneos a Pablo, pero no nos revela aún el núcleo de su persona y su actividad. Solo nos aproximamos realmente a él si tenemos en cuenta la ruptura que experimentó con su conversión a las puertas de Damasco. Los Hechos de los Apóstoles la narran por extenso hasta en tres ocasiones (cf. Hch 9,1.22; 22,5-16; 26,12-18). El propio Pablo se refiere a ella una sola vez, con algo más de reserva, en Gál 1,16: «Dios tuvo a bien revelarme (*apokalýpsai*) a su Hijo, para que yo lo anunciara a los paganos». En otro lugar asegura haber visto (*heóraka*) al Señor y afirma que por eso es su apóstol (cf. 1 Cor 9,1).

Con este encuentro con el Señor resucitado, algo absolutamente nuevo irrumpió en la vida de Pablo, algo situado más allá del judaísmo, el helenismo y el derecho romano. Con esta experiencia, todo cambio para él. Aconteció un fundamental cambio de paradigma. A partir de entonces ya solo existió para él una cosa o, mejor dicho, una persona: Jesucristo. Decidió no saber nada que no fuera Jesucristo; y este, crucificado (cf. 1 Cor 2,2). Lo que hasta entonces era para él ganancia lo consideró pérdida en aras de Cristo. Y afirma que el conocimiento de Jesucristo, su Señor, lo supera todo. «Por el cual doy todo por perdido y lo considero basura con tal de ganarme al Mesías y estar unido a él... ¡Oh!, conocerle a él y el poder de su resurrección, y la participación en sus sufrimientos; configurarme con su muerte para ver si alcanzo la resurrección de la muerte» (Flp 3,7-11).

El centro del mensaje de Pablo lo ocupan la muerte y la resurrección de Jesucristo (cf. espec. Rom 1,1-4; 1 Cor 15,14s). Con

---

burg i.Br. 1975, 423-488; W. BEIERWALTES, «Griechische Metaphysik und christliche Theologie», en E. Dirscherl y C. Dohmen (eds.), *Glaube und Vernunft*, Freiburg i.Br. 2008, 33-44.

la resurrección de Jesús de entre los muertos, todo se ha renovado (cf. 2 Cor 5,17). Mediante el bautismo somos conformados con la muerte y resurrección de Cristo y devenimos hombres nuevos (cf. Rom 6,4; Ef 2,15; 4,24; Col 3,10), criaturas nuevas (cf. 2 Cor 5,17; Gál 6,15); somos hechos partícipes de la naturaleza divina (*theías koinōvoì phýseōs*: 2 Pe 1,4). Es llamativa la frecuencia con la que la palabra «nuevo» (*kainós*) aparece en Pablo, quien así se sitúa en la tradición de los profetas. Ello no tiene nada que ver, por supuesto, con el afán de innovación, sino que hace referencia a la novedad escatológica de la resurrección obrada por Dios[4], que deroga y rechaza lo viejo y posibilita el nuevo nacimiento (*palingenesía*) y la renovación (*anakaívōsis*) en el Espíritu Santo (cf. Tit 3,5).

Pablo no es un entusiasta que quiera saltarse la cruz. Dice de sí mismo que transporta en su propio cuerpo la agonía de Jesús (cf. 2 Cor 4,10); se ve sometido a múltiples tentaciones exteriores e interiores (cf. 1 Cor 4,9s.13; 2 Cor 11,23-27). Lo nuevo es un acontecimiento pascual que lleva de la muerte a la vida nueva. En la medida en que anuncia la novedad de Jesucristo, Pablo niega el carácter divino tanto al judaísmo y al helenismo como al Imperio romano –con su culto del emperador– y proclama a Jesucristo como el verdadero Señor (*kýrios*), quien ha derrotado a todos los principados y potestades y se ha sometido (cf. Flp 2,11). Él ha desmitologizado y desdivinizado el mundo, distinguiéndolo de Dios y liberándolo y renovándolo al mismo tiempo.

Con ello, Pablo se encuentra en el inicio de un desarrollo histórico que entretanto ha derivado en su contrario, en lo anticristiano. Por caminos sinuosos en sus detalles y de los que aquí no puedo ocuparme, ello llevó a la secularización moderna, o sea, a un mundo que se entiende a sí mismo como mundano, no como divino. Mientras que Pablo, desde el Dios que resucitó a Jesucristo de entre los muertos, sacó al mundo antiguo de sus goznes, ahora un mundo que se entiende a sí mismo como autónomo y secular trata de sacar de sus goznes a la fe en Dios y al cristianismo. En el lugar de la divinización del ser humano coloca la humanización de Dios en tanto en cuanto hace de este una proyección del ser humano, poniendo así al hombre en el lugar de Dios[5].

---

4. Cf. J. Behm, «kainós», en ThWNT III, 451s.
5. Cf. W. Kasper, *El Dios de Jesucristo, op. cit.*, 78-108.

El mundo secularizado se entiende a sí mismo como mundo sin Dios; vive «etsi Deus non daretur» [como si Dios no existiera]. Ya no necesita a Dios: este ya no es para él una hipótesis de trabajo útil. Con ello, la fe en Dios es desplazada de la esfera pública al ámbito privado y deviene en último término indiferente y arbitraria. Esta indiferencia y arbitrariedad (relativismo) posmoderna en el terreno de lo religioso plantea un desafío, al que nos enfrentamos conjuntamente. El papa Pablo VI definió la ruptura entre la fe y la cultura como el drama de nuestra época[6]. Con ello se cuartean los cimientos que tendió el apóstol Pablo. Esta situación nos sitúa ante la tarea de una nueva evangelización, que incluye al mismo tiempo una nueva inculturación, o sea, la impregnación de toda nuestra cultura con el espíritu del cristianismo. Este es un desafío común y una obligación común. Debemos preguntarnos conjuntamente cómo podemos hacer valer en esta situación la novedad de Jesucristo, conservando viva la herencia de Pablo y renovándola.

Esta tarea se plantea tanto para la vida personal como para la vida pública, pero aquí no en el sentido de una teología política. Según Pablo, la ciudad (*políteuma*) a la que pertenecemos no está aquí en la tierra, sino en el cielo (cf. Flp 3,20). Se trata de un proceso espiritual, de una penetración espiritual (*perichōrēsis*); o sea, se trata de que el Espíritu, que es el Espíritu de Jesucristo (cf. Rom 8,9; Gál 4,6), transforme (*metamorpheín*) todo lo humano según la imagen de Cristo (cf. 2 Cor 3,18), conformándonos con él (*synmorpheín*, cf. Rom 8,29; Flp 3,21) y convirtiéndonos así en hombres nuevos (cf. Ef 4,24; Col 3,10). No otra cosa es lo que la tradición oriental denomina «divinización» (*theôsis*). En la tradición occidental no es un concepto tan central, aunque también en ella tiene una importancia permanente. Es la verdadera humanización del hombre y de nuestra cultura. Pues allí donde está el Espíritu, allí hay libertad (cf. 2 Cor 3,17)[7].

Desde el punto de vista teológico, este mensaje nos urge a reflexionar de nuevo en común sobre el papel del Espíritu Santo en

---

6. Cf. PABLO VI, *Evangelii nuntiandi* (1975), 20; Juan Pablo II hace suyo este problema y acentúa reiteradamente la tarea de una nueva evangelización de Europa.
7. Cf. W. KASPER, *El Dios de Jesucristo, op. cit.*, 296s.

el proceso de la redención y santificación⁸. En el terreno práctico, a la vista de las profundas crisis de la cultura posmoderna, en la que la herencia paulina corre serio peligro, nos obliga a asumir de forma conjunta y decidida, siguiendo el ejemplo de Pablo, nuestra responsabilidad por Europa y sus raíces y valores cristianos. En esta situación no podemos permitirnos enfrentamientos ni tampoco una mera coexistencia marcada por el desinterés mutuo.

II. El legado eclesiológico del apóstol

Esto nos lleva a la problemática eclesiológica. Pues la impregnación del mundo no es una tarea meramente individual, sino una tarea eclesial corporativa. La Iglesia, en cuanto espacio colmado por Jesucristo, debe llenar el universo (cf. Ef 1,23).

Pablo habla con mucha frecuencia de *ekklēsía*, tanto en singular como en plural. Para el apóstol, en cada Iglesia local se hace presente la Iglesia de Dios en el lugar pertinente (*ekklēsía toû Theoû tê oúsē en Korínthō*: 1 Cor 1,2; 2 Cor 1,1). En consecuencia, la Iglesia local no es para él tan solo un fragmento o parte de la Iglesia; no, más bien es Iglesia *in situ*. Sin embargo, las diferentes Iglesias locales no se yuxtaponen inconexas ni tampoco constituyen meramente *a posteriori*, como suma de Iglesias locales, la Iglesia una. Desde el punto de vista de Dios y según su eterno plan salvífico, la Iglesia es una, como también lo es en Jesucristo. Así como Cristo no puede estar dividido, así tampoco puede estarlo la Iglesia (cf. 1 Cor 1,13). Esta unidad en Cristo se hace patente sobre todo en las cartas paulinas de la cautividad (cf. Ef 1,22; 3,3.10; 5,23s y *passim*). Dicha unidad se funda en Jesucristo como cabeza de la Iglesia, que todo lo mantiene cohesionado (cf. Col 1,18; Ef 4,16). Y encuentra su máxima expresión en la eucaristía. Pues la participación en el único cuerpo eucarístico del Señor es comunión en el único cuerpo eclesial de Cristo (cf. 1 Cor 10,17).

---

8. Para el reproche que la teología oriental le hace con frecuencia a la teología occidental en el sentido de que ha olvidado al Espíritu, cf. Y. CONGAR, *Je crois en l'Esprit Saint*, vol. 1, Paris 1979, 95-235 [trad. esp.: *El Espíritu Santo*, Herder, Barcelona 2009², libro I: «El Espíritu Santo en la "economía". Revelación y experiencia del Espíritu»]; W. KASPER, «Die Lehre vom Heiligen Geist und die Annäherung zwischen Ost und West», en ID., *Wege der Einheit. Perspektiven für die Ökumene*, Freiburg i.Br. 2004, 132-148 [trad. esp.: *Caminos de unidad: perspectivas para el ecumenismo*, Cristiandad, Madrid 2008].

El hecho de que la única Iglesia de Jesucristo se haga presente en las múltiples Iglesias locales no comporta, sin embargo, que exista una Iglesia universal independiente de –y previa a– las Iglesias locales. En la misma medida, tampoco puede existir una Iglesia local que exista aislada de las demás Iglesias locales y para sí misma. Debemos hablar de un entrelazamiento perijorético entre la Iglesia local y la Iglesia universal[9]. Desde el punto de vista sistemático, esta relación de unidad y pluralidad no constituye tanto un problema filosófico cuanto, en último término, un problema trinitario; se trata de un entrelazamiento que, lejos de absorber la diferencia, la mantiene como riqueza interior.

La unidad esencial de la Iglesia no implica uniformidad, sino una unidad comparable a la unidad de un cuerpo con múltiples miembros (cf. 1 Cor 12,12-27; Rom 12,5-8). Así, Pablo censura decididamente divisiones, banderías y disputas en la Iglesia (cf. 1 Cor 1,1-13; 11,18). A sus ojos, la unanimidad es un signo distintivo de la Iglesia (cf. Rom 15,5; Flp 2,2s). Para él vale lo siguiente: «Uno es el cuerpo, uno el Espíritu... Uno el Señor, una la fe, uno el bautismo, uno Dios, Padre de todos» (Ef 4,4-6). De ahí que no conozca un cristianismo paulino y, junto a este y distintos de él, un cristianismo petrino o joánico. Reconoce la primacía de Pedro (cf. Gál 1,18)[10], pero lo hace de manera madura y, si considera que es necesario, se atreve a contradecirlo abiertamente (cf. Gál 2,11-14). Pero luego busca y encuentra de nuevo la comunión (*koinōnía*: Gál 2,9).

Con su eclesiología, Pablo tendió los fundamentos para la posterior historia de la Iglesia, en especial para la tensa historia de la relación entre Oriente y Occidente. En el presente contexto no puedo ocuparme de ello más que fragmentariamente[11].

El decreto sobre el ecumenismo del concilio Vaticano II, *Unitatis redintegratio*, afirma que la herencia transmitida por el após-

9. Aquí hago mía la posición de H. DE LUBAC, *Les églises particulières dans l'Église universelle*, Paris 1971 [trad. esp.: *Las Iglesias particulares en la Iglesia universal*, Sígueme, Salamanca 1974]. Para la controversia que mantuve con J. Ratzinger sobre la relación entre la Iglesia local y la Iglesia universal, cf. W. KASPER, *La Iglesia de Jesucristo* (OCWK 11), Sal Terrae, Santander 2013, 92-96 y 509-522.
10. En este contexto no puedo detenerme en este problema ni en la fundamentación bíblica del ministerio petrino. Al respecto, cf. M. HENGEL, *Der unterschätzte Petrus*, Tübingen 2006.
11. Para la evolución en el primer milenio, cf. W. KASPER, «Petrusdienst und Petrusamt», en ID., *Die Kirche und ihre Ämter* (WKGS 12), Freiburg i.Br. 2009, 580-602.

tol «fue recibida [en Oriente y Occidente] de diversas formas y maneras y, en consecuencia, desde los orígenes mismos de la Iglesia fue explicada diversamente en una y otra parte por la diversidad del carácter y de las condiciones de la vida»[12]. ¡Una afirmación notable e históricamente certera!

III. Distanciamiento y cisma

Oriente y Occidente poseen la tradición apostólica común: comparten los dogmas fundamentales de la fe cristiana, tal como fue definida en los concilios ecuménicos del primer milenio; además, la Iglesia católica y las Iglesias orientales han mantenido, a diferencia de las Iglesias y comunidades eclesiales nacidas directa o indirectamente de la Reforma del siglo XVI, la misma estructura eclesial. De ahí que los católicos reconozcamos a las Iglesias orientales como Iglesias en sentido teológico y las tengamos por Iglesias hermanas[13].

Con todo, ya en el primer milenio Oriente y Occidente siguieron cada cual su propio camino. Solo simplificando mucho cabe decir que Oriente pensó más desde una perspectiva metafísico-platónica y Occidente, en cambio, más en categorías romanas de orden y derecho. En el fondo siempre han constituido dos concepciones diferentes del orden eclesial: el sistema de Iglesia imperial en Bizancio, que intraeclesialmente apostó en mayor medida por el principio de la sinodalidad, y el sistema de orden occidental, en el que el papel directivo del ministerio petrino se perfiló con mayor nitidez. Esto resultó posible también porque Roma era la única Iglesia que en Occidente podía apelar a su origen apostólico y además por partida doble: Pedro y Pablo; por otra parte, a causa de las invasiones de los pueblos bárbaros, el Imperio romano en Occidente se extinguió mil años antes que el Imperio romano de Oriente, lo que concedió al obispo de Roma mayor libertad desde el punto de vista político, de suerte que la *libertas ecclesiae* [libertad de la Iglesia] se convirtió ya pronto en un importante principio de acción.

Esto llevó ya en el primer milenio a múltiples tensiones e incluso cismas. El cisma acaciano duró incluso treinta y cinco años

---

12. UR 14.
13. Cf. *ibidem*; véase asimismo W. KASPER, «¿Qué significa "Iglesias hermanas"?», reimpreso en el presente volumen, 199-221.

(484-519). A pesar de ello fue posible mantener la comunión eclesial entre Oriente y Occidente o restablecerla sin cesar, mientras que el cisma de 1054, «por la falta de comprensión y de caridad»[14], no ha podido ser superado hasta la fecha.

Como muy tarde desde Yves Congar, y recientemente de nuevo por medio de Henry Chadwick, sabemos que 1054 es más una cifra simbólica que la fecha exacta del cisma entre las Iglesias[15]. El cisma es más bien el resultado del largo proceso de creciente distanciamiento que llevó a una *akoinōnía*, a la ausencia de comunión. Los actuales esfuerzos ecuménicos se entienden como un proceso opuesto de reacercamiento y reconciliación. Es de esperar que el proceso de reacercamiento y reconciliación no dure tanto como el distanciamiento y la larga noche de la ausencia de comunión.

Sin embargo, y este es el punto de vista positivo, las fuerzas y desarrollos políticos, que en el pasado propiciaron la división, favorecen hoy más bien el acercamiento. Pues en el marco de la integración europea y de los procesos de globalización no solo los Estados nacionales en el sentido del siglo XIX y de comienzos del XX, sino también las Iglesias nacionales pierden el sentido que tenían antaño; por otra parte, la secularización moderna y el avance del islam sitúan a todas las Iglesias ante retos parecidos, a los que no podremos hacer frente con éxito desde la rivalidad o el enfrentamiento, sino solo en común.

IV. La motivación del ecumenismo

Tal colaboración no es la motivación principal ni la meta del camino ecuménico. La motivación principal es el encargo de Jesucristo de «que todos sean uno» (Jn 17,21); y la meta, la comunión eclesial plena. La colaboración puede ser, sin embargo, un paso

---

14. UR 14.
15. Y. Congar, *Neuf cents ans après. Notes sur le schisme oriental*, Chevetogne 1959 [trad. esp.: *Cristianos ortodoxos*, Estela, Barcelona 1963]; H. Chadwick, *East and West. The Making of a Rift in the Church*, 2003.

en este camino. La Iglesia católica entiende el movimiento ecuménico como un impulso del Espíritu Santo[16].

Un primer empuje para el resurgimiento lo dieron las dos encíclicas del patriarca ecuménico Joaquín III (1902 y 1920). Tanto la Iglesia católica como las Iglesias ortodoxas se decidieron enteramente a emprender este camino en el histórico encuentro que el patriarca ecuménico Atenágoras y el papa Pablo VI mantuvieron en Jerusalén los días 4 y 5 de enero de 1964, así como mediante el Vaticano II (1962-1965). El penúltimo día del concilio se borraron de la memoria de la Iglesia –simultáneamente en Roma y Constantinopla– las excomuniones de 1054[17]. Desde entonces se han retomado algunos elementos esenciales de la comunión eclesial vigente en la Iglesia antigua, a saber, visitas recíprocas e intercambio epistolar, sobre todo con motivo de las grandes festividades del año litúrgico.

Los frutos pudieron verse ya durante el concilio. Por las actas conciliares, publicadas entretanto, sabemos que la eclesiología eucarística de comunión ortodoxa influyó de manera determinante en la constitución sobre la Iglesia *Lumen gentium* y, por tanto, indirectamente en el decreto sobre el ecumenismo *Unitatis redintegratio*[18]. En las *Acta synodalia* se menciona a Nikolai Afanasiev como padre e iniciador de la eclesiología eucarística de comunión; también se nombra a John Meyendorff. En el tiempo transcurrido desde el concilio habría que añadir el nombre del teólogo greco-ortodoxo y metropolita de Pérgamo, Johannes Zizioulas[19], quien ha desarrollado la posición de Afanasiev, haciéndola más accesible a la eclesiología eucarística de la Iglesia católica.

Por parte católica, la renovación partió sobre todo de Henri de Lubac. El jesuita francés mostró el nexo existente entre eucaristía e Iglesia hasta la temprana Edad Media y elevó a conciencia el

---

16. Cf. UR 1 y 4.
17. Cf. *Tomos Agapis. Vatican-Phanar (1958-1970)*, Roma-Istanbul 1971, 278-295.
18. Cf. *Acta Synodalia Sacrosancti Concilii Oecumenici Vaticani II*, Periodus I, pars IV, 87.
19. Cf. J. Zizioulas, *Being as Communion*, New York 1985 [trad. esp.: *El ser eclesial: persona, comunión, Iglesia*, Sígueme 2003]; Id., *L'Eucharistie, l'Évêque et l'Église durant les trois premiers siècles*, Paris 1994.

cambio radical que se produjo a la sazón, iniciando así la renovación de la eclesiología católica[20]. De este modo, en el concilio Vaticano II tuvo lugar el encuentro entre la eclesiología ortodoxa renovada y la eclesiología católica renovada sobre el fundamento común de la eclesiología eucarística de comunión[21]. Ello brindó una amplia y profunda base eclesiológica para el diálogo posconciliar.

Sin embargo, después del concilio fueron necesarios otros veinte años para poder inaugurar en 1980, en Patmos y Rodas, el diálogo teológico oficial. En la primera fase del diálogo, comprendida entre 1980 y 1990, al principio se trataba de asegurarnos de que, a pesar de la larga separación, los pilares fundamentales del puente entre Oriente y Occidente se mantenían en pie y tampoco el puente se había hundido por completo. Se puso de relieve la fundamental afinidad en las doctrinas de la eucaristía, los sacramentos y el sacerdocio. Ya en el primer documento se hizo patente que el concepto de la *koinōnía/communio* eucarística proporciona una base común en la comprensión de la Iglesia y su unidad[22].

La caída del Muro de Berlín y el colapso de la Unión Soviética (1989-1990) no facilitaron, por desgracia, las conversaciones, sino que volvieron a sacar a la luz el problema del uniatismo. Eso llevó lamentablemente a una interrupción fáctica de cinco años. El diálogo solo pudo retomarse en 2006 en Belgrado y en 2007 en Rávena. Tras la preparación de Creta (2008) se proseguirá en Chipre en otoño de 2009. Pero tampoco la segunda fase está exenta de gotas de hiel. La delegación ruso-ortodoxa abandonó la reunión de Rávena a causa de la participación de una delegación estonia. Entretanto, Constantinopla ha presentado una propuesta de

---

20. Cf. H. de LUBAC, *Corpus Mysticum. L'Eucharistie et l'Église au Moyen Âge*, Paris 1949; ID., *Méditation sur l'Église*, Paris 1954 [trad. esp.: *Meditación sobre la Iglesia*, Encuentro, Madrid 2008].
21. El avance definitivo de la eclesiología de comunión fue propiciado sobre todo por el sínodo extraordinario de obispos de 1985. El papa JUAN PABLO II hizo suya la eclesiología de comunión en la encíclica *Ecclesia de eucharistia* (2003); y el papa BENEDICTO XVI, en el documento postsinodal *Sacramentum caritatis* (2007). Al respecto, cf. W. KASPER, *La Iglesia de Jesucristo* (OCWK 11), Sal Terrae, Santander 2013, 31-34 y 405-425.
22. Cf. «Die Dokumente der ersten Dialogphase», en: DwÜ 2, 526-567.

compromiso. Desconozco qué decisión ha tomado el nuevo patriarca ruso-ortodoxo. Permanece el principio esperanza.

V. El papel del obispo de Roma

Esta segunda fase intenta abordar sobre la base de la primera la decisiva cuestión controvertida de cuál debe ser el papel del obispo de Roma en la Iglesia universal. El resultado del documento de Rávena, *Las consecuencias eclesiológicas y canónicas de la esencia sacramental de la Iglesia: comunión eclesial, conciliaridad y autoridad*, es conocido. Representa un importante paso hacia delante para ambas partes, pero también un desafío. La parte ortodoxa reconoce que la Iglesia es real tanto en el plano local como en el regional y universal, así como que, conforme al famoso canon 34 de los *Cánones apostólicos* (de finales del siglo IV), es necesario un *prôtos*, un primado en cada uno de estos planos, o sea, también en el plano universal[23], en el que, según la tradición tanto occidental como oriental del primer milenio, ese primado no puede ser más que el obispo de Roma.

También la parte católica tuvo que aprender algo; admitió que el principio de primacialidad siempre debe ir asociado con el de sinodalidad. A este respecto se ha producido desde el concilio, con la creación de la institución del sínodo de obispos, un progreso, pero todavía es susceptible de desarrollo adicional. Por tanto, ambas partes tienen aún mucho que recuperar. Sin embargo, es grato que tanto el patriarca ecuménico Bartolomeo como el papa Benedicto XVI se hayan manifestado en términos laudatorios sobre el documento de Rávena.

Después de Rávena, el diálogo se ha centrado en la decisiva cuestión controvertida: «El papel del obispo de Roma en la Iglesia universal durante el primer milenio». El primer milenio es herencia común de todos y puede, por eso, ser punto de partida común y modelo para el futuro. Pero el regreso al primer milenio no es tan fácil. Pues (1) desde entonces ha transcurrido otro milenio, en el que han tenido lugar muchos desarrollos; (2) existen distintas interpretaciones de lo que Oriente y Occidente conciben por

---

23. Cf. *Les constitutions apostoliques*, tomo III (SChr 336), Paris 1987, 284s.

«primer milenio»; (3) ya en el primer milenio Oriente y Occidente experimentaron evoluciones diferentes. Así, la actual idea del primado del obispo de Roma existe en la práctica en Occidente ya desde León Magno en el siglo V; en cambio, algo parecido no se encuentra –o solo se encuentra embrionariamente– en los padres de la Iglesia griegos. Pero también existen grandes constructores de puentes entre Oriente y Occidente, como, por ejemplo, Máximo el Confesor (580-562), muy prestigioso tanto en Oriente como en Occidente.

En Creta conseguimos ponernos de acuerdo sobre algunos puntos esenciales de una interpretación común del primer milenio y redactamos un útil documento a modo de base de debate para Chipre. Según este documento, Roma es, conforme a los concilios de Constantinopla (381) y Calcedonia (451), la *prima sedes* [sede primera/primada]: el obispo de Roma no disfruta solo de un primado de honor. Para apoyar este tesis se mencionan los conocidos textos de Clemente de Roma, Ignacio de Antioquía e Ireneo de Lyon, pero también se reconoce que Roma fue decisiva para la conservación de la ortodoxia nicena y calcedonense, así como para la superación de la iconoclasia, que en Oriente se celebró como una victoria de la Ortodoxia. Además, se reconoce, en el sentido del sínodo de Sérdica (343/344), un derecho de apelación a Roma y se atribuye a Roma el papel de una suerte de instancia de apelación. Pero sigue siendo importante que el primado ha de ser visto en el contexto de la sinodalidad[24].

Todavía es objeto de controversia si –y en caso de respuesta afirmativa, en qué medida– Roma podía intervenir en Oriente por iniciativa propia, como ya hizo en 341 el papa Julio en la controversia en torno a Atanasio, llamando a este a Roma. Este hecho fue incorporado luego también al derecho canónico oriental. Esta tradición se encuentra en el trasfondo del segundo concilio de Nicea (787). Allí se afirmó expresamente que, de cara al reconocimiento de la ecumenicidad de un concilio, es determinante que el obispo de Roma coopere (*synergeín*), mientras que para los demás patriarcas se habla de aprobación (*synphōneín*)[25].

---

24. Para la relación entre primado y sinodalidad, cf. W. KASPER, *La Iglesia de Jesucristo*, *op. cit.*, 89-92.
25. Cf. H. J. SIEBEN, *Studien zum Ökumenischen Konzil. Definitionen und Begriffe, Tagebücher und Augustinus-Rezeption* (Konziliengeschichte Reihe B), Paderborn 2010, 72ss.

Por supuesto, aún quedan abiertas algunas preguntas, y nadie puede esperar razonablemente que en Chipre seamos capaces de resolver todos los problemas. Las evoluciones divergentes acontecidas en el segundo milenio hasta llegar a los dos concilios vaticanos siguen alzándose ante nosotros como una montaña, y sería poco menos que un milagro que en alguno de los próximos diálogos pudiéramos superar esta barrera. Pero como cristianos sabemos también que, con la ayuda de Dios, nada es por principio imposible[26].

VI. Una nueva forma de ejercicio del ministerio petrino

Solo cuando nos hayamos puesto de acuerdo –por lo menos en lo fundamental– en lo que respecta al segundo milenio, podremos acoger la propuesta lanzada por el papa Juan Pablo II en la encíclica sobre el ecumenismo *Ut unum sint* (1995). En ella, el papa nos invitó a buscar una nueva forma de ejercicio del primado que, sin perjuicio de la sustancia del dogma, sea aceptable para ambas partes. El papa Benedicto XVI reiteró literalmente esta propuesta el 30 de noviembre de 2006 con motivo de su visita a Constantinopla. Así pues, no está olvidada; continúa en el orden del día.

La respuesta a la pregunta de cómo puede resolverse de manera concreta esta cuestión sigue siendo de momento especulativa. A menudo se cita la afirmación que el entonces profesor Joseph Ratzinger pronunció en una conferencia en Graz en 1976, según la cual Roma no debe exigir de Oriente en lo que atañe a la doctrina del primado más de lo que se formuló y vivió en el primer milenio[27]. El cardenal Joseph Ratzinger matizó esta frase en 1987, a mi juicio con razón: tras el final de la antigua Iglesia imperial y la desaparición de la figura del emperador, el mero regreso a la Iglesia antigua no es un camino posible, ni siquiera desde el punto de vista teológico; lo que se necesita es un camino hacia delan-

---

26. Una base para una comprensión común podrían ofrecerla las investigaciones históricas que H. J. POTTMEYER ha realizado en torno a la interpretación del Concilio Vaticano I: *Unfehlbarkeit und Souveränität*, Mainz 1975. Mi propia interpretación la he expuesto en diferentes ocasiones, cf. W. KASPER, *Die Kirche und ihre Ämter*, *op. cit.*, espec. 614-635. Por parte ortodoxa, cf. M. VGENOPOULOS, *Primacy in the Church. From Vatican I to Vatican II: A Greek Orthodox Perspective*, Heythrop College 2008.
27. Cf. J. RATZINGER, *Theologische Prinzipienlehre*, München 1982, 20 [trad. esp.: *Teoría de los principios teológicos*, Herder, Barcelona 2005²].

te[28]. Así y todo, la antigua Iglesia –en especial la conjugación de primado y sinodalidad– puede ser un modelo provechoso para el restablecimiento de la comunión plena bajo las transformadas condiciones históricas del tercer milenio. La meta no puede ser una Iglesia unitaria ni tampoco la asunción del sistema jurídico occidental por Oriente. Ya el Vaticano II reconoció que las Iglesias orientales tienen derecho a regirse según sus propios ordenamientos[29]. El derecho canónico posconciliar para las Iglesias orientales católicas ha llevado embrionariamente a la práctica este punto de vista. Prevé, por ejemplo, que los obispos de las Iglesias orientales católicas no sean nombrados por el papa, sino elegidos por el sínodo que en cada caso corresponda, tras lo cual el papa les concede la comunión eclesial. Como se afirma de forma expresa, tales ordenamientos no pretenden ser el modelo determinante para el futuro restablecimiento de la comunión plena entre la Iglesia católica y las Iglesias orientales; son, pues, de naturaleza provisional y susceptibles de desarrollo[30].

Por consiguiente, cabe distinguir –siguiendo de nuevo una propuesta de Joseph Ratzinger– entre la función espiritual del primado y la función administrativa del patriarca. En este sentido, una autonomía patriarcal máxima es conciliable con el primado de Roma[31]. La fórmula de unificación del concilio de Florencia (1439-1445) podría volver así a cobrar relevancia. Pues este concilio añadió a la definición del primado una sección que refuerza los privilegios tradicionales de los «restantes patriarcados» (Constantinopla, Alejandría, Antioquía y Jerusalén)[32].

Por supuesto, además de la cuestión del primado existen otros problemas que han de ser resueltos. Entre ellos se cuenta ante todo, en opinión de muchos teólogos ortodoxos, la cuestión del añadido del *filioque* al credo. Aquí no puedo ocuparme ya con detalle de este problema[33]. Sin embargo, me parece importante

---

28. Cf. ID., *Kirche, Ökumene und Politik*, Einsiedeln 1987, 76s [trad. esp.: *Iglesia, ecumenismo y política: nuevos ensayos de eclesiología*, BAC, Madrid 2005²].
29. Cf. UR 16.
30. Cf. OE 30; JUAN PABLO II, *Sacri canones* (1990). Cf. W. KASPER, *Die Kirche und ihre Ämter, op. cit.*, 602 y 639s.
31. Cf. J. RATZINGER, «Primat», en LThK² 8, 763.
32. Cf. DH 1307s. Para diferentes interpretaciones, cf. W. KASPER, *Die Kirche und ihre Ämter, op. cit.*, 610s.
33. Cf. PONTIFICIO CONSEJO PARA LA PROMOCIÓN DE LA UNIDAD DE LOS CRIS-

señalar que el problema del *filioque* suele considerarse en el contexto de la recepción o no recepción de la teología de Agustín, que para Occidente se ha convertido en fundamental. Ahora bien, las investigaciones recientes sobre Agustín han mostrado que la habitual contraposición entre la doctrina trinitaria agustiniano-occidental y la doctrina trinitaria capadocio-oriental ya no es sostenible; por desgracia, los resultados de estas investigaciones apenas se han dado a conocer hasta ahora en Oriente[34]. Esto muestra que la unidad plena se ve dificultada aún por profundos problemas teológicos de comprensión, que han de ser abordados a través de un intercambio recíproco tanto desde el punto de vista histórico como desde el teológico.

Sobre todo se plantea el problema de la recepción de los documentos de diálogo. Esta recepción no puede llevarse a cabo solo por el papa, por un lado, y por los sínodos ortodoxos, por otro, sino que debe incorporar a la Iglesia en su conjunto, o sea, también a los fieles. El concilio de Florencia debe servirnos de advertencia en este sentido. A la sazón, el acuerdo alcanzado en el plano jerárquico en razón de la presión política fue rechazado *a posteriori* por el pueblo, que no estaba preparado para él. Después de Florencia, las cosas empeoraron incluso. Pues solo después de este concilio y, sobre todo, después del Tridentino se consumó la ruptura de la *communio*.

¿Qué pueden lograr, pues, nuestros diálogos? Pienso que mucho, pero no todo. En mi opinión, se trata de una preparación lejana para un futuro concilio ecuménico en el sentido originario del término, que no podría decidir sino el restablecimiento de la *koinōnía/communio* plena. Cuánto queda para llegar a esta meta es algo que debemos dejar a la providencia divina; nosotros tan solo podemos pedir por ella y tenemos que contentarnos con hacer lo que hoy responsablemente podemos hacer. Para que algún día pueda llegarse a la comunión eclesial plena, se requiere, aparte del trabajo histórico y teológico, una profunda *metánoia/conversio*. Sin conversión no es posible el ecumenismo. El ecume-

---

TIANOS, *Les traditions grecque et latine concernant la procession du Saint-Esprit* (1996); Y. CONGAR, *Je crois en l'Esprit Saint*, vol. III, Paris 1980, 79-93 y 229-278 [trad. esp.: *El Espíritu Santo*, Herder, Barcelona 2009², libro III]; W. KASPER, «Die Lehre vom Heiligen Geist und die Annäherung zwischen Ost und West», art. cit., 148-161.
34. Cf. sobre todo R. KANY, *Augustins Trinitätsdenken*, Tübingen 2007.

nismo es, en último término, una tarea espiritual. La unidad de la Iglesia es un regalo y un don del Espíritu Santo. No se puede lograr a la fuerza, ni siquiera debemos intentarlo, ya que las soluciones violentas se han revelado siempre como contraproducentes. Pero cabe confiar en que el Espíritu llevará algún día a su meta la obra que ha comenzado y que ya ha dado tantos y tan buenos frutos.

La paciencia no es precisamente la virtud que más destaca en mí. No obstante, desde esta convicción soy capaz de realizar el servicio que se me encomendó hace diez años, un venero de buenas experiencias, con alegría y –pese a algunas experiencias no tan buenas e incluso alguna que otra decepción– con serenidad interior y confianza. Estoy persuadido de que esta tarea nos es confiada por el Señor de la Iglesia como un encargo histórico común, a fin de que conservemos el legado del apóstol Pablo en el presente y lo transmitamos de forma viva al futuro.

CUARTA PARTE

El ecumenismo y la unidad de Europa

36
La unidad de la Iglesia y la unidad de Europa

Apenas dos semanas después de la promulgación de la declaración *Dominus Iesus* sobre la unicidad y la universalidad salvífica de Jesucristo y de la Iglesia, una declaración que con frecuencia ha sido malentendida como un alejamiento de la Iglesia católica del diálogo ecuménico, el papa Juan Pablo II, durante una audiencia a la comisión internacional de diálogo con la Federación Mundial Reformada, afirmó: «El compromiso de la Iglesia católica con el diálogo ecuménico es irrevocable». Con esta afirmación, el papa no hizo sino reiterar lo que ya había dicho en varias ocasiones. La oración de Jesús en la víspera de su muerte, a saber, «que todos sean uno, para que el mundo crea», es un motivo fundamental del pontificado de Juan Pablo II. La declaración *Dominus Iesus* no retira nada de lo que asevera la encíclica sobre el ecumenismo *Ut unum sint* (1995). La declaración no se ocupa en primer lugar del diálogo ecuménico ni pretende posicionarse detalladamente al respecto. Su verdadero tema es el diálogo interreligioso. Por lo que atañe al ecumenismo, se limita a recordar algunas posiciones del último concilio. De ahí que deba ser leída tanto en relación con muchos otros documentos como en relación con el compromiso ecuménico de las últimas décadas. Justo allí donde resulta incómoda no puede ni pretende detener el diálogo ecuménico; antes bien, exhorta a proseguirlo.

I. El movimiento ecuménico como punto luminoso

La opción de la Iglesia católica por el diálogo ecuménico se concretó de manera fundamental e irrevocable mediante el concilio Vaticano II. Desde el final del concilio, esta opción ha llevado a multitud de encuentros y visitas en el máximo nivel, a periódicos intercambios epistolares del papa con los máximos responsables de otras Iglesias, a diálogos y documentos de consenso con todas las familias cristianas del mundo: tanto con las Iglesias orientales antiguas y las Iglesias ortodoxas como con los anglicanos, luteranos, reformados, con las Iglesias libres y con las nuevas comunidades evangélicas o carismáticas, pero también con el Consejo Mundial de Iglesias y, dentro de él, en especial con la Comisión Fe y Constitución.

Estas múltiples actividades han propiciado una serie de declaraciones oficiales de consenso: la más conocida es la *Declaración conjunta* sobre la cuestión –tan central para la Reforma– de la justificación, por medio de la cual el 31 de octubre de 1999 se superó el disenso en algunos aspectos fundamentales. Ya antes se habían resuelto por medio de acuerdos oficiales con las Iglesias orientales antiguas las controversias cristológicas que se remontaban hasta los siglos IV y V. Hace tan solo dos semanas se alcanzó un compromiso respecto a los matrimonios mixtos con las Iglesias separadas dentro de la familia de los cristianos de santo Tomás en Kerala (India sudoccidental).

Por supuesto, el diálogo ecuménico no se circunscribe al plano universal. Tanto en el plano nacional de las conferencias episcopales como en el de las diócesis, las parroquias y, ante todo, las facultades y los institutos de teología ha surgido entretanto un espeso entramado de información recíproca y cooperación y un nuevo clima, incluso podría decirse: una nueva realidad eclesial de convivencia amistosa. Son importantes sobre todo las celebraciones litúrgicas comunes, en especial durante la Semana de Oración por la Unidad de los Cristianos que se celebra todos los años en enero.

Hay que reconocer que en los últimos años el diálogo se ha tornado más difícil y el tono ha devenido en ocasiones más áspero. El entusiasmo ha decrecido en todas las Iglesias; las reservas y resistencias, en cambio, se han incrementado. Muchas personas están contrariadas y decepcionadas o hacen ecumenismo por su propia cuenta y riesgo, en ocasiones también de manera teológicamente irresponsable. A menudo se habla, como vuelve a ser ahora el caso, de estancamiento o retroceso.

Pero aquel cuya experiencia vital abarque ya unas cuantas décadas constatará que la relación entre las Iglesias separadas ha cambiado fundamentalmente a mejor en la segunda mitad de la centuria que acabamos de dejar atrás. Si se quisiera hacer un balance de este siglo XX, el movimiento ecuménico representaría a buen seguro un punto luminoso en una centuria por lo demás muy sangrienta y en varios sentidos sombría. El ecumenismo es uno de los grandes retos y tareas para el nuevo siglo. No existe alternativa alguna al acercamiento interconfesional.

II. Servicio a la paz en Europa

El tema de la unidad de todos los cristianos es central y fundamental para todas las Iglesias. La Biblia da testimonio del Dios *uno* y, junto con la multiplicidad de dioses, supera la rivalidad religiosamente motivada entre los pueblos y grupos étnicos; habla de una *sola* humanidad, en la que todas las personas son por principio iguales ante Dios con independencia de su sexo, nacionalidad, cultura, raza y clase social. El Nuevo Testamento conoce a un *solo* mediador de la salvación para todos los seres humanos; ya con ocasión del primer Pentecostés habla de una *sola* Iglesia formada por la multitud de naciones: la Iglesia que, según el relato de los Hechos de los Apóstoles sobre la primitiva comunidad jerosolimitana, es una en la confesión de la *única* fe, en la *única* celebración litúrgica de la eucaristía y en la vida común y el compartir bajo el *único* gobierno apostólico. Esta Iglesia *una* se entiende a sí misma como comienzo, embrión, signo, instrumento y anticipación de la *única* humanidad reconciliada. Por eso, la unidad de la Iglesia no es un tema marginal y secundario. La unidad es una categoría básica del mensaje bíblico, que con ello excluye todo relativismo y pluralismo indiferenciado de religiones e Iglesias.

Esta tesis tiene una triple implicación.

En primer lugar, no debemos ni podemos resignarnos a la existencia de Iglesias separadas; no debemos acostumbrarnos a ello ni pretender justificar este hecho. La división eclesial es un escándalo que no es legítimo minimizar replegándonos, por ejemplo, a una mera unidad espiritual más allá de las Iglesias fácticamente existentes. El cristianismo es encarnatorio; se realiza en la carne del mundo, allí tiene su lugar concreto. Se trata de la comunión eclesial visible. También las Iglesias separadas fácticamente existentes han ocasionado y siguen ocasionando mucho sufrimiento a los seres humanos.

Esto me lleva al *segundo* punto de vista: la unidad de la Iglesia no es un fin en sí; guarda relación con la unidad y la paz de la humanidad. Tiene que ver en especial con la unidad y la paz dentro de Europa.

Pues la unidad de nuestro continente no puede determinarse geográfica ni étnicamente. Desde el punto de vista geográfico, Europa no es sino un apéndice de la masa continental asiática; y desde el punto de vista étnico, un abigarrado y multicultural complejo de pueblos. Europa solo puede definirse como unidad intelectual o, según suele decirse hoy, comunidad de valores. El humanismo antiguo, la Ilustración moderna y, en especial, el cristianismo en sus configuraciones bizantino-ortodoxa (o también eslavo-ortodoxa), latino-católica y protestante han impregnado de manera indeleble el rostro intelectual y cultural de Europa. Suprímase si no mentalmente por un momento la historia de las Iglesias de la historia intelectual, cultural y artística de Europa y de la imagen de nuestras ciudades y formúlese la pregunta de qué es lo que queda entonces.

En unión con la ilustración antigua y moderna, el cristianismo ha dado forma a una imagen del ser humano, de su singular e inviolable dignidad, de su individualidad y su socialidad que se ha plasmado en todas las modernas constituciones de Europa y ha devenido fundamental para nuestra comprensión europea de la dignidad de la persona humana.

De ahí que Europa no pueda vivir ni sobrevivir como mera unión económica y monetaria; Europa necesita un alma y tiene que redescubrir los profundos estratos cristianos de su alma. Tanto hoy como en el futuro, esto únicamente es posible en comunión ecuménica. Pues la voz de la Iglesia solo tiene posibilidades de ser escuchada en la algarabía moderna y posmoderna si los cristianos estamos ecuménicamente unidos.

Tercero, no debemos minimizar las diferencias aún existentes ni pasar por alto la pregunta por la verdad. Existe también una equivocada cortesía ecuménica, que disimula los problemas en vez de resolverlos. Detrás de las persistentes diferencias hay bastante más que encubiertas disputas de poder; detrás de ellas se esconden seculares experiencias heterogéneas, que se han concretado no solo en estructuras, sino en convicciones y culturas de la vida contrapuestas. Por eso no pueden resolverse de inmediato. Son necesarios profundos procesos intelectuales y espirituales de cambio de mentalidad, conversión, perdón y reconciliación. Esto vale singularmente para Europa. Estamos acostumbrados a atribuir las divisiones del continente al pensamiento moderno del Estado-nación. Eso tiene su justificación, pero hay que ahondar más en la historia. Los cimientos de la división de Europa se tendieron ya con la división de Roma en el Imperio romano de Oriente y el Imperio romano de Occidente. Se constituyeron así dos centros políticos, intelectuales y culturales diferentes, Roma y Constantinopla, dos mentalidades y espiritualidades diferentes, dos configuraciones diferentes del pensamiento y la vida en la esfera eclesial, espiritual y teológica.

Una mirada a los Balcanes, en especial a la antigua Yugoslavia, muestra de qué forma tan cruenta sigue manifestándose esta diferencia incluso en la década de 1990. ¿Y cómo se pretende integrar a Rusia en un proyecto europeo sin interpelar a las profundidades religiosas del alma rusa, todavía existentes después de setenta años de atea destrucción soviética de valores humanos y cristianos e impregnadas por la piedad ortodoxa? Sin un acercamiento entre las Iglesias no puede darse una integración europea, del tipo que sea, de la Europa Oriental.

Así pues, la ampliación intelectual y espiritual hacia el Este europeo es necesaria. Precisamente en Alemania, a la que ya solo desde el punto de vista geográfico le corresponde en efecto —y aquí en Berlín esto se percibe de manera especial— una posición clave entre la Europa Oriental y la Europa Occidental, debemos superar la unilateral orientación ecuménica hacia Occidente. No hace falta más que pensar en el mundo de los iconos para percatarse de cuánto podemos aprender los occidentales de la riqueza espiritual de Oriente.

El prolongado distanciamiento respecto de Oriente ha empobrecido a Occidente, y esta fue *una* de las causas de la profunda crisis de la Iglesia occidental a finales de la Edad Media y, por ende, también *una* de las causas de la Reforma del siglo XVI. El cisma eclesial que se produjo a raíz de ello precipitó a Occidente en los cruentos conflictos de las guerras de religión, dejando en él, desde el punto de vista intelectual, profundas marcas. Esta división atraviesa desde entonces a nuestro pueblo. Análogas diferencias confesionales imprimen su impronta también en la mentalidad inglesa por contraposición a la continental. De ahí que no haga justicia a la realidad declarar irrelevantes y superadas las diferencias confesionales.

Un diálogo ecuménico que no plantee ya la cuestión de la verdad se mueve en el vacío y la arbitrariedad. Estimula movimientos opuestos de signo realmente fundamentalista, que se aferran a una identidad angosta y angulosa, olvidando que la identidad tan solo existe en el encuentro con otros y en el reconocimiento del otro.

III. Testimonio conjunto

¿Dónde nos encontramos en realidad y hacia dónde nos dirigimos? No es poco lo que hemos conseguido en los últimos treinta años. Por lo que atañe a su «asunto» central, las Iglesias están en gran medida de acuerdo: tanto en la confesión de fe en Cristo como en su relevancia salvífica, en la doctrina de la justificación. Así, en el nuevo siglo y en el nuevo milenio pueden dar testimonio común del mensaje del Evangelio, conjuntamente pueden ser mensajeras de la esperanza en un mundo en gran medida desnortado.

La pregunta que ahora se plantea afecta a la naturaleza, misión y realización concreta de la Iglesia como mensajera, como signo e instrumento de este mensaje común. Aquí siguen divergiendo las posiciones, tanto con las Iglesias ortodoxas como, sobre todo, con las Iglesias nacidas de la Reforma protestante.

La comisión Fe y Constitución del Consejo Mundial de Iglesias ha iniciado una ambiciosa consulta sobre este tema: *The Nature and Purpose of the Church* [Naturaleza y finalidad de la Iglesia], consulta de la que se espera un efecto análogo al que en su día tuvo el Documento de Lima *Bautismo, eucaristía y ministerio*. También en el diálogo internacional entre evangélico-luteranos y romano-católicos se trabaja sobre esta cuestión bajo el tema: «Apostolicidad de la Iglesia». El reciente documento de diálogo alemán *Communio sanctorum* [La comunión de los santos, 2000] ha preparado ya en considerable medida el camino. Pero todavía quedan por aclarar cuestiones difíciles, en las que es necesario superar prejuicios y bloqueos emocionales profundamente arraigados.

La declaración *Dominus Iesus*, con la afirmación de que las comunidades nacidas de la Reforma protestante no son Iglesias «en sentido propio», ha puesto el dedo en la llaga en vez de administrar anestésicos. Es de lamentar que muchos se sientan ofendidos por el desafortunado lenguaje, demasiado brusco. Por lo que hace al contenido, con ello se alude a algo que debería estar claro para toda persona informada: no son Iglesias en el sentido en que la Iglesia católica se entiende a sí misma como Iglesia y, por convicción, tampoco quieren serlo. Tienen una concepción de Iglesia que, según la visión católica, no es la auténtica.

Con esta afirmación en modo alguno se excluye que también fuera de la Iglesia católica exista realidad salvífica y eclesial; antes al contrario, la declaración afirma a renglón seguido esta posibilidad. Con el concilio asevera claramente que la división constituye una herida para la realización concreta de la propia catolicidad. Por consiguiente, no cabe hablar de un presuntuoso, arrogante y exclusivo monopolio de la salvación. Aunque nosotros como cristianos católicos estamos agradecidos por la fidelidad de Dios, que nos ha permitido conservar la estructura fundamental apostólica de la Iglesia, todos juntos hemos de reconocer humildemente que no cumplimos la voluntad de Jesucristo. En este sentido, todas las Iglesias estamos en camino.

La unidad ecuménica más amplia que anhelamos no debe ser malentendida como uniformidad; se trata de unidad en la pluralidad y de pluralidad en la unidad o, como hoy con frecuencia se dice, de una diversidad reconciliada. Por desgracia, en la actualidad todavía tenemos que vérnoslas con una diversidad no reconciliada, en la que una Iglesia profesa algo que otra caracteriza como contrario al Evangelio. Tales diferencias únicamente se reconcilian cuando dos Iglesias descubren detrás de las afirmaciones heterogéneas intenciones convergentes –o sea, no contradictorias, sino complementarias– y tanto una como otra las aceptan como tales.

Esto lo hemos conseguido tanto en la *Declaración conjunta sobre la doctrina de la justificación* como en las declaraciones cristológicas de consenso con las Iglesias orientales antiguas. La apuesta por el ecumenismo parte de la esperanza de que, con la ayuda del Espíritu de Dios, semejante diversidad reconciliada será posible también en las cuestiones controvertidas, como, por ejemplo, la cuestión del ministerio eclesiástico y, en especial, el ministerio petrino.

Para terminar, permítanme ilustrar esta esperanza con una comparación. Si en la mañana del 9 de noviembre de 1989 se les hubiera preguntado a los habitantes de Berlín cuánto tiempo tardaría en abrirse de nuevo la puerta de Brandeburgo, la mayoría probablemente habrían contestado: nos daríamos por satisfechos con que nuestros nietos pudieran volver a cruzar esta puerta. La noche de ese memorable día, Berlín era otro, y también el mundo.

Albergo la firme esperanza de que, análogamente, un buen día nos frotaremos los ojos sorprendidos y desbordantes de alegría cuando veamos que el Espíritu de Dios ha derribado los muros que separan a unas Iglesias de otras y hecho realidad –contra toda esperanza– nuestra esperanza, regalándonos la plena comunión reconciliada y abriéndonos a todos los cristianos un futuro común.

37
La situación ecuménica en Europa

Me gustaría tratar el tema: «La situación ecuménica de Europa», en tres pasos: primero quiero responder a la pregunta: ¿qué es Europa y qué significa Europa desde el punto de vista ecuménico? En la segunda parte abordo el interrogante: ¿qué es el ecumenismo y en qué situación se encuentra hoy en Europa? Por último, en la tercera parte quiero hablar, sin pretensión alguna de exhaustividad, sobre dos tareas que se les plantean a los cristianos en Europa, tanto hoy como en el futuro próximo.

I. Europa, un reto ecuménico

Comencemos por la primera pregunta. ¿Qué es Europa? ¡Difícil de decir! Europa no es una realidad determinable geográficamente como, por ejemplo, África, Norteamérica, Sudamérica o Australia. Desde el punto de vista geográfico, Europa es un apéndice, en cierto modo una península de Asia. Pero ¿dónde empieza y dónde acaba Europa? ¿Forma Turquía parte de ella? ¿Y en qué medida pertenece Rusia a Europa? Estas preguntas no se pueden contestar con la mera geografía. Europa tampoco es una realidad étnica o lingüísticamente unitaria. ¡Muy al contrario! En Europa encuentra uno en el espacio más reducido los más diferentes pueblos y lenguas.

A la pregunta de qué es Europa no existe más que una respuesta: Europa es una realidad fruto de la historia, una comunidad de destino y de valores surgida históricamente. La pregunta por la identidad de Europa solo se puede contestar echando una mirada a la historia europea, que está indisolublemente ligada a la historia del cristianismo. Aquí no puedo exponer esto sino breve y, por tanto, simplificadamente. La génesis de Europa transcurre en tres grandes etapas.

Primera etapa: el Imperio romano mediterráneo, al que pertenecían tanto el Imperio romano de Occidente como el Imperio romano de Oriente o Bizancio –o dicho en el lenguaje actual, la Europa Occidental y la Oriental– y que al Sur se extendía hasta el África Septentrional y por el Norte hasta los *limes*, las fronteras. El Imperio romano era –y creó– un espacio cultural unitario, cohesionado por un ordenamiento jurídico homogéneo, que sigue desempeñando hoy un papel fundamental en los ordenamientos jurídicos de la Europa continental. El latín fue hasta el siglo XVIII la lengua franca de la gente culta.

La segunda etapa se inicia con los acontecimientos que se narran en el capítulo 16 de los Hechos de los Apóstoles. Allí se cuenta un sueño nocturno de Pablo en la minorasiática Tróade, que el apóstol entendió como un guiño divino para que dirigiera sus viajes misioneros hacia Grecia y, por último, hacia Roma. En un tiempo brevísimo se cristianizó el Imperio romano, y luego el mensaje cristiano fue llevado a los francos y los germanos, a Europa Oriental y Septentrional. Pero ya con el asalto árabe del siglo VII se perdió el borde meridional, o sea, el Norte de África; y tras la caída del Imperio romano occidental en el siglo VI, el papado tuvo que volverse hacia los francos en busca de apoyo. Esto llevó al alejamiento respecto del Imperio romano de Oriente y de la Ortodoxia. La ampliación hacia el Norte significó para el Sacro Imperio Romano-Germánico medieval un doble estrechamiento de miras, originando dos problemas que todavía hoy acompañan a Europa: por una parte, la separación respecto del mundo ortodoxo y, por otra, el mundo islámico, por regla general percibido como una amenaza y con el que Europa ha tenido que confrontarse desde entonces (la Reconquista española; las cruzadas; las guerras contra el turco, con la legendaria batalla de Lepanto y el miedo infundido por la presencia de los soldados otomanos a las puertas de Viena).

Tercera etapa: la separación respecto de Oriente conllevó un empobrecimiento para Occidente, y la consunción espiritual de este a finales de la Edad Media fue una de las causas de la Reforma del siglo XVI. La cual trajo, con el mensaje de la libertad del cristiano, un elemento esencial. Pero a consecuencia del cisma eclesial de Occidente y las subsiguientes guerras de religión, el Sacro Imperio Romano-Germánico se desquició no solo política, sino también espiritualmente. La religión cristiana ya no era un factor de unidad, sino de disgregación; por eso fue necesario ponerse de acuerdo sobre el fundamento de la razón común a todos. He ahí una de las causas de la Ilustración y la secularización modernas, o sea, del desalojamiento de la fe de la esfera pública y su reducción al ámbito personal y privado. Se trata de un proceso ambivalente. Por una parte, a través de la idea moderna de los derechos humanos universales, la herencia cristiana continuó determinando en gran medida la cultura europea moderna; por otra parte, existen fuerzas radicales que intentan emanciparse justamente de estas raíces cristianas y en último término de la fe en Dios.

De este breve esbozo histórico se siguen dos tesis. La primera: el cristianismo es una de las raíces decisivas de Europa. Sin el cristianismo, Europa nunca habría llegado a ser Europa. El cristianismo forma parte de la identidad europea. No hay más que viajar desde Gibraltar a Estonia para percatarse de qué es lo que une a Europa. Uno encontrará los pueblos y lenguajes más diversos, pero por doquier verá la cruz y, en el centro mismo de las ciudades antiguas, catedrales. Negar o silenciar las raíces cristianas de Europa contradice toda evidencia histórica.

A esta primera tesis hay que añadir una segunda. No solo la unidad de Europa, sino también su división se funda en la historia del cristianismo. Las divisiones confesionales entre Oriente y Occidente y las existentes dentro de Occidente tienen, entre otras, causas socioculturales, pero también consecuencias socioculturales. Tanto el cristianismo oriental-ortodoxo como el cristianismo latino-católico y el protestante, con sus heterogéneos sistemas eclesiásticos y dogmáticos, han llevado a diferentes espiritualidades, diferentes culturas, diferentes mentalidades y diferentes ambientes.

En la actualidad, a resultas del proceso de secularización, pero también de la industrialización y las olas migratorias, los diferentes ambientes se han mitigado en parte, aunque siguen existiendo. Basta pensar en Irlanda del Norte, en las tensiones entre polacos y rusos o en el «cordial afecto» entre Baviera y Prusia. Esto significa que la división entre el cristianismo ortodoxo, el cristianismo católico y el –a su vez múltiplemente escindido– cristianismo protestante es una de las causas del drama europeo.

La conclusión que cabe extraer de estas dos tesis reza: el actual proceso de unificación europea es una singular oportunidad histórica para que vuelva a unirse lo que es afín. En ello se trata de bastante más que de una integración económica; esta únicamente puede cuajar si está sostenida por valores comunes. Sin la masilla espiritual que en su día cohesionó a Europa, sin el cristianismo, Europa no puede volver a unirse. La ausencia de semejante masilla espiritual es una de las más profundas causas de la crisis europea que estamos viviendo y de la actual frustración con el euro. De ahí que no mencionar al cristianismo como una fuerza creadora de unidad e identidad en Europa no solo sea una falsa estimación histórica, sino un error político de falta de visión de futuro, un error, sin embargo, en el que también los cristianos, por nuestras divisiones, tenemos buena parte de culpa. En la actualidad, como cristianos nos enfrentamos conjunta y ecuménicamente al reto de contribuir a Europa y al orden pacífico europeo.

II. El ecumenismo, un camino hacia el futuro

La pregunta: ¿qué es Europa y dónde está hoy Europa?, conduce de inmediato a una segunda pregunta: ¿qué es y qué persigue el ecumenismo? ¿En qué punto se encuentra el ecumenismo? ¿En qué situación se halla hoy el ecumenismo en Europa?

El movimiento ecuménico es, sin ninguna duda, uno de los escasos grandes regalos históricos que se nos han concedido en el siglo XX, por lo demás tan sombrío. No es el resultado de un liberal y relativista espíritu de la época, sino un impulso del Espíritu Santo (así lo afirma el concilio Vaticano II). De ahí que sea irresponsable poner al movimiento ecuménico por los suelos.

Es cierto que el ecumenismo no ha llevado aún a su auténtica meta, a la unidad del cristianismo. Pero eso no quiere decir que no haya conducido a nada hasta ahora. ¡Todo lo contrario! El verdadero fruto del movimiento ecuménico no son los múltiples textos de consenso y convergencia, que solo hasta 2001 llenan tres gruesos volúmenes con un total de 2.295 páginas (y eso que solo se recogen los documentos internacionales, no los innumerables documentos regionales y locales). Estos documentos tienen, por supuesto, su relevancia. Para la parte católica, la *Declaración conjunta sobre la doctrina de la justificación* (1999) sigue constituyendo un hito; estamos agradecidos asimismo por lo alcanzado en la *Charta Oecumenica*. Sin embargo, estos y otros documentos no son lo decisivo. Mucho más importante que los documentos es lo que Juan Pablo II llamó la redescubierta fraternidad.

En su gran mayoría, los cristianos de las diferentes confesiones ya no se consideran hoy unos a otros rivales ni tampoco se ven ya en general con indiferencia; se tienen por hermanos y hermanas que se han puesto conjuntamente en camino por la senda de la peregrinación ecuménica. Precisamente en Europa no solo hay «documentos de creciente consenso» (así reza el título global de los tres gruesos volúmenes a los que nos hemos referido más arriba: *Dokumente wachsender Übereinstimmung*), sino que también existe una creciente y madura conciencia ecuménica. En comparación con la entera historia del cristianismo, esto es algo nuevo, y no podemos estar suficientemente agradecidos por ello. Este proceso y el correspondiente compromiso de la Iglesia es, como a menudo reiteró Juan Pablo II sobre la base del concilio Vaticano II, irreversible; su sucesor Benedicto XVI mantiene de forma consecuente este rumbo desde el primer día de su pontificado.

Cuando se desciende a los detalles, la situación de Europa es, sin embargo, compleja, considerablemente más compleja de lo que parece a primera vista. No solo Europa en general, sino la situación ecuménica de Europa ofrece una imagen bastante abigarrada.

En Alemania nos encontramos con dos grandes Iglesias casi igual de numerosas, que todavía (!) se entienden a sí mismas como Iglesias del pueblo y de la masa (*Volkskirchen*). Esta es una situación verdaderamente singular. Pues en casi todos los demás casos existen de forma inequívoca Iglesias mayoritarias y minoritarias: en Escandinavia y Gran Bretaña, por una parte, en los países latinos y los del Este de Europa, por otra. También la relación Iglesia-Estado se ha configurado de manera por completo heterogénea en los diferentes países europeos. Está la *laïcité* francesa, la radical separación de Iglesia y Estado; también existen estructuras eclesiástico-estatales (Escandinavia, Gran Bretaña) o un estatus privilegiado –por razones históricas– de una determinada Iglesia (Grecia, Rusia); por último, hay que mencionar el modelo alemán de cooperación entre las Iglesias y el Estado. En consonancia con ello, también el grado de secularización y de identificación con la Iglesia propia en cada caso varía de unos países a otros.

Estas diferentes situaciones de partida, que obedecen a razones históricas, originan en la conciencia media diferentes percepciones del problema ecuménico y diferentes prioridades ecuménicas. De ahí que no se deban tomar los problemas del propio país como punto de partida y criterio único. Es necesario hacer justicia a la pluralidad europea y, con ello, también a las variadas constelaciones de problemas existentes en el continente.

Todavía existen problemas más que suficientes, qué duda cabe. En el presente contexto no quiero ni puedo enumerarlos exhaustivamente. Me circunscribo a un único problema, que, a mi juicio, es fundamental: el auténtico dilema y el auténtico problema de la situación ecuménica consiste en que ya no estamos de acuerdo en qué es el ecumenismo y cuál es su meta. Tenemos que habérnoslas con diferentes concepciones de ecumenismo. Ya no sabemos qué es lo que queremos ni qué lo que deberíamos querer. Esta es una situación peligrosa. Pues cuando no hay consenso sobre la meta, existe el peligro de correr en direcciones diferentes, incluso contrarias, con lo que al final la distancia entre unos y otros es mayor que al principio. También los debates pueden distanciar.

La carta fundacional del Consejo Mundial de Iglesias define de forma clara y diáfana la meta del ecumenismo; habla inequívocamente de la meta de la unidad visible. Sin embargo, la pregunta es: ¿unidad visible en qué? A buen seguro, no una unidad hasta en el último punto y la última coma; unidad no significa indiferenciación ni uniformidad. Para todas las Iglesias vale la regla que ya en el concilio apostólico se convirtió en expresión de la unidad eclesial y la libertad cristiana: no imponer más cargas que las indispensables (cf. Hch 15,28). Sobre la meta de la unidad en la diversidad estamos de acuerdo. La asamblea plenaria del Consejo Mundial de Iglesias celebrada en Harare en 1998 describió con conmovedoras palabras esta unidad visible en la diversidad, reconociendo al mismo tiempo que en la actualidad no disponemos de una visión común de esta unidad visible.

Tenemos que habérnoslas con una concepción de la unidad de los ortodoxos, otra de los católicos y otra –a su vez muy diferenciada– de los protestantes. Las concepciones ortodoxa y católica de la unidad están relativamente próximas. Ambas Iglesias persiguen la unidad visible en la única fe, en los mismos sacramentos y en un ministerio episcopal apostólicamente fundado. La diferencia radica en que, según la convicción católica, a diferencia de la ortodoxa, la unidad tiene una cabeza visible también en el plano universal: el ministerio petrino. Sobre esta cuestión queremos debatir en el diálogo internacional recientemente retomado. No será un diálogo sencillo, pero lo abordamos con optimismo.

Lo que es común a la visión ortodoxa y la visión católica se halla relativamente próximo a la concepción de la *Porvoo State-*

ment [Declaración de Porvoo] entre la Iglesia de Inglaterra y las Iglesias escandinavas, pero se diferencia de la *Concordia de Leuenberg* de la mayoría de las Iglesias evangélicas centroeuropeas. La concepción de Leuenberg deja, si se me permite formularlo algo simplificadamente, todo más o menos como estaba y persigue el reconocimiento recíproco de las diferentes estructuras episcopales, presbiterales y sinodales existentes. Esta concepción ha hecho avanzar de manera considerable el ecumenismo intraprotestante en Europa. Pero, considerado en el contexto mundial, no está en condiciones de suscitar consenso sin más entre las Iglesias luteranas. En cualquier caso, no es compatible con la concepción católica de unidad ni tampoco con la ortodoxa.

Detrás de las diferentes nociones de unidad se esconden dispares concepciones de Iglesia. Porque no existe consenso entre nosotros acerca de qué es la Iglesia y qué debería ser según la voluntad fundadora de Jesucristo, tampoco estamos de acuerdo en qué significa la unidad de la Iglesia. Esto conlleva diferencias en la comprensión de la eucaristía y del ministerio. A causa de estas divergencias, para la Iglesia católica no es posible (como tampoco para las Iglesias ortodoxas) una sincera invitación generalizada a la eucaristía. Para muchos, y ahí me incluyo yo mismo, esto es una dolorosa constatación; el dolor y el anhelo de muchos deben representar para nosotros un impulso y una obligación.

Tras una primera fase eufórica, en la última década se ha vuelto a cobrar conciencia clara de las diferencias. Todas las Iglesias se han posicionado claramente en los últimos años: las Iglesias ortodoxas ante la asamblea plenaria del Consejo Mundial de Iglesias celebrada en Harare; la Iglesia católica en la declaración *Dominus Iesus*; las Iglesias evangélicas en varias declaraciones en las que se desmarcan con claridad sobre todo de la posición católica. Semejante «ecumenismo de perfiles», como es llamado últimamente, conduce a una cierta desilusión, pero también a mayor sinceridad. Esto no tiene nada que ver con una edad de hielo ecuménica ni con el fin del diálogo interconfesional. Al contrario, entre dos bancos de niebla no se produce encuentro alguno; se funden el uno en el otro. Solo interlocutores con un perfil claro, con una posición bien definida, pueden conocerse y apreciarse mutuamente, pueden valorar también la posición del otro y entablar un diálogo y un intercambio serios.

Así pues, el populismo ecuménico no ayuda a avanzar, como tampoco lo hace el intento de presentar al otro ante la opinión pública como responsable de los eventuales frenazos. Es necesario tomar en consideración con respeto las distintas posiciones, elaborarlas de manera teológicamente limpia y luego debatirlas no fijándonos en las diferencias con intención demarcadora, sino buscando la convergencia y el consenso. Se trata de un ecumenismo en la verdad y la caridad; por este camino del ecumenismo en la verdad y la caridad hemos alcanzado mucho en las últimas décadas, más que los siglos anteriores. También en el futuro seguiremos avanzado, con la ayuda de Dios, por el camino de un sincero ecumenismo de consenso. No hay ninguna alternativa realista a él. El ecumenismo es el camino hacia el futuro.

III. Dos tareas ecuménicas en Europa

Una vez que he hablado primero de Europa y luego de ecumenismo, ahora me gustaría señalar todavía dos tareas a las que ha de hacer frente el ecumenismo en Europa.

Ya he mencionado el reto teológico y la colaboración en las esferas cultural, social y política. Ambas cosas son importantes, pero no podemos darnos por satisfechos con ellas. El ecumenismo no es únicamente un asunto académico ni tampoco solo una cuestión de praxis común. El ecumenismo es más: se trata de una tarea espiritual de la que no solo son responsables algunos, sino todos los cristianos. Si en algún lugar tiene relevancia el sacerdocio común de todos los bautizados, es precisamente aquí. Pues, mediante el único bautismo, todos los bautizados somos incorporados al único cuerpo de Cristo; a todos los bautizados nos incumbe, por eso, una responsabilidad común en lo tocante a la unidad de los cristianos.

La carta magna del ecumenismo, la oración sacerdotal de Jesús de «que todos sean uno» no es un mandamiento ni una instrucción ni una orden, sino más bien una oración dirigida al Padre. El compromiso ecuménico significa sumarse a esta oración de Jesús y orar en su nombre por la unidad. Sabemos que tal oración en nombre de Jesús es depositaria de la promesa de que será escuchada. Por eso, cuando oramos por la unidad, no hay lugar para los profetas de calamidades ni para el pesimismo, el escepticismo y el derrotismo ecuménicos; lo pertinente es más bien la esperanza.

Veo en la actualidad algún fundamento para tal esperanza. Agradecido constato que en numerosos lugares se reúnen cristianos protestantes, ortodoxos y católicos, párrocos, pastores y obispos, grupos y movimientos espirituales, comunidades religiosas y hermandades de laicos, a fin de leer la Biblia en común, intercambiar experiencias espirituales y orar conjuntamente. Tales redes espirituales que atraviesan las distintas Iglesias se cuentan entre las realidades más esperanzadoras de la actual situación interconfesional. Han entendido que el ecumenismo espiritual es el corazón y el centro de todo ecumenismo.

La oración, por supuesto, debe ser fecunda en la práctica. Así como no puede existir una gracia barata (Dietrich Bonhoeffer), así tampoco un ecumenismo barato, que se dé por satisfecho con el mínimo denominador común o corra, con acomodaticia astucia, detrás de todo lo que sea el último grito. Especialmente hoy tenemos razones más que suficientes para hacer patente la alternativa cristiana. Tanto más lamentable es que en los últimos tiempos nos hayamos distanciado unas Iglesias de otras en algunas importantes cuestiones éticas y que ya no podamos dar testimonio con una sola voz. La Iglesia una que confesamos en el credo es también la Iglesia santa. De ahí que no haya ecumenismo sin conversión y renovación, tanto personal como institucional. La mejor manera de hacer ecumenismo es vivir el Evangelio.

Esto conduce al segundo punto de vista: el cristianismo ecuménico como alma de una renovada cultura europea. En la oración sacerdotal oró Jesús por la unidad de sus discípulos, «para que el mundo crea». La unidad de la Iglesia no es un fin en sí, sino signo e instrumento de la unidad y la paz en el mundo. La división del cristianismo occidental fue una de las razones de la fragmentación de Europa y el inicio de la secularización moderna, que en algunos aspectos nos ha apartado de las raíces cristianas del continente. Ambos fenómenos los hemos exportado al mundo. Al movimiento ecuménico le corresponde hoy la responsabilidad de ser signo e instrumento de una cultura europea renovada y de un orden de paz que estén fundados en la justicia y la solidaridad.

Esto incluye la superación constructiva de la secularización. He dicho: superación constructiva. Pues por mucho que se trate de superar las tendencias unilateralmente emancipadoras, en último término destructivas, y de reconocer el orden dado por Dios, por otra parte no se debe propiciar un nuevo antimodernismo e integrismo. El concilio Vaticano II, con la declaración sobre la libertad religiosa y el reconocimiento de la legítima autonomía de las esferas objetivas mundanas, cerró este camino. Así, la Iglesia católica quiere hacer suyas las positivas preocupaciones liberales de la Modernidad. Condena el laicismo y el secularismo ideológicos, pero aboga por la laicidad y la secularidad legítimas, así como por la libertad religiosa para todos.

La fe cristiana es un acto libre. El derecho a decidir con libertad la propia fe fundamenta al mismo tiempo la libertad de todos para buscar la verdad y confesar públicamente la verdad conocida. Por eso, la llamada pretensión de absolutez del cristianismo, bien entendida, no es totalitaria, sino radicalmente antitotalitaria y dialógicamente abierta; además, defiende el derecho de todos los demás. De ahí que la identidad cristiana de Europa no pueda radicar sino en una cultura dialógica, comunicativa, solidaria y hospitalaria, capaz de acoger a personas de otras religiones siempre y cuando ellas, por su parte, se sitúen en el terreno de la cultura liberal europea signada por la antigüedad clásica, el cristianismo y la Ilustración moderna.

Si los cristianos superamos ecuménicamente nuestras divergencias en una diversidad reconciliada, podemos dar testimonio de la fuerza reconciliadora de la fe, convirtiéndonos así en modelos y pioneros de una nueva cultura de la convivencia en solidaridad, paz y reconciliación. Solo un cristianismo ecuménicamente comprometido puede hacer creíble el lema de la tercera asamblea europea ecuménica: «La luz de Cristo ilumina a todos los hombres». Cristo es la luz del mundo.

Abreviaturas

AA	*Apostolicam actuositatem*, decreto del Vaticano II sobre el apostolado de los seglares
AG	*Ad gentes*, decreto del Vaticano II sobre la actividad misionera de la Iglesia
BSELK	*Die Bekenntnisschriften der evangelisch-lutherischen Kirche*, ed. por el Deutschen Evangelischen Kirchenausschuß, Göttingen 1956[3]
CA	*Confessio Augustana*, Confesión de Augsburgo (incluida en BSELK)
Cath (M)	*Catholica. Vierteljahresschrift für Ökumenische Theologie*, Paderborn/Münster 1932ss
CCEO	*Codex Canonum Ecclesiarum Orientalium*, Código Canónico de las Iglesias orientales (católicas)
CCL	*Corpus Christianorum Series Latina*, 194 vols., Turnholt 1953ss
CD	*Christus Dominus*, decreto del concilio Vaticano II sobre el ministerio pastoral de los obispos
CIC	*Codex Iuris Canonici*, Código de Derecho Canónico, Roma 1983
Conc (D)	*Concilium. Internationale Zeitschrift für Theologie*, Einsiedeln/Mainz 1965ss
D	H. Denzinger, *Enchiridion symbolorum, definitionum et declarationum de rebus fidei et morum*, latín-alemán, Freiburg i.Br. 1958[31] [trad. esp.: *El magisterio de la Iglesia*, Herder, Barcelona 1963]
DH	H. Denzinger y P. Hünermann, *Enchiridion symbolorum, definitionum et declarationum de rebus fidei et morum*, latín-alemán, Freiburg i.Br. 1991[37] [trad. esp. de los textos orig.: *El magisterio de la Iglesia*, Herder, Barcelona 2006]

DHu	*Dignitatis humanae*, declaración del concilio Vaticano II sobre la libertad religiosa
DiEC	*Diálogo Ecuménico*, Salamanca 1945ss
DThA	*Die Deutsche Thomas-Ausgabe*, Graz et al. 1933ss
DV	*Dei verbum*, constitución dogmática del Vaticano II sobre la divina revelación
DwÜ	*Dokumente wachsender Übereinstimmung. Sämtliche Berichte und Konsenstexte interkonfessioneller Gespräche auf Weltebene*, vols. 1-4, Paderborn / Frankfurt a.M. 1983-2010
EKL	*Evangelisches Kirchenlexikon, kirchlich-theologisches Handwörterbuch*, ed. por H. Brunotte y O. Weber, Göttingen 1955ss
FS	*Festschrift*, libro homenaje
GE	*Gravissimum educationis*, declaración del Vaticano II sobre la educación cristiana de la juventud
Greg	*Gregorianum*, Roma 1920ss
GS	*Gaudium et spes*, constitución pastoral del Vaticano II sobre la Iglesia en el mundo actual
HDG	*Handbuch der Dogmengeschichte*, 21 tomos, dir. por M. Schmaus et al., Freiburg/Basel/Wien 1951ss, en curso de publicación [trad. esp. parcial: *Historia de los Dogmas*, BAC, Madrid 1973ss]
HerKorr	*Herder Korrespondenz*, Freiburg i.Br. 1946ss
HFTh	*Handbuch der Fundamentaltheologie*, ed. por W. Kern, H. J. Pottmeyer y M. Seckler, 4 vols., Freiburg i.Br. 1985-1988
HThK.Vat	*Herders Theologischer Kommentar zum Zweiten Vatikanischen Konzil*, ed. por P. Hünermann y B. J. Hilberath, Herder, Freiburg i.Br. 2009
HWPh	*Historisches Wörterbuch der Philosophie*, 13 vols., dir. por J. Ritter et al., Basel 1971-2007
IkaZ	*Internationale katholische Zeitschrift «Communio»* (a partir de 1979, con algunas interrupciones; algunos de sus artículos se publican también en español en la *Revista Internacional de Teología «Communio»*)
IM	*Inter mirifica*, decreto del Vaticano II sobre los medios de comunicación social
KNA	*Katholische Nachrichtenagentur*, una agencia de noticias

KuD	*Kerygma und Dogma*, Göttingen, 1955ss
LG	*Lumen gentium*, constitución dogmática del Vaticano II sobre la Iglesia
LThK²	*Lexikon für Theologie und Kirche*, 2ª ed., 10 vols. e Índices, dir. por J. Höfer y K. Rahner, Freiburg i.Br. 1957-1967
LThK³	*Lexikon für Theologie und Kirche*, 3ª ed., 10 vols. e Índices, dir. por W. Kasper et al., Freiburg i.Br. 1993-2001
LThK.E	*Lexikon für Theologie und Kirche*, 2ª ed., volúmenes suplementarios: *Das Zweite Vatikanische Konzil. Dokumente und Kommentare*, Freiburg 1966-1968
NA	*Nostra aetate*, declaración del Vaticano II sobre las relaciones de la Iglesia con las religiones no cristianas
NR	J. Neuner y H. Roos, *Der Glaube der Kirche in den Urkunden der Lehrverkündigung*, ed. por K. H. Weger, Ratisbona 1992[13]
OCWK	*Obra Completa de Walter Kasper*, edición en lengua española publicada por la editorial Sal Terrae
OE	*Orientalium ecclesiarum*, decreto del Vaticano II sobre las Iglesias orientales católicas
ÖR	*Ökumenische Rundschau*, Leipzig 1952ss
OT	*Optatam totius*, decreto del Vaticano II sobre la formación sacerdotal
PG	*Patrologia Graeca*, ed. por J. P. Migne, 161 volúmenes, Paris 1857-1866
PL	*Patrologia Latina*, ed. por J. P. Migne, 217 volúmenes, Paris 1878-1890
PO	*Presbyterorum ordinis*, decreto del Vaticano II sobre el ministerio y la vida de los presbíteros
RAC	*Reallexikon für Antike und Christentum*, 24 vols. y varios vols. supls., ed. por Th. Klauser, Stuttgart 1941 (1950)-2012
RGG³	*Religion in Geschichte und Gegenwart. Handwörterbuch für Theologie und Religionswissenschaft*, 3ª ed., 5 vols. e Índices, dir. por K. Galling, Tübingen 1957-1962
RGG⁴	*Religion in Geschichte und Gegenwart. Handwörterbuch für Theologie und Religionswissenschaft*, 4ª ed., 8 vols. e Índices, dir. por H. D. Betz, E. Jüngel et al., Tübingen 1998-2007

RTL	*Revue théologique de Louvain*, Louvain 1970ss
SC	*Sacrosanctum concilium*, constitución del concilio Vaticano II sobre la sagrada liturgia
SChr	*Sources Chrétiennes*, Paris 1941ss
StdZ	*Stimmen der Zeit*, Freiburg i.Br. 1871ss
ThBer	*Theologische Berichte*, Zürich/Bern
ThJb	*Theologisches Jahrbuch*, Gütersloh 1897
ThLZ	*Theologische Literaturzeitung*, Leipzig 1878ss
ThPh	*Theologie und Philosophie. Vierteljahresschrift für Theologie und Philosophie*, Freiburg i.Br. 1966ss
ThPQ	*Theologisch-praktische Quartalschrift*, Linz 1848ss
ThQ	*Theologische Quartalschrift*, Tübingen et al. 1818ss
ThR	*Theologische Rundschau* (segunda época), Tübingen 1929ss
ThRv	*Theologische Revue*, Münster 1902ss
ThWNT	*Theologisches Wörterbuch zum Neuen Testament*, 10 vols., ed. por G. Kittel, cont. por G. Friedrich, Stuttgart 1933ss
TRE	*Theologische Realenzyklopädie*, 36 vols. e Índices, dir. por H. Balz, G. Krause y G. Müller, Berlin 1974-2004 (Índices en 2010)
TuG	*Theologie und Gemeinde*, München 1958ss
UR	*Unitatis redintegratio*, decreto del Vaticano II sobre el ecumenismo
US	*Una Sancta. Rundbriefe für interkonfesionelle Begegnung*, Meitingen 1951ss
WA	Martín Lutero, *Werke. Kritische Gesamtausgabe*, Weimar 1883ss
WKGS	*Walter Kasper Gesammelte Schriften*, Herder, Freiburg i.Br. 2007ss
ZThK	*Zeitschrift für Theologie und Kirche*, Tübingen 1891ss

Fuentes

Einheit – damit die Welt glaubt. Redactado como *Prólogo* para este volumen.

FUNDAMENTOS

1. «Grundlagen und Möglichkeiten eines katholischen Ökumenismus». En: US 19 (1964), 330-348.
2. «Der ekklesiologische Charakter der nichtkatholischen Kirchen». Versión revisada de la conferencia de habilitación pronunciada el 8 de mayo de 1964 ante la facultad de teología católica de la Universidad de Tubinga; en: ThQ 145 (1965), 42-62.
3. «Kircheneinheit und Kirchengemeinschaft in katholischer Perspektive». En: K. Hillenbrand / H. Niederschlag (eds.), *Glaube und Gemeinschaft*, Würzburg 2000, 100-117.
4. «Kirchengemeinschaft als ökumenischer Leitbegriff». En: ThRv 98 (2002), 3-11.
5. «Das Ökumenismusdekret – nach 40 Jahren neu gelesen». Conferencia pronunciada durante el congreso con motivo del cuadragésimo aniversario de la promulgación del decreto conciliar *Unitatis redintegratio*, que se celebró del 11 al 13 de noviembre de 2004 en Roma; en: OR (D) 34 (2004), H. 52/53, 14-16. Bajo el título «Das Dekret über den Ökumenismus», en: IkaZ 34 (2005), 605-613. En el presente volumen se traduce la versión publicada en IkaZ.
6. «*Communio*: Die Leitidee der katholischen ökumenischen Theologie». En: W. Kasper, *Wege der Einheit. Perspektiven für die Ökumene*, Freiburg i.Br. 2005, 72-105.
7. «Die bleibende theologische Verbindlichkeit des Ökumenismusdekrets». Bajo el título «Das Ökumenismus-Dekret des Zweiten Vatikanischen Konzils und seine bleibende theologische Verbindlichkeit», en: W. Kasper, *Wege der Einheit. Perspektiven für die Ökumene*, Freiburg i.Br. 2005, 16-25.

8. «Wesen und Ziel des ökumenischen Dialogs». En: W. Kasper, *Wege der Einheit. Perspektiven für die Ökumene*, Freiburg i.Br. 2005, 49-71.

9. «Was bedeutet "Schwesterkirchen"?». En: W. Kasper, *Wege der Einheit. Perspektiven für die Ökumene*, Freiburg i.Br. 2005, 106-133.

10. «Einheit in versöhnter Verschiedenheit». En: G. Augustin y K. Krämer (eds.), *Leben aus der Kraft der Versöhnung*, Ostfildern 2006, 12-21.

BALANCES DE LA SITUACIÓN

11. «Das Gespräch mit der protestantischen Theologie». En: Conc (D) 1 (1965), 334-344.

12. «Grundkonsens und Kirchengemeinschaft». Conferencia pronunciada en la consulta sobre «Consenso básico y comunión eclesial» que se celebró en Río Grande (Puerto Rico) del 30 de enero al 6 de febrero de 1987, y también como lección de profesor invitado en la Universidad Gregoriana de Roma el 12 de mayo de 1987; en: ThQ 167 (1987), 161-181. Publicada además en: ThJb (1989), 417-438; A. Birmelé y H. Meyer (eds.), *Grundkonsens – Grunddifferenz. Studie des Straßburger Instituts für Ökumenische Forschung. Ergebnisse und Dokumente*, Frankfurt a.M. / Paderborn 1992, 97-116; en inglés bajo el título «Basic Consensus and Church Fellowship», en: J. A. Burgess (ed.), *In Search of Christian Unity. Basic Consensus / Basic Differences*, Minneapolis 1991, 21-44. En el presente volumen se traduce la versión publicada en ThQ.

13. «Was uns eint – was uns trennt». En: H. Glässgen (ed.), *Evangelisch – Katholisch. Muß das sein? Was verbindet, was trennt*, Freiburg i.Br. 1987, 18-25.

14. «Zum gegenwärtigen Stand des ökumenischen Gesprächs zwischen den Reformatorischen Kirchen und der Katholischen Kirche». En: KNA – *Ökumenische Information* n. 16, 10 de abril de 1991, 5-15. Publicado además en: *Klerusblatt* 71 (1991), 99-103, y como folleto orientativo bajo el título *Stillstand der Ökumene? Eine Orientierung zum reformatorisch-katholischen Dialog*, ed. por la curia episcopal de la diócesis de Rottemburgo-Stuttgart, Rottemburgo 1991. En el presente volumen se traduce la versión publicada en *Klerusblatt*.

15. «Ökumene im Umbruch». Informe presentado en las jornadas del consejo asesor científico del Instituto Johann Adam Möhler el 6

de abril de 2000 en Paderborn, bajo el título «Der Päpstliche Rat zur Förderung der Einheit der Christen im Jahre 1999», en: Cath (M) 54 (2000), 81-97.

16. «Situation und Zukunft der Ökumene». Lección magistral con motivo del nombramiento como profesor honorario de la Universidad de Tubinga el 23 de enero de 2001, en: ThQ 181 (2001), 175-190.

17. «Perspektiven einer sich wandelnden Ökumene». Conferencia pronunciada en el Foro de los Jesuitas en la iglesia de San Miguel de Múnich el 28 de abril de 2002; en: StdZ 220 (2002), 651-661.

18. «Ein Herr, ein Glaube, eine Taufe». En: StdZ 220 (2002), 75-89.

19. «Die gegenwärtige Situation der ökumenischen Theologie». En: W. Kasper, *Wege der Einheit. Perspektiven für die Ökumene*, Freiburg i.Br. 2003, 26-48.

20. «Kein Grund zur Resignation». Ponencia inaugural de la asamblea plenaria del Pontificio Consejo para la Promoción de la Unidad de los Cristianos, presentada el 3 de noviembre de 2003; versión ligeramente abreviada en: HerKorr 57 (2003), 605-610. En el presente volumen se traduce la versión publicada en HerKorr.

21. «Konfessionelle Identität». Conferencia principal pronunciada el 30 de mayo de 2003 en las Jornadas Eclesiales Ecuménicas (*Ökumenischer Kirchentag*) de Berlín; en: T. Bolzenius, M. Jutkowiak, B. Kappes, C. Quarch et al. (eds.), *Ihr sollt ein Segen sein. Ökumenischer Kirchentag Berlin 2003*, Gütersloh 2004, 428-442.

22. «Ökumenische Stolpersteine». Publicado por primera vez en el presente volumen. Conferencia pronunciada ante la asamblea de los miembros de la asociación de ayuda *Unità dei cristiani* el 26 de septiembre de 2003 en la abadía de los santos Ulrico y Afra en Neresheim.

23. «Wie geht es in der Ökumene weiter?». En: StdZ 223 (2005), 147-151.

24. «Ökumenische Situation». Publicado por primera vez en el presente volumen. Conferencia pronunciada ante miembros de la asociación católica de estudiantes «Cartellverband der katholischen deutschen Studentenverbindungen» el 30 de mayo de 2005 en Roma.

25. «Ökumene im Wandel». Introducción a la asamblea plenaria del Pontificio Consejo para la Promoción de la Unidad de los Cristianos, pronunciada el 13 de noviembre de 2006, en: StdZ 132 (2007), 3-18.

26. «Wandel der ökumenischen Situation». Conferencia con motivo de la concesión del doctorado *honoris causa* por la Universidad Albert Ludwig de Friburgo de Brisgovia el 24 de octubre de 2007, en: *Der christliche Osten* 62/5 (2007), Würzburg, 261-266; asimismo, ligeramente abreviada, bajo el título «Der Wandel der ökumenischen Situation», en: *Freiburger Universitätsblätter* 178/4 (diciembre 2007), 19-24. En el presente volumen se traduce la versión publicada en *Der christliche Osten*, si bien se han eliminado los agradecimientos introductorios.

27. «Mandatum unitatis». Conferencia pronunciada con motivo del cincuentenario del Instituto Johann Adam Möhler en Paderborn el 23 de marzo de 2007, en: J. Ernesti y W. Thönissen (eds.), *Die Entdeckung der Ökumene. Zur Beteiligung der katholischen Kirche an der Ökumene*, Paderborn / Frankfurt a.M. 2008, 217-232.

28. «Information und Reflexion zur aktuellen ökumenischen Situation». Publicado por primera vez en el presente volumen. Informe presentado al consistorio en Roma el 23 de noviembre de 2007.

29. «Das Erbe von Kardinal Jan Willebrands und die Zukunft des Ökumenismus». En el presente volumen se traduce la versión alemana de la conferencia «The Legacy of Cardinal Jan Willebrands and the Future of Ecumenism», pronunciada el 5 de septiembre de 2009 en Utrecht en el marco del congreso ecuménico con ocasión del centenario del nacimiento del cardenal Willebrands, así como en Roma el 19 de noviembre de 2009; en: A. Denaux y P. De Mey (eds.), *The ecumenical Legacy of Johannes Cardinal Willebrands* (1909-2009), Leuven/Louvain 2012.

Espiritualidad del ecumenismo

30. «Ökumene des Lebens». Conferencia principal del 18 de junio de 2004 en las Jornadas Católicas (*Katholikentag*) de Ulm, en: *Leben aus Gottes Kraft. 95. Deutscher Katholikentag 16.-20. Juni 2004 in Ulm. Dokumentation*, ed. por el Comité Central de los Católicos Alemanes, Kevelaer 2005, 354-370.

31. «Ökumene und Spiritualität». En: W. Kasper, *Wege der Einheit. Perspektiven für die Ökumene*, Freiburg i.Br. 2005, 203-226.

32. «Das Licht Christi und die Kirche». Publicado por primera vez en el presente volumen. Discurso inaugural de la Tercera Asamblea Ecuménica Europea el 5 de septiembre de 2007 en Sibiu/Hermannstadt.

33. «Eine missionarische Kirche ist ökumenisch». En: J. Kreidler et al. (eds.), *Zeichen der heilsamen Nähe Gottes. Auf dem Weg zu einer missionarischen Kirche* (FS Gebhard Fürst), Ostfildern 2008, 98-110.

34. «Maria und die Einheit der Kirche». Publicado por primera vez en el presente volumen. Traducción de la versión alemana de la conferencia «Mary and the Unity of the Church», impartida con ocasión de la visita de obispos anglicanos a Lourdes el 24 de septiembre de 2008.

35. «Paulus – Erbe und Auftrag der Ökumene in Ost und West». Publicado por primera vez en el presente volumen. Conferencia pronunciada en la facultad de teología de Tesalónica en 2009.

EL ECUMENISMO Y LA UNIDAD DE EUROPA

36. «Einheit der Kirche und Einheit Europas». Publicado por primera vez en el presente volumen. Conferencia pronunciada el 11 de octubre de 2000 con motivo de la recepción por la fiesta de San Miguel en la delegación de la Conferencia Episcopal Alemana en Berlín.

37. «Die ökumenische Situation in Europa». Publicado por primera vez en el presente volumen. Conferencia en la primera etapa de preparación de la Tercera Asamblea Ecuménica Europea que tuvo lugar en Roma del 24 al 27 de enero de 2006.

Índice onomástico

Abramowski, L., 352, 403
Adalberto de Praga, 618
Adam, K., 23, 126, 447
Afanasiev, N., 92, 350, 656
Agustín, 43, 55, 72, 78, 94, 109, 120, 145, 314, 331, 442, 463, 479, 600, 606, 641, 662
Alberigo, G., 132, 347
Alexei II (patriarca), 522
Algermissen, K., 529
Althaus, H. L., 66
Althaus, P., 146, 253, 274
Ambrosio de Milán, 643
Anderson, H. G., 275
Apel, K. O., 539
Aristóteles, 160, 279, 430
Arnold, F. X., 631
Asmussen, H., 75, 380, 461
Atenágoras (patriarca), 201, 208, 325, 520, 547, 558, 656
Aubert, R., 65, 238
Auer, J., 290
Augustin, G., 21, 33, 415
Aymans, W., 92, 350

Bacht, H., 248, 179
Balthasar, H. U. von, 23, 54, 83, 92, 121, 126, 232, 246, 350, 362, 380, 416, 529, 535, 539
Baraùna, G., 205
Barth, K., 74, 76s, 83, 119, 246, 265, 276, 380, 478, 507, 525, 530, 535, 539, 550
Bartolomé I (patriarca), 201, 501, 658
Bartz, W., 75
Battifol, P., 70
Baum, G., 65, 66, 69ss, 82, 238, 241s
Baur, F. C., 76

Bea, A., 22, 58, 126, 201, 238, 381, 555ss
Becker, W., 24, 127
Beer, T., 276
Behm, J., 650
Beinert, W., 265, 286
Belarmino, R., 67, 101, 284, 307
Benedicto XIV, 202
Benedicto XVI, 25, 27, 33, 57, 64, 70, 78, 80, 82, 93s, 97s, 100, 117, 120, 128, 190, 205, 208ss, 212, 255, 265, 270, 279, 281, 347, 350s, 353s, 357, 368, 402, 404, 416, 447, 483, 497s, 502, 512, 521, 531, 537s, 541, 544s, 547, 566s, 630, 648, 653, 657s, 660s, 679
Benito de Nursia, 123, 550, 585, 618
Benz, E., 461
Berengario de Tours, 145
Bernardo de Claraval, 61
Beumer, J., 256s, 260
Billot, L., 259
Birmelé, A., 263, 265, 275s, 287, 359, 411
Bläser, P., 64
Blondel, M., 258
Böll, L., 347
Bonhoeffer, D., 146, 618, 683
Borelli, J., 215, 354, 405
Bori, P. C., 94, 350, 416
Bornkamm, G., 278
Bouteneff, P. C., 358
Bouyer, L., 76, 260, 272
Braaten, C. E., 411
Brandenburg, A., 249s, 253
Braun, F. M., 69s
Bremer, T., 354, 405
Brígida de Suecia, 332

Broglie, G. de, 76, 260
Brown, R., 556
Brunner, P., 81, 380, 461, 535, 539
Brunotte, W., 81
Buber, M., 180, 492, 496, 539
Buckley, M. J., 99
Bultmann, R., 61, 70, 246, 249
Burgess, J. A., 275

Calvino, J., 73, 88, 245, 253, 270, 347s, 358, 410, 434, 476, 584, 636
Campenhausen, H. von, 70
Cano, M., 121, 541
Casper, B., 539
Cassidy, E. I., 327s, 561
Catalina de Siena, 61
Cayetano, T., 459
Cerfaux, L., 70
Chadwick, H., 655
Chaillet, P., 361s
Chomiakov, A., 146, 362
Cipriano de Cartago, 148
Cirilo (monje), 618
Cirilo de Alejandría, 230, 330, 403
Clemente de Roma, 659
Cohen, H., 539
Colle, R. del, 415
Congar, Y., 23, 67, 69s, 72-77, 82, 92, 94, 126, 130, 145s, 163, 197, 205, 209, 213, 231, 237, 239, 248, 256ss, 260, 265s, 269-272, 276, 278, 284, 290, 350, 352, 362, 380s, 404, 414ss, 447, 530s, 540, 556, 580, 652, 655, 662
Corbon, J., 556
Corecco, E., 92, 350
Couturier, J. P., 21, 32, 126, 447, 517, 569, 586, 590, 593, 640
Cullmann, O., 33, 43, 60, 120, 266

Deckers, D., 17
Dejaifve, G., 272

Delp, A., 631
Deneffe, A., 259
Deneken, M., 530
Denifle, H., 247
Diem, H., 43, 75
Dietzfelbinger, W., 73s
Dimitrios I (patriarca), 201
Dirscherl, E., 649
Dohmen, C., 649
Drey, J. S., 33, 43, 230ss, 361ss, 418, 530
Dulles, A., 272, 362
Dumont, C.-J., 73, 81
Duprey, P., 272, 556
Duttes, A., 268

Ebeling, G., 249, 265, 412, 476
Ebner, F., 180, 539
Ecolampadio, J., 475
Eduviges de Polonia, 618
Eicher, P., 268
Elert, W., 92, 146, 350, 416, 476
Enrique VIII, 637
Erasmo de Róterdam, 39, 184, 270, 359
Erickson, J. H., 215, 354, 405
Ernesti, J., 20, 22

Faiconer, A. D., 358
Federico el Grande, 629
Feiner, J., 24, 88s, 346, 556
Felipe de Hesse, 475
Fey, H. E., 20
Fincke, E., 83
Fischer, B., 556
Fisichella, R., 347
Florovski, G., 146, 148, 362, 414
Forte, B., 92, 103, 350, 416
Francisco de Asís, 61, 585
Francisco Javier, 629
Franzelin, J. B., 43, 259
Friedrich, J., 475-478
Frieling, R., 265, 414
Fries, H., 27, 64, 76, 80, 83, 103, 238, 242, 263, 270, 272, 380, 529
Fuchs, O., 33, 231, 540
Fürst, G., 631

Gahbaur, F. R., 209
Garuti, A., 209, 214
Gaßmann, G., 287, 358
Geiselmann, J. R., 41, 43, 76, 78, 122, 232, 254s, 257, 260, 285, 361, 417, 531, 540
Geißer, H., 249
Glaeser, Z., 200
Gloege, G., 357, 410
Gogarten, F., 539
Graf, A., 631
Greshake, G., 103, 210, 416
Gribomont, D. J., 67, 80
Grillmeier, A., 88, 92, 132, 248, 276, 278, 347, 350, 352, 403, 416, 648
Grisar, H., 247
Grisebach, E., 539
Gros, J., 352, 354
Grosche, R., 23, 78, 529
Guardini, R., 126, 447

Habermas, J., 539, 648
Häcker, T., 83
Hagen, A., 72
Hainz, J., 94, 350, 416
Halleux, A. de, 212, 214, 272, 352, 403
Hamann, J. G., 539
Hamer, J., 72s, 92, 350, 416, 556
Hampe, J. C., 64, 71, 82
Härle, W., 348, 357, 505
Harms, C., 119
Harnack, A. von, 274, 478, 507
Hasenhüttl, G., 246
Hegel, G. W. F., 122, 363, 539, 610
Heiler, F., 230, 428
Heinrichs, J., 539
Hemmerle, K., 539
Hengel, M., 653
Henrichs, J., 539
Heran, A., 358
Herms, E., 265
Herte, A., 247
Hertling, L., 92, 146, 350, 416
Heubach, J., 81

Hilberath, B. J., 24, 127, 416
Hipólito de Roma, 606
Hirscher, J. B., 631
Hödl, L., 270
Hofmann, F., 78, 94
Holböck, F., 76, 252
Hollenweger, W. J., 414
Holstein, H., 257
Huber, W., 503, 525
Hünermann, P., 98s
Huntington, S. P., 181
Hurter, H., 259

Ignacio de Antioquía, 113, 389, 565, 659
Ignacio de Loyola, 585, 599, 601
Ignatius Zakka II (patriarca), 559
Ireneo de Lyon, 131, 175, 606, 659
Isabel de Hungría, 618
Isabel de Turingia, 618
Iserloh, E., 247, 249, 535

Jäger, L., 22, 24, 75, 80, 126s, 381, 527-530, 556
Jakobi, F. H., 539
Jaspers, K., 539
Jedin, H., 547, 529
Jenkins, P., 512, 536
Jenson, R. W., 411
Jerónimo, 115, 152, 479
Joachim III (patriarca), 656
Journet, C., 67, 71, 74, 82
Juan Damasceno, 145
Juan Pablo II, 18, 21s, 25, 27, 30, 33, 90, 98ss, 117, 128ss, 132s, 135, 138s, 156ss, 160s, 163, 165s, 176, 179s, 187-192, 195s, 201s, 204, 216, 219s, 222, 227, 229, 273, 325, 328, 330, 332, 344s, 347-353, 365, 369, 382s, 389, 392, 398, 401s, 405s, 409, 417, 419s, 422, 425s, 431, 437, 440, 467, 470, 483, 491s, 494, 496, 498ss, 502, 504, 508s, 512,

516, 520s, 531, 533, 539s, 542, 544ss, 549, 551, 553, 562s, 566, 568, 581, 584-587, 592s, 601, 603s, 607, 609s, 617, 624, 627, 642, 651, 657, 660s, 667, 678s
Juan XXIII, 21, 23, 44, 48, 58, 118, 127, 169, 179, 202, 238, 381, 483, 529, 556, 579, 612
Julio (papa), 659
Jung, H. G., 357
Jüngel, E., 85, 276, 287, 355, 477, 504

Kany, R., 662
Karekin I (*katholikós*), 330
Karekin II (*katholikós*), 330, 559
Karrer, O., 23, 70
Käsemann, E., 40, 70, 120, 427, 461, 478, 535
Kehl, M., 92, 347, 350, 416
Kersters, J., 556
Kertelge, K., 94, 350, 416
Kessler, D., 508
Kessler, M., 33, 231, 540
Ketteler, W. E. von, 20
Kierkegaard, S., 83, 462, 539
Kinder, E., 58, 66, 75, 83
Klein, A., 20
Klein, L., 272
Koep, L., 279
Kolping, A., 20
Körtner, U. H. J., 505
Krämer, K., 21, 33, 415
Kreidler, H., 232
Kretschmar, G., 461
Kuhn, J. E., 254
Kühn, U., 251, 357s
Küng, H., 70, 76, 81, 230, 240s, 246, 260, 276, 478, 531, 535

Lambert, B., 75, 243ss
Lanne, E., 199, 218, 272, 556
Latourelle, R., 268
Le Guillou, M.-J., 70, 77, 92, 241, 350, 416
Lefebvre, M., 537
Lehmann, K., 93, 263, 265, 275, 281ss, 287, 290, 355s, 408s, 465
Lengsfeld, P., 260
Lennerz, H., 255
León Magno, 659
León X, 253
León XIII, 20, 87, 126, 179, 201, 558
Lévinas, E., 180, 539
Ley, S., 33
Lienhard, M., 276
Litt, T., 539
Lohse, E., 93
Lortz, J., 126, 247, 535
Lossky, N., 19
Lossky, V., 413
Löwenich, W. von, 75
Löwith, K., 539
Lubac, H. de, 78, 92, 94, 135, 145s, 204, 241, 350, 416, 447, 463, 653, 656s
Lüning, P., 347
Lutero, M., 39, 49, 73, 81, 94, 115, 119, 151, 184, 247-254, 274ss, 278, 280s, 284, 295, 304, 307s, 355ss, 359, 386s, 393, 408s, 412, 417, 428, 434, 442, 445, 457, 459ss, 463ss, 475s, 526, 535, 584, 594, 597, 636

Mackey, P., 259
Magistretti, F., 132, 347
Manns, P., 535
Marcel, G., 539
María Gabriela de la Unidad, 21
Maron, G., 276
Martín de Tours, 618
Martini, C. de, 556
Máximo el Confesor, 659
Máximo IV (patriarca), 202
Mein, M., 357
Melanchthon, P., 375, 461, 475
Mercier, D.-J., 220
Metodio (obispo), 618
Metzger, M. J., 126, 380, 447
Meyendorff, J., 92, 151, 199, 204, 217, 348, 350, 656

Meyer, H., 93, 102, 199, 223, 263, 265, 272, 282, 352, 354, 356, 409, 411, 428, 461, 532
Möhler, J. A., 23, 33, 45, 76, 78, 121s, 126, 146, 163, 175, 196, 230s, 257s, 265, 285, 295, 307, 320, 361ss, 417s, 447, 475, 529ss, 534, 540-543, 558, 580, 611
Möller, C., 527, 556
Moran Mar Ignatius Zakka I Iwas, 273
Mörsdorf, K., 68, 72
Mounier, E., 539
Mühlen, H., 272
Müller, B., 472
Müller, H. M., 265
Müller, L., 343
Murphy, T. A., 275

Nedungatt, G., 209
Neill, S. C., 20, 125
Nestorio, 330
Neuner, J., 76
Neuner, P., 265, 311, 534
Newman, J. H., 23, 122, 126, 175, 196, 447, 530, 558, 560, 580
Nicetas de Remesiana, 145
Niesel, W., 357
Nissiotis, N. A., 272

Oeldemann, J., 354, 405

Pablo VI, 26, 52, 66, 100, 127s, 169, 179, 201s, 208, 238, 273, 325, 328, 352s, 405s, 520, 529, 539, 546s, 557ss, 594, 631, 651, 656
Pallotti, V., 20
Pannenberg, W., 93, 115, 263, 275, 282s, 287, 290, 355, 357, 359, 361, 408, 411, 428, 461, 465, 476
Parente, P., 248
Parys, M. van, 220
Péguy, C., 198, 395, 582
Peri, V., 200, 214

Pesch, O. H., 251, 274, 535
Peter, C. J., 275, 289
Pfürtner, S., 250
Philips, G., 24, 88, 131, 155, 206, 209s, 212, 347, 563
Pío IX, 67, 270
Pío XI, 23, 51s, 65s, 87, 127, 174, 179, 270, 346, 381, 557
Pío XII, 23, 47, 76, 87, 127, 179, 238, 270, 381s, 555
Pirson, D., 92, 350
Platón, 160
Pottmeyer, H. J., 99, 660
Pribilla, M., 65
Proft, I., 33
Przywara, E., 249, 276

Quesnel, P., 52, 67

Radano, J. A., 26
Rahner, H., 78
Rahner, K., 23, 27, 45, 65-72, 76, 78, 103, 126, 260, 263, 270, 272, 279, 380, 556
Raiser, K., 515
Ramsey, A. M., 559
Ratzinger, J., *véase* Benedicto XVI
Redeker, M., 95, 285
Riedel-Spangenberger, I., 92, 350
Robeck, C. M., 414s
Rohrbasser, A., 47, 65, 67, 76, 78, 270
Rosenzweig, F., 180, 539
Rouse, R., 20, 125
Ruh, U., 105
Rusch, W., 352, 354

Saier, O., 92, 350, 416
Sailer, M., 20
Saint-Exupéry, A. de, 124, 352, 370, 405, 662
Sartory, T., 65, 68s, 73-76, 81, 238, 243, 252, 272
Sauter, G., 102, 279s
Scheeben, M. J., 530
Scheele, P. W., 92, 104, 350, 416, 627

Schelkle, K. H., 200
Schelling, F. W. J., 232, 361, 539
Schieffer, E., 93, 225
Schillebeeckx, E. H., 78ss
Schleiermacher, F., 95, 119, 265, 285, 307, 361, 530, 535, 539
Schlink, E., 64, 253, 380, 535
Schmaus, M., 67, 73, 539
Schmemann, A., 92, 112, 148, 350
Schmidt, K. L., 69s
Schnackenburg, R., 69ss
Schönborn, C., 110
Schrader, C., 43
Schulze, M., 33
Schütte, H., 91, 535
Schütz, P., 40
Seckler, M., 121, 268, 361, 363, 541
Seesemann, H., 94, 350, 416
Semmelroth, O., 78
Shenouda III, 273, 329, 559
Sieben, H. J., 279, 659
Skydsgaard, K. E., 71, 75
Söhngen, G., 529
Soloviev, W., 343, 504, 530
Sommerlath, E., 81
Stählin, W., 75, 528
Stakerneier, E., 83
Staniloae, D., 348
Stoltmann, D., 354, 405
Strathmann, H., 478
Suhard, E. C., 631
Suhr, M., 279
Suttner, E. C., 214

Taft, R. F., 214
Tappolet, W., 636
Tavard, G. H., 20, 238, 256
Teresa de Jesús, 585
Teresa de Lisieux, 585
Theunissen, M., 539
Thijssen, F., 381, 555
Thils, G., 72ss, 238, 556
Thönissen, W., 19, 22, 24, 90ss, 103, 351, 527, 532

Tillard, J. M. R., 92, 149, 272, 350, 416
Tilley, T. W., 99
Tillich, P., 265
Tomás de Aquino, 44, 80s, 94, 121, 146, 182, 250-253, 269, 271, 274, 308, 463, 601, 608
Tröger, G., 357s
Tyszkiewicz, S., 362
Ulrico de Augsburgo, 618
Urban, H. J., 19s, 125, 263
Valeske, U., 67s, 72s, 81, 269
Vgenopoulos, M., 660
Vicente de Lerins, 279
Villain, M., 21, 238, 272
Vischer, L., 64, 263, 282
Visser 't Hooft, W. A., 179, 555
Volk, H., 75, 80, 276, 529
Vorster, H., 251
Vries, W. de, 209

Wagner, H., 19s, 125, 356, 409
Wainwright, G., 359
Wall, H. de, 357
Walter, P., 21, 415
Weber, M., 537
Weber, O., 73, 347, 410
Weber, S., 33
Weigel, G. A., 240
Weissgerber, H., 75
Wendebourg, D., 352, 403, 461
Wenz, G., 115, 461
Willebrands, J., 22, 100s, 126, 324, 347, 356, 381, 529, 554-571
Winklhofer, A., 76
Witte, J., 75
Wojtyla, K., *véase* Juan Pablo II
Wolf, E., 73
Wood, C. L. (Lord Halifax), 220

Zagon, P., 99
Zander, L., 67
Zizioulas, J., 92, 112, 148, 350, 562, 656
Zuinglio, U., 463, 475s, 636

Índice analítico

Ad gentes, 24, 96, 127, 147, 150s, 158, 415, 539, 577, 623s, 627
adventistas, 385, 414, 425, 484
anglicana, Iglesia, 26, 52, 106, 113s, 137, 161, 270, 332-336, 358, 385, 392, 408, 410ss, 421, 426, 445, 461s, 487, 501, 513, 519, 523s, 532, 550, 559, 564, 566s, 635, 637s, 644
Anno ineunte, 100, 201, 207, 328
asiria, Iglesia, 329s, 352, 403, 519, 546

baptistas, Iglesias, 106, 337, 385, 414, 484, 502, 511, 559
Barmen, Declaración de, 119, 357, 410
búlgaro-ortodoxa, Iglesia, 407

Calcedonia, concilio de, 102, 176, 195, 197, 205, 229, 276, 278, 351s, 386, 403, 532, 546, 659
Catolicidad, 55, 60-63, 74ss, 83, 90, 115s, 130, 133, 135, 158ss, 189s, 230, 242s, 349, 363, 388, 401, 429, 446s, 462, 473, 494s, 607, 609ss, 673
Christus Dominus, 24, 96, 128, 150, 159, 204, 415, 539
communio, 82, 89, 91-97, 107ss, 111s, 114, 118, 133-167, 189-194, 203-208, 211, 219s, 240, 243, 266s, 290, 295, 324, 329, 340, 349-354, 362s, 376, 385, 389, 404, 407, 416-425, 428, 430s, 468, 489, 493, 501, 509, 541, 546ss, 552s, 587, 662
communio hierarchica, 108, 211s

Communio Sanctorum (documento), 26, 161, 369, 371s, 376, 408, 416, 428, 473, 508, 637, 672
Communionis notio, 93, 96s, 117, 135, 205, 229, 505
comunicación, 144, 147, 159, 181, 184, 189, 205, 354, 396, 398, 479, 482, 493, 504, 541, 560
comunidad eclesial, 17, 53, 89, 132, 153, 178, 282, 302, 313, 338, 347, 513, 523, 592
comunión eclesial, 26, 28, 30, 55, 57s, 62, 68-72, 79-124, 130, 154, 225, 227s, 242, 262-291, 299-302, 307, 313-317, 321-323, 329-338, 366, 367ss, 375s, 384s, 388, 390ss, 404, 408, 411, 427ss, 443, 467-470, 476, 484, 487, 490s, 493ss, 501, 505, 509, 522, 532s, 545, 547ss, 564, 581, 627, 655s, 662, 669
comunión eucarística, 30, 109-112, 225-228, 263, 313-316, 322, 359, 376, 391, 441-443, 467, 469, 475, 510, 525, 532, 549, 583ss
Confessio Augustana, 39, 78, 86, 151s, 280, 284, 460, 509
copta, Iglesia, 273, 330, 559

Dei verbum, 24, 120s, 127, 158, 174a, 183, 187, 196s, 269, 281s, 372, 415, 502, 539, 580, 609
diálogo, 491-495, 538-542
Dominus Iesus, 29, 105, 116, 153, 155s, 176, 179s, 188, 227, 345-349, 357, 368, 383, 390s, 400s, 426, 460, 505, 523, 563, 667, 672, 681

eclesiología de *communio*, 92-104, 155-163, 202-206, 288, 350, 417, 420, 522, 656s
ecumenismo espiritual, 21, 32, 166, 377, 402, 447ss, 516s, 526, 542s, 578, 585-588, 618, 634, 683
Edimburgo, Conferencia Misionera de, 20, 125, 178, 435, 482, 528, 558, 567, 571, 621s
Escritura y tradición, 38-51, 76, 254-261, 281s, 334, 502, 508, 550
Estocolmo, Conferencia Mundial de Iglesias, 51, 65
Federación Luterana Mundial, 85, 91, 93, 154, 164, 223, 301, 322s, 332s, 375, 408, 429, 466, 473, 501, 523, 563, 571
Federación Reformada Mundial, 333, 487, 532, 559, 570
Filioque, 49, 102, 195, 352, 405, 413s, 501, 597, 661s
Florencia, concilio de, 172, 200, 207, 215, 661s

greco-católica, Iglesia, 207, 613
greco-ortodoxa, Iglesia, 207, 407, 656

Humani generis, 47, 51, 65, 132

Iglesia, concepto de, 54, 58, 70, 76ss, 82s, 211
Iglesias hermanas, 100, 156, 199-221, 223, 328, 354, 401, 405, 422s, 484, 505, 546, 617, 654
infalibilidad, 45s, 196s, 281, 283, 294, 376, 389, 660

Jäger-Stählin, Círculo, 381, 528, 532
jerarquía, 108, 204, 325s, 423, 440
jerarquía de verdades, 174, 194, 269
Johann Adam Möhler, Instituto, 99, 287, 354, 381, 527, 530, 535, 543

justificación, doctrina de la, 26, 39, 49, 85, 102, 105, 162, 164s, 195, 197, 224s, 229, 246, 249, 251, 253, 260, 263, 274ss, 280, 285, 287ss, 293, 308s, 320-323, 332, 346, 355s, 359, 367, 369, 371, 386, 389, 393, 396, 408s, 412, 425, 445, 459, 461, 473, 484s, 502, 505, 509, 516, 523, 532, 537, 549, 552, 563, 569s, 578, 594, 597, 617, 668, 672s, 678
koinōnía, 91, 94, 107ss, 112, 143-149, 337, 350, 389, 407, 424, 501, 650, 653, 655, 657, 662

Laetentur coeli, 200
Laterano IV, concilio, 172
Leuenberg, Concordia de, 28, 93, 109, 115, 154, 225-228, 322, 332, 358, 411, 427s, 450, 461, 464, 468, 487, 509, 525, 681
libres, Iglesias, 137, 141, 335ss, 360, 414, 434, 436, 484-488, 510, 513, 519, 526, 545, 576, 632, 668
Lima, Documento de, 26, 285, 293, 301, 303, 339, 358s, 392, 410, 412, 428, 442, 461, 523, 559, 578, 672
local, Iglesia, 57, 69s, 82, 95-98, 112, 115, 117, 134, 149s, 154, 159ss, 205s, 219, 350, 354, 376, 383, 427, 484, 521s, 546s, 552, 624, 652s
Lumen gentium, 24, 29, 86, 88s, 92, 96, 101, 103, 111, 116s, 120s, 127, 130-138, 142, 145, 147, 150-162, 170-175, 188, 194, 196, 202-205, 210-213, 217, 219, 227, 273, 278, 285s, 347ss, 374, 382, 401, 415s, 420, 460, 463, 493, 505, 509, 531, 536, 540, 557, 563, 587, 606, 611s, 616, 656
luterana, Iglesia, 301, 312, 372, 480

Lyon, II concilio de, 172

menonitas, Iglesias, 337, 385, 414, 425, 484, 502
metodistas, Iglesias, 26, 335ss, 385, 414, 425, 484s, 502, 511, 523, 532, 559, 563, 570
Mortalium animos, 23, 51, 65, 87, 127, 174, 179, 290, 346, 381, 557
Mystici corporis, 23, 51s, 65, 67, 78, 87, 127, 132, 381s

Nicea, concilio de, 102, 176, 197, 205, 457, 659

Oración por la Unidad de los Cristianos, Semana de, 20s, 323s, 366, 420, 431, 448, 472, 502, 567, 587, 593, 605, 668
Orientale lumen, 202
orientales antiguas, Iglesias, 102, 164, 195, 302, 324, 329, 331, 344, 351-354, 385s, 403ss, 423, 510, 532, 545s, 559, 562, 592, 668, 673
orientales ortodoxas, Iglesias, 26, 28, 329ss, 500, 519
Orientalium ecclesiarum, 24, 26, 28, 30, 69, 92, 97, 100, 202 s, 209, 212, 217s, 327, 422, 661
ortodoxas, Iglesias, 22, 91, 97, 106, 112, 114, 137, 148-151, 188, 199, 204s, 208, 213-218, 227, 294, 322, 324-330, 339, 344, 348, 351-353, 365, 382, 385, 389, 395, 403-424, 435, 446, 450, 471, 483s, 487-490, 495, 500s, 506, 510, 510, 516, 519, 521s, 532s, 545ss, 559, 561s, 576, 589, 592, 616, 656, 668, 672, 681
Ortodoxia, 112, 146, 153, 166, 204, 217, 331, 362, 389, 407, 424, 436, 515, 659, 676

Participación, 29, 83, 89s, 94, 108s, 114, 134s, 142ss, 244s,

314, 416, 440s, 444s, 473, 493, 496, 593, 604
pentecostales, Iglesias, 336, 360, 385, 414s, 436, 473, 484-488, 504, 510-513, 518s, 536, 546, 551s, 559, 564, 590, 632
petrino, ministerio, 26, 33, 57, 61, 63, 97, 99ss, 112s, 117, 208, 210, 213, 219, 240, 281, 290, 294ss, 305, 307, 331, 354, 375, 389-392, 424, 428s, 445, 450, 459, 460, 477, 490, 501, 509, 521, 563, 565, 588, 653, 660-663, 673, 680
Pistoya, sínodo de, 142
Porvoo, declaración de, 332, 335, 358, 392, 410, 428, 461, 487, 510, 681
proselitismo, 123, 164, 186, 199, 214, 216s, 326, 328, 335s, 338s, 389, 406, 423, 514, 561, 567, 630

Reforma, 39, 119, 151, 153, 162, 166, 215, 232, 244, 249s, 268-288, 331-337, 356, 386, 411ss, 425ss, 429, 435, 446, 459, 461ss, 495, 511, 597, 622, 636s, 668, 671, 676
reformadas, Iglesias, 109, 137, 225, 301, 333, 355, 358, 385, 390, 408, 410, 443, 463s, 484, 507, 509, 519, 668
rumano-ortodoxa, Iglesia, 385, 407, 501, 559
ruso-ortodoxa, Iglesia, 207, 385, 407, 548, 562, 589, 667

Sacri canones, 218, 661
Sacrosanctum concilium, 24, 127, 134, 147, 150, 159, 204, 463
Satis cognitum, 51, 65, 87, 179
serbo-ortodoxa, Iglesia, 385, 407, 423
siro-ortodoxa, Iglesia, 273, 330, 352, 403, 559
Slavorum apostoli, 135, 201, 220, 229, 563

sola fide, 39, 162, 244, 274, 597
sola scriptura, 39, 244, 254s, 281, 458
solus Christus, 39, 120, 163, 346, 523
subsistit (in), 24, 28s, 88, 116, 131ss, 155-158, 161s, 179, 188, 206, 217, 227, 347, 368, 382, 401, 460, 493, 505, 536, 560, 563, 624

Tomás, cristianos de (santo), 351, 668
Tomos Agapis, 26, 100, 199, 201, 208, 404, 520, 547, 656
Toronto, declaración de, 52, 66, 335
Trento, concilio de, 40s, 44, 49, 68, 152, 169, 197, 247, 250, 254s, 281, 284, 387, 662
Trinidad, 49, 102s, 107, 130, 134, 137, 144, 147, 273, 337, 361, 415, 430, 488, 507, 538, 540, 550, 570, 608, 611, 653, 662
Tubinga, Escuela de, 41, 43, 146, 231, 233, 254, 257, 343, 361-364, 371s, 417s, 631

Una sancta, movimiento, 126, 223, 230, 428, 446, 462, 472s
uniatismo, 214-220, 328, 389, 406, 423s, 474, 501, 514, 521, 547, 561, 657
unidad y diversidad, 66, 70, 77-84, 224, 231s, 363, 540, 653
unidas (a Roma), Iglesias, 49, 100, 215s, 218, 225, 326, 353, 389, 406, 520
Unitatis redintegratio, 18ss, 24-30, 88ss, 92, 95, 100, 103, 110s, 114-117, 125-139, 147, 150-160, 166-179, 188s, 192ss, 201-204, 209, 212s, 222, 226-229, 262s, 269, 273, 285, 328, 344-350, 382, 398, 401-404, 416, 419-422, 425, 429ss, 458, 463, 466ss, 483, 493-499, 505s, 508s, 516-520, 529, 539-547, 553-558, 563, 566ss, 577, 584-588, 593, 610s, 615, 618, 622s, 634, 653-656, 661
universal, Iglesia, 57, 59, 70, 82, 95, 97, 110, 152, 202-209, 219, 240, 260, 316, 354, 375s, 393, 422, 450, 481, 556, 653, 668
Ut unum sint, 18, 21s, 25ss, 30, 33, 90, 95, 98, 113, 117, 128s, 132-135, 138s, 156-161, 166, 176, 179s, 188s, 192, 195, 201, 216, 219, 222, 227ss, 328, 344-353, 360, 369, 376, 382s, 391s, 398, 401s, 406, 419-425, 431, 483, 491-500, 504, 508s, 516, 521, 531ss, 539-545, 549, 553, 581, 584, 592, 604, 609s, 627, 660, 667

Vaticano I, concilio, 41, 45, 99s, 113, 118, 170ss, 219, 269, 294, 389, 407, 580, 660
Vaticano II, concilio, 18, 20, 23-27, 30, 44, 87-92, 96s, 100, 107s, 114ss, 119, 126-129, 137, 146-159, 164, 168-176, 179s, 184, 187-190, 194, 197-200, 215-219, 222, 226s, 237, 262, 269, 281, 286, 302, 314, 323, 336, 345s, 365, 372s, 381s, 395, 399ss, 404, 415, 419, 434, 437, 453-460, 467, 470, 478, 483, 491, 498s, 506, 519s, 524ss, 529-532, 538, 544, 555-558, 565s, 576, 579s, 586, 592s, 600, 609, 612, 621ss, 631, 635s, 643s, 653, 656s, 660, 667, 678, 684
veterocatólica, Iglesia, 302, 519